平安時代貴族住宅の研究

飯淵康一

中央公論美術出版

平安時代貴族住宅の研究

本書は、平成十五年度科学研究費補助金（研究成果公開促進費）の交付を受けた出版である。

目次

附論……611

序

本書は平安時代貴族住宅に関する基本的な問題に対し、筆者が昭和五十三年から取り組んできた一連の研究成果を纏めたものである。従来の研究が主として貴族住宅がどの様な殿舎や廊などによって構成され、またそれぞれの殿舎がどの様な平面規模を有していたのかを解明しようとしてきたのに対し、本研究では主としてここで行われた儀式に着目し、これがどの様に展開されていたのかを空間的観点から解明することによって、平安時代貴族住宅を日本住宅史の中に位置づけようと一貫して試みてきた。また同時に平安宮内裏及び平安京をも対象とし、平安時代貴族住宅の空間的性質をより深く理解しようと努めてきた。

研究を開始するにあたり大きな問題点が二つ存在していた。一つは、それまで日本中世住宅の空間構成を説明するものとして提唱され、日本住宅史のみならず多くの研究者に影響を与えてきた「晴」「褻」の概念に対する疑問である。この概念は平安時代の住宅を検討することにより形成されていたが、この説に従えば平安時代に最も著名で重要な住宅であった東三条殿の存在を説明する事が出来ない。東三条殿は「西礼」の住宅として知られてきたが、その殿舎の配置を見ると、寝殿を中心として敷地の東半部のみに大規模な東対を備え、また中門廊、二棟廊、侍廊、車宿や随身所を西半部に対し充実して設けるなど所謂左右非対称の配置型式をとっている。前の説によれば東三条殿は「東礼」でなければならない。何故ならば、この説は「晴」と同様当時の記録に屢々見られる「礼」を「晴」と区別せずに同義と見做し、そして殿舎等が左右非対称に配置される住宅については寝殿の東西のうち何れかに中門廊、二棟廊等が集中して置かれる側を「晴（礼）」向きとするからである。当時はこの点に対する疑問すら提出されておらず、「晴」と「礼」が曖昧なままに或いは自明の事として同一視され、またこの「晴」・「褻」が近世的「表」・「奥」と安易に対比されることがあった。即ち、平安時代のみならず日本住宅の変遷を空間的立場から見るための指標に対する吟味が全くなされてこなかった。基本的問題は看過されてきたのである。

二つ目は、筆者の研究開始当時に新進の研究者によって発表された、寝殿造住宅の典型像・完成像、即ち一二世紀前期の『中右記』に記される「如法一町家」は東西対の平面規模が異なる左右非対称の住宅、とする説に対する素朴な問いかけである。この説は、東西のうちの一方の対が「臨時客」等のための儀式空間を確立するため整備・拡張された、とする点に特徴を持っていた。しかしながら「如法一町家」は『中右記』に「如法一町家左右対中門等相備也」と記されるように、筆者には左右対称型以外のものと考えることは出来なかった。太田静六氏の詳細な個別住宅の復元研究にもかかわらず、『匠明』の「屋敷図」や二条城の様な書院造住宅の典型的姿あるいは完成期の姿に対する寝殿造住宅のそれが実は明確ではなかったのである。様式的な面に於ても問題が残されていた。

このようなことを契機として、平安時代貴族住宅の位置づけを試みようと二つの大きな課題に取り組んだ。

第一の課題は平安時代貴族住宅の儀式空間としての性質の解明である。まず古記録を精査することにより、前述した「晴」と「礼」の概念を明らかにしたが、この過程でこれら両概念が右に記した課題解明のための重要な視点となり得ることを直観した。「晴」は儀式が行われる空間領域を示す概念であり、「礼」は「晴」の領域内の東西方向軸上に形成される空間的上位下位と結びついた儀式秩序の向きを表す概念であった。即ち「東礼」の場合は西を上位として儀式空間が形成され、「西礼」の場合はその逆であった。両概念のうち特に「礼」概念をもとに貴族住宅や里内裏について儀式時の用法を検討した。代表的儀式空間たる寝殿での「礼」向きを見るとその向きは住宅により或いは例え同じ住宅に於てさえ場合により異なり、東西のうちの一方向に定まってはいなかった。左右非対称の配置型式を持つ住宅に於ても例外ではなかった。即ち「礼」の向きは殿舎・廊などの配置型式にとらわれずに設定されていた。またこのような「礼」の向きがどのような要因で東西のうちの一方に決定されるのかについても様々な具体例を示し明らかにした。一方「晴」について言えば、平安時代貴族住宅に於ては特定の「晴」の領域というものは存在せず、寝殿のみならず東西の対も儀式会場として用いられ、北対が「晴」の場となることさえあった。この様に、平安時代貴族住宅に於ては寝殿以外に東や西の対も儀式会場として用いられたが、例え同じ住宅に於ても寝殿、対が別々に儀式空間を形成し、それぞれに於て成立する秩序の向きも必ずしも東あるいは西の一方向に合致することはなかったのである。

第二の課題は貴族住宅の変遷過程およびその要因の解明である。最初に取り組んだのは完成期の姿、典型的姿の具体的提示とその平面規模、実際には前述した東西対の平面規模に及ぼす儀式的影響の有無についてである。まず完成期の姿、典型的姿を東西両対の平面規模に着目して左右対称性、非対称性の点から検討したが、ここで得られたのは、完成期の姿は寧ろ藤原道長時代の住宅に求められ、『中右記』の「如法一町家」は次の時代に移る過渡期のものであること、そして「如法一町家」は道長時代の住宅ほど完全ではないものの左右対称型と考えて良い配置型式をとっていたという事である。即ち、典型的姿は左右対称型にあったと考えられる。次に、対の平面規模と儀式空間との相関々係を平安時代の様々な住宅、様々な儀式について具体的に検討した。儀式空間は会場となった住宅の平面規模あるいは時々の状況に従い柔軟に展開されていた。完成期の東西対の規模は「臨時客」等の儀式的要求とは無関係に成立してきたと考えられるのである。つけ加えるならば、前述した、寝殿の「礼」向きが例え左右非対称の配置型式を持つ同一の住宅に於てさえ東西のうちの一方に固定しなかったという検討結果は、寝殿に於ける儀式時の用法が貴族住宅の左右非対称化に対し直接的な影響を与えたのではなかったことをも示唆している。

日本住宅の変遷を考える上での最も重要な課題の一つは玄関成立過程の解明であろう。何故ならばここに近世住宅の空間的秩序の一端が象徴的に表現されているからである。玄関成立の問題は「礼」向きの起点の位置の固定化に関わっている。この課題に取り組むため平安時代を中心とした貴族住宅の昇降殿口のみならずこれと密接に関係して使われる門の用法についても古記録を網羅的に調査し検討した。門について言えば、貴族住宅の東西門は共に正門として用いられていたが、平安末期になるに従い東西のうちの一方の門のみがそのために使われるようになった。昇降殿口については、まず天皇の院、女院御所への行幸の場合を精査し、この行幸がこれら御所の主人としての立場で行われたのか、或いは訪客の立場で行われたのかを解明することによって、主人と訪客の昇降殿口の違いを明らかにした。従来、これら昇降殿口については絵巻物等をもとに曖昧なままに理解されてきたが、ここで提示されたのは主人の出入口は南階、訪客のそれは中門廊という具体的事実であった。次に、平安時代から南北朝時代にかけての主要な住宅を取り上げ主人の降殿口の変遷を明らかにした。平安時代に於ては主として南階が用いられたが、南北朝時代には中門廊が常用される様になった。また南北朝時代の検討を通し、中門廊車寄が主人の降殿口として重視されるようになる要因も明らかにした。従来、玄関成立過程に於ける中門廊の役割について触れられてきてはいる。しかしながらその具体的過程、特にその変遷要因については殆ど手つかずの状態にあったと言うことが出来るだろう。南階から中門廊への変遷に対し影響を与えたのは形式にとらわれない実質的用法と考えられるのである。

玄関と並び、接客専用空間成立過程の解明も最重要課題の一つであろう。中世の「会所」がその成立過程に対して重要な役割を果してきたことは夙に指摘されている。本研究では中世の「公卿座」が平安時代の表向きの接客空間「南面出居」より発達してきたものであることを示し、また「会所」は平安時代の内向きの接客空間「内出居」の系統を曳くものと見る道筋を作った。近世住宅に於ける接客空間確立の問題は「晴」の場の機能の単一化に関わっている。

以上述べてきた二つの大きな課題は当然のことながらそれぞれが独立したものではなく互いに関連しあっている。

平安時代貴族住宅の空間的性質をより深く理解するために平安宮内裏、平安京についても研究を進めてきた。

平安宮内裏については、まずここで行われた儀式の空間的構造および宮城門・内裏門の用法の検討を行った。前者では、紫宸殿及び清涼殿を主会場とした儀式は共に左右非対称的空間構造のもとに行われていたこと、後者では内裏は塀や門などによって物理的に二重・三重に囲まれるのみならず質的にも異なった同心円的秩序を有していたことを明らかにした。これらはそれぞれ、前に述べた「礼」概念および後で述べる平安京に於ける里内裏領域を解明するための基礎的研究となっている。次いで、儀式時に重要な役割を果した平安宮内裏の南門たる承明門と東の門とも言うべき日華門の性格及びこれら用法の変遷要因について考えた。本来異なった性格を持つこれらの門が、平安初期に成立した公卿の内裏侍候とこれに伴う陣座の成立が要因となってそれぞれの性格が弱まり類似する一面を持つようになったことを明らかにした。近世内裏についても検討したが、これら両門の性格の点から見ると復古様式をとった寛政度内裏でさえ平安宮とは似て非なるものであることを明らかにした。また平安宮内裏については、儀式時に於ける紫宸殿昇殿の際の公卿らの沓の着脱の意味についても考察した。

平安京についても空間的観点から様々な検討を試みた。まず里内裏を取り上げ、その領域が単に一町四方の敷地内に留まらず大内裏に準ずる周囲三町四方の領域をも含めて存在していたことを明らかにした。里内裏も平安宮と同様、同心円的な空間構成をとっていたことになる。次に、平安京に於ける方角認識について考えた。貴族達が京内で行動する場合、目的地或いは行動の対象となる場所の方角が絶えず問題となった。陰陽道の方忌に着目し太白神による場合を取り上げ、方角認識がどの様になされていたのか、またその忌みの領域はどの様であったのかを明らかにした。さらに方角を認識する際の基点について、厳密に方角の測定が行われた大嘗会御禊點地の実例を取り上げその位置を推定した。

これらの課題以外に取り組んだものとして、方違行幸の目的地となった住宅の選択理由とその規模についての検討や藤氏長者・摂関家の儀式会場の変遷に関する考察、また儀式の降雪に対する様々な対応についての検討がある。

以上がこれまで進めてきた研究から明らかにされた成果の概要である。その内容は多岐に渡っているが、平安時代貴族住宅の儀式時に於ける空間的性質について導かれるのは以下の様なことであろう。それは「礼」の向きの不確定性と「晴」の場の不特定性、そして配置構成・平面規模の成立・変遷過程に対する儀式時の用法の不関与性である。即ち、同じ住宅に於ても寝殿での「礼」向きで代表された貴族住宅の「礼」向きは必ずしも東西のうちの一方に固定されず、また「晴」の場は寝殿のみならず特定の対に限定されることはなかった。そして住宅の左右非対称化、特に対の平面規模成立に対する儀式時の用法の直接的影響を認めることも困難であった。このような平安時代貴族住宅の空間的性質には、一町四方の敷地の東西両面に正門を開き、また寝殿の東西に対を持ちこれらそれぞれに中門廊を付属させるという典型的姿に見られるようなこの時代特有の配置方式が大きく関わっていたものと考えられる。しかしながら平安末期になると東西対のうちの一方が失われ、これに伴い寝殿での「礼」の向きは一方に固定するようになる。平安末期には寝殿と東西対のうち残された対での儀式的秩序の向きは共に同一方向を示す様になった。そして門の用法もこれと対応し東西のうちの一方が正門として用いられるようになる。また主人の降殿口は中世にかけ南階から中門廊へと次第に移っていったのである。

古代的儀式と近世的接客・対面儀式を同一面上で論じることは出来ないものの、そしてさらに様々な観点からこれらについて検討していく必要があるものの、筆者は古代平安時代から近世江戸時代に至る日本住宅の歴史は、これらが行われた複数の「晴」の場同士間の秩序化と、これらそれぞれに於て成立する「礼」即ち儀式的秩序の向きの一方向への収斂化、という新たな秩序空間成立への過程として、換言すれば、寝殿や東西対をそれぞれ中心とする多核的秩序、大局的には寝殿を中心とする同心円的秩序から、玄関を経て奥方の御座間に至る一方向の線的秩序体系成立への過程として説明できるのではないかと考えている。そしてこの様な住宅史の流れは「晴」と「礼」の概念を明確にし、峻別することによって初めて説明が可能となろう。

本研究では平安時代貴族住宅について主として儀式空間の点から様々な考察を行ってきた。しかしながら殿舎の配置構成及び平面規模の変遷要因、すなわち、貴族住宅の左右非対称化及び東西対の平面規模の拡大・縮小化の要因については殆ど触れていない。この点については儀式的影響以外の要素、即ち住宅としての用法からの検討が不可欠と考えている。新たな大きな課題である。

本書は、以上述べてきた成果に至るまでの論文を研究対象ごとに分類し構成し直したものであり全七章と附論とからなる。なお、本書の表題について様式的観点からの語「寝殿造」ではなく「貴族住宅」の語を用いたのは、従来の平面構成・規模の復元を主とした研究に対する儀式空間的観点に立つ本研究の姿勢を示したかったからである。

凡例

一、史料名は『　』で示す。
一、引用文について、用いた史料が旧字体で記される場合は出来る限りこれに倣うように心掛ける。
一、引用文の割註部分は（　）で示す。
一、引用文中の省略、或いは引用文への付点についての表示は〈　〉で行う。
一、用いた史料が収録されている叢書すなわち「大日本古記録」や「大日本史料」等の本文に註記がある場合は、理解を助けると考えられるものについてはそのまま載せる。その場合でも叢書名は特には記さないこととする。但、叢書によってその本文の表記に違いがあり、これが論旨に関わる場合はその都度叢書名と共に本論の立場を示すこととする。
一、年号がその年の途中で変わる場合についてはその年の始めから新しい年号であるものと統一して表記することにする。
一、掲載する表中の漢文について、その前に・印を付したものは史料からの引用を示す。
一、掲載する指図については収録される史料名のみを示す。

第一章　平安宮内裏の空間的秩序（一）

第一節　平安宮の儀式空間

〔一〕はじめに

延暦十三年（七九四）十月二十二日、桓武天皇により平安の新京に都が遷された。この都は隋唐の長安を模したものと言われるが、南北に長い矩形の平面を持ち条坊制をとっていた。都の南北中心軸上北方には朝堂院、豊楽院や内裏を含む大内裏を据え、貴族官人らには位に応じそれぞれ異なった広さの宅地が班給された。(1)

遷都時は朝堂院の正殿たる大極殿や豊楽院の正殿たる豊楽殿は未だ完成しておらず、(2)桓武天皇が大極殿で群臣らの「元日朝賀」を受けたのは、延暦十五年（七九六）の事であった。(3)豊楽殿はさらにそれよりも遅れて竣工している。しかしながら内裏の前殿（紫宸殿）では遷都の翌年すでに「元日節会」が開催されている。(4)

平安宮大内裏で行われた儀式の多くは前代のそれを引き継いだものであったが、その種類も次第に増え整ったものになっていった。(5)これら平安宮に於ける儀式の中で最も重要なものは大極殿、豊楽殿そして内裏の紫宸殿、清涼殿を主会場として行われたそれらであろう。これらの儀式に影響されて、やがて上級貴族住宅に於ても儀式が催される様になり、さらにこれら貴族住宅が里内裏として用いられる様になると内裏での儀式がここでも行われる様になる。平安宮で儀式がどの様に行われていたのかを明らかにすることが、儀式空間としての貴族住宅の性質を探る上での前提となるのである。

平安宮での儀式に関する研究は数多いが、それらは主として制度的あるいは有職故実的観点に立脚したものであり、これを儀式空間の点から述べたものを見出すことは殆ど出来ない。(6)

本節は、これらの儀式が如何なる空間的構造を有していたのかを、参加した貴族等の殿上での座の位置、前庭での列立の位置等に注目しながら具体的に明らかにすることを主目的としている。また、これらが行われた儀式会場の変遷を見ることにより、当時の貴族たちにとってどの様な儀式が日常的に関心を持たざるを得ない存在としてあったのかについても触れてみたい。

平安時代の儀式書で今日に伝わるものとしては、九世紀に成ったと思われる『内裏儀式』『内裏式』『儀式』また一〇世紀中期以降の源高明による『西宮記』、一一世紀前期の藤原公任による『北山抄』、さらには一二世紀初めの大江匡房による『江家次第』等があげられる。これらは必ずしも平安遷都当時のものではないが、前例を尊重するという儀式の性格に鑑みた時これらからそれぞれの儀式の基本的姿を読みとる事は決して不可能ではないだろう。(7) 以下、これらの儀式書をもとに具体的例を取りあげ検討していくことにする。

〔二〕大極殿を中心とした儀式

大極殿は国儀大礼を行う朝堂院の正殿であり、朝堂院は大内裏中央南寄り平安京の南北中心軸上に存している。大極殿の正門たる応天門は、大内裏の正門朱雀門と相対する位置に計画された。

今日朝堂院の指図が何種類か伝わっているが、これらは元慶三年（八七九）に再建された後の姿を示したものと見做されている。この時には前代の規模を踏襲して造営されたが、その後、延久四年（一〇七二）に再々建された時には東西朝集堂を囲む廻廊の部分が省略されたと考えられている。(8)

本節では、朝堂院の平面規模が詳しく描かれたものとして増訂故實叢書所収八省院図をもとに検討を進める事にしたい。

朝堂院で行われた儀式としては「即位式」「元日朝賀」「御斎会（最勝会）」「告朔」「射礼」「例幣」「斎王群行」等があげられるが、ここでは大極殿が主会場として用いられた儀式の代表的例として「即位式」「元日朝賀」「御斎会」を取りあげる。

（一）即位式について

平安時代、歴代天皇の「即位式」は大極殿を用いて行うのが原則であった。早くも大同元年（八〇六）には平城天皇の「即位式」がここで催されている。式の次第については倉林正次氏により詳細な検討が加えられており、(9)有司就座、群官参入列立、出御、焼香、宣命、寿詞、拝、入御、退出の順に行われた。

「即位式」の前日には大極殿が装束され、また中務により典儀、賛者の版位が、式部により宣命及び親王以下の版位が置かれた。会場の装束の様子をこれが詳しく記される『北山抄』(10)に見ると以下の様である。

装束

敷高座以錦、高座南幷東西鋪両面〔不至東西壁各二間、不至南廂一間〕鋪六幅布單於軒廊、鋪二幅兩面於其上、自後房属高座、張

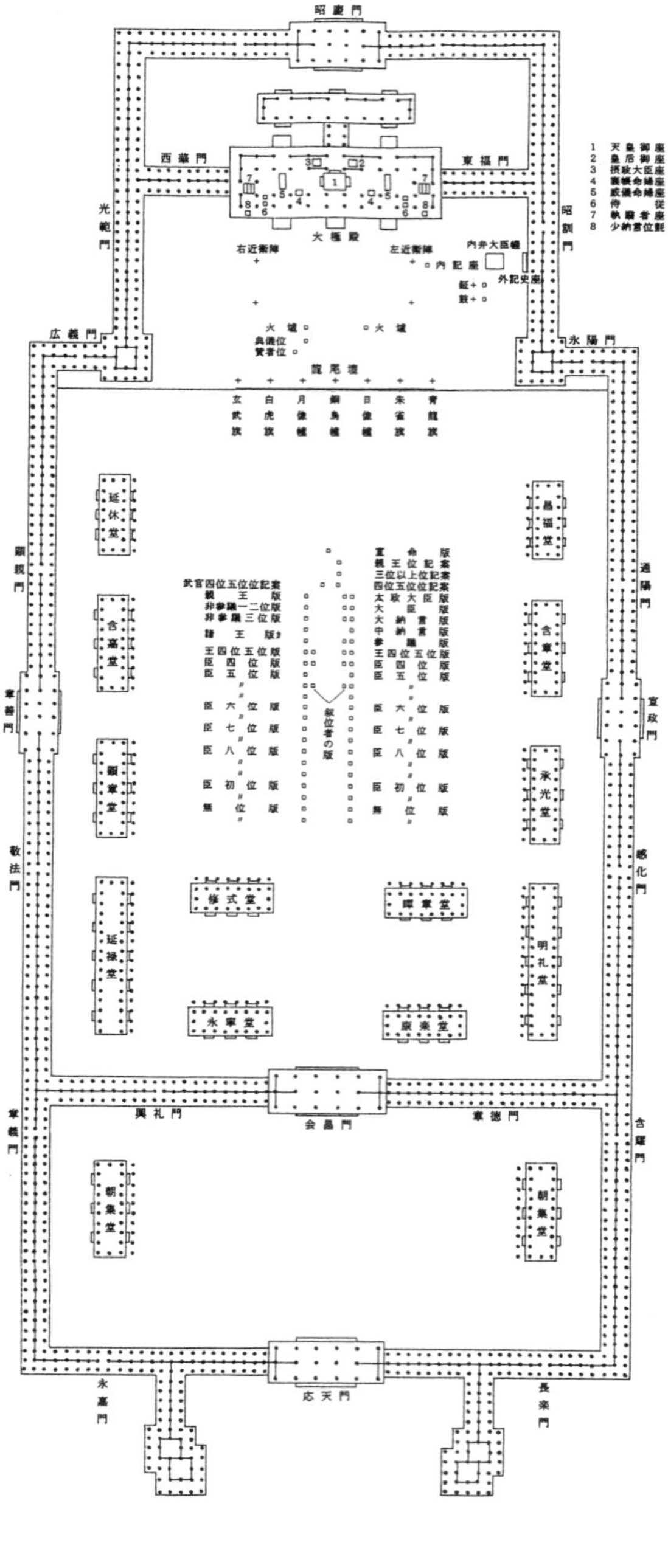

図1　大極殿即位式推定復元図

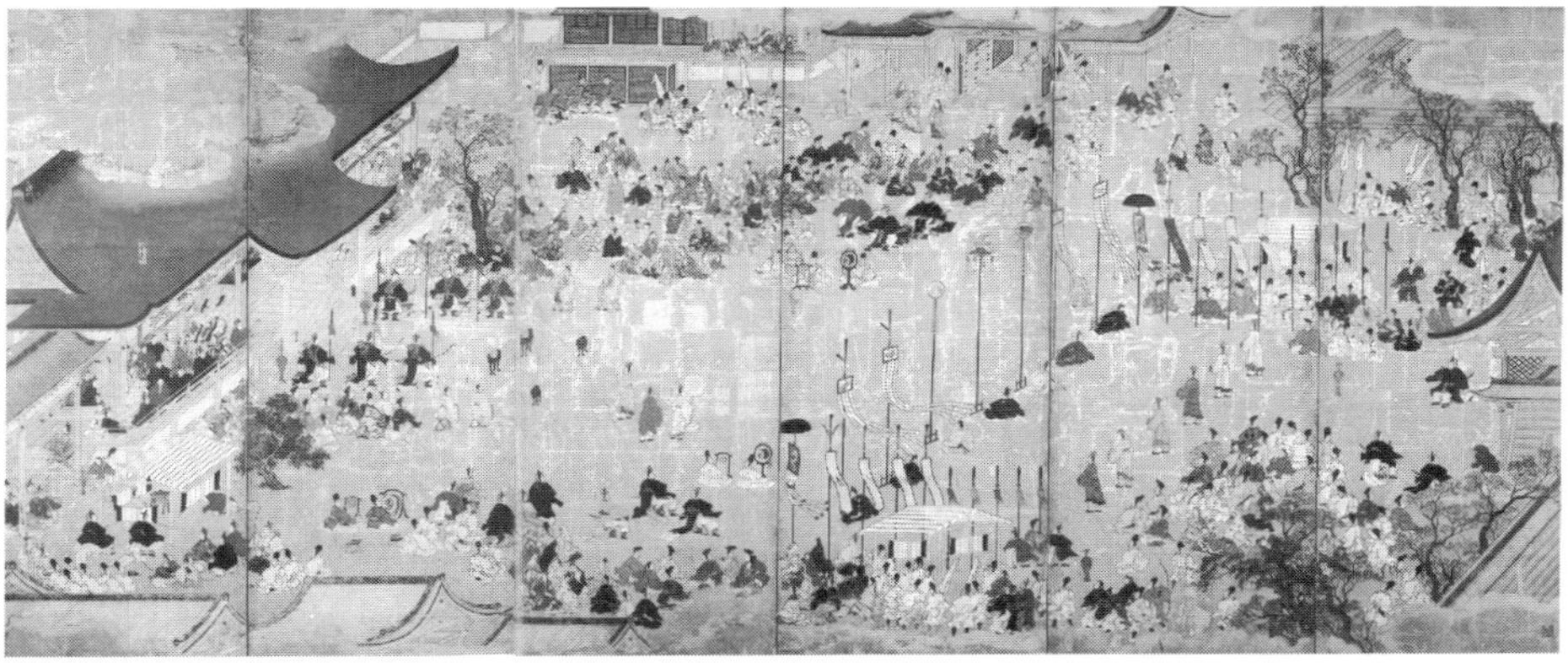

図２　即位図（ネルソン・ギャラリー＝アトキンス美術館蔵）

班幔於高座後左右、後設《ナシ一本》皇后御座於高座東幔之後、〔延長八年、設攝政大臣座於西幔後、〕鋪褰帳命婦座於高座東西二丈、當高座南頭也、又鋪威儀命婦座於褰帳座後《ナシ一本》東面《西一本》一丈五尺、更北折五尺、以南爲上、〔用壺床子、〕○執《鋪一本》翳者《イナシ》座於東西戸前、〔三行、立床子、以南爲上、〕侍從立南《位氈於イ》廂東西戸○二《第一本》間、以北爲上、…〈中略〉…少納言位氈於南榮、當第一第二楹間、〔後殿裝束、見式、〕當殿中階南去十《イナシ》五丈四尺、樹銅烏幢、東樹日像幢、次朱雀幢、次青龍幢〔此幢、當殿東頭楹、玄武旗、當西頭楹、〕銅烏幢西、樹月像幢、次白虎旗、次玄武旗、〔相去各二《三一本》許丈、與蒼龍白虎兩樓南楹平頭、内匠兵庫兩寮樹之、〕昭訓門南廊第一間壇下、西去三丈六尺、南去一許丈、設大臣幄、〔幄西南一丈立鉦、其南一丈立皷、與近仗相連、其東立床子、爲兵庫寮座、〕座前立黒漆机一脚、幄東砌下鋪外記史等座、…〈中略〉…左近陣邊鋪内記座、…〈中略〉…中階南去十二丈西折三丈、置典儀位、〔或當殿西柱置之、近例如此、〕差西南退〔一許丈云云、〕置賛者位、〔中務置件等版、〕中階南去十丈、對設火爐、〔相去六尺《丈イ》、〕龍尾道南去十七丈、置宣命版位、〔當昌福堂南一間、〕

殿上母屋中央に（南面すなわち南向きに）御座を据え、その東西に褰帳命婦座、威儀命婦座をそれぞれ配した。また、南庇には侍従座、東西庇には執翳者座、さらに南榮（のき）には少納言座を置いた。御座の後、北庇には皇后御座、摂政大臣座[11]を設けた。龍尾壇上には銅烏幢など数本の旗を立て、東の昭訓門近くには大臣幄、外記史座を、また壇上やや西寄りには典儀位、賛者位を配した。

さて、親王以下諸臣は朝庭に参入し列立して拝礼するが、『北山抄』はその列立の仕方について延長八年（九三〇）の朱雀天皇即位の例を載せている。

延長《朱雀即位》八年圖、〔今案、可依此例、但東不可置親王版、若有太政大臣、可置其版歟、

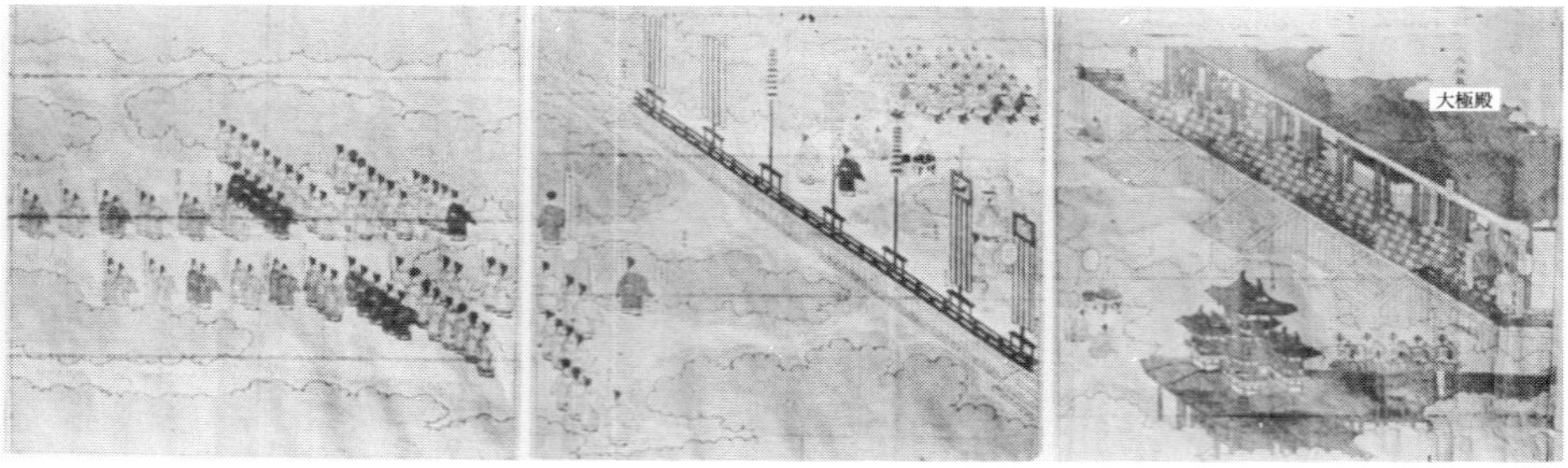

図3　朝賀絵図（猪熊家蔵）　但し、一部文字の書き入れを行っている

又朝賀式八位版有二、而有三如何、載前者舊記也、寛和三《二本》年、依此、云々〕宣命位南去一丈、東折一丈三尺、立親王位記案、南去一丈五位以上案、南去一丈○《三尺イ》三位以上案、〔兵部ノ五位以上案對之、〕位記案南○《去イ》二丈、東折二丈八尺、置親王行立版、南去大臣版、南去大納言版、南去中納言版、南去參議版、南去王四位五位版、南去臣四位版、南去五位版三、南去六位版二、七位版二、八位版三、初位版二、無位版二、〔各以一丈二《六イ》尺爲間、〕右親王版、又相對、非參議一位二位版、對大臣版、非參議三位版、對大納言版、王四位五位臣四位以下版、各相對、位記案東去七尺南去二丈、當親王行立位、置擬叙親王版、當大臣位、置一位版、當大納言位、置二位三位版、當參議位、置王四位五位版、當王四位五位々、置臣四位版、當臣四位々、置五位版、當五位第二位、置六位版、〔重行、兵部四位五位六位版、各相對、〕

前掲した装束についての記述より、龍尾壇から南に十七丈離れた位置に宣命版位が置かれた事が知られるが、延長八年（九三〇）例によればこの宣命版より南に一丈、東に一丈三尺の場所に親王の位記を置く案（つくえ）、その南に一丈離して三位以上の案、さらに南に一丈のところに五位以上の位記案が置かれた事を知ることが出来る。また位記案の南二丈、東二丈八尺の位置に親王行立版を置くとあるが、この位置は親王が参列する場合西北門たる顕親門を用いた点(12)から見ると不自然であり、太政大臣の版の位置ではないかとする註記は的を得ていよう。実際、「朝賀」の際にはここに太政大臣が位置を占めている。(13)この太政大臣の南に大臣、さらに南に大納言以下が列立する。以上述べてきたのは南北中心軸上の宣命版より東に関してであるが、西側にも東側と相対する様に親王版、非参議一位二位版やそれ以下の版が置かれた。また「即位式」では叙位が行われるが、新たに叙される者の版はこれら列立した官人らの間に配された。図1は、これらの様子を推定復元し図化したものである。

この様に、「即位式」は殆ど左右対称の人的配置のもとに行われた事が知られる。門の用法を見ても同様であり、例えば、宣命版より東に列立する大臣以下は東門たる含耀門より入った後に東朝集堂

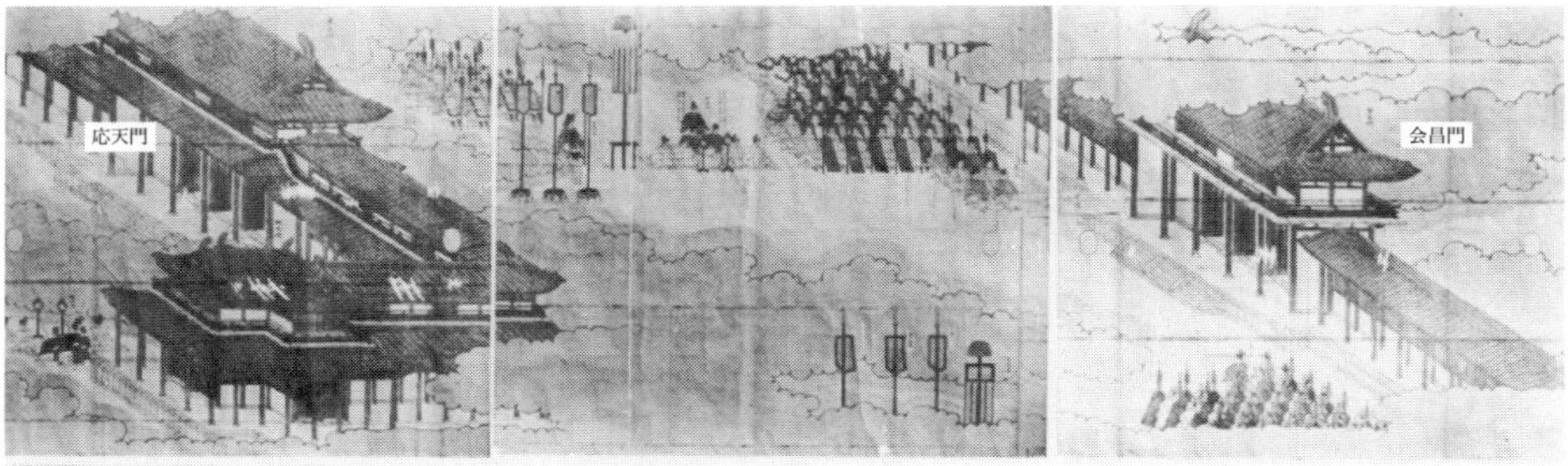

に一時控え、会昌門東扉より参入したが、これに対し、宣命版より西に列立する非参議三位以上は含耀門に相対する位置の章義門より入って西朝集堂に控え、会昌門西扉より参入している。また、両弾正は応天門の東西脇門たる長楽、永嘉両門より入り、東西朝集堂の南頭にそれぞれ列立したことが知られる。[14] 図2は、近世江戸時代に於ける明正天皇の「即位式」の様子を示したものである。[15] この時には既に大極殿は失われているので「即位式」には紫宸殿が用いられた。諸官人の列立については描かれないが、当時の様子が具体的に知られる興味深い屏風絵である。[16]

(二)元日朝賀について

「元日朝賀」は毎年正月朔日に天皇が大極殿で官人らの拝賀を受ける儀式である。『内裏式』[17]をもとにこの儀の装束及び官人等の配置について復元すると、前に述べた「即位式」と殆ど同一であったことが知られる。

両者の儀式進行上の相違点として次の諸点があげられる。[18] 即ち「即位式」に於ては叙位があるが「朝賀」にはこれが認められない。皇太子の奏賀は「朝賀」に於てのみ行われ、また臣下による奏賀、奏瑞についても同様である。

これらに伴い、儀式の装束にも違いがあらわれてくる。叙位儀の装束の点から見ると「即位式」に設けられた位記案が設けられず、従って叙人の版も置かれない。その代わりに、蕃客(外国からの客)がある場合はその版位が左右官人五位の版位の間に設けられた。

この様に、朝庭および龍尾壇上での版等の配置方式に若干の違いが見られるものの、大極殿上の装束および朝庭での官人の列立の仕方に関しては同一と言って良い程の類似性を認める事が出来る。『北山抄』の「即位式」に関する、

當日儀式一同朝賀

図４　御斎会初日（『年中行事絵巻』による）

という記述はこの事を如実に物語ったものであろう。(19) 即ち、「朝賀」における儀式の空間的構造は「即位式」と同様、左右対称的であったと言う事が出来る。図3は、「朝賀」の様子が具体的に知られる数少ない例である。(20)

(三) 御斎会について

大極殿を中心会場に用いた儀式として「即位式」「朝賀」の他に「御斎会」をあげる事が出来る。「御斎会」は正月八日から十四日までの七日間、大極殿へ出御した天皇のもと金光明最勝王経を講じて国家鎮護、五穀成就を祈請する儀式であり、「仁王会」と共に最も重要な宮廷法会の一つである。この儀の次第は『儀式』(21)に詳しいが、行幸、王卿の参入、僧・楽人参上、講読師参入、散華行道、舞、講説、還御の順に行われた。

同記により、殿上および龍尾壇上の皇太子や王卿らの配置について見ると以下の様である。

前一日所司装束太極殿東階上北進二許丈更西折一許丈北面設皇太子座南去一許丈親王以下参議以上座（北面西上）西二許丈設王四位五位座（北面東上與親王座相當）殿堂東西廉堂童子五位座其後五許尺同六位以下座其末行香座（並以南爲上東方西面西方東面）東側戸外少北喚使座（南面西上）其後三許尺執淨履雜掌座（各以淨履納折櫃置前卿喚使執之王四位以下及堂童子雜掌執之）龍尾道東西階上以内左右相分敷雅樂寮座昭訓門壇上西去一許丈設四位五位座壁下外記官史式部丞錄彈正忠跪座少南式部彈正史生座並西面北上少南省掌臺掌座北面西上光範門南設四位五位式部丞錄巡察彈正忠跪座亦准此

また、天皇の御座については『西宮記』[22]に次の様に記されている。

行幸儀、以御疊敷候高座艮、以御屏風四帖立廻、東西北三面、開御座前八尺、立香花机一脚、東御屏風外一丈、施内辨座、（西面、）西御屏風爲外鋪設、爲内侍女藏人座、高座西端立屛風爲限

仏台などの位置については『儀式』他にも記されないが、ほぼ同様の配置方式をとったと思われる大極殿での「臨時仁王会」について『江家次第』[23]には、

御座中央立佛臺…〈中略〉…其前立机一脚、（置佛布施料黒漆、有下敷他准之、）同案南立香花机一脚、其南土壇上立佛供机一脚、（有帊）香花机左右立燈臺、（有打敷、）當御座巽坤角土壇上立大花瓶各一口、（有下圓机、）壇南邊逼壇並立行香机二脚、（有帊）南庇並立禮盤二基、禮盤左右立盖高座各一脚、（講讀師座、）

と記される。また、衆僧の座は殿上南簾に左右各十人分ずつ配された[24]。

「御斎会」最終日には、雑穀を盛った漆器二十二を大極殿南榮（のき）の柱の外側に左右十一ずつ並べ、龍尾壇上には山城国稲二十二荷を左右に分けて置いた。またこの日同時に年分度者[25]に対する授戒が延休堂東庭で行われ布施が昌福堂で与えられるが、この授戒および布施は大極殿を用いないので除外して考えると、「御斎会」に参加する人々の配置に関して次の事が言えよう。即ち、

一、僧座に関しては、全く左右対称の位置に配されること

二、貴族官人等について、四位五位、式部丞録、弾正忠疏はそれぞれ昭訓門、光範門壇上に相対する様に配されるが、皇太子の座が大極殿東階北西方に設けられるのに対応して、親王以下参議以上および王四位五位の座は殿上南北中心軸より東側に置かれること

である。これらの事は門の用法にも表れており、講読師および衆僧が殿上に昇るに際してはそれぞれが東福・西華両門より入り東階・西階を用いるが、親王公卿は壇上の東門たる昭訓門より入り東登廊を経て殿上に座を占めた。「御斎会」については『年中行事絵巻』[26]に描かれており(図4)、初日の様子が具体的に知られる。

「御斎会」の他に大極殿を用いた法会として「仁王会」(一代一度仁王会、臨時仁王会、秋季仁王会)をあげることが出来る。「臨時仁王会」に関し、仏台等の位置については前に紹介したが、公卿座に関して『江家次第』を見ると、

南座(庇カ)東第四間以東至第二間鋪薦、其上鋪長莚、其上鋪兩面縁緣端半帖(黄端帖)等爲公卿座、(西上北面)上卿座後敷軾小莚一枚、佛面間南砌東西相分敷長莚各一枚、(爲行香座、)南庭左右相分鋪小莚各一枚、(圖書座、)長莚各一枚、(堂童子座、並南北行、)西登廊東第二間懸鐘、昭訓門外南腋設公卿以下座、如御齋會時

とあって、南庇の東二間から四間の間に設けられ、東門たる昭訓門の外側南腋には公卿以下の座が準備された事が知られる。また、僧の座については前掲文より講読師の座が礼盤の左右に設けられた事が知られる他、衆僧の座は、

次僧左右相分參上、(威儀師引之、自東福西華門參入、南行、至龍尾壇南頭各東西折到中央、更相並北行、登自中央階相分着座、(各着當色袈裟、))

と記されることから、東西対称の位置に配されたことが分り、併せて門の用法も知られる。即ち、儀式の空間的構造の点から「仁王会」を見ると「御斎会」の場合と全く同様であったと言う事が出来よう。

大極殿で行われた儀式としては、他に「告朔」「伊勢奉幣」「礼幣」「祈年穀奉幣」「伊勢公卿勅使」「斎王群行」などがあげられる。管見によれば「告朔」について詳しい装束を記したものは見出せないが、毎月朔日に天皇が諸司の進奏する百官の勤怠上番日数を閲覧するという性質に鑑みて、「朝賀」の儀に準じて行われたものと考えられる。一方「奉幣」以下の諸儀式は大極殿及び朝庭全体を主会場としては用いず、この点に於て「即位式」や法会の場合と異なっている。[27]

〔三〕豊楽殿を中心とした儀式

豊楽院は朝堂院の西方に存した宴会場で豊楽殿を正殿とし豊楽門を正門とした。『日本後紀』延暦十八年(七九九)正月七日条によれば、

この時は未だ完成していない。しかしながら、弘仁三年（八一二）に新嘗祭の「節会」がここで行われているので[28]、これ以前には出来上がっていた事が知られる。康平六年（一〇六三）に焼失したがその後再建されることはなかった。

ここでは大極殿の場合と同様に、平面規模が詳しく示された増訂故實叢書所収の豊楽院図を用い検討することにする。『大内裏抄』[29]によると豊楽院での儀式について、

豊楽院トハ天子宴會ノ所ニテ節會射禮競馬相撲ナト行ハレ侍ル。

とあるが、『内裏儀式』『儀式』『内裏式』『西宮記』『北山抄』『江家次第』には、「競馬」の会場としては武徳殿、「相撲」のそれとしては神泉苑および内裏での例が載せられ、豊楽殿で行われたというこれら儀式時の用法を知る事は出来ない。「節会」の例としては、「元日」「七日（白馬）」「十六日（女踏歌）」「豊明節会」及び「大嘗会」があげられる。ここでは「元日」「七日」「大嘗会」の各節会、そして「観射儀」についてその具体的姿を明らかにしてみたい。

（一）元日節会について

「元日節会」とは正月朔日に天皇が大極殿で官人の朝賀を受けた後、場所を豊楽院に移して行った宴の事を言う。その式次第は『内裏式』『儀式』に詳しいが、天皇出御、大臣昇殿着座、皇太子昇殿着座、暦奏、氷様奏、群官参入、御饌益供、吉野国栖の歌笛、賜禄、退出の順に行われた。装束に関する部分を『儀式』により示すと以下の様である。

當日昧旦中務録率史生省掌等殿南七丈七尺置宣命版南去一丈置尋常版掃部寮敷御座於高御座殿西第二間南面設皇后座東西第二間西面設皇太子座第三四間差南去設親王以下參議以上座（南北西上）顯陽承歡兩堂設次侍從以上座（東西面北上）造酒司率酒部等東廊南二三間安參議以上酒臺（顯陽承歡兩堂北五間楹外安次侍從以上酒臺若有蕃客物設顯陽堂）

豊楽殿の殿上に関して見ると、中央に据えられた高御座に天皇の御座が置かれ、それより西方の第二間に皇后座が南面する様に、東方第二間には皇太子の座が西面する様に設けられた。また東方第三、四間すなわち南面する天皇の左手には、昇殿を許された親王以下参議以上の座が西を上位として対座する様（東西行）に配された。昇殿を許されない者の座は顕陽堂とこれに対応する位置にある承観堂に置かれた。親王以下官人の前庭での列立位置に関する詳しい記述は無いが、庭に入る時に親王以下参議以上が南門たる儀鸞門の東戸を、

これら以外の五位以上は分かれて東西戸を用いた点から見て、南北中心軸より東には親王以下参議以上が、それよりさらに南には五位以上が南北中心軸を挟んで相対する様に並んだと考える事が出来る。[30]

(二) 七日節会について

『公事根源愚考』[31]には「七日節会」について、

白馬ノ節會をあるひは青馬の節會とも申也其故は馬は陽の獣也青は春の色也是によりて正月七日に青馬をみれは年中の邪氣をのぞくといふ本文侍也

と記される。即ちこの節会は「青馬(白馬)節会」とも呼ばれた。この儀の次第は「元日節会」に類似するが、官人参入後に叙位が行われた点で異なっている。

「七日節会」の殿上の装束について詳しく知る事は出来ないが、参議以上が東階を用い昇殿しているので、「元日節会」と同様に天皇の左手の西を上位とした座の配置のもとで行われたと考えられる。但、皇后の座については不明である。この「七日節会」では「元日節会」の場合と異なり、庭中に舞台が設けられた。『内裏式』には、

前一日所司辨備豊樂殿構舞臺於殿前、(自殿南階南去十一丈七尺舞臺高三尺方六丈)

とあり、六丈四方の舞台が豊楽殿南階から南に十一丈七尺離れた場所に置かれたことが知られる。

さて、「元日節会」については庭に於ける官人の具体的な列立の位置が不明であったが、「七日節会」の場合は『儀式』に詳しく記載されている。

中務錄率史生省掌等置宣命版於舞臺北四丈南去一許丈尋常版式部丞錄率史生省掌等立標(自顯陽堂北第四柱西去十五丈南折二丈一親王標次太政大臣標次左右大臣標次大納言標次中納言標次三位參議非參議三位四位參議少退在此列次臣四位參議標次王四位五位標次臣四位標次五位標並以一丈三尺爲間)次立敍位行立標(自舞臺東南角東去二丈更南折一丈立親王標次一位標次二位三位標次王四位五位標次臣四位標次五位標次六位標並以六尺爲間)次立位記案標(自尋常版南去四尺東折一丈立親王案標南去七許尺立三位已上案標南去七許尺立四位已下案標)兵部省丞錄率史生省掌等立敍位行立標(自舞臺西南角西去二丈南折一丈立親王標次立一位標次立二位三位標次立王四位五位標次立臣四位標次立五位標次立六位標)

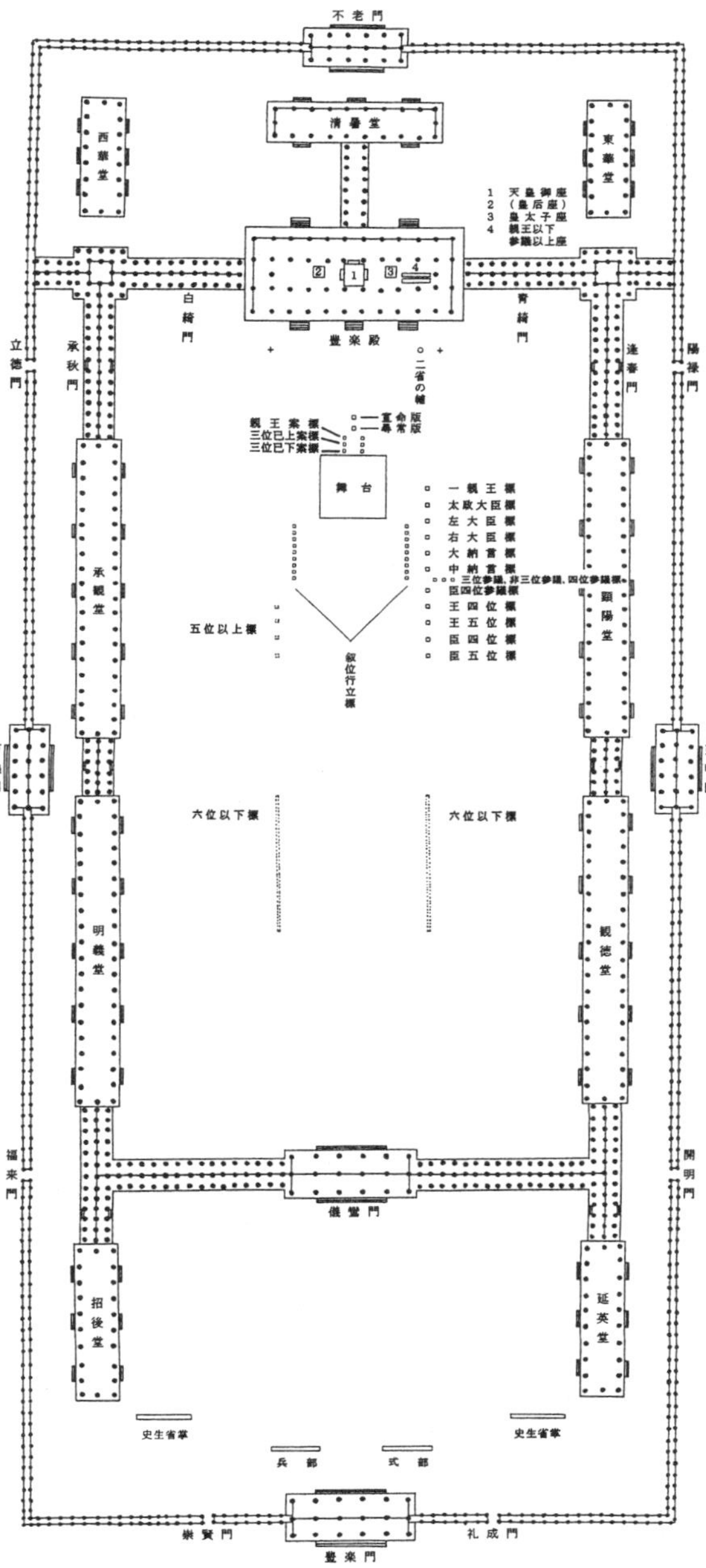

図５　豊楽殿七日節会推定復元図

次立位記案標（自尋常版南去四尺西折一丈立親王案標南去七許尺三位已上案標南去七許尺四位已下案標）

まず舞台の北側には宣命版、尋常版および叙位に伴う親王以下の位記案標が置かれた。次に親王以下官人の列立位置を示すための標については、顕陽堂の西方、舞台の東側に一親王、それより南に太政大臣、さらに南に左右大臣以下五位までの分が順に配置された。前掲文をそのまま理解すると、これら官人は豊楽院の南北中心軸より東側に位置したことになる。しかしながら、親王以下官人が庭に参入する事に関し同記に、

参議已上一列入自儀鸞門東戸比至門諸仗共起次五位以上東西相分参入並用東西戸式部録進立屏内左右互稱容止丞録率六位以下参入

とあり、また豊楽殿上に昇殿する事を許されない四位以下の座について『内裏式』には、

四位五位座於顕陽承歡兩堂六位以下座於明義觀德兩堂

とあるので、四位五位は南北中心軸の西方にも東と対称になる位置に列立したものと思われる。また、六位以下も、五位より南に東西対称の位置にそれぞれ列立した事が推定される。この「節会」では叙位が行われるが、新たに叙される官人も庭に列立した。親王の標は舞台の東南角より東側南寄りの位置に、その南には一位の標、さらに二位の標と以下順次六位の標まで並べられた。また、これと東西対称の位置にも同様の標が並べられた。

これらの様子を推定して復元し示したのが図5である。即ち、この「節会」では四位以下の官人は南北中心軸に対して左右対称の位置に配されるが、昇殿を許された参議以上についてはこの軸より東側に、しかも殿上の座について見ると中心に御座す天皇に近い方を上位、すなわち西を上位として置かれていた。参議以上が中心軸より東側に位置を占めたのは「元日節会」の場合と同様である。

(三)大嘗祭豊明節会について

「大嘗祭」とは天皇の即位に伴って行われる一代一度の「新嘗祭」のことであり、天皇自ら新穀を天神・地祇に献上する儀式である。『儀式』によれば、大嘗祭は朝堂院内の庭に仮設された大嘗宮を式場としたが、辰日、巳日、午日には「節会」が行われ、午日の「節会」は特に「豊明節会」と呼ばれた。「元日節会」「七日節会」と同様、豊楽殿に出御した天皇のもとに行われる。ここでは大嘗祭の「豊明節会」について略説したい。

「豊明節会」は、天皇出御、大臣皇太子昇殿着座、群官参入着座、叙位、御饌益供、国栖奏、賜禄、退出の順に行われた。庭の装束に関する部分を『儀式』に見ると、

午日卯刻撤悠紀主基兩國帳所司裝飾高御座構舞臺於殿前(自殿南階南去十一丈七尺高三尺方六丈)設樂人幄於舞臺東南角(南去八許丈東去二許丈)中務省舞臺北四丈置宣命版南去一許丈置尋常版掃部寮立位記案於版東西(自尋常版南去四尺東折一丈立親王位記案南去七許尺立三位已上案南去七許尺立四位已下案兵部在西准之)

と記される。即ち舞台、宣命版、位記案については「七日節会」と同様の配置であった事が知られる。殿上の装束についても、大臣、

皇太子が豊楽殿東階から昇殿している事、また参議以上は儀鸞門東戸より庭内に参入しそして昇殿している事から、「七日節会」と同様であったと見て良いであろう。『北山抄』にも、

設王卿座如常

とあり、この座の配置が豊楽殿での定式であったことを窺うことが出来る。また、王卿以外の五位以上と六位以下の列立の方式に関しても、これらの人々が儀鸞門の東西戸より分かれて参入した事に鑑みると、「七日節会」に準じていたものと考えられる。「辰日節会」「巳日節会」について見ても「豊明節会」の場合とほぼ同様の事が言える。

(四) 観射儀について

以上述べてきた「節会」の他に豊楽殿で行われた重要な儀式として正月十七日の「観射儀」があげられよう。「観射儀」とは、天皇の御前で親王以下五位以上の中から選ばれた二十人、そして左右近衛、左右兵衛、左右衛門が的に向かい矢を射る事を言う。式は天皇出御、大臣皇太子昇殿着座、群官参入着座、射者参入、兵部省参入、射的、御膳益供、退出の順に行われた。『儀式』によれば、

設皇太子及親王以下參議以上座於殿上五位已上座於顯陽堂六位以下座於觀德堂

とあり、殿上の座については「節会」の場合と一致していたと考えられるが、王卿以外の五位以上、六位以下の座については、東側の堂のみが使用された。親王以下の標についても同様であり、同記に、

自顯陽堂北廊第二柱西去三丈立射者西向標西去四丈不及射席二許丈設射者行立標（乙候亦准之）自顯陽堂北第三柱西去十丈五尺立親王標南去一丈五尺立大臣標南去一丈五尺立大納言標南去一丈五尺立中納言標三位參議非參議三位王四位參議少退在此列南去一丈三尺立臣四位五位參議標南去二丈立王四位五位標南去五位標二自觀德堂北第一階西去十一丈立六位標南去七位標三南去八位標二南去初位標南去無位標

と記される様に、南北中心軸より東側に設けられた。的は二ヶ所すなわち、親王以下五位以上および左右近衛、左兵衛の射る的は豊楽殿の近くに、右兵衛、左右衛門の射る的は観徳・明義両堂の間に設けられた。門の用法について見ると、親王以下群官および射者は儀鸞門東戸より庭内に入り、兵部省は西戸より入っている。

〔四〕紫宸殿を中心とした儀式

平安宮の内裏は、平城宮までのそれとは異なり、朝堂院の北方に位置せず朝堂院の北東方すなわち大内裏中心軸より東側に存した。いわゆる天皇の御所であり、紫宸殿はその正殿である。

『類聚国史』によると、遷都の翌年、延暦十四年（七九五）の「元日節会」は前殿で行われた事が知られるが、この前殿は紫宸殿の事と考えられるので、遷都時に紫宸殿は完成していたものと思われる。[32]

紫宸殿を会場として用いた儀式は数多い。例えば「立太子」「立后」「皇太子元服」「元日節会」「白馬節会」「卯杖」「進御暦式」などがあげられるが、これら儀式の中で重要なものは年中行事として数多く行われた「節会」と、献上、奏事であろう。ここでは、その代表例として「元日節会」「旬儀」「相撲節」そして「卯杖」を取り上げ考えてみたい。[33]

（一）元日節会について

後述する様に、「元日節会」は平安前期の一時期豊楽殿を会場としたが、間もなくまた紫宸殿で行われる様になった。殿上の装束に関する主要な部分を『江家次第』に見ると、天皇の御座は紫宸殿母屋中央に南面すなわち南向きに設けられたが、皇太子の座は、

殿ノ母屋東第三間ノ西ノ柱ノ北面、中央北去（北去謂至倚子北足）、五尺五寸設皇太子座

とある様に、天皇座の東方に配されている。また、王卿の座については、

當御帳東第二間中央、東西兩行設親王公卿座、鋪紺ノ布轡繪《ハンヱ》毯代、（皇太子不侍之時、第二間西柱西進二許尺鋪之、）

立兀子獨床子簀子敷床子等、（北親王參議座、南大臣大中納言三位參議散三位參議座、並西上對座、）…〈中略〉…亦件公卿座指東南、斜行立之、

仍簀子敷《スノコシキ》床子（南）迫中間南柱、各有敷物等

と記され、皇太子の座よりさらに東方即ち天皇の左手に西を上位として設けられた事が知られる。また内弁大臣座は東脇殿とも言うべき宜陽殿西廂に配された。王卿以下の庭中の列立位については、

尋常版位南ニ去五尺許、東折二丈二尺立親王標、南大臣標、次大納言標、次中納言標、（其東去一丈三尺三位參議標、南去立散三位標、

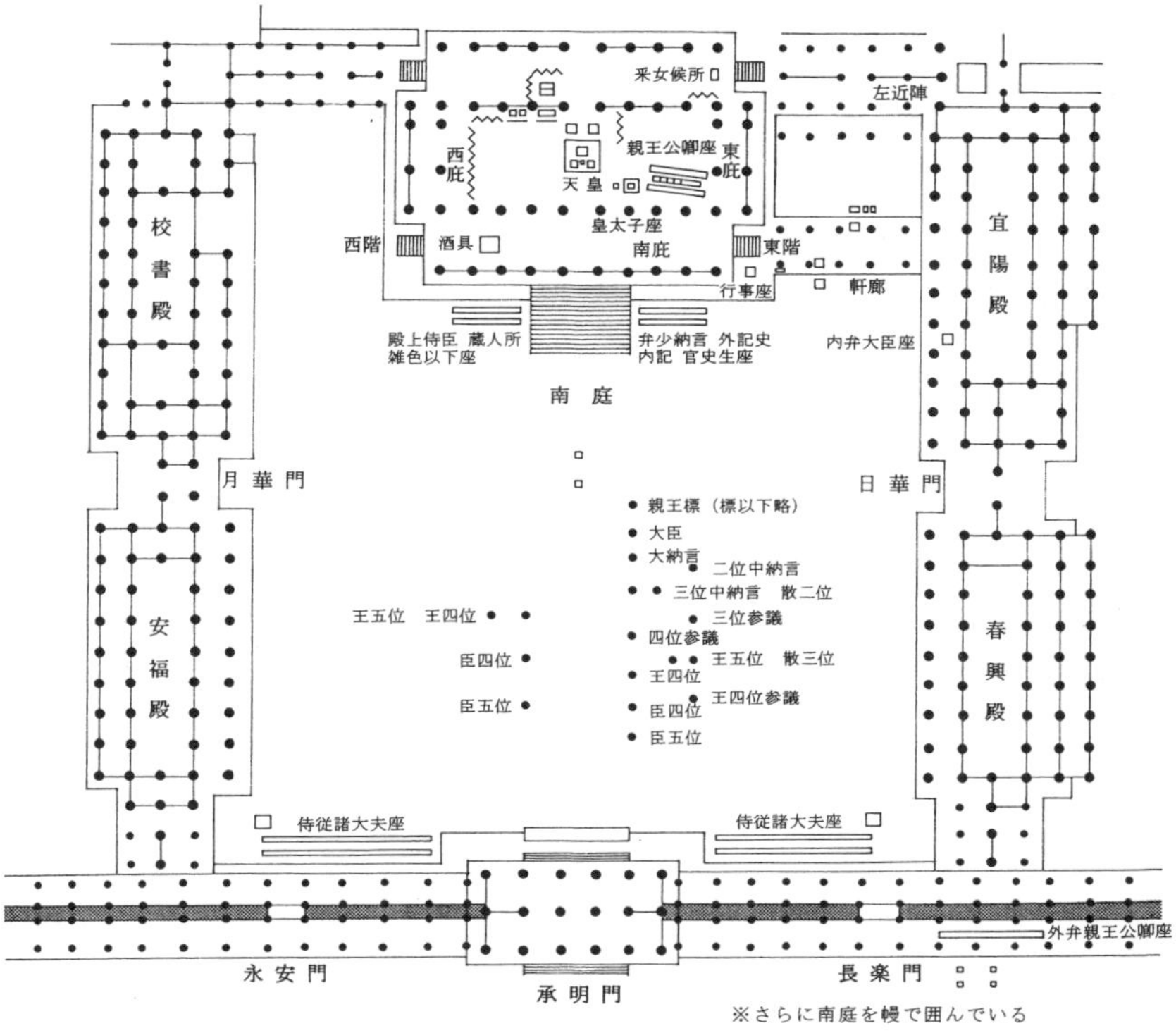

図６　紫宸殿元日節会推定復元図

南去立参議標、並七尺爲間、）次四位参議標、次王四位五位標、次臣四位標、次五位標、（各八尺爲間、）馳道ノ西ニ立王四位五位標、臣四位五位標、臣四位五位標亦如之、（其丈尺准東）

とある。『江次第鈔(34)』に行立標之図が尋常版の位置との関係で示されている。『江家次第』と比較すると細部に若干の違いが認められるが基本は同じで、これらの姿が具体的に知られる数少ない史料の一つである。参議以上は東半部にのみ列立した。庭上の座に関しては同じく『江家次第』に、

承明門内東西掖東行各立五丈幄一宇、（木工寮運調度、大藏省立屋、當承明門東砌、西進二許尺立東幄西柱、當西砌東進二許尺、立西幄東柱、）設侍従諸大夫ノ座、床子弁黒漆ノ臺盤各立二行辨備饗饌

と記される。豊楽殿の場合昇殿しない者（侍従以上）の座は顕陽、承観両堂に設けられたが、紫宸殿での儀では承明門内東西に配されている。この点に於て異なるが、儀式空間の構造は両者

同一であった。門、階の用法を見ても、王卿は承明門左（東扉）より入り、東階から昇殿した事が知られる。王卿らの位置に着目してこの儀の様子を推定復元したのが図6である。(35) この様に、「元日節会」では王卿が天皇の左手・東側に位置を占めており、左右非対称的な空間構造が成立していたのである。

（二）旬儀について

「旬儀」は『公事根源愚考』に、

おほよそ旬には色々有内裏あたらしくつくられて後はしめて南殿にて行はせたまふをは新所の旬と申位につかせ給てはしめて政にのそみ給ふをは万機ノ旬と申…〈中略〉…十一月一日冬至にあたる年行はるゝをは朔旦旬と申…〈中略〉…夏のはしめにおこなはるゝをは孟夏の旬と申冬のはしめをは孟冬の旬と申にやこの夏冬のをは二孟の旬とも申也

と記され、また「二孟旬」については、

是は天子夏冬の季のあらたまるはしめに臣下に御酒をたひ政をきこしめる義也

とある。

式は、天皇出御、闈司監物大臣奏、王卿参入昇殿、供台盤、御暦番奏、中納言奏、音楽、舞、見参奏、退出の順に行われた。「旬儀」は奏上と宴の両方の性質を併せ持った儀式と考えられる。

『江家次第』により装束に関する主要な部分を見ると、

掃部寮女官、上紫宸殿御隔子懸御帳帷、壁代（冬旬用之）内匠寮立御障子、（以上藏人行事之、）掃部官人立整御倚子於御帳内、（御長内御装束具在記文、）母屋東第四柱下以北去柱五尺五寸立皇太子倚子、以北廂東一間爲東宮膳所、障子前立厨子一基置饌、皆用朱漆器、宸儀未御之前、東宮采女等參祇候件間、北戸前立御屛風一帖、第二柱下東向立御屛風一帖、第二間障子戸内去戸四五尺許、南向立御屛風一帖件二箇間敷疊、自南廂東一間至第三間立兀子床子爲王卿座、（西上北面、但參議料立床子、二人着一脚、）東階北腋南第一間立床子二脚、（出居座西面）階下座如常

とあり、殿上および階下の座は「節会」の場合とほぼ同様であった事が知られる。王卿座について「節会」の場合は母屋の東方に設けら

れたが、この場合は南庇の東一間から三間の間に西が上位となる様に配された。見参奏の後、王卿らは庭中に列立するが、その位置と方式について『北山抄』には、

版位巽三《五一本》許丈、西上北面、参議以上一列、四位五位一列

と記され、やはり庭中南北中心軸より東側に西を上位として列立した事が知られる。出居次将、出居侍従は紫宸殿東庇に座を占めたが、昇殿するに際し日華門より入り東階を用いた。また、王卿も東階より昇殿している。これに対し月華門や西階は台盤や酒具を紫宸殿上に据える時に使われるなど、東と西とでは明らかに異なった用法がなされている。また奏上の際にも、左腋門など東側の門が使われていた。

さて、「旬儀」は本来天皇出御のもとに行われるが、都合によりこれが無い場合、平座と称する略式の儀が行われた。その時には東脇殿たる宜陽殿に公卿らの座が設けられた。『江家次第』には、

上卿仰装束辨、(若無者他辨又仰、)令奉仕宜陽殿装束、又居饌、(件座、常時以南爲上、而今日以北爲上、若御里内者、公卿暫起陣座、令居饌於陣座、)

と記されるが、平座でない本来の場合でも雨儀の際には庭上に列立すべき公卿らが宜陽殿とその南の春興殿に列立した。すなわち、これらに於ても公卿らの座、列立の位置は南北中心軸より東側に設定されていたのである。

(三)相撲節について

「相撲節会」は毎年七月に天皇が相撲を御覧になる儀式である。この儀式は豊楽殿における「射礼」とほぼ同様の式次第で、即ち天皇出御、大臣皇太子昇殿着座、王卿以下参入着座、相撲司参入、競技、供膳、退出の順に行われた。装束については『江家次第』に詳しいが、殿上のそれについては『雲図抄』[36]にその様子が具体的に示されている(図7)。王卿座は天皇御座の東側、南庇の東一間から三間の間に西が上位となる様に配された。[37] 即ちこの方式は「元日節会」や「旬儀」と同様であったことが知られる。王卿らの参入および列立位については『儀式』に、

大臣稱唯左近仗西頭謝座升自東階就座次皇太子升自同階謝酒就座親王以下參議已上進就列少時大臣喚舍人二聲舍人稱唯少納言(與大舍人共候便所)代之趨立中庭大臣宣喚大夫等稱唯出而喚之大夫等稱唯經相撲司幕南更折北向進就標異位重行(在左者以西爲上在右者以

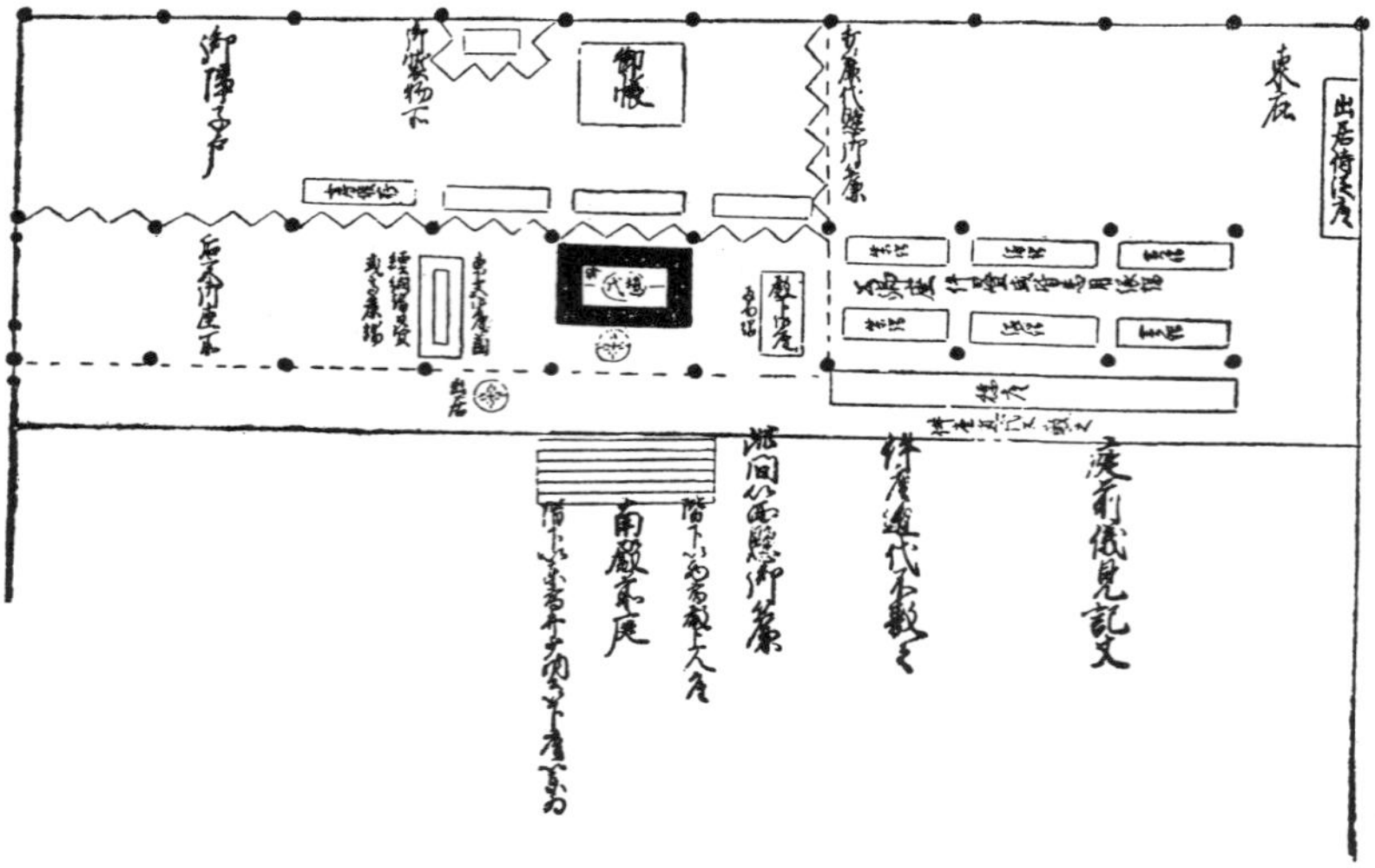

図７　紫宸殿相撲節指図（『雲図抄』による）

東爲上）次六位已下入立相撲司幕後北上東面列立謝座謝酒各就座と記され、親王以下参議以上が列に就き、また大夫等が南北中心軸に対し対称となるよう列立したことが知られるが、親王以下参議以上については「元日節会」の場合と同様この軸の東側に列立したものと考えられる。

（四）卯杖について

「卯杖」は正月の卯の日に六衛府等が祝いの杖を献上する儀式である。この儀には宴が無く、従って王卿らの昇殿は無かった。杖を献ずる大舎人頭以下は、南門たる建礼、承明門より入り杖を献上した。南庭には左右近衛がそれぞれ陣を張り、尋常版の東西には対称の位置に案が立てられた。この様にこの儀はほぼ左右対称的空間構造のもとに行われたと考えられるが、他の献上儀、奏上儀たる「進御暦式」「奏成選短冊式」などでは、庭内への参入門として承明門ではなく、日華門や左腋門といった東の門が使われた。この点に注目しておきたい。

紫宸殿の儀式として前に紹介した「立太子」「立后」では王卿らの昇殿がなく、庭中での拝舞が中心となっている。また「皇太子元服」には昇殿があるが、その座の配置は「節会」の場合と同様である。これらはいずれも年中行事ではないが、門の用法の観点から第六章第一節で詳しく検討する。

〔五〕清涼殿を中心とした儀式

清涼殿は紫宸殿の北西方に東面すなわち東向きに位置を占める、昼御座、寝所などが設けられた天皇の常の御所である。ここに於ても様々な儀式が催された。正月朔日の「小朝拝」を始め「叙位」「除目」「灌仏」「石清水・賀茂臨時祭試楽」「季御読経」「仁王会」「最勝講」等多岐に渡っている。ここでは「小朝拝」「五日叙位」「仁王会」を取り上げ、これらの儀式空間がどの様に展開されていたのかについて考えてみたい。

（一）小朝拝について

『公事根源愚考』に、

抑朝拝は百官悉ク拝するといへとも小朝拝はたゝ殿上はかり也百官とひとしからさる故に私あるに似たりとて留させ給しにやとある様に、「小朝拝」は大極殿での朝賀が公儀であったのに対し昇殿を許された人々のみが拝賀を行う私儀と考えられていた。『江家次第』によりこの儀の次第を見ると、

殿上王卿、於射場殿邊着靴、（雖有親王大臣令奏之、）令頭藏人奏之候由《サフラフヨシヲ》、

次御裝束、（職事不取笏、備府不帯劒、歸出之時、職事取笏、備府帯劒、）

垂母屋御簾撤晝御座、敷ニ色ノ綾ノ毯《タン》代、（四角置鎭《チン》子、）立殿上御倚子、（幼主時、御倚子前置承足、或説、御倚子於廂階間云々、皇太子參上時、立御帳中、）

次宸儀《シンキ》出御、（位袍御靴、幼主絲鞋《シアイ》、）

次藏人歸リ出テ告御出由、王卿經明義仙華門列立庭中（北上西面、參議以上一列、第一人當御座立、若人多時、漸々《ヤウく》北進、）

とあり、王卿は射場殿の辺りで靴を着け紫宸殿西脇の仙華門より清涼殿東庭に入り、清涼殿の上に東面して御座す天皇に対し拝賀を行った事が知られる。ここで注意すべきなのは、東庭内に王卿等が入るに際し清涼殿よりみれば南方の仙華門を用いたという点と、庭上では天皇の右手に北を上位とし西面して列立したという点である。すなわち、ここに於ても天皇を中心として左右非対称的な空間構造が

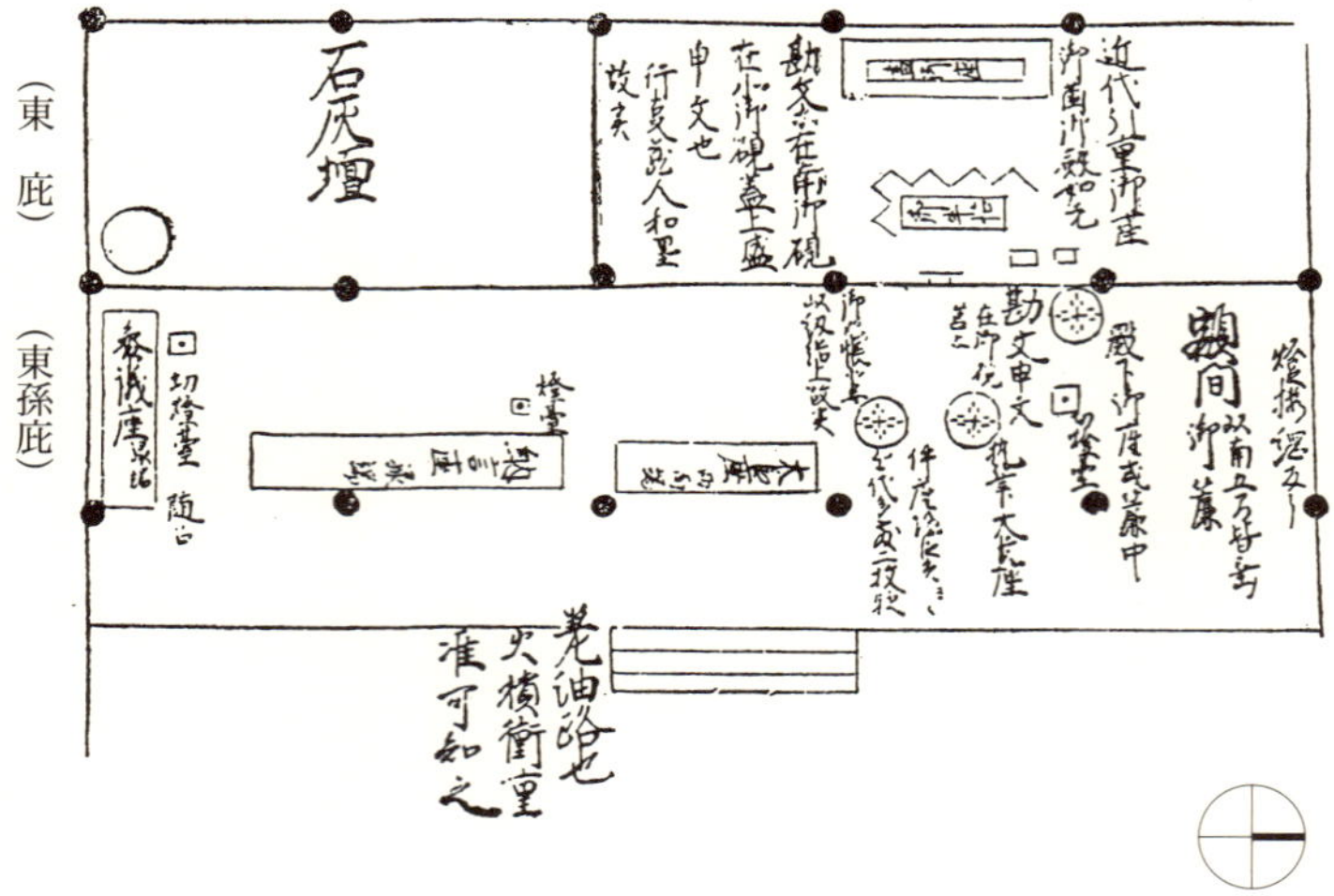

図8　清涼殿叙位議指図(『雲図抄』による)

形成されていた。紫宸殿での「元日節会」等の場合王卿等は南面する天皇の左手に位置を占めたが、清涼殿での場合は右手に位置したのである。この点に於て異なっている。

(二)五日叙位について

「叙位議」とは『江次第鈔』に、

選叙令曰凡内外五位已上敕授内八位外七位以上奏授外八位及内外初位皆官判授今案叙位謂勅授之五位以上也

とある様に、天皇が親しく五位以上の位階を授ける儀式である。『江家次第』によりこの儀の次第を見ると以下の様である。即ち、まず諸卿が左仗に着く。次いで日華門北腋にある議所に着き勧盃の儀となる。その後、紫宸殿階下を経て射場殿に到り列立し、そこで中文を入れた筥を取り、清涼殿の天皇の御前に次々と参上し座を占める。ここで叙位が議されるのであるが、『雲図抄』にこの時の装束が示されている(図8)。

この図を見ると、東向きの天皇に対し摂関殿下や執筆大臣を始めとする公卿らの座が東孫庇に北を上位として配されたことが知られる。なお、この「五日叙位」はもとは「七日節会」の叙位であったのが後に六日に行われる様になり、さらに村上天皇の代から五日に行われる様になったものと言われている。[38]

「除目」についてもここで触れておきたい。「除目」とは諸司・諸国の主典以上の官を任ずる儀式であるが、「除目」には地方官を任ずる春の「県召除目」と京官を任ずる秋の「司召除目」等がある。「県召除目」は正月十一日よ

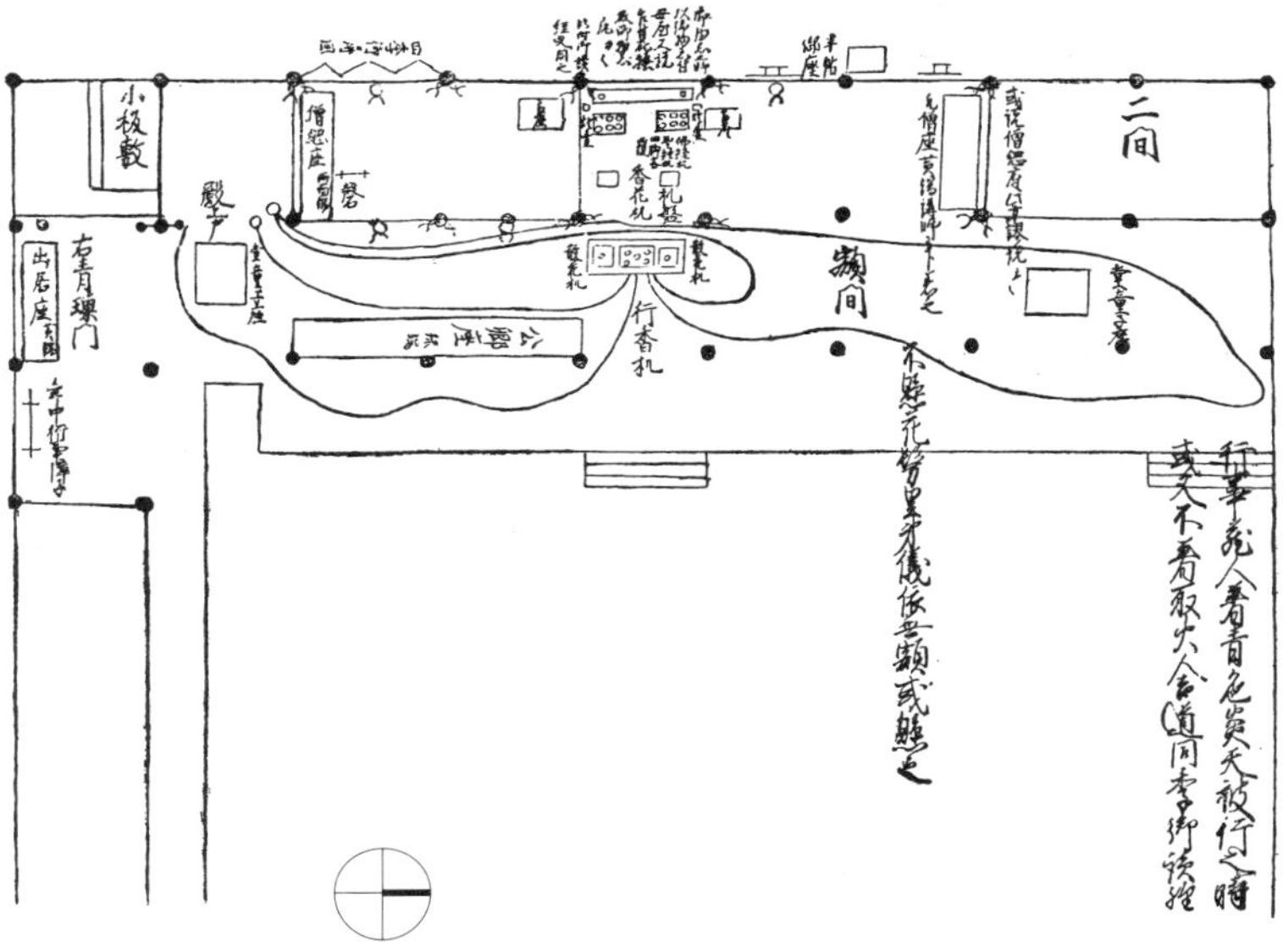

図９　清涼殿仁王会指図（『雲図抄』による）

り十三日までの三日間行われるのが常であった。『西宮記』には、

當日大臣已下、自陣着議所、(以内堅簡立大臣後壁。)藏人召、(藏人頭、於御前撰定申文召。)外記取、(大臣仰。)筥文、列射庭、(參御前、同叙位儀、納言已下、執筥)諸卿座定、大臣依召着圓座

と記され、式の次第は「叙位議」に準じていたが『雲図抄』には、

御装束儀。一同叙位但御座(御半帖。)前有三筥。南中文(御硯筥上返蓋裏盛之。)中隔官帳北大間也。其外與叙位無相違

とあって、装束もまた「叙位議」に倣っていたことが知られる。

(三)仁王会について

『公事根源愚考』に、

吉日をえらひて行はる或は三月也大極殿紫宸殿清涼殿なとにて此事有仁王護國般若經を講せしむひとへに朝家の御祈の爲也

とある様に、「仁王会」は大極殿、紫宸殿と共に清涼殿でも行われた事が知られる。『江家次第』によりこの儀の次第を見ると以下の様であった。即ち、上卿以下着陣。殿上御前に着座。威儀師、衆僧、仙華門より入り御前に着座。講読師高座に昇る。威儀師、磬を打ち唄師発音。堂童子着座、散花。講説。退出。『雲図抄』にはこの儀の装束が示してある(図9)。階間の仏像(仏画カ)を中心としてその前に仏具、僧、堂童子が左右対称的に配されたが、公卿座は

階間より南側の東孫庇に設けられた。

清涼殿に於ける他の仏事、「季御読経」「最勝講」「御仏名」について『雲図抄』を見ると、仏具、僧等は左右対称的位置に配されたが、公卿（上達部）、殿上人の座は今まで述べてきた儀式と同様に東庇または孫庇の、階間より南側に設けられていた。そしてこれら公卿以下の座は、「小朝拝」での庭上の列立時の序列や「叙位議」での東孫庇の席次に鑑みた時、北を上位とする空間的秩序のもとに置かれたものと考えられる。

〔六〕おわりに

大極殿は朝堂院の正殿であるが、福山敏男氏は平安時代の第Ⅰ期朝堂院で行われた儀式に関し、定期のものとして「即位」「朝賀」「御斎会（最勝会）」「十六日節会」「射礼」「政」「告朔」「相撲」「例幣」「考問」を、臨時のものとして「奉幣」「斎王群行」「出雲国造奏神賀辞」「臨時仏事」「外国客に対する儀式」をあげている。[39]

ここでは、臨時のものを除外し、[40]定期とされた儀式についてその開催状況を検討してみよう。表1は、今まで検討を加えてきた主要な儀式について、大極殿以外のものも含め開催された場所を、平安遷都からの一世紀分と奈良時代さらにそれ以前の分までをも併せて時代順に整理したものである。[41]但、「豊明節会」については、開催状況を見る関係上大嘗祭に伴うものではなく、年中行事・新嘗祭の翌日辰日に行われたものを示すことにする。

まず「即位」について見ると、大極殿焼失時に陽成天皇によって豊楽殿が用いられた例を除き、平城宮、平安宮を通じ大極殿が主会場であった事が知られる。この点については、安元三年（一一七七）に最後の大極殿が焼失するまで一貫して変わる事が無かった。「元日朝賀」は原則として毎年行われるべきものである。桓武天皇の延暦十五年（七九六）以来、仁明天皇の頃までは大極殿が会場として用いられてきた。しかしながらそれ以降は殆ど行われなくなった（やがて、清涼殿での「小朝拝」がこれに代わっていく）。大極殿での「御斎会」が知られる文献上の早期の例は『続日本後紀』承和元年（八三四）に示されるものである。これ以来、焼失した一時期を除き殆ど大極殿が使われてきた。福山氏は『日本後紀』延暦二十一年（八〇二）正月十三日条より、既にこの時には大極殿でこの法会が行われてい

表１　八、九世紀に於ける儀式会場の変遷一覧

西暦	和暦	天皇	即位	御斎会	元日朝賀	元日節会	七日節会	十六日節会	豊明節会	卯杖	旬（二孟）	相撲	射礼
	持統 8	持統											
	9						内					西槻下	
	10												南門
	文武	文武											
	2				大								
	3												
700	4												
	大宝				大			朝					
	2				大			西閣					
	3				〔廃〕								
	慶雲				大								
	2					朝		朝					
	3				大		朝						
	4	元明	大										
	和銅												
	2												
10	3				大			重閣門					
	4												
	5												
	6												
	7												
	霊亀	元正	大		大			中門					
	2				〔廃〕	朝							
	養老												
	2												
	3				大								
20	4					殿上							
	5												
	6				〔不受〕								
	7							中宮					
	神亀	聖武	大		大		中						
	2												
	3												
	4				大		朝						
	5				大		南苑						
	天平					中	朝						
30	2				大		中朝	大安殿 皇后宮					
	3					中							
	4				大								
	5					朝・中							
	6					朝・中						南苑	
	7					朝・中							
	8												
	9												
	10					朝・中						大蔵省	
	11												
40	12				大		朝	南苑・朝					
	13				恭仁宮	内		大					大極殿南門
	14				四阿殿			大安殿					
	15				大		大安殿						

（大…大極殿、朝…朝堂、豊…豊楽殿、内…内裏、紫…紫宸殿、前…前殿、中…中宮、〔廃〕…廃朝）

西暦	和暦	天皇	即位	御斎会	元日朝賀	元日節会	七日節会	十六日節会	豊明節会	卯杖	旬(二孟)	相撲	射礼
	天平16	聖武			〔廃〕	朝							
	17				〔廃〕	御在所	大安殿・朝						
	18				〔廃〕								
	19				〔廃〕	南苑							
	20				〔廃〕	内・朝	南高殿						
	天平感宝 天平勝宝	孝謙	大		〔廃〕								
750	2				大安殿	大郡宮 薬園宮							
	3							大極殿南院					
	4												
	5				〔廃〕	中務南院							
	6					内	東院	大安殿					
	7				〔廃〕								
	8												
	天平宝字				〔廃〕								
	2	淳仁	大				内庭						
	3				大		〔停〕	朝					
60	4				大	内	閤門						朝
	5				〔廃〕								
	6				〔廃〕								
	7				大		閤門・庭	南苑・朝					
	8	称徳											
	天平神護				西宮前殿								
	2												
	神護景雲												
	2				大		内		西宮前殿				
	3				大		法王宮						
70	宝亀	光仁	大				東院						
	2				大			朝					
	3				大	内							
	4				大	内	重閣中院						
	5					内	臨軒	揚梅宮・朝					
	6					内							
	7					前							
	8					前		前・朝					
	9				〔廃〕	内・朝	内						
	10				大		朝	朝					
80	11				大	内	朝						
	天応	桓武	大										
	延暦												
	2				〔廃〕			大極殿閤門					
	3							内・朝					
	4				大	内							
	5												
	6												
	7												
	8						南院					石上衢	
90	9												
	10				〔廃〕								
	11				大	前	南院						猪隈院・南院
	12				大	前						馬埒殿	

西暦	和暦	天皇	即位	御斎会	元日朝賀	元日節会	七日節会	十六日節会	豊明節会	卯杖	旬（二孟）	相撲	射礼
	延暦13	桓武			〔廃〕								東垺殿
	14				〔廃〕	前							
	15				大	前						馬垺殿	
	16				大	前							朝
	17				大	前							
	18				大	前	大 ※豊楽院未成功	大					朝
800	19				大	前							
	20				大	前							馬垺殿
	21				〔廃〕	前						朝	馬垺殿
	22				〔廃〕	前							朝
	23				大	前							馬垺殿
	24				〔廃〕								御在所南端門
	大同	平城	大		〔廃〕	前							〔不御〕
	2				〔不受〕		〔停〕					神泉苑	神泉苑
	3				〔廃〕	前						神泉苑	
	4	嵯峨	大										神泉苑
10	弘仁				〔廃〕							神泉苑	
	2				大							神泉苑	豊
	3				大	前			豊			神泉苑	
	4				大		豊					神泉苑	南庭
	5				大	前						神泉苑	馬垺殿
	6				大	前		豊					豊
	7				大	前		豊				神泉苑	豊
	8				大	前							豊
	9				大	前							豊
	10				〔廃〕	前	豊		豊				豊
20	11				大	豊	豊	豊				神泉苑	豊
	12				大								
	13				大	豊	豊	豊					豊
	14	淳和	大		大	豊	豊						
	天長				大	紫							射宮
	2				〔廃〕	前							
	3				大	内	豊					豊	
	4				〔停〕	宜陽殿							
	5				大	内	豊		豊				射宮
	6				大	紫					4月 紫	神泉苑・内	
30	7				大	紫		紫	内	紫		神泉苑	正/17 豊 正/20 武徳殿
	8				大			紫				建礼門・内 冷泉院・紫	武徳殿
	9				大	紫						建礼門	
	10	仁明	大		大	紫	豊				4月 紫　10月 紫	神泉苑・紫	建礼門
	承和			大	大	紫	豊					紫	豊
	2				大	紫	豊・朝					神泉苑・紫	豊
	3			大	大	紫	豊・朝			紫		神泉苑・紫	豊
	4			大	大	紫	豊	紫			4月 紫　10月 紫	紫	正/17 豊　3/5 内
	5			大	大	紫	豊	紫		紫			正/17 豊　2/5 内裏射場
	6			大	〔廃〕	陣頭	紫	紫			10月 紫		豊
40	7			大	大	紫	紫	紫					豊
	8			大	〔廃〕						10月 紫	紫	
	9			大	大	紫	豊	紫				〔停〕	豊
	10			大	〔廃〕						10月 紫		

西暦	和暦	天皇	即位	御斎会	元日朝賀	元日節会	七日節会	十六日節会	豊明節会	卯杖	旬(二孟)	相撲	射礼
	承和11	仁明		大	〔廃〕	紫	紫	紫			4月 紫 10月 紫		
	12			大	〔廃〕	紫	豊	紫	紫		10月 紫		建礼門
	13			大	大	紫	豊	紫			4月 紫		豊
	14			大	〔廃〕	紫	紫	紫			4月 紫		豊
	嘉承			大	大	紫	紫	紫			4月 紫		正/17 豊 正/18 10/10 内裏射場
	2			大	〔廃〕	紫	紫						豊
850	3	文徳	大	大	〔停〕	紫	紫						〔不御〕
	仁寿				〔不受〕								
	2				大	南	豊		豊		近仗下		正/17.8 豊
	3				大	南	豊		豊				豊
	斉衡				〔停〕	南	梨下院		南		4月 右兵衛陣下		殿前
	2				〔停〕		南		南				正/17 豊 正/22 新成殿
	3				〔停〕	南	南		南		〔不御〕		殿前
	天安				〔不受〕	南	南		〔不御〕				正/17〔停〕正/19 新成殿
	2	清和	大		〔不聴〕		南				10月 仗頭	新成殿	〔停〕
	貞観			大	〔不受〕		〔停〕	〔停〕		〔不御〕	4月 左仗頭 10月右仗頭		
60	2			大	〔不受〕	前	豊	前		〔不御〕	4月 南 10月 前		正/17.8 豊
	3			大	〔不受〕	前	豊	前	前	〔不御〕	4月 右仗 10月 前	前・南	豊
	4			大	〔不受〕	前	前	前	前	〔不御〕	4月 右仗下 10月 前	前	正/17.8 豊
	5			大	〔不受〕	前	前	前	前		4月 前 10月 仗下	南	正/17 豊 正/18 射場殿
	6			大	大	前	前	前	前	〔不御〕	4月 仗下 10月 前	前	正/17 豊 正/18 射場殿
	7			大	〔不受〕	〔不御〕	前	〔不御〕	紫		4月 前 10月 南	建礼門 南	正/17 建礼門 正/19 御在所射場
	8			大	〔不受〕	宜陽殿	紫	紫	紫	〔不御〕	〔不御〕		正/17 建礼門 正/19 内裏射場
	9			大	〔不受〕	紫	紫	紫	紫	〔不御〕	4月 宜陽殿 10月〔停〕	紫	建礼門
	10			大	〔不受〕	紫	紫	紫	紫		4月 仗下 10月仗下		正/17 建礼門 正/18 射殿
	11			大	〔不受〕		紫	紫	紫	〔不御〕	4月 紫 10月仗下		建礼門
70	12			大	〔不受〕	紫	紫	〔不御〕	紫	〔不御〕	4月 紫 10月仗下	紫	正/17 建礼門 正/18 射殿
	13			大	〔不受〕	紫	紫	紫	〔停〕	〔不御〕	4月 紫	綾綺殿	正/17 建礼門 正/18 射殿
	14			大	〔不受〕		〔停〕	〔停〕	〔停〕	〔不御〕	4月 宜陽殿 10月左仗下		〔不行〕
	15			大	〔不受〕	紫	紫	〔停〕	紫		4月 仗頭 10月左仗下		建礼門
	16			大	〔不受〕	紫	紫	紫	紫		4月 宜陽殿 10月左仗下	紫	正/17 建礼門 正/18 射殿
	17			大	〔不受〕	紫	紫	紫	紫		4月 左仗下 10月宜陽殿		正/17 建礼門 正/18 射殿
	18	陽成		大	〔不受〕	紫	紫	紫	紫		4月 仗下 10月宜陽殿		正/17 建礼門 正/18〔停〕
	元慶		豊	豊			前	前		前	4月 左仗下 10月左仗下	綾綺殿	正/17 建礼門 正/18〔停〕
	2			豊	〔不受〕	紫	紫	簾中	紫		4月 宜陽殿 10月左仗下		正/17 建礼門 正/18 射殿
	3			大	〔不受〕	紫	紫	紫			4月〔停〕 10月 紫	仁寿殿	正/17 建礼門 正/18 射殿
80	4			大	〔不受〕	紫	紫	紫	紫		4月 宜陽殿 10月宜陽殿	仁寿殿	正/17 建礼門 正/18 射殿
	5			大	〔不受〕	左杖頭	〔停〕		〔停〕		〔停〕		〔停〕
	6			大	〔不受〕		紫	紫	紫	〔不御〕	4月 宜陽殿 10月宜陽殿	紫	正/17 建礼門 正/18 射殿
	7			大	〔不受〕	紫	紫	〔不御〕	〔停〕		4月 宜陽殿 10月宜陽殿	紫	正/17 豊 正/18〔停〕
	8	光孝	大	大	〔不受〕	紫	紫	紫			4月 紫 10月 紫	紫	正/17 建礼門 正/18〔停〕
	仁和			大	大	紫	紫	紫	紫	〔不御〕	4月 紫 10月 紫	紫	正/17 建礼門 正/18 射殿
	2			大	大	紫	紫	紫	紫	紫	4月 紫 10月 紫	紫	正/17 建礼門 正/18 射殿
	3	宇多	大	大	〔廃〕	紫	紫	紫			4月 紫	紫	正/17 建礼門 正/18 射殿
	4				〔不受〕								正/17 豊・基経第
	寛平							東宮			10月 紫	南	
90	2				〔停〕								
	3					南		〔停〕			10月南	仁寿殿	豊
	4						紫					仁寿殿	
	5												

た事を推定している。さて「十六日節会」であるが、管見によれば大極殿がその会場として用いられたのは延暦十八年（七九九）の例があるだけである。弘仁六年（八一五）以降になると豊楽殿での記録が見え始める事から、福山氏はこの頃までは大極殿でこの節会が行われたものと推定した。奈良時代の用例を見ると、朝堂が使われた場合もあり氏の説に対しても肯くことが出来る。しかし、延暦十八年（七九九）以前は豊楽殿は未だ造営されておらず、従って豊楽殿で行うべきこの儀をこの時だけ大極殿を会場として用いたと考える事も可能であろう。「七日節会」についても同様の事が言える。「射礼」について見ると、平安初期には朝堂院が用いられたが間もなく馬埒殿、豊楽院、建礼門、射殿などが使われる様になった。従ってこれについては必ずしも平安時代大極殿での儀式を代表するものとして見る必要はないであろう。「政」は天皇の出御が無く、大臣が諸司の政を聴く儀であるから省略するが、『儀式』巻第九によれば殿内庭の東北にある昌福堂に太政大臣以下の座が設けられた。「告朔」についても少数例があるのみでその具体的姿を知る事は出来ないが、福山氏は「朝賀」に類したものと考えている。「相撲」については一例が知られるだけである。平安初期には神泉苑が多く用いられていた。「例幣」「考問」は大極殿に天皇の出御がない[42]。

この様に、儀式の会場の変遷を概観すると、大極殿で行われた主要な儀式は、「即位」「朝賀」と「御斎会」等の仏事であったと言うことが出来よう[43]。しかも、「即位」「元日朝賀」については古く遡って大極殿が使われていた。

豊楽院は平安時代に特有のものであり、平城宮、藤原宮にこれを見出すことは出来ない[44]。『類聚国史』『続日本後紀』『三代実録』によると、豊楽殿で行われた儀式として「元日節会」「七日（青馬）節会」「十六日（女踏歌）節会」「豊明節会」「射礼」「御斎会」「外国客への饗応」をあげることが出来る。

「元日節会」は奈良時代に於ては朝堂、中宮、内裏で行われたが、特に奈良後半期には内裏または前殿が会場となった。平安時代に入っても嵯峨天皇の頃までは前殿（紫宸殿）が用いられたが、弘仁十一年（八二〇）から十四年（八二三）にかけては豊楽殿が使われている。しかしながらそれ以降は紫宸殿がその会場となった。『内裏式』『儀式』を見ると「元日節会」として豊楽殿の儀が記してあり、実際は余り使われなかったにもかかわらずこれら儀式書では豊楽殿での儀を正式と見做していた事が知られる。「七日節会」については朝堂、南院などが使われその場所が一定しなかったが、延暦十八年（七九九）頃に豊楽殿が成ってからはここで多く開催されるようになり、清和天皇の初期までこれが続いた。「十六日節会」は奈良時代に於ては中宮、大安殿、朝堂などで行われ、やはりその場所は必ずしも一定していなかったが、嵯峨天皇の代には豊楽殿が使われている。「豊明節会」について見ると、奈良時代の例は極めて少ない。平安時代に入ると、嵯峨天皇から文徳天皇の代にかけて豊楽殿が会場となった事が知られる。「射礼」については、平安初期には朝堂、馬埒殿が用いられる事があったが、やはり嵯峨天皇から清和天皇の頃にかけて、特に豊楽殿が使われている。仏事、外国客については用例が少ない。

以上の点から、豊楽殿を会場とした主要な儀式は「節会」と言う事が出来よう。

太政大臣藤原基経が光孝天皇に年中行事御障子文を献上したのは仁和元年（八八五）五月のことであったが、これ以前の儀式書『内裏儀式』『内裏式』『儀式』[45]それぞれと、それ以降の『西宮記』『北山抄』『江家次第』に記載される紫宸殿での儀式の種類を整理し示したのが表2である。障子文以前については『内裏儀式』に「元日節会」[46]等の記載が見られるものの、寧ろ「卯杖」「奏成選短冊事」など献上、奏上に関する儀式が多い。これに対し障子文以降については、これらに加え「節会」の儀が多く認められる。前にも述べた様に、「元日節会」については一時期豊楽殿が用いられたものの、天長元年（八二四）以降は専ら紫宸殿が使われる様になったし、「七日節会」については文徳天皇の頃から、「十六日節会」については仁明天皇の頃から、「豊明節会」についてはやはり文徳天皇の頃から豊楽殿に代わって紫宸殿が用いられる様になった。まさに、九世紀中期には豊楽殿での主要な儀式であった「節会」が殆ど紫宸殿に移ってしまったことになる。これ以降の紫宸殿での儀式を特徴づけるのはこれら「節会」と言っても過言ではないだろう。[47]

平安初期に於て天皇の常の御所には清涼殿のみならず仁寿殿、常寧殿も使われていた。[48]『拾芥抄』によると、

瀧口（本所、在御所近邊、（清涼殿艮邊歟）寛平御時被置衆、若十人、若廿人、随時儀、有内官、有熟食、進月奏）

とあり、寛平年間（九世紀末）に清涼殿に滝口が置かれた事が知られるから、遅くともこの頃までには天皇は本格的に清涼殿を御所として用いる様になったものと考えられる。表3は、紫宸殿での場合に倣って年中行事障子文が殿上に立てられる前と後の清涼殿での諸儀式について、儀式書記載の有無を整理したものである。[49]清涼殿が天皇の常御所として用いられる様になってから清涼殿での諸儀式が整備された様子を窺うことが出来よう。

朝堂院は、八省院とも言われた様に本来八省の官人が執務し天皇が親裁する朝政の場であったが、平安初期にはこれが既に形骸化し、天皇の政の場は内裏に移った事が指摘されている。[50]これと軌を同じくして豊楽殿での「節会」儀が紫宸殿に移り、儀式会場についても

内裏の重要性が高まっていったものと考えられる。そして、この頃天皇の常の御所として定まった清涼殿での儀式の発生・整備がこの傾向に拍車をかけたものと思われる。

この様にして多くの儀式が内裏で行われる様になった。大極殿を主会場とした左右対称的な空間構造を持つ「即位式」は一代に一度の儀式であり、そしてここを会場とした「朝賀」もやがて殆ど行われなくなっていく。これらに対して年中行事として整備されていった内裏での儀式は当時の貴族達にとって触れる機会が多く、日常的にも関心を持たざるを得ないものとなっていったであろう。そしてこれら諸儀式の多くは紫宸殿を会場とするか清涼殿を会場とするかに拘わらず左右非対称的な空間構造のもとに行われていたのである。紫宸殿に於ては天皇の左手に西を上位とした秩序が形成され、清涼殿に於ては天皇の右手に北を上位とした秩序が形成されていた。や

表２　諸儀式書に見る紫宸殿での年中行事一覧

月　日	行事名	内裏儀式	内裏式	儀式	西宮記 北山抄 江家次第
正．１	元日節会	○			○
．７	白馬節会	○			○
．８	給女王禄	○	○	○	○
．14	御斎会内論議（物忌儀）				○
．16	女踏歌	○			○
．上卯	卯杖	○	○	○	○
２．	季御読経				○
４．１	旬儀				○
．７	奏成選短冊事	○	○	○	○
.20以前	奏郡司銓擬文事		○	○	○
．酉	覧被馬事				○
６．１	奏御卜儀				○
７．	相撲		○		○
８．	信濃御馬事				○
．上丁	釋奠				○
９．９	菊花宴式			○	○
．29	国忌				○
	官奏				○
10．１	孟冬旬				○
11．１	朔旦旬				○
	進御暦事		○	○	○
．中丑	宮内省奏御宅田稲数事		○	○	○
．中辰	豊明節会				○
12．晦	進御薬式		○	○	○

表３　諸儀式書に見る清涼殿での年中行事一覧

月　日	行事名	内裏儀式	内裏式	儀式	西宮記 北山抄 江家次第
正．１	四方拝	◌			○
	小朝拝				○
	供若水				○
．５	叙位議				○
．８	女叙位				○
	御斎会内論義				○
．11	除目				○
．14	男踏歌				○
２．	季御読経				○
	仁王会				○
３．３	御燈				○
．中午	石清水臨時祭試楽				○
４．８	灌佛				○
．上申	平野臨時祭儀				○
	賀茂祭禁中儀				○
５．	最勝講				○
６．	大殿祭				○
	解斎				○
．晦	節折				○
７．14	御盆				○
	相撲内取				○
11．中寅	五節舞御前試				○
．下酉	賀茂臨時祭				○
12．	御仏名				○

がて貴族住宅が里内裏として用いられる様になると、これら内裏の儀式がここを会場として行われる様になる。

註

1 『続日本紀』によると、難波京では三位以上には一町以下、四、五位には二分の一町以下、六位以下には四分の一町以下が与えられたことが知られる。平安京もこれに倣ったと考えられている。

2 『日本後紀』延暦十八年(七九九)正月七日条。

3 『類聚国史』。

4 『類聚国史』。

5 倉林正次氏は『饗宴の研究』(昭和四十年八月、桜楓社)に於て正月儀礼の成立について述べ、桓武天皇以降をその成立期と見做している。

6 井上充夫氏の『日本建築の空間』(昭和四十四年六月、鹿島出版会)及び『日本上代建築における空間の研究』(昭和三十六年六月。私家版)が僅かにあげられる。これらに於ては朝堂院、豊楽院、内裏での儀式が復元的に紹介されている。しかしながら儀式の空間構造の点からの考察は十分とは言えない。本節では、空間的秩序という観点からこれらを検討する。

7 第六章第一節で平安宮内裏の承明門、日華門の儀式時の性格を検討するが、そこではこれらの門の性格がやがて変遷していくことをも明らかにしている。しかしその場合でも本節でこれから述べる儀式の空間構造については基本的変化はなく、寧ろこれがより鮮明に現れることになる。

8 福山敏男『大極殿の研究』(昭和三十年四月、平安神宮)。

9 前掲註5。

10 新訂増補故實叢書。

11 延長八年(九三〇)の例では摂政座が設けられている。

12 『北山抄』に、「次親王入自顯親門」とある。

13 『内裏式』新訂増補故實叢書。

14 しかしながら、全く左右対称ということではない。本文に示した様に、内弁大臣座、外記史座は東に設けられたのみで西には設けられなかったし、庭に列立する官人にしても、厳密に言えば東西の位が全て一致してはいなかった。但、後で述べる紫宸殿や清涼殿での儀式に比べると、

15　左右対称性が極めて強い儀式であったと言う事が出来る。
16　「即位図」ネルソン・ギャラリー＝アトキンス美術館蔵（『近世風俗図譜　一一』所収、昭和五十九年、小学館）。
17　近世内裏の空間的秩序については、第六章附節で詳しく検討する。
18　新訂増補故實叢書。
19　倉林正次、前掲註5。
20　官人の列立の仕方については、「即位式」より一層対称性が強い。即位式では、一部上位の方で対称性が崩れているが、「朝賀」では全く対称性を保っている。『儀式』に列立の方式が具体的に記されている。
21　『朝賀絵図』（猪隈家、前掲註8、所収）。本書では、紙面の都合上、大極殿から応天門までの部分を転載した。なお、一部文字の書き入れを行っている。
22　新訂増補故實叢書。
23　新訂増補故實叢書。
24　新訂増補故實叢書。
25　『儀式』によると、「治部玄蕃及左右衆僧前（六位前行五位次之）相分引衆僧（兩人分進東西ノ廊講讀師亦同）威儀師各一人當中列道在前衆僧次之出自東福西華兩門南行至龍尾道東西階頭更折東西相對而進殿東西階更折北行不到殿階四許丈前行六位共留五位進一許丈亦留威儀師引衆僧升殿就座訖前行者各歸去如來儀」とありまた、「衆僧左右各十人起就殿南簾座」とある。
26　平安初期、仏教各宗の諸大寺で毎年人数を定めて学業を試験し定数の得度者を許したが、その後、沙弥行を修させ授戒後十二〜十六年間、所定の経、論を学ばせた者。
27　『日本絵巻物全集』（昭和四十三年十二月、角川書店）。
28　『江家次第』により「斎王群行」の装束を窺うと、大極殿上高座の東側に斎王の御座が設けられ、東軒廊、昭訓門、東南庭など大極殿東半部周辺が用いられるにすぎない。「祈年穀奉幣」「伊勢公卿勅使」でも一部分のみが儀式会場として使われている。
29　『類聚国史』。
30　続群書類従　巻第九三二。
31　大極殿での「朝賀」の時には、初位（九位）、無位の官人までが列立している。『類聚国史』巻七一には平城宮に於ける「元日宴」についての記述があるが、五位已上を饗すとある。後述する「七日節会」に於ては、六位以下も参加していた。
新訂増補故實叢書。

32 内裏の殿舎名が唐風に改められたのは弘仁九年（八一八）の事である。

33 「立太子」「立后」「皇太子元服」については、後に本文でも述べる様に第六章第一節で儀式時に於ける門の性格の点から検討する。本節で検討するのは年中行事として数多く行われ、そして紫宸殿での儀式空間の性質を良く示すと考えられる儀式についてである。

34 続々群書類従　巻第六。

35 王卿の座については近世の例ではあるが、『元日宴會鋪設図』（宮内庁書陵部蔵）を、また王卿の列立位については本文で紹介した『江次第鈔』の図を参考にしている。

36 群書類従　巻第八二。

37 『江家次第』に、「當南廂御簾東三間敷滿長筵、其上南北對座敷帖二行、（並東西行）爲親王公卿座（親王大臣紫端、納言緑端、參議黄端帖等也、）」とある。この記述と図中の王卿座についての書き入れを照らし合わせた時、これらの座は西が上位となる様に配されたことが知られる。

38 倉林正次、前掲註5。

39 福山敏男、前掲註8。ここで言う第Ⅰ期朝堂院とは、延暦十四年（七九五）から貞観十八年（八七六）焼失までの間存続したものを指す。

40 「奉幣」では大極殿に天皇の出御が無い。本節で考察の対象としているのは、儀式の中心殿舎に天皇が出御するものに関してである。また、臨時の仏事は「御斎会」に準じた装束のもとになされたと考えられる。

41 主として『類聚国史』をもとに作製している。その儀式が二ヶ所で行われた場合はそれぞれ示した。「射礼」についてスペースの関係上日付を記さないものは、正月十七日に行われた事を示す。註32に述べた様に内裏の殿舎名が唐風に改まったのは、弘仁九年（八一八）のことである。平安以前の儀式については、『平城宮発掘調査報告Ⅱ』（昭和三十七年、奈良国立文化財研究所）に負う所が大きい。

42 「例幣」については『江家次第』、「考問」については福山敏男、前掲註8による。

43 「御斎会」に於て左右非対称的な配置構成をとったのは天皇の東側に配された貴族の座のみである。井上充夫氏（前掲、註6）によれば、仏殿金堂は本来仏の専有空間であり、内部で法会が行われる様になるのは後の事とする。福山氏は、延暦二十一年（八〇二）より以前に大極殿で「御斎会」が行われたことを推定しているが、もし仮にそうだとすれば、このころにはすでに堂内に僧が入り、しかも俗（貴族）が座を占めるという新しい方式の法会が成立していたことになる。ところで、「御斎会」に於ける貴族の座の占め方は「節会」のそれと類似していた。
「御斎会」の貴族の座の配置方式は、「節会」のそれの影響を受けたと考える事は出来ないであろうか。

44 表1を見ると、豊楽殿の機能を前代に果したものとして、大安殿、中宮などが考えられる。

45 『内裏儀式』は平安初期、『内裏式』は嵯峨天皇の代、『儀式』は貞観十三～四年頃のものと考えられている。

46 『内裏儀式』に記載される会場としての宮は内裏のことと考えられ、従って中心会場は後の紫宸殿と思われる。

47　貞観年間に成った『儀式』にこれら「節会」の場として紫宸殿が記されていないのは、まだ正式な儀式会場として紫宸殿が認識されていなかった事を示していよう。
48　『続日本後紀』『文徳実録』『三代実録』。
49　『西宮記』『北山抄』『江家次第』の欄については、これらのいずれかに記載があれば〇印を記入している。
50　『京都の歴史―一』（昭和四十五年十月、學藝書林）。

第二節　宮城門、内裏門の性格と平安宮内裏の空間的秩序

〔一〕はじめに

平安京は、内裏や朝堂院、豊楽院そして官衙等を含む大内裏を北側中央に据える北闕制をとっていた。内裏は、大内裏中央南寄りに存する朝堂院の北東に位置している。この内裏は二重に囲まれるが、内郭には承明門など四つの主要な門が開かれ、外郭には建礼門などの門が配されていた。また大内裏には陽明門など十四の宮城門が設けられた。これら宮城門は朱雀門を通る南北軸を中心として、完全に左右対称の位置に配されており、内裏内郭門も同様対称の位置に置かれていた(図1)。

本節では、まず宮城門に焦点を当てこれらの用法を検討することによりそれぞれの性格を明らかにし、またこれら宮城門や内裏の門を通過する際に要求された下車等の行為に着目することによって、平安宮内裏に形成される空間的秩序の一端を解明したい。次に行幸の場合を取り上げ、宮城門、内裏門がどの様な要因により使い分けされていたのかについても考えてみる事にする。

〔二〕宮城門の性格

ここでは宮城門の性格を内裏諸門との関連に於て、誰がどの様な場合に用いるのか、そしてこれら諸門を通過する際どの様なことが要求されるのかに着目し明らかにする。

平安遷都から最後の内裏が焼失する承久元年(一二一九)までの間について、貴族の日記等より得られるこれらの門の用法に関する記

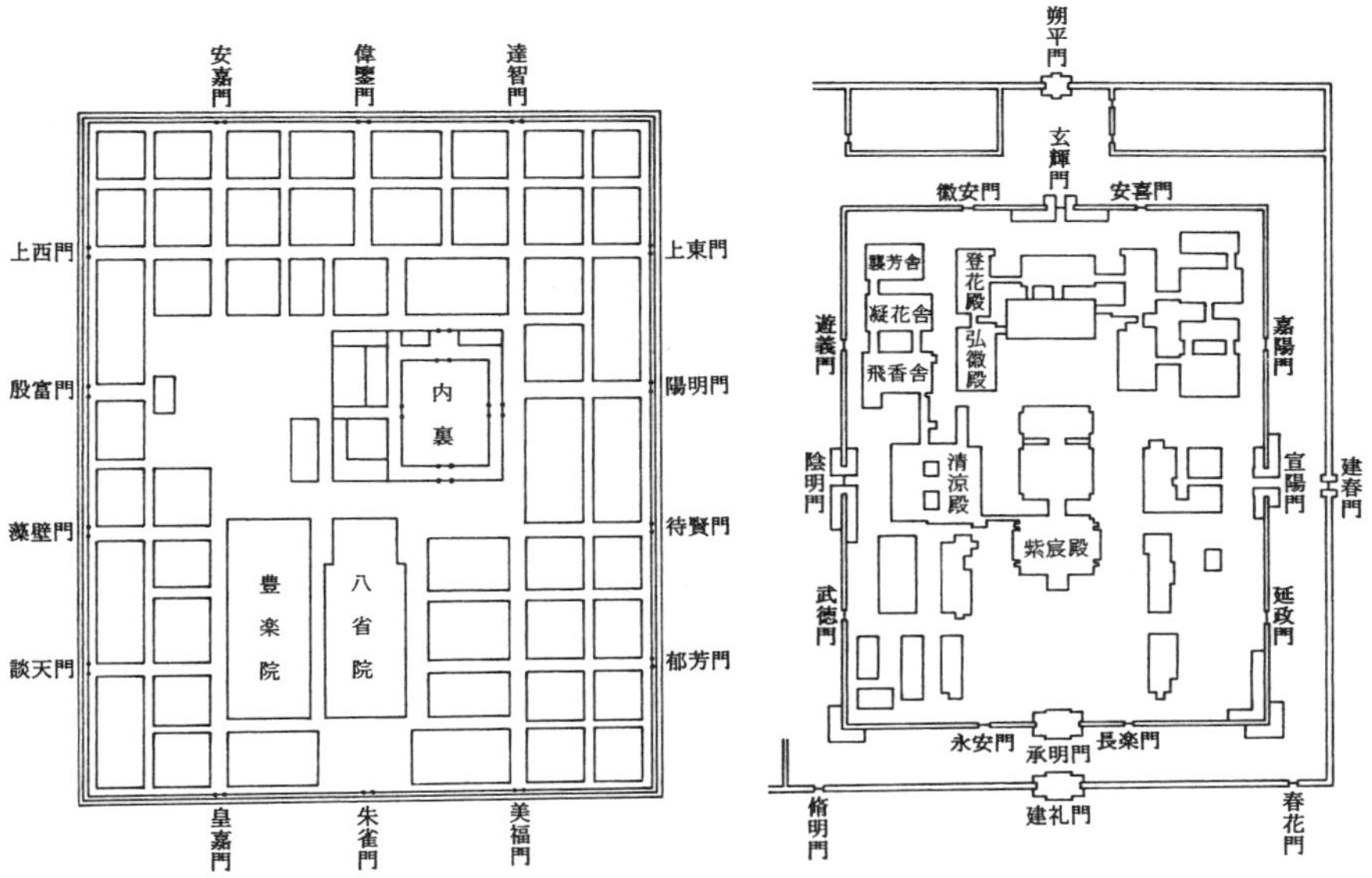

図１　平安宮大内裏宮城門および内裏の諸門

録は数多い。これら記録の時代的分布は平安初期のものが欠けている等必ずしも好ましいものではないが、[1] 大内裏の門という点に鑑みた時、これらからそれぞれの門の性格を読み取る事は決して不可能ではないだろう。[2]

（一）上東門について

上東門は東面する四つの宮城門のうちで一番北側に位置し、土御門大路に通じる門である。

この門に関して得られた用例の約半数は皇后、中宮、女御、女院などの行啓、あるいは摂関等の女の入内・退出についてのものである。僅かな例を除きこれらから内裏の門の用法も同時に知ることが出来、そのすべてが外郭北門の朔平門ならびに内郭北門の玄輝門を用いていた。

上東門と朔平門の間の路次を記したものは管見の限り見出せない。しかしながら平安末期の例で玄輝門から内裏の中のそれぞれの御所への経路を記したものについては認めることが出来る。いずれも飛香舎または弘徽殿までに関するものであるが、例えば前者の例としては『山槐記』の応保元年（一一六一）十二月十七日条があげられよう。これによれば、大殿藤原忠通の女、三位殿は入内に際し玄輝門より入って西行し登花殿と襲芳舎の間を南行して飛香舎東北小門に到った事が知られる。

各々の御所たる殿舎と、上東門外の目的地あるいは出発地との間の往還に用いられた乗物は、女院、皇后、中宮と内親王、摂関等の女とでは異なった様である。嘉応元年（一一六九）六月五日、建春門院平滋子は院号を得たのち七条殿から初めて参内した。『兵範記』によれば、

入御上東門、於北陣朔平門留御牛、引御車入玄輝門、更西行、弘徽殿西面構御車寄

とあり、七条殿より牛車に乗り内裏に到ったが、上東門を経て朔平門で一旦留まり車から牛を解きそののち門内に入っている。同記同年十一月二十日条にも同様の記載があり、院司が車を朔平門内に引き入れ、御所たる弘徽殿に向かった様子が知られる。中宮についても同様であったらしく、『兵範記』保元三年（一一五八）七月二十一日条によれば、忻子は内裏から時の里内裏たる高松殿に行啓したが、

次参宮御方、（承香殿）宮司以下參集、次寄御車、諸大夫六人引之、出玄郡《輝歟》朔平門、懸牛出給上東門

とあり、この場合は内裏から出発した例であるがやはり朔平門で車に牛が懸けられている。皇后の場合も同様であった[3]。以上の諸例は、朔平門内は人が引いたものの車そのものは同じものが使われた事を示している。即ち、女院、中宮等は、御所と上東門外の目的地あるいは出発地との間で乗り換えの必要がなかった。これに対して、内親王あるいは摂関等の女の場合は異なっている。長元元年（一〇二八）七月二日、禎子内親王は神事により内裏を退出した。『左経記』によれば、

御手車、（被用在御院尋常御車也、）前後内東宮殿上人秉燭、諸大夫付御車、於北陣移乗檳榔毛…〈中略〉…従上東門出御

とあり、御所から手車に乗って北陣たる朔平門に到ったが、ここで檳榔毛（牛車）に乗り換えた事が知られる。この様な例は、『小右記』長和二年（一〇一三）三月二十日条に於ても認めることが出来る。また『兵範記』によれば、承安元年（一一七一）十二月十四日、平清盛の女、従三位徳子は七条殿より入内したが、牛車（糸毛車）で朔平門に到りここで輦車（手車）に乗り換え御所たる弘徽殿に到着した。即ち内親王等は朔平門内は手車を用いていた。

さて、貴人の外出には供の者が同行する。『西宮記』巻八[4]皇后行啓の条には、

大夫若他公卿、奉勅定供奉、王卿（親王二人、大納言二人、中納言二人、參議四人、侍従十人、（四位四人、五位六人）行列使五位侍従二人、）奏聞了、下外記令供奉人々、又催諸司諸衞、（將佐以下各一員、）或不定供奉王卿、以口宣仰下

とあり、行啓には王卿以下の人々が供奉した事が知られる。皇后、中宮、内親王等は上東門内に於ても車を用いたが、これら供奉の人々

は門内では下車し歩行しなければならなかった。『玉葉』建久元年（一一九〇）正月十一日条には、記者たる摂政藤原兼実の女、従三位任子の入内に関して、

經大炊御門、東洞院、土御門等大路、入自上東門、余同於上東門下車、他公卿同前、…〈中略〉…下仕半物、於上東門外可下車

とあり、摂政兼実以下の者は上東門で下車した事が知られる。

特別の場合を除き、公卿らは宮城門内では車または馬を用いる事が出来ず、歩行しなければならなかった。しかしながら、摂関や大臣の高齢の者には牛車のまま宮城門内に入る事が許される場合があった。『日本紀略』寛弘八年（一〇一一）八月二十三日条には、

召撿非違使仰云。左大臣乗牛車可聽出入待賢上東兩門。

と記され、長元九年（一〇三六）四月七日条には、

聽關白左大臣乗牛車。出入宮門。

とある。また、『世俗浅深秘抄』(5)には、

執政家之牛車之人用上東門。自餘之輩用待賢門歟。雖…〈中略〉…執政人駕牛車。往還陽明門藻壁門。此兩門之外依便宜用之常事也。

と記されている。但、実際に牛車で宮城門を出入りした例を見ると、例えば『日本紀略』康保四年（九六七）十月五日条に、

關白左大臣如舊乗牛車。可出入上東門者。

とある様に、高齢の関白左大臣藤原実頼は上東門を用いるべきことが知られるし、また『兵範記』保元三年（一一五八）六月二十八日条によれば、関白藤原忠通は牛車で上東門より参入した。いずれも摂政あるいは関白の例であるが、他の大臣を含めてみても上東門以外の宮城門について同様の例を求めることは困難である。(6)

宮城門は合わせて十四存在したが、上東門、上西門は他の十二の門とはその構造、規模が異なっていた。『大内裏図考証』(7)には、上東門には他の門と異なり、石階が設けられなかったらしい事が記されている。牛車に乗ったまま宮城門を出入するには石階の無い上東門のこの様な構造が便利だったのであろう。

上東門の用法について次の様な特殊な例が存在する。今まで検討してきた様に通常天皇は上東門を用いる事はなかった。しかしながら『左経記』長治九年（一〇三六）四月二十二日条には、十七日に崩御した後一条天皇の遺骸を土御門殿に移す事に関し、清涼殿での入棺

の後、御車で玄輝門西側の徽安門外に到り、朔平門西方の式乾門を経て上東門より出御したことが記されている。

（二）陽明門について

陽明門は東面する四つの門のうち北から二番目の門で近衛御門大路に通じ、内裏の東門たる建春門、宣陽門に最も近い場所に位置する。上東門など他の門に対し得られた用例の数は非常に多い。試みにこれらの時代的分布を見ると、史料的制約により九九〇〜一〇三〇年頃と、一一〇〇〜一一四〇年頃、一一六〇〜一一七〇年頃の大きく分けて三つの時期に偏在している。

陽明門については、行幸の用例がかなりの割合を占めている。行幸には御輿が用いられ、王卿、諸衛府等多くの人々が供奉した。これらの例を検討すると、内裏より行幸あるいは内裏に還幸する場合、どの内裏門を用いたかの点から見てこの門の用法に二通りの型が存在したことが知られる。これを仮にⅠ型、Ⅱ型と名付けよう。(8)

Ⅰ型―陽明門、建礼門、承明門を用いる場合

Ⅱ型―陽明門、建春門、宣陽門を用いる場合

Ⅰ型としては、保元二年（一一五八）十月八日、後白河天皇が高松里内裏から新造なった内裏に遷幸する際の例があげられる。『兵範記』によれば鳳輦が用いられたが、

皇輿入御陽明門…〈中略〉…御輿自左衞門陣南行、着御建禮門前…〈中略〉…御輿留承明門砌内…〈中略〉…御輿輦南階、天皇下輿

と記される。鎌倉初期についてではあるが、『猪隈関白記』建暦元年（一二一一）正月十九日条からは高陽院第への朝覲行幸の例が知られる。

左大將道家卿於承明門仰御綱歟、余依候御後不見其儀、余於建礼門騎馬、行列次第如例…〈中略〉…御輿出御自陽明門…〈中略〉…

余隨身才於陽明門外騎馬

この例は、本来は待賢門のところを憚のために陽明門を用いたことを記したもので、陽明門の例としては必ずしも最適ではないが供奉の騎馬位置が知られる点で貴重である。即ち、関白藤原家実は建礼門で騎馬し、随身等は陽明門外で騎馬したのであった。

Ⅱ型としては、康和二年（一一〇〇）八月十六日の高陽院へ遷幸の例があげられる。『殿暦』によれば、堀河天皇は御輿に乗り日華門、宣陽門、建春門を経て陽明門より出御したが、右大臣藤原忠実は左衛門陣、即ち建春門で騎馬し供奉した事が知られる。供奉の騎馬位

置に関しては、『本朝世紀』長保元年（九九九）三月十六日条がより詳しい。この日一条天皇は母親たる東三条院詮子の御所一条大宮殿に行幸したが、建春門外で諸卿や諸衛督佐が乗馬し、陽明門では諸衛官人以下左右馬寮官人などが乗馬し供奉したのであった。通常、官人は宮城門の内側は下馬あるいは下車し歩行しなければならなかったが、行幸の供奉の場合は特別だった様である。なお、『西宮記』巻八の行幸に関する条には、

五位已上於城中乗馬、六位於宮城外騎

と記され、位に応じ乗馬する位置の異なった事が知られる。

Ⅰ型に対しⅡ型の例数が圧倒的に多いが、両者の間に時代的偏りも特に見られず、また、目的地（出発地）の方角による違いも特には認められない。(9) しかしながら得られた例数に限るならば、次項でも見るがⅠ型は遷幸・還御と朝覲行幸のみであった点が注目されよう。

上東門については皇后、中宮の用例が多く見られたが、陽明門についても同様である。長治元年（一一〇四）四月十一日、中宮篤子は堀川殿に移徙したが、『中右記』によれば、飛香舎から御輿に乗り玄輝、朔平門を経て陽明門より出御している。中宮が陽明門を用いる場合、牛車ではなく御輿を用いるのが常だった様で、得られた例数の殆どがこの場合であった。(10) また、玄輝門、朔平門と共に使われたのも上東門の場合と同様である。(11) 但、内親王、摂関の子女についての例を見出すことは困難であった。

陽明門については、東宮および皇太弟に関する用例も多い。陽明門を用いて内裏より行啓あるいは内裏に入御する場合、どの内裏門を用いたかの点から見ると二つの型が存在している。これを仮に①型、②型とすると、以下の様になる。

①―陽明門、建春門、宣陽門を用いる場合

②―陽明門、朔平門、玄輝門を用いる場合

①型としては、万寿二年（一〇二五）六月二十五日、東宮敦良が尚侍嬉子の御所上東門第へ行啓した例があげられる。『左経記』によれば、東宮は敷かれた縁（筵）道の上を自身の御所梅壺（凝華舎）から麗景殿の西南、承香殿の北、温明殿の北東を経て左衛門陣に到り、そこからは御車に乗って陽明門より行啓したことが知られる。また②型の例としては、東宮敦成が母親であった皇太后彰子の御所枇杷殿に朝覲行啓した時の記録があげられる。『小右記』長和二年（一〇一三）正月十日条によれば、東宮は凝華舎東面より殿上人五位六位が引く手車に乗ったが、朔平門で糸毛車に乗り換え、式曹司の西から南を廻り陽明門より行啓している。供奉の人々は陽明門外で騎馬した。

得られた例数は②型の方が多かったが、これらのみから①型②型の性格の違いを論じるのは困難である。

陽明門の性格を特徴づけるのは、やはり公卿らの参内退出時の用法であろう。古記録から得られた用例を見ると、主として任大臣節会、着陣、奏慶・拝賀に関するものに分類できる。

まず、任大臣節会のための参内、そしてそののち退出し大饗所に向かう際の用法について見よう。康和二年（一一〇〇）七月十七日、藤原忠実は任右大臣節会のために東三条殿より参内した。『殿暦』には、

下陽明門、經建春、宣陽等門、暫候直廬

と記され、陽明門を用い、建春門、宣陽門より参入した事が知られる。その後、忠実は暫く直廬に控えていた。節会ののち、天皇に奏慶し、飛香舎の中宮に慶を申し上げた後、陽明門から退出している。この時は夜に入ったため、陽明門での出立儀は無かったが『小右記』治安元年（一〇二一）七月二十五日条に記される様に、通常は陽明門で公卿らの出立儀が行われる。

着陣の際にも陽明門が使われている。嘉承元年（一一〇六）正月十三日、忠実は関白に任ぜられたのち初めて着陣したが、『中右記』には、

到陽明門、經建春宣陽門…〈中略〉…頃而又着陣奥座給

と記される。また退出に関しては、

依甚雨無出立等儀

とあるので、やはり出立儀のあるのが定式であった事が知られる。奏慶・拝賀の際にも同様に陽明、建春、宣陽の各門が用いられた。その際、陽明門で下車した事が『兵範記』保元三年（一一五八）八月十一日条、同仁安三年（一一六八）七月十六日条などから知る事が出来る。

いずれにしても、陽明門は公卿ら参内の公式の門であった。『世俗浅深秘抄』の、

公卿着直衣参内。入自陽明門事不可然歟。但近代皆然。昔網代車立陽明門事。惣以不然事也。

という記述[12]、そして『三条中山口伝』[13]の立車事に関する執政以下殿上人に到るまでの車の並び方についての厳密な記述は、この事を如実に示したものであろう。

（三）待賢門について

待賢門は東面する四つの門のうち北から三番目の門で、中御門大路に向かって開かれている。

内裏から出発あるいは内裏を目的地とする例数の殆どが行幸によって占められている。行幸に関する待賢門の用法は、前と同様の観点から二つの型に分類できよう。これを仮にⅢ型、Ⅳ型と名付けると以下の様になる。

Ⅲ型―待賢門、建礼門、承明門を用いる場合

Ⅳ型―待賢門、建春門、宣陽門を用いる場合

Ⅲ型としては、『殿暦』天仁元年（一一〇八）八月二十一日条の六条里内裏から内裏に遷御した例などがあげられるが、『猪隈関白記』建久九年（一一九八）二月二十日条からは、閑院里内裏より内裏への遷幸の際の供奉の下馬位置が知られる。即ち、番長は待賢門外で下馬し、権大納言左大将藤原家実は建礼門外で下馬したのであった。

Ⅲ型に対しⅣ型の例数は僅かで、その殆どが方違行幸に関するものである。例えば『兵範記』保元三年（一一五八）二月十四日条の例を見ると、勘解由小路富小路の藤原季行朝臣家への方違行幸に関して、

　皇輿經日華宣陽建春待賢門等

と記されている。

既に述べた様に公卿らは通常宮城門内では歩行したが、高齢の大臣には牛車、輦車の許される場合があった。牛車の場合は通常上東門が用いられたが、輦車には待賢門が使われている。『小右記』万寿三年（一〇二六）七月九日条によれば、右大臣藤原実資は参内に際し初めて輦車を用いたが、

　於待賢門外留車、下自車乗輦車（〻〻立門〔同門カ〕同内、）到春華門下…〈中略〉…余下従輦車、兩宰相來會〔春脱カ〕華門、相共參入

とあり、待賢門で輦車に乗り換え春華門に至り、ここで下車し陣座に着いた事が知られる。『三条中山口伝』輦車儀の、

　於待賢門移乗輦車。於春華門前下車

という同様の内容の記述は、輦車の場合この経路が通例であったことを示している。

（四）美福門について

美福門は南面する三つの門のうちの東側の門である。得られた例数は多くはないが、大体一〇世紀のもので大半が占められている。

美福門の用法を特徴づけるのは何と言っても大嘗会御禊行幸の際のそれであろう。承平二年（九三二）十月二十五日、朱雀天皇の大嘗会御禊が二条末の河頭で行われたが『大嘗会御禊部類記』[14]によると、

同三刻御輿、（皇太后同輿、）不稱警蹕、即出日花門、宣陽、建春等門、五位已上出建春門前乗馬、左右相□（分カ）□御前南行、出自美富門、二條大路暫留御輿、此間諸司諸衛乗馬、午三刻御二條末鴨川原頓宮直相殿

とあり、美福門より二条大路を経、鴨川に到った様子が知られる。行幸に際しては、前の諸例と同様、五位以上が建春門で、諸司諸衛は美福門外で乗馬し供奉した。

この例では日華、宣陽、建春門が用いられたが、承明、建礼門が使われる場合もあった。同記天慶九年（九四六）十月二十八日条がその例であり、ここからは供奉の公卿以下五位以上が建礼門外で乗馬した事も知られる。また『大嘗会御禊日例』[15]寛平九年（八九七）十月二十五日条には、月華、陰明、脩明門を用いたことが記されている。

大嘗会御禊行幸以外では、『扶桑略記』延長五年（九二七）二月十四日条の中六条院への行幸の例があげられ、建礼門が使われている。[16]

（五）朱雀門について

周知の様に、朱雀門は大内裏の南北中心軸上に南面して設けられた門であるが、内裏を出発地、目的地とするこの門の用例のすべてが行幸に関するものであった。内裏門の用法が記されるものに関して見れば、建礼門、承明門と組になって使われたことが知られる。また、朱雀門を出てからの路次を見ると、その殆どで朱雀大路が用いられていた。[17]朱雀大路の途中に位置する朱雀院への行幸の際には、当然の事ながら大路全長が使われることはなかったが、京の南方の鳥羽殿や春日社、南西方の大原野社への行幸の際には全長に渡って用いられた。[18]一例として、康和五年（一一〇三）正月二日の鳥羽殿への朝覲行幸の例があげられるが、『中右記』には、

左右近官人等開承明門、兵衛開建禮門、従此門出御、經朱雀門東脇門朱雀大路、申刻許到鳥羽殿北殿西門

と記されている。朱雀門については小寺武久氏[19]も指摘する様に東脇門を用いるのが常だった様である。[20]また『殿暦』同日条には、

余今日始候御後、給随身後始供奉行幸也、罸輿、次候於建礼門、於壇下乗馬、同候罸輿、次馬副十人、瀧口也

ともあり、供奉した右大臣藤原忠実は建礼門で乗馬したことが知られる。

(六)上西門について

上西門は上東門と東西対称の位置に設けられた門であるが、得られた用例の数は極めて少ない。僅かに延喜元年(九〇一)正月二十五日、宇多上皇が禁中に御幸した例が知られるのみである。(21)

(七)藻壁門について

藻壁門についての例数も極めて少ない。永祚元年(九八九)三月二十二日の春日社行幸、同年二月十六日の円融寺への朝覲行幸(22)が知られる位である。内裏門について言えば、これらに於ては共に外郭の西門たる宜秋門が使われていた。

以上、宮城門の用法を具体例をあげ紹介してきたが、これらの間に性格の違いが認められた。纏めると以下の様になろう。即ち、上東門は女院、皇后、中宮、内親王や牛車を許された摂関大臣により用いられた。陽明門は天皇の他中宮、東宮により用いられたが、また貴族達の正式の参内口でもあった。待賢門は、主として天皇により用いられたが、輦車を許された大臣によっても用いられた。美福門は大嘗会御禊行幸に用いられ、そして朱雀門は朱雀大路を使用する行幸に用いられた。

またいずれの場合も、上東門などの宮城門、建春門などの内裏門で、供奉の場合も含め貴族達には乗下車、或いは車の乗り換え、騎下馬などが要求された。(23)

この様に宮城門については、主体により、特に中宮・皇后、東宮、貴族達に関しては用いる門が定まっていた様である。しかしながら行幸について見ると、美福門と朱雀門の用法は目的あるいは目的地との関係で理解出来るにしても、頻繁に使用された陽明門と待賢門については不明な点が多い。次項では行幸に焦点を当て、それぞれの例に関して京内の路次をも含め具体的に検討することによりこれら使い分けの要因について考えることにする。併せて、中宮、貴族等の主体毎に宮城門、内裏門の用法を整理してみたい。

〔三〕行幸時に於ける宮城門及び内裏門の使い分け

行幸について見ると、目的地、出発地が同じであっても異なった門を用いる場合が存在した。例えば石清水八幡行幸について、長暦元年（一〇三七）三月九日の場合は承明、建礼、朱雀門を用いたが[24]、永保元年（一〇八一）十月十四日では宜秋門を経た後、待賢門を使用したと思われるし[25]、康和五年（一一〇三）十一月五日の例では建春、陽明門を用いていた[26]。また里内裏一条殿から内裏への還幸について、寛仁二年（一〇一八）四月二十八日[27]と長保五年（一〇〇三）十月八日[28]とでは、陽明門を用いた点に於ては一致しているが、内裏門について見ると前者の建礼門に対し後者では建春門を使用していた。

行幸の日時およびこの時に用いる門については陰陽寮により勘申されるが、門の選択理由が記された例を古記録より探ると、まず正暦四年（九九三）正月三日の東三条院御所上東門第への朝覲行幸の例があげられる。『小右記』には、

午時乗輿經承明・建礼（大白在南、出御自南門爲奇也、可被用東欤、）陽明等門

と記され、太白神が南にあるので建礼門ではなくて東門（建春門）を用いるべき事が知られる。また建暦元年（一二一一）十月十九日の大炊御門里内裏より内裏への行幸に関し『明月記』には、

陽明門有七日穢、仍鑠之、惣往反此門云々、甚難堪

とされ、七日穢のため陽明門が使用できなかった事が知られる。この時は代わりに待賢門が用いられた。また『猪隈関白記』建暦元年（一二一一）正月十九日条には高陽院への朝覲行幸に関して、

御輿出御自陽明門、（欲出御自待賢門之處、勘解由小路大宮邊有憚事云〻、仍出御自陽明門也、）

という記述があり、さらに、前述の永保元年（一〇八一）の石清水行幸条には[29]、

或説云、可出御自右衞門陣、仍令廻馬於西

と記される。

即ち、行幸に用いる門の選択には方忌、門の穢、行幸路次の憚り、そして俗説の影響する場合があった事が知られる。門の選択につ

表１　行幸時に於ける宮城門の用例一覧

陽　明　門

年	月・日	天皇	目　的	出入	宮城門に対する路次	型	史　料
長保元(999)	3・16	一　条	東三条院詮子の御所一条院に行幸	出	↓	Ⅱ	本朝世紀
長保 2(1000)	10・11	一　条	一条大宮より内裏に遷幸	入	↓	Ⅰ	権記
長保 5(1003)	10・ 8	一　条	〃	入	↓	Ⅱ	権記
長和 2(1013)	9・16	三　条	中宮妍子の上東門第に行幸	出	↓	Ⅱ	小右記
長和 4(1015)	9・20	三　条	枇杷殿より内裏に遷幸	入	↓	Ⅱ	小右記
寛仁 2(1018)	4・28	後一条	一条大宮より内裏に遷幸	入	↓	Ⅰ	御堂関白記
寛仁 2(1018)	10・22	後一条	中宮威子の上東門第へ行幸	出	↓	Ⅱ	小右記
治安 2(1022)	7・14	後一条	道長法成寺供養のため行幸	出	↓	Ⅱ	小右記
治安 2(1022)	10・25	後一条	平野行幸	出	↓	Ⅱ	左経記
治安 3(1023)	正・ 2	後一条	太皇太后宮彰子御所に朝覲行幸	出	↓	Ⅱ	小右記
万寿元(1024)	12・26	後一条	北野行幸	出	↓	Ⅱ	小右記
万寿 4(1027)	正・ 3	後一条	上東門第に朝覲行幸	出	↓	Ⅱ	小右記
長元 5(1032)	正・ 3	後一条	高陽院第に朝覲行幸	出	↑	Ⅱ	左経記
永保元(1081)	10・19	白　河	賀茂行幸	出	↓	Ⅱ	帥記
康和 4(1102)	9・25	堀　河	高陽院より内裏に遷幸	入	↑	Ⅱ	中右記
康和 5(1103)	11・ 5	堀　河	石清水八幡行幸	出	↑	Ⅱ	中右記
長治元(1104)	正・ 3	堀　河	高松殿へ朝覲行幸	出	↑	Ⅱ	中右記
長治元(1104)	2・27	堀　河	賀茂行幸	出	↓	Ⅱ	中右記
長治元(1104)	3・24	堀　河	尊勝寺行幸	出	↑	Ⅱ	中右記
長治元(1104)	12・ 5	堀　河	内裏より堀河院に遷幸	出	↑	Ⅱ	中右記
長治 2(1105)	6・ 8	堀　河	堀河院より内裏に遷幸	入	↑	Ⅱ	中右記
長治 2(1105)	10・27	堀　河	東宮着袴のため土御門第に行幸	出	↓	Ⅱ	中右記
嘉承元(1106)	12・25	堀　河	内裏より堀河院に遷幸	出	↑	Ⅱ	中右記
嘉承 2(1107)	6・ 7	堀　河	堀河院より内裏に方違行幸	入	↑	Ⅱ	中右記
天永 2(1111)	2・23	鳥　羽	大炊殿より内裏に遷幸	入	↑	Ⅱ	中右記
天永 3(1112)	6・ 1	鳥　羽	六条院より内裏に方違行幸	入	↑	Ⅱ	中右記
天永 3(1112)	8・11	鳥　羽	〃	入	↑	Ⅱ	中右記
天永 3(1112)	8・13	鳥　羽	平野行幸	出	↓	Ⅱ	中右記
天永 3(1112)	9・23	鳥　羽	六条院より内裏に方違行幸	入	↑	Ⅱ	中右記
天永 3(1112)	12・27	鳥　羽	大炊殿より内裏に遷幸	入	↑	Ⅱ	中右記
保元 2(1157)	10・ 8	後白河	高松殿より内裏に遷幸	入	↑	Ⅰ	兵範記
保元 2(1157)	11・29	後白河	勘解由小路殿より還御	入	↑	Ⅰ	兵範記
保元 3(1158)	11・19	二　条	東三条殿より内裏に遷幸	入	↑	Ⅱ	兵範記
永暦元(1160)	11・13	二　条	五節により内裏に遷幸	入	↑	Ⅱ	山槐記
永暦元(1160)	12・27	二　条	大炊殿より内裏に遷幸	入	↑	Ⅱ	山槐記
応保元(1161)	12・16	二　条	高倉殿より内裏に遷幸	入	↓	Ⅱ	山槐記
仁安 2(1167)	7・ 7	六　条	土御門東洞院第より内裏に遷幸	入	↓	Ⅱ	兵範記
仁安 2(1167)	9・30	六　条	高倉殿より内裏に遷幸	入	↓	Ⅱ	兵範記
嘉応元(1169)	6・23	高　倉	内裏より閑院に遷幸	出	↑	Ⅱ	兵範記
寿永 2(1183)	6・15	安　徳	内裏より閑院に還御	出	↑	Ⅱ	吉記
建暦元(1211)	1・19	順　徳	高陽院第に朝覲行幸	出	←	Ⅰ	猪隈関白記

待　賢　門

年	月・日	天皇	目　的	出入	宮城門に対する路次	型	史　料
寛弘 8(1011)	8・11	三　条	東三条殿より内裏に遷幸	入	↑	Ⅲ	小右記
万寿元(1024)	9・19	後一条	高陽院(関白第)へ行幸	出	←	Ⅲ	小右記
永保元(1081)	10・14	白　河	石清水行幸	出	↑		帥記

天仁元(1108)	8・21	鳥羽	六条殿より内裏に遷幸	入	「中右記」と「殿暦」では異なる	Ⅲ	中右記、殿暦
天仁元(1108)	10・21	鳥羽	大嘗会御禊	出	↓	Ⅲ	殿暦
天仁元(1108)	11・28	鳥羽	内裏より大炊殿に遷幸	出	→	Ⅲ	中右記
天永 2(1111)	4・27	鳥羽	内裏より土御門第に遷幸	出	↑	Ⅲ	中右記
天永 3(1112)	5・18	鳥羽	六条殿より内裏に方違行幸	入	↓	Ⅳ	中右記
保元 3(1158)	2・14	後白河	勘解由小路富小路第に方違行幸	出	→	Ⅳ	兵範記
保元 3(1158)	2・28	後白河	春日行幸	出	↓	Ⅲ	兵範記
保元 3(1158)	4・1	後白河	内裏より高松殿に遷幸	出	↓	Ⅲ	兵範記
保元 4(1159)	正・9	二条	押小路殿に方違行幸	出	→	Ⅲ	山槐記
保元 4(1159)	2・19	二条	〃	出	→	Ⅳ	山槐記
仁安 3(1168)	3・11	高倉	閑院より内裏に遷幸	入	↓	Ⅲ	兵範記
仁安 3(1168)	4・9	高倉	内裏より閑院に遷幸	出	↓	Ⅲ	兵範記
仁安 3(1168)	6・13	高倉	閑院より内裏に遷幸	入	↓	Ⅲ	兵範記
仁安 3(1168)	7・16	高倉	内裏より閑院に遷幸	出	↓	Ⅲ	兵範記
嘉応元(1169)	10・10	高倉	閑院より内裏に方違行幸	入	↓	Ⅲ	兵範記
治承 4(1180)	5・22	安徳	清盛の八条坊門第に行幸	出	↓	Ⅳ	山槐記
寿永元(1182)	10・21	安徳	大嘗会御禊行幸	出	↓	Ⅲ	玉葉
元暦元(1184)	7・5	後鳥羽	閑院より内裏に遷幸	入	↓	Ⅲ	山槐記
元暦元(1184)	8・1	後鳥羽	内裏より閑院に遷幸	出	↓	Ⅲ	山槐記
建久元(1190)	正・27	後鳥羽	六条北、西洞院西第に朝覲行幸	出	↓	Ⅲ	玉葉
建久 9(1198)	2・20	土御門	閑院より内裏に遷幸	入	→	Ⅲ	三長記
建仁 2(1202)	6・12	土御門	閑院より内裏に行幸し、祇園神輿を避ける	入	→	Ⅲ	猪隈関白記
元久元(1204)	6・13	土御門	〃	入	↓	Ⅲ	明月記
建永元(1206)	6・13	土御門	〃	入	↓	Ⅲ	猪隈関白記
承元 2(1208)	9・14	土御門	閑院より内裏に方違行幸	入	↓	Ⅲ	明月記
建暦元(1211)	10・19	順徳	大炊御門富小路殿より内裏に行幸	入	↓	Ⅲ	明月記、玉蘂
建暦 2(1212)	6・5	順徳	三条殿より内裏に行幸し、祇園神輿を避ける	入	↓	Ⅲ	明月記
建暦 2(1212)	10・25	順徳	高陽院より内裏に行幸	入	→	Ⅲ	明月記
建暦 2(1212)	12・1	順徳	内裏より三条殿に遷幸	出	↓	Ⅲ	明月記

美福門

年	月・日	天皇	目的	出入	宮城門に対する路次	内裏門	史料
寛平 9(897)	10・25	醍醐	大嘗会御禊行幸	出	→	陰明, 修明	大嘗会御禊日例
延長 5(927)	2・14	醍醐	中六条院に行幸	出	→	建礼	扶桑略記
承平 2(932)	10・25	朱雀	大嘗会御禊行幸	出	→	建春	大嘗会御禊日例
天慶 9(946)	10・28	村上	〃	出	→	建礼	大嘗会御禊部類記
安和元(968)	10・26	冷泉	〃	出	→	建春	大嘗会御禊日例
天禄元(970)	10・26	円融	〃	出	→	(建礼)	大嘗会御禊日例

朱雀門

年	月・日	天皇	目的	出入	宮城門に対する路次	内裏門	史料
長暦元(1037)	3・9	後朱雀	石清水八幡行幸	出	↓	建礼	行親記
康和 5(1103)	正・2	堀河	鳥羽殿に朝覲行幸	出	↓	建礼	中右記、殿暦
康和 5(1103)	3・15	堀河	皇子降誕により高松殿に行幸	出	→	(建礼)	中右記

藻壁門

年	月・日	天皇	目的	出入	宮城門に対する路次	内裏門	史料
永祚元(989)	2・16	一条	円融寺に朝覲行幸	出	↑	(陰明) 宜秋	小右記
永祚元(989)	3・22	一条	春日行幸	出	↓	宜陽, 宜秋	小右記

※ 宮城門に対する路次 ↑ 門を出た後に北行する(南行して門に入る)
↓ 〃 南行する(北行して門に入る)
→ 〃 東行する(西行して門に入る)

※ 型 Ⅰ; 陽明門、建礼門、承明門を用いるもの　Ⅲ; 待賢門、建礼門、承明門を用いるもの
Ⅱ; 陽明門、建春門、宜陽門を用いるもの　Ⅳ; 待賢門、建春門、宜陽門を用いるもの

※ 承久元年の内裏焼失までの間、表中の右欄に記す「本朝世紀」以下より得られた用例のうち門外の路次および内裏門の用法が明らかになるものについて作製している。

表２　行幸時に於ける宮城門の用法

宮城門	陽明門	待賢門	美福門	朱雀門	藻壁門
遷幸	18	13			
朝覲行幸	5	1		1	1
方違行幸	4	6			
諸社寺行幸	8	1		1	1
大嘗会御禊行幸		2	4		
女院、中宮、東宮御所への行幸	4			1	
その他	2	8	1		
計	41	31	5	3	2

表３　行幸時に於ける内裏門の用法

内裏門	建礼・承明門					建春・宣陽門					宜秋・陰明門		宜秋・宣陽門
宮城門	陽明	待賢	美福	朱雀	藻壁	陽明	待賢	美福	朱雀	藻壁	待賢	藻壁	藻壁
遷幸	3	13				15							
朝覲行幸	1	1		1		4						1	
方違行幸		3				4	3						
諸社寺行幸		1		1		8					1		1
大嘗会御禊行幸		2	2					2					
女院、中宮、東宮御所への行幸				1		4							
その他	1	7	1			1	1						
計	5	27	3	3		36	4	2			1	1	1

いてこの様な理由が存在し、また、同一目的地或いは出発地に対して必ずしも同じ門が用いられてはいなかったが、実際の門の使われ方を見ると、ここに一定の傾向が存在した事が認められる。表1は、承久元年（一二一九）に最後の内裏が焼失するまでの間、古記録より得られた行幸例で宮城門、内裏門の用法が知られかつ路次も記されたものについて、行幸の目的等を示し宮城門ごとに整理したものであるが、これをもとに宮城門ごとに行幸の種類を分類しその例数を示したのが表2[30]である。これによれば、他の門に対し陽明、待賢両門の用例数が極めて多いことが知られよう。この両門の内訳を見ると、大嘗会御禊時には陽明門が用いられず、また女院、中宮、東宮御所への行幸に待賢門が使われない等の相違はあるが、遷幸や方違行幸に見られる様に両者の間に用法上の著しい違いを認めることは出来ない。次に、内裏門について同様の事を試みると表3の様になるが、最も多く使われた建礼門・承明門と、建春門・宣陽門との間に前と同様用法上の差異を認める事は困難である。寧ろ、これら内裏の南門、東門に対して、宜秋、陰明の内裏西門の用例が極めて少ない事が注目される。次に、行幸例が多く見られた宮城門の陽明門と待賢門について表1をもとに、組となって用いられた内裏門との関係に着目

行幸用例　II型

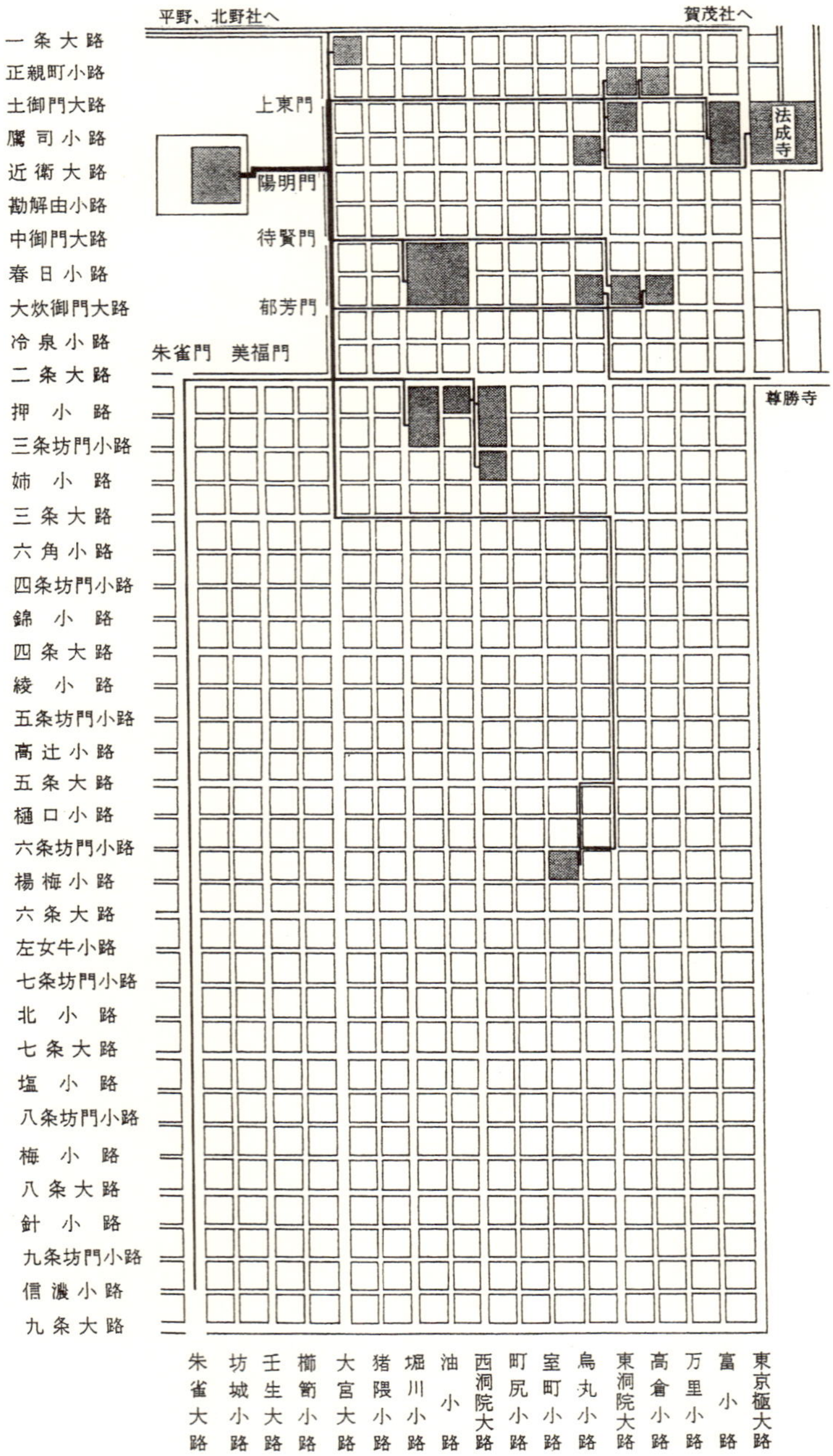

図２　行幸時に於ける宮城門、内裏門の用法と路次　（路次の太さが頻度を表している）

行幸用例　Ⅲ型

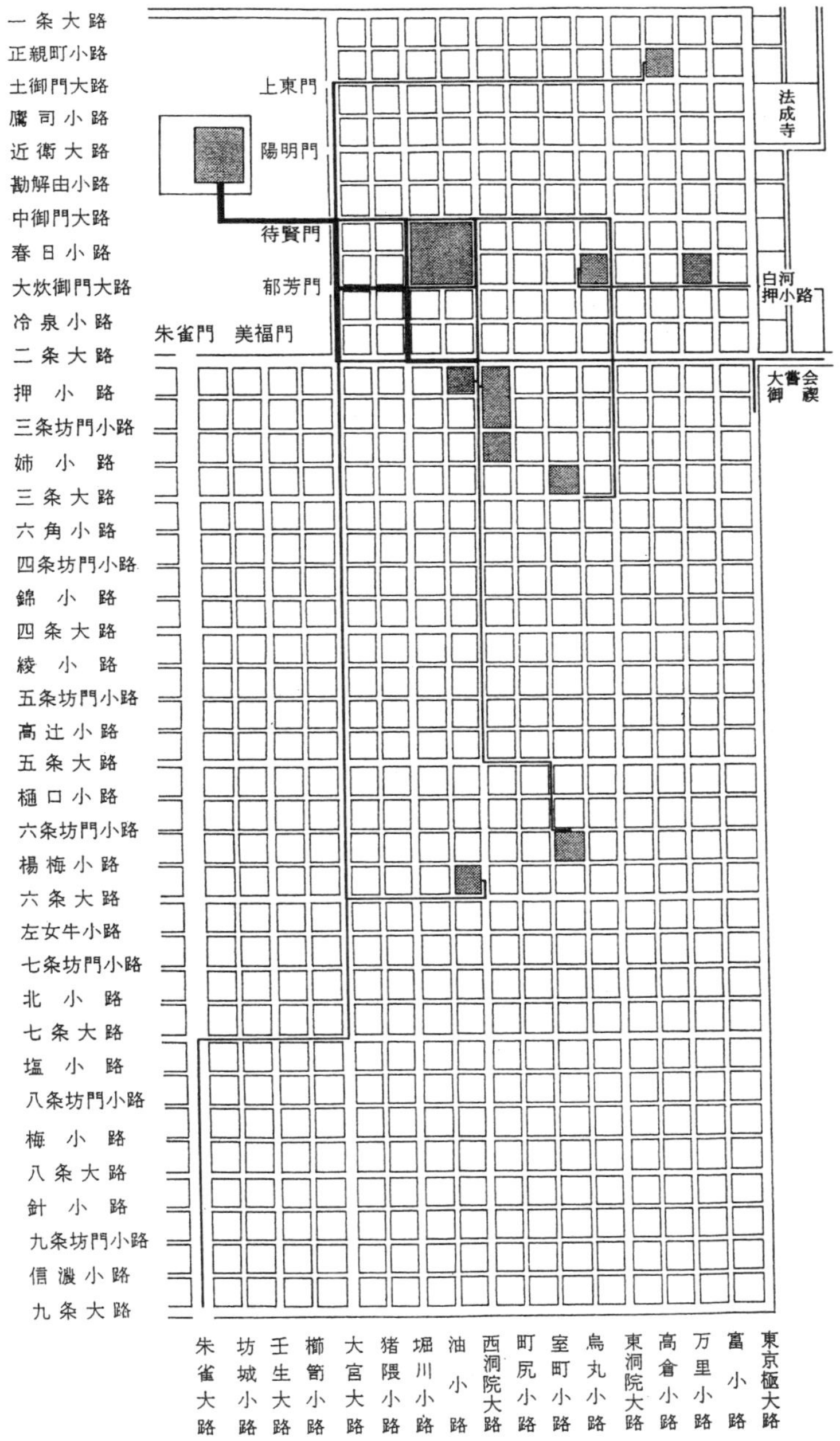
一条大路
正親町小路
土御門大路
鷹司小路
近衛大路
勘解由小路
中御門大路
春日小路
大炊御門大路
冷泉小路
二条大路
押小路
三条坊門小路
姉小路
三条大路
六角小路
四条坊門小路
錦小路
四条大路
綾小路
五条坊門小路
高辻小路
五条大路
樋口小路
六条坊門小路
楊梅小路
六条大路
左女牛小路
七条坊門小路
北小路
七条大路
塩小路
八条坊門小路
梅小路
八条大路
針小路
九条坊門小路
信濃小路
九条大路
上東門
陽明門
待賢門
郁芳門
朱雀門
美福門
法成寺
白河押小路
大嘗会御禊
朱雀大路
坊城小路
壬生大路
櫛笥小路
大宮大路
猪隈小路
堀川小路
油小路
西洞院大路
町尻小路
室町小路
烏丸小路
東洞院大路
高倉小路
万里小路
富小路
東京極大路

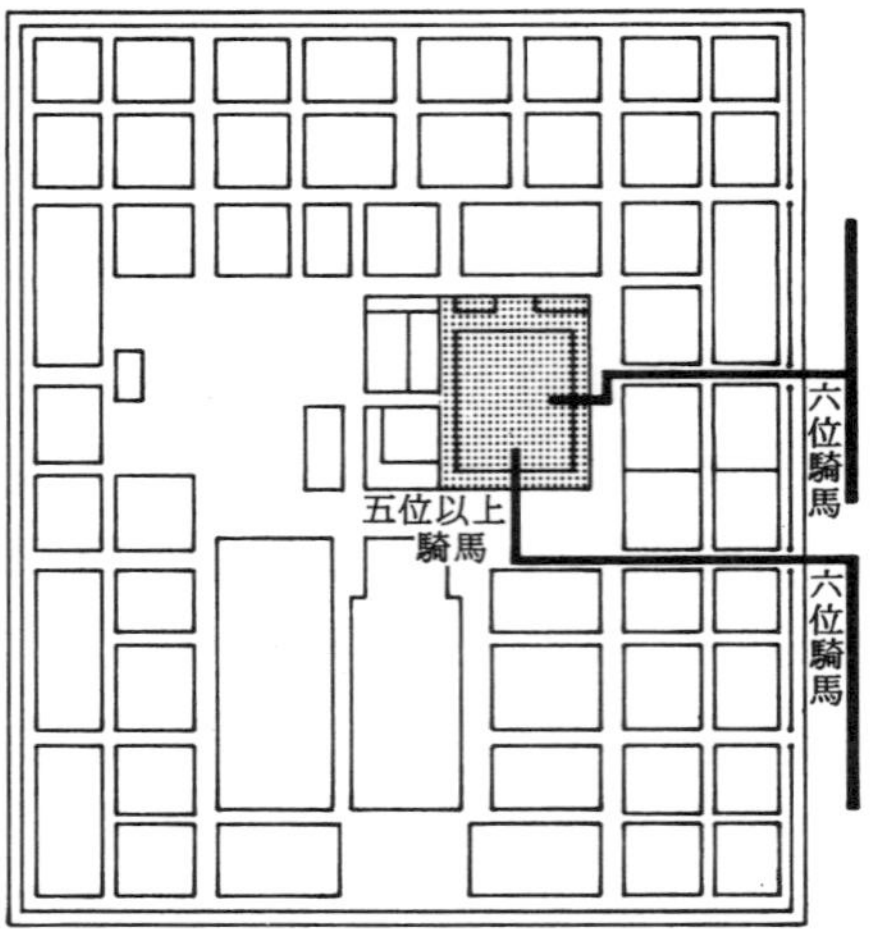

図３　行幸時に於ける宮城門、内裏門の典型的用法

して用例を検討すると、前に述べたⅠ型が五例、Ⅱ型が三十六例、Ⅲ型が二十七例、Ⅳ型が四例となり、行幸ではⅡ型すなわち宣陽—建春—陽明門の組み合わせと、Ⅲ型すなわち承明—建礼—待賢門の組み合わせが他の二つの型に対し優越していた事がわかる。これら両者が行幸の種類により使い分けられたか否かを判断するのは難しい。しかしながら、陽明門外、待賢門外の路次を見ると、Ⅱ型の北行十七例、南行十九例、東行0例に対して、Ⅲ型は北行一例、東行六例、南行十九例という結果になった[31]。この様子を示したのが図2である。即ち、行幸については図3の様な経路が典型であったと考えられるのである。

以上の検討により、行幸に関して次の点が指摘されよう。即ち、内裏門については西門の用例が殆ど見られないのに対して、南門、東門が多く用いられた事。宮城門についても同様であるが、東或いは南の門についてさらに見ると、美福門の様に特定の行事に対応して用いられた例はあるものの、陽明、待賢、朱雀門の場合は寧ろ、目的地あるいは出発地からの路次に大きな影響を受けたと考えられる事である[32]。

この様に、行幸については宮城門、内裏門の典型的な用法が明らかとなったが、ここで前に検討してきた天皇以外の場合についても行為主体ごとに宮城門、内裏門の用法を整理しておきたい。

女院、皇后、中宮、内親王、摂関等の女について見ると、内裏の門については殆どの場合玄輝、朔平門が用いられるが、宮城門については女院、内親王、摂関等の女が上東門のみを用いたのに対し、皇后、中宮は上東、陽明の両門を用いている[33]。これら両門の用法上の、或いは目的地、出発地の位置による使い分けについては必ずしも明確ではないが、上東門の場合は牛車[34]、陽明門の場合は御輿[35]を用いるのが原則であった。内裏門で玄輝、朔平門が使用されたのは、弘徽殿、承香殿など彼女らの御所が設けられた後宮との位置関係によるものと思われる。

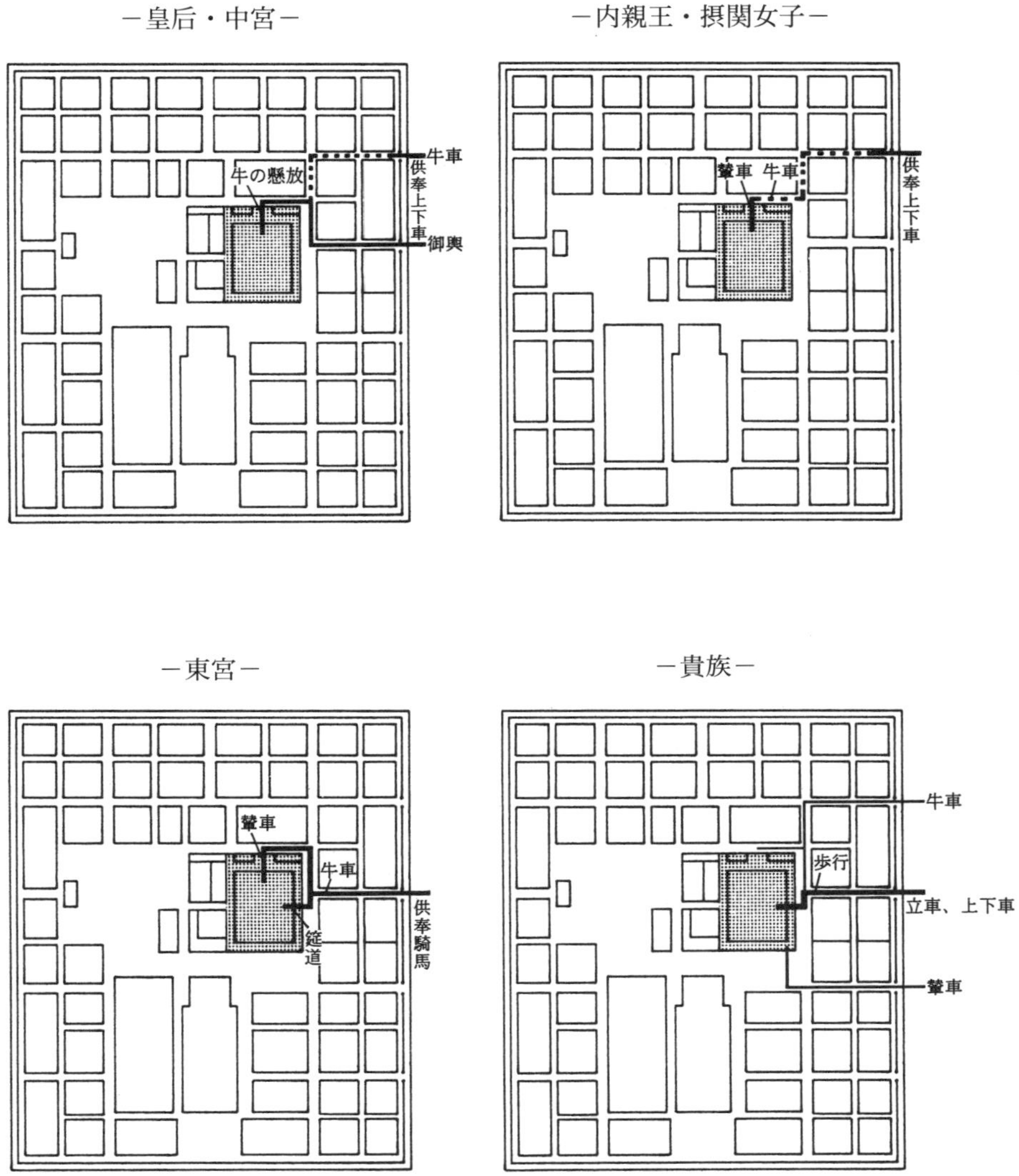

図４　主体の違いによる宮城門、内裏門の使い分け

東宮は、内裏の門については朔平門、玄輝門あるいは建春門、宣陽門を用いるが、宮城門は陽明門を使うのが特徴である。前者の場合は朔平門まで輦車を用いたが、後者の場合は車に乗らず敷かれた縁(筵)道の上を建春門まで進んだ。いずれの場合も、朔平門あるいは建春門で牛車に乗り換えている。

貴族達は、参内に際し陽明門で下車し、建春、宣陽門より参入した。牛車を許された摂関大臣は上東門を用い、輦車を許された大臣は待賢門でこれに乗り換え春華門で下車している。

これらを纏めてわかりやすく示したのが図4である。

〔四〕おわりに

以上の様に、本節では宮城門、内裏門の用法を、これらの門を通過する際に要求された下車等の行為をも含め具体的に検討することにより、平安宮内裏の空間的秩序について考えようとしてきた。

平安宮内裏の宮城門はそれぞれ用法上の性格が異なっていた。行幸について見ると、門は寧ろ目的地・出発地からの路次により大きな影響を受け選択されたものと考えられた。また、これらの門は中宮、東宮や貴族等、主体により使い分けられたことも知られた。大内裏宮城門内には原則として騎馬、乗車のまま入る事は許されず、内裏門内は天皇、皇后、中宮等の他は輦車さえ許されなかった。従って内裏は塀や門等によって物理的に二重、三重に囲まれていただけではなく、質的にも異なった同心円的秩序を有していたことが分かる。

一方、以上の諸用例を検討するなかで、宮城門、内裏門ともに西門に比べて東門の例数が圧倒的に多い事も明らかになった。特に宮城門では陽明門が重要な役割を果していた。以下、東門の重視について少し述べてみたい。

平安京初期の居住状況を正確に知る事は困難であるが、古記録に記載された貫付の例により大略の姿を把握する事は可能である。川勝政太郎氏(36)や秋山國三氏、仲村研氏(37)によれば、平安初期には左右京共にほぼ等しく貫付されていた事が知られる。これらは主として五位以下の官人、地方豪族に関したもので、高位の官人については知る事が困難であるし、またこれらのすべてが直接居住に結びつくのでもない。しかしながら一般庶民について見るとかなりの数が両京に居住していた事が知られる。[38] いつごろまで両京に多くの人々が居住していたかについてはなお不明であるが、慶滋保胤が天元五年（九八二）に著した『池亭記』[39]によれば、一〇世紀後半にはすでに右京が廃れ左京のしかも四条以北に人家の集中していた事が知られる。九世紀後半からの貴族住宅の分布状況を古記録より探ってみても右京の例は殆ど見出すことが出来ず、これに対して左京の例は極めて多い。貴族住宅については早い時期に左京に集中したと考えられるのである。門の用例として得られた史料の殆どがこの時期以降のものであり、従って西門に対する東門の優位性もこの様な都市的状況の反映と考えれば説明がつきそうである。実際、その影響も大きかったであろう。

しかしながらすでに前節で示した様に、平安宮で行われた儀式の空間的構造という点に着目すると、遷都の翌年には開催された前殿（紫宸殿）での「元日節会」に於ては、王卿らは南北中心軸上に御座す天皇に対し東側に位置を占めていたと考えられる。また前節で触れさらに第六章第一節でも具体的に述べるが、南庭に開かれた東門とも言うべき日華門の儀式時に於ける役割りや性質についても留意すべきであろう。即ち儀式空間の点から見ても紫宸殿および南庭の西半部に対する東半部の優位性が認められるのである。この様な観点からの検討も必要となろう。第四章第三節で述べることになるが、大内裏内の官衙の配置計画がどの様になされたのかについても併せ考える必要がある。

註

1　本来ならこれら得られた用例とその出典の一覧を示すべきところであるが、宮城門に関する例数は大分のものとなるため、後述する行幸以外のものについては省略することにする。ここでは、これらの門の性格を検討することが目的である。

2　第三章第四節で述べる様に、里内裏についてはは里内裏となる住宅によって宮城門に相当する陣口の用法が異なり、また同一の里内裏に於てもこれらの用法は必ずしも一定してはいなかった。

3　『中右記』天永三年（一一一二）十月一日条。

4　新訂増補故實叢書。

5　群書類従　巻第四六九。

6　朝堂院に関する例では、『台記』久安二年（一一四六）二月五日条の伊勢奉幣時に摂政忠通が待賢門より牛車で入った例が存在する。
7　新訂増補故實叢書。
8　Ⅰ、Ⅱ型および後出のⅢ、Ⅳ型の具体的史料は後に示す。ここではそれぞれの宮城門の性格を検討するのが目的である。
9　後掲する表1によれば、Ⅰ型五例のうち、陽明門外に出て北行が二例、東行が一例、南行が二例、Ⅱ型では、三十六例のうち、北行、南行ほぼ同数である。
10　牛車の例としては、『左経記』長元元年（一〇二八）三月十九日条、中宮威子の例があげられる。
11　得られた用例数の殆どがこの様な場合であったが、建春門、宣陽門を用いた例として、『兵範記』保元二年（一一五七）十月八日条があげられる。
12　直衣は日常着、網代車は略儀の車を指す。この記述は、本来陽明門が正式の参入口であったことを示している。
13　続群書類従　巻第九六九。
14　大日本史料所収。
15　群書類従　巻第九三。ただ、大嘗会御禊すべてで美福門が用いられたのではない。待賢門が用いられた例として、『殿暦』天仁元年（一一〇八）十月二十二日条、『玉葉』寿永元年（一一八二）十月二十一日条が知られる。
16　美福門の用例として他に斎宮群行の例があげられるが、これは内裏を出発地としていないので本節では省略している。
17　朱雀大路が用いられなかった例としては、『中右記』康和五年（一一〇三）三月十五日、高松殿への行幸がある。
18　但し、これらの中には宮城門が知られない例もある。
19　小寺武久「平安京の空間的変遷に関する考察（Ⅰ）」（『日本建築学会論文報告集』第一六五号、昭和四十四年十一月）。
20　但し、朱雀大路を用いた行幸が必ずしも朱雀門より出たのではない。『中右記』康和五年（一一〇三）十一月五日条の石清水行幸の際には陽明門を用い、『小右記』永祚元年（九八九）三月二十二日条の春日行幸では藻壁門を使用している。
21　『北野縁起』大日本史料所収。
22　いずれも『小右記』による。
23　郁芳門については得られた用例が内裏を目的地または出発地としたものではないため、ここでは省略している。
24　『行親記』続々群書類従。
25　『帥記』同日条。
26　『中右記』同日条。
27　『御堂関白記』同日条。

28 『権記』同日条。
29 前掲註25。
30 但し、還幸は遷幸に分類している。
31 但し、この分類は門外の路次の軌跡をもとにしている。即ち、内裏からの行幸と内裏へ行幸（還幸）の両方を含んでいる。
32 美福門について同様の観点から説明することも可能である。第七章第二節でも触れる様に大嘗会御禊は鴨川西岸で行われた。
33 天皇と皇后が同輿で待賢門を用いた例が存在する。天仁元年（一一〇八）八月二十一日、同十一月二十八日（いずれも『中右記』同日条による）。女院については陽明門の例を認めることは出来なかったが、皇后・中宮の場合と同様この門を用いた可能性も否定することはできない。
34 牛車を用いた例としては、前に述べた他に、『日本紀略』天徳四年（九六〇）五月八日条、『中右記』天永三年（一一一二）十二月二十八日条、『兵範記』保元三年（一一五八）四月一日条、『明月記』建暦元年（一二一一）十月十九日条があげられる。
35 御輿を用いた例としては、前に述べた他に、『小右記』天元五年（九八二）五月七日条、寛弘二年（一〇〇五）二月二十日条、長和二年（一〇一三）正月十日条、長和二年（一〇一三）三月二十日条、『御堂関白記』寛仁二年（一〇一八）十月二十六日条、『中右記』長治元年（一一〇四）四月十一日条、長治元年（一一〇四）四月二十七日条、『兵範記』保元二年（一一五七）十月八日条があげられる。
36 川勝政太郎「平安京左右京と居住者（中）」（『史迹と美術』二六一号、昭和三十一年三月）。
37 秋山國三、仲村研『京都『町』の研究』（昭和五十年十月、法政大学出版局）。
38 『三代実録』貞観十三年（八七一）閏八月十一日条。
39 『本朝文粋』巻第一二。

第二章　貴族住宅の空間的秩序

第一節　平安時代貴族住宅の空間的秩序

〔一〕東三条殿

（一）はじめに

東三条殿は藤原氏に属する摂関家住宅としてまた平安時代を代表する住宅の一つとして周知されている。従って貴族の日記に記載されることが多く、儀式に関する記録も豊富である。東三条殿は平安時代貴族住宅に於ける儀式時の用法を検討するのに最も相応しい例と言う事が出来よう。

東三条殿についてはすでに優れた研究がなされており、[1] 本節の内容も一部これらと重複するが、儀式空間がどの様に展開されそしてそこにどの様な秩序が形成されていたかの観点から再検討することにしたい。なお、里内裏として用いられた際の用法については第三章第二節で述べる。

本題に入る前に、東三条殿の規模の変遷を概観することにしよう。[2] ここでは便宜上、以下の様に時期区分を設定する事にする。

第Ⅰ期　藤原忠平より藤原兼家の代
第Ⅱ期　藤原兼家再建より藤原道長の改造前まで〔永延元年（九八七）～〕
第Ⅲ期　藤原道長の改造より長和二年の焼失まで〔寛弘二年（一〇〇五）～〕
第Ⅳ期　藤原頼通再建より長元四年の焼失まで〔万寿二年（一〇二五）～長元四年（一〇三一）〕
第Ⅴ期　藤原頼通再再建より仁安元年の焼失まで〔一一世紀中期～仁安元年（一一六五）〕

第Ⅰ期　藤原忠平代の規模について

東三条殿は藤原良房によって用いられた後に藤原忠平に伝えられ、その後、藤原兼通の領となったが、兼通が薨じた後は弟の藤原兼家によって所有された。しかしながら永観二年（九八四）に焼失している。

当時の記録からこの時期の東三条殿の規模を窺う事は出来ない。しかしながら『江次第鈔』(3)第二の大臣家大饗の項により、寝殿の東西に対を備え、これらの対にはそれぞれ中門廊が付属していた事、寝殿と対の間には透渡殿が設けられていた事などを知ることが出来る。『江家次第』(4)大臣家大饗、新任大臣大饗の項には、東三条殿に関するこの様な記述は見られず『江次第鈔』のこの記述は何を根拠にしたのか不明であるが、本章第二節での考察よりすればこの時期の東三条殿がこの様な規模を有していた蓋然性は極めて高いと言えよう。即ち、寝殿の東西に対を配していたものと考えられる。

第Ⅱ期　藤原兼家代の規模について

永観二年（九八四）の焼失後、藤原兼家は東三条殿の再建に取り掛かり永延元年（九八七）七月二十一日に移徙をしている。『大鏡』(5)の太政大臣兼家の段に、

東三條殿のにしのたいを清涼殿づくりに。御しつらひよりはじめて。すませ給ふなどぞ。あまりなることに人申めりし。

とあって、この時期の東三条殿は立派な西対を有していた事が知られる。東対については『権記』長保元年（九九九）八月十九日条(6)によりその存在を知る事が出来る。この住宅では兼家の六十賀後宴が行われた。(7)次の第Ⅲ期に至るまでの間に大きな改造等が無かったとすれば、(8)この時期に於ても寝殿の東西に対を備えていたものと考えられる。

第Ⅲ期　藤原道長改造期の規模について

藤原兼家が薨じた後この住宅は藤原道長に伝えられたが、道長は大々的な改造を行い寛弘二年（一〇〇五）二月十日に移徙した。この時期の規模を古記録から窺うと、寝殿、(9)東対、(10)北対、(11)東中門、(12)西中門、(13)東門、(14)西門、(15)東北門、(16)東南門、東廊、御湯殿、(17)西門北廊、(18)高渡殿、西廊(19)等により成っていたことが知られる。即ち、記録の上からは西対の存在を認めることは出来ない。

第Ⅳ期　藤原頼通再建後の規模について

その後、この住宅は藤原道長より藤原頼通に伝えられた。『小右記』万寿二年（一〇二五）十二月七日条によれば、頼通は東三条殿の作

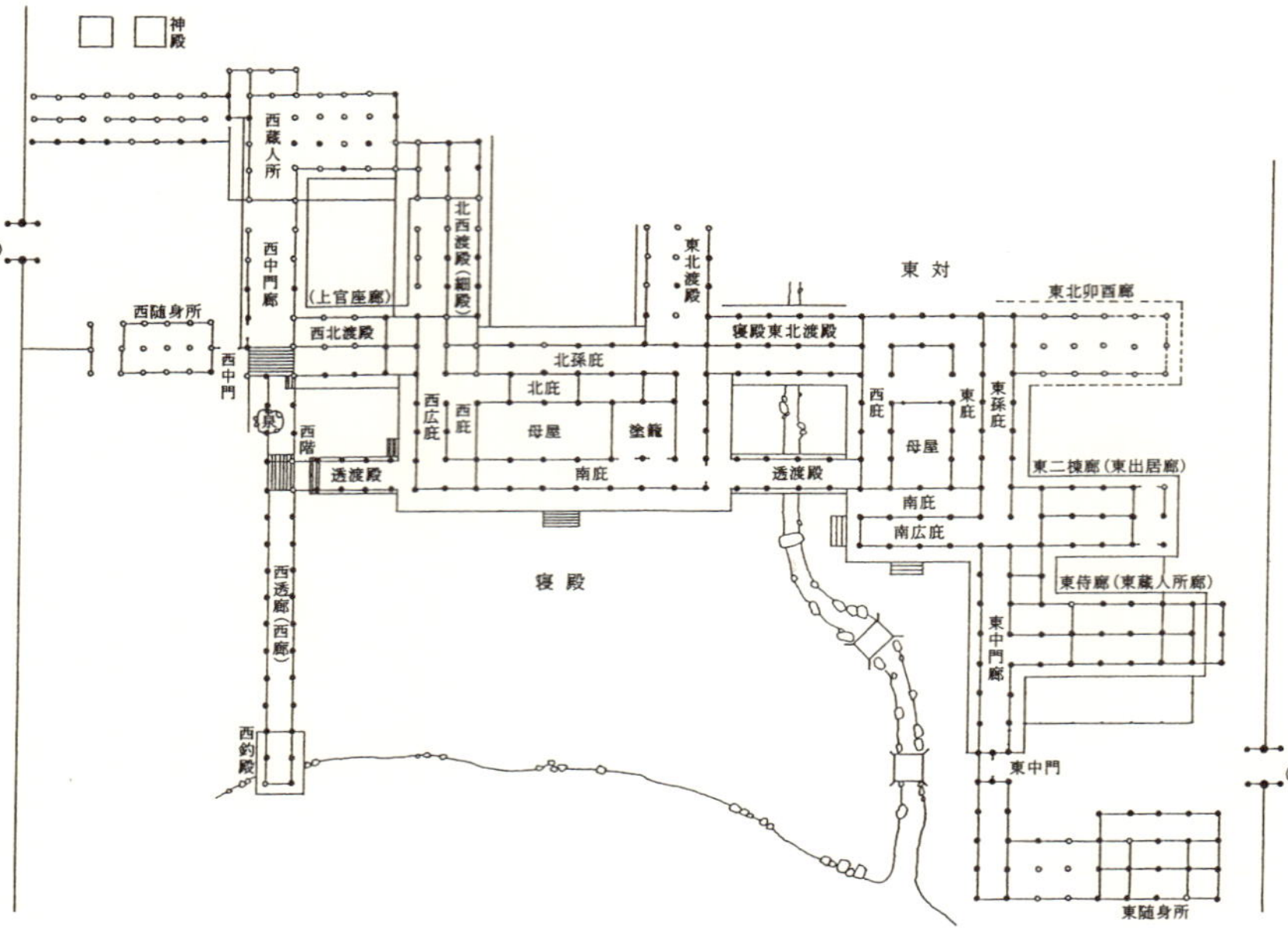

図1　東三条殿復元平面図（太田静六氏による）

事を開始した事が知られるが、『百練抄』[20]長元四年（一〇三一）四月三十日条に、

東三條院焼亡。年來造營。來七月可移徙之所也

とある様に、移徙を目前にして焼失した。管見によれば、この時期の東三条殿の規模に関する記事を古記録から見出すことは出来ない。

第Ⅴ期の規模について

太田静六氏によりその全構が復元されている。[21]氏によればこの時期の東三条殿は、寝殿のほか東対は備えるものの西対を欠いていた（図1）。

以上述べたことを念頭に置きながら、寝殿および東対に於ける儀式空間について明らかにしていくことにする。今回主として対象とする第Ⅴ期については寝殿の西北渡殿などいわゆる西面の渡殿・廊等も行事の会場として使われているのでこれらについても併せて検討する。また、儀式時の用法と密接に関わる東西諸門の用法についても述べていきたい。なお、第Ⅴ期についての検討の際には図1を適宜参照していただきたい。

(二) 寝殿に於ける儀式

第Ⅳ期以前の寝殿の用法に関する記録としては、第Ⅱ期、長保二年（一〇〇〇）十二月七日[22]の、東宮居貞の朝餉御座が北面に設けられていた例が知られるのみで、これ以外のものを見出すことは出来ない。[23] ここでは、第Ⅴ期の用法について検討を加えることにする。寝殿が中心会場として用いられた儀式として「正月大饗」「任大臣大饗」「任大将饗」「賀茂詣」「元服」等があげられるが、これらについて以下順を追って明らかにしていきたい。

正月大饗について[24]

「正月大饗」は正月に太政官の官人多数を招いて行う饗宴で、寝殿の母屋が主会場となるため母屋大饗とも呼ばれた。管見によれば、東三条殿に於ける「正月大饗」の記録は以下の様である。主催者と共に記す。

嘉承二年（一一〇七）　正月　十九日　関白藤原忠実[25]
永久元年（一一一三）　正月　十六日　関白藤原忠実[26]
永久四年（一一一六）　正月二十三日　内大臣藤原忠通[27]
天承元年（一一三一）　正月　十九日　関白藤原忠通[28]
保延三年（一一三七）　正月二十一日　内大臣藤原頼長[29]
仁平二年（一一五二）　正月二十六日　左大臣藤原頼長[30]
久寿二年（一一五五）　正月二十一日　左大臣藤原頼長[31]
平治元年（一一五九）　正月二十二日　関白藤原基実[32]

「正月大饗」に於ける儀式空間の装束及び、官人らの座の配置を具体的に知るには永久四年（一一一六）の藤原忠通大饗の例が相応しい。忠通は前年の四月十六日に内大臣に任ぜられ[33]、同二十八日には「任大臣大饗」を催している。[34] 今度の大饗はこれを受けてのものと考えられる。その次第は『殿暦』に詳しいが、装束については『類聚雑要抄』[35]に指図（図2）が掲載されている。これによれば、寝殿母屋塗籠の西に西を向いて尊者座、その西方に南北に対座するよう東西行に公卿座、南庇東方（橋隠間より二間東）に家主（主人）座、橋隠西間に親王座、西庇には弁・少納言座が、そして寝殿西北渡殿には殿上人座、西中門廊には諸大夫座、西蔵人所には尊者前駆座が設けられた。これを太田静六氏復元の平面図に示したのが図3である。この様に「正月大饗」は寝殿母屋を中心として行われたが、寝殿西方についても中門廊に至るまで殆どの部分がその会場として用いられたことが知られる。しかもその座

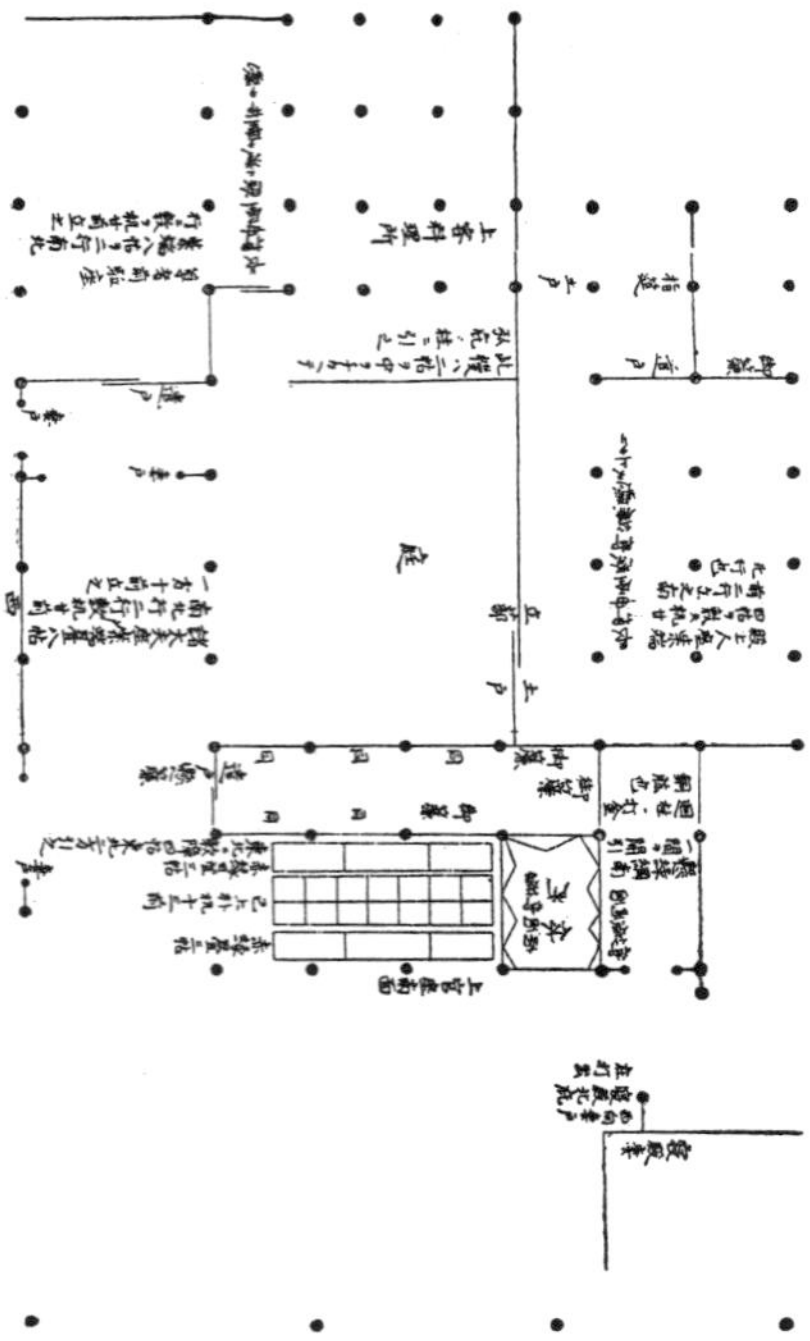

〔寝殿西北渡殿、北西渡殿、上客料理所〕

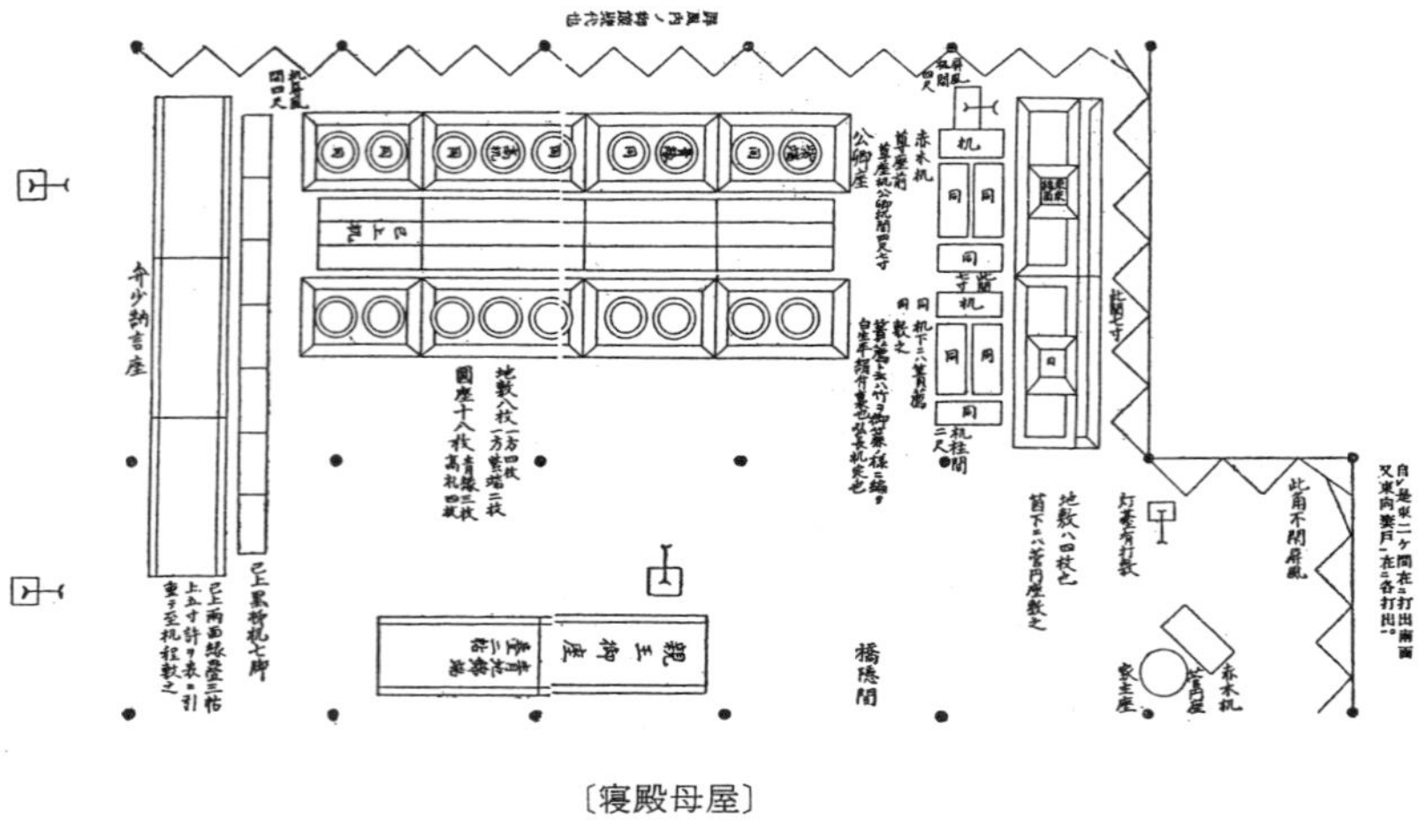

〔寝殿母屋〕

図２　正月大饗指図（『類聚雑要抄』による）

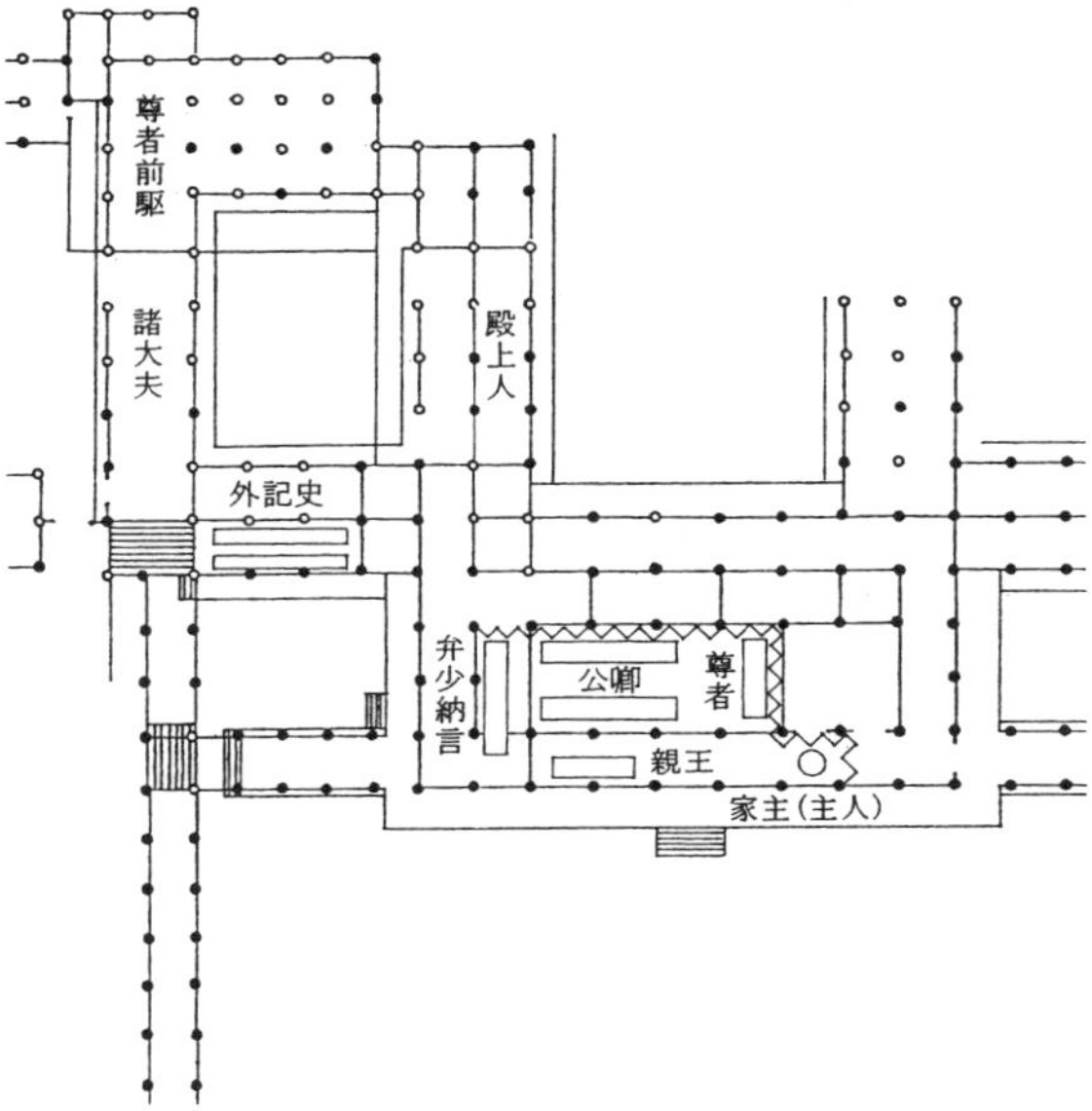

図３　東三条殿に於ける正月大饗推定復元図（平面は太田静六氏による）

の配置は参加した官人の位階に応じてなされ、西方になるに従い下位の者が座を占める様に設定されていた。換言すれば、この儀式は東を上位とした空間的秩序のもとに展開されていたということになる。そして、この様に東を上位とする方式は東三条殿で行われた「正月大饗」に共通するものだったのである。(36)

任大臣大饗について

「任大臣大饗」は大臣に任ぜられた事を祝して行われた饗宴(37)で、「正月大饗」が母屋大饗と呼ばれたのに対し、寝殿南庇を主として用いたので庇大饗とも呼ばれている。古記録によれば、東三条殿で行われた「任大臣大饗」として以下の例が知られる。前と同様、主催者と共に記す。

康平三年（一〇六〇）	七月	十七日	内大臣藤原師実(38)
寛治二年（一〇八八）	十二月	十四日	太政大臣藤原師実(39)
康和二年（一一〇〇）	七月	十七日	右大臣藤原忠実(40)
天永三年（一一一二）	十二月	十四日	太政大臣藤原忠実(41)
永久三年（一一一五）	四月	二十八日	内大臣藤原忠通(42)
保延二年（一一三六）	十二月	九日	内大臣藤原頼長(43)
保元二年（一一五七）	八月	十九日	右大臣藤原基実(44)

『類聚雑要抄』に、保延二年（一一三六）の藤原頼長の場合の指図（図４）が収録されているのでこれを示す(45)が、「正月大饗」と比較すると、弁・少納言座以下の配置に殆ど変化を認めることが出来ないのに対し、大納言・参議等公卿の座が母屋の代わりに南庇に設けられた点で異っている。「正月大饗」同様、「任大臣大饗」は東三条殿に於てこの様な方式で行われた(46)。即ち全体として見ると、東を上位とした

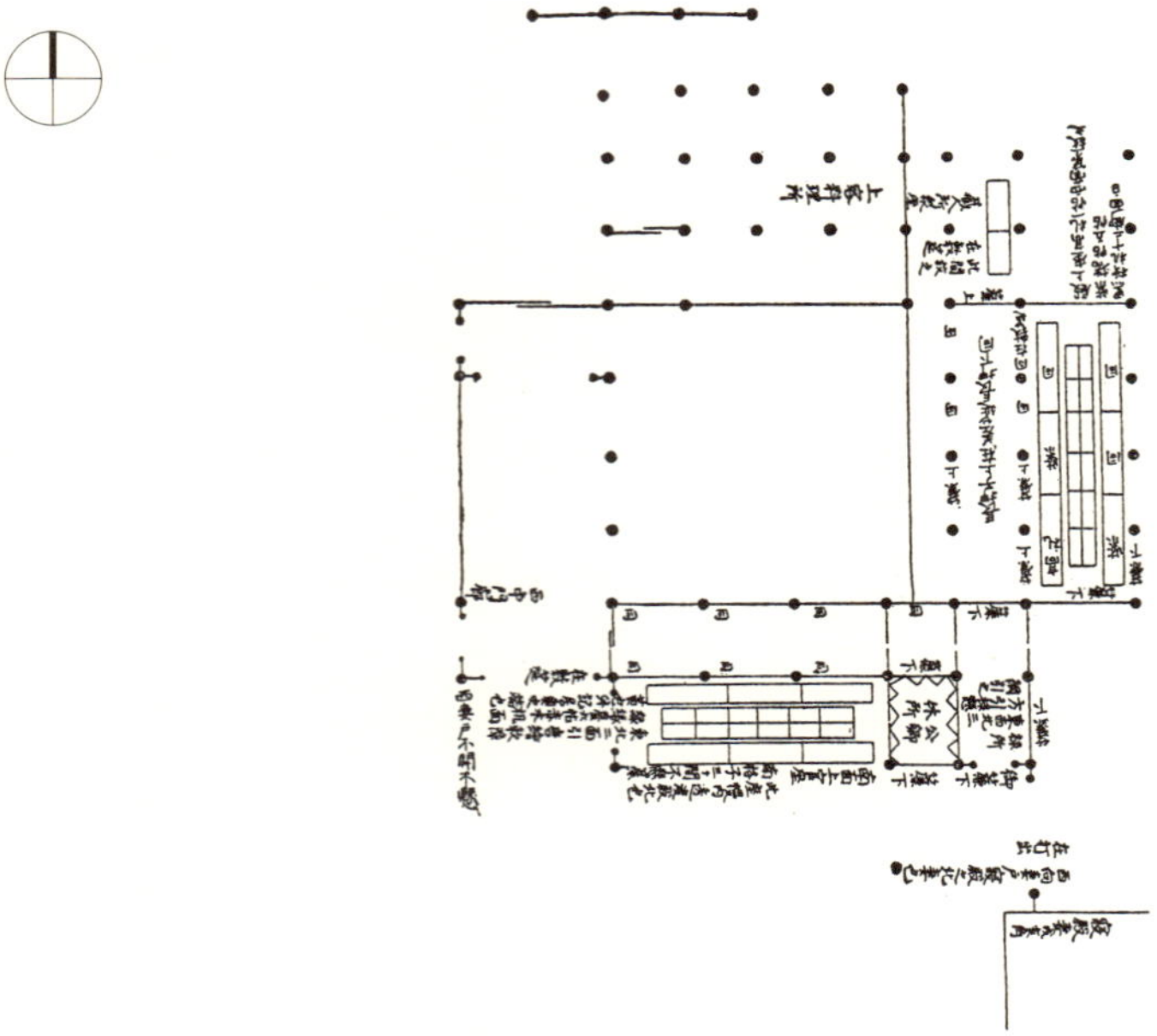

〔寝殿西北渡殿、北西渡殿、上客料理所〕

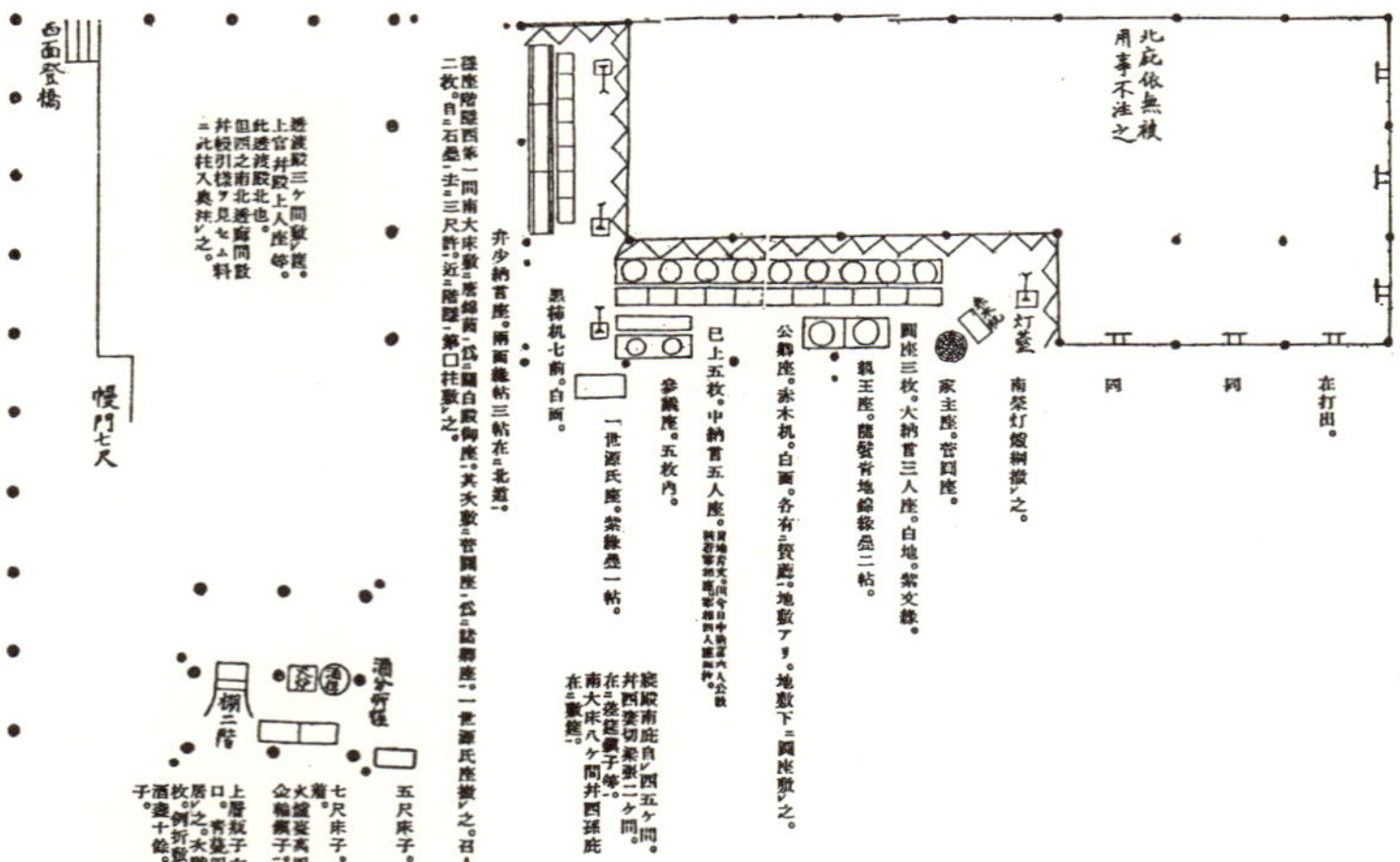

〔寝殿南庇、西庇〕

図4　任大臣大饗指図(『類聚雑要抄』による)

秩序のもとに参加者の座が配されたのである。

任大将饗について

「任大将饗」は、左右近衛大将に任ぜられた時これを祝して催された饗宴である。公卿、殿上人が参加し、近衛府の中将、将監、府生らが招かれた。東三条殿での例を新大将名と共に記せば以下の様である。

康平五年（一〇六二）四月二十二日　左近衛大将（内大臣）藤原師実[47]
嘉保元年（一〇九四）三月二十八日　左近衛大将（権中納言）藤原忠実[48]
元永二年（一一一九）二月　六日　左近衛大将（内大臣）藤原忠通[49]
保延元年（一一三五）二月　八日　右近衛大将（権大納言）藤原頼長[50]
久寿元年（一一五四）八月　十八日　右近衛大将（権中納言）藤原兼長[51]

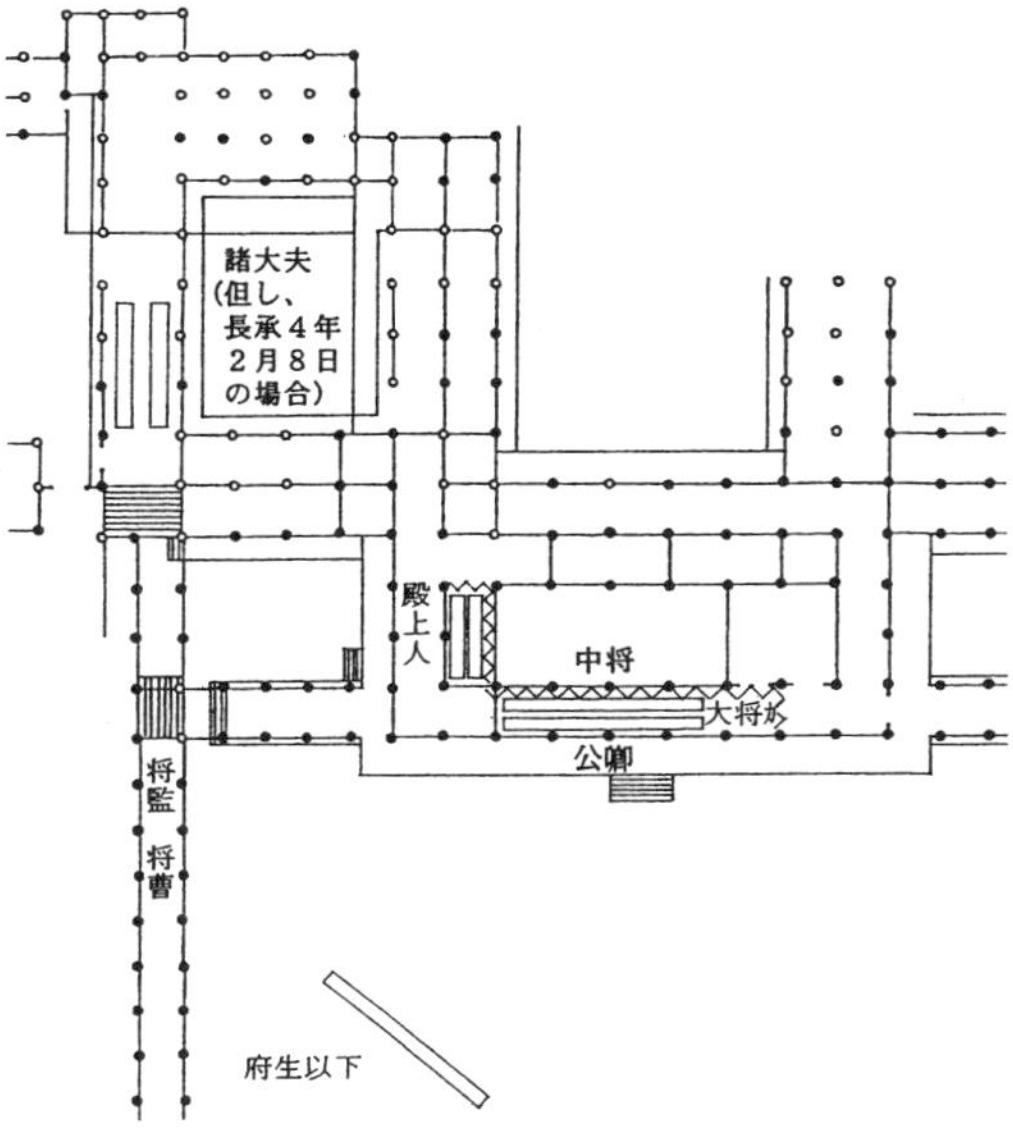

図５　東三条殿に於ける任大将饗推定復元図
（平面は太田静六氏による）

元永二年（一一一九）の例を『中右記』により推定復元したものが図5である。参加者の座の配置について同じく南庇を主会場として用いた「任大臣大饗」の場合と比較すると、類似点の極めて多い事が指摘出来る。しかしながら、近衛府の中将等以外の主要な参加者について見ると、「正月大饗」をも含めた大饗との最も大きな違いは、参加した貴族達が太政官制に基づかない「公卿、殿上人」という別の範疇の語で括られ表記されていることである。「正月大饗」に於ても公卿、殿上人の語が用いられてはいたが実はその意味内容は異なっている。[52]「任大将饗」では「公卿、殿上人」が一対の概念として捉えられ、大饗の場合と異なり主会場たる寝殿の南庇と西庇に座を占めていた点に注目したい。この点に関しては次に述べる「賀茂詣」や「元服」に於ても同様であり、さらに言えば東対を主会場とした「臨時客」等についても全く同じ事が言えるのである。その意味するところについてここではこれ以上踏み込むことをしないが、留意すべきであろう。[53]

賀茂詣について

摂関等が賀茂社に参詣する際には、出発地となった住宅で同行の公卿や殿上人らと共に南庭を渡る舞人、神宝、神馬等を覧るのが慣わしであった。永久三年(一一一五)十二月九日、関白藤原忠実は賀茂社に詣でたが『殿暦』同日条によれば、

余出自寝殿南面着座、内府被着茵、左大将已下次第着座、次諸大夫取菅圓座、始自寝殿南簀子西第二間(上達部座間南簀子也、)至西透渡〔殿脱カ〕敷之

とあり、割註の解釈から上達部(公卿)座は寝殿南庇に設けられた事が知られる。忠実は寝殿西側の透渡殿西階より降り、透廊を経て泉尻橋を渡り(西)中門から出発した。殿上人座について特には記されないが、次に述べる「元服」の場合と同様寝殿西庇に設けられたのであろうか。とするならば、ここに於ても「大饗」「大将饗」と同様参加者の座は東を上位とした秩序のもとに配されたと考えられるのである。

元服儀について

「元服」については、東三条殿以外の例も含め本章第三節で纏めて述べるので、ここでは極く簡単に寛治二年(一〇八八)正月二十一日に行われた内大臣藤原師通の息男忠実の場合を『後二条師通記』をもとに紹介するが、南庇に公卿座が西庇には殿上人座が設けられていた。

以上述べてきた諸例は寝殿を中心として主として東三条殿の西半部を会場として用い、大饗を始めとして参加者の座が東が上位、西を下位とした秩序のもとに配された場合であったが、寝殿の儀式空間は必ずしもこれらのみに限られていたのではない。小規模ではあるが寝殿の東半部も使われていた。

穏座について

長承三年(一一三四)三月十九日、泰子「立后」に伴い東対で公卿以下に対して饗応がなされたが、その後場所を寝殿南簀子に移しここで管絃の御遊があった。『中右記』同日条によれば、

此間居圓座於寢殿南簀子敷、(階間東、)關白殿以下人々着座、大殿出御、(階西間、)召人座敷砌下

とあり、大殿藤原忠実の座が寝殿南階の西に、関白以下公卿らの座は南階より東側に設けられた事が知られる。同様の例は「姫宮五十日儀」に於ても認める事が出来る。保延二年(一一三六)正月二十六日の皇女叡子の「五十日儀」では、東対での饗宴ののち寝殿に場所を移し御遊があった。『長秋記』同日条には、

簀子敷自階東間到東面弁透渡殿、置圓座

と記され、この場合は南階より東の簀子と共に(寝殿東南の)透渡殿にも円座が敷かれた事が知られる。

これら穏座の二例は東対と共に寝殿が用いられた場合についてであるが、「大饗」、「大将饗」等が東を上位とした空間的秩序のもとに参加者の座が配されていたのに対し、少なくとも長承三年(一一三四)の例では西を上位とする秩序のもとに装束されていた事を指摘しておきたい(54)。

(三) 東対に於ける儀式

第Ⅴ期の用法に入る前に、Ⅱ期、Ⅲ期の用法について概観しておくことにする。

第Ⅱ期について

『権記』長保元年(九九九)八月十九日条によれば、東宮居貞の第二皇子敦儀の「着袴儀」が東対を会場として行われたが、

東對唐庇設公卿座、東廊殿上人座

とあり、東対の南の部分すなわち東対南面の唐庇に公卿が、東廊(東中門廊カ)には殿上人が座を占めた事が知られる。また、その翌年の長保二年(一〇〇〇)十二月二日には東宮の第一皇子敦明の「読書始」がやはり東対を会場として行われたが、『権記』同日条によると、

東對母屋□間東西行、立四尺屏風、及西廂惣三間鋪長筵、(敷)繧繝端疊一枚、其上鋪地敷茵、(爲王子座、)前立(黒)□一脚、其上鋪紙一枚、置御註孝經一卷、點袋□等、西廂第一坤柱下鋪菅圓座一枚、(侍讀座、)唐□下鋪菅圓座一枚、(尙複坐、)同庇西第三四五間鋪□端疊地敷茵、爲公卿座、東南廊東西對□端疊爲殿上人座、(預備□上、)東中門外北廊爲喚人諸大夫座

とあって、母屋、西庇に王子座、侍読座がそれぞれ設けられ、公卿座、殿上人座は「着袴儀」の場合の様に、南面の唐庇、東南廊にそ

れぞれ配されたことが知られる。

第Ⅲ期について

長和元年(一〇一二)二月十五日、妍子の「中宮饗」が東対で催されたが『御堂関白記』によれば、

　大臣外諸卿参入、東對唐廂設座、對座、殿上(人脱)着、数獻後各退出

とあり、諸卿の座が第Ⅱ期の場合と同様唐庇に設けられていた。

第Ⅴ期について

さて、第Ⅴ期についてであるが、東対を会場として用いた儀式は数多い。主要なものを挙げてみても「臨時客」「賀茂詣」「勧学院歩」「上表」など多岐に渡っている。以下順に主要な参加者たる公卿、殿上人の座の配置に着目しながらこれらについて検討していくことにする。

臨時客について

「臨時客」は「正月大饗」と同様正月に催される饗宴で、大勢の貴族達が参加した。請客使を出さないため「臨時客」と呼ばれたが、「正月大饗」と比較して略式という性格が強く、「大饗」が寝殿を中心としたのに対して、対を中心会場として用いている。[55]「大饗」と共に良く知られ、対に於ける代表的儀式と言うことが出来よう。管見の及ぶ範囲で東三条殿での「臨時客」の例を主催者と共に列記すると以下の様である。

嘉保二年(一〇九五)	正月	三日	関白藤原師通[56]
康和三年(一一〇一)	正月	三日	右大臣藤原忠実[57]
長治元年(一一〇四)	正月	二日	右大臣藤原忠実[58]
天永三年(一一一二)	正月	二日	摂政藤原忠実[59]
永久元年(一一一三)	正月	二日	摂政藤原忠実[60]
永久四年(一一一六)	正月	二日	関白藤原忠実[61]
永久五年(一一一七)	正月	二日	関白藤原忠実[62]
長承二年(一一三三)	正月	三日	関白藤原忠通[63]

長承三年（一一三四）　正月　二日　関白藤原忠通[64]

保延元年（一一三五）　正月　二日　関白藤原忠通[65]

保延三年（一一三七）　正月　二日　関白藤原忠通[66]

保延四年（一一三八）　正月　三日　関白藤原忠通[67]

仁平三年（一一五三）　正月　三日　左大臣藤原頼長[68]

この様に「臨時客」に関する記録は数多く存在するが、儀式空間の装束が具体的に記されたものを見出すのは難しい。しかしながら、天永三年（一一一二）例について『中右記』同日条に、

於東對南面有臨時客

とあり、また永久四年（一一一六）例について『口言部類』同日条に、

依仰頭中将以下殿上人着座、（南座（廣カ）庇、）

と記されて、東対の南面が会場となり殿上人座が南広庇に設けられた事が知られる他、前掲諸例の東対南庭での公卿らの列立の方式、階の前での尊客と主人との揖譲の位置関係など[69]から推定すると、南庇西方に尊者、その東に連続して公卿座が、南広庇には西方に主人座、その東に殿上人座が設けられたものと考えられる。即ち、南庇、南広庇いずれに於ても西を上位として儀式空間が設定されていた。その具体的様子は『年中行事絵巻』に窺うことが出来る。

しかしながら、長治元年（一一〇四）に右大臣藤原忠実が主催した場合を見ると、公卿・殿上人の配座方式はこれとは異なっていた。『中右記』正月二日条より南庇がその会場として使われたことが知られるが、『為房卿記』同日条に、

殿上人座在上達部座末

とあることから、東対南庇[70]に上達部（公卿）座、殿上人座が連続して設けられた事が知られる。前に述べた諸点からすると上達部座は西側に、殿上人座はその東側に設けられたと考えることが出来よう。

「臨時客」に於ては、公卿、殿上人の座が南庇と南広庇に分けて置かれるか否かにかかわらず、これら参加者の座は西を上位とする秩序のもとに配されたのである。

賀茂詣について

東三条殿東対に於ける「賀茂詣」の記録は数多いが、会場の様子が具体的に知られるのは以下の諸例についてである。参詣者と共に記す。

長治元年（一一〇四）　四月　十七日　右大臣藤原忠実(71)

天永二年（一一一一）　十月　二十日　摂政藤原忠実(72)

久寿元年（一一五四）　四月　十四日　左大臣藤原頼長(73)

これらの三例は参加者の座の配置がそれぞれ異なっているので順に紹介することにしたい。まず、長治元年（一一〇四）四月十七日の右大臣藤原忠実の例であるが『中右記』同日条によると、

> 御装束、東對南面長押上敷滿長筵、傍北東障子立四尺屛風、西上對座設上達部座、（北座龍鬢席上加高麗端、南座敷菅圓座、毎座各立高器三本、未敷紫端、立机、爲殿上人座、承保三年例殿上人座在南廣廂、雖然此殿下御時臨時客、幷御賀茂詣、殿上人座在公卿座末、關白以前殿上人座如此歟、）南廊北上對座設舞人陪從座、（同敷長筵間以南敷同疊十枚、西面立机十前、舞人粁、東面立机二前、陪從粁、）侍廊同居饗饌、爲諸大夫座、御随身所南舎北端又居饗饌、爲御前官□《掌カ》召使座、御随身所同給饗饌

とあり、「長押上」すなわち南庇の西方に公卿座がその東方に殿上人座が、西が上位となる様に設けられた事が知られる。『中右記』の記者藤原宗忠は、忠実が催した「臨時客」「賀茂詣」はこの様な装束のもとでなされた事を記している。そして、（主人が）関白になる前は、殿上人座を南広庇に置かないこの様な方式で行われるのか、と解説を加えた。(74)

天永二年（一一一一）十月二十日の摂政藤原忠実の場合は今まで述べてきた方式と異なる興味深い装束のもとになされた。『永昌記』同日条には以下の様に記される。

> 寝殿中央以東女房出紅袖、西臺(75)南庇母屋際垂御簾、其前立亘四尺屛風六條、第四間南折立之、敷滿差席、西一間端敷圓座一枚、爲御座、同二三四間逼奥敷高麗疊四枚、龍鬢五枚、東京茵二枚、高麗圓座五枚等、爲此座、又同廣庇五个間敷長筵二枚、中門廊壁下敷紫端疊二枚、爲殿上人座、障子上下如常、但大盤不撤、敷新疊

即ち、東対南庇西一間に忠実の座を設け、その東側の西第二、三、四間に高麗端畳を敷いて公卿座とし、中門廊壁下には紫端畳を敷いて殿上人座となした。忠実の座が西端に置かれたことから、公卿座はやはり西を上位として設けられたことが知られる。殿上人座が中門

廊に配された点で他の例と異なっている。

久寿元年（一一五四）左大臣藤原頼長の例を『兵範記』同日条に見ると、

對南面敷筵疊、加圓座菅圓座等、居饗、弘庇同敷筵疊等、居机饗爲殿上人座、中門北廊又敷長筵、敷紫縁帖二行、其中央居机饗、爲舞人陪從座

とあり、南広（弘）庇に殿上人座が、中門北廊には舞人陪従座が設けられた事が知られ、南庇には公卿座が配された事が推定される。

春日詣について

東三条殿での「春日詣」に関し会場の装束が知られるのは以下の諸例についてである。前と同様、参詣者と共に記す。

嘉承元年（一一〇六）十二月　十六日　関白藤原忠実[76]
天永二年（一一一一）十二月　十六日　摂政藤原忠実[77]
仁平元年（一一五一）　八月　　十日　左大臣藤原頼長[78]

まず、嘉承元年（一一〇六）の関白藤原忠実の場合を『中右記』同日条に見ると、

東對南廂敷長筵、立四尺屛風、鋪高麗端疊爲上達部座、南弘廂同敷筵弁紫端

と記され、『永昌記』同日条にも、

東三條殿西對[79]上庇御簾、垂母屋御簾、寄北立竝四尺屛風、其前二行對座敷高麗端帖爲上達部座、弘庇敷筵、第二間以東敷紫端帖爲殿上人座

とあって、東対の南庇に上達部（公卿）座、南広（弘）庇には殿上人座が配された事が知られる。公卿座、殿上人座のこの様な配置の方式については仁平元年（一一五一）左大臣頼長の場合も同様であった。しかしながら天永二年（一一一一）の摂政忠実の場合を『永昌記』に見ると、

東對南庇四箇間、立廻四尺屛風、敷差筵、一間端方敷圓座爲御座、二間以東敷高麗帖、其上敷地敷、々東京錦茵二枚、高麗圓座六枚爲上達部座、同弘庇敷弘筵、中門此〔北カ〕廊敷紫帖二枚爲殿上人座

とされ、南庇に上達部（公卿）座が設けられた点では同じであるが殿上人座は中門廊に置かれていた。またこの記録には、忠実の座が

南庇の西端に敷かれその東に上達部座が設けられたとあるので、これらの座は西を上位とする秩序のもとに配された事になる。

勧学院歩について

勧学院は藤原一門の子弟のための大学寮別曹であるが、「勧学院歩」とは藤原氏が摂政・関白や大臣・氏長者になった際などに勧学院の学生が参賀に訪れる事を指している。会場の装束が具体的に知られる例として、

保延二年（一一三六）十二月二十一日　内大臣藤原頼長[80]

保元三年（一一五八）八月二十三日　関白藤原基実[81]

があげられるが、『台記』に保延二年（一一三六）の場合の指図（図6）が載せられている。関白藤原忠通と藤原頼長は東対東庇の南面妻

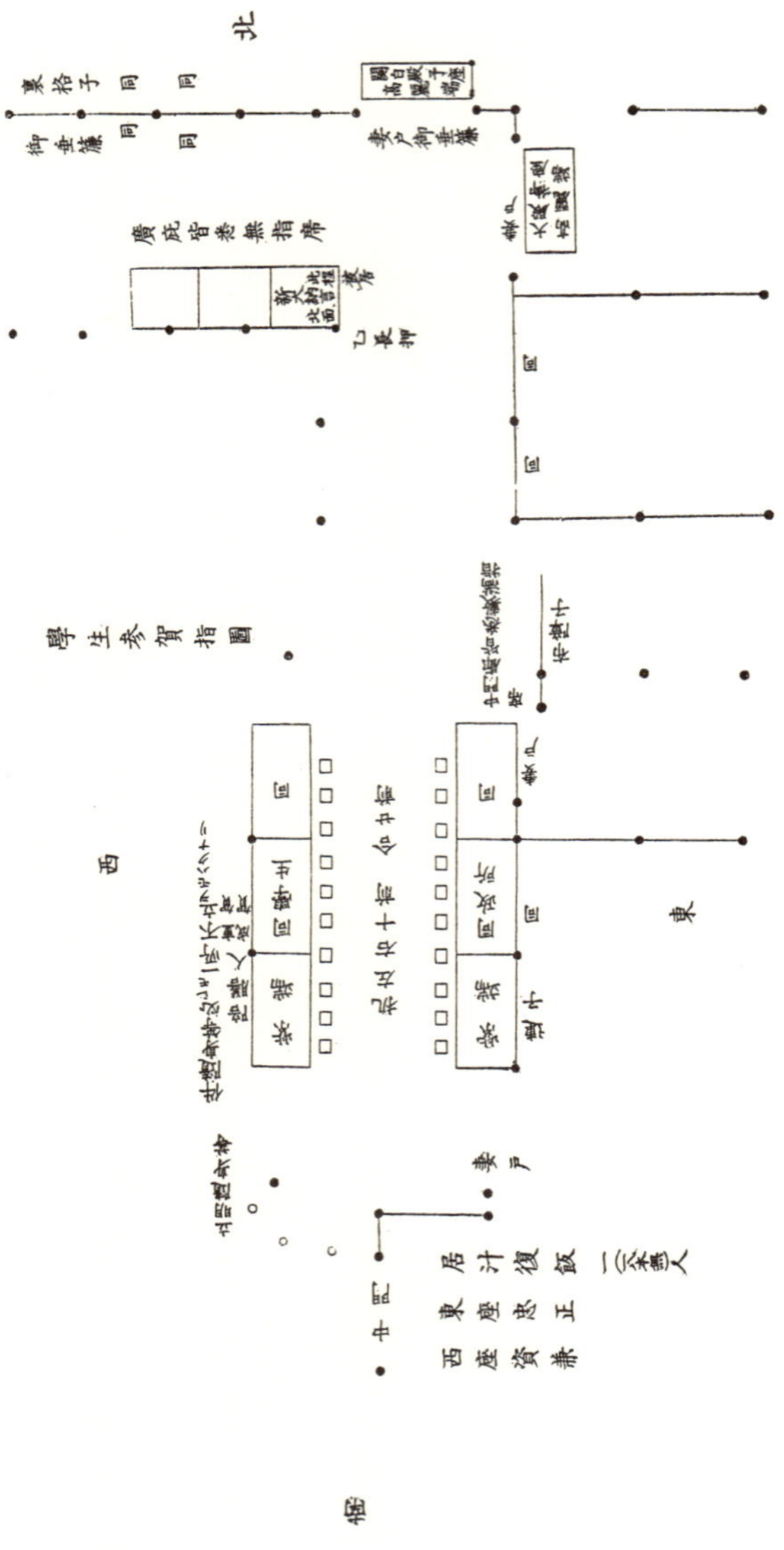

図6　勧学院歩（参賀）指図（『台記』による）

戸内に座を占め、大殿藤原忠実は二棟廊南庇の西向き妻戸内に東対南広庇の方を向いて座った。公卿座は南広庇に設けられ、学生の座は中門廊に配されている。指図によれば公卿座の東端には大納言が座を占めた。これらの公卿について『台記』同日条には、

今日、参入公卿

大納言實能、帥實光、左大辨實親

と記され、大納言藤原実能がこれら公卿の最上位であったことが知られる。従ってこれら公卿座は「臨時客」等の場合と異なり、関白や頼長、そして大殿忠実が座を占める東側を上位として設けられたことになる。

保元三年（一一五八）の場合は『兵範記』同日条に、

其儀、東中門廊六箇間、敷弘長筵、北第四間以南三箇間、二行對座敷紫端疊八枚、（端座迫西柱、奥座二人餘、者東壁下、爲役送道也、）居机饗廾前、座上下燈如常、（在打敷、）對南庇垂御簾、同東又庇妻戸簾同垂之、其内敷高麗端疊一枚、爲殿下御座、東北卯酉廊南庇垂母屋簾上庇簾、二行對座敷高麗端疊六枚、爲公卿座、御上表廊副西長押、敷紫帖二枚、爲殿上人座

とある様に、関白藤原基実の座は東対東面の東孫（又）庇の妻戸内に、公卿座、殿上人座は「東北卯酉廊」（東二棟廊カ）、「御上表廊」にそれぞれ設けられたことが知られる。また学生の座は前の例と同様東中門廊に配された。この場合は前の保延二年（一一三六）の例に対し、公卿座の位置が全く異なっていたことになる。

興福寺参賀について

興福寺は藤原氏の氏寺であり、「興福寺参賀」とはここの僧が「勧学院歩」と同様の理由で参賀を行う儀式である。会場の装束が知られる例としては、

嘉承元年（一一〇六）　三月二十九日　関白藤原忠実[82]

保延二年（一一三六）十二月二十五日　内大臣藤原頼長[83]

保元二年（一一五七）十二月　十七日　右大臣藤原基実[84]

などが挙げられる。保元二年（一一五七）の場合を見ると、屏風を廻らした東対南庇の西第一間に主人座、その東側に別当法印、少僧都、律師、已講座が西を上位として置かれ、五師得業諸司の座は（東侍廊）障子上に配された。上卿座は東二棟廊南庇に設けられている。

右に記した他の二例について検討しても、ほぼ同様の装束のもとに行われていた。

春日祭使発遣について

春日神社は藤原氏の氏社であり、屢々行幸・行啓も受けている。春日の祭日は二月、十一月の上の申の日であるが、祭の前日には上卿、内侍および近衛府の使などが本社に向って出発した。近衛府の使については多くの場合藤原氏の中将がこれをつとめている。祭使が出発するに際し饗宴が催されるが、装束の様子が比較的良く知られるものとして以下の例があげられよう。

寛治二年（一〇八八）十一月　十一日(85)
天仁元年（一一〇八）十一月　一日(86)
天永三年（一一一二）　二月　八日(87)
仁平元年（一一五一）十一月　十一日(88)

これらの中で、特に記述の詳しい仁平元年（一一五一）の例を『台記別記』により推定復元したものが図7である。他の例を検討してもほぼ同様の装束のもとに行われた事が推定されるが、その後の穏座については『中右記』天仁元年（一一〇八）例の同日条に、

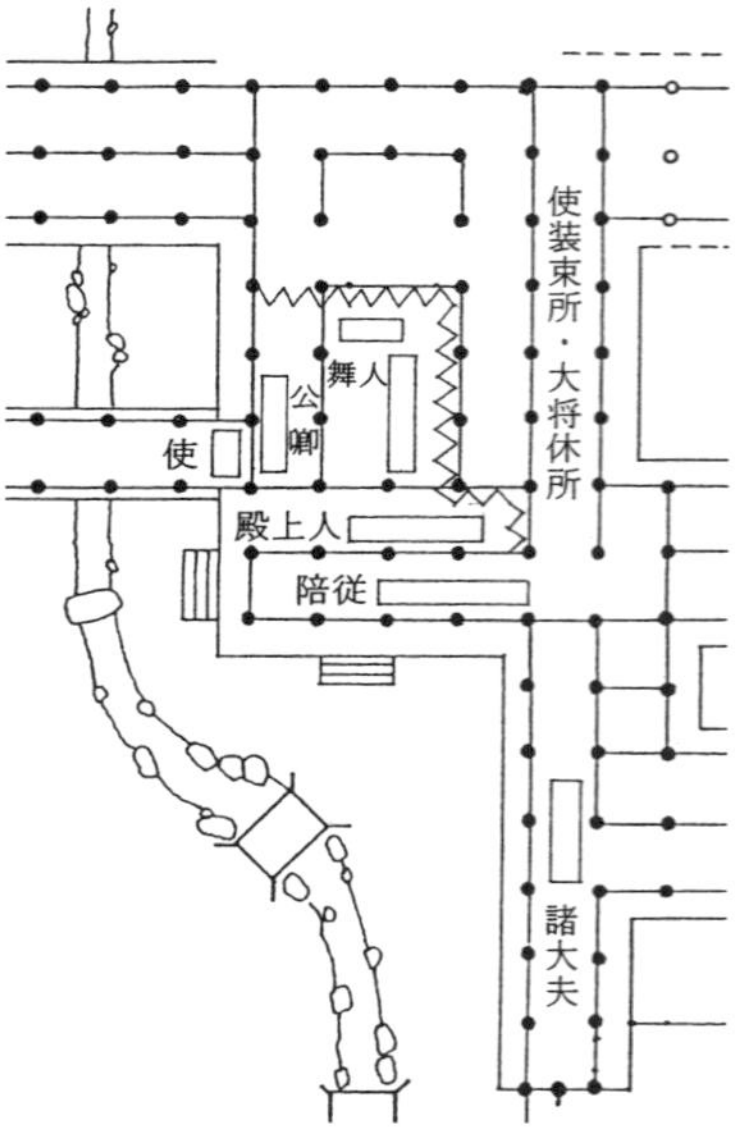

図７　東三条殿東対に於ける春日祭使発遣推定復元図（平面は太田静六氏による）

諸大夫取陪膳料、舞人起座、諸大夫撤陪従饗并座、敷圓座十枚許、（南廣庇也、）民部卿以下移居穏座

とあって、東対の南広庇に円座を敷いて会場となした事が知られる。この様に「春日祭使発遣」に於ては、母屋のみならず西庇、南庇、南広庇、東孫（又）庇、中門廊など多くの部分が儀式の場として使われたのである。

立后の饗について

大治五年（一一三〇）二月二十一日、女御聖子（関白藤原忠通女）の「立后」を祝して東対で饗宴が催された。この饗宴は「立后」の日を含めて三日間行われるのが常である。『中右記』によりこの三日間

の装束を公卿座・殿上人座の配置に着目して推定復元したものが図８Ａ）である。一日目の公卿座の向き及び殿上人座の位置については知られないが、次項で述べる三条烏丸殿での例[89]に鑑みると、公卿座は母屋に南北行で東西対座する様に設けられたものと思われる。二日目の公卿座については同記に、

東對西庇上達部ノ座、西一間殿下御座（西庇并母屋）[90]、二間以東對座、（高麗六枚、）

とあることから、西庇と母屋に跨り南北対座（東西行）する様に西を上位として置かれたものと推定される。[91] 三日目の装束については、「如昨日」と記されている。

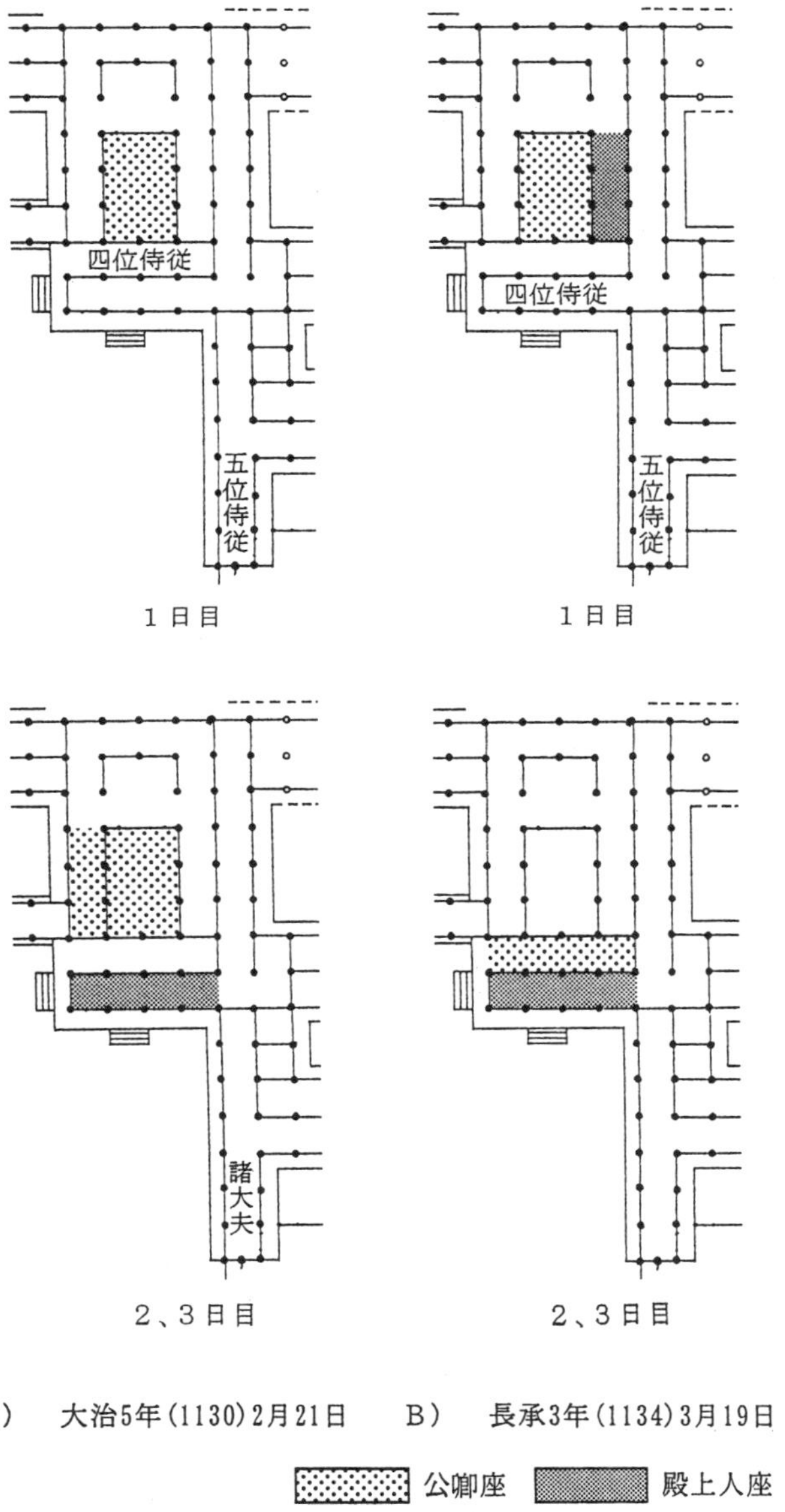

図８　東三条殿東対に於ける立后の饗の公卿座、殿上人座
（平面は太田静六氏による）

長承三年（一一三四）三月十九日には、大殿藤原忠実女、泰子の「立后」儀が行われている。時の里内裏たる二条東洞院第での儀式の後、公卿らは泰子の御所東三条殿に参集した。この日の東対での饗の座について『中右記』同日条には、

對母屋三間敷公卿座、疊地敷上茵、（大臣料四枚、端座上列敷大殿座、錦縁茵、）立亘四尺屛風、座前立机一脚、南廣庇四位侍從座、中門廊五位侍從座、東庇向壺方殿上人座、關白殿予奥座、左大臣已下端座

とあって、殿上人座が東対東庇に「壺方」[92]に向って配された事が知られる。関白以下の公卿座は母屋に奥端、対座して設けられたが、この奥端の表現は壺方に対してのものとも考えられるので、母屋に、東西対座（南北行）する様な形で置かれたのかもしれない。二日目については同記に、

公卿座對南廂、殿上人座南孫廂

と記される。三日目も同様で、公卿、殿上人は前日と同じ位置を占めたことが知られる（図8B）。大治五年（一一三〇）と長承三年（一一三四）とを比較すると、初日に関しては前者の殿上人座の位置が不明なものの大方違いはないが、二日目以降については大分異なっており、例えば公卿座について見ると、前者は西庇および母屋に、後者は南庇に設けられていた。また両者共に初日と二・三日目の装束が異っていた点も指摘しておきたい。この様に「立后」の饗では、公卿・殿上人の配座方式は一定しておらず、特に他の儀式と異なり母屋に公卿座が設けられる場合があった事が注目される。

五十日、百日儀について

「五十日儀」「百日儀」とは生まれた子の五十日目、百日目に行われる祝いの儀のことを言う。『長秋記』保延二年（一一三六）正月二十六日条によればこの日鳥羽上皇の第四皇女叡子の「五十日儀」が催された。その次第を見ると、始め東対で太政大臣藤原忠実以下左大臣、内大臣らに対する饗応があり、次いで寝殿で鳥羽上皇が皇女に餅を含ませた。その後、寝殿の南簀子に座を移し御遊となったが、東対の装束については、

長押上爲公卿侍臣座、其儀、母屋際弁西廂東廂三面懸御簾、其前立亘四尺屛風、其前南北二行、各敷高麗端疊三帖、紫端帖一帖、居赤木机、黒柿机、備饗饌

とあり、長押上の南庇に高麗端畳および紫端畳が敷かれた事が知られる。即ちここが公卿座、殿上人座となった事が推測されるが、『中

右記』同日条に、

　東對南庇居上達部殿上人饌

とあるので、これが確かめられる。『中右記』保延二年（一一三六）三月二十七日条には皇女叡子の「百日儀」の様子が記されているが、やはり南庇に公卿座が設けられていた。

元服について

「元服」については、寝殿での場合と同様、本章第三節で詳しく述べるのでここでは極く簡単に紹介することにするが、これに参加した公卿、殿上人の座はいずれも東対の南庇、南広庇にそれぞれ設けられていた。

読書始について

左大臣藤氏長者頼長の息男師長の「読書始」の儀を『宇槐記抄』をもとに見る。仁平元年（一一五一）七月二十六日条によれば、東対南庇西第一間に南面して弟子座が、これに対応して師座が設けられ、西二、三、四間には上達部座が西を上位として対座する様に設けられたことが知られる。殿上人座は南広庇西第三、四間に配されていた。

上表について(93)

「上表」とは辞表を天皇に奉る事で、上表文草案作製、同御覧、清書、内裏での奏上、勅使来邸、拝舞、勅使との対面などにより成っている。東三条殿での記録は数多いが、ここでは「上表」儀の中でも最も重要であったと思われる勅使との対面の儀に関し、その会場の位置と装束について検討することにする。

天仁元年（一一〇八）八月十三日、摂政藤原忠実は一度目の上表を行った。東対の南面で上表文の草案を見、その後、使を遣して天皇に奏上した。返表使（勅使）が東門より入り、中門で取り継ぎを行っている間、忠実は東対の東面で勅答を読んでいる。その後、勅使に対する忠実の拝舞があり対面が行われるが、『中右記』同日条には、

　對南廣庇當南階西間、敷中使座、疊上茵、東面、其東又敷家主座

とあって、東対の南広庇に両者の座が相対するように設けられた事が知られる。『中右記』によれば、右大臣忠実が康和四年（一一〇二）七月五日、同十月七日に行った「上表」に於てもこれらの座が南広庇に設けられた事が知られるが、必ずしもこれが定式だったのでは

ない。やはり右大臣忠実の例を『中右記』康和四年（一一〇二）九月十七日条に見ると、

　於東對南廂儲勅使座

と記される。これは勅使が忠実の拝舞を受ける際の座について述べたものであるが、通常その後の対面は同じ場所で行われるので、両者対面の座は南庇に設けられたものと考えられる。天仁元年（一一〇八）十月九日に行われた摂政忠実の場合も同様であった。(94)

請印について

吉書に捺印をする「請印」に関し、東三条殿については以下の例が知られる。主催者と共に記す。

康平元年（一〇五八）十二月　八日　大納言藤原師実(95)
応徳元年（一〇八四）三月　四日　内大臣藤原師通(96)
天永三年（一一一二）十一月　十六日　摂政右大臣藤原忠実(97)
久寿二年（一一五五）四月二十七日　左大臣藤原頼長(98)

「請印」を行う理由について天永三年（一一一二）の場合を『中右記』同日条に見ると、

　仰云、任公卿之後、家之請印未行、就中欲辭中右大臣之事在近、其前今日可有事也

とある。この時の装束を『殿暦』同日条に窺うと、

　其儀於東對東面有此事、御装束儀東對東面孫廂ノ從南第三間ニ敷余座、（高麗端疊一枚、）廂簾を垂、其前余座疊を敷也、東面三箇間孫廂ノ御簾を卷、從南第二間弁第四間ニ付端敷同疊各一枚、余座前置印唐櫃、有下机

と記され、東孫庇など東対の東面が用いられた事が知られる。また久寿二年（一一五五）の例を『台記』同日条に見ると、

　東對東孫廂、南第三間、逼西長押、敷高麗端帖一枚、（南北妻、）爲主人座、同南第二四兩面間、各逼東長押敷同帖一枚（南北妻、）垂東廂南第二三四間御簾、卷同孫廂南第二三四間御簾

とあって、同様に東対の東面で行われていた。この東面を会場とするか否かに関し、前の『中右記』天永三年（一一一二）条には、

　但後二條殿内大臣間、應徳元年比有此事、於此亭東對南面有其儀、家主衣冠、立案於南庭下、家主（司カ）捺印、先印申也、又故大殿大納言間、康平十（元年脱カ）二月比有此事、於此東對東庇東面第三間有其儀、家主束帶、於東簀子敷、家司大學頭實綱捺印之由見舊記、御堂、宇

治殿例ハ不見舊記、只大殿、二條殿二ヶ度記相違、若是大臣、大納言作法各別歟、依不審、今朝差知信問民部卿ニ之處、答云、大臣、納言更不有別作法、公卿之家必所行來也、然者只偏付大殿例可候事也者、仍引大殿御時之例、今日可行之由所存也

と記されている。即ち同記の記者藤原宗忠は、康平元年（一〇五八）と応徳元年（一〇八四）の場合について、前者では東対の東面、後者では東対の南面が使われ会場が異なっていた事に対し疑問を呈した。彼は、この違いは主人が大臣であるのか或いは大納言であるのかという官位の差によるものではないかと考えたが、そうではないという結論に達している。結局、天永三年（一一一二）の装束は、康平元年（一〇五八）の藤原師実の先例に倣って東面になされたのであった。同様の内容は『台記』久寿二年（一一五五）四月二十七日の条にも記されている。この様に東面に限らず南面も使われた事については以下の例が参考となろう。『小右記』治安元年（一〇二一）八月二十一日条によると、右大臣藤原実資の小野宮第での「請印」について、この場合は寝殿が会場であったが、

余居寝殿南階庇間

と記され、寝殿の南庇すなわち南面が用いられていたし、また治暦元年（一〇六五）十月二十九日の右大臣藤原師実の住宅(99)に於ても、

着衣冠出對南廂、尾張守朝臣、（定家、）進南簀子本自有印

とあって、この場合は対の南庇すなわち南面が使われた事が知られる。

併せて述べておくと、前述した東三条殿の久寿二年（一一五五）の場合は、連続して「上表」の儀が東対の南面を中心として行われていた。

着座について

「着座」とは、任官した後初めて太政官庁、外記庁に着く事を言うが、『台記』保延二年（一一三六）十月十一日条には右近衛大将藤原頼長の例が記されている。この日頼長は東三条殿より官庁に向ったが、東三条殿に還った後、東対で公卿らに対する饗応があった。

兼居饗饌於對南面也、予更改着直衣、（不脱冠、）出自對南妻戸、經廣庇西行、入自西第一間、居主人座、…〈中略〉…對座母屋北東御簾皆下、立廻四尺屏風、（倭繪也、）以西第一間爲主人座、（高麗端疊一帖ヲ、北方敷設也、）去主人座、二三尺許より、二行ニ敷高麗端六帖、（三帖南、三帖北、）爲公卿座、（對座、）連敷紫端二帖、爲殿上人座、（南一帖、北一帖、對座也、）

即ち、頼長は東対の南妻戸より出て（南）広庇を西行し、この西第一間より入って主人座に着いたが、この座に続けて公卿および殿上人座が配された事が知られる。従って、これらの座は南庇に設けられ、しかも西を上位として敷かれていたことになる。官掌、召使な

どの座は随身所に配されていた。

御賀舞拍子合せについて

仁平二年（一一五二）三月七日、鳥羽南殿に於て鳥羽法皇五十の御賀が催されたが、これに先だつ三月二日、左近衛権少将藤原隆長の御賀舞拍子合せが東三条殿で行われている。『兵範記』同日条によれば、

東對垂南面庇簾、出几帳帷、弘庇迫南長押東西行敷高麗端疊、爲公卿座、（西上南面、）

とあって、東対南広庇に西を上位とする秩序のもとに公卿座が配された事が知られる。

因明八講について

仏事は、貴族主体の儀式と異なり独特の装束のもとに行われた。これらは一見すると仏台（絵）を中心とした左右対称的空間構造を有していた様に見える。しかしながら注意深く観察すると、貴族等の座は、大極殿での「御斎会」或いは清涼殿での仏事の場合と同様に左右対称の位置には置かれていない。図9は、久寿元年（一一五四）十月二十一日に頼長が催した「因明八講」の様子を『台記』により推定復元したものであるが、南広庇の南階間より東側に公卿座が、中門廊には殿上人座が設けられている。母屋、南庇が主要会場となり、この部分には公卿等の座を設けることが出来なかったのでこの様な配座方式がとられたのであろう。中門廊に対する東対の空間的優位性が知られると同時に南広庇では西を上位、中門廊では北を上位とする秩序のもとに公卿等の座が配されたことが推察される。

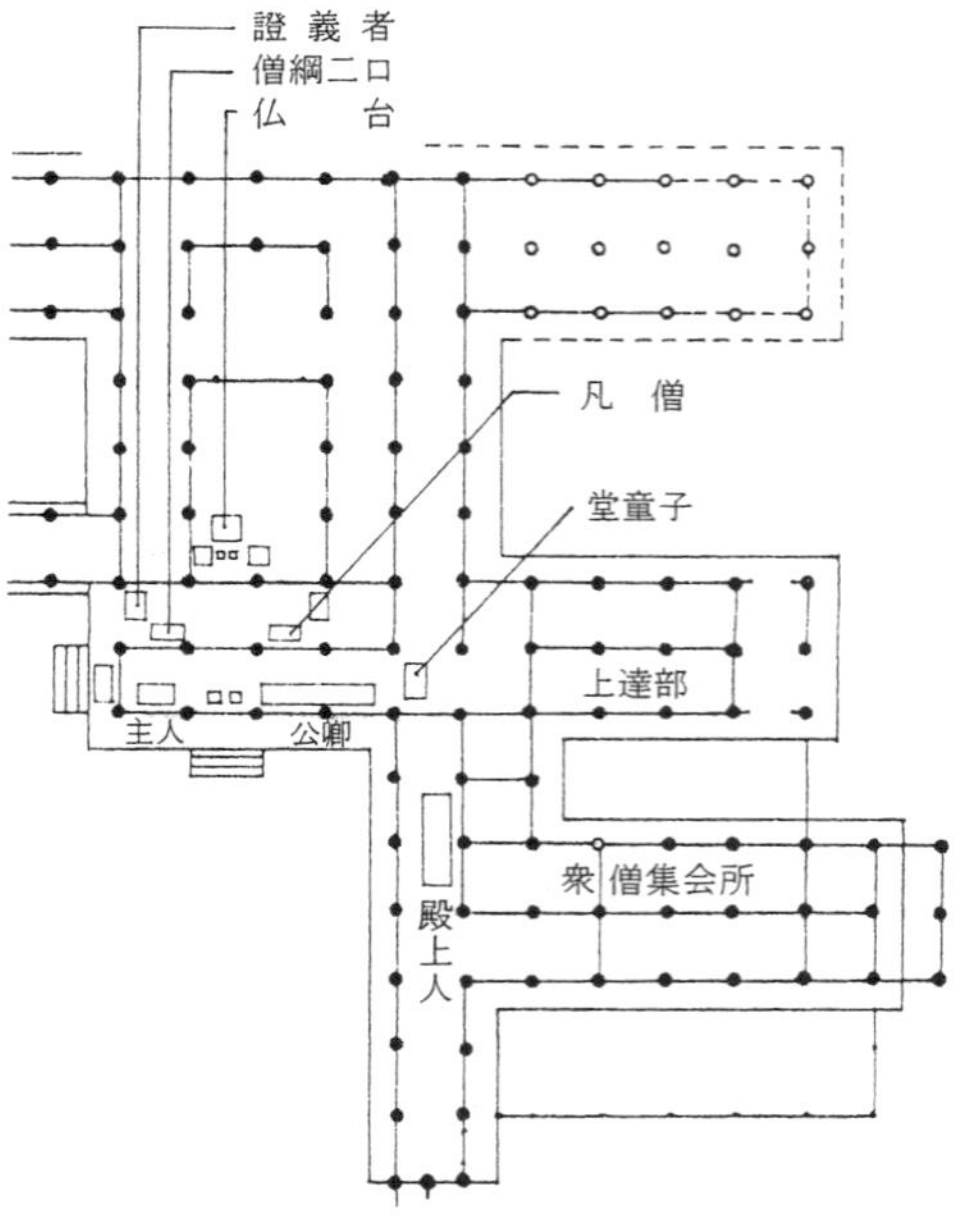

図9　東三条殿東対に於ける因明八講推定復元図
（平面は太田静六氏による）

季御読経について

仁平二年（一一五二）八月十八日、左大臣藤原頼長が東対で催した「季御読経」に関し『兵範記』同日条には、

其儀、東對南庇放母屋際障子、懸御簾、(内垂壁代、立几帳、)
西第二間、奉懸大日繪像一鋪、供香花佛供燈明、其前敷
半帖爲導師座、□庇簾西南東三方敷僧座、如内裏儀、南
弘庇敷公卿座、中門北廊副布障子、敷殿上人座、未刻權
僧正隆覺以下請僧廿口參集

と記される。「如内裏儀」とあるのを手掛かりに『雲図抄』[100]を参考にしながら「季御読経」の装束を推定復元したものが図10である。「因明八講」では東対母屋に仏台が設けられたのに対し、この場合は南庇の母屋際に仏絵が懸けられた。従って、やや小規模の会場となったが、公卿座は「因明八講」の場合と同様、南広庇の南階間より東に設けられ、殿上人座は中門廊に配されている。

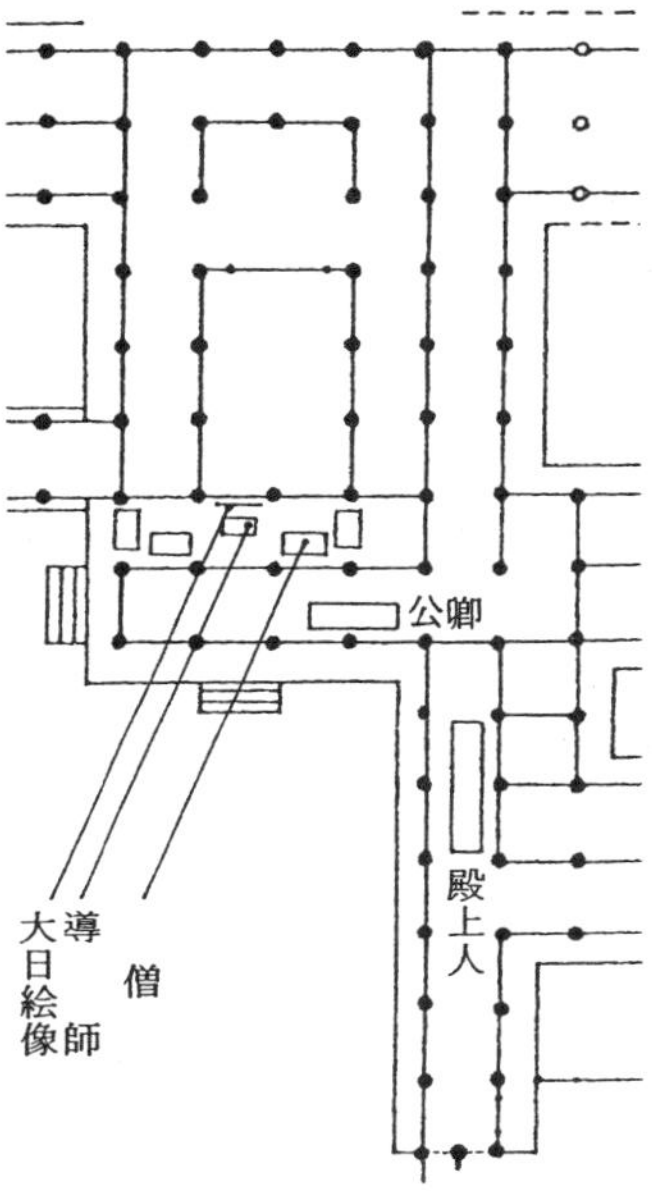

図10　東三条殿東対に於ける季御読経推定復元図(平面は太田静六氏による)

「因明八講」「季御読経」いずれの場合も東対は仏堂に準えられ装束されたのである。

(四) 西面に於ける行事

以上の様に、東三条殿に於ては、寝殿、東対が儀式のための主要な場として用いられていた。しかも、これらの建物のみならず、これらに付属する渡殿・廊などもその会場となっていた。しかしながら、これら以外に西面すなわち寝殿西方の渡殿・廊なども行事のための会場として使われる事があった。

保元二年(一一五七)十月二十二日、右大臣藤原基実の「五節定」がここで行われたが『兵範記』同日条には、

東三條殿西中門廊、二行敷高麗縁疊、爲公卿座、(南上、)

と記され、西中門廊に南を上位として公卿座が設けられた事が知られる。同記十二月十七日条によれば、基実の御所は上官座廊(寝殿西北渡殿)とされるから、公卿座の南上位の秩序は、或は南側にあるこの御所の位置を基準にしたものだったのかもしれない。同記に

よれば、同年十二月一日やはり基実の「大饗定」が行われたが、

今夜右大臣殿於東三條西面、有正月大饗定、上官座廊爲御座

とあって、寝殿西北渡殿がその会場とされている。因に、この「大饗定」について他の例を紹介すると、天永三年(一一一二)十二月十四日の藤原忠実の「任大臣大饗」に関して『殿暦』同八日条には、

頃之余於東廊出居方定大饗事

と記され、東対に付属する東出居廊(東二棟廊)がその場所にあてられた事が知られる。参考までに述べておくと、この時の忠実の御所は東対であった。(101)

また特殊な例として、西中門廊が官庁に擬される場合があった。この時の官人の座は前の保元二年(一一五七)の「五節定」の場合に対し北を上位として設けられたが、(102)この座の配置方式は南側にある中門の位置を意識してのものと思われる。なお、官庁は東三条殿のこの場所に設けられたが、この時の里内裏は南隣の高松殿であった。

この様に、西面に於ては「臨時客」等の儀式は行われず、従って寝殿や東対と同等の性質を有したと見る事は一概には出来ないが、ここで述べた様な使われ方がなされた点については留意しておくべきであろう。

(五)門の用法

平安時代に於ける上級貴族層の住宅は、多くの場合四方を大路あるいは小路によって囲まれた一町四方の地に営まれていた。これらの殆どが敷地の東西に正門たる四脚門を開き、その他にも東西面あるいは北面に門を設けていた。南庭に池が設けられたため敷地の南面に門は開かれなかった。平安末期になると、敷地の狭小化に伴い路に面するのは東西面のうちの一方のみである様な住宅が生まれてくるが、これらに於て正門は路に面する側に限定して開かれることになる。

貴族住宅の空間構成あるいは内部の空間的秩序の一端がこれら門の配置に具体的に表現されている。ここでは、第V期の東三条殿を取り上げ、東西門それぞれの用法上の性質を明らかにしていきたい。

東三条殿は東は町尻小路、西は西洞院大路に面しており、東西に四脚門を配していた。古記録により門の用法が知られるもの、或い

は推定されるものについて門ごとに分類し作製したのが表1である。(103)

東門の用例に多く見られるのは、東三条殿での儀式に参加する公卿らが用いる場合である。この例として「臨時客」「勧学院歩」があげられるが、例えば永久元年（一一一三）正月二日の藤原忠実の「臨時客」の例を『中右記』同日条に見ると、

申時内大臣以下參東三條、（入從東門、東對南面被儲座也、）

とあり、客主たる内大臣以下が東門より入った事と同時にその会場は東対であったことを知ることが出来る。「勧学院歩」については、『中右記』嘉承元年（一一〇六）三月二十三日条に、

東中門廊指筵、上敷紫端八枚、居饗饌廿前、（由机爲學生座、上下立燈臺、）…〈中略〉…學生等入從東門

と記され、饗座が東中門廊に設けられ、学生等は東門より入った事が知られる。

東三条殿は、藤原師実、師通、忠実、忠通などの藤氏長者や摂関等によって用いられてきたが、これらの人々が賀茂、春日などの諸社に参詣する際にはやはり東門が使用された。表1では「賀茂詣」の例が多いが、例えば久寿元年（一一五四）四月十四日の左大臣藤原頼長の場合を『兵範記』に見ると、

御出立儀、對南面敷筵疊、加圓座菅圓座等、居饗、…〈中略〉…内府以下扈從公卿十三兩如例、出東門

とあり、東対が出立所となされていた事が知られる。寛治六年（一〇九二）四月二十日の師実「賀茂詣」に関する『中右記』同日条の、

東對、仍用東御門

という記述は、用いる門と儀式会場との相関関係が端的に示された例と言えよう。「春日詣」についても同様で、忠実が氏長者になった後初めての参詣を記した『殿暦』康和二年（一一〇〇）十一月二十七日条には、

其儀東三條東對南面設公卿座、（西上對座、）…〈中略〉…次從同南階下、經中門、於東門乗車

とあり、やはり東対がその出立所であったことが知られる。仁平二年（一一五二）の頼長の「石清水詣」の場合も同様、東対が出立所とされていた。

以上の諸例は、東対または東中門廊が儀式の会場、或いは摂関等が諸社に出立する場合に公卿らに対する饗所として東対が用いられた場合であった。(104) ところで、諸社以外に摂関等が諸所に渡る際にも東門が使われている。その主なものは、内裏または院御所への例で

表１　東三条殿に於ける門の用例一覧

門	出入	西暦	和暦	主体	目的	備考	史料
東四脚門	出	1092	寛治 6. 4.20	関白師実	賀茂詣	東対より	中右記
	出	1092	寛治 6. 7.10	関白師実	高陽院へ	東対より	中右記、他
	出	1094※	寛治 8. 3. 9	関白師通	慶賀により堀河内裏へ	東対より	中右記
	入	1095	嘉保 2.正. 3	尊者	臨時客	東対へ	中右記
	出	1100	康和 2. 7.17	権大納言忠実	任大臣儀により参内	東対より	殿暦
	出	1100	康和 2.11.27	右大臣忠実	春日詣	東対より	殿暦
	出	1103※	康和 5.12. 9	忠通	昇殿により参内		殿暦、他
	出	1104	長治元.正. 1	公卿	拝礼後、院御所へ		殿暦、他
	出	1104	長治元. 4.17	右大臣忠実	賀茂詣	東対より	中右記
	出	1105	長治 2.12.25	右大臣忠実	参内	東対より	中右記
	出	1106	嘉承元.正.13	関白忠実	著陣により参内		中右記
	入	1106	嘉承元. 3.23	学生	勧学院歩	東中門廊へ	中右記
	出	1106	嘉承元.12.16	関白忠実	春日詣	東対より	中右記、他
	出	1109	天仁 2. 8.17	摂政忠実	賀茂詣	東対より	殿暦
	出	1112	天永 3.正. 1	摂政以下	院御所拝礼	寝殿より	中右記、他
	出	1112	天永 3. 2. 8	摂政忠実	六条殿桟敷へ	忠実御所は東対	中右記
	出	1112	天永 3. 4.22	摂政忠実	賀茂詣	東対より	中右記
	入	1112※	天永 3. 4.22	摂政忠実	賀茂社より還る		中右記
	出	1112	天永 3.11. 1	摂政忠実	著陣により参内	東対より	中右記、他
	入	1112	天永 3.12. 8	勅使	忠実太政大臣宣旨下	東対へ	中右記
	入	1112	天永 3.12.14	摂政忠実	任大臣儀の後、還	東中門廊より寝殿へ	中右記、他
	出	1112	天永 3.12.17	太政大臣忠実	法皇に奏慶	忠実御所は東対	中右記
	入	1113	永久元.正. 2	大臣以下	臨時客	東対へ	中右記
	出	1113	永久元.12.26	摂政忠実	上表の後、参内	東対より	殿暦
	出	1114	永久 2.正. 1	関白忠実	院御所拝礼	東対より	中右記、他
	入	1115	永久 3. 4.28	内大臣忠通	任大臣儀の後、還	東対へ	殿暦
	入	1115※	永久 3. 4.28	関白忠実	内裏より還	東対へ	殿暦
	出	1115	永久 3. 5. 1	内大臣忠通	諸所に慶を申す		殿暦
	出	1118	元永元.10.26	内大臣忠通	民部卿経営所に渡る	東対より	中右記、他
	出	1120	保安元. 4.14	関白忠実	賀茂詣	東対より	中右記
	出	1129	大治 4.正. 9	忠通女聖子	入内	寝殿より	中右記
	入	1130	大治 5. 2. 9	女御聖子	立后宣旨	寝殿へ	中右記
	出	1130	大治 5. 4.19	頼長	元服後、参内	元服会場は東対	中右記
	出	1130	大治 5. 7.25	頼長	大殿に申慶の後、参院	東対より	中右記
	出	1132	長承元. 4.19	関白忠通	賀茂詣	東対より	中右記
	入	1133	長承 2.正. 3	左大臣以下	臨時客	東対へ	中右記
	出	1136	保延 2.10.11	権大納言頼長	著座	東対より	台記
	出	1136	保延 2.11. 5	権大納言頼長	大原野、吉田詣		台記
	入	1136	保延 2.12. 9	権大納言頼長	任大臣大饗により参		台記
	入	1136	保延 2.12. 9	新内大臣頼長	任大臣儀の後、還		台記
	出	1136	保延 2.12.13	内大臣頼長	諸所に慶賀	東対より	台記
	入	1136	保延 2.12.13	内大臣頼長	還		台記
	出	1136	保延 2.12.17	内大臣頼長	著陣	東対より	台記
	出	1150	久安 6.12.22	荷前使		東対より	台記
	出	1151	久安 7.正.26	左大臣頼長	実能の大饗に参	東対より	台記
	出	1151	仁平元. 2.16	隆長	元服の後、参内	元服会場は東対	台記別記
	出	1151	仁平元. 8.10	左大臣頼長	春日詣、まず鳥羽院へ	東対より	台記別記
	入	1151	仁平元.11.13	春日祭使	還	東対へ	台記別記
	出	1152	仁平 2. 8.14	左大臣頼長	石清水詣	東対より	兵範記
	出	1153	仁平 3.11.26	左大臣頼長	春日詣	東対より	台記別記
	出	1153	仁平 3.閏12.27	中納言兼長	諸所に慶申		兵範記

東四脚門	出	1154	久寿元.正.1	左大臣頼長	拝礼後、院御所へ	東対より	台記
	出	1154	久寿元.4.14	左大臣頼長	賀茂詣	東対より	兵範記
	出	1155	久寿2.4.20	左大臣頼長	賀茂詣		兵範記
	出	1155	久寿2.4.27	仕丁	頼長上表により使を内裏に遣す	東対より	台記
	出	1157	保元2.11.12	五節舞姫	参内	東対より	兵範記
	出	1158	保元3.8.11	関白基実	参内	基実御所は東対	兵範記
	入	1161	応保元.12.17	勅使	育子入内により参	東対へ	山槐記
	出	1161	応保元.12.17	忠通女育子	入内	東対より	山槐記
	入	1166	仁安元.10.10	太上天皇	御幸		兵範記
西四脚門	入	1088	寛治2.12.14	尊者(左大臣)	任大臣大饗		中右記
	入	1094	嘉保元.3.28	大将忠実以下	任大将饗	饗所は寝殿	中右記
	出	1112	天永3.2.8	春日祭上卿	発遣	東対より	中右記
	入	1112	天永3.2.10	春日祭上卿	還	東対へ	中右記、他
	出	1112	天永3.12.14	摂政忠実	任大臣儀により参内		中右記、他
	入	1112	天永3.12.14	尊者以下	任大臣大饗	饗所は寝殿	中右記、他
	出	1115	永久3.4.16	権大納言忠通	任内大臣兼宣旨により参内		殿暦
	入	1115	永久3.7.21	内大臣忠実	移徙	寝殿へ	殿暦
	出	1115※	永久3.12.9	関白忠実	賀茂詣	寝殿より	殿暦
	出	1116	永久4.2.7	春日祭上卿	出立		殿暦
	出	1119	元永2.2.6	内大臣忠通	任大将儀により参内		中右記
	入	1119	元永2.2.6	内大臣忠通	任大将饗	饗所は寝殿	中右記
	出	1130	大治5.4.3	中宮	入内	中宮御所は西面	中右記
	出	1130※	大治5.11.8	春日祭使	発遣	東対より	中右記
	出	1134	長承3.4.9	皇后宮	院御所に行啓	皇后宮御所は西面	中右記
	出	1135	保延元.2.8	右中将頼長	任大将儀により参内		台記別記
	入	1135	保延元.2.8	右大将頼長以下	任大将饗	饗所は寝殿	台記別記
	入	1135	保延元.2.25	上皇	御馬御覧により御幸	御所は西面	中右記、他
	出	1135	保延元.2.27	上皇	春日御幸	御所は西面	中右記、他
	入	1136	保延2.11.25	権大納言頼長	任大臣兼宣旨により参	大殿(西面)へ	台記
	出	1136	保延2.11.25	権大納言頼長	任大臣兼宣旨により参内		台記
	入	1136	保延2.11.25	権大納言頼長	内裏より還	大殿(西面)へ	台記
	出	1136	保延2.11.25	権大納言頼長	退出		台記
	入	1151	仁平元.2.16	隆長	元服後参内、還	泰子(西面ヵ)へ	台記別記
	出	1151	仁平元.11.11	春日祭使	発遣	饗所は東対	
	出入	1152	仁平2.正.26	勅使	頼長大饗	饗所は寝殿	兵範記
	入	1152	仁平2.正.26	尊者	頼長大饗	饗所は寝殿	兵範記
	出	1154	久寿元.正.4	権中納言兼長	著陣により参内		台記
	出	1154	久寿元.正.30	春日祭使	発遣	饗所は東対	兵範記
	出	1155※	久寿2.2.6	春日祭上卿	発遣		兵範記
	出	1157	保元2.8.19	権大納言基実	任大臣儀により参内		兵範記
	入	1157	保元2.8.19	右大臣基実	任大臣大饗	饗所は寝殿	兵範記
	入	1157	保元2.8.19	尊者	任大臣大饗	饗所は寝殿	兵範記
	出	1157	保元2.10.2	右大臣基実	著陣	基実御所は西面	兵範記
	出	1160	永暦元.7.27	権中納言基房	任大臣儀により参内		山槐記
	出	1166	仁安元.11.3	東宮	藤原邦綱第に行啓		玉葉
	出入	1166	仁安元.12.22	内大臣兼実	皇太子着袴	上皇の殿上へ	玉葉
北方東面北門	入	1152	仁平2.正.25	高陽院泰子	御幸	御所は寝殿北面	兵範記
	入	1166	仁安元.10.21	北政所	春宮に参	北面へ	兵範記

本表は、太田静六氏がその規模を復元された康平年間以降について作製したものである。

西暦の欄で※を付してあるのは、用いられた門が推定できるものである。

ある。前者としては長治二年（一一〇五）十二月二十五日の、藤原忠実が関白万機宣旨のために参内した例があげられるが『中右記』同日条に、

仍出給、（先於東對東面戸中有反閇、道言朝臣候之、朝輔給祿、）従東御門出給…〈中略〉…還東三條給…〈中略〉…了昇自東對南階令着南庇座給

とあって、忠実は東対より出立しまた東対に戻ってきた事が知られる。東対は忠実の御所としての役割を果している。後者としては、永久二年（一一一四）正月朔日の関白忠実の院御所拝礼の例がある。『中右記』同日条に、

殿下則出御従東門、諸卿連車扈從、（按察大納言宗通卿被參逢門前也、）令參院御所給

とあり、忠実は東門より出た事が知られるが、忠実自身の日記『殿暦』同日条に、

巳時許大外記師遠持來叙位勘文、於對南面見之

とされる様に、忠実は日常の政務を東対でこなしており、ここを御所として用いていた。忠実はここから出て院御所に渡ったのである。またこの東三条殿より他の住宅に移った時の記録として、寛治六年（一〇九二）七月十日の関白藤原師実による高陽院への移徙の例が知られるが『中右記』同日条には、

戌剋許人々參集御出立所東三條東面、寄御車於對南面、（唐車、）經町尻大炊御門西洞院

と記され、やはり東対より出立していた。東対は師実の御所として理解されている。東門から町尻小路に出たのである。これらは、摂関等が御所とした東対[105]より出立したことに関する例である。

以上述べてきたものはすべて、東対或いは東中門廊が目的地、或いは出発地であった場合であるが、寝殿に関しても東門の用例をあげることが出来る。天永三年（一一一二）正月朔日に摂政忠実が拝礼のために院御所に出発する時の様子を『中右記』同日条に窺うと、

引諸卿令參院御所給、（従去年御伊豫守基隆朝臣三條大宮宅也、）經町尻三條

とあって、町尻を経たこと、従って東門が用いられた事が知られるが、『殿暦』同日条には、

未剋權大納言經實卿以下兩三人公卿集來、余有寢殿簾中不答拜

と記され、この時には寝殿が忠実の御所として捉えられていた。

また、大治四年(一一二九)正月九日の摂政忠通女聖子の入内に関して『中右記』同日条によれば、寝殿で着裳の後、聖子は南階より乗車し東門より出御した事が知られる。因みにこの時の公卿らの饗所は東対であった。翌大治五年(一一三〇)二月九日、聖子が立后宣旨のために東三条殿に還った際の饗についてもほぼ同様の方式であった。

これらの例は、寝殿が目的地あるいは出発地であった場合であるが、後者大治四年(一一二九)例では寝殿と共に東対が使われていた点を指摘しておきたい。

東三条殿の西門には顕著な特徴が認められる。それは、「大臣大饗」および「大将饗」の際の用法についてである。

まず「大饗」について述べると、客に先だち勅使たる蘇甘栗の使いが来着するが、仁平二年(一一五二)正月二十六日の左大臣頼長の「大饗」の場合は『兵範記』同日条に、

次蘇甘栗使蔵人皇后宮権少進藤原憲頼、(着青色袍、萠木表袴、紅梅下襲、)参立西中門外

と記されている。西中門を用いているので西門から入った事が知られる。客主たる尊者以下が用いる門については『中右記』寛治二年(一〇八八)十二月十四日の師実の「大饗」を記した条に、

西剋許左大臣入自西門、列立庭中

とある。天永三年(一一一二)十二月十四日の忠実の「大饗」の場合も同様であった。即ち、東三条殿の「大饗」に於ては、勅使、尊客以下は西門より参入したのである。

「大饗」に先だち、新たに大臣に任ぜられるべき主人(即ち大饗の主催者)は、任大臣儀の会場たる内裏に向いさらに饗所たる東三条殿に還り来客に備えるが、この時に用いる門を見ると、天永三年(一一一二)十二月十四日や保延二年(一一三六)十一月二十五日の場合は西門であったが、東門の例も認められる。第四章第二節で再び触れることになるが東三条殿に於て、主人は東門を用いるのが正式だったようである。

また「大将饗」に関して言えば、除目の行われた内裏より新大将が次将以下を引きつれて東三条殿に還ってくる時に用いる門がやはり西門であった。「大饗」「大将饗」にはいずれも寝殿が主会場として用いられたが、寝殿より西方の渡殿・廊なども下位の参加者のための会場として使われていた。

「賀茂詣」には東対が会場として用いられる事が多かったが、前に述べた様に寝殿が会場となる場合もあった。永久三年（一一一五）十二月九日の関白藤原忠実の例がそれであるが、自身の日記『殿暦』同日条によれば透渡殿西階より降りて中門より出た事が知られ、従って西門を用いた事が推測される。この時も「大饗」と同様、前に述べた様に参加者の座は東を上位として配されたものと考えられた。さて、大治五年（一一三〇）四月三日、中宮聖子は「立后」ののち、初めて入内した。『中右記』同日条によれば、

次寄御輿…〈中略〉…出御従西御門

とあって西門を用いた事が知られるが、また同条に、

次馳參中宮御所東三條西面方

とある様に、中宮御所は東三条殿の西面すなわち寝殿より西方の渡殿・廊等に設けられていた。長承三年（一一三四）四月九日の皇后宮泰子の場合も同様で、この日泰子は「立后」の後初めて院御所に行啓したが、やはり西門を用いている。そして、この泰子の御所も西面に設けられていた。(106) 翌年二月二十五日、鳥羽上皇は「春日詣」の御馬御覧のため東三条殿に渡ったが『中右記』前日条には、

西面方西御門依可入院也

と記され、西門を用いるべき事が示されている。上皇の御所は寝殿西茅郎にあてられている。(107)

保元二年（一一五七）十月二日、右大臣藤原基実は東三条殿より着陣のため内裏に向ったが『兵範記』同日条に、

無御乗車儀、自西洞院面南行

とある様に西門を用いた事が知られる。そしてその御所は、

於西御出居召御裝束…〈中略〉…（上官座郎二行對座敷疊六枚、爲御出居、客亭、…）

と記される様に、やはり西面の上官座郎（寝殿西北渡殿）に設けられていた。

以上の諸例はすべて寝殿を含め東三条殿の西面を目的地・出発地とした人物、或いは西面に御所が設けられた人物に関するものであった。

しかしながら、この様な原則に必ずしも従わない例が存在する。

大治五年（一一三〇）十一月八日、中将藤原頼長が春日祭使として東三条殿より出立する事になったが、その会場は東対であった。饗

応ののちに出立するが、『中右記』同日条には、

　於西中門外騎馬

とあり西門を用いた事が推定される。表1により、春日祭使や春日祭上卿に関する例を見ると、東門については、仁平元年（一一五一）の還立に関する例があるのみで、他はすべて西門が使われている。これに関して、天永三年（一一一二）二月八日の中納言藤原忠通の出立の場合を『中右記』同日条に見ると、

　參來東對廣庇、（敷圓座、）殿下出御此座、（中納言被出居其前、）被仰合人々云、大將天喜五年春日上卿之時、從此東三條令出立給間、出御從西門也、今日可然歟、將又可用東門歟、民部卿被申云、然者西門何事之有哉者

とあって、天喜五年（一〇五七）の例に倣い西門が使われたことが知られる。表1に示した春日祭使や上卿の例はすべてが天喜年間以降のものであった事に鑑みると、これらの用法もこの前例に倣ったためのものと見る事が出来よう。[108]

移徙の際の門の用法には興味深い傾向が認められる。[109] 永久三年（一一一五）七月二十一日、関白忠実は妻師子、姫君泰子を伴い東三条殿に移徙したが、『殿暦』によれば西門が用いられた。この時の忠実の御所は寝殿にあてられている。移徙について東三条殿以外の住宅を見ると、第二期上東門第では西門、[110] 一一世紀末の閑院、[111] 堀河殿、[112] 大炊殿（大炊御門北東洞院西）でも西門[113]が使われていた。「東礼」[114]の住宅と考えられる閑院、大炊殿に於ても西門が使われていたのが注目される。しかしながら、平安末期の閑院では仁安二年（一一六七）十二月十日の藤原基房移徙の例に見られる様に東門が用いられていたので、[115] 速断を慎しみ、ここでは西門が多く使われていた点を指摘するに留めておきたい。

以上要するに、東三条殿に於ては例外は存在するものの、東対での儀式に参加する人々、または東対を御所とする人物、時には寝殿を御所とする人物は東門を用い、「大饗」など寝殿を中心にその西方の渡殿等をも含めた会場での儀式に参加する人々、または西面を御所とする人物、そして時には寝殿を御所とする人物は西門を用いたと言う事が出来よう。

（六）おわりに

東三条殿に於ける儀式の会場は、寝殿とこれに付属した渡殿・廊および東対とこれに付属した廊が主なものであったが、寝殿西北渡

殿など西面の渡殿・廊も寝殿や東対とは独立して行事の会場として用いられることがあった。

寝殿について見ると、「正月大饗」では母屋を中心とし、南庇、西庇、さらにはこれに付属する西北渡殿、北西渡殿などが用いられたが、「任大臣大饗」「任大将饗」では母屋は使われず、南庇がその中心会場となった。また「正月大饗」「任大臣大饗」では西北渡殿、北西渡殿なども用いられたが、「任大将饗」ではこれらは饗座としては使われていない。この様に寝殿を中心とした儀式に於て儀式空間は必ずしも固定しておらず、参加者の座の配置は儀式によって柔軟に設定されていた事が知られる。

一方、官人や公卿など参加者の座の配置を儀式空間の秩序が表現された結果と見れば、寝殿より西方の渡殿・廊などに対する寝殿、寝殿に於ては南庇や西庇に対する母屋の空間的優位性が成立していた。即ち、「大饗」「大将饗」に於ては全体的に見ると寝殿が上位で西方の渡殿等が下位、換言すれば東を上位とした空間的秩序が形成されていたと見做すことが出来よう。「賀茂詣」「元服」の儀式空間も原則的には同様の秩序のもとに展開されていたと考えて良い。

しかしながらまた、「立后」の際の寝殿東半部を用いた穏座に着目すると、逆に西を上位として座が設定されていたことも知られた。いずれにせよ寝殿に於ける儀式は左右対称的空間構造を有してはいなかった。

東対に於ける儀式を見ると、寝殿での場合以上に儀式によって参加者の座の配置は一定せず、母屋、庇、さらには中門廊など付属の廊までもが様々に装束されていた。儀式に応じて異なるだけではない。同一の儀式に於ても、公卿らの座の配置方式は必ずしも一定してはいなかった。例えば「賀茂詣」について見ると、長治元年（一一〇四）と久寿元年（一一五四）とでは、公卿、殿上人座の配置方式が異なるし、この様な関係は「臨時客」に於ても認める事が出来た。また「立后」について見ると、第二、三日の饗に関して、大治五年（一一三〇）と、長承三年（一一三四）とでは公卿座と殿上人座の位置関係が異っている。前者では、西庇と母屋に公卿座が設けられたが後者では南庇にこれが置かれている。さらに詳細に検討を加えるならば、「上表」における勅使と主人の座が南庇であったり或いは南広庇であったりして一定しなかった事などもあげることが出来よう。この様な関係の最も顕著な例は「請印」に見ることが出来る。即ち、応徳元年（一〇八四）には南面が用いられたのに対し、康平元年（一〇五八）、天永三年（一一一二）、久寿二年（一一五五）では東面が使われていた。久寿二年には続いて南面で「上表」の儀さえ行われている。

東対での儀式空間がどの様に展開されていたのかを具体的に知るには、それぞれの場合の公卿座と殿上人座の配置方式に着目するの

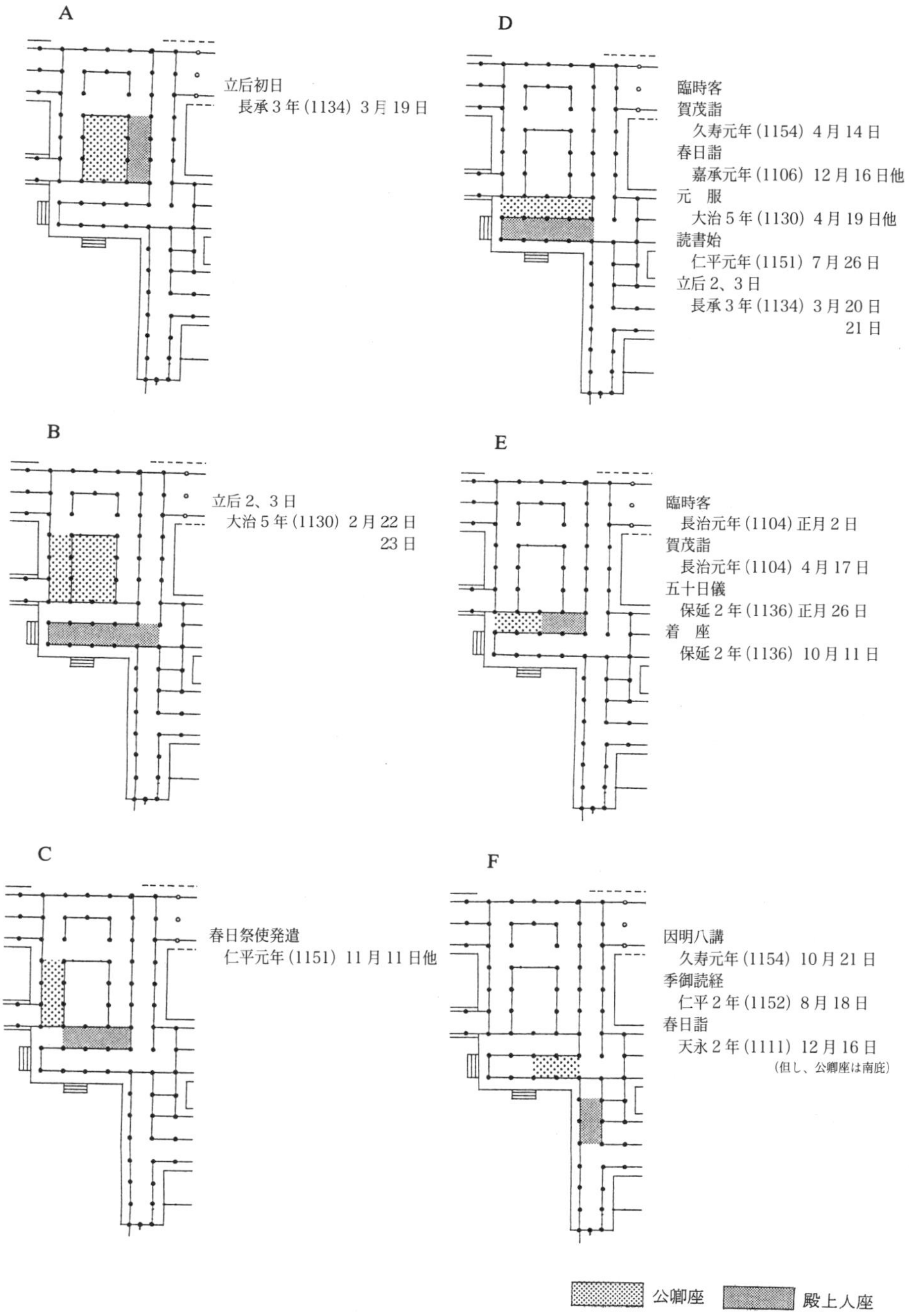

図11　東三条殿東対に於ける儀式時の公卿座、殿上人座（平面は太田静六氏による）

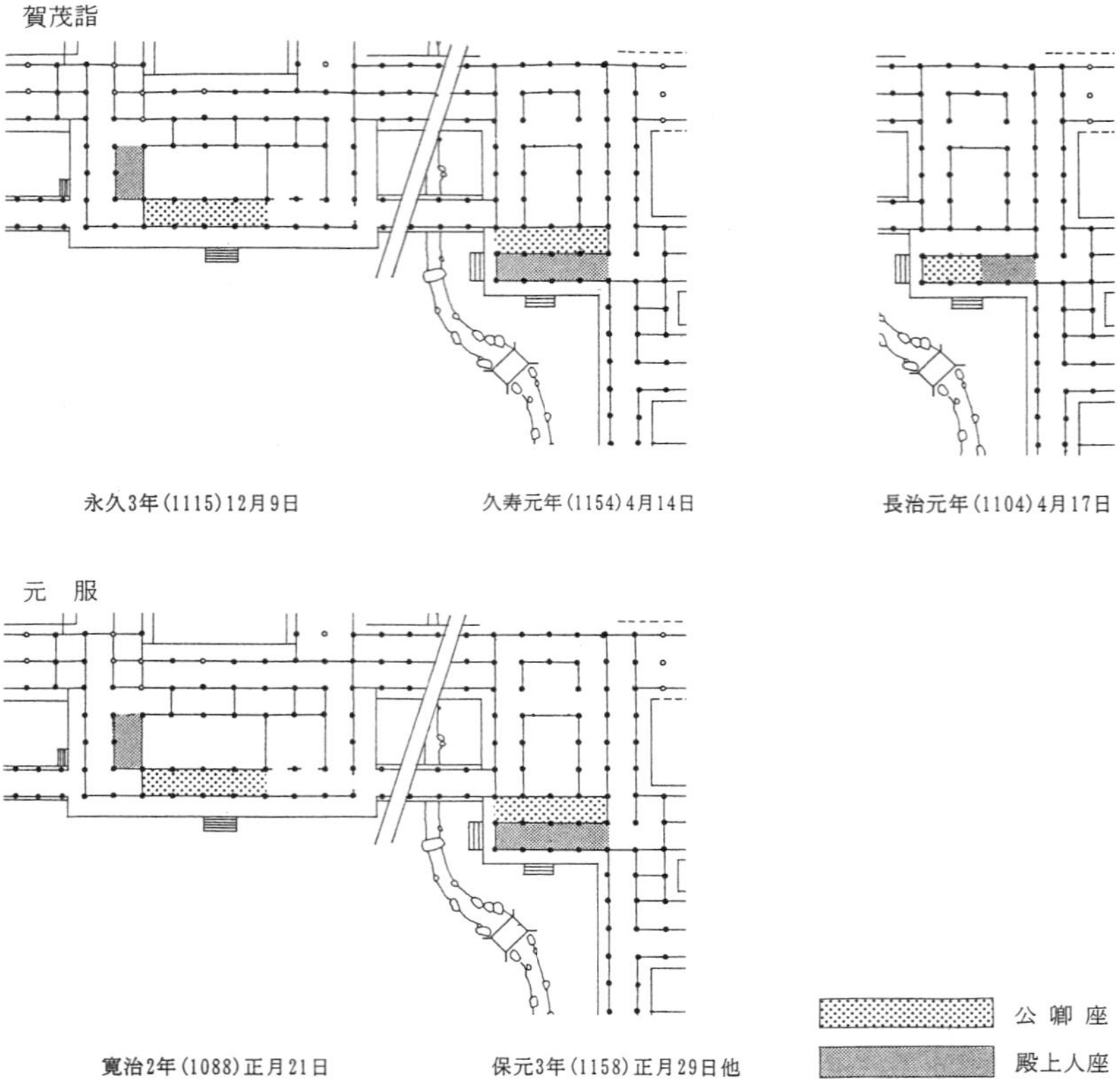

図12　東三条殿に於ける賀茂詣、元服時の公卿座、殿上人座

が良いであろう。これらの関係を纏めて示したのが図11である。これを見ると、これら両者の配置については殆どの方式が出尽くしたとさえ言える程で、一つの方式に固定してはいない。即ち、対での儀式についてもそれぞれの儀式に応じ、或いは時々の状況に従い柔軟に設定されたと見るべきであろう。東対は様々な儀式に対応しうる空間であった。その最たるものは、仏事である。「因明八講」「季御読経」では東対が仏堂として装束されたのであった。

　しかしながら、また寝殿での場合と同様これらの座が無秩序に配置されたのでは決してない。中門廊の様な対より離れた部分に対する対、対に於ては庇に対する母屋の空間的優位性が、ここでも成立していた。庇同士でも南庇に対する西庇、南広庇に対する南庇の空間的優位性が成立していた。また、南広庇・南庇内に着目すれば、東に対する西の空間的優位性が成立していた。すなわち西を上位とする秩序が形成されていたのである。但、「勧学院歩」に見られた様にこれが逆転する場合のあったことも見逃してはいけない。

対に於ても儀式空間は左右対称的に展開されてはいなかった。

「賀茂詣」「元服」の様に同じ儀式が寝殿でも、対でも行われる場合があったが、これらからは参加者の座が寝殿、対それぞれの平面規模に応じ配置された様子を窺う事が出来よう（図12）。

東西の四脚門は共に正門であったが、東門は東対、時には寝殿を、西門は寝殿や西面の渡殿等を目的地・出発地あるいは御所とした人々によって使われていた。

「大饗」に見られる様な、寝殿での東を上位とした空間の秩序は西門の位置との関係で、また「臨時客」等に見られる様な、東対での西を上位とする秩序は東門の位置との関係で理解されるべきであった。即ち、用いる門より離れた部分を上位、近い部分を下位として儀式空間は装束されていたのである。

この様に東三条殿に於ては、寝殿での穏座の様な例はあるものの、寝殿と東対はそれぞれが別の秩序を持つ儀式空間を形成していたと見做すことが出来よう。これを端的に示すのが嘉保元年（一〇九四）三月二十八日の例であり、寝殿では忠実の「任大将饗」が開催されていたが、東対は関白師通に対する「勧学院歩」の会場となっていた。[116]

註

1　太田静六「東三條殿の研究」（『建築学会論文集』第二十一号、昭和十六年四月）。同「東三條殿の研究（其二）」（『建築学会論文集』第二十六号、昭和十七年八月）。川本重雄「東三条殿と儀式」（『日本建築学会論文報告集』第二八六号、昭和五十四年十二月）、他。

2　東三条殿の沿革については、前掲註1の各論文に詳しい。

3　続々群書類従　巻第六。

4　新訂増補故實叢書。

5　新訂増補国史大系。

6　同記長保二年（一〇〇〇）十二月二日条、長保四年（一〇〇〇）八月三日条からも東対の存在したことが知られる。

7　『日本紀略』永延二年（九八八）三月二十八日条。
8　管見によれば、改造または焼失などに関する記録を見出すことは出来ない。
9　『御堂関白記』寛弘三年（一〇〇六）三月四日条。
10　『御堂関白記』長和元年（一〇一二）二月十五日条、『権記』寛弘二年（一〇〇五）十二月九日条、他。
11　『小右記』寛弘二年（一〇〇五）十二月六日条。
12　『小右記』寛弘二年（一〇〇五）十二月十七日条。
13　『小右記』寛弘八年（一〇一一）八月十一日条。
14　『権記』寛弘八年（一〇一一）三月十日条。
15　『御堂関白記』寛弘二年（一〇〇五）二月十日条。
16　『小右記』寛弘二年（一〇〇五）十一月二十七日条。
17　『権記』寛弘二年（一〇〇五）十一月二十七日条。
18　『権記』寛弘二年（一〇〇五）十二月二十八日条。
19　『御堂関白記』寛弘三年（一〇〇六）三月四日条。
20　新訂増補国史大系。
21　「東三條殿の研究」「東三條殿の研究（其二）」前掲註1。猶、この復元平面図については補註1も併せて参照されたい。
22　『権記』同日条。
23　寛弘三年（一〇〇六）三月四日、『御堂関白記』同日条によれば、東三条殿寝殿を会場として花宴が催されたが、この時東三条殿は里内裏であった。
24　「正月大饗」等の大饗については、第四章第二節で「礼」概念との関わりでさらに詳述する。
25　『殿暦』『中右記』同日条。
26　『殿暦』『長秋記』同日条。
27　『殿暦』同日条。
28　『長秋記』同日条。
29　『中右記』同日条。
30　『台記』『本朝世紀』同日条。

31 『兵範記』『山槐記』同日条。
32 『山槐記』同日条。
33 『公卿補任』。
34 『殿暦』同日条。
35 群書類従　巻第四七〇。
36 例えば仁平二年（一一五二）の頼長の場合も同様であった。久寿二年（一一五五）の頼長の例では『兵範記』に、「寝殿御装束毎事如例」とされる。
37 任大臣大饗については、太田静六氏の「東三条殿における庇大饗時の用法－寝殿造の用法　其の一　保元二年時の場合－」（『日本建築学会論文報告集』第一五八号、昭和四十四年四月）が参考になる。
38 『大饗御装束間事』群書類従　巻第四七三。
39 『後二条師通記』『中右記』同日条、他。
40 『殿暦』『為房卿記』同日条。
41 『殿暦』同日条。
42 『殿暦』同日条。
43 『中右記』『台記』同日条他。
44 『兵範記』同日条。
45 本来は主人座の北方に尊客の座が設けられるが、今回は設けられていない。
46 例えば、康平三年（一〇六〇）の師実の場合を見ると同様であったことが知られる。
47 『定家朝臣記』同日条。
48 『中右記』同日条。
49 『中右記』同日条。
50 『台記』『中右記』『長秋記』同日条。
51 『兵範記』同日条。
52 任大臣大饗の指図（図４）を詳しく見ると、参加の貴族達の座は太政官制に基づいた位で表記されている。寝殿には大納言以下の公卿の座と共に弁少納言座が設けられている。一方殿上人座は大将饗の場合と異なり主会場から離れた北西渡殿に配されている点に留意したい。
53 この点については本章第三節で詳しく述べる。

54 大殿座が南階の西間、関白以下の座が東間以東に設けられた事から西を上位とした秩序のもとであったことが知られる。
55 東西対を持たない住宅の場合、或いはこれらの対が儀式を行うのに不適当な住宅の場合は寝殿で行われることもあった。本節第三項参照。
56 『中右記』同日条。
57 『殿暦』同日条。
58 『中右記』同日条。
59 『中右記』『殿暦』同日条。
60 『中右記』『殿暦』同日条。
61 『殿暦』同日条、他。
62 『殿暦』同日条。
63 『中右記』同日条。
64 『中右記』同日条。
65 『中右記』『長秋記』同日条。
66 『中右記』同日条。
67 『中右記』同日条。
68 『兵範記』『本朝世紀』同日条。
69 これらに関しては、第四章第二節で詳しく述べる。猶、補註2で対南庭での列立の方式について述べているが、公卿らは西を上位として列立するのが原則であった。
70 『中右記』に「西對」とあるのは、東対の誤りと考えられる。
71 『中右記』同日条。
72 『殿暦』『中右記』『永昌記』同日条。
73 『兵範記』同日条。
74 この記述は主催者が関白になる前は公卿と殿上人が同じ庇に座を占めると読めるが、一概にこの説を普遍化することは出来ない。同じ右大臣忠実が高陽院で行った長治二年（一一〇五）四月十七日の賀茂詣の場合は、東対南庇に公卿座が、東庇に殿上人座が設けられている「因みに、高陽院東対で、嘉保元年（一〇九四）正月二日に行われた関白師実の臨時客では、南庇に公卿座、東庇に殿上人座が設けられており、右大臣忠実の場合と異ならない」。また、後述する久寿元年（一一五四）の頼長は左大臣（この時の関白は忠通）であったが、この長治元年（一一

75　〇四）例と異なっている。
76　「西臺」は東対の誤記と考えられる。この時期の東三条殿に西台（対）は存在していない。
77　『中右記』『永昌記』同日条。
78　『中右記』『永昌記』同日条。
79　『台記別記』同日条。
80　「西對」は東對の誤記と考えられる。
81　『台記』同日条。
82　『兵範記』同日条。
83　『中右記』同日条。
84　『台記』同日条。
85　『兵範記』同日条。
86　『中右記』『師記』『後二条師通記』同日条。
87　『中右記』『殿暦』同日条。
88　『中右記』『殿暦』同日条。
89　『台記別記』同日条。
90　中宮璋子の例。『中右記』元永元年（一一一八）正月二十六日条。
91　毎屋（『史料大成』による）は母屋の誤りととる。また殿上人座については、「今日打出紅薄様、母屋南廣庇階間殿上人座」とあるが、このまとまると、殿上人座は南庇を挟んで母屋と広庇に設けられたことになる。通常この様な方式は考え難いので、ここでは、南広庇（階間）に設けられたと見ておく。
92　三条烏丸殿について、『中右記』元永元年（一一一八）正月二十八日条には指図が掲載されている。公卿座は、西庇と母屋に跨り、東西行で南北対座する様に設けられている。
93　東対東北卯酉廊と東二棟廊（出居廊）により囲まれた壺庭の事と思われる。
94　「上表」とは一般に天皇に書を奉ることを指すが、ここでは特に辞表を奉る意として捉えている。この上表については、「出居」「公卿座」の性質に関して第五章第一節でさらに詳しく述べる。
　『殿暦』『中右記』同日条。

95 『中右記』天永三年(一一一二)十一月十六日条、『台記』久寿二年(一一五五)四月二十七日条。

96 前掲註95。

97 『殿暦』同日条、及び前掲註95。

98 『台記』同日条。

99 『台記』久寿二年(一一五五)四月二十七日条に『御暦』を引用してある。

100 群書類従　巻第八二。

101 『殿暦』天永三年(一一一二)十一月十六日条、他。

102 『兵範記』保元元年(一一五六)七月十五日条。

103 例数が多数に上るため、路次も併せて知られるものを対象としている。

104 「賀茂詣」「春日詣」の際に東対が公卿らに対する饗宴の会場となった事は実は後に述べる様に摂関等の御所がここに設けられた事に関係すると思われるが、ここではこれ以上展開せずこの点を指摘するに留めておきたい。

105 東三条殿に於て、摂関等の正式の御所は、後述する忠実の永久三年(一一一五)七月二十一日に東三条殿に移徙した際の用法に見る様に寝殿であったと思われるが、通常は東対を御所として用いていた。この点については、第五章第一節および第五節でも触れる。

106 『中右記』に、「其路經西洞院中御門東洞院」とある事から西門が用いられた事が、また、「仍酉時許參東三條西面」とあることから、西面に御所があったことがわかる。

107 『長秋記』同二十五日条には、「寝殿西茅廊爲御所」とある。但し、上皇が御車を着けたのは寝殿南階であった。

108 儀式についても、前例に倣うという例が見られる。例えば、前に述べた「請印」の場合がそうである。

109 この場合の門の用法とは、新しく住まい込む際のそれを指している。

110 『小右記』寛仁二年(一〇一八)六月二十八日条。なお、上東門第の時期の分類は太田静六氏によっている。「藤原道長の邸宅について」(『考古学雑誌』三二－四、昭和十六年四月)。

111 『中右記』嘉保二年(一〇九五)六月二十六日条。

112 『左経記』長元五年(一〇三二)四月四日条。

113 『中右記』長治元年(一一〇四)十二月二十七日条。

114 礼向きについては第四章で詳説する。

115 『玉葉』同日条。

116　『中右記』同日条。

補註1

近年、川本重雄氏が太田静六氏の復元された東三条殿の平面図を再検討し、新たな提案をされた(『日本の住まいの空間的特質とその形成過程に関する研究』平成十年度科学研究費補助金(基盤研究C)研究成果報告書、平成十三年三月)。太田氏の案との最も大きな違いは、東対塗籠を2間×2間から1間×2間とした点にあると考えられる。いずれにせよ本論の論旨とは直接関わらないので、ここでは「日本建築史図集」(日本建築学会編)にも掲載され広く知られている太田氏のものをもとに検討することにしたい。本節以外についても東三条殿の復元平面図に関する部分については同様の扱いとする。

補註2

平安時代貴族住宅に於ては、寝殿や対などの建物のみならずそれぞれの南庭もまた同時に儀式のために用いられた。これら南庭に形成される儀式時の空間的秩序に着目する時、興味深い現象が見られるのでここで紹介することにしたい。

東三条殿での「臨時客」は東対南面を会場として開催された。饗宴に先だち参加の公卿や殿上人は対の南庭に列立しそののち昇殿する。すでに述べた様に公卿や殿上人の座は南庇や南広庇に配されたが、これらの座は西を上位とする秩序のもとに置かれていた。

さて東対南庭での公卿らの列立についてであるが、永久四年(一一一六)正月二日の関白忠実が催した「臨時客」に関し『口言部類』には以下の様に記されている。

巳及申剋、尊客右大臣被參、諸卿下立、殿下立給東對南階西頭、(紺地緒《〔平脱カ〕》、櫻下襲、)右府被進出庭中、内大臣殿立中門内北腋令加給、(火色下襲、黒半臂、紺地緒《〔平脱カ〕》、)右大將・藤中《〔大カ〕》納言・源中《〔大〕》納言・民部卿・右衞門督・下官・治部卿・右兵衞督・源宰相中將・藤宰相・左宰相中將・大貳・右新宰相中將・左新宰相中將・左大辨、(一列西上、)頭中將宗輔朝臣以下殿上人十餘人、(一列、)

関白藤原忠実は東対南階西頭に立ち尊客右大臣源雅実を迎えたが、公卿らは東対南庭に西を上位として一列に並んだ。殿上人十余人も同様一列に並んでいる。その後忠実と雅実は南階より、公卿らは中門廊より昇殿し饗宴が始まるのであるが、この場合東対の会場の秩序と、対南庭に於ける列立の秩序は共に西を上位として形成されていたことが分かる。

しかしながら同じ「臨時客」でも対南庭での秩序の向きは必ずしも西上位に固定していたのではない。『殿暦』永久元年(一一一三)正月二日条によれば摂政忠実の「臨時客」について、

内府以下入東中門、次第烈立、東上北面、再拝之後余揖、内府三度許之後、内府離烈立、余廻左至階下立返弖、又揖一兩度之後、余先昇階、其後内府又昇、民部卿以下自中門廊著座

とあり、尊客内大臣源雅実以下は東中門より入り東対南庭に列立したが、東を上位とする秩序のもとであったことが知られる。即ちこの場合は前の例と異なり、東対の秩序の向きに比べ対南庭のその向きは逆転したことになる（補註図1）。同様の例は『中右記』長承二年（一一三三）正月三日条他に於ても認めることが出来る。この様に東三条殿の東対南庭に於て形成される儀式時の上位の向きは必ずしも一方向に固定せず、またこの向きは東対に於けるそれとも必ずしも一致することはなかった。

それでは何故この様な事になったのであろうか。前に『殿暦』で見た永久元年（一一一三）正月二日の「臨時客」の例を『中右記』により窺ってみよう。ここには以下の様に記されている。

申時内大臣以下参東三條、（入従東門、東對南面被儲座也、）殿下、（紺地緒(平脱カ)、令立對南階西頭給、内府以下入従東中門、列立前庭、先民部卿被申云、今日公卿其數所参入也、仍東上ニ可列立也、是常事也、若西上ニ列者、下﨟人々已可列中門外故也、殿下命云、然者只可依民部卿命由、以予密々先々被仰也、）内府當庭中之橋南被立也、人々過其後、東上北面、（藤大納言經実一人留院不被参、有其故也、）殿上人兩貫首以下皆参、列立其後、（六位藏人一人不参、）二拝了

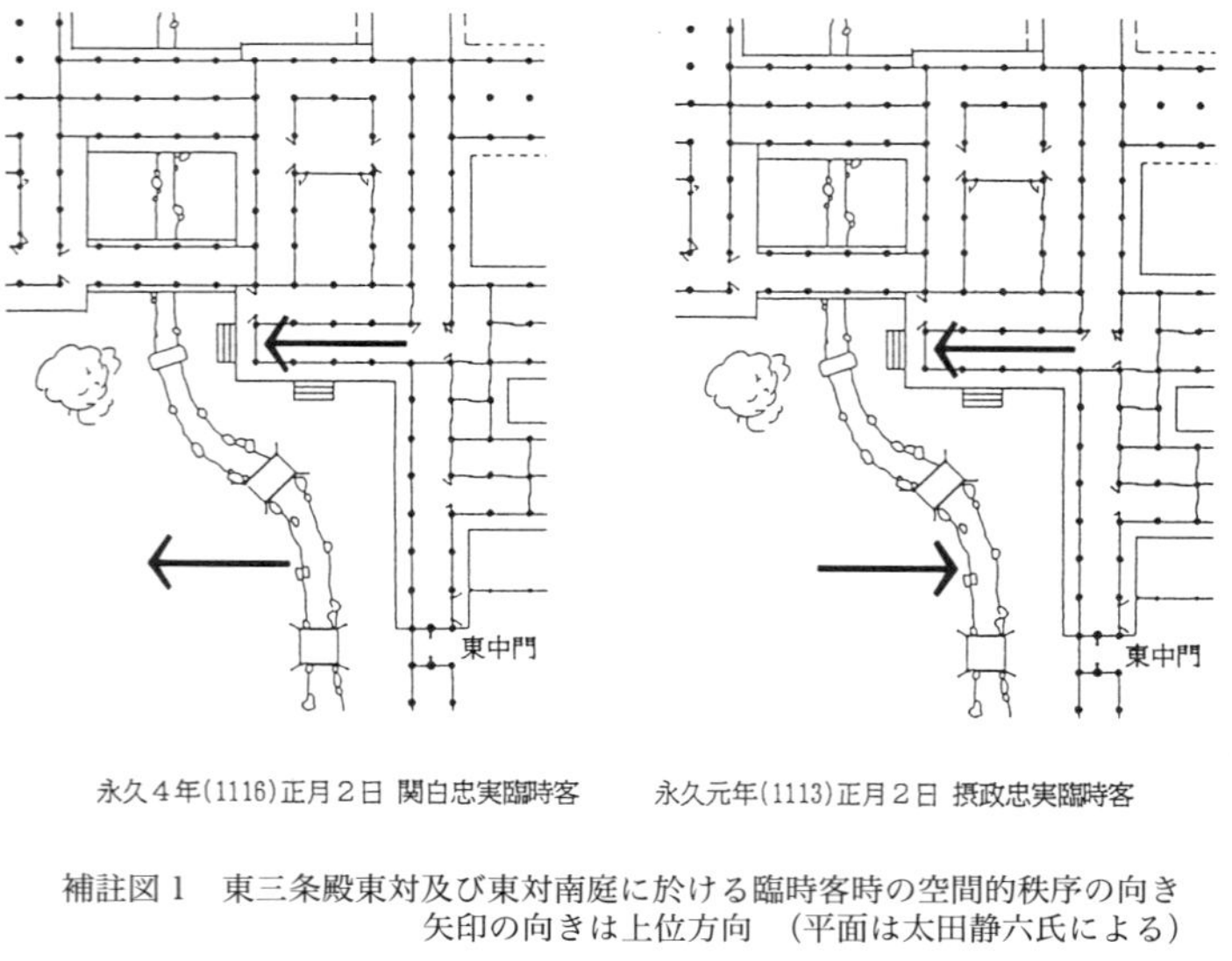

永久元年(1113)正月2日 摂政忠実臨時客　　永久4年(1116)正月2日 関白忠実臨時客

補註図1　東三条殿東対及び東対南庭に於ける臨時客時の空間的秩序の向き
矢印の向きは上位方向　（平面は太田静六氏による）

主催者忠実は東対の南階西頭に立ち公卿らの参入を待ったが、参加する人々の数が多いので西を上位として列立すると下位の者は中門の外にまで出てしまう、従って東を上位にしたと言うのである。同様の内容は『中右記』長承二年（一一三三）正月三日条、同保延元年（一一三五）正月二日条にも記されている。「臨時客」では通常、公卿と殿上人が南北に東西行二列に並ぶが、これらの人数が南庭に対して多すぎるという上記の理由は、対南庭の東西規模ひいては対南庭の空間的条件がこれらのためには相応しくなかったということをも示唆しているのではないだろうか。

対は子午屋であり、いくら大規模な対とは言ってもその梁行間数は限られている。また太田静六氏の復元研究によると、対南庭には多くの場

合遣水が流れておりこれらも障害となったであろう。いずれにせよ対南庭に於ける儀式時の用法は対南庭の平面規模等の条件に大きく規制されていたということが出来よう。

なお、庭園に於ける儀式時の空間的秩序について、詳しくは拙論「平安期寝殿造庭園の空間的性質」(『日本庭園学会誌』四、一―一三、平成八年)を参照されたい。

〔二〕三条烏丸殿

(一)はじめに

三条烏丸殿は『中右記』に「如法一町家」と記される住宅のうちの一つであるが、本章第二節でも述べる様に寝殿を中心に、東に対(代)、西に対代(廊)を備えた左右対称型と見做して良い配置構成をとっていた。(1) この三条烏丸殿は白河院や中宮璋子また鳥羽院の御所として用いられている。

前に述べた東三条殿は西対を欠いた所謂左右非対称型の住宅である。従ってこの点からすると、東三条殿を平安時代の典型的貴族住宅と見做すことについてはやはり戸惑いを感じざるを得ない。三条烏丸殿は一二世紀前期の住宅ではあるが、東西両対ならびに東西両中門を備えまたその用法が比較的良く知られる例として貴重である。三条烏丸殿についてはここを用いた人物が限られまた時代も限定されるので、東三条殿の場合の様に寝殿、対ごとに分けて述べるのではなく、時代順に御所としての用法、儀式空間としての用法そして寝殿や対に形成される儀式時の空間的秩序に着目して検討していくことにする。また東西門の用法についても明らかにしていきたい。

(二)寝殿、東西対の用法

元永元年(一一一八)正月二十日、白河院の養女で鳥羽天皇の女御璋子は「立后」に備え内裏より三条烏丸殿に退下し、寝殿に御車を着けた。その後、右大将以下院司に対しての饗応があったが『中右記』同日条には、

右大将以下院司諸卿参院殿上、（東侍廊也、大盤上居饗、）

と記され、その場所は白河院の殿上たる東侍廊であった事が知られる。従ってこの時の院の御所は東対にあてられていた事が推測される。『中右記』同二十四日条によれば、璋子のもとに勅使が遣わされ、御書は寝殿西方戸より進められている。前述の様に二十日、璋子の御車は寝殿に着けられたが、これらの事に鑑みると璋子の御所には寝殿があてられた事が知られる。西対代「南入庇」がこの時の公卿らの控えの場として使われており、勅使に対する饗応は西透渡殿でなされている。勅使は西中門より入った。

同正月二十六、二十七、二十八日には「中宮大饗」が東対を会場として開催された。二十六日の初日について『中右記』同日条を見ると、

母屋敷高麗端二行、地敷、大臣座茵、納言以下圓座、色々對座、北上、各立赤木机一脚、大臣座前有弾〔幄カ〕、南庇立黒柿机八前爲四位侍従座、兩面端、南廣庇中門廊指筵、中門廊敷紫端疊、立黒柿机六前爲五位侍従座、東庇三間立圓机爲殿上人座、（十六前對座、）

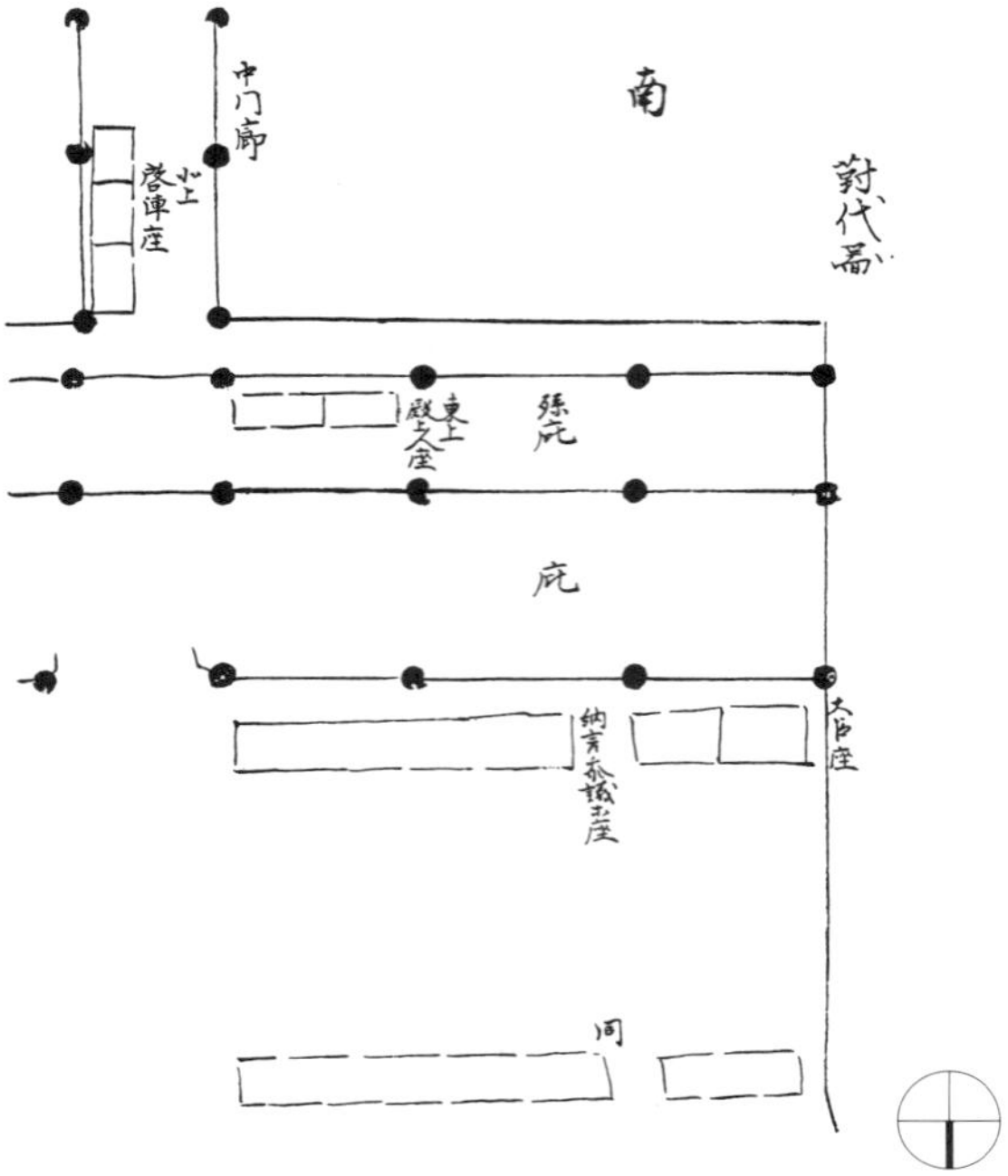

図１　三条烏丸殿に於ける中宮大饗指図（『中右記』による）

とあって、東対の母屋に大臣や大納言以下の座が北を上位として設けられ、殿上人座が東庇に、四位侍従、五位侍従の座は南庇、中門廊にそれぞれ配された事が知られる。場所を変えての穏座には寝殿簀子敷の南階以東と透渡殿が用いられた。二日目の二十七日条には、

東對南庇四間東西行敷高麗端疊、立赤木机十六前、居饗、（兼居飯、）爲公卿座、母屋三間西庇只放出、又南庇敷紫端疊、立黒柿机爲殿上人座

と記され、南庇に公卿座、南広庇(2)に殿上人座が設けられた。三日目の二十八日については指図（図１）が掲載されるが、東対の西庇、母屋に大臣、納言、参議座が西を上位として

対座するよう東西行に設けられ、南孫（広）庇には殿上人座が[3]、中門廊には啓将座が配された。璋子は、それから間もなくの二月五日に入内している。

翌元永二年（一一一九）四月十五日、中宮璋子は出産のため三条烏丸殿に還啓した。『中右記』同日条に、

中宮御方西對代廊

とあるので、西対代が璋子御所として用いられたことが知られるが、院の御所には同記同十九日条に、

東爲院御所

と記される通り東対があてられていた。四月十五日、御産定が行われたが、それは中宮御所西対代の南広庇に於てであった。宮司以下がここに参集している。この後、院の殿上たる東侍廊で右大将以下の院司が御産定を行っている。四月十九日、内裏より白木御帳などの御産御調度が送られてきたが、同記には、

先於西對代廊南庇、上達部依召參仕

と記され、この時の公卿らの座は中宮御所西対代の南庇に設けられた事が知られる。

『中右記』同元永二年（一一一九）五月二十八日条によれば、璋子の出産が寝殿であった。僧の加持はその南庇で行われている。東対南庇では、北斗曼荼羅が供養され、夕方には西対代で孔雀経法が修された[4]。出産に際し公卿らが参集したが、関白らは（東）透渡殿に、右大臣らは殿上（侍廊カ）に、右衛門督らは東対孫（広）庇に控えている[5]。翌五月二十九日、寝殿の南庇で皇子顕仁の御湯殿始が行われている[6]。三十日は御産第三夜である。この時の中宮御所は寝殿の南東面であったが、公卿らに対する饗応は東対でなされた。同記を見ると、

東對西庇四箇間并南入庇四箇間指筵、各垂母屋御簾、立亘四尺白屏風、上庇御簾、西庇南北行敷高麗端疊、其前各立高器三本、居饗爲公卿座、（有繪折敷、東面北上、）南庇南端一行敷紫端疊、其前立机一脚爲殿上人座、（北面西上、立机六脚、）

とあって、東対の西庇に公卿座が北を上位として、また南庇には殿上人の座が西を上位として設けられた事が知られる。

同元永二年（一一一九）六月十九日、皇子に対する親王宣旨があった。『中右記』同日条には、

三條烏丸亭、東院御所、西若宮御方、寝殿中宮御所

とあり、院は東対、皇子は西対代、中宮は寝殿をそれぞれ御所とした事が知られる。この日公卿らは親王宣旨を祝い若宮御所たる西対代の南庇に参集している。六月二十八日には、親王所始が行われ、中門南廊が侍所にあてられた。この際、公卿に対する饗応があったが、『長秋記』同日条に、

西對南廂東西行敷高麗端帖二枚紫端各一枚、(東上)爲上達部座

と記される様に、その座は若宮御所たる西対代南庇に東が上位となる様に配されている。この後、公卿らは南庭を渡って院の殿上(東侍廊)に着き、若宮の五十日定を行ったがここでも三献があった。

翌保安元年(一一二〇)二月二日、白河院は鳥羽天皇の朝覲行幸を受けた。天皇はいったん東対に控え、それから寝殿で白河院と対面している。前に述べた様に院の御所は東対であったから、この時院は寝殿に移り対面したことになる。なお、この時の中宮御所は西対代であった[7]。

さて、大治二年(一一二七)頃には、白河院と女院になった璋子、そしてまた退位した鳥羽院の三者がこの三条烏丸殿を共に御所として用いていたが、『中右記』三月十日条によると、白河院御所は西対代、女院御所は寝殿、鳥羽院御所は東対にあてられていたことが知られる。ところで同年九月十一日、女院璋子は皇子雅仁を出産したが、これは寝殿に於てであった。元永二年(一一一九)の出産の際には関白らの座は(東)透渡殿に設けられたが、今回公卿らは西渡殿に控えている。第三夜の場合も異り、公卿に対する饗応は前の東対に対し女院殿上たる西侍廊で行われている。十一月八日は皇子の「御五十日儀」であったが、右大臣以下に対する饗応にはやはり女院殿上の西侍廊が使われている。この様に、前回がこの住宅の東半部を主としたのに対し、今回は西半部を主として用いている。出産前後の璋子御所は寝殿と考えられるが、『中右記』大治二年(一一二七)十一月十四日条には、

女院御所三條殿西面

とあるので、璋子はこの頃には寝殿から西対代に遷ったものと思われる。同十二月二十二日、皇子の「御百日儀」が行われたが、この際の公卿らに対する饗応の場はやはり女院殿上であった[8]。

大治四年(一一二九)七月七日、白河院が崩御した。『長秋記』によれば葬送は七月十五日に行われたが、院の御所であった西対代が仏堂とされている。母屋中央に東面して阿弥陀木像を立て、その前に礼盤などをしつらえたが、東庇は僧綱座、南庇・西庇は已講以下の

表1　三条烏丸殿に於ける門の用例一覧

門	出入	西暦	和　暦	主　体	目　的	備　考	史　料
東	入	1118	元永元. 正. 20	女御璋子	内裏より行啓	寝殿へ	中右記
	入	1118	元永元. 正. 26	諸卿	中宮大饗	饗所は東対	中右記
	出	1118	元永元. 2. 5	中宮璋子	入内		中右記
	入	1119	元永 2. 正. 26	中宮璋子	内裏より行啓		中右記
	出	1119	元永 2. 3. 21	中宮璋子	内裏へ	寝殿より	中右記
	入	1119	元永 2. 4. 15	中宮璋子	内裏より行啓	寝殿で名対面	中右記
	出	1119	元永 2. 7. 20	中宮・若宮	入内		中右記
	入	1120	保安元. 2. 2	天皇	朝覲行幸	東対へ	中右記
	入	1129	大治 4. 7. 7	宗忠以下	法皇崩御により参		中右記
西	入	1118	元永元. 正. 24	勅使	女御璋子に御書を賜う	寝殿へ	中右記
	入	1119	元永 2. 4. 19	行事蔵人等	御産調度を奉る	中宮御所は西対代	中右記
	出	1119	元永 2. 7. 20	顕仁親王	白河殿へ	寝殿より	中右記
	入	1127	大治 2. 正. 1	殿下以下	院に拝礼	院御所は西対代	中右記

座とされた。公卿座は南孫(広)庇に配されている。七月二十日の故院の二七日の法事、閏七月十一日の五七日の法事も同様で、西対代が仏堂として装束されている。

以上の様に、三条烏丸殿では寝殿、東対、西対代がそれぞれ白河院、鳥羽院や中宮・女院璋子等の御所として用いられ、また儀式のための会場としても使われていたのである。

(三)　門の用法

三条烏丸殿は三条大路北烏丸小路西に位置を占めた。西面は室町小路であったから、敷地の東西は共に小路に面していたことになる。三条烏丸殿は東西にそれぞれ正門を開いていたのである。

さて、三条烏丸殿の門について、その用法が知られ或いは推定されるものを整理したのが表1である。まず東門の用法から概説したい。

元永元年(一一一八)正月二十六日の璋子立后の大饗に参加した公卿らは東門を用いたが、その会場は前述の様に東対であった。その後、座を移しての穏座となったが、その場所は寝殿の南階以東の南簀子および透渡殿に設けられている。

保安元年(一一二〇)二月二日の「朝覲行幸」に用いられた門がやはり東門であったが、天皇の控所は東対であった。

以上の二つは東対を目的地とした用法についての例であるが、寝殿についての例も見られる。元永元年(一一一八)正月二十日に女御璋子が退下した時は、東門を用いたが寝殿に入御している。翌元永二年(一一一九)四月十五日、中宮璋子は再び三条烏丸殿に還っているが、この時も東門を用い寝殿に御輿をつけた。璋子の御所は西対代であったが、名対面があるため寝殿に入ったのである。

西門について見ると、前の元永二年（一一一九）四月十九日の御産調度は行事蔵人らによって西門より運び入れられたと思われるが、この時の中宮御所は西面の西対代であった。

寝殿についての例としては、元永元年（一一一八）正月二十四日、璋子に対する勅使が西門を用いた例があげられる。この時の璋子御所は寝殿であったものと考えられる。公卿らの座が西対代に設けられたのは前に述べた通りである。

さて、『中右記』大治二年（一一二七）正月朔日条によれば、摂政忠通以下は「正月拝礼」のために白河院御所たる三条烏丸殿に参入したが、西門を用いた事が知られる。同記三月十日条によれば院御所は西対代であった。ところで朔日当日、三条烏丸殿には白河院（本院）の他、鳥羽院（新院）、璋子（女院）の三者が居を定めていたが、鳥羽院の御所は東対、女院の御所は寝殿にあてられていた。(9) 実はこの時、公卿らはこの三者に対し順に拝礼を行うのであるが、西対代に御座す白河院への拝礼（この時公卿らは庭上に東を上位として列立している）後は、いったん東中門外に退出している。その後、再び（東中門より）入り、東対の新院に拝礼（この時は西を上位として列立している）し、その後また西中門より退出した。最後は、寝殿の女院に対する拝礼であるが、再びこの西中門より入り、拝礼（東を上位として列立）の後、東中門より退出している。寝殿の女院に対する拝礼の入口として西中門が用いられたのは、最初の西対代の本院に対する拝礼が西中門より参入して行われ、これに従いこれ以降の退出および参入の中門が東西交互に設定された結果と思われる。いずれの場合も、用いた中門より遠い方を上位、近い方を下位として列立した。同じ三条烏丸殿内でありながら寝殿、東対、西対代がそれぞれ別御所として扱われていたこと、そしてそれぞれの御所の前庭に於てそれぞれ別々に空間的な秩序が形成されていたことは注目すべきであり、ここで指摘しておきたい。

この様に、寝殿の東西に対、対代を配する「如法一町家」三条烏丸殿に於ては、東三条殿の場合より鮮明に門の用法上の性格が表われていた。即ち、東対を目的地とした人物は東門、西対代を目的地とした人物は西門を用い、そして寝殿を目的地とした人物は東門、そして時には西門を用いたと言う事が出来よう。

別の「如法一町家」であった大炊殿（大炊御門北東洞院西）についても全く同様の傾向を指摘することが出来る（表2）。即ち、長治二年（一一〇五）正月朔日に行われた院御所に対する拝礼には東門が用いられたが、院御所は東対であったと想像されるし、(10) 同五日の「朝

表2　大炊御門北東洞院西第に於ける門の用例一覧

門	出入	西暦	和　暦	主　体	目　的	備　考	史　料
東	入	1104	長治元. 11. 28	白河院	鳥羽殿より御幸	造作を見る	中右記
	入	1105	長治 2. 正. 1	内府以下	院御所拝礼	院御所は東対ヵ	中右記
	入	1105	長治 2. 正. 5	天皇	朝覲行幸	東対へ	中右記
西	入	1104	長治元. 12. 27	白河院	移徙	寝殿へ	中右記
	入	1105	長治 2. 正. 5	東宮	行啓	東宮御所は西対代	中右記
	入	1107	嘉承 2. 正. 15	東宮	遷御	東宮御所は西面	中右記
	入	1107	嘉承 2. 正. 28	宗忠	東宮に申慶	東宮御所は西面	中右記
北	出	1105	長治 2. 正. 11	白河院	土御門(雅実)第へ		中右記

覲行幸」時の東門の用法は、東対が天皇の休息所にあてられた事に対応する。また、同長治二年（一一〇五）正月五日、嘉承二年（一一〇七）正月十五日に東宮は西門を用いたが、これは西対代が東宮御所であった事に対応するものであり、嘉承二年（一一〇七）正月二十八日に藤原宗忠が西門を用いたのもこの東宮に慶を申し上げるためであった。

最後に、三条烏丸殿について特殊な要因により用いる門が決定されたと思われる例をあげておきたい。若宮顕仁親王が白河殿に渡御することに関し、『中右記』元永二年（一一一九）七月二十日条によれば、寝殿から車を用い西門より出発したが、

経御所北東面（中宮開北御門御覽故也、）并三條京極大炊御門末、入御従白川南本御所西門

とある様に、この西門の使用は中宮が北門でこの行列を見物するのに都合が良いよう迂回するためであった。

（四）おわりに

三条烏丸殿は寝殿を中心として東西に対、対代を配していたが、これらはそれぞれ御所として用いられていた。また、付属部分をも含めて考えると、それぞれが儀式の会場としても使われていた。この様に、以上の点から見る限り寝殿、東対、西対代の間に用法上の相違は基本的には存在しない。しかしながら住宅全体として見た場合これら三者の間に性格的違いがあったのもまた事実である。寝殿は「朝覲行幸」時に院と天皇の対面の場として用いられるなど、やはり正殿としての性格が強く認められる。また、東対と西対代を比較すると、東対が「朝覲行幸」時の天皇休所や中宮大饗所として使われるなど、西対代に対しより重視されていた。

儀式時の空間的な秩序を参加者の座の配置等に着目して見ると、寝殿については用例が少いが、元永二年（一一一九）五月に寝殿で中宮が出産した際に関白、内大臣等の座が東渡殿に設けられたことに

より、西を上位とする秩序が形成されていたものと見做すことが出来る。しかしながら、大治二年(一一二七)九月十一日の寝殿での御産の時の上達部(公卿)座が西渡殿に置かれたこと、そして元永元年(一一一八)正月二十四日に璋子が勅書を賜った際の用法によれば、東を上位とする秩序もまた形成されていた。

東対について、「中宮大饗」の場合を見ると、庇に対する母屋、南広庇に対する南庇、中門廊に対する南庇または南広庇の空間的優位性が成立していた。西の庇については元永二年(一一一九)五月三十日の御産第三夜の条より北上の、南庇については同条より西上の秩序が形成されていたことが知られる。即ち、東対については、母屋を中心とした同心円的秩序と同時に、入口(中門)に対してそれより離れた部分の空間的優位性が成立していたことになる。

西対代に関する用例は少いが、元永二年(一一一九)六月十九日の親王宣旨の際の公卿座が南庇に設けられ、これが東を上位とする秩序のもとであった事が知られる。ここに於ても東対と同様、中門より離れた部分の中門に対する優位性が成立していたのを認めることが出来よう。

東門、西門の用法については、特に東対、西対との関わりで理解された。この点に「如法一町家」としての性格が表れている。そして、寝殿も含めそれぞれの殿舎およびその前庭に於て形成される儀式時の空間的上位下位の秩序の向きは、実はこの門あるいは中門の用法と密接に関っており、この点に於て東三条殿での場合と同様の事が指摘できるのである。

註

1 三条烏丸殿の東対は対代とも呼ばれ、西対は対代あるいは対代廊とも呼ばれた。本項では煩わしいので東の対については東対、西についてては西対代と表記することにする。「如法一町家」の規模については本章第二節参照。

2 引用文の又南庇は南広庇あるいは南又庇の誤りと考えられる。

3 指図には、「東上」と書き入れされているが、大臣以下の座の配置や他の住宅の諸例に鑑みた時、これは「西上」の誤記と考えられる。

4 孔雀経法については『長秋記』同日条による。

5 『長秋記』同日条。この透渡殿は文意から見て寝殿東の透渡殿と考えられる。
6 『長秋記』同日条。
7 『中右記』同日条。
8 侍廊は、対を御所とした主人の殿上として用いられる場合と、寝殿を御所とした主人の殿上として用いられる場合があった様である。
9 前述。
10 『中右記』同日条。

〔三〕貴族住宅に於ける儀式空間の検討

(一) はじめに

本節第一項で行った検討は東三条殿の特に第Ⅴ期(一一世紀中期～一二世紀中期)に関してであり、第二項でのそれは一二世紀前期の三条烏丸殿に関してであった。従って、これらの結果が平安時代の貴族住宅一般についても成立するか否か、なお検討を要しよう。

本項では、主要な儀式会場であった寝殿と東西の対を取り上げ、これらの殿舎に於て儀式空間がどの様に展開されていたのかを古記録を渉猟し具体的に明らかにすることによって、平安時代貴族住宅の儀式時に於ける空間的性質について考えてみることにする。

(二) 寝殿に於ける儀式

古記録を通覧しても、貴族住宅の中心殿舎とも言うべき寝殿での儀式に関する記述はそれ程多くはない。その中でも比較的例数が得られるのはやはり「正月大饗」「任大臣大饗」に関してのものであろう。ここではこれら大饗を取り上げ主要な例について、儀式時に形成される空間的秩序という点に着目し、また会場となった住宅の殿舎構成や寝殿の平面規模との関係にも目を配りながら時代順に検討していきたい。

藤原忠平の任大臣大饗

「大饗」に関し儀式時の装束の様子が具体的に知られる最も古い例は、承平六年（九三六）八月十九日に藤原忠平第で行われた「任太政大臣大饗」に関してのものであろう。『西宮記』によれば、

設客座于寝南殿、簾前施屏風、尊者座在西頭、（東向、）納言已下（南向西上、）親王對納言、但親王座加土敷、辨、少納言在東廂、（西向南上、）外記史在東對、（西面南上、）有酒部幕、無立作所弁史生幄

とあり、寝殿（南庇）(1)に尊者座、納言以下座、親王座が西を上位として、弁・少納言座は東庇に南を上位として装束されたことが知られる。また外記・史座は東対に南が上位となるよう南北行に設けられた。この住宅の具体的規模は不明であるが、東三条殿で寝殿西北渡殿に設けられた外記・史座が、ここでは東対に置かれていた。尊者や納言等の座が寝殿南庇に、弁少納言座が東庇に、外記・史の座が東対に設けられたことから見て、参加者の座は全体として西を上位とする秩序のもとに配されたことが知られよう。

藤原道長の任大臣大饗

寛仁元年（一〇一七）十二月四日、前摂政藤原道長は太政大臣に任ぜられた事を祝し二条殿で「大饗」を催した。この二条殿は二条北東洞院西に位置を占めたが、六間以上の南庇を有する寝殿(2)、東対(3)、東中門(4)、南渡殿(5)、東西廊(6)、および東門、北門(7)等により成っていた事が知られる。当日の様子を『御堂関白記』に見ると、

装束、寝殿南廂六間、西一・二間尊者三人座、西上南面、（尊者座南面、故殿任太政大臣日如此、是依有大臣子也、）三・四間納言座、對親王座、五間對座、依公卿多也、余机向攝政机、雖不着、居物、攝政座管〔菅〕圓座、敷親王座上、向右大臣、弁・少納言着東廂、南上如常、外記〔史脱カ〕東南渡殿、對、（直敷、）殿上人座敷度〔渡〕殿

とあり、公卿座は寝殿南庇に設けられ、また弁・少納言座は東庇に配されたことが知られる。外記・史座については、さらに『左経記』同日条に、

次外記、史昇自南渡殿階、著同渡殿座、（西上、南北對座、但外記北、史南、）

とあるので、寝殿と東対とを結ぶ南渡殿に置かれたものと考えられる。この座は西が上位とされていた。また右の『御堂関白記』により、寝殿南庇に設けられた座席の一部は参加した公卿が多数であった為に、対座となったことも知られる。この様に南渡殿に上官座（外記・

史座）が設けられた例として、他に教通が主催した大宮亭の例が知られる。(8) この二条殿では西を上位として参加者の座が配されたのである。なお同記によると、公卿らは東門より参入していた。

藤原実資の任大臣大饗

藤原実資の小野宮第は、寝殿を中心として東対、西対、北対、西中門廊、東廊および寝殿とそれぞれの対を結ぶ渡殿などにより成っていた事が知られる。(9) 所謂左右対称型の配置方式を持つ住宅である。

大納言実資は右大臣に任ぜられたが、治安元年（一〇二一）七月二十五日、小野宮第で任大臣の「大饗」を開催している。『小右記』同日条によれば、

但余家儀、（寝殿南庇爲上達部座、東第一間敷尊者座、土敷二枚、東京錦縁茵、横座西面、其座後弁〔屋〕母座南西庇北隔等簾前、皆立四尺屏風、又尊者赤木机二脚、机面白絹云々、）…〈中略〉…辨・少納言座在西庇、南上東面、…〈中略〉…外記・史座西對南庇、東上對〔座脱〕、（南北相對、）…〈中略〉…諸大夫座西中門北廊、又西對南广〔唐〕庇敷座立机、近代例其〔云々カ〕、太無便、正月大饗不可令立也、殿上人饗渡殿、史生饗儲政所

とあって寝殿南庇に尊者座、公卿座、西庇には弁少納言座が、そして西対南庇に外記・史座が東を上位として対座する様に、すなわち東西行に敷かれたことが知られる。また諸大夫座は西中門北廊、殿上人座は渡殿に設けられた。小野宮第では東を上位とする秩序のもとに参加者の座が配されていた。

源雅実の正月大饗

源雅実の土御門殿は『中右記』に「如法家」(10)と記される住宅であるが、寝殿、西対、東対代、東西両中門廊などにより成っていた。左右対称型と見做すべき住宅である。寝殿は大饗の開催に合わせて新造されたものであり、五間四面の規模を有していた。さて、『中右記』によれば、雅実は康和四年（一一〇二）正月二十日に「大饗」を催しているがその会場については、

寝殿西四間爲公卿座、西座一間爲辨座、西二間打出紅梅衣

と記され、また、

西對東面庇三間上官座、寝殿與西對北廊殿上人座

とある。公卿座、弁座が寝殿に設けられたのは定式であるが、外記・史座は西対東庇、殿上人座は渡廊に設けられた事が知られる。即ちこの土御門殿に於て公卿以下の座は東を上位として配されたのである。

藤原実房の任大臣大饗

文治五年(一一八九)七月十日、右大臣に任ぜられた藤原実房は左大臣藤原実定の六条堀川殿を借用し「大饗」を催した。しかしながらこの住宅は『玉葉』同日条に、

左大臣六條亭、三間四面寝殿無透廊、毎事不足言、太見苦敷

と記される様な小規模の住宅であった。『愚昧記』によれば寝殿の他に寝殿東北廊、二棟廊、中門廊、侍廊、侍廊北子午廊、車宿、堀川面門、六条南門などにより成っていた事が知られる。(11) 即ち東西いずれの対も欠いていた。

「大饗」の装束を同記に窺うと、南庇に尊者、中納言、参議の座が西が上位となる様に敷かれ、東庇には弁・少納言座が、そして二棟廊には外記・史座が設けられていた。また、寝殿東北(子午)廊には散三位殿上人座が、侍廊には諸大夫座が配されている。すなわち参加者の座は西が上位となる様に配されたことになる。ところで、前日の『愚昧記』九日条には次の様な記述がある。

寝殿南廂(實者母屋也、而擬廂也、且是故傳之(也カ))

通常「任大臣大饗」は南庇を主会場として用いるが、この六条堀川殿では母屋を南庇に準えてそのための場にしたと言うのである。小規模住宅ゆえの対応と推測される。

以上の五例は平安時代に関してのものであった。「大饗」は中世に入ってからも開催されているが、儀式空間と貴族住宅の配置構成・平面規模との相関関係をさらに探るためこれらについても検討しておくことにする。

藤原兼忠の任大臣大饗

正応元年(一二八八)十月二十七日、内大臣藤原兼忠は近衛殿に於て「任大臣大饗」を催している。近衛殿については太田静六氏の研究(12)があるが、寝殿、二棟廊、侍廊、西中門廊、車宿、随身所などから成り、前の六条堀川殿と同様に東西の対を備えていない。『勘仲記』には当日の様子を示した指図(図1)が掲載されているが、寝殿南庇に公卿らの座、西庇に弁少納言座、渡殿(二棟廊)に上官(外記・史)座、西中門廊には諸大夫座が設けられたことが知られる。公卿以下参加者の座は東を上位として配された。氏によれば、寝殿は三間四面の

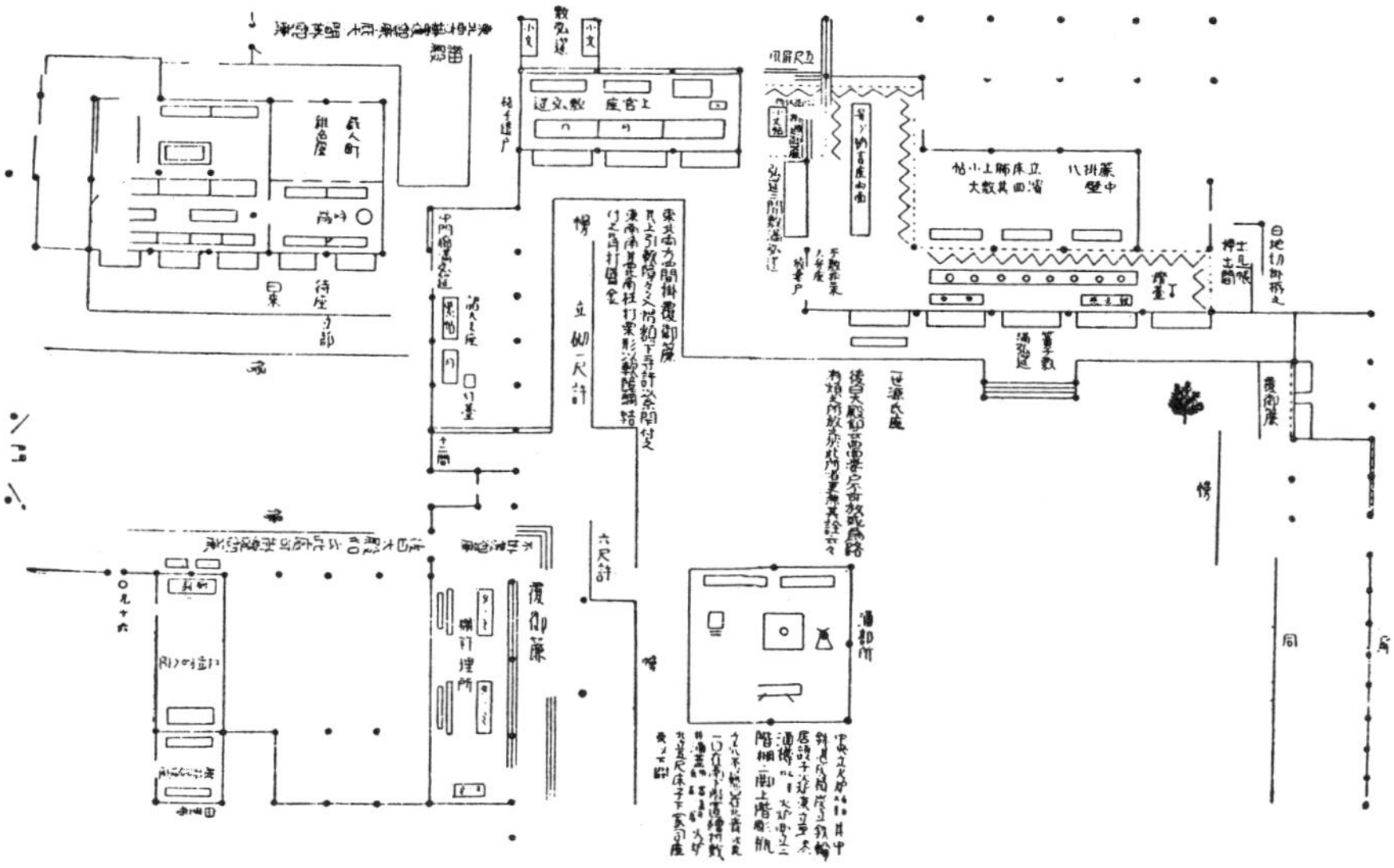

図１　近衛殿大饗指図（『勘仲記』による）

規模を有している。

藤原実兼の任大臣大饗

今出川殿は西園寺家の本所として知られた住宅であるが、その寝殿の規模は川上貢氏によって明らかにされている。[13]前の近衛殿での例とほぼ同時期の正応二年（一二八九）十月十八日、内大臣藤原実兼は今出川殿で「任大臣大饗」を開催した。『勘仲記』同日条によれば、

次尊者已下一々揖、離昇同階、（副東欄）經簀子東行、入南廂東第一間、（南面）經奥座後、次第著座、（大納言著奥、参議一両著端）次辨少納言昇二棟廊南階、著寝殿東庇座、（南上西面、非参議大辨座儲辨座上、敷高麗端圓座、與中辨絶席也）次外記史昇中門内切妻、著二棟廊座

とあり、寝殿南庇に尊者ならびに大納言以下座、東庇に弁少納言座が設けられ、外記・史座は二棟廊に配された事が知られる。尊者以下の座は西を上位として敷かれ、[14]参加者の座も同一の原則のもとに配されていた。また、尊者以下は東中門より参入したことが推測される。[15]

足利義教の任大臣大饗

将軍足利義教の室町殿についてはすでに川上貢氏により検討がなされ、[16]その殿舎構成が明らかになっている。寝殿とその西側に付属する侍廊、中門廊、随身所などにより成っていた。永享四年（一四三二）七月二十五日、将軍義教はこの住宅に於て「大饗」を催しているが、氏はこの際の指図を紹介している。これによれば、寝殿の南庇に尊者以

下大納言等の座、西庇に弁・少納言座、寝殿西卯酉廊（近衛殿の場合の渡殿にあたる）に上官（外記・史）座が設けられていた。また尊者以下の座は東を上位として置かれその他の参加者の座も同じく東を上位として配されている。

これら三つの住宅に見てきた様に、中世に於て公卿、弁少納言、外記・史の座の配座方式は定っていた様である。公卿座、弁少納言座については平安時代と同様に寝殿に設けられたが、外記・史座は寝殿に付属する渡殿、二棟廊に置かれていた。対を持つ平安時代の住宅に於て外記・史座は対に設けられたが、対を欠いたこれら中世の住宅ではその構成・規模に従い渡殿等にこれらの座が配されたのであろう。

以上、古代、中世に於ける貴族住宅を数例とり上げ、「大饗」時に於ける公卿、弁・少納言、外記・史の座がどの様に配置されたのかに注目して検討を加えてきた。これらの住宅は諸殿舎の配置構成および寝殿の平面規模がそれぞれ異なっていたが、参加者、特に外記・史座の位置は住宅の構成・規模に応じて設定され、またこれら参加者の座は住宅により東上位或いは西上位の空間的秩序のもとに配されたことが知られた。

次に、諸殿舎の配置構成と、参加の公卿以下の座の序列の向き、即ちこれらが東を上位として配されるのか西を上位として配されるのかという事との関係について、特徴ある若干例を取り上げさらに検討を加える事にする。

第二期上東門第に於ける大饗について[17]

藤原道長の第二期上東門第は寝殿、西対、東対代、北対、西北対、東西正門等により成っていた。この住宅は太田静六氏によれば、「すべてが所謂寝殿造の形式を具備完備[18]」していたとされる。

さて、関白内大臣藤原頼通は『左経記』寛仁四年（一〇二〇）正月二十二日条に、

關白殿於上東門院被行大饗

とある様に、この住宅で「正月大饗」を開催した。この時の装束等については以下の様に記されている。

及申剋兩府被參云々、仍上達部・上官列中門西□、一列公卿、一列少納言・辨、一列外記・史、（□□〔弁南カ〕面東□〔上カ〕、）兩府留大納言前、揖次第列立南庭、（西上北面、前公卿、後辨・少納言、其後外記・史、）主人立南階西階〔腋カ〕庭、相共再拜、次□〔主カ〕人・尊者相遞揖讓、相竝昇階、（主人自東邊上、尊者自西邊上、）主人暫著親王座、尊者正座、次右府自階西邊上、經尊者後著座、次皇太后宮大夫經階東邊弁廂東間等、

著北面座、次々人皆經階東邊、次第相分著座、次辨・少納言昇自巽角階著座、（北上西面）次外記・史昇自東□〔對カ〕坤角階著座

即ち、公卿以下は座に着く前に南庭に北面して列立するが、その際、西が上位になる様に並んでいる。主人、尊者は寝殿南階より堂上に昇り、また公卿らもこれに次いだが、弁少納言は寝殿の東南角の階より昇り着座した。外記・史は東対の西南の階より昇り（東対に）着座している。弁少納言座は、北を上位として西を向く様に敷かれたとあるので、寝殿東庇に設けられたものと考えることが出来る。また、公卿らの座は文意より見て寝殿母屋に尊者が西に位置する様に置かれたものと思われる。外記・史座が東対に設けられた事、そして公卿以下の南庭での列立の方式に鑑みると、この「大饗」の参加者の座は西を上位とする秩序のもとに配されたと言う事が出来よう。

頼通が行った翌年の治安元年（一〇二一）七月二十五日、内大臣藤原教通は『小右記』に、

余相共可向内府、（入道相府上東門第）

と記される様に、同じ上東門第を会場として「任大臣大饗」を催した。『左経記』前日条によると、寝殿南庇に公卿らの座が敷かれたが、

尊者西面座、土敷二枚、上茵、赤木机二脚、白絹面、諸卿東上南座〔面脱カ〕、土敷・圓座、赤木机各一脚、白絹面、少納言・辨同西廂、南上東面座、兩面端疊、黑柹机各一脚、白絹面、外記・史西對東廂、北上對座、朴木榻足机各一脚、赤絹面、座□端疊、垂寝殿母屋簾、内引壁代、外立四尺屛風、外記・史座後、兼〔マヽ〕弁北障子引繪障、西對南庭立酒部平張、（中門庇北掖、）東廊西面、西廊東面、（圍幔内、）等引斑幔皆如例、渡殿殿上人座、東上對座、紫端疊、黑机、面紙

と記され、公卿らの座は東を上位として南面する様に、弁・少納言座は（寝殿）西庇、そして外記・史座は西対東庇に設けられた事が知られる。即ち、この場合の参加者の座は前年の西を上位とした秩序に対し東を上位として配された事が知られる。

花山院第に於ける大饗について

太田静六氏によれば[19]、花山院第は康平六年（一〇六三）に藤原師実が移徙して以来百年以上も罹災せず、平安末期までそのまま存続した事で有名な住宅であった。氏はその平面規模を推定復元しているが、これによれば、寝殿を中心として西側には西対およびその付属の廊を備えているものの東対を欠いていた。東三条殿と同様、大規模住宅でありながら東西のうちの一方の対を欠いていたのである。また、西四脚門は西面の東洞院大路に設けられたが、東四脚門は北面の近衛大路に開かれている。

管見によれば、師実移徙以降、花山院第で催された「大饗」として以下の例が知られる。主催者と共に記す。

承暦四年（一〇八〇）　八月　十四日　右大臣藤原俊家[20]
保安三年（一一二二）十二月　十七日　右大臣藤原家忠[21]
仁安二年（一一六七）　二月　十一日　内大臣藤原忠雅[22]
仁安三年（一一六八）　八月　十日　内大臣源雅通[23]
文治五年（一一八九）　七月　十日　内大臣藤原兼雅[24]
建久二年（一一九一）　三月二十八日　内大臣藤原忠親[25]

さて、承暦四年（一〇八〇）八月十四日の右大臣藤原俊家主催の場合を『帥記』同日条に見ると、この時の尊者は内大臣藤原能長であったが、

主客共再拝、…〈中略〉…右府被居南庇龍鬢座上、（第二間、）内府經簀子西行、入自西第一間、自座後東行、被着東第一間西面座、前人昇階之間、次入《人カ》離列、新大納言、予、新中納言次第入西第一間西庇間也、着奥座、次別當左宰相中將入自西第二間、着北面座、左兵衞督右大辨入自第一間、着南座、辨少納言（少納言不言位階在五位辨上、）昇自西對東階、經渡殿着寢殿西庇東面座、上官昇自西對南階、着西對、北上對座

とあり、主人、尊客以下の公卿は寝殿南庇の座に、弁・少納言は寝殿の西庇の座、そして上官（外記・史）は西対に北を上位として対座（即ち南北行）する様に設けられた事が知られる。即ちこの「大饗」の座は全体として東を上位とする秩序のもとに配されていた。

ところが、『類聚雑要抄』[26]には、保安三年（一一二二）の藤原家忠の場合の指図（図2）が載せられており、これによれば、寝殿南庇に公卿座、東庇には弁少納言座が設けられ、上官の座は東二棟廊に配された事が知られる。即ち、この場合の尊者、公卿以下の座の配置は、西を上位とする秩序のもとになされていたことになる。また『永昌記』によれば、諸卿は北面の東門より入ったことが推定される。建久二年（一一九一）の場合は不明であるが、仁安二年（一一六七）、三年（一一六八）、文治五年（一一八九）の場合を検討してみると、やはり西を上位とした秩序のもとに行われていた。即ち、花山院第では家忠以降、参加者の座の配置に見る儀式時の秩序の向きは反転したのである。

以上平安時代および中世の数例そして平安時代の特徴ある若干例を取り上げ検討してきたが、寝殿で行われた「大饗」に関して次の事が言えよう。まず、会場となった住宅全体の構成について見ると、上東門第、小野宮第の様に東西に対を配したもの、花山院第の様

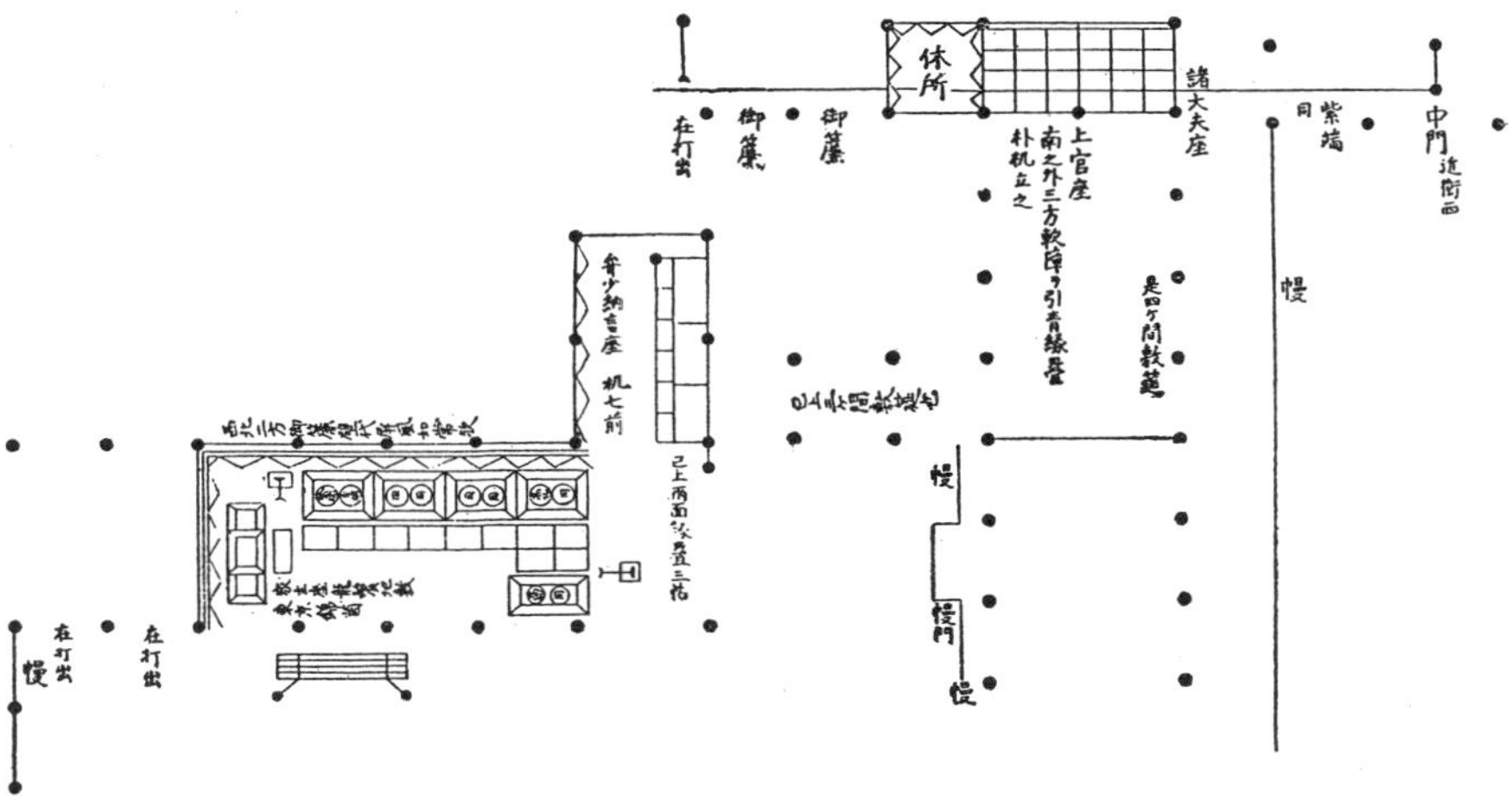

図２　花山院第大饗指図(『類聚雑要抄』による)

に東西のうちの一方のみに対を有するもの、さらにはこれら両方の対を欠き一方のみに二棟廊、中門廊などを設けたものまで様々であった。中心会場となった寝殿の規模についても、本節第一項で述べた東三条殿の様に塗籠を含めると母屋桁行六間に及ぶ大規模なものから、六条堀川殿の三間四面に至るまで様々であった。六条堀川殿では、母屋を南庇に準えまでして開催されていた。公卿座、弁少納言座、外記・史座の位置について見ると、「正月大饗」では公卿座が寝殿母屋に、「任大臣大饗」ではこれが南庇に設けられ異なっていた。弁少納言座はいずれの場合も寝殿の東または西庇に配されていたが、外記・史座の位置を見ると、源雅実の土御門殿、藤原教通の上東門第では西対の東庇に、藤原実資の小野宮第では西対の南庇に、藤原道長の二条殿では南渡殿、藤原実房の六条堀川殿、藤原兼忠の近衛殿、藤原実兼の今出川殿、足利義教の室町殿では渡殿や二棟廊に設けられ必ずしも一定した場所ではなかった。

また特に、左右非対称型の住宅について、殿舎の配置方式と、公卿ら以下参加者の座が東上位、西上位いずれの秩序のもとに配されていたかという事との関係を見ると、承暦四年(一〇八〇)の花山院や平安末期以降の住宅では、寝殿を中心とした東西のうち対、または二棟廊等が充実して設けられた側から寝殿に向って、下位から上位へという秩序が形成されていたが、保安三年(一一六八)以降の花山院や、東三条殿に於てはこれとは逆であった。

また上東門第や花山院第では同一住宅であるにもかかわらず東上位、西上位の秩序が共に形成されていた。

即ち「大饗」に関して言えば、平安時代に於ては特に、儀式空間は住宅の殿舎の配置構成・寝殿の平面規模にとらわれずに、また時々の状況に応じ、柔軟に設定されたと考えられるのである。

(三) 対に於ける儀式

臨時客について

平安時代に於ける「臨時客」は東あるいは西の対を会場として用いるのが定式であった。「臨時客」に於ける主要な参加者は公卿と殿上人であったが、ここではこれら両者の座の配置方式に着目し、その様子が具体的に知られるものについて古い順から検討を加えていきたい。

「臨時客」でその装束の様子が知られる最も早期の例は、天元五年(九八二)正月二日に行われた関白藤原頼忠主催の場合である。会場となった頼忠邸西対の具体的規模については不明であるが、『小右記』同日条によると、

其座在西對東・南面、(東公卿、南殿上人、)

とあり、西対の東面に公卿が、南面には殿上人が座を占めた事が知られる。

永延元年(九八七)正月二日、摂政藤原兼家が兼家第東対で催した「臨時客」については『小右記』同日条により知られる。

参攝政殿、晩頭右大臣以下公卿相綱參入東□〔對カ〕南唐廂、南向公卿座、〻後副簾立四尺屏風、主人座西障子前横切敷疊一枚、(東向、)其後同立屏風、〻〻上張軟障、殿上人座在同座對南廊、東西相對

即ち、東対の南唐庇に公卿座が、対南廊には殿上人座が設けられた。この南廊は東中門廊のことと思われる。

長和二年(一〇一三)正月二日に左大臣藤原道長が開催した「臨時客」について、『小右記』同日条には、

饗設西對

と記されるが、公卿、殿上人の座に関する記述は無い。しかしながら正式の饗宴が終った後、席を変えて行われる穏座について、

其後兩三巡、漸欲及昏、三府下居南庇、更有巡卿相交居

とあり、三府(左、右、内大臣)が南庇に下居したことが知られるので、「臨時客」時に三大臣の座が設けられたのは母屋であった可能性も指摘される。同様の例は、三年後の長和五年(一〇一六)正月二日の場合にも認められ、この時の主人はやはり左大臣道長であったが、

『小右記』には、

　四五巡後出居南庇

と記されている。

寛仁三年(一〇一九)正月二日にも前太政大臣藤原道長は「臨時客」を催している。この住宅は第二期の上東門第(27)であったが、『小右記』同日条に、

　西對南庇儲饗饌、唐庇殿上人座

とある様に、今までに検討した例と異なり南庇に公卿座、南唐庇(28)には殿上人座が設けられた事が知られる。万寿元年(一〇二四)正月二日に、第一期高陽院(29)で行われた関白藤原頼通の場合も同様の方式であった。

『後二条師通記』によれば、関白藤原師実は寛治五年(一〇九一)正月二日に三条殿西対で「臨時客」を開催したが、

　對南廂御装束次第、…〈中略〉…高麗端四枚、其□(上カ)敷龍□(鬢)□大納言以下敷高麗端菅圓、(座脱カ)而外方置菅圓□可隨便宜歟、又廂敷紫端疊三枚、爲殿上人(座脱カ)

とあり、前述の上東門第と同様、南庇に公卿座、南又(広)庇に殿上人座が設けられたことが知られる。ところが、翌寛治六年(一〇九二)正月二日、同じ三条殿西対でやはり関白師実によって開かれた時には、『為房卿記』同日条に、

　御装束如例、(西對東庇、)大臣三人料敷茵、但不居餝(饌イ)、納言以下兼居之、(繪折敷高坏三本、不居飯、殿上人座在孫庇、居机饗七前、兼居飯、)

と記される様に、東庇に公卿座、(南)孫庇(30)に殿上人座が設けられた事が知られるが、この方式は常例であったとされている。

寛治六年の三条殿西対の場合は東庇が公卿座、南孫庇が殿上人座とされたが、この両者の位置関係が逆であった場合も存在している。嘉保元年(一〇九四)正月二日、関白師実は高陽院の東対で「臨時客」を催した。この時の高陽院の東対は、母屋(31)、南庇(32)、南孫庇(33)、東庇(34)、東孫庇(35)、西庇(36)などにより成っていた。即ち、東三条殿の東対と同規模のものと見做すことが出来る。この「臨時客」について『中右記』同日条には、

　殿下有臨時客事、(東對南廂公卿座、東庇殿上人座、)

とあり、公卿座は南庇に、殿上人座は東庇に設けられた事が知られる。天永二年(一一一一)正月二日の摂政藤原忠実の場合も同様であっ

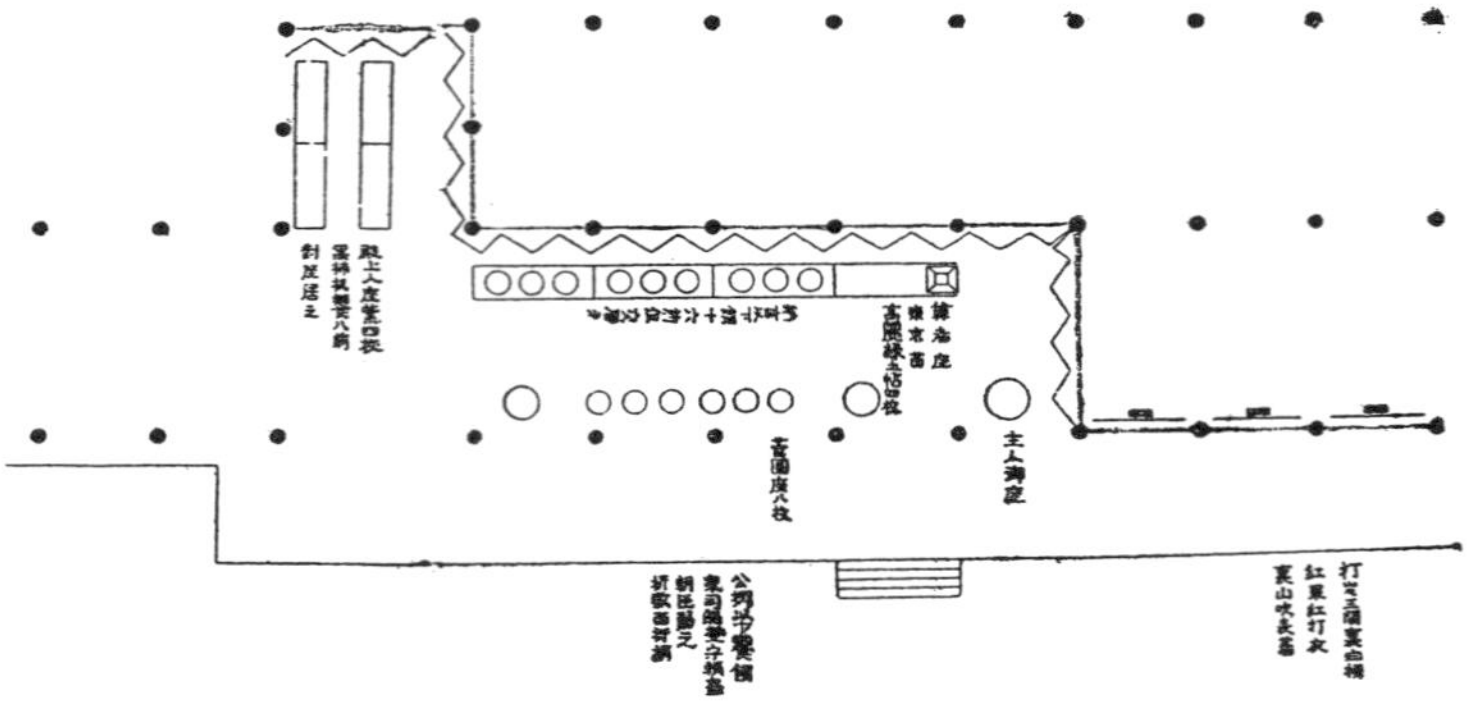

図３　三条高倉殿に於ける臨時客指図（『兵範記』による）

た。[37] 同じ平面規模の対であったにもかかわらず、東三条殿と高陽院とでは公卿、殿上人の配座方式が異なっている。

平安後期以降になると、対に代り寝殿がその会場として使われる様になる。元永元年（一一一八）正月二日、関白藤原忠実は鴨院で「臨時客」を開催している。鴨院は、寝殿の他に西対代廊、中門廊、渡殿などにより成っていたが[38]、西対代廊には、母屋[39]、南広庇[40]が存在した事が知られる。しかしながら『中右記』によれば、

寝殿南庇西五間被儲其座、（東二間西向戸西面并西渡殿西對代廊東南西女房打出色々、）…〈中略〉…殿上人頭中将宗輔朝臣以下六七人著座、（頭辨退出、）南廣庇一二間儲座

とあり、対代ではなく寝殿南庇五（箇）間がその会場にあてられていた。参加者が多かったためか、南広庇にも殿上人座が設けられている[41]。

仁安二年（一一六七）正月二日には摂政藤原基房の「臨時客」が三条高倉殿を会場として行われた。この住宅は、寝殿のほか西対代や中門廊などにより成っていたが[42]、対代には南広庇が備わっていた。『兵範記』に指図（図３）が掲載されているが、対代ではなく寝殿が用いられ、南庇に公卿らの座が西庇には殿上人座が設けられていた。

寝殿以外には二棟廊、中門廊のみで、対代あるいは対代廊さえも欠いた場合はどうだったであろうか。文治三年（一一八七）正月三日に摂政藤原兼実が「臨時客」を催した冷泉万里小路殿の規模は太田静六氏により明らかにされているが[43]、寝殿・二棟廊・中門廊等により成っていた。『玉葉』には「臨時客」の指図（図４）が載せられている。これを見ると、前に述べた三条高倉殿の場合をそのまま東西逆転した装束で行われていたのを知る事が出来る。

鎌倉時代に入ってからも暫くは「臨時客」が開催されている。嘉禎三年（一二三七）正月

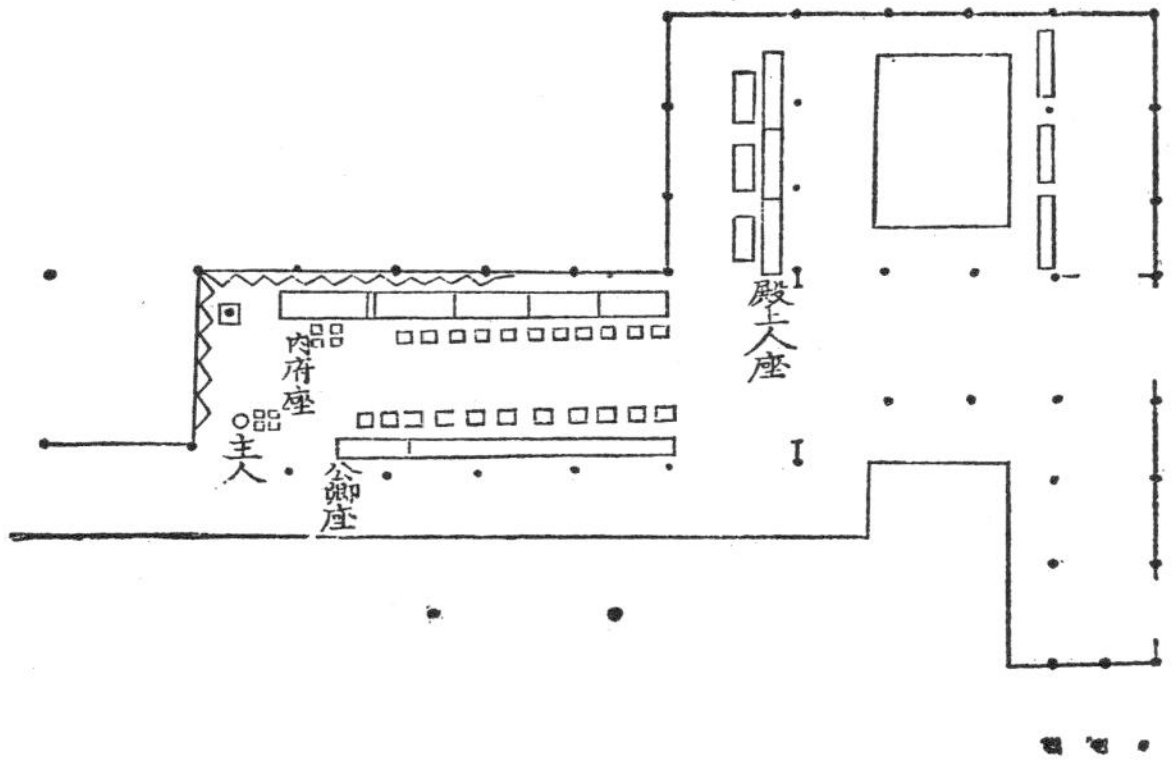

図４　冷泉万里小路殿に於ける臨時客指図（『玉葉』による）

三日、摂政藤原道家は一条室町殿で「臨時客」を催した。川上貢氏によれば、この住宅は、寝殿、東対代、中門廊、蔵人所、随身所などにより成っていたが、対代の梁行規模は四間を数え南庇、南広庇を有していたことが知られる。[44] さて、『玉葉』同日条によれば、

其儀寝殿南廂東庇下母屋御簾、…〈中略〉…副母屋弁南庇西東庇北間等御簾、立亙四尺屏風、…〈中略〉…去屏風尺餘敷高麗疊四帖、（件疊、始自西間中央敷之、茵一枚程當件間也、座末敷出東庇亙四五尺許也、）其上敷高麗端地舗五枚、…〈中略〉…其上西一疊敷東京錦茵二枚、…〈中略〉…其次敷連高麗端圓座八枚、…〈中略〉…當奥座第一圓座端座、敷亙菅圓座八枚、…〈中略〉…西第一間中央、迫端敷厚圓座一枚、爲主人座、東庇二箇間奥端、敷紫端四枚、爲殿上人座、（儲座於庇之時一行也、寝殿儲座時、東庇二行敷也、）

とあり、寝殿南庇に公卿座、東庇に殿上人座が設けられたのが知られる。一条室町殿の対代は梁行規模四間を数えたのにもかかわらず、ここが用いられず寝殿で行われたのである。[45]

図５は、「臨時客」の儀式空間について、本節第一項で述べた東三条殿の場合も含め公卿と殿上人座の位置関係に着目して時代順に整理したものである。これらを概観してまず気が付くのは、そもそも対が会場であったのが、平安後期以降の対を欠くか或いはこれを備えても対代か対代廊であった住宅に於ては寝殿が使われる様になったということである。次には、対に於ても寝殿に於ても公卿座と殿上人座は様々な方式で配置されており、しかもこれらの間に特に平安時代については必ずしも時代的な変遷傾向を認めることは出来ないということである。いずれにせよ「臨時客」のための定式化された儀式空間は存在しなかったということになろう。

この様に「臨時客」に於ても、公卿、殿上人の座は会場となった住宅の殿舎構成や平面規模に応じ、あるいは時々の状況に従い、柔軟に配置されたと考えられるのである。(46)

賀茂詣について

東三条殿以外に「賀茂詣」の装束が具体的に知られる例はそれ程多くはない。ここでは「臨時客」の場合に倣い、公卿座、殿上人座の配置方式に着目し検討することにする。

東三条殿では東対が会場となった場合、南庇に、或いは南庇および南広庇に公卿座、殿上人座が設けられていたが、ほぼ同時期の高陽院について見よう。寛治七年(一〇九三)四月二十一日、関白藤原師実は高陽院から「賀茂詣」を行った。『後二条師通記』には、

装束、東露　坎、其儀南庇四間敷満廣莚、懸母屋御簾、…〈中略〉…傍身屋御簾立四尺御屏風五帖、其前敷高麗端疊五枚、其上敷

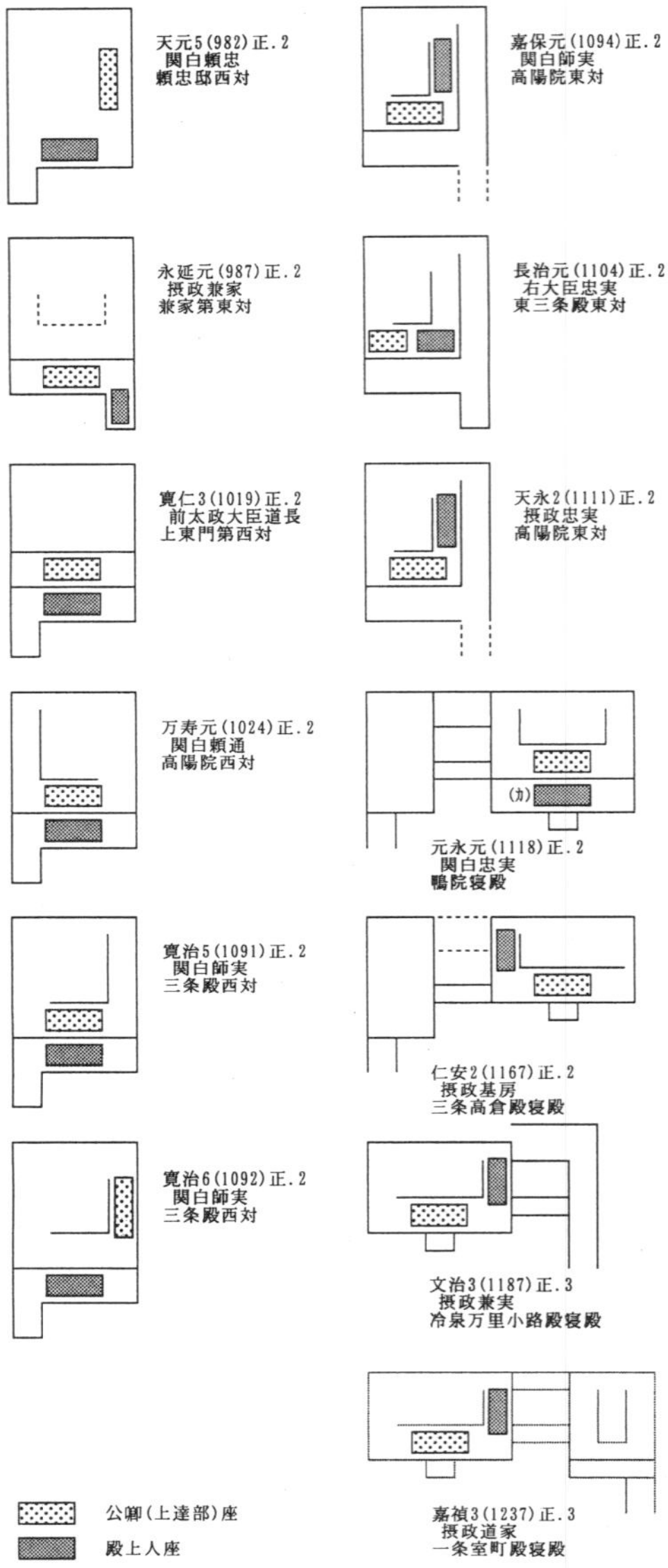

図5　臨時客に於ける公卿座、殿上人座

土鋪五枚、其上東京茵三枚、鋪紫錦縁〔端ヘ〕円座五枚、置菅圓座一枚、西第一間（南端敷之、）…〈中略〉…東露東又庇敷紫端疊三枚、庇御簾下之、自餘御裝束如常

と記されている。すなわち、東対(47)が用いられたが、公卿座の高麗端畳が南庇に、殿上人座の紫端畳が東又庇に配された事が知られる。長治二年（一一〇五）四月十七日の右大臣藤原忠実の場合は、『中右記』同日条に、

東對南庇、（公卿座、）東庇、（殿上人座、）御裝束一如臨時客

とあり、公卿座は師実の場合と同様南庇であったが、殿上人座は、東庇に設けられた。そして、この鉤型の配座方式は右の文にも示され、また前にも明らかにした様にこの高陽院に於ける「臨時客」の場合と同様であった。

対に代って寝殿が会場になる場合も見られる。右に述べた高陽院について、ほぼ同時期の嘉保元年（一〇九四）四月十四日の記録であるが、関白藤原師通とその父親である前関白藤原師実が高陽院を出発所として一緒に「賀茂詣」を行った。公卿らの着座に先だち神宝御覧があったが、『江記』(48)には、

先是、大殿於東對覽神寶、殿下於小寝殿西殿覽神寶云々

とあり、師実が東対で、師通は小寝殿西殿でそれぞれ神宝を覧た事が記されている。公卿らの座については、

其後人々有召、著寝殿座東第四間、以東（加東庇、）爲公卿座也、立亙屛風、差延（筵）、垂母屋簾歟（マヽ）如恒、東□（第）四間横切、敷大殿御座、（菅圓座東向、）第三二間北邊、敷帖地鋪等、其上敷茵三枚圓座四枚、南邊敷帖、殿下御於第三間、民部卿著南座、以下□分著座、（左大將南、權大納言著北、）宰相中將著南

とある様に、寝殿南庇(49)の東四ヶ間が用いられた。殿上人座については特には記されないが、或いは東庇がこのために用いられたのかもしれない。

この四年後の承徳二年（一〇九八）十二月六日、やはり師実、師通父子は「賀茂詣」を行ったが、この時の出発地は二条殿であった。その装束について『中右記』同日条には次の様に記されている。

二條殿寝殿南階隱間以東庇四間、上南御簾、立四尺屛風爲公卿座、東小寝殿垂簾、南廣庇指筵

二条殿は寝殿の他に東小寝殿も備えていたことが知られるが、高陽院の場合と同様に寝殿の南庇東四ヶ間が公卿座とされた。

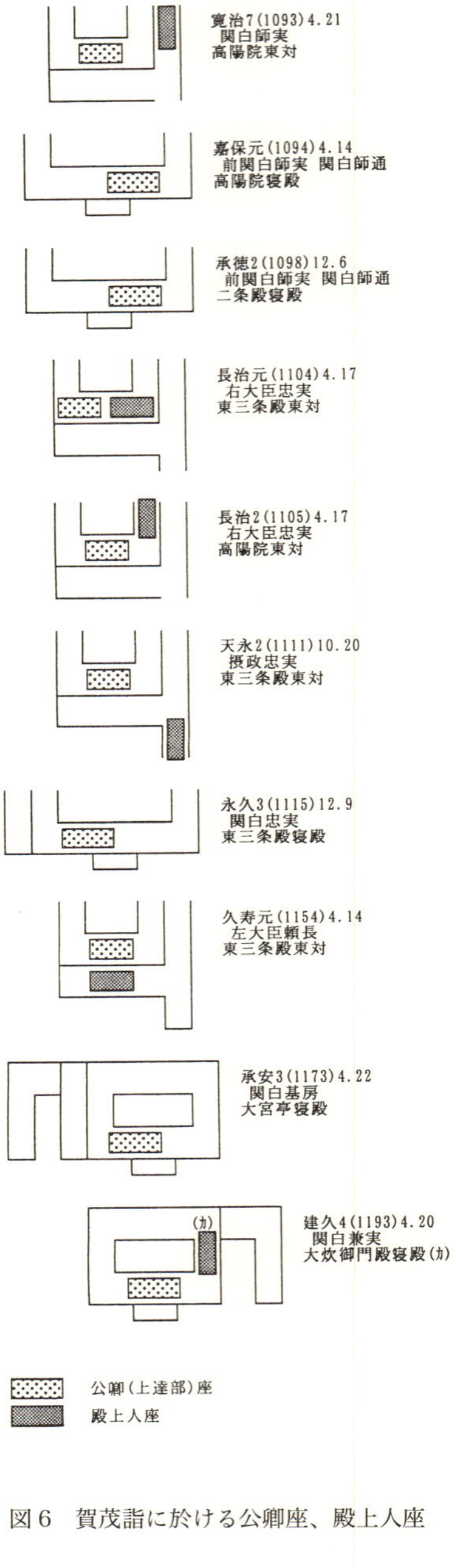

図6　賀茂詣に於ける公卿座、殿上人座

以上の二例は寝殿と対あるいは小寝殿を共に持つ住宅についてであったが、平安末期以降の対を持たない寝殿のみの小規模住宅に於ても寝殿が会場となった。藤原兼実の大炊御門殿を取り上げてみよう。この住宅からの「賀茂詣」としては、次の例が知られる。

建久四年（一一九三）四月　二十日　関白藤原兼実[50]

建久五年（一一九四）四月　十七日　関白藤原兼実[51]

大炊御門殿は寝殿、二棟廊、（東）中門廊、四足門などにより成っていたが、建久五年（一一九四）の場合について『玉葉』には、

　先余出居上達部座、（寝殿也、）

とあり、公卿座は寝殿南庇に設けられたものと推定される。建久四年（一一九三）の場合も同様であった。この例からは殿上人座も設けられたことが知られるが、中門廊が東に設けられていた事に鑑みると寝殿の東庇に配されたものと思われる。

平安末期の例では他に承安三年（一一七三）四月二十二日の関白藤原基房の大宮亭寝殿の例があるが、やはり公卿座は寝殿南庇に設けられていた[52]。これら平安末期以降の例では共に寝殿が使われていたが、前の高陽院、二条殿の場合と異なり、参詣したのは兼実や基房一人であった点に注意しておきたい。大炊御門殿や大宮亭は対を欠いていたが、寝殿が会場として用いられていた。

図6は、「賀茂詣」の会場について東三条殿の場合も含め、公卿座、殿上人座の位置に着目し時代順に整理したものである。対のみならず寝殿も会場として使われていた。『江家次第』巻第二十、賀茂詣の項によれば、対がそのための会場として想定されているが、平安末期以降の対を持たない住宅に限らず実際は寝殿が使われる場合も存在したのである。対での場合について公卿座、殿上人座の位置を見ると公卿座は南庇に定まっていたようであるが、殿上人座は南庇、南広(孫)庇、東庇、東孫庇、東中門廊と様々であった。この様に公卿座、殿上人座の配置方式が多様であったのは「臨時客」の場合と同様である。

春日詣について

「春日詣」も「賀茂詣」と殆ど同様の装束のもとに行われたと考えられる。ここでは、小規模住宅での公卿座、殿上人座の位置が具体的に知られるものとして冷泉万里小路殿の例を紹介しておきたい。この住宅は前にも述べた様に寝殿、二棟廊、中門廊等により成っていた。『玉葉』文治四年(一一八八)正月二十七日条によれば、藤原兼実は藤氏長者になってから初めての「春日詣」を行ったが、

寝殿南東庇敷弘莚、西第三間(階西間也、)副奥屏風、敷高麗端畳一枚為余座、其東間副端長押、敷同畳一枚、為大臣座、其以東二行對座敷同疊、為上達部座、(東庇)敷紫端疊二枚、為殿上人座

と記される。細部に違いは認められるものの、寝殿南庇に公卿座、東庇に殿上人座という配座方式は、この住宅での「臨時客」の際のそれと一致している。東三条殿での「春日詣」では東対が使われたが、対を欠いたこの住宅では寝殿が会場として用いられたのである。

勧学院歩について

治安元年(一〇二一)八月二十二日、藤原実資の小野宮第に勧学院学生の参賀があった。『小右記』同日条によれば、

今日勸學院歩、仍任近代例、西對東庇設座席、座後立屏風、机廿前

とあって、西対の東庇に学生の座が設けられたことが知られるが、これは「近代例」であるとされる。その二年後の治安三年(一〇二三)十二月七日にも勧学院の学生が参賀しているが、やはり同じ位置に学生のための紫端畳が設けられた事が知られる。[53]殆ど同時期のものではあるが実資第の治安元年(一〇二一)例の三日前の、藤原公季第への参賀を見ると『小右記』には、

今日勸學院歩、(太相國儲饗祿云〔〻脱カ〕、後師〔聞カ〕、東對南廊庇、副簾立屏風云〻、)

と記され、東対南廊すなわち中門廊に学生の座が設けられていた。

対を欠いた小規模住宅の例として、関白藤原基通の六条堀川殿を取り上げて見よう。『山槐記』治承三年(一一七九)十二月十四日条には、

中門廊居學生饗、(机、)頃之學生參入、列立中門外、…〈中略〉…光雅朝臣下逢、取見參差笏、挿見參文杖、入中門車寄戸、經公卿座南簀子、跪寝殿東面戸前簀子、良久博陸坐此所簾中

とあり、中門廊に学生座、二棟廊[54]に公卿座、そして基通の座は寝殿の東南角に設けられたことが知られる。

摂政藤原兼実の冷泉万里小路殿については、文治二年(一一八六)六月二十日の例が知られるが、『玉葉』同日条には以下の様に記される。

此日、勸學院衆、參賀攝政之慶、寝殿南庇東第一間、敷高麗端疊一枚…〈中略〉…爲余座、…〈中略〉…中門廊四ヶ間、敷滿弘筵、敷紫端疊六枚、…〈中略〉…中門廊北三ヶ間、(尋常公卿座也、不立屛風、)敷高麗端六枚(對座、)爲上達部座

兼実の座が寝殿の東南角に設けられた点に於ては六条堀川殿の場合と同様であるが、中門廊の北半部に公卿座が、南半部に学生の座が設けられた点で異っている。

即ち、以上の例から見る限り、勧学院学生の座は対の有無に関わらず中門廊に設けられる場合が多かったものの、決してこの場所に固定してはいなかったことが知られる。また得られた例は少なかったものの公卿座の位置についても同様のことが言えよう。

興福寺参賀について

「勧学院歩」同様、東三条殿以外の住宅についてその用法が知られる例は多くはない。東三条殿では東対が「興福寺参賀」の会場にあてられていたが、ここでは平安末期の二例を紹介したい。

保元三年(一一五八)十二月十七日、関白藤原基実第[55]に興福寺、法成寺の僧が参賀した。この住宅は寝殿の他、西対代、西侍廊、西透渡殿、中門廊などにより成っていたが、『兵範記』によれば寝殿南庇に主人座と僧座が、西対代には公卿座、その西庇に殿上人座、西侍廊には五師得業、所司座が設けられた事が知られる。

文治三年(一一八七)正月十三日には、冷泉万里小路殿で摂政藤原兼実が藤氏長者になって後、初めての興福寺僧の参賀があった。『玉葉』によると、寝殿南庇に僧座と主人座が設けられた事が知られるが、公卿座についての記載を見出すことは出来ない。

いずれにせよ、これらの二例は、東三条殿の場合と異なり寝殿が中心会場として使われたのである。

祭使発遣について

『西宮記』が引く『吏部記』によると、承平四年(九三四)四月十六日の賀茂祭に関して、

東對南放出南向座、使近衞十二人、以机様器備肴、其南北向座、垣下公卿、以折敷三枚備肴、南廂北向座、陪従十二人、以机土器具肴

とあって、東対の南面および南庇が祭使のための場として使われたことが知られる。

『江家次第』巻第六に賀茂祭使の項があるが、これによれば、東三条殿の「春日祭使発遣」の場合と同様、公卿は東対の西庇、殿上人は南庇、陪従が唐庇、諸大夫の座は車寄廊に設定されている。

立后の饗について[56]

立后の饗の装束については東三条殿と三条烏丸殿の項で詳しく検討しているが、ここでは更に上東門第と高陽院について紹介したい。長保二年(一〇〇〇)二月二十五日、第一期の上東門第[57]で女御彰子の立后に伴う饗があった。『権記』によると、その会場は東対であったが、公卿座は母屋に、殿上人座は東孫庇に設けられている。第二期の上東門第については、寛仁二年(一〇一八)十月十六日の威子立后の例が知られる。その会場はやはり東対であったが、『小右記』によれば第一期の場合と同様の装束がなされた。但、殿上人座は東孫庇ではなく東庇に設けられている。

第四期高陽院[58]については、立后初日及び二日目の様子を知ることが出来る。寛治七年(一〇九三)二月二十二日、篤子内親王の立后があったが『中右記』によれば、東対の母屋に公卿座が、南庇に四位侍従座、東庇には五位侍従座が設けられ、殿上人座は五位侍従座の北に配された事が知られる。二日目の様子については『後二条師通記』『中右記』により知られるが、初日と異なり公卿座は南庇に、殿上人座は東庇に設けられている。

元服について

「元服」については本章第三節で詳しく述べるが、やはり公卿座、殿上人座の配置方式は様々であった。

上表について

東三条殿での場合に倣い、勅使と主人の対面の場に着目し検討する。「上表」については比較的例が多く、また儀式空間の変遷を辿るのに格好の材料となっているので、少々繁雑ではあるが時代順に紹介することにしたい。

「上表」の場所が知られる早い時期の例は、寛治元年(一〇八七)七月一日の大炊御門殿(大炊御門南西洞院東)に関するものである。この大炊殿は寝殿を中心として西対、東対(代廊)、北対などにより成り、ほぼ左右対称型の構成をとっていた。(59) この日、摂政藤原師実は二度目の「上表」を行っている。上表文を使に託し勅答使を待ったが『為房卿記』同日条によれば、

其儀西對南孫庇五个間、敷滿弘筵、副御簾、立廻四尺屏風、當階間鋪地、敷一枚、(舊例敷二枚、今依仰鋪一枚、)其上黑柿倚子爲勅使座、其東西供燈

と記され、西対南孫庇に勅使の座が設けられた事が知られる。拝舞の後、(60) 主人との対面が行われるが、

撤倚子地鋪(燈臺)等、鋪中使弁主人御座、(自西第二間鋪高麗端帖一枚、東面、爲主人御座、同第三間鋪同疊一枚、西面、其上鋪龍鬢地敷東京錦茵、各一枚爲勅使座、)

とあって、先に設けた勅使の倚子を取り除き、ここに主人と勅使のための高麗端畳を敷いたことが知られる。即ち、この大炊殿では西対南孫庇がその場所として用いられた。

大炊御門殿の様に梁行規模の大きな対を備える場合は、その南面が使われたようである。東三条殿の場合もそうであったし、これから紹介する高陽院でも同様であった。高陽院(61)での「上表」については以下の例が知られる。

寛治七年(一〇九三)　十月　十日　関白藤原師実(62)
嘉承元年(一一〇六)　七月二十九日　関白藤原忠実(63)
嘉承元年(一一〇六)　九月　十八日　関白藤原忠実(64)

嘉承元年(一一〇六)七月二十九日の藤原忠実上表の場合を『中右記』同日条に見ると、

次以時範朝臣召中使、參上著倚子、(東對南廣庇西一間、(階間也、)指筵上立倚子、其後立四尺屏風一帖、倚子前左右立燈臺各一本、南庇下御簾也、)殿下從對南面東階下給南庭拜舞、…〈中略〉…次徹(撤)倚子改敷座、(屏風前立燈臺一本、敷高麗二枚(南北行對座、)西疊上地敷茵爲勅(使カ)座、東一枚主人御座也、)殿下出給召勅使、則著座

とあり、東対の南広庇がそのための場として使われていた。九月十八日の二度目の「上表」の場合も全く同様で、『中右記』同日条に、

装束儀如初表時

と記されている。寛治七年（一〇九三）の際には、『後二条師通記』により、東対南庇が用いられた事が知られる。

藤原師通の二条殿は寝殿の他、東小寝殿、東中門廊、東侍廊、同車宿屋、北対などにより成っていた。[65] 永長元年（一〇九六）九月十五日、師通はこの二条殿で「上表」している。『中右記』によれば、頭中将源国信が勅使として来邸したが、

　次權大納言家忠卿相逢取敕答、又令爲房召中將、昇入中門廊内着倚子、（東小寝殿南母屋南面也、件座多被候南廣庇、而依便宜歟、）權大納言相代拜舞、（中使此間暫下從西階、）次撤倚子用平座、中使着此座

と記される。東小寝殿南母屋がその場として使われたが、通常は南広庇であるべき事が示されている。

二条殿の場合は小寝殿が会場であったが、対代が用いられる場合も見られる。[66] 天永三年（一一一二）十一月十八日、摂政・右大臣藤原忠実は大臣を辞すべく「上表」した。会場は太后御所枇杷殿であった。予定していた東三条殿が修理によって使えなかったためである。東対代が用いられたが、『中右記』同日条によると勅使と主人たる忠実の代理中納言藤原忠通の座は南庇に設けられた事が知られる。久寿二年（一一五五）五月三日に藤原頼長が「上表」の会場として用いた土御門亭は、寝殿の他、西対代、西中門廊、西廊などにより成っていたが、[67]『台記』同日条によれば、勅使と頼長の座はやはり西対代南広庇に設けられていた。

以上の諸例は、対、対代あるいは小寝殿が用いられた場合であったが、平安末期の住宅ではこれとは異なった場所が使われている。文治二年（一一八六）七月二十七日に行われた摂政藤原兼実の「上表」は冷泉万里小路殿を会場としたが、『玉葉』同日条には以下の様に記される。

　設勅使座、其儀、透渡殿敷滿弘筵、（東三條儀、東對南廣庇設之、而康治近衞殿儀、透殿設之、准彼例也、）副南欄頗西方、敷高麗端疊一枚、其上敷龍鬢一枚、其上敷東京錦茵、爲勅使座、副北欄頗寄東方、敷高麗端疊一枚、爲取祿公卿座

即ち、寝殿と中門廊をつなぐ透渡殿にその座の設けられた事、またこれは康治年間の近衛殿の例に拠ったためである事が知られる。そしてこの透渡殿は、実は東三条殿の東対南広庇に相当するとも記されている。冷泉万里小路殿は対を欠いたが、[68] その様な場合は透渡殿が対南面の役割を果すこともあったのである。

平安末期になると、寝殿が用いられる例が多くなってくる。関白藤原基実の高倉殿は寝殿、西対代、北対代、二棟御所、侍廊などにより成っていたが、[69]『兵範記』保元三年（一一五八）十二月十八日条によれば、「上表」について、

其儀、寝殿南廂四ヶ間垂母屋御簾、庇巻上之、敷滿長筵、其上階間中央立朱漆倚子一脚、其後立四尺屛風一帖、（依弘庇儀、四尺屛風立一帖也、又無指筵、同依准東三條對弘庇也、）倚子前左右立燈臺、…〈中略〉…次改御装束、撤屛風幷倚子、其跡敷高麗帖二枚、其上加龍鬢、（高麗緣、）其上供東京錦茵、爲勅使座、（第三間也、階間也、）同西第一間敷高麗緣疊一枚爲殿下御座、（隔中一間、彼是共南北行、）

とあり、寝殿の南庇が会場となった。この場合もやはり東三条殿東対の（南）広庇の例に倣って装束されたことが記されている。即ちこの場合は寝殿がそれまでの対の役割を果していた。

高倉殿の場合は、対代にせよ対が存在した場合であった。これさえも欠いた場合はどうだったであろうか。前に述べた冷泉万里小路殿の例は藤原兼実の一度目の「上表」に関してのものであり、透渡殿が用いられた場合であった。ところが、文治二年（一一八六）八月九日の二度目の「上表」の際には、『玉葉』同日条に、

寝殿南庇五ヶ間、…〈中略〉…當南階間、敷龍鬢地鋪二枚、（引重敷之、）其上立倚子、…〈中略〉…撤地鋪倚子等、階西間東柱西邊、敷高麗端疊一枚、其上敷龍鬢一枚、其上敷東京錦茵、爲勅使座、以同疊一枚、敷階東間西柱東邊、爲右大將座

と記される様に、寝殿南庇がその場として使われている。十月十七日に行われた三度目の「上表」の場合も同様であった。即ち、冷泉万里小路殿に於て勅使との対面の場は必ずしも一箇所に定まってはいなかったことになる。

六角東洞院第は、『兵範記』によれば寝殿、二棟廊、東中門廊などにより成っていた事が知られるが、(70) 仁安三年（一一六八）六月二十日の摂政藤原基房の「上表」の際には、寝殿の南庇が用いられた。

寝殿南庇の例としては、他に藤原基房の二度目の「上表」について三条殿での例が知られる。(71)

最後に、鎌倉時代の例を紹介しておきたい。寛喜元年（一二二九）七月二十六日、関白藤原道家は「上表」を行った。『玉蘂』によると、この住宅は寝殿のほか西二棟、西中門廊などにより成っていた事が知られる。同記同日条には以下の様に記されている。

其儀西二棟南庇及公卿座、御簾垂之、敷滿長筵於廣庇、（不敷差筵、）副東第二間、（柱間也、）北長押立四尺屛風一帖、副件屛風敷龍鬢地鋪二枚、…〈中略〉…其上立倚子…〈中略〉…同間左右柱下立灯臺、有打敷擧灯、件装束事、東三條儀設東對南弘庇、（或南庇、）無對屋之家、或設寝殿注之、文治二年、第二度表如此、二棟南方有廣庇之所、或又設此所、（建久二年復辟表、大炊殿儀如此、）今度二棟南面有廣庇、仍用此儀

即ち、寝殿と中門廊をつなぐ二棟（廊）南広庇に勅使と道家の座が設けられたが、東三条殿では東対の南広庇にこれが設けられた事、そして対を持たない住宅の場合はこの座が寝殿に設けられるべき事、また二棟（廊）に広庇があればここがその場所となる事もあり、今度の場合がそれにあたる事などが知られる。

以上の検討により、「上表」儀に於ける勅使との対面（授禄）の場について次の事が言えよう。即ち、対または対代を持つ住宅ではここが用いられ、これらを欠いた住宅では寝殿が使われる傾向にあるが、対代が存在する場合でも、近衛殿の様に透渡殿、道家第の様に二棟廊、また高倉殿の様に寝殿南面が用いられる場合も見られる。冷泉万里小路殿ではこの座が透渡殿や寝殿の南面に設けられ、必ずしも一定してはいなかった。この様に、「上表」の会場は建物の構成・規模あるいは時々の状況に応じて設定されたと見る事が出来よう。

一〇世紀に於ける対の儀式空間について

以上、対の儀式時の用法について主な儀式をとり上げ検討してきたが、平安前期の儀式としては僅かに承平四年（九三四）の「祭使発遣」の例が知られただけであった。平安前期に於ける対の儀式空間がどの様なものであったのかを具体的に知る事は困難である。しかしながら、対の儀式時に於ける空間的性質を解明しようとするならばこれらの姿を明らかにしておく必要があるだろう。ここでは、古記録を渉猟して得られたもののうち、一〇世紀のものに限りその前半期に着目しながら紹介したい。前と同様、参加者とそれぞれの座の配置について見ていく。

延長七年（九二九）例について

『西宮記』が引く『吏部記』によれば、延長七年（九二九）正月十八日、賭弓が三条家で行われている。

東對南面設次将座、（用土敷圓座、）北向設垣下王公座、（用疊蓐、）主人座東向、西庭中設近衛以上座

と記され、東対の南面がその場として用いられた事が知られるが、垣下王公座は北向に即ち東西行に設けられていた。

天暦元年（九四七）例について

天暦元年（九四七）正月二日、太皇太后穏子の大饗が朱雀院柏梁殿西対で行われたが、『花鳥餘情』によれば、

西對南放出、平敷々王卿座、南北對鋪、（以西爲上、）東廂西向南上敷四位座

とあって、西対の南面・南放出に王卿座が東西行に対座するよう設けられ、東庇には殿上人座が配された事が知られる。ここからは、

寝殿側の庇（東庇）に対する南面の優位性を知ることが出来る。この例は、例えば東三条殿東対に於ける「春日祭使発遣」の公卿、殿上人座の位置関係とは逆転している。(72)

天暦四年（九五〇）例について

天暦四年（九五〇）七月十日、皇子（憲平）が右大臣藤原師輔の東一条第に移る事に関して、『御産部類記』に、

未移著之前、々齋宮内親王設女房男方等饗、（男方饗、在西對南面、）

とあり、西対南面が饗宴の場として用いられたことが知られるが、七月二十三日の立太子の饗について同記には、

今日饗處在面《西歟》對南面、然則北面東上頗不穏便、東面北上有其便歟、抑件事、非可下官定申、左右宜被相定者、此間王卿議定縦横云々

とも記され、この饗座をどうするかについての議論がなされたことが知られる。この記者は、西対の南面に東西行に設けるよりも南北行に設ける方が良いのではないか、と感想を述べている。

天元五年（九八二）例について

『小右記』天元五年（九八二）正月三日条には、藤原実資が蔵人所衆に対して行った饗宴の様子が記されている。

所衆饗設東對西面、垣下饗在南面、（垣下以西爲上、客以南爲上、相議定也、依隨便也、）

即ち東対がその会場であったが、西面は蔵人所衆の、南面が垣下の饗座として用いられた。そしてまたこの例に於ても前の天暦元年（九四七）の例と同様に、寝殿側の面（西面）に対する南面の優位性を認めることが出来る。

同記三月十一日条には遵子立后に伴う饗に関する記述が見られるが、西対東庇に公卿座、南庇に四位侍従座、南廊には五位侍従座が設けられた。ここでは前の例と異なり東（西）面と南面の序列関係が逆転している。

五月七日の遵子入内に関し、また同記には同じ西対の南庇に公卿座が、中門北腋に侍従座、南腋廊に外記・史座が設けられた事が記されている。

永観元年（九八三）例について

永観元年（九八三）正月二日、二条院東対で中宮遵子の大饗が催されたが、『花鳥餘情』によれば南放出に公卿座が南北行に対座する様に設けられ、南庇には侍臣座が東西行に配されていた。

正暦元年（九九〇）例について

『本朝世紀』によれば、正暦元年（九九〇）十月四日、太皇太后昌子は本宮たる三条坊門高倉亭に還啓したが、その際の饗宴の座について西対南妻に上卿座、西面には侍従座が設けられたことが知られる。

以上、対の儀式空間について主要な例をとり上げ検討を加えてきた。まず知られるのは、対での儀式の種類は多岐に渡るという事であり、その儀式空間も南面が重視される傾向にはあるものの儀式に応じ様々で、参加する者の座の配置方式も多様であったという事である。北庇、塗籠を除く殆どの部分が用いられたとさえ言う事が出来よう。

対を中心として開催されたそれぞれの儀式について、儀式空間の変遷を窺うに足る程の例を得る事は出来なかった。しかしながら例えば「臨時客」について、主要な参加者であった公卿と殿上人の座の配置方式について見ると様々であり、これが定式化してはいなかった事が知られる。そしてまたこの方式が時代に従い一つの方式に収束していく様な傾向も認められなかった。特に、平安末期以降では寝殿が代わりに用いられるようになるが、例えば対で見られた南庇に公卿座、南広（孫）庇に殿上人座という平行型の配置方式はここには継承されず、寧ろ古くからの鉤型配置の方式がとられている。また南庇、南広（孫）庇の両方を備える対に於ても、必ずしもこれに対応して公卿座、殿上人座が設けられてはいなかった。対に於ける儀式空間のこの様な性質や変化は「上表」に良くあらわれている。即ち、平安末期以降になると対に代わり透渡殿、二棟廊そして寝殿が使われるようになりそれぞれに於て会場が装束されたのである。

一〇世紀に於ける対での儀式を検討しても同様であり、南面が重視されてはいるもののやはり様々な儀式について多様な座の配置方式が認められた。

（四）おわりに

寝殿に於ける「大臣大饗」の儀式空間に関する検討結果は、これが住宅全体の配置構成あるいは寝殿の規模にとらわれずに、また時々の状況に従い、柔軟に展開されてきた事を示している。摂関期の左右対称型の大規模な住宅から、平安末期の非対称型さらには室町時代の将軍の住宅までもがその会場として用いられていた。足利義教の室町殿での様子を指図(73)に見ると、摂関期同様、公卿以下多くの人々の参加があった。この数には多少の増減があったものと考えられるが、前例を踏襲するという儀式の性格に鑑みた時他の例に於てもほぼ同様の人々の参加があったものと思われる。また、尊客以下を庭中に迎え、寝殿等で饗応するという方式や式次第についてこれらを検討しても基本的には変わるところは認められない。[74]住宅の構成・規模が変化したにもかかわらず、この様な儀式が室町時代に至るまで行われていたのである。

一方、上東門第や花山院第の様に特に東西に正門を持つ住宅に認められることであるが、[75]参加者の座の配置方式に現れる儀式時の空間的秩序の向きは逆転する場合があり、東西の何れかに固定してはいない。換言すれば、これらの例は住宅全体の配置構成にとらわれずに儀式空間の秩序体系が別に形成されうる事を示している。

対に於ける儀式空間の検討結果は、様々な儀式が様々な装束のもとで行われていた事を示している。この様な儀式空間の性質は、対での儀式の発生期[76]と考えられる一〇世紀前半期に於ても同様であった。平安末期以降の小規模住宅に於ては、本来対で行われるべき「臨時客」「参賀」等の儀式が寝殿で行われ、例えば「上表」について見ると中門廊、二棟廊が対の役割りさえも果していた。この様に、対についても寝殿の場合と同様、或いはそれ以上に儀式時の装束は規模・状況に応じ柔軟になされていた事が知られる。

しかしながら、寝殿にせよ対にせよ、これら儀式空間が無秩序に展開されていたのではない点注意すべきで、ここでは充分には述べ得なかったが、入口として用いられた中門あるいは門との位置関係が儀式時に形成された空間的秩序を理解する重要な着眼点となろう。[77]

いずれにせよ寝殿についての考察の結果は、この「大饗」の儀式時の用法が貴族住宅の配置構成の変遷、とりわけ寝殿の東西に対を持つ左右対称型から東西の一方にのみ対を持つ非対称型への過程に対して直接的な影響を与えたのでは無かった事を示唆しており、[78]対についての検討結果は、儀式発生時に於て少くともこの様な儀式空間に対応し得る梁行規模を有した対がすでに存在していたことを推測させる。そして、「臨時客」の際の公卿と殿上人座の配置方式についての検討結果は、対の南広(孫)庇が必ずしも南庇の公卿座に対する殿上人座のための空間として、即ち儀式的な要求として成立してきたのではない事をも示唆している。

註

1 「寝南殿」は、寝殿あるいは寝殿南庇の誤記と考えられる。

2 『御堂関白記』同日条。
3 『左経記』同日条。
4 『小右記』『左経記』同日条。
5 『左経記』同日条。
6 『左経記』同日条。
7 『御堂関白記』同日条。
8 『任大臣大饗部類』続群書類従　巻第九六七。
9 吉田早苗「藤原実資と小野宮第―寝殿造に関する考察―」（『日本歴史』第三五〇号、昭和五十二年七月）。
10 『中右記』大治五年（一一三〇）十一月八日条。土御門北高倉東に存した。「如法一町家」の平面規模については本章第二節で述べる。
11 文治五年（一一八九）七月九日、十日条。
12 太田静六「鎌倉時代における貴族邸宅の基本形式と其発展」（『日本建築学会論文報告集』第六〇号、昭和三十三年十月）。
13 川上貢『日本中世住宅の研究』（昭和四十二年十月、墨水書房）。
14 尊者以下が南階を昇って簀子を東行、南廂の東第一間より入って設けられた座の奥を経て順に着座した、とあることから知ることが出来る。
15 『勘仲記』同日条。
16 前掲註13。
17 上東門第の時期の区分は太田静六氏による。第二期上東門第は寛仁二年（一〇一八）竣工、長元四年（一〇三一）焼失のものを指す。太田静六「藤原道長の邸宅に就いて（上）」（『考古学雑誌』三一の四、昭和十六年四月）。
18 前掲註17。
19 太田静六「花山院第の考察」（『建築史研究』三、昭和二十六年一月）。
20 『帥記』『水左記』同日条。
21 『永昌記』同日条、他。
22 『山槐記』同日条。
23 『兵範記』同日条、『公卿補任』。
24 『玉葉』同日条、他。
25 『玉葉』同日条、他。

26 群書類従　巻第四七〇。

27 前掲註17。

28 この唐庇は南庇の外側にある孫庇に相当する庇と思われる。

29 時期の分類は太田静六氏による。第一期高陽院は治安元年（一〇二一）から長暦三年（一〇三九）まで存続したものを指す。太田静六「藤原頼通の邸宅高陽院に就いて、附 作庭記との關係」（『庭園と風光』第二三巻第五号、昭和十六年五月）。

30 この孫庇は、南孫庇のことと考えられる。通常、対の東・西孫庇は、寝殿に面した側には設けられず、その反対側に設けられる。三条殿の西対には、東孫庇が存在したとは考えられず、また、西孫庇が存在したとしても、公卿座が東庇に設けられた点から見ると、この西孫庇に殿上人座が設けられたと考えることは出来ない。

31 『後二条師通記』寛治七年（一〇九三）四月二十一日条。

32 前掲註31。

33 『殿暦』嘉承元年（一一〇六）七月二十九日条。

34 『後二条師通記』寛治七年（一〇九三）四月二十一日条。

35 前掲註34。

36 『中右記』天永二年（一一一一）正月二日条。

37 『殿暦』によると、「南庇儲公卿座、東庇儲殿上人座〈付点筆者〉」と記され、また『中右記』によれば、「東對南面儲公卿座、西庇有殿上人座〈付点筆者〉」とあって、殿上人座の位置が異なって記されているが、ここでは、嘉保元年例に倣う事にする。嘉保元年（一〇九四）と天永二年（一一一一）の高陽院東対で南庇に公卿座、東庇に殿上人座がそれぞれ置かれたのは、この時期の高陽院が北面の門を正門としたことによるためと考えられる。

38 『中右記』同日条。

39 『殿暦』永久五年（一一一七）九月二十一日条。

40 前掲註39。

41 文意からすると、この南広庇は寝殿のそれの様に思われる。南庇以外に寝殿に南広庇の存在した例として宇治小松殿があげられる。通常寝殿にこの様な庇は設けられなかった事からすると、この広庇は対代に付属したものとも思われるが、ここでは寝殿のものと考えておきたい。「臨時客」に於て通常、公卿座、殿上人座は一対のものとして考えられており、これが寝殿と対代に分けて配されるのは不自然である。

42 『兵範記』同日条。

43 太田静六「平家時代を中心とする藤原氏の邸宅」（『日本建築学会論文集』四一、昭和二十五年八月）。

44 川上貢前掲註13。氏によれば、「上記のものから推定される対代の建築は、二間に三間の母屋の四周を一間の庇が廻り、そして南面には更に弘庇がついていた」とされる。

45 「臨時客」の公卿らの座を検討してみると、五ヶ間の庇が用いられる場合がある。従って、梁行四間では不足するという意見があるかもしれない。しかしながら寛治六年（一〇九二）の三条殿の様に、西庇に公卿座を、南または南孫庇に殿上人座をとれば解決するにもかかわらず、対代ではなく寝殿が使われたのである。

46 対から寝殿へと移るこの様な会場の変遷は、「臨時客」を主催した人物の通常の御所が対あるいは寝殿のいずれに設けられていたかに関わると筆者は推定しているが、ここでの目的は儀式空間と平面規模との相関関係を検討することであるので、これ以上展開することはしない。また三条殿西対では異なった二つの配座方式が認められた。これら二つの場合についてそれぞれの式次第および具体的な参加者について検討すると殆ど同一であり、何故この様な二つの方式がとられたのか今のところ不明である。

47 東露は東臺のこと、すなわち、東対のことと考えられる。

48 大日本史料所収。

49 「垂母屋簾」とあるので、南庇に設けられたものと考えられる。

50 『玉葉』同日条。

51 『玉葉』同日条。

52 『玉葉』同日条。

53 本節第一項で明らかにした様に、東三条殿では東中門廊に紫端畳が敷かれ、学生の座とされた。

54 光雅朝臣が中門より公卿座を経て寝殿の東面妻戸に到ったとある事から、この公卿座は二棟廊に設けられた事が知られる。

55 高倉殿と考えられる。

56 「立后」の饗では母屋に公卿座が設けられている。この場合は対が会場として用いられたが、寝殿を主会場とした「正月大饗」で母屋に尊者以下の座が設けられていた事が想起される。

57 上東門第の時期の分類は太田静六氏による。前掲註17。

58 高陽院の時期の分類は太田静六氏による。第四期高陽院は寛治六年（一〇九二）から天永三年（一一一二）までの間存続したものを指す。「平安末期に於ける高陽院に就いて」（『早稲田建築学報』第一八号、昭和十七年）。

59 『中右記』寛治二年（一〇八八）八月七日条、嘉保元年（一〇九四）十月二十六日条、他。

60 但し、『中右記』によれば、「内大臣殿代拝」とある。

61 ここで扱うそれは、太田静六氏の分類による第四期のものである。

62 『後二条師通記』『中右記』同日条。

63 『殿暦』『中右記』同日条。

64 『殿暦』『中右記』同日条。

65 『中右記』承徳元年（一〇九七）九月二十三日条、十月二日条。

66 但し、対代（廊）と言っても、別に「如法一町家」の規模のところで述べる様に、一概にその梁行が小さかったのではない点、注意すべきである。この時期の枇杷殿の梁行規模は不明である。

67 『台記』同日条、『兵範記』仁平三年（一一五三）二月二十六日条、他。

68 太田静六「平家時代を中心とする藤原氏の邸宅」（『建築学会論文集』四一号、昭和二十五年八月）。

69 拙稿「高倉殿について（II）－平安末期高倉殿の規模の復元」（『日本建築学会東北支部研究報告集』三二号、昭和五十三年十一月）。

70 『兵範記』仁安三年（一一六八）六月二十日当日条。

71 『兵範記』仁安三年（一一六八）七月二十一日条。

72 さらに言うならば「臨時客」について、頼忠邸、師実の三条殿での公卿座、殿上人座の位置関係がこの例とは逆転している。

73 前に述べた様に、この指図は川上貢前掲註13に紹介されている。

74 「大饗」の式次第等について本項では十分には触れることは出来なかったが、取り上げた諸例について検討しても基本的には変化が認められない。

75 前に述べた様に、花山院第では西面の西門に対し北面の門が東門の役割りを果した。

76 ここでは、古記録上にあらわれた時期をもって、対での儀式の発生期と考えておく。

77 本節第一項で東三条殿について見た様に、中門あるいは門に対し、離れた部分を上位、近い部分を下位として装束するのが基本であったと考えられる。図5の臨時客についてもこの観点からの説明が可能である。

78 儀式空間の発達あるいは変化に伴い、貴族住宅の構成・規模が変化したのだとする見解に対している。具体的には本章第二節、第三節参照。

第二節　平安時代貴族住宅の変遷

〔一〕はじめに

寝殿造(1)の規模については、江戸末期に著された『家屋雑考』(2)の寝殿造図が知られているが、従来この図をもとに当時の姿の具体的イメージが描かれてきた。この寝殿造は、正方形の敷地中央に位置を占める寝殿の東、西、北、東北、西北に東西棟(3)の対を配し、さらに東西両対から中門廊をそれぞれ南方に伸ばした所謂左右対称型の構成を持つもので、有職故実の解説書には屡々引用されてきた。

平面規模の実証的復元については、太田静六氏の詳細なる研究が知られている。これにより東三条殿(4)、堀河殿(5)などの大規模住宅を始めとして、平安末期の冷泉万里小路殿、六条堀川殿(6)などの平面規模が明らかにされ、具体的にその様子が知られるようになった。東または西の対が実は南北棟の子午屋であった事も示されてきた。

また、資料的制約により寝殿や東西対の平面規模が具体的に知られないものについては殿・廊などの主要な構成要素の存在を示し、例えば平安盛期道長時代に於ける住宅は、寝殿の両脇に東西両対(7)を持つ正規の配置方式をとっていたことを明らかにされた(8)。さらに近年は道長の上東門第、枇杷殿の配置図を復元し、それぞれの東対の平面規模をも示された(9)。また、一二世紀初めの貴族の日記『中右記』に記される「如法一町家」については、衰退期のものと位置づけされた(10)。

平安初期については、宮室建築を中心に検討されたが、この時すでに寝殿造の配置方式が完成していたものと見做された(11)。また、その起源を三礼図所載の六寝図に求められた(12)。

太田氏の業績は極めて大きなものであり、平安時代寝殿造の変遷過程が具体的に把握出来るようになった。即ち、平安初期から盛期にかけては左右対称的配置型式を保っていたが、平安末期になるに従い次第に東西のうち一方の対を、さらには残された側の対をも欠いていく過程として捉えることが出来るようになったのである。(13)

近年、川本重雄氏が寝殿造の典型像について見解を示された。(14)川本氏は改めて「如法一町家」に着目するが、これらの東西対は古記録には、一方が対、他方が対代(廊)と記されることから左右非対称型の住宅であったものと見做された。しかも、これらの住宅は院御所として用いられたことなどより考えて当時の住宅の頂点に位置するものであり、また時代を遡って道長時代を見ても同様の構成が見られることから、この様な型式を持つ住宅は寝殿造の典型(完成像(15))であるとされたのである。

そして、この左右非対称化の要因を対に於ける儀式空間の確立に求め、これが一方の対の規模の拡大化に結びつくと見做された。即ち、儀式を検討すると道長時代に於て、南庇に公卿座、南広庇に殿上人座を設けるという新しい儀式空間が成立した結果それに相応しい梁行規模の大きな対が発生したとされたのである。そしてその時期を寛仁二年(一〇一八)再建後の上東門第(16)に求められた。氏は、初期の形態についても言及され、京都山城高校遺跡および平城宮第二次内裏遺構の正殿を中心とした部分を示し、当初はこの様に東西両対の梁行規模は短かかったものと見做されている。(17)

川本説の特徴は、対の規模の変遷要因を儀式時の用法に求められた点にあろう。しかしながら変遷過程に対する理解は太田静六氏によって与えられたそれとは全く異っている。

これらの原因としては以下の点が指摘されよう。即ち、太田静六氏に関して言えば、完成期のものと見做された道長時代の東西対についても一方のみの平面規模が示されたにすぎず、また、源流とされる六寝図にしても東西対の具体的規模が不明であった事であり、また川本重雄氏に関して言えば、「如法一町家」の東西対の規模については後に復元案は示されたものの、(18)道長時代の住宅、例えば氏が引き合いに出される上東門第についてはその具体的様子がやはり捉えられていない事、そしてまた寝殿造の祖型にしても、これを平城宮内裏の正殿(平安宮で言えば紫宸殿に相当する)を中心とした一郭に求める充分な根拠が示されていないことであろう。

即ちいずれにせよ、寝殿造の初期の形態から「如法一町家」に至る過程が具体的に捉えられていない、換言すれば、東西両対の規模が示されずにきたことが混乱の最大の原因と考えられるのである。

以上の様に、この議論は寝殿造の左右対称性・非対称性を念頭に置き、東西両対の規模に焦点を合わせたものであることがわかる。即ち、典型像(完成像)に関しては両対の間の規模の相違が、完成期に至る過程に関しては対の規模の変遷が問題となろう。そして、この規模とは一応梁行規模のことと考えて良い(19)。

従って、本節ではこれらの観点に立ち、まず「如法一町家」及び道長時代の住宅の東西両対の規模を明らかにすべきと考える。さらに道長時代以前の住宅についても検討を加え、これらより推定される祖型の具体的姿を示す必要があるだろう。即ち、初源形態から「如法一町家」までの変遷過程が明示され、従って完成像も明らかになるであろう。

この時点に於てはじめて変遷要因について考えることが出来る(20)。

この様に、東西両対の問題は単にそれに留まることなく、寝殿造住宅の変遷過程をどのように捉えるかに関わる重要な問題なのである。以下、これらに関する筆者の考えを略説したい。

〔二〕対の規模から見た寝殿造の変遷

(一)「如法一町家」

寝殿造の典型的姿を考える場合、「如法一町家」という表現が用いられる。これは一二世紀前期の日記、藤原宗忠の『中右記』に記されたもので、同記によれば「如法一町家」と呼ばれたのは三条烏丸殿(三条北烏丸西)(21)、大炊殿(大炊御門北東洞院西)(22)、六角東洞院殿(23)であり、「如法家」とされたのは土御門殿(土御門北高倉東)(24)であった。そしてこれらの住宅は、三条烏丸殿、六角東洞院殿についてそれぞれ

　如法一町家左右對中門等相備也

　東西對東西中門如法一町之作也

と表現される様に、当時の貴族達にとって形式の整った極めて立派なものとして意識されていた。

これらの住宅のうち、古記録によりその構成・規模が知られるものについて見ると、一町四方の敷地に東西門を開き、寝殿を中心と

して東西に対(代)、対代(廊)そして東西中門廊を備えていたことが分るが、まず両対の具体的規模が知られる白河院御所ともなった三条烏丸殿について考えてみたい。

さて、対代とも呼ばれた東対は、母屋、東庇、西庇の他に少なくとも南庇、南広庇を有し、[25] またこの梁行規模は四ないし五間であった。[26] 次に対代・対代廊とも呼ばれた西対であるが、やはり南母屋、塗籠および東西両庇の他に南庇・南広庇により成っていたことが知られる。[27] この対は、のち鳥羽殿に移され御堂とされたが七間四面[28]の規模であったとされている。[29] 即ちこの対も、東対に見劣りしない程度の梁行規模を有していた。

この様に三条烏丸殿は、寝殿の東西に立派な対そして両中門廊を備えた堂々たる住宅であったことが知られる。

「如法一町家」とは特に記されないが、それと見做すべき住宅が他にも存在した。大炊御門南西洞院東第であるが、これも三条烏丸殿と同様白河院御所として用いられた住宅である。やはり一町の敷地内に、寝殿を中心として西対、東対代廊等により成っていたが、西対は南広庇を有し梁行五間の規模であったことが知られる。[30] 東対は対代廊とも呼ばれたが、少くとも母屋、東庇の他に南庇・南広庇を備えていた。[31] 梁行は、ここで行なわれた媞子の立后に伴う饗宴に際し、南庇、南広庇にそれぞれ東西行に設けられた公卿・殿上人の座があたかも臨時客のようであったとされるから、それに相応しいものであったと考えられ、従って東対も西対に見劣りしない程度の規模であったものと思われる。

この様にして、三条烏丸殿および同時期の大炊御門南西洞院東第は左右対称型と見做して良い規模を有していたのである。[32]

(二)道長時代

この時代は摂関政治の絶頂期であり、我国住宅史の上でも注目すべき時代である。ここではその代表として藤原道長の上東門第、藤原教通の二条東洞院第について考えてみることにする。

第一期上東門第(土御門京極殿)[33]は、道長の数多い住宅の中でも著名なものであったが、太田静六氏はこの住宅の構成および東対の具体的平面を示された(図1)。[34] 氏によればこの住宅は、東西両門、寝殿、東西両対、北対、西北対などにより成っていた。東対は梁行五間の規模を持つが、母屋、塗籠の周囲に東、西、南、北の庇を廻らし、さらに東孫庇、南広庇を持つ堂々たるものであったことが知られる。さらに氏は西対についても言及し、ほぼ同規模であったと推定された。

さて、この西対であるが、実は諸記録により、東西両庇、南庇、南広庇が存在し、[35] さらにその梁行は、東庇を除き四間であったことが知られる。[36] 母屋の梁間は通常二間であったことに鑑みれば西孫庇も存在していたことになる。即ちこの対は五間の梁行規模を持ち、太田静六氏が復元された東対をそのまま裏返しにしたものと一致することになる。

この様にして、第一期上東門第は東西両対の規模から見る限りに於て、全く左右対称型の構成をとっていた事が知られよう。

第二期上東門第[37]については、東西両対の梁行規模は共に三間以上であったことが知られるのみであるが、[38] この住宅は『栄花物語』巻一四、あさみどりの段に示される様に、第一期のそれに対し比較にならない程立派なものであったとされるから、東西両対も以前に比べ優るとも劣らないものであったことが容易に想像されよう。

第三期のそれは頼通により造営されたが、やはり寝殿、東対、西対、北対、西北対などにより構成されていた。東対は少くとも母屋、

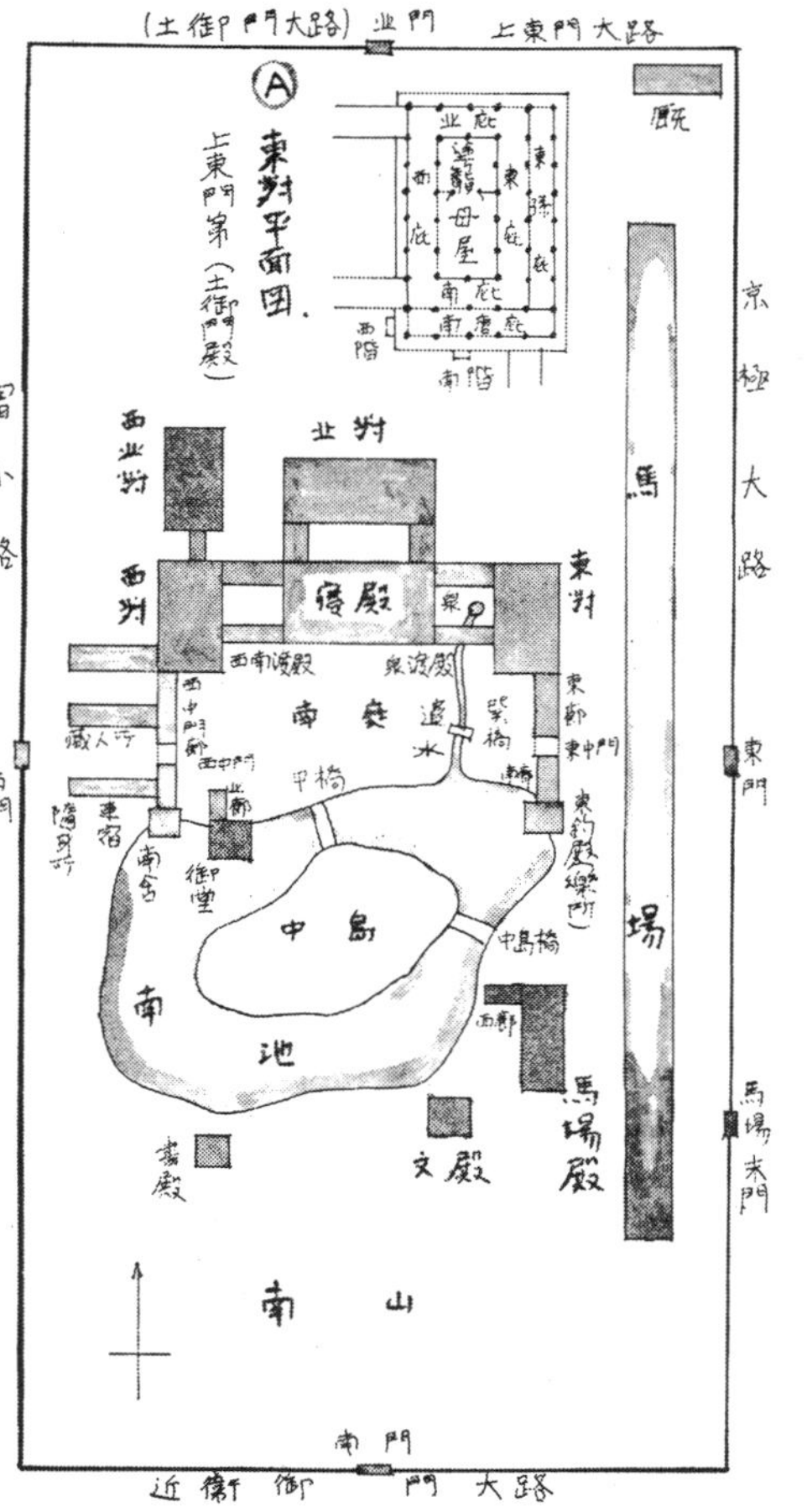

図１　上東門第復元図（太田静六氏による）

東庇、西庇および南庇、南広庇、北庇により成り、西対も同様北母屋、東庇、北庇により成っていた。[39] 西庇の存在は今のところ確認できないが、この時期の主要な門は寧ろ西門であったことに鑑みる時、[40] 西対も東対と同程度の規模を有していたものと思われ、従って西庇の存在も推定されよう。[41]

さて、教通の二条東洞院第（二条南東洞院東）であるが、やはり寝殿を中心として東対、西対（南対）、北対および東西両中門廊などにより成っていた。まず東対であるが、少なくとも母屋、東庇、西庇および南広庇の存在が知られる。[42] 従って南庇の存在も同時に推定することが出来る。西対は母屋、東庇、南広（唐）庇を有したが、その梁行規模は五間であったとされるから、[43] 他に西庇・西孫庇さらには南庇の存在も推定されるのである。この対は第一期上東門第西対と同規模であった。

従って、この二条東洞院殿も、寝殿を中心とし、中門廊を持つ大規模の対を東西に配した左右対称型と見做して良い住宅であったと言う事が出来よう。

以上の検討により、一二世紀前期には存在した、大規模の対を東西に配した左右対称型の寝殿造住宅の存在は、少くとも道長時代、即ち一一世紀の極く初期にまで遡ることが明らかとなった。それでは、この様な規模の対は文献上どこまで遡りうるのかについて考えてみたい。

(三) 一〇世紀の寝殿造

一〇世紀、しかも中期以前については、その配置構成の全体像が明らかになる住宅を見出す事は困難であるが、本節では以下の二例を紹介したい。

藤原師輔の東一条殿は天暦年間（一〇世紀中期）に存在したが、敷地の東西に両門を配し、寝殿を中心として東対、西対、北対などにより成っていた。対の規模については西対に関してのみ知られるが、少なくとも東庇、西庇を有していた。[44] 庇は通常母屋に付属するので、この対の梁行規模は四間程度であったものと推せられる。

次に、『西宮記』に記載される東対の例をあげよう。賀茂祭に関する承平四年（九三四）四月十六日の条であるが、その座の装束を見ると南放出に使近衛一二人と垣下公卿が南北に（東西行）対座し、さらに南庇に陪従一二人が北向きに座を占めたとされる。この記事は、この対がこの座の配置に相応しい大きさ、即ち四間程度の梁行規模を有していたことを物語っていよう。[45]
以上の二例は、片方の対の規模が知られるにすぎないが、今までの検討よりすれば残された側の対の規模も同程度であった可能性が非常に高いと言わざるを得ない。[46]
後代の記録ではあるが、『江次第鈔』[47]に興味深い記述が見られる。即ち、藤原忠平（九四九年没）代の東三条殿について

東三條第貞信公家也在町東二條南件第寝殿東西各有對屋東西中門廊各屬對也[48]

とあり、この期の東三条殿はまさに「如法一町家」の規模を有していたことがわかる。この記述をそのまま信用することは出来ないが、この時期の寝殿造の規模を知る上での大きな指針となるのである。

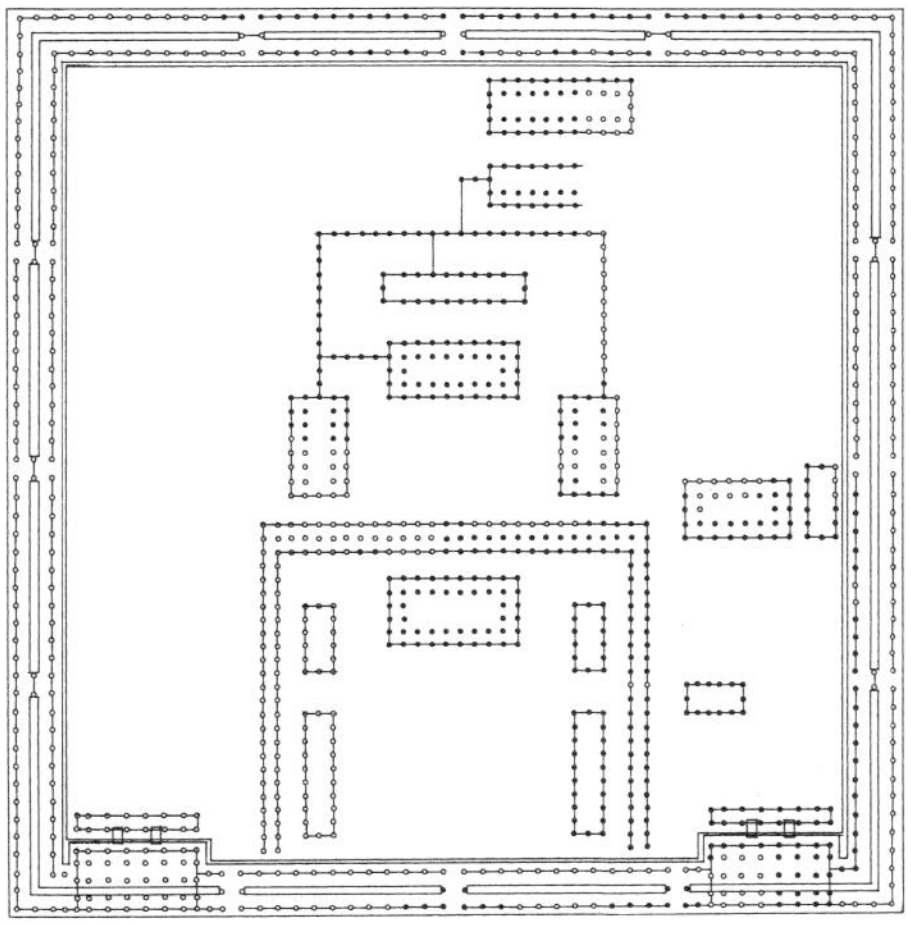

図２　平城宮推定第２次内裏地区建物配置関係図
（『奈良国立文化財研究所年報』1972 による）

（四）寝殿造の祖型

寝殿造の祖型を求める試みは常になされてきている。これらは中国建築に求める立場と、より具体的には我国内裏に求める立場とに大別されよう。そして後者に於ては紫宸殿を中心とした一郭に求めるのが今日的理解のようであるが、本節ではこの意見について対の規模の点から検討してみたい。
さて、近年古代住居跡の発掘が著しい進展をみせ、とりわけ平城宮内裏の様子がかなり明らかになってきた。発掘報告によると、当時内裏の中心地区であった第二次内裏の建物配置を図２の様に推定している。[49]
第二次内裏北半部の子午棟の東脇殿は平安宮内裏の綾綺殿に、西脇殿は清涼殿に該当しよう。これら清涼殿、綾綺殿に相当する建物の梁行規模は母屋、東、西庇を含めて四間程度であったことがわかる。一方、宜陽殿、校書殿などに相当する建物の梁行は、母屋二間のみと想定されている。平安宮初期のこれらの梁行規模について直接知る事は出来ないが、『内裏儀式』

上卯日献杖式を見ると、これらに相当すると思われる建物について、細殿と記載されるから、平安初期に於てもこれらの梁行は短かかったものと考えて良い。

即ち、もし仮に内裏に祖型を求めようとするならば、東西両対の梁行規模より見る限りに於て、紫宸殿に相当する一郭よりは北半部の仁寿殿のそれの方がより適当と考える。(50)

奈良時代に於ても、仁寿殿に相当する建物を中心とした部分は南半部のそれに対し生活空間であったと考えられる。(51) 貴族住宅として発生した寝殿造住宅が天皇の御在所を理想として仰いだことは想像に難くない。(52)

この様にして、寝殿造の東対・西対は綾綺殿・清涼殿に相当する建築にその起源があったと推定されるのである。(53)

弘仁九年（八一八）、内裏の殿舎名が唐風に改められた。この間の事情について『石清水文書』(54)には次の様に記されている。

　謹案日本後紀、弘仁九年四月、有制、改殿閣及諸門之號、寝殿名仁壽殿、次南名紫震(宸)殿云々　〈付点筆者〉

即ち、平安宮仁寿殿は、当初「寝殿」と呼ばれていたというのである。(55) この記述は、本節で展開してきた推論の妥当性を証明しよう。

（五）変遷の概略

以上の検討から、対の規模変遷の概略が明らかとなったが、次に進む前に梁行規模に直接関係のある東または西の孫庇、併せて南庇、南広庇の文献上の初見についても一言しておきたい。(56)

孫庇については、やはり道長時代の上東門第、枇杷殿が早期の例と考えられる。それ以降大規模住宅に於ては極く一般的なものとなった。南庇に関しては、前掲『西宮記』の承平四年（九三四）の例、南広庇については『貞信公記』天暦二年（九四八）の朱雀院西対のそれが早期の例であった。

さて、発生期から「如法一町家」までの変遷過程を模式化して述べれば次の様になろう。即ち、内裏仁寿殿を中心とした一郭に範を取り(57)、寝殿を中心として東西に梁行四間程度の対を配した寝殿造住宅は、道長時代に至り対に孫庇を加えた。そして後の「如法一町家」は、多少の変化は認められるものの道長時代に準じた規模を保っていた。

即ちこの様な観点からすれば、寝殿造の完成像はやはり道長時代に求められることになろう。そして、『中右記』の「如法一町家」は

寧ろ次の、東西のうちの一方の対が失われる左右非対称型の寝殿造に到る過渡期のものとして位置づけされよう。(58)

〔三〕対の梁行規模変遷に対する儀式的影響

対の梁行規模に着目すると、寝殿造発生期と完成期とでは、孫庇の有無という点に於て大きく異っている。従って、この孫庇の発生、即ち梁行規模の拡大化に対し儀式時の用法が影響を与えたか否かが問題となってくる。換言すれば、道長時代に入って或はこれに先んじ、対での儀式時の用法に変化がおこったのか否か、(59)そしてもし仮に変化が認められた場合には、その時期と孫庇の発生した時期との間に相関関係が存在するか否かという問いが提起されることになろう。

さて、対に於ては古くからすでに様々な種類の儀式が行われている。(60)その概要についてはすでに前節で述べてあるが、ここでは対で行なわれた儀式のうち、代表的な「臨時客」について考えてみたい。まず、この「臨時客」がどの様な頻度で行なわれてきたのかを概観してみよう。第四章第一節に示した表2は、倉林正次氏の『饗宴の研究』(61)に掲げられた大饗、臨時客の開催一覧表をもとに西暦一二〇〇年までの分について具体的に示したものである。これによれば、その発生は一〇世紀後半期であるが、多く行なわれるようになるのは一一世紀に入ってからであり、本格化するのは一一世紀の末になってからであることがわかる。また、寝殿で行なわれた大饗と比較すると、一一世紀の道長時代以降、儀式空間として対が重視されるようになった経過をも窺う事が出来る。(62)

さて、この様な過程に於て儀式時の用法、即ち空間の装束、室礼に変化がおこったか否かについて検討したい。その際、儀式の主要な参加者であった公卿と殿上人の座の配置方式に着目してみるのが最も分かりやすいだろう。これらについてはすでに前節第三項で検討済みであるのでそこに掲載しておいた図5をもとに考えてみよう。

これらを見て気がつくのは、第二期の上東門第(一〇一九年例)を境に第一期の高陽院(一〇二四年例)(63)、三条殿(一〇九一年例)について、南庇に公卿座、南広庇に殿上人座という配座方式が認められることである。他の儀式について古記録を見ても道長期以前にこの方式を認めることは出来ず、この方式が良く認められるようになるのはこれ以降に於てであった。(64)従って、筆者もこの変化が新しい儀式空間の成立であると仮に認めることにしよう。

さて、この方式の成立時期であるが、この点に関し注目されるのは第一期と第二期の上東門第である。この両者について東西の対で行なわれた儀式をとり上げ、公卿・殿上人座の配置が具体的に知られるものについて検討してみると、この方式は第一期については認めることが出来ず、第二期に於て初めて見ることが出来るようになる。(65) 他の住宅の例を検討しても、この方式の初見は現在のところ第二期の上東門第に於てであった。

従って、筆者もこの方式の成立はこの第二期上東門第に於てであると考えることにしたい。

次に、この方式が対の梁行規模の拡大化（孫庇の発生）に影響を与えたか否かについて検討しよう。もし仮にその様に見るのであれば、この方式成立以前の東西対の梁行規模は短かいものであったことを明らかにする必要があるだろう。

しかしながら、すでに述べた様に、第一期上東門第の東西両対の梁行規模は五間を数え、今日知られる対の中でも最大級の規模を誇っていた。また、第二期の上東門第が第一期の規模を継承したことは太田静六氏によってすでに推定されている。(66)

従って、この大規模の梁行はこの座の配置方式の影響により成立したと考える事は出来ないのである。

さて、儀式的影響により梁行規模が拡大したとするもう一つの視点が考えられよう。それは、東あるいは西の孫庇を特に必要とする儀式の出現の結果と見る立場である。(67)

次に、この意見が成立するか否かについて検討してみることにする。今度は対に孫庇を持つ早期の例という観点から再び第一期上東門第をとり上げてみよう。しかしながらここに於ては、(68) 孫庇が独自に儀式会場として用いられることは無く、僅かに彰子「立后」の際に、東対母屋に設けられた参議以上の座に対し、殿上人座として東孫庇が使われた例が知られるのみである。しかもこの立后饗は第二期に於てもほぼ同様の装束のもとで行なわれたが、母屋の公卿座に対し殿上人座は東庇に設けられていた。即ち、第一期の際の孫庇の座は庇で代置可能と考えることが出来るのである。因みに、大規模な対の例として知られる東三条殿東対での「立后」の例を見ると、母屋の公卿座に対し、東庇が殿上人座として使われていた。(69)

儀式時の用例の豊かな東三条殿東対について「立后」以外の例を見ると、孫庇の性格はより鮮明となろう。同庇が会場として用いられた例としては「請印」が知られるが、この儀はここのみで行なわれたのではなく南面でも催されている。(70) また「元服」時には冠者の曹司に、(71)「春日祭使発遣」時には使装束所、大将休所とされたが、(72) これらはいずれも儀式会場を支えるための副次的空間であった。

この様に、孫庇が独自に儀式空間として用いられる例は極めて稀で、母屋など他の部分と同時に使われた場合を併せても南面での例と比較すると圧倒的に少数であり、孫庇の発生要因として儀式をとり上げる積極的理由は見出せないのである。

以上に明らかな様に、対の梁行規模の拡大化に儀式的影響を認めることは困難であった。

〔四〕おわりに

東西両対の梁行規模の点から見ると、寝殿造は発生期から完成期に至るまでほぼ左右対称型を保ってきたと考えることが出来るが、発生期と完成期とでは対の孫庇の有無という点に於て大きく異っている。

しかしながらその発生要因として儀式の直接的影響を考えることは困難であった。

当然の事ながら、以上の点からのみ寝殿造住宅の変遷過程に対する儀式的影響の有無について云々するのは性急であり、さらに多方面からの検討が必要とされよう。寝殿での儀式及び対でのそれについて本章第一節でも検討してきたが、儀式的必要性によりこれらの規模が変化したと考えるよりは寧ろ、儀式空間は住宅規模及び時々の状況に従い柔軟に展開されてきたと見るべきであろう。

寝殿造の変遷を考える場合、中世住宅さらには書院造への過程という観点からすれば、単に対の梁行規模の多少の変化に着目するよりも寧ろ対の消失過程の解明の方が重要であり、そしてまた侍廊などの成立発展過程をも併せ見る必要があろう。[73]

筆者は、上級層の住宅が儀式を行うにより相応しい形態をとるようになるのはさらに後のことと考えており、古代的住宅空間の特質はやはりフレキシビリティにあったのではないかと思っている。

註

1　本節では平安時代貴族住宅を主として規模の点から扱うので、様式的観点から「寝殿造」の語を用いて進める。

2　新訂増補故実叢書。

3 同図によれば、東西両対は同規模のものとして図示され「七間四面」と記されている。
4 太田静六「東三條殿の研究」(『建築学会論文集』二一、昭和十六年)。同「東三條殿の研究(其二)」(『建築学会論文集』二六、昭和十七年)。
5 太田静六「堀河殿の考察」(『建築学会論文集』二二、昭和十六年)。同「堀河殿の考察補遺と対屋の型式に就いて」(『建築学会研究報告』八、昭和二十五年)。
6 太田静六「平家時代を中心とする藤原氏の邸宅」(『建築学会論文集』四一、昭和二十五年)。
7 但し、太田静六氏の分類による第二期上東門第などでは、一方の対が対代と呼ばれる事があった。
8 太田静六「平安盛期における邸宅建築の概観」(『建築学会研究報告』一二、昭和二十六年)。これによれば、平安盛期(道長時代)の邸宅の規模について「これら一流諸邸の規模は一言にして云えば平安初期の夫を承けて整規の体制を整えていたらしい。試みに当期における著名なる諸邸宅の規模を表記せば、第一表の如くになるが道長の土御門を始めとして、教通の二条第にしても、全て寝殿を中心として其の三方に東、西、北の三対屋が設けられるという極めて完備せる形式によってゐた。」としている。また、太田静六「藤原道長の邸宅に就いて　下」(『考古学雑誌』三一―七、昭和十六年七月)によれば、一条大宮殿の規模について「極めて整然として所謂寝殿造の配置形式に従ってゐたであろうことが推察される。斯くの如くに、院の中心建築物は平安盛期に於ても猶珍しい程厳然として左右対称形を保持していたらしいが、」としている。
9 太田静六A「藤原道長の上東門第　道長の邸宅　上」(『日本建築学会論文報告集』第三二一号、昭和五十七年十一月)。復元されたのは氏の分類による第一期のものであるが「後述するように第二期・三期上東門第の規模も、基本的には第一期のそれと変らない」とし、また「同時に本邸を以て平安盛期における代表的な一流寝殿造の規模とみてよい」としている。また同B「上東門第と枇杷殿　道長の邸宅　下」(『日本建築学会論文報告集』第三二七号、昭和五十八年五月)に於て「今回紹介した上東門第と枇杷殿は共に東西両対屋を備えて左右対称形となり、加えて北対は無論のこと西二対や西北対屋までを完備する典型的な寝殿造といえる」と述べている。
10 太田静六「平安末期における貴族の邸宅について」(『日本建築学会論文報告集』第四五号、昭和二十七年)。同「討論、寝殿造の典型像とその成立をめぐって(上)、についての批判」(『日本建築学会論文報告集』第三二二号、昭和五十七年十二月)。
11 太田静六「平安初期における宮室建築に就いて」(『早稲田建築学報』一七号、昭和十五年十二月)。
12 太田静六「朱雀院考」(『建築学会論文集』第七号、昭和十二年十二月)。
13 この理解は、寝殿造の主要な建築であった寝殿および東西両対に着目してのもので、変遷過程を模式的に述べたものである。
14 川本重雄「寝殿造の典型像とその成立をめぐって(上)」(『日本建築学会論文報告集』第三一六号、昭和五十七年六月)。同「寝殿造の典型像とその成立をめぐって(下)」(『日本建築学会論文報告集』第三二三号、昭和五十八年一月)。

15　川本氏は前掲論文に於て、典型像（完成像）という表現を用いている。

16　太田静六氏の分類による第二期上東門第にあたる。

17　川本重雄「討論、太田静六氏の御批判に答えて」（『日本建築学会論文報告集』第三二二号、昭和五十七年十二月）に示された山城高校遺跡、および平城宮第二次内裏遺構配置図によれば、氏の想定される初期の対の梁行は母屋二間のみ、或いはせいぜいこの片面に庇がついたものであることがわかる。

18　川本氏は、前掲註14で「如法一町家」の東西両対の規模を具体的に示されていない。後に拙論「対屋の規模からみた寝殿造の変遷について」（『日本建築学会論文報告集』第三三九号、昭和五十九年五月）に対して「如法一町家」三条烏丸殿の東西対を復元された（「「対屋の規模からみた寝殿造の変遷について」に対する討論」、『日本建築学会論文報告集』三四六号、昭和五十九年十二月）。しかしながら、もし仮に氏の復元案が正しいとすると、この案は氏の変遷過程に対する理解と矛盾することになろう。即ち、東対（代）に対し小規模とされた西対代（廊）、氏の理解に従えば儀式的影響による規模の変化（拡大化）を蒙らずに来たと目されるこの対（代廊）が、母屋梁間一間の両脇に東西庇を配した姿として復元されているからであり、とすれば、初期形態として二間と想定された母屋の梁間が何故縮小化したのか、また、東西両庇が付加されているのは何故かの説明が不可能だからである。氏の復元された対代（廊）の平面規模は、氏の想定された対の初源形態とは著しく異っていると私考する。さらに言えば、氏の言う本来の対の姿を持つこの西対が何故対代廊と呼ばれなければならなかったのかなど疑問は尽きない。

19　管見によれば、東西両対に於て、一方のみに南広庇あるいは南庇を持つ住宅は特殊な例（例えば堀河殿があげられるが、この東西対の形式は著しく異っている。東中門廊は南北廊ではなく東西廊であった）を除き存在しない。また変遷過程について言えば、完成期に至る過程に於てこれらの庇が発生した可能性があり、当然の事ながらこれらについても検討されるべきであるが、梁行規模に着目してもこの過程を捉えることが一応可能と考えられる。ここでは今日問題となっている梁行規模に焦点をあてる。

20　その際、変節点をどこに置くかが問題となるが、これは寝殿造のみならず書院造をも含めた、即ち日本住宅史の視点で考えるべきであり、住宅史を大きな流れとして説明しうる指標に基づいてなされるべきであろう。

21　天仁元年（一一〇八）七月二十六日条、元永元年（一一一八）正月二十日条。

22　長治元年（一一〇四）十一月二十八日条。

23　元永元年（一一一八）十一月二十六日条、同二年（一一一九）三月二十一日条。

24　大治五年（一一三〇）十一月八日条。

25　対の南広庇、南唐庇、南孫庇は本節で対象とした住宅についてはいずれも南庇に付加した庇で同一内容を示すものと考えられるため、ここではこれらの庇をまとめて南広庇と呼ぶことにする。また、対の東・西庇の外側に付加した庇をここでは孫庇と呼ぶことにする。東または西の孫庇は東西対の寝殿に面しない側の庇に付加するのが原則である。即ち、東対には東孫庇が、西対屋には西孫庇が付加する。

26 『中右記』元永元年（一一一八）正月二十六日条。大日本史料所収同二十八日条には東対代の指図が収められている。

27 『長秋記』大治四年（一一二九）七月十五日条、『中右記』同二十日条。

28 七間四面の理解については、足立康「中古に於ける建築平面の記法」（『考古学雑誌』二三―八、昭和八年八月）参照。

29 『長秋記』天承元年（一一三一）七月八日条。

30 『為房卿記』寛治元年（一〇八七）六月二十四日条、七月一日条。従ってこの対は母屋、東西庇、西孫庇、南庇、南広庇を備えていたことになる。

31 『中右記』寛治五年（一〇九一）正月二十二日条。

32 「如法一町家」については、後述する第一期上東門第の様に、東西対ともに東西の孫庇を有していた例を見出す事は出来なかった。即ち東西対の間で多少の規模の相違があった可能性も否定する事は出来ない。なお、左右対称性、非対称性に対する筆者の見解は、前掲註18参照。

33 長保元年（九九九）ごろ新造、長和五年（一〇一六）焼亡したものを指す。なお、上東門第の時期の分類は太田静六氏によっている。

34 前掲註9参照。なお、氏によれば、枇杷殿東対も上東門第と全く同規模であった。

35 『御堂関白記』寛弘五年（一〇〇八）十月十六日条、『権記』長保三年（一〇〇一）十月九日条、『左経記』長和五年（一〇一六）三月十四日条。

36 『小右記』長和三年（一〇一四）十一月二十八日条。

37 寛仁二年（一〇一八）新造移徙、長元四年（一〇三一）焼亡したものを指す。時期の区分は太田静六氏によっている。

38 『小右記』寛仁二年（一〇一八）十月十六日条、『左経記』寛仁二年（一〇一八）十月十六日、十一月九日、寛仁四年（一〇二〇）六月十四日、治安元年（一〇二一）七月二十五日、万寿二年（一〇二五）十二月二日条、『御堂関白記』寛仁二年（一〇一八）十一月九日条。

39 『左経記』長元九年（一〇三六）四月二十二日条、『春記』長暦三年（一〇三九）十一月十四日条。

40 『春記』長暦三年（一〇三九）十一月二十二日、十二月十四日、長久元年（一〇四〇）九月九日条。

41 太田静六氏は、前掲註9B論文に於て、第二、第三期共に第一期の規模を踏襲したと見做されている。

42 『春記』長久元年（一〇四〇）十月二十二日、十一月四日、十一月十四日条。

43 『春記』長久元年（一〇四〇）十月二十七日、十一月十五日、十二月二十一日条。

44 『御座部類記』天暦四年（九五〇）七月二十三日条。

45 柱間と儀式時の座の配置との関係については『兵範記』保元二年（一一五七）八月十九日条の東三条殿での大饗が参考となろう。即ち、寝殿南庇三ヶ間に大中納言、参議の座が片側一〇名分、上官座廊三ヶ間に外記史座が片側七名分、細殿四ヶ間に殿上人座が片側一〇名分、西中門廊三ヶ間に諸大夫座が六名分、西蔵人所三ヶ間に尊者陪従座が片側一〇名分設けられた。

46　浅野清『法隆寺東院伝法堂前身建物に関する復元的考察』（『建築学会論文集』第三三号、昭和十九年）によれば、奈良時代の伝法堂前身建物は、母屋二間の両面に庇を持つ梁行四間の規模を有していたが、住宅の東対にも比すべきものと見做されている。

47　続々群書類従　巻第六。大臣家大饗の項。

48　東三条殿は、町西二条南に存した。従って、町東とあるのは町西の誤りととる。また、道長代より以降の東三条殿が西対を欠いていた事は知られているが、『大鏡』によれば、兼家代には、清涼殿造りと言われる様な立派な西対を備えていた。忠平は兼家の祖父にあたる。

49　奈良国立文化財研究所編『奈良国立文化財研究所年報』（昭和四十七年）。記載の原図は赤黒の二色刷りで、内裏以前の遺構と内裏期のものと重ねて示してある。本節では、この図をもとに内裏期のものについて新たに書きおこしたものである。猶、この図については併せて補註1を参照されたい。

50　当然の事ながら、里内裏の際の用法に見られる様に、寝殿は住宅の中心として儀式時には紫宸殿的な役割りも併せ持ったものと考えられる。

51　奈良国立文化財研究所編『奈良国立文化財研究所年報』（前掲註49）によれば、この部分には水を引き入れたと思われる小殿舎の存在が知られている。また、『続日本紀』によれば、内裏及び前殿では「元日宴」「節会」などが行なわれている。平安宮での用法に鑑みると、この内裏、前殿は紫宸殿に相当する建物であったと思われる。

52　兼家の東三条殿西対の清涼殿造り、また堀河殿の内裏づくりなどに見る様に、貴族にとって内裏は常に一つの手本であった。

53　諸記録によれば、貴族住宅に於て大饗などの本格的儀式が行なわれる様になるのは九世紀末頃と考えられる。

54　大日本古文書。

55　さらに『拾芥抄』にも、「仁壽殿《シンシュ》（南殿北、九間四面、）（或説ニンシュ但常不用、）（本名寝殿）」と記載される。

56　関野克「平安時代公家住宅三例」（『建築史』二の二、昭和十五年）によれば、延喜年間にすでに正六位の住宅の三間檜皮葺板屋に又庇の存在が知られる。しかし本稿で扱うのは最上級層の住宅に関してである。

57　当然のことながらすべての貴族住宅が当初からこの様な型式を取ったとは考え難い。内裏仁寿殿廻りを理想としながらも実際には様々な型式のものが存在したであろうことは想像に難くない。

58　東西両対の多少の規模の相違も、次の過程に到る一つのあらわれとして考えてみたい。太田博太郎氏は、『書院造』（昭和四十一年、東京大学出版会）に於て、「一一世紀末から一二世紀はじめにかけての『中右記』に「法の如き一町家」という言葉が出てくるのは、逆に「法の如からざるもの」の出現に対していわれたのであろう。したがって一一世紀後半から寝殿造の非相称化が進んでいったとみてよいだろう。」としている。

59 そして、その変化がそれ以降一定期間持続したのか否かも問題となろう。何故ならば、一時的な変化であれば、それが一つの住宅のみならず多くの住宅の対の梁行規模の拡大化に結びつくとは考えられないからである。

60 古記録によれば一〇世紀前期には行なわれていた。

61 倉林正次『饗宴の研究』(昭和四十年、桜楓社)。

62 平安末期以降は対に代り寝殿がその会場として用いられる様になる。

63 高陽院の時期の分類は太田静六氏によっている。第一期の高陽院は治安元年(一〇二一)から長暦三年(一〇三九)までの間存続したものを指す。「藤原頼通の邸宅・高陽院に就いて」(『庭園と風光』第二三巻第五号)

64 しかしながら、この期を境にすべての儀式がこの方式になるわけでもなく、また、「臨時客」の例でも明らかな様に、同一の儀式に於てもこの方式が継承されるのではない点注意すべきである。

65 第一期上東門第について、長保二年(一〇〇〇)二月二十五日、彰子立后に際し東対母屋に参議以上座、東孫庇に殿上人座(『権記』)。長保三年(一〇〇一)十月九日、行幸に際し西対唐庇に公卿、西廊に殿上人座(『権記』)。寛弘四年(一〇〇七)三月三日、曲水宴に際し東対南唐庇に公卿、殿上人座(『御堂関白記』)。寛弘五年(一〇〇八)九月十三日の皇子敦成三夜儀では東対西庇に公卿座、南庇に殿上人座(『権記』、他)、五夜儀も殆ど同様であった(『御産部類記』)。同十月十六日の行幸時には、西対南庇に公卿座、卯酉廊に殿上人座(『小右記』、他)。寛弘八年(一〇一一)八月二十三日、藤原道綱男元服では西対南又庇に公卿、殿上人座(『御堂関白記』、他)。長和元年(一〇一二)七月八日、皇太后彰子枇杷殿に還啓の際の、西対南唐庇に公卿座、西廊に殿上人座(『小右記』)。長和二年(一〇一三)八月二十七日、皇女禎子五十日儀、東対西面に公卿座、南面に殿上人座(『小右記』)。長和四年(一〇一五)十二月四日、敦良親王御読書始、東対南唐庇に公卿座、東廊に殿上人座が設けられた(『小右記』)。同様の事を第二期上東門第について試みると、寛仁二年(一〇一八)六月二十八日、道長移徙に際し、西対南庇に公卿座、唐庇に殿上人座(『小右記』)。同十月五日、威子退出、西対唐庇に公卿、殿上人座(『御堂関白記』)。同十月十六日、威子立后大饗、東対代母屋に公卿、東庇に殿上人座(『左経記』)。同十一月九日、教通女着袴、東対代南庇に公卿座、南廊に殿上人座(『御堂関白記』、他)。同十二月十四日、八講、西対南庇に公卿、唐庇に殿上人座(『小右記』、他)。寛仁三年(一〇一九)正月二日、臨時客、西対南庇に公卿座、唐庇に殿上人座(『小右記』)。同二月二十八日、道長女嬉子著裳、西対南庇に上達部座、唐庇に殿上人座が設けられた(『小右記』、他)。川本重雄氏も、前掲註14に於て第一期・第二期上東門第について検討を加えられた。しかしながら、そこから導かれる結論は筆者と全く異っている。

66 前掲註9。

67 現在までのところ東あるいは西孫庇の発生についてこの様な観点から論じられた研究は見られない。

68　註65と同じ。
69　『中右記』長承三年（一一三四）三月十九日条。本章第一節参照。
70　『中右記』『殿暦』天永三年（一一一二）十一月十六日条。『台記』久寿二年（一一五五）四月二十七日条。本章第一節参照。
71　『兵範記』保元三年（一一五八）正月二十九日条。
72　第二章第一節第一項参照。
73　この場合の儀式とは古代的儀式に代る対面、接客行為を考えている。

補註1
　本節は『古代文化』の特輯号「寝殿造研究の現状と課題」（三九巻、昭和六十二年十一月）に掲載されたもので、編集部の要請に基づき寝殿造の変遷過程およびその要因について、その時点での筆者の考えを川本重雄氏の説と対比しながら述べたものである。現在の目から見るとさらに検討を深めたい部分が無いでもないが、規模に対する儀式的影響についての考え方に変化は無い。本書に収録するにあたり他に収録した論文との内容の調整をとるため僅かの修正を行なった。『古代文化』掲載論文のもとになったのは、『日本建築学会論文報告集』三三九号（昭和五十九年五月）に掲載された拙論「対屋の規模からみた寝殿造の変遷について」である。「如法一町家」や道長時代の対の詳しい規模そして寝殿造の祖型についての検討はそちらを参照して戴ければ幸いである。なおこの原論文が発表された後に行われた昭和六十一年度日本建築学会大会、建築歴史・意匠部門研究協議会の配布資料、『建築史研究方法論の再検討 –寝殿造を中心に–』には宮本長二郎氏による平城宮内裏図が掲載されているが、そこでは平安宮の仁寿殿に相当すると思われる建物の西脇殿を二面庇、東脇殿を一面庇としている。また、平成三年に出された『平城宮発掘調査報告XIII』（奈良国立文化財研究所学報第五〇冊）もこの点については同様の見解をとっている（平城宮内裏III期）。いずれにしても、梁間二間の母屋の東西に庇を付加した、対の原型とも言うべき型式が当時すでに存在していた事には変わりがない。

補註2
　東西対の梁行規模の点から寝殿造住宅の発掘成果について触れておくことにする。
　昭和五十四年、京都府立山城高校の改築工事に伴い発掘調査が行われたが、平安初期のものと見られる数棟の建物跡が出現した。この地は平安京で言えば右京一条三坊九町に相当するが、遺構の配置型式から見て、寝殿造のものではないかとされた（朝日新聞、昭和五十四年七月三十日。「寝殿造遺跡の出現」太田博太郎氏）。

発掘調査報告書（『平安京跡　右京一条三坊九町　昭和五十四年度発掘調査概要』一九八〇、京都府教育委員会）によれば、この建物の遺構は補註図1の様である。中央の主要建物SB09は、7間×推定5間の東西棟建物であり、南北2面に庇が、南面にはさらに孫庇がつくものと推定された。北西脇殿たる建物SB10は、推定5間×3間の南北棟の建物であり、東庇が付属している。南西脇殿たるSB07は、5間×3間の南北棟の建物でやはり東に庇が付加している。北東脇殿たるSB12は推定5間×2間の南北棟の建物であり、また南東脇殿SB13は推定5間×2間の南北棟の建物であった。一見して分かる様に、この建物は左右対称的構成をとっていた。埋蔵物から鑑定された建築年代は上限が七九三年で、八〇〇年を中心とする一〇〜二〇年間とされた。またこの配置型式からして、宮殿建築の様相を強く留めるものの寝殿造の原型と見做しうると結論づけられている。そして、この住宅の主を桓武天皇の皇親と推定している。

この遺構が果して住宅のものであるのか疑問なしとしないが、仮に住宅のものとして話を進めよう。

まず問題となるのは、東西脇殿の梁行規模が異なるという点であろう。東脇殿の2間に対し、西脇殿は3間となっている。また中心建物に対する東脇殿と西脇殿の間隔が異なっている。前者が二〇尺に対し、後者は三五尺であり、後者は前者の一・五倍となっている。同報告書によればさらに東脇殿は、中心建物及び西脇殿に対し方位、柱間寸法に若干の差異が認められ、やや遅れて造営された可能性が指摘されている。

即ち、造営当初は何らかの事情で東脇殿が建築されず、中心建物と西脇殿（SB07,10）のみの構成であった可能性が考えられるのである。後で事情が許した時に、これら東脇殿が建築されたのであろう。従って、補註図1に示された建築配置をもって平安初期の理想的な、典型的な寝殿造と見做すには若干の躊躇いがある。

筆者はこれに対して次の様に推定している。即ち、東西脇殿ともに同規模のものを対称の位置に配することを理想としていたのではないか。しかしながら恐らくは経済的条件その他のために、東脇殿の梁行は西脇殿のそれに対し小規模とならざるを得なかったのではないだろうかと。いずれにせよ脇殿にはすでに庇が付属していたことが知られるのである。

なお、中心建物の母屋の桁行が7間であり、仁寿殿のそれも7間（紫宸殿は9間）であった点にも注意を向けておきたい。

寝殿造住宅の初期の姿が知られる例として近年発掘された、平安京六条一坊五町の遺構も注目に値する。発掘報告書（『平安京右京六条一坊 −平安時代前期邸宅跡調査−』平成四年、財団法人京都埋蔵文化財研究所）によれば、その遺構は補註図2の様であり、その年代は平安時

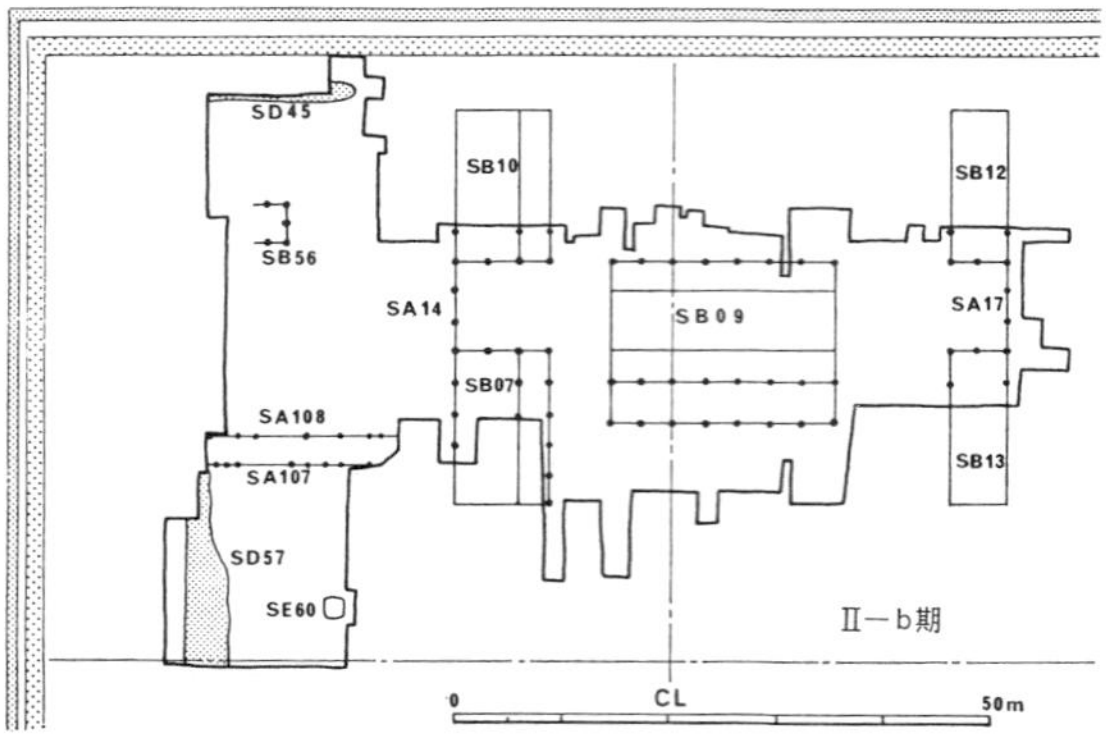

補註図1　平安京跡・右京一条三坊九町遺構
（京都府教育委員会『昭和五四年度発掘調査概要』による）

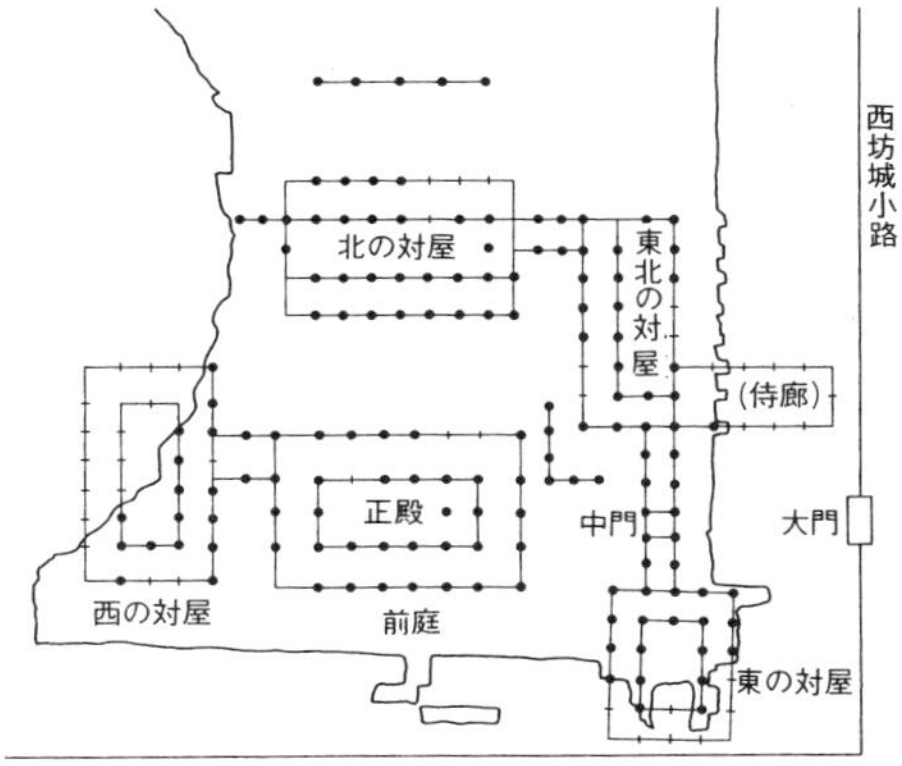

補註図２　平安京跡・右京六条一坊五町遺構
（『京都市埋蔵文化財調査報告』第11冊による）

代の初め頃と推定されている。その建物配置を見ると、中心建物の東に東の対の屋、東北の対の屋、西に西の対の屋、北に北の対の屋が置かれ、所謂左右対称型の住宅ではないが、注目されるのはこれらの対の梁行規模である。東西いずれの対も、母屋の東西に庇を備えていたと想定されている。即ち、この時期にこの様な規模の対が存在していたことになり、本節で推測してきたことが裏付けられる結果となっている。

補註３

対の南広庇（孫庇）と東西孫庇の成立について、試みに筆者の考えを述べてみたい。すでに見てきた様に、東西孫庇は儀式時の直接的影響のもとに生まれたのではなかった。また南広庇についても、南庇に公卿座、南広庇に殿上人座という配座方式の儀式が未だ認められないにも関わらず、第一期上東門第に於てはすでにこれが存在していた。それではこれらはどの様にして成立してきたのであろうか。

まず理解しなければならないのは、本章でも触れ、第五章でも述べるが、寝殿、対はそれぞれ別々に御所として用いられ、この点に於て等質な空間であったということである。次に理解すべきなのは広庇と東西孫庇の構造的な違いである。広庇は建具のない吹き放ちの空間であり、東西孫庇は建具のある室内となり得る空間であった。

本節では東西対の祖型を清涼殿、綾綺殿に求めたが、対の南広庇の起源は清涼殿の東孫庇（広庇）にあったのではないかと考えている。九世紀後半期に成立した『侍中群要』からはすでにこの庇の存在が知られ、この頃には清涼殿は天皇の御所として使われる様になっている。またこの庇は吹き放ちであった。天皇の昼御座の前の庇に準えて、通常多く用いる対の南面にこの庇が付加されたと思われるのである。

対の東西孫庇については、東三条殿寝殿の北庇、北孫庇の存在が参考になる。この部分は清涼殿の朝餉間に対応する主人公の常居と考えられるが、島田武彦氏によればこの北孫庇は侍女のための空間とされた。ところで第五章第一節でも述べる様に、東三条殿東対東面は南面の南出居に対し、内出居と呼ばれ、内向きの接客、対面の場として使われていた。東三条殿寝殿の北面も寝殿を御所とした主人公のためこの様にも使われたのではないだろうか。東三条殿寝殿を九〇度左回転し、裏返しにすると東対の平面と殆ど一致する。東対東孫庇は主人公に対する侍候の空間そして主人公に対面する人のための場と考えることも可能である。これら孫庇は人と対面するための新しい空間の萌芽として捉える必要もあろう。

第三節　元服会場としての寝殿及び対

(一)はじめに

周知の様に、平安時代の貴族住宅に於ては様々な種類の儀式が執り行われていた。その主たる会場は寝殿と東あるいは西の対であったが、前者での代表的例として「大饗」、後者のそれとしては「臨時客」をあげることが出来る。

従来これらの平面規模、特に対の平面形式と儀式との対応関係についての研究が進められ(1)、筆者もこれに関し述べることがあった(2)。しかしながらこれらに於ては寝殿の儀式、対の儀式それぞれについて検討が進められてきたきらいがあり、儀式空間としての貴族住宅の特質が充分に明らかにされたと言うことは出来ない。

この様な背景をもとに、本節では寝殿、対が共に儀式空間として用いられた貴族の子弟等の「元服」儀に着目し(3)、これらがどの様に使い分けられていたのか、またそれぞれに於て儀式空間がどの様に展開されていたのかを明らかにすることにより、貴族住宅の空間的特質の解明に向けて一歩でも近づきたいと考える。

(二)元服会場としての寝殿、対、曹司・出居・侍所

元服は単に通過儀礼としてのみならず平安貴族社会に於て重要な位置を占め、儀式書にも記載がなされている(4)。貴族達の日記にも屢々記され、彼らは元服に対し強い関心を抱いていた。

図1に示したのは藤原氏の略系図であるが、(5) □で囲んであるのは諸記録により元服に用いた住宅若しくは殿舎が知られる人物である。(6) また表1はこれらも含め、諸記録に右の記載があるものを平安期について時代順に整理し纏めたものである。以下これらをもとに

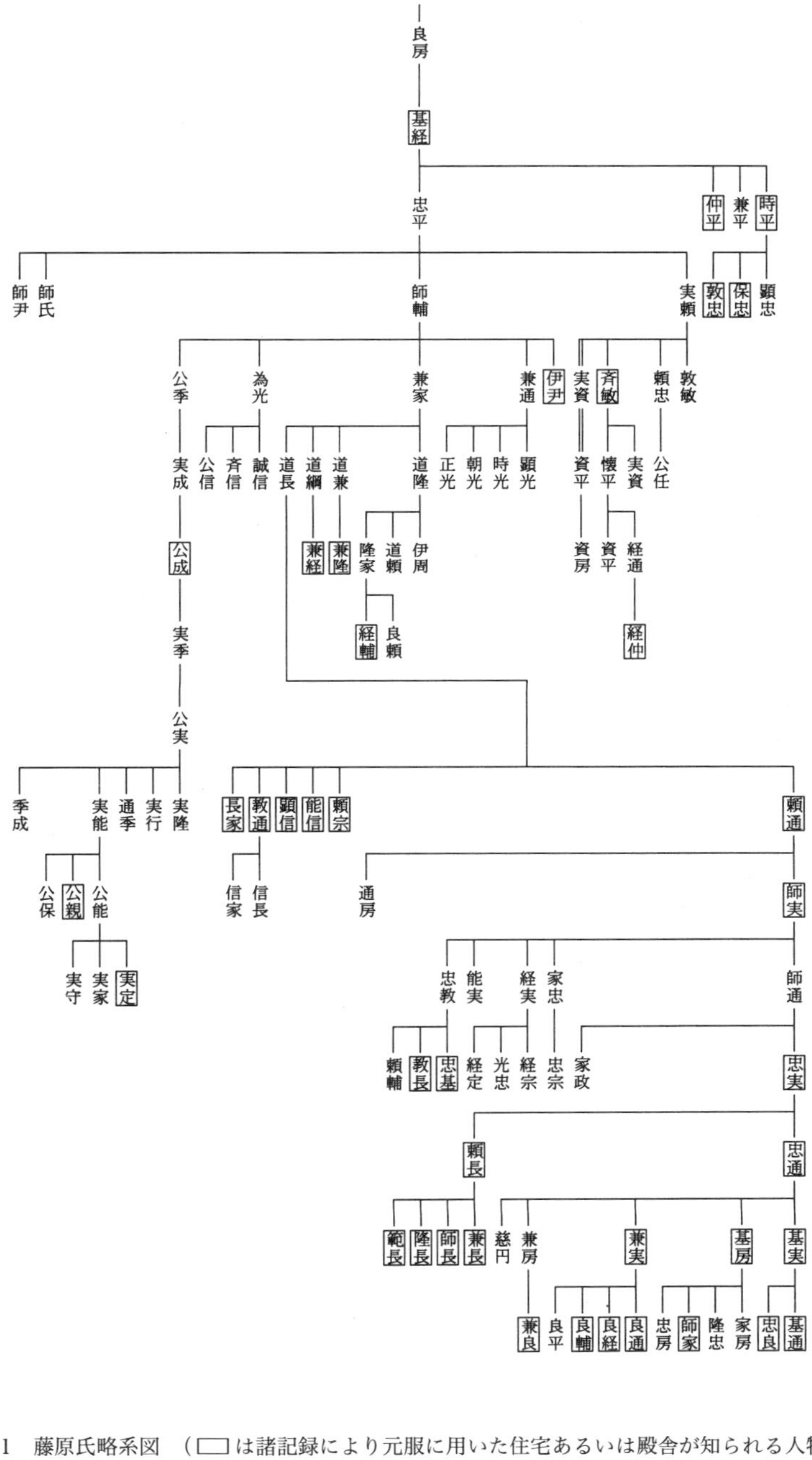

図1　藤原氏略系図　（□は諸記録により元服に用いた住宅あるいは殿舎が知られる人物）

場　所	備　　考	史　料
東宮内殿		尊卑分脉
仁寿殿		日本紀略
殿上		西宮記、他
東宮院		異本大鏡陰書
殿上		日本紀略
御前		新儀式（但し、史料綜覧による）
東家		貞信公記抄
御前		日本紀略
東対		天暦六年御元服記
桃園家		小右記
淑景舎		日本紀略
町尻殿寝殿（カ）		小右記
枇杷殿		本朝世紀
道長第		御堂関白記
道長第（カ）		御堂関白記、権記
閑院東対		御堂関白記、権記、他
土御門殿（上東門第）西対		御堂関白記、権記
道長第		御堂関白記
土御門殿（上東門第）西対		小右記
資平宅		小右記
小野宮第侍所		小右記
小野宮第西対		小右記
土御門殿（上東門第）西対		小右記、他
閑院東対		左経記
東三条殿		定家朝臣記
烏丸亭対		師記
東三条殿寝殿		後二条師通記
土御門亭		中右記
土御門亭（源顕房邸）		中右記
三条宅（宰相中将保実宅）		中右記
三条西洞院亭（右兵衛督・源雅俊邸）		中右記
一条殿寝殿		中右記
二条東洞院第東小寝殿（カ）		後二条師通記
三条西洞院第寝殿（雅俊家）		中右記
枇杷殿寝殿	頼通の例に倣い枇杷殿を用いる	中右記、他
高陽院東対北出居		中右記
内大臣雅実（雅俊兄）土御門殿対		長秋記
鴨院出居		中右記
花山院東対		長秋記
東三条殿東対	本来は寝殿を用いるべきという	中右記
院北面		長秋記
中御門第（宗忠邸）出居	・萬事省略儀	中右記
大炊御門高倉家（内府頼長邸）寝殿西庇		中右記
大炊御門高倉家（内府頼長邸）寝殿南庇		台記
近衛第（太閤忠通邸）		台記
宇治小松殿寝殿		兵範記、台記別記
大炊御門第（頼長邸）出居	幼時から僧になるべく育てられる	台記
近衛第		台記
東三条殿東対	頼通の例に倣い２月に行う	台記別記
勘解由小路萬里小路殿対代廊		兵範記
勘解由小路烏丸殿基実曹司		兵範記

表１　平安時代に於ける貴族住宅等での元服一覧

西暦	和　暦	元　服　主　体
851	仁寿元	藤原基経(大臣良房養子)
886	仁和 2.正. 2	藤原時平(関白基経一男)
890	寛平 2. 2.13	藤原仲平(関白基経二男)
905	延喜 5.11.28	藤原保忠(左大臣時平二男)
921	延喜21.正.25	藤原敦忠(太政大臣時平三男)
930	延長 8	藤原近光(参議玄上男)
940	天慶 3. 4.17	藤原伊尹(権中納言師輔男)
943	天慶 6. 4.18	藤原斉敏(大納言実頼男)
952	天暦 6.12.28	中納言源高明男
982	天元 5. 2.25	藤原行成(権中納言源保光外孫)
986	寛和 2.10.21	藤原道信(摂政兼家養子)
995	長徳元. 2.17	藤原兼隆(右大臣道兼二男)
1003	長保 5. 2.20	藤原頼通(左大臣道長一男)
1004	寛弘元.12.26	藤原頼宗、顕信(左大臣道長男)
1006	寛弘 3.12. 5	藤原教通、能信
1011	寛弘 8.正.20	藤原公成(内大臣公季孫、実成一男)
1011	寛弘 8. 8.23	藤原兼経(大納言道綱三男、左大臣道長養子)
1017	寛仁元. 4.26	藤原長家
1018	寛仁 2.12. 6	藤原経輔(大宰権師隆家男)
1019	寛仁 3. 2.16	藤原資基(参議資平男)
1019	寛仁 3. 2.16	藤原為時(後に小野宮家司)
1019	寛仁 3.10.19	藤原経仲(経通の一男、大納言実資の甥)
1020	寛仁 4.12.26	源師房(具平親王王子、関白頼通養子)
1031	長元 4. 8.13	源資綱(参議源顕基男)
1053	天喜元. 4.21	藤原師実(関白頼通男)
1080	承暦 4. 7. 5	若狭守男
1088	寛治 2.正.21	藤原忠実(内大臣師通嫡子、摂政師実孫、師実猶子)
1090	寛治 4.12.26	源師重(左大臣俊房男)
1091	寛治 5.正. 7	源顕通(権大納言源雅実男)
1094	嘉保元.12.26	左大弁季仲童
1095	嘉保 2.11.11	右兵衛督・源雅俊男
1098	承徳 2.11.13	藤原宗能・宗成(宗忠一・二男)
1099	康和元. 3.26	藤原家忠男(関白・内大臣師通養子)
1105	長治 2.正.21	源雅定(内大臣源雅実二男)
1107	嘉承 2. 4.26	藤原忠通(関白忠実男、摂関家嗣子)
1111	天永 2. 8. 9	藤原忠基(摂政忠実の叔父、忠教二男)
1113	永久元.正.13	権大納言源雅俊男
1119	元永 2.10.17	近江守重仲朝臣男(重仲は忠実家司)
1119	元永 2.12.25	藤原教長(権中納言忠教男)
1130	大治 5. 4.19	藤原頼長(大殿忠実二男、関白忠通弟)
1131	天承元.正. 1	御随身敦方子童
1133	長承 2. 7.16	藤原宗周(権大弁宗成一男、宗成は宗忠二男)
1137	保延 3.正.20	藤原公親(権大納言実能二男)
1144	天養元.正.28	藤原実定(権中納言公能嫡男)
1148	久安 4. 4.27	藤原兼長(内大臣頼長嫡男)
1149	久安 5.10.19	藤原師長(左大臣頼長二男)
1150	久安 6.正.15	藤原範長(左大臣頼長男)
1150	久安 6.12.25	藤原基実(関白忠通嫡男)
1151	仁平元. 2.16	藤原隆長(左大臣頼長三男)
1152	仁平 2. 8. 7	蔵人左少弁平範家二三男
1152	仁平 2.10. 5	忠常男(忠常は三位中将基実随身)

場　所	備　　考	史　料
勘解由小路烏丸殿基実曹司(カ)		兵範記
勘解由小路烏丸殿基実曹司		兵範記
勘解由小路烏丸殿基実曹司(カ)		兵範記
押小路殿(関白忠通邸)中納言基実の曹司	最密儀で行われたものと思われる	兵範記
春宮亮亭寝殿	南庇に客座	兵範記
東三条殿東対		兵範記
近衛殿寝殿		玉葉
九条殿(兼実邸)西出居		玉葉
女院御所		玉葉
松殿(関白基房邸)(カ)		玉葉
九条殿(兼実邸)曹司		玉葉
松殿寝殿		玉葉
兼実邸(カ)	家中	玉葉
勘解由小路南万里小路東亭(経房朝臣亭)寝殿西北子午廊	西北卯酉廊(カ)	山槐記
九条殿(兼実邸)東出居	基房元服の例に倣う。最密儀	玉葉、他
六条堀川殿寝殿	兼実元服の例を逐はる	玉葉
中御門高倉亭客殿		吉記
法皇宮六条殿		玉葉

検討を進めたい。

表1を通覧してまず気が付くのは、貴族住宅が会場として用いられる様になるのは一〇世紀中期以降のことで、それ以前は内裏で行われていたという事である。まずこの点を指摘しておきたい。次に貴族住宅での場合について、会場となった殿舎名が知られるものについて見ると、寝殿や対の他、出居、曹司、侍所等が使われており、その会場は決して一箇所に限定されていたのではなかったという事である。

本項では最初に貴族住宅の主要な構成要素であった寝殿と対での場合に焦点を当て、次に出居等について検討することにしたい。

寝殿あるいは対での場合について検討の対象となるのは、寝殿、対が共に存在したか若しくは存在したと推定される住宅である。と言うのも、寝殿、対が存在しない住宅の場合止むを得ず寝殿が会場となるかもしれず、その場合使い分けを検討するのには不適当な例となるからである。因みに対が会場となった場合の住宅は通常寝殿も存在していたと考えて良い。

(一)寝殿を会場とした場合

以下、寝殿、対での具体的な検討に入るが、その前に元服儀について簡単に紹介しておきたい。主な参加者は、冠者、主催者たる主人、(7)公卿、殿上人などであるが、その次第は、公卿以下着座、饗応、冠者着座、理髪、加冠、饗応、賜禄等から成る。

さて、寝殿での場合より始めるが、表1からこれらを探ると、長徳元年

西暦	和　暦	元　服　主　体
1153	仁平 3. 7.16	非蔵人頼盛男
1153	仁平 3.10.27	侍童（三位中将基実侍童）七男
1154	久寿元. 2.11	平信範男・祇王、徳王（信範は三位中将基実家司）
1156	保元元. 8.29	藤原基房（関白忠通男）
1157	保元 2.12.11	春宮亮若君
1158	保元 3.正.29	藤原兼実（関白忠通三男）
1170	嘉応 2. 4.23	藤原基通（故摂政基実一男）
1173	承安 3. 4.13	前豊前守能業男（女院御乳母子）
1175	安元元. 3. 7	藤原良通（関白兼実一男）
1175	安元元. 4. 7	藤原兼良（兼房男・関白基房養子）
1177	治承元.12. 4	中将小舎人（兼実の番長）童
1178	治承 2. 4.26	藤原師家（関白基房三男）
1178	治承 2. 8.11	前木工頭資忠男
1179	治承 3.正.10	藤原長房（左衛門権佐光長嫡男、光長兄・経房朝臣の猶子）
1179	治承 3. 4.17	藤原良経（右大臣兼実二男）
1180	治承 4. 2.11	藤原忠良（故摂政基実二男、摂政基通養子）
1185	文治元.12.17	左中将公時朝臣男
1190	建久元.12.21	藤原家実（前摂政基通男）

（九九五）、寛治二年（一〇八八）、長治二年（一一〇五）、嘉承二年（一一〇七）、嘉応二年（一一七〇）の例となる。(8) 以下順に検討していきたい。

長徳元年の兼隆元服について

『小右記』長徳元年（九九五）二月十七日条によれば、この日右大臣藤原道兼の主催(9)でその息男兼隆の元服が行われた。会場は道兼の町尻殿と考えられるが、この住宅には少なくとも寝殿及び西中門が存在していた。(10) 対については古記録からは知られないが、この時代の右大臣級の住宅が対を持たなかったと考えることは極めて難しいので、寝殿、対ともに有したものと考えられる。(11) 元服の会場について『小右記』同日条は明記しない。しかしながら上卿座が南庇、殿上人座が西庇に設けられたとあることから、これが仮に対であるとすると、両者の座の位置関係から見て西対ということになる。(12) 第三項で述べる様に、対での場合通常これらはそれぞれ東あるいは西庇と南庇、又は南庇と南孫庇にあてられており、この場合とは相容れないので対とは考え難い。(13) これに対し寝殿とするとこの様な座の配置は寝殿での場合の定式となる。従ってこの会場は寝殿ということになろう。

さて、元服した兼隆であるが『小右記』同日条に、

右府二郎加首服之日也

とあり、『日本紀略』にも、

左(右)大臣二男加元服

とあるので、道兼の二男であったことが知られる。図1には一男の名が見えないが、『尊卑分脈』の系図にも記されないことからこれに倣って作製されたもの

と思われる。しかしながら少なくともこの時には二男の元服と捉えられていた。主人は父親たる右大臣藤原道兼がつとめたものと推定される。[14]

寛治二年の忠実元服について

『後二条師通記』『中右記』によれば、寛治二年（一〇八八）正月二十一日、内大臣藤原師通の息男忠実が東三条殿で元服している。周知の様に東三条殿は摂関家住宅として用いられ大規模な寝殿と東対を有したが、『後二条師通記』には元服の指図が収録してあり、寝殿が会場であったことが知られる。

忠実は図1に示す様に師通の男であり、藤原師実の孫にあたる。『玉葉』安元元年（一一七五）三月六日条に忠実の元服に関する記述がある。

知足院殿（于時内大臣嫡子、祖父關白爲子、…〈以下略〉）

知足院殿（忠実）は内大臣師通の嫡子であり、祖父で関白であった師実の養子とされる。指図には会場となった寝殿南庇の階間の東間に摂政の円座が主人座として描かれており、師実が主催したことが知られる。

長治二年の雅定元服について

『中右記』長治二年（一一〇五）正月二十一日条によれば、この日内大臣源雅実の息男雅定の元服が三条西洞院第寝殿を会場として行われた。この住宅は雅実の弟たる左衛門督源雅俊が用いていたが、雅実はここで任大臣大饗も行っている。[15] 雅実はこの住宅を用い息子の元服を主催したのであった。[16] 同条によればこの住宅は、寝殿の他、東対、中門廊等により成っていたことが知られる。また『尊卑分脈』では雅実の息子として雅定の上に顕通を置き、雅定は二男とされる。[17]

嘉承二年の忠通元服について

『殿暦』及び『中右記』によれば、嘉承二年（一一〇七）四月二十六日、関白藤原忠実の息男忠通は枇杷殿の寝殿で元服した。この時期の枇杷殿は『中右記』同日条及び同記天永三年（一一一二）十一月十八日条により寝殿の他、東対代（廊）、東中門、東侍廊などにより成っていたことが知られる。忠通は承徳元年（一〇九七）の誕生、[18] 摂関家の嗣子とされる。[19]『中右記』により関白忠実が主人としての役割を果したことが知られる。[20] またこの枇杷殿での元服はやはり『中右記』に、

宇治殿此枇杷殿有御元服、仍爲用彼例、今度被用此殿也

と記される様に長保五年（一〇〇三）二月二十日に行われた藤原頼通の元服に倣ったものであった。頼通が元服したのは父左大臣藤原道長の枇杷殿に於てであったが[21]、忠実はこれに倣い祖父藤原師実の妹たる太皇太后宮寛子の御所で、自身も用いていた枇杷殿を忠通元服の会場となしたのである[22]。

嘉応二年の基通元服について

『玉葉』によれば、嘉応二年（一一七〇）四月二十三日、故摂政藤原基実の息男基通の元服が近衛殿寝殿に於て行われた。この近衛殿は藤原忠通や基実の摂関住宅として使われてきた[23]。基実は仁安元年（一一六六）七月、二四歳で早世したが、その後基通もここに住んでいる[24]。元服時には『玉葉』当日条に記される様に祖母二品（源国信女信子）が用いていたが[25]、恐らく同居していたものと思われる。忠通代の規模がそのまま受け継がれたとすると近衛殿は寝殿、東対代（廊）、東中門廊等により成っていたものと思われる[26]。但この住宅は『玉葉』同日条に、

家體頗無便宜

と記される様、元服を行うのに必ずしも相応しくはなかったようである。基通は『公卿補任』に、

故攝政前左大臣基實公一男

とされる様に基実の一男であった。元服時に基実は亡くなっていたので、この儀は主人を欠いたまま行われたのである[27]。

（二）対を会場とした場合

東あるいは西対を会場とした例を大別すると、主催者の子弟あるいは孫の場合とそれ以外の場合とになる。まず前者から検討したい。

寛弘八年の公成元服について

『御堂関白記』『小右記』『権記』によれば、寛弘八年（一〇一一）正月二十日、内大臣藤原公季の孫公成の元服が公季の閑院第[28]東対を会場として行われた。この時期の閑院は寝殿の他、東対、西対を共に備え[29]、整った形式を持つ住宅であった。元服した公成は公季の孫で、この時参議左兵衛督であった藤原実成の一男である[30]。公季は孫公成を溺愛したとされ、『大鏡』に、

男君をば。御おほぢの太政大臣わが御子にし奉り給て。公成とつけ奉らせ給へるなり。

とある様に、子としている。閑院流の祖公季は公成を嫡流として捉えていた。『小右記』同二十一日条には、

内府孫公成加元服

と記され、この時にはすでに公成と名付けられていたことが知られるので、これ以前に公季の子になったものと思われる。公季は『権記』同二十日条に、

詣閑院、依前日内府御消息也、左兵衛督息男今日亥剋加元服也

とある様に公成の元服を準備し主催したのである。

大治五年の頼長元服について

大治五年(一一三〇)四月十九日、藤原頼長の元服が東三条殿東対で行われている。頼長は『長秋記』同日条に、

關白舎弟於東三條加元服

とある様に、また図1に見るように関白藤原忠通の弟であるが、実は元服の直前に父親で大殿前太政大臣藤原忠実の孫となっている。『中右記』大治五年(一一三〇)正月三日条によれば、頼長の昇殿に際しての名簿には、

蔭孫藤原朝臣頼長

前太政大臣孫

大治五年正月三日

と記されている。忠実は頼長を偏愛したとされ[32]、二男ではあったが頼長を孫とし、後継にするつもりだったと思われる。『中右記』元服条によれば、関白忠通が主人としての役割を果したが[33]、実際は同条に、

大殿若君元服給

と記される様に忠実の若君として元服したのである。当日、忠実は母一条殿と共に東三条殿に渡りこれを見守っている。

この元服は東対を会場としたが、『中右記』同日条に、

寝殿、近立后之間爲中宮御所、仍被用東對南面

とある様に、忠通の女聖子が元服に先立つ二月二十一日に崇徳天皇の中宮に立后し寝殿を御所としていたため、止むを得ず東対を用いたと断り書きがなされている。

仁平元年の隆長元服について

仁平元年（一一五一）二月十六日、藤原隆長は東三条殿東対に於て元服した。『台記別記』同日条に、

是日、今麻呂加元服（二月元服、宇治殿例也）於東三條東對行其禮

と記される様に、二月に元服式を行うのは藤原頼通に倣っての事とされている。隆長は『本朝世紀』同日条に、

今夜。左大臣息童（隆長。）於東三條亭加元服

とある様に、左大臣で氏長者の藤原頼長の息男であり、『尊卑分脉』或いは図1により知られる様に、藤原兼長、師長の弟であった。父頼長は嫡子を定めなかったとされるが、兼長をその様に遇し、また世間も家嫡と見做していたとされる。[34] また兼長は伯父摂政藤原忠通の猶子にもなっている。[35] その様な関係で兼長の元服は忠通の近衛第で行われている。[36] 隆長は頼長の庶子として元服したのであった。『台記別記』元服条によれば、頼長が主人としてこの儀を主催したことが知られる。[37]

保元三年の兼実元服について

保元三年（一一五八）正月二十九日に行われた藤原兼実の元服について『兵範記』同日条には、

今日關白殿第三若君有御元服事、午後殿下渡御東三條

とされるが、会場は東三条殿で、兼実は関白藤原忠通の三男であったことが知られる。また同記によりその会場が東対であったこと、忠通が主人としての役割を果したことも知られる。[38] 因みに兼実の長兄、藤原基実は関白忠通の嫡男として忠通の近衛第で元服している。[39] 以上、主催者の息男あるいは孫の例について紹介したが次にこれら以外の場合について検討してみたい。

寛弘八年の兼経元服について

『御堂関白記』寛弘八年（一〇一一）八月二十三日条には、

藤大納言子年來爲養子、今夜元服、土御門西對

と記され、また『権記』同日条には、

藤大納言息男敍從五位上、名兼經、今日於上東門第、可加元服、大臣爲子、仍敍此階

とされる。即ち、大納言藤原道綱の息男兼経が藤原道長の土御門殿（上東門第）西対で元服したが、兼経は道長の養子であった。この時期の土御門殿は道長に属し、寝殿のほか東西の対、東西両中門を備えていたが、[40]この西対を会場としたのである。道綱は道長の異母兄であり、兼経は道長の甥にあたる。道長の妻（雅信女）が兼経の母と姉妹関係にあり、この様な縁で兼経は道長の養子になった。[41]道長がこの儀の主人をつとめている。[42]

寛仁二年の経輔元服について

寛仁二年（一〇一八）十二月六日、大宰権帥藤原隆家の息男経輔が藤原道長第で元服した。『小右記』同七日条には前日のこの元服について、

帥中納言子昨日戌剋、於大殿加元服、（西對南庇、）

と記される。会場は太政大臣道長第の西対であったことが知られるが、この時期道長は主たる儀式会場として土御門殿（上東門第）を用いていたのでここが会場になったものと思われる。[43]この土御門殿は寝殿を中心として東対（代）、西対などを備えた堂々たる規模を有していた。[44]経輔は道長の兄であった藤原道隆の息男隆家の男にあたる。道隆はすでに亡く、[45]隆家は任地に下っていたので、道長を頼ったものと思われる。[46]この元服の主人は道長がつとめた。前日のことを記した『小右記』七日条に、

主人引出馬一疋

と記され、また『御堂関白記』六日条には、

我引出加官（冠）馬一疋[47]

とあるので、これが知られるのである。

寛仁三年の経仲元服について

寛仁三年（一〇一九）十月十九日の藤原経仲の元服について『小右記』には、

頭辨經通太郎、於此西對可加元服

と記される。即ち左中弁藤原経通の一男経仲が藤原実資の小野宮第の西対で元服したことが知られる。小野宮は寝殿、東・西両対の他

付属の廊などにより成っていたが(48)、この西対が会場として用いられた。経仲の父経通は実資の弟懐平の男にあたる(49)。この様な関係で当時の有力者たる大納言実資の住宅が会場とされたのであろう。この儀の主人について具体的な記述はないが『小右記』同日条に、

　以余馬志加冠

とあり、この記述は実資の馬を引出物として加冠者に与えたことを示すので、前の藤原経輔の例に鑑みた時、実資がその役を果したものと推せられる。

寛仁四年の師房元服について

寛仁四年（一〇二〇）十二月二十六日、源師房の元服が行われた。『小右記』同日条には以下の様に記されている。

　西時許参關白殿、匠作乘車、謂關白殿是上東院〔門脱カ〕(50)、今日故中務卿親王々子師房（歳十三）加首服、於西對南廂有此事

即ち、故中務卿具平親王王子師房の元服が関白藤原頼通の上東門第（土御門殿）西対を会場として行われた。『左経記』同日条によれば師房は具平親王の二男であり、また頼通の養子であった。頼通は『小右記』前日条に、

　入夜敦親朝臣來云、關白御消息云、明日聊有經營、若無殊障來哉者、夜間無障者、報以可參趣

とある様に藤原実資に参加を呼びかけており、またこの住宅が頼通の御所であったことに鑑みると、この儀を準備し主催したものと思われる。

長元四年の資綱元服について

長元四年（一〇三一）八月十三日、『左経記』によるとこの日、参議左中将源顕基の息男資綱の元服が閑院東対で行われている。閑院第は前に述べた様に藤原公季に属していたが、公季は万寿四年（一〇二七）八月にこの住宅を権大納言藤原能信に譲っている(51)。能信はここを御所としたが、同時に公季の男実成も使用していた(52)。しかしながら長元元年（一〇二八）九月十五日には全焼している。資綱の元服は再建後の閑院に於てであった。再建後の規模については不明であるが、東対が存在しているので、これ以外に少なくとも寝殿は設けられたものと思われる。さて、資綱の母は公季の男実成の女である(53)。閑院再建後も実成がここを用いたか否かについてはなお不詳であるが、以上の様な背景のもとに閑院が使われたものと思われる。『左経記』同日条によると、加冠、理髪の後の饗宴について、

　一獻家主大納言、二獻藤納言、三獻宰相中将

とある。この大納言は、閑院の持主権大納言能信と考えられるから、彼がこの儀を主催したことが知られる。

康和元年の家忠男元服について

康和元年（一〇九九）三月二十六日、この日行われた元服について『後二条師通記』同日条には、

権大納言大夫元服、是養子也、…〈中略〉…小寝殿南庇設公卿座

と記される。即ち、権大納言藤原家忠の息男で藤原師通の養子となった男子(54)の元服が師通の二条東洞院第(55)小寝殿を会場として行われたことが知られる。この時期の二条東洞院第は西対を欠いていたものの寝殿の他、東小寝殿、東中門廊、東侍廊等から成っていた。家忠と師通は藤原師実を父とする異母兄弟(56)であり、この様な関係で関白内大臣であった師通の住宅が使われたものと思われる。この日の参加者について同記同日条には、

余・中宮大夫・新大納言・左大将・二位中納言・左兵衛督…〈以下略〉

と記されるが、中宮大夫は同日条より加冠をつとめた権大納言源師忠であったことが知られるので、余すなわち師通がこの儀の主人役を果したことが推定される(57)。

永久元年の雅俊男元服について

『長秋記』永久元年（一一一三）正月十三日条にはこの日行われた元服について、

源大納言幼児於内府亭加元服、民部卿以下上達部、殿上人著對南面座

と記され、大納言源雅俊の息男(58)が内大臣源雅実亭の対に於て元服したことが知られる。この時期雅実は土御門殿（土御門北高倉東）を用いており(59)、ここが会場として使われたものと思われる。この土御門殿は寝殿の他、東対代廊、西対、北対等を備えていた(60)。雅俊は雅実の異母弟であり、この様な関係で内大臣であった兄の住宅が使われたものと思われる。『長秋記』同日条に、

次元服者著座、（著殿上童裝束、）次家主内大臣出著座

とあることから雅実が主人役を果したことが知られる。

元永二年の教長元服について

元永二年（一一一九）十二月二十五日に行われた元服について『長秋記』同日条には、

別當云、今日息男於花山院、可加首服、…〈中略〉…入夜向花山院、（右大将居所、）於東對南面有此事

とあり、別当藤原忠教の息男教長が右大将大納言であった藤原家忠の花山院東対で元服したことが知られる。この時期の花山院には東対が存在しなかったとされるので、この東対については疑問が残るが、いずれにせよ対が会場として用いられた。忠教と家忠は藤原師実を父とする兄弟であり、この様な関係で兄家忠の花山院が使われたものと思われる。この参加者について『長秋記』同日条には、

亭主・治部卿・源宰相中将・中宮権大夫・忠宗朝臣・家隆朝臣…〈以下略〉

と記される。亭主とは家忠のことと思われるが、また同条には家忠が加冠の役をつとめたとも記されている。通常、主人と加冠とは別人なので、この点について疑問が残るが、他に相応しい人物も見当たらないので家忠が主催したと考えておきたい。

（三）出居、曹司、侍所を会場とした場合

前に述べた様に本節では、寝殿および対での場合に焦点をあて検討を進めようとしている。ここでは出居等の場合について出来るだけ簡単に通覧することにする。

出居等での次第はやはり、参加の人々着座、冠者着座、理髪、加冠等により成り、寝殿や対での場合に準じていた(64)。参加者については後述する「密儀」など特別の場合を除き、寝殿、対よりも低位の者であった様である。主人に関しては殆ど知られない。この様に出居等での例については、史料的制約から寝殿や対での場合に対し不明な点が多くなることを予めお断りしておきたい。

さて、寛仁三年（一〇一九）二月十六日、藤原実資の小野宮第侍所で藤原為時の元服が行われた(65)。侍所の位置については不明であるが、西対西方の卯酉廊と推定されている(66)。為時は後に実資の家司となっている(67)。

天永二年（一一一一）八月九日、摂政藤原忠実の御所たる高陽院(68)の東対東面北出居で藤原忠基の元服が行われた。忠基は忠実の叔父藤原忠教の二男(69)にあたる。またこの元服は「密儀」「密々儀」で行われたが、忠実はこの儀を見守っている(70)。

元永二年（一一一九）十月十七日、関白藤原忠実の鴨院の出居で近江守重仲朝臣の男の元服が行われた(71)。重仲は忠実の家司であった(72)。

長承二年（一一三三）七月十六日、藤原宗周が内大臣藤原宗忠第の出居で元服している。宗周は宗忠の息子宗成の一男にあたる。この儀は「萬事省略儀」とされ、強いて賓客を招かずに行われている。宗忠自ら加冠の役をつとめた(73)。

久安六年（一一五〇）正月十五日、藤原範長が左大臣藤原頼長の大炊御門第の出居で元服した。範長は頼長の男で兄には兼長、師長、隆長がいる。範長は幼時から僧侶となるべく育てられたとされる。[74] この大炊御門第は寝殿の他、寝殿西北廊、西中門、西透渡殿などにより成り、[75] 出居廊も有していた。[76] 範長が元服した出居はこの出居廊のものと思われる。

仁平二年（一一五二）十月五日の忠常の男、仁平三年（一一五三）七月十六日の頼盛の男、同年十月二十七日の中将侍童七男、久寿元年（一一五四）二月十一日の平信範の二人の男の元服はいずれも関白藤原忠通の御所勘解由小路烏丸殿に同居していた[77]忠通の男基実の曹司で行われたものと考えられる。この曹司はこの住宅の西面に設けられ、[78] 基実に属していた。頼盛と基実の関係は不明であるが、中将侍童は左中将基実の侍童、忠常は基実の随身、[79] 信範は基実の家司であることから見て、[80] これらの元服は基実に何らかの形で従属していた者の男のそれと考えられる。

保元元年（一一五六）八月二十九日、藤原基房の元服が関白藤原忠通の押小路殿に於て行われている。この押小路殿は前に紹介した勘解由小路烏丸殿と同様、忠通の男中納言基実も用いており、この曹司が会場となった。[81] 基房は基実の弟で、忠通の子にあたる。この儀式は『兵範記』同日条に、

別無御装束儀

とされる様に、簡素に行われたことが知られるが、後述する藤原良経の元服がこの元服に倣い「最密儀」で行われたことから、この元服も「最密儀」で行われたものと考えられる。加冠は忠通自らがこの役を果した。

承安三年（一一七三）四月十三日、右大臣藤原兼実第の西出居で前豊前守能業の男の元服が行われた。能業は女院の乳母子とされるが、女院とは兼実の異母姉聖子（崇徳后・皇嘉門院）のことである。[82] この時期兼実は九条殿に住み、女院も隣居していた。[83] この様な背景のもとに兼実第が会場とされたものと考えられる。なお、能業は兼実の家司ともなっている。[84]

治承元年（一一七七）十二月四日、右大臣藤原兼実の九条殿の曹司で中将小舎人童の元服が行われた。[85]『玉葉』同日条によれば中将小舎人童とは兼実の番長、中臣重武の男のことである。番長は公卿らに配属される警護のための武官随身の中に含まれる。[86]

治承三年（一一七九）正月十日、右中弁藤原経房の勘解由小路南万里小路東亭の寝殿西北子午廊で、左衛門権佐藤原光長の嫡男長房の元服が行われた。光長は経房の弟[87]であり、長房は経房の猶子である。[88]

治承三年(一一七九)四月十七日、藤原兼実の九条殿(89)東出居で兼実の二男良経の元服が行われた。(90)この元服は前に紹介した様に保元二年(一一五六)八月二十九日の関白藤原忠通が主催した藤原基房の元服に倣い「最密儀」で行われたとされる。加冠はやはり兼実が自らこれをつとめた。

以上、平安時代に行われた元服について、会場ごとにその具体的内容を紹介してきた。寝殿は言うまでもなく貴族住宅の中心建物であり、また東西の対は文字通り寝殿の東西に配された殿舎である。出居、曹司、侍所について、出居は高陽院東対北出居や兼実亭西出居、東出居に見られる様にその住宅或いはある殿舎の一部を占めていた空間と考えられ、(91)また藤原頼長の大炊御門第のように出居廊に設けられたものもある。(92)曹司について言えばやはり住宅の或る殿廊の一部に、そして侍所についてはやはり付属の廊に設けられていたものと考えられる。(93)出居、曹司等ではないが、前述の治承三年(一一七九)正月に行われた寝殿西北子午廊の例がこれら元服会場の様子を具体的に知る得る良い例となっている。いずれにせよ出居、曹司等は寝殿、対とは異なり、これらに設けられ或いはこれらに付属する空間であった。

(四)元服会場としての寝殿、対、出居・曹司・侍所

さて、まず寝殿での場合について見ると、会場として用いられたのは主催者もしくは主催者の属する一族の主要な住宅であった。前者の例としては道兼の町尻殿が、後者の例としては藤原氏の東三条殿、枇杷殿、近衛殿、源氏の三条西洞院第があげられる。これらの元服は父親もしくは祖父を主催者として行われたが、ここで元服したのは、忠実、忠通、基通の様な嫡子(嗣子・一男)や、道兼、雅定の様な二男すなわち庶子であった。

対での元服については前に述べた様に主催者の子弟あるいは孫の場合とそれ以外の場合とに分かれる。前者について、住宅は寝殿での場合と同様主催者の、或いは一族にとって重要な住宅が使われている。主催者は祖父、父もしくは兄であり、ここで元服したのは公成のような嫡子、隆長や兼実のような庶子であった。ただここで注意しなければいけないのは頼長の場合で、頼長は関白忠通の弟すなわち大殿前太政大臣忠実の二男であったが、大殿の孫として、つまり将来藤原氏の長を継ぐべき者として元服したという点である。しかもこの元服は本来は寝殿を用いるべきとされていた。

後者について、会場はやはり主催者の住宅がそのために使われている。ここでの元服の例は主催者の甥あるいは甥の子が多く、師房のような養子や資綱のように母親を通した血縁関係を持つ者の場合もある。

出居、曹司、侍所での場合は寝殿、対での場合に対して特色が認められる。一つは、「密儀」あるいは「省略儀」の場合であり、前者の例として基房や良経がそれぞれ関白忠通、右大臣兼実の息男であったにもかかわらずここで行われたことがあげられる。後者としてやはり内大臣であった宗忠の孫宗周の例がある。二つめは、範長の例で左大臣頼長の男にもかかわらず幼時から僧となるべきことが決められていた人物の場合である。三つめは、会場の持ち主の家司や随身など何らかの主従関係にある者の男の場合で、重仲朝臣男、信範男などの例がこれに相当する。四つめはこれら以外の場合で、住宅の持主の甥にあたる長房の例である。

この様に元服の会場として、寝殿、対、出居・曹司・侍所が用いられたが、「密儀」など特別の場合を除きこれらの間に大凡次の様なことが言えよう。即ち、その会場となった住宅の持ち主あるいは主催者の息子は寝殿又は対を、甥など間接的な継りの場合は対や出居などを、家司の男など会場の持ち主と主従的関係にある場合は出居等を用いたということである。

即ち、主催者の息男以外は寝殿を用いることが出来ず、家司等の子は寝殿も対も共に用いることが出来なかった。この様な意味に於て、寝殿、対、出居等の間には明確な序列が存在していたことになる。

以上の様に寝殿、対はともに嫡子、庶子の会場として用いられてきた。しかし、これを歴史的観点から見ると興味深い事実が浮かび上がってくる。それは寝殿は一二世紀前半以降は嫡子の元服の会場として、対は寛弘八年（一〇一一）の公成の例を除けば庶子の会場として使われていたということである。(94) 大治五年（一一三〇）の頼長の例は本来寝殿を用いるべき例であることは前に述べた。これは頼長が藤原氏の実質的な嗣子すなわち嫡子として位置付けされていたためと考えられる。

得られた例数は多くはないが、これらの例から寝殿と対について、一二世紀前半から寝殿は嫡子の、対は庶子の会場として用いられたとほぼ言うことが出来よう。(95) 本格的家父長制家族の成立は院政期以降とされるが、(96) これとの関係に興味が持たれる。

〔三〕元服の儀式空間としての寝殿、対

さて、前項では寝殿や対などがどのような人物の元服会場として用いられていたかを明らかにしてきたが、儀式空間の点から言えば前項での検討の最も重要な結果は寝殿も対も共にその会場として使われていたのが実際に示された事であろう。本項では寝殿・対に於て儀式空間がどの様に展開されていたのかを具体的に検討することにより、儀式空間としてのこれらの性質について考えてみることにする。

まず主要な参加者であった公卿と殿上人の座がこれらに於てどの様に配置されたのかに着目しこの点から検討してみたい。表2はこれらの座の位置が知られるものを寝殿、対に分けて整理したものであるが、(97)図2はこれをもとに公卿座、殿上人座の位置を模式的に示したものである。(98)なお、寝殿での例で町尻殿、東三条殿、三条西洞院殿、枇杷殿は先に紹介した様に対または対代を有するか、或いは有すると推定されたものであり、宇治小松殿、松殿、六条堀川殿は対を欠いた平安後期の住宅である。(99)対を持たないこれらの住宅では庶子についても寝殿が会場として使われている。

さて、この図をもとに概説することにしよう。寝殿での場合、久安五年(一一四九)の藤原師長の宇治小松殿の様に母屋に公卿座、南孫庇に殿上人座を設けた特殊な例もあるが、(100)それ以外は公卿座は南庇に、殿上人座は東あるいは西庇に設けられ平安末期にまで至っていた。これに対し対での場合、南庇にこれら両者が設けられる場合があるものの、寛弘八年(一〇一一)の公成の閑院東対の場合の様に西庇に公卿座、南庇に殿上人座という配座方式から間もなくこれが南庇、南広(孫)庇にそれぞれ置かれるようになり平安末期にまで至ったことが知られる。

すなわち、同じ儀式・元服が寝殿では南庇に公卿座、東あるいは

表2　公卿座、殿上人座の位置が知られる元服会場

寝殿が会場の場合

西暦	和暦	会　場	史　料
995	長徳元．2．17	町尻殿	小右記
1088	寛治 2．正．21	東三条殿	後二条師通記
1105	長治 2．正．21	三条西洞院第	中右記
1107	嘉承 2．4．26	枇杷殿	中右記、殿暦
1149	久安 5．10．19	宇治小松殿	兵範記、台記別記
1178	治承 2．4．26	松殿	玉葉
1180	治承 4．2．11	六条堀川殿	玉葉、山塊記

対が会場の場合

西暦	和暦	会　場	史　料
1011	寛弘 8．正．20	閑院東対	権記、小右記
1011	寛弘 8．8．23	土御門殿（上東門第）西対	小右記、御堂関白記
1018	寛仁 2．12．6	土御門殿（上東門第）西対	小右記
1020	寛仁 4．12．26	土御門殿（上東門第）西対	小右記、左経記
1031	長元 4．8．13	閑院東対	左経記
1099	康和元．3．26	二条東洞院殿小寝殿	後二条師通記
1113	永久元．正．13	土御門殿対	長秋記
1130	大治 5．4．19	東三条殿東対	中右記
1151	仁平元．2．16	東三条殿東対	台記別記
1158	保元 3．正．29	東三条殿東対	兵範記

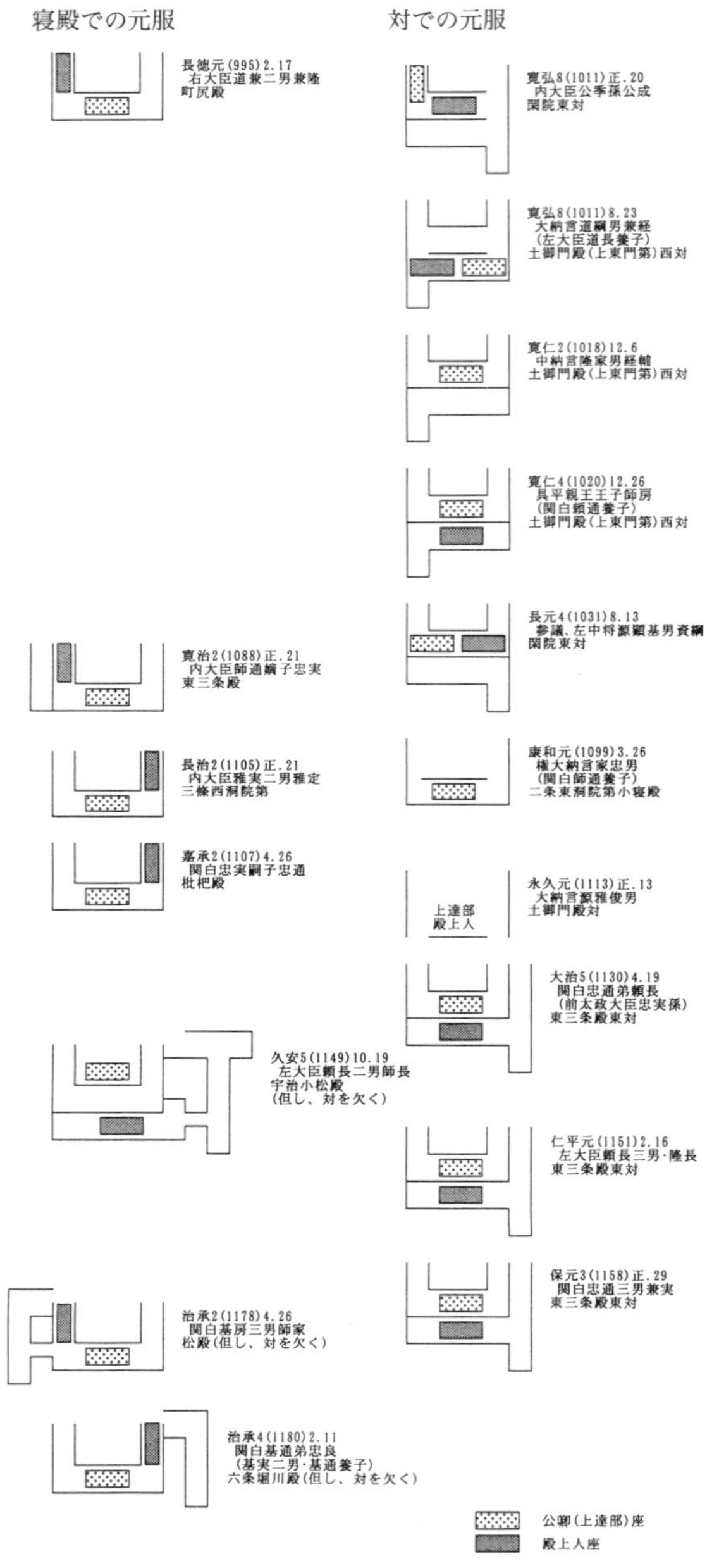

図2　元服儀に於ける寝殿、対の公卿座、殿上人座

西庇に殿上人座、対では南庇に公卿座、南広庇に殿上人座が設けられ、それぞれ異なっていたことになる。この様な違いは何故生じたのか、そしてこれらの違いにどの様な意味があるのか。両者が詳しく知られる東三条殿での例を取り上げ元服儀の次第や儀式空間の装束そして参加者に着目しさらに検討を進めることにしよう。

寝殿での例は寛治二年(一〇八八)正月二十一日行われた藤原師通の嫡男忠実の場合である。『後二条師通記』により当日の様子を窺うと、参加の公卿らが着座した後、饗応があり、次いで理髪、加冠があった。これが終了した後、公卿らに盃が勧められている。最後に馬二疋が引出物として出された。

主人は前にも述べた様に祖父摂政藤原師実であり、加冠は右大臣源顕房、理髪は頭弁高階能遠、藤原為隆(101)がつとめた。

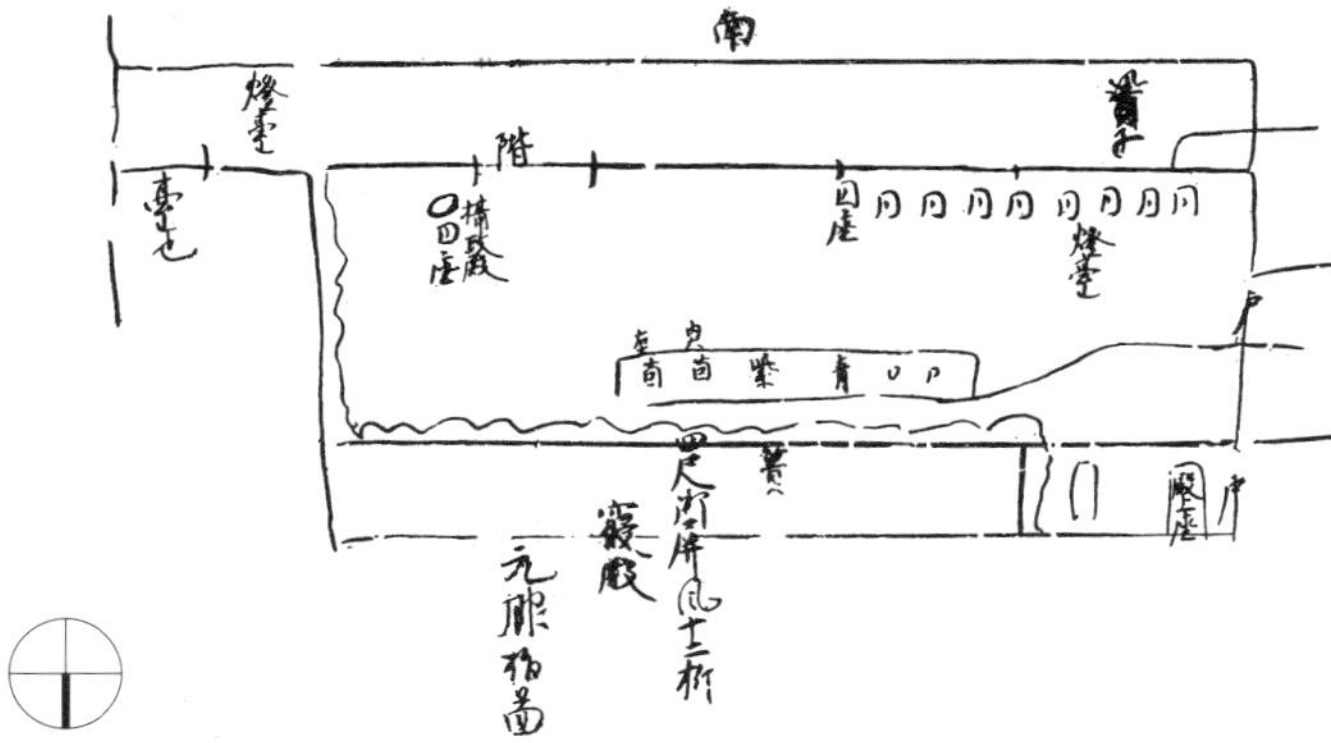

図３　東三条殿寝殿に於ける元服儀指図(『後二条師通記』による)

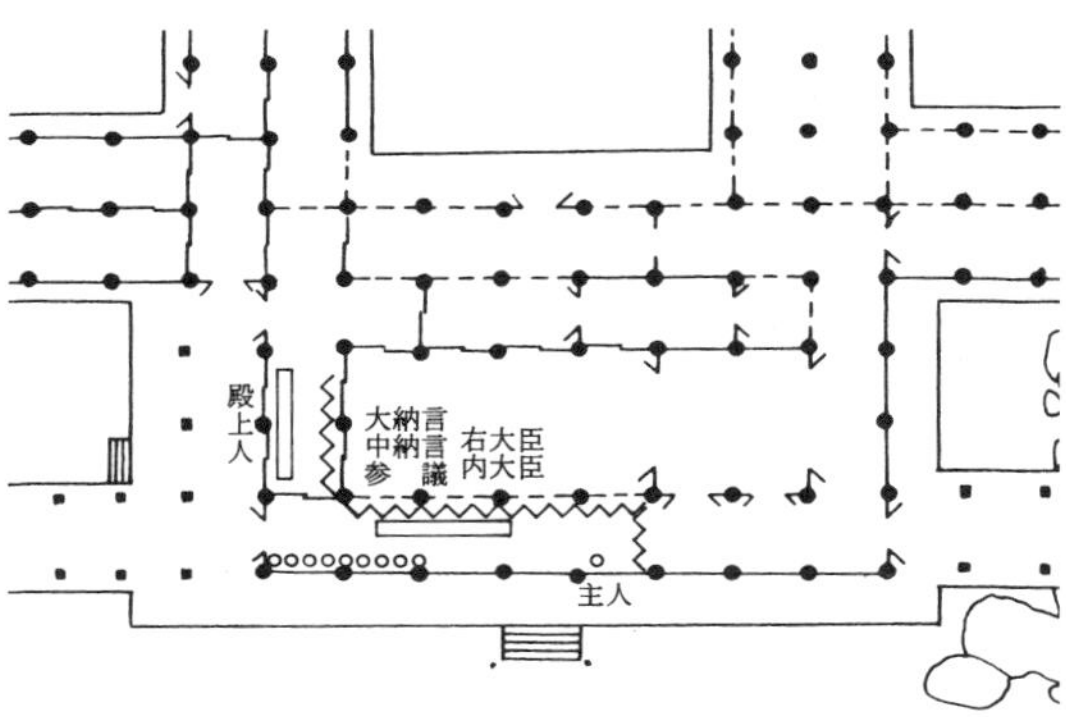

寛治８年(1088)正月21日

図４　東三条殿寝殿に於ける元服儀復元図(平面は太田静六氏による)

会場の装束については幸い指図(図３)が遺されているのでこれを具体的に知ることが出来る。主たる会場は四尺屏風で仕切られた南庇と西庇である。南庇階間の東間南寄りに主人座としての摂政師実の円座が置かれ、階間の西二ヶ間北寄りに右大臣以下の座が東を上位として敷かれた。殿上人座は西庇に配されている。記録には明記されないが、これら参加の人々は西門より参入したものと思われる。[102] これらの座の配置をわかりやすく示したのが図４である。[103]

次に東対での例を仁平元年(一一五一)二月十六日に行われた藤原頼長の三男隆長の元服に見よう。『台記別記』同日条に当日の様子が詳しく記されている。まず上達部(公卿)や殿上人が着座し、一、二、三献があった。次いで冠者が着座の後、理髪、加冠、理鬢があり、そして膳が供される。最後に引出物や禄が与えられた。

主人は、同様前に述べた左大臣の頼長である。加冠は内大臣藤原実能、理髪は蔵人頭右大弁朝隆朝臣がこれをつとめた。
会場の装束については詳しい記述がある。主たる会場は右に述べた様に東対であるが、以下の様に記されている。

東對南廂四ヶ間、敷滿弘筵、(在差筵鎭子、)同孫中門廊敷弘筵、對南廂四ヶ間、四面懸簾、南西卷、(北面□屋、弁西廂放障子、其中懸壁代引綱、)副東北簾、立亘四尺屛風、西二間以東北邊、敷高麗端疊、其上敷地錦、其上敷東京錦茵、(大臣、)紫端圓座、(大納言、)青端圓座、(中納言、)高麗端圓座、(參議弁散三位、)爲上達部座、同南邊、當大納言以下座、連敷菅圓座、薦圓座、(已上西上對座、)西一間南邊、敷菅圓座一枚、爲主人座、(南廂西戸開之、勸盃人南北出入、)同孫廂西三四間南邊、敷紫端疊、爲殿上人座、(西上北面)中門廊壁下、敷紫端疊二枚、(一行、)對西面格子三ヶ間女房出袖、(白衣濃打衣白着、葡萄染唐衣白腰裳、)

南庇四ヶ間のうち西第二間より東の北辺に高麗端を敷き、大臣、大納言、中納言、参議并散三位など上達部の座となした。また同庇の西第一間南辺には円座を敷き、主人座とした。そして南広(孫)庇の西第三四間の南辺には紫端畳を敷き殿上人座にした。これら上達部座、殿上人座はいずれも西が上位となる様に置かれている。これらの参加者は東門・東中門より参入したものと思われる。(104) これら以外に東二棟廊や東侍廊がこの儀式を支えるための補助的な場として割り当てされている。この様子を具体的に示したのが図5である。(105)

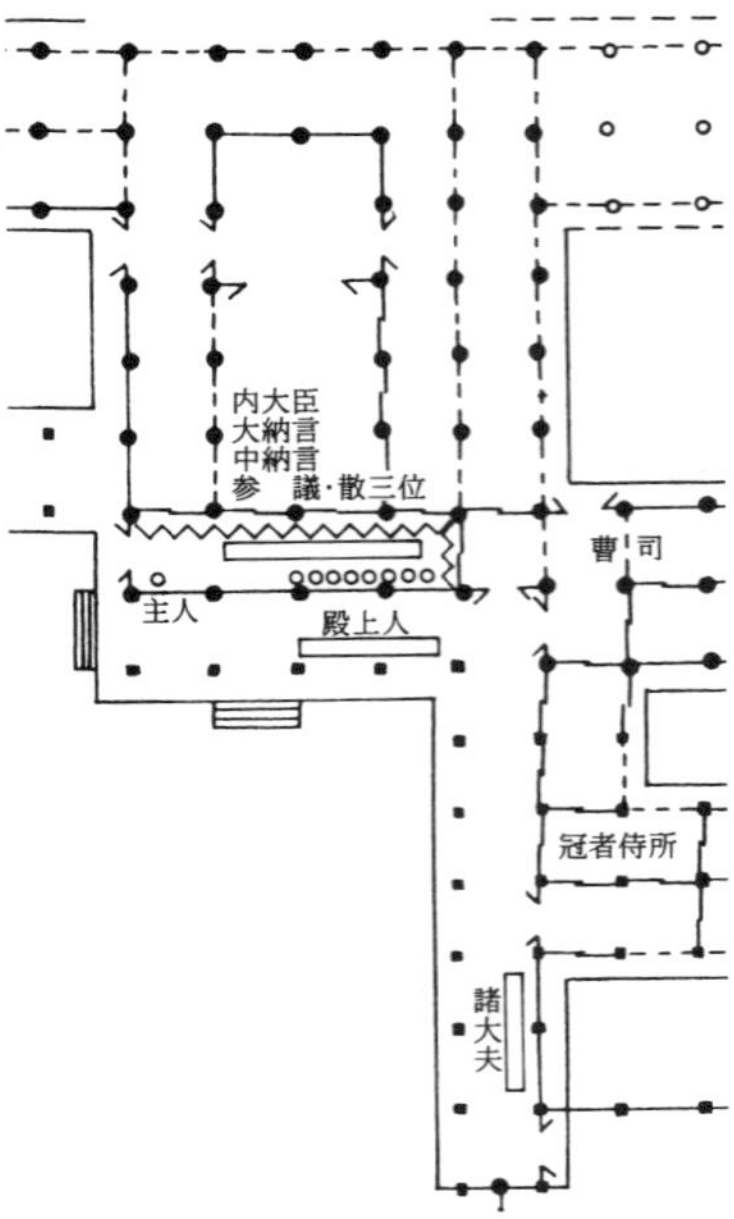

仁平元年(1151) 2月16日

図5　東三条殿東対に於ける元服儀復元図
その1(平面は太田静六氏による)

東対についてはこの例以外に大治五年(一一三〇)四月十九日の藤原忠実の孫で藤原忠通の弟頼長の元服、保元三年(一一五八)正月二十九日の忠通の三男兼実の元服があるが、次第、参加者、会場の装束は隆長の場合とほぼ同様であった。これら両者の会場の様子を具体的に示したのが図6である。いずれも南庇に上達部座が、南広(孫)庇には殿上人座が設けられている。これら両者の会場の装束について前者については『中右記』同日条に、後者については『兵範記』同日条にそれぞれ

其儀如臨時客

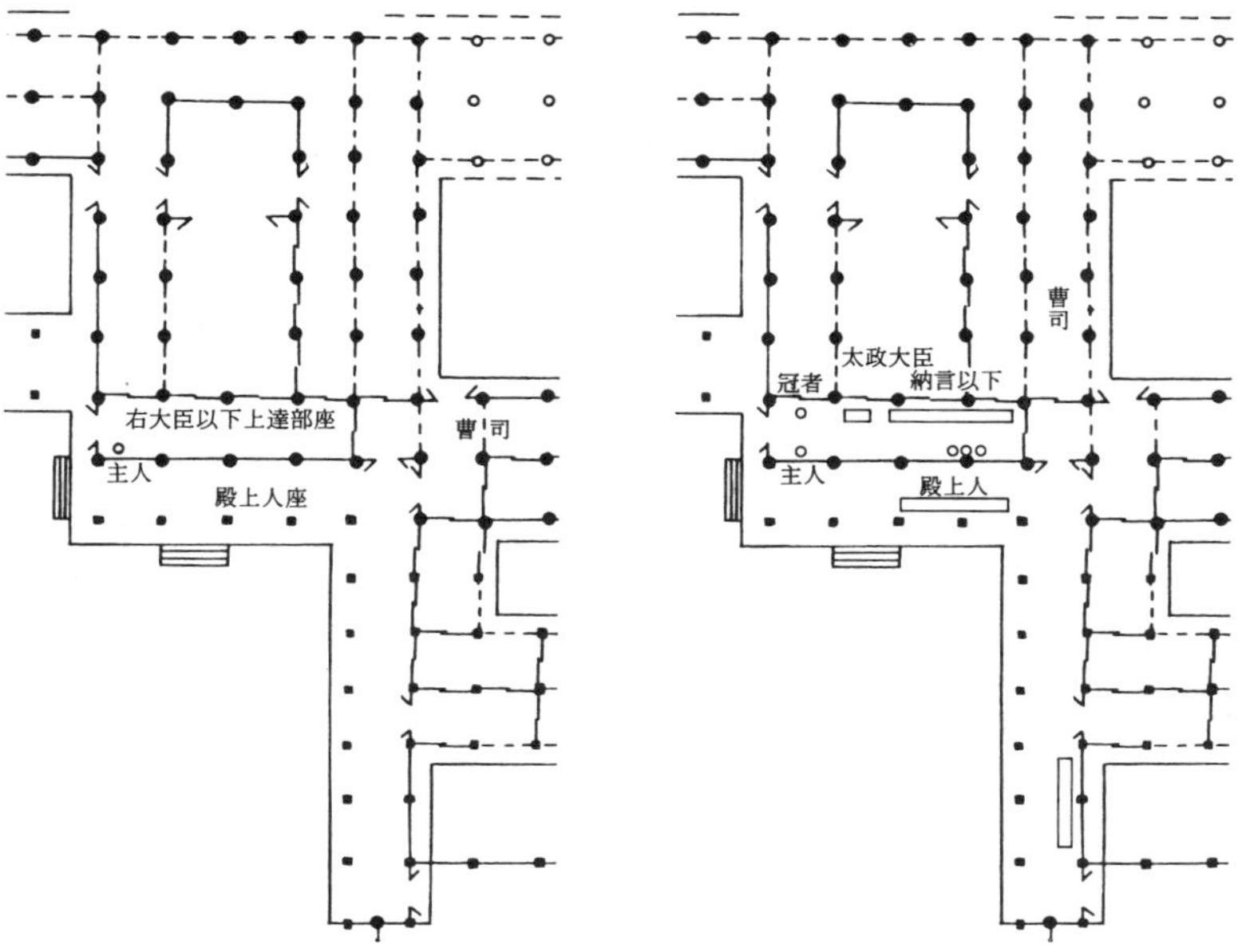

大治5年(1130)4月19日　　保元3年(1158)正月29日

図6　東三条殿東対に於ける元服儀復元図　その2（平面は太田静六氏による）

　　如臨時客

と記されている。

　表3は、寝殿および東対での三例について、参加者を一覧にして示したものである。いずれの場合も理髪は位の低い者がつとめるが、加冠は大臣がその役割を果し、またこれ以外の参加の公卿等の位階や人数もほぼ同様であったことが知られる。即ちこれら寝殿と対との違いは単に冠者が嫡男か否かの違いのみであり、それ以外ではなかった。しかも東対で行われた大治五年（一一三〇）の藤原頼長の場合は前にも述べた様に寝殿で行われるべき筈の例だったのである。

　さて、次に寝殿や対以外で行われた元服についても一瞥しておこう。前項では寝殿、対のみならず出居、曹司、侍所等も元服の会場として用いられたことを紹介している。『山槐記』治承三年（一一七九）正月十日条によれば、左衛門権佐藤原光長の嫡男長房の元服が光長兄で右中弁経房朝臣の勘解由小路南万里小路東亭で開催され、寝殿西北子午廊が会場として用いられた。

　参加者着座の後、一、二献があり冠者が着座、次いで理髪・加冠となり最後に引出物や禄が出される。加冠の後の饗応の無いことが寝殿、対での場合と異なっている。

表3　東三条殿に於ける元服儀の参加者

会場	寝殿	東対		
開催年月日	寛治2年(1088)正月21日	大治5年(1130) 4月19日	仁平元年(1151) 2月16日	保元3年(1158)正月29日
主人	摂政 藤原師実	関白 藤原忠通	左大臣 藤原頼長(ヵ)	関白 藤原忠通
冠者	藤原忠実(叙正五位下)	藤原頼長(叙正五位下)	藤原隆長(叙正五位下)	藤原兼実(叙正五位下)
加冠	右大臣 源 顕房	右大臣 藤原家忠	内大臣 藤原実能	太政大臣 藤原宗輔
理髪	高階能遠、藤原為隆	源雅兼(蔵人頭)	藤原朝隆(蔵人頭)	源雅頼
公卿	右大臣 源 顕房 内大臣 藤原師通 大納言 藤原実季 中納言 源 家賢 参議 源 俊実 他	右大臣 藤原家忠 大納言 源 能俊 藤原忠教 中納言 源 顕雅 権中納言 藤原実行 源 雅定 参議 藤原宗輔 藤原伊通 散位 藤原経忠	内大臣 藤原実能 大納言 藤原宗輔 権大納言 藤原公教 中納言 藤原公能 権中納言 藤原季成 藤原清隆 藤原忠雅 藤原忠基 参議 藤原資信 散位 藤原兼長	太政大臣 藤原宗輔 右大臣 藤原基実 大納言 藤原重通 権中納言 藤原基房 参議 藤原光忠 他
殿上人	参加あり	7、8人	上総介資賢朝臣以下	参加あり

参加者は加冠の役が『山槐記』の記者、権中納言右衛門督藤原忠親で、彼以外はすべて殿上人や地下人であった。この点に於ても寝殿や対での場合と異なっている。

『山槐記』同日条には指図（図7）が収められており、唐錦茵の加冠座を始めとする恐らく殿上人等の座の様子が具体的に知られる。加冠座について、

予経座下着茵、寝殿西北子午廊也

と記されるが、この文と指図を照らし合わせると加冠座が置かれた屏風で囲まれた部分の廊が西子午廊ということになる。しかし冠者座と冠者（若君）について見ると、

先散位信賢取冠者圓座、敷東一間北屏風前、…〈中略〉…次若君…〈中略〉…自座下方経南簀子着座

とあって、冠者の座が東一間の北屏風前に敷かれ、ここに冠者（若君）が着座するのに参加者の座の下位の方から南簀子を通過したことが知られる。通常冠者座は加冠座の近辺に置かれるので[106]、この場合の冠者座の位置は図中の加冠座の右側にあったものと思われる。とすると、これらの座が設けられた場所は子午廊ではなく実は卯酉廊であったと考えられるのである。中門廊に諸大夫座が配されているが寝殿の西北卯酉廊には殿上人座が東を上位として設けられていたことになる。即ち、これら廊に参加者の座は地位に応じて中門から奥の方に下位から上位へと配されていたのである。

以上、元服会場について寝殿と対については特に東三条殿の寝殿と東対を、それ以外の会場については勘解由小路南万里小路東亭の寝殿西北卯酉廊を取り上げ、

平面規模と儀式空間との対応関係を具体的に見てきた。いずれに於ても参加者の座は平面形式・規模の相違に関わらずそれぞれに応じて配置されており、これら両者の関係は極めて柔軟であったことを窺うことが出来る。主要な参加者公卿と殿上人の座に着目するならば、これらの間に空間的序列関係が成り立つ様な規模であれば良く、寝殿での場合南庇と西庇が、東対の場合は南庇と南広(孫)庇がこれにあてられていた。但しいずれの例に於ても用いられた門あるいは中門の反対側が上位の席となっている。この点については勘解由小路南万里小路東亭の寝殿西北卯酉廊での場合も同じであった。これら以外の他の例について例えば寝殿での場合は宇治小松殿、松殿、六条堀川殿、対での場合は寛弘八年(一〇一一)、長元四年(一〇三一)の閑院東対、寛弘八年(一〇一一)の上東門第に見るといずれも同様であったことが図2から窺える。

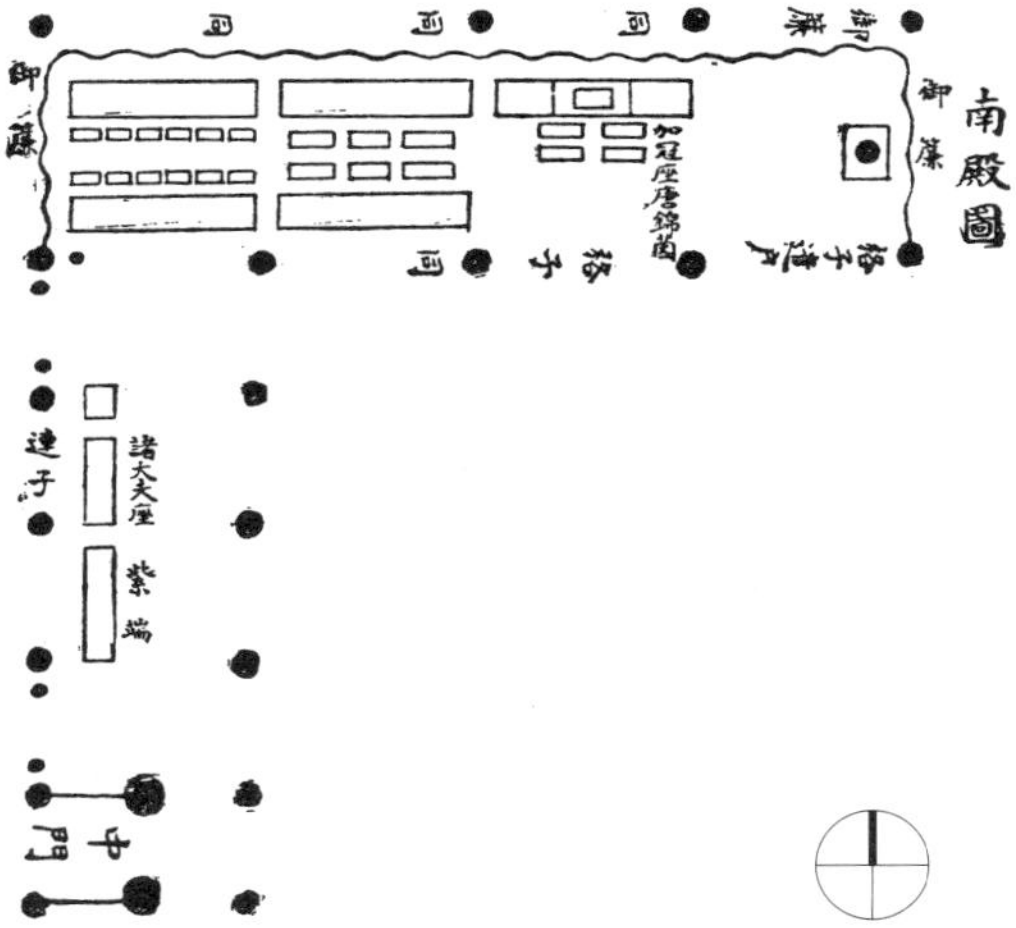

図7　勘解由小路南万里小路東亭に於ける元服儀指図(『山槐記』による)

繰り返すことになるが、公卿座、殿上人座に着目すれば、これらの配座方式に相応しい平面規模は特には存在しなかった。通常、対で行われた「臨時客」の公卿座、殿上人座は南庇、南広(孫)庇に設けられることが多かったが、平安末期以降の対を欠いた住宅では寝殿が会場として用いられ、この座は南庇と東あるいは西庇に配されていたことが想起される。

〔四〕おわりに

本節では一〇世紀中期以降に貴族住宅で行われるようになった貴族の子弟等の元服について、寝殿、対、曹司・出居・侍所が会場として用いられ、またこれらがどの様に使い分けされていたのかを明らかにしてきた。そして、これらに於て儀式空間がどの様に展開されていたのかについても具体的に検討を加えてきた。

概ね、寝殿は主催者の息男の、対は息男や甥など血縁関係にある者の、曹司等は家司など主催者と主従関係にある者の子などの会場として使い分けられてきたと言える。しかしながら、一二世紀前半から寝殿は嫡子の、対は庶子の会場として使われる様になったものと思われる。一二世紀初めに成立したとされる『江家次第』巻第二十[107]に、「一人若君元服事」の項目があるが、ここには嫡子、庶子の区別が記載されず、また、会場が寝殿なのか対なのかについても明記されていない。これはこの時期までの元服儀の内容の反映と考えられる。また江戸時代の有識故実書『冠儀浅寡抄』[108]には、

古者行之於廟後世無家廟者於正寝…〈中略〉…然而嫡家子必行之於正寝之廂…〈中略〉…庶流末子者乃於東西對及出居(廂或廊)曹司等行之

と記されるが、これは本節での検討によれば、元服会場についての一局面を示したものと考えられる[109]。

いずれにせよ寝殿と対は元服の会場として共に用いられてきた。この儀式空間がどの様に展開されてきたのかを、寝殿、対以外の会場の場合も含め、主として公卿座と殿上人座の配置方式に着目して見ると、これらはそれぞれの平面規模に応じ柔軟に設定されていた事が知られる。寝殿西北卯酉廊が会場となった場合も含めて考えると、参加する人々の座の間に序列関係が成立するような平面規模であれば良く、充分に対応が可能であった。

しかし、これらの座は無秩序に配置されたのでは決してなく、儀式時に役割を果した中門や門の位置との間に一定の関係が認められた。即ちこれらから遠い方を上位、近い方を下位の座とした点に留意すべきであろう。

本節の主要な目的は、元服を通して儀式時の用法と平面形式・規模との相関関係を探ることにより、平安時代貴族住宅の儀式時に於ける空間的性質を解明しようとする点にあるため、以上のことを結論として導いた。しかしながらこれらの検討を通し解明すべき新たな課題が浮かび上がってきたのもまた事実である。それは、一二世紀の前半から何故寝殿が嫡男の元服会場として使われる様になったのかということである。東三条殿について見ると、寝殿と対との間に元服儀の次第や装束そして参加の人々の相違は認められなかったが、元服時に於ける寝殿と対の使い分けにはこれらの間の平面形式や規模の違いではなく、貴族住宅に於けるこれらの間の性格の違いが関わるのではないかと思われる。この問いに対し本節では充分に応えられないが、例えば東三条殿に於て通常は東対が摂関の御所として用いられていたにも拘らず、移徙の際には寝殿が御所とされたこと等が解決の糸口となるかもしれない。

かつて、寝殿で行われた代表的儀式たる「正月大饗」と対での代表的儀式たる「臨時客」を取りあげ、「臨時客」は公卿・殿上人・諸大夫からなる新しい貴族社会の構成・秩序に対応するためにこれらの中の上位に位置する「公卿・殿上人」を対象として確立された儀式であり、これを「正月大饗」の秩序（律令制による太政官の秩序）で膠着した寝殿で行うのは支障が多かったためそのための会場を対に求めた、とする意見が提出されたことがあった。(110)しかし「元服」に於てはその主要な参加者は「臨時客」と同様「公卿・殿上人」であり、この説からすると「元服」も新しい貴族社会の秩序に基づいたもので、従ってその会場は対ということになるが、実際は対のみならず寝殿も会場として用いられていた。また東三条殿に於ては寝殿と対がこの説とは異なった理由で使い分けられていた。儀式時に於ける寝殿と対の性格の解明については、この説をも踏まえ、歴史的背景をも含めた多角的視点からの考察が必要とされるのである。

註

1　川本重雄「寝殿造の典型像とその成立をめぐって(下)」（『日本建築学会論文報告集』第三三三号、昭和五十八年一月）。同「正月大饗と臨時客」（『日本歴史』第四七三号、昭和六十二年十月）。
2　拙論「寝殿造の変遷およびその要因について」（『古代文化』第三九巻第一一号、昭和六十二年十一月）。本章第二節参照。
3　寝殿と対を会場として用いた儀式として他に「加茂詣」「春日詣」がある。これらについては本章第一節で紹介しているが、詳細な検討は改めて行うことにしたい。
4　『西宮記』巻第十一、『江家次第』巻第十七、巻第二十、いずれも新訂増補故実叢書。
5　『平安時代史事典』平成六年四月、角川書店。藤原良房以降を示す。但し、女性については元服に関係しないので省略してある。また経通の男経仲、頼長の男隆長と範長は所載の図に記載されないので補っている。
6　念のために図1に示される各人物について『尊卑分脉』『公卿補任』等の記載をもとに元服に関する記録の有無を確認している。
7　主人の役割に関し、『江家次第』巻第二十、一人若君元服事には次の様に記されている。「自内裏遣御冠、（五位藏人爲使、入柳筥、御倉小舍人着衣冠相從、）主人自相合、藏人奉御冠退、若於廂相逢給者、立座自簀子敷進獻冠於主人歸、無祿、」即ち主人は、儀式開始前に内裏からの冠を受け取っている。
8　表1の住宅について、久安五年（一一四九）の宇治小松殿、治承二年（一一七八）の松殿、治承四年（一一八〇）の六条堀川殿は太田静六氏により対が存在しなかったことが明らかにされている。承徳二年（一〇九八）の一条殿、保元二年（一一五七）の春宮亮亭はいずれも低位の者の住宅であり、対の存在が確認できない。保延三年（一一三七）、天養元年（一一四四）の大炊御門高倉家は内大臣藤原頼長の住宅ではあるが、やはり対の存在が確認できない。同時代の宇治小松殿の様に寝殿、二棟廊、中門廊などにより成っていたものと推せられる。

9　『小右記』には主人がこの儀の進行をつとめたことが記されているが、この主人とは藤原道兼のことと考えられる。

10　『小右記』『権記』正暦四年（九九三）正月二十八日条。

11　例えば後で紹介する同時代の右大臣藤原実資の小野宮は寝殿と共に東西の対を有していたことが吉田早苗氏により明らかにされている。吉田早苗「藤原実資と小野宮第」（『日本歴史』三五〇号、昭和五十二年七月）。町尻殿で対は嘉承二年（一一〇七）の枇杷殿での場合の様に冠者の曹司とされた可能性もある。

12　通常中門に近い側に下位の者が、離れた側には上位の者が座を占める。

13　仮に西対が会場でこの様な配座方式で行われたとすると、この元服に参加した公卿らの入口は西対の北方の北中門ということになる。この町尻殿には西中門が存在し、正暦四年（九九三）に開催された道兼の大饗ではこの西中門が重要な役割を果した。管見によれば町尻殿には北中門が存在しなかった可能性が高く、元服の際も西中門が入口として用いられたものと推せられる。とするならばやはり、この会場が西対であった可能性は極めて低くなる。臨時客の際の公卿座、殿上人座の位置の具体的姿については、一〇世紀末に遡って知られる。配座方式は様々であった（本章第一節第三項、図5）が、これら両者の座はすべて中門・中門廊からの位置関係によって決められていた。臨時客や元服の様な重要な儀式については、遅くとも一〇世紀末にはこの様な秩序のもとに座の配置がなされていたものと思われる。いずれにせよこの場合の会場は寝殿であったと考えておきたい。

14　『小右記』によれば参加の公卿は大納言藤原道長以下であり、大臣で父親の藤原道兼が主人役を果したものと思われる。

15　『殿暦』康和二年（一一〇〇）七月十七日条。

16　『中右記』に、「家主内府従本在端座」とある。

17　『平安時代史事典』（前掲註5）も同様の見解をとっている。

18　『尊卑分脉』による。

19　『尊卑分脉』『平安時代史事典』（前掲註5）。

20　『中右記』に、「公卿殿上人參集之後殿下出御客亭、…〈中略〉…内府被着奥座上、居主人弁加冠饌」とあり参加の公卿は内府以下であったことから殿下（忠実）が主人の役割を果したことが知られる。

21　この元服が枇杷殿のどの殿舎を用いて行われたのかについては不明である。また、この枇杷殿が道長に属したことについては、太田静六『寝

殿造の研究』昭和六十二年二月、吉川弘文館参照。
22 『中右記』康和四年（一一〇二）正月二日条、他。
23 藤原忠通に関し、『永昌記』大治四年（一一二九）七月二十二日条、『台記』康治二年（一一四三）正月二日条、他。藤原基実に関し『山槐記』応保元年（一一六一）十一月八日条、他。
24 『兵範記』仁安三年（一一六八）八月十九日条、他。
25 『尊卑分脉』。
26 『台記』康治二年（一一四三）正月二日条、八月二十二日条。『兵範記』久安五年（一一四九）十月二十五日条。
27 『玉葉』同日条に、「然而今度依無主人、…」とある。
28 公季は閑院を居処とし、閑院流の祖とされる。『尊卑分脉』、『権記』長保三年（一〇〇一）四月二十一日条、他。
29 『権記』の元服条の他、『小右記』治安元年（一〇二一）七月二十五日条、八月十九日条、長元元年（一〇二八）九月十五日条。
30 『栄花物語』巻二七、三一、三二、『尊卑分脉』、『平安時代史事典』（前掲註5）。
31 『尊卑分脉』。
32 橋本義彦『藤原頼長』昭和三十九年九月、吉川弘文館。
33 『中右記』によれば、南庇西一間に関白殿の円座が敷かれた。この円座は主人座である。
34 前掲註32。
35 『台記』久安四年（一一四八）四月二十七日条。
36 表1参照。
37 『台記別記』によれば参加したのは内大臣以下の公卿、殿上人達であった。主人円座は南庇西一間に設けられたが、これが左大臣頼長の席であったと思われる。
38 『兵範記』には、南庇西第一間に主人座としての円座が敷かれ殿下御座とされた。
39 表1参照。
40 太田静六、前掲註21。氏によれば第一期土御門殿（上東門第）に相当する。
41 前掲註5。
42 『小右記』同日条。
43 『小右記』寛仁二年（一〇一八）六月二十七日条、寛仁三年（一〇一九）正月二日条。

44 太田静六、前掲註21。なおこの時期の土御門殿は氏によれば第二期土御門殿（上東門第）とされる。

45 『小右記』長徳元年（九九五）四月六日条。

46 『公卿補任』によれば、隆家は長和三年（一〇一四）十一月から寛仁三年（一〇一九）までの間大宰権帥の役にあった。

47 『御堂関白記』には「我引出加官馬」とあるがこれは道長が加冠の役割をした道綱に引出物として馬一疋を与えたという意味であり、従って引用文に「官」とあるのは註記される様に、「冠」の誤りである。

48 吉田早苗「藤原実資と小野宮第」（『日本歴史』第三五〇号、昭和五十二年七月）。

49 『尊卑分脈』および表1参照。

50 註記される様に、上東院は上東門院の誤りと考えられる。

51 『小右記』。

52 『小右記』長保元年（一〇二八）八月五日条、同九月十五日条。

53 『尊卑分脈』。

54 大日本古記録の『後二条師通記』では家光カと註釈するが、大日本史料では特に註釈を加えていない。

55 関白内大臣であった藤原師通はこの時期二条東洞院第を用いていた。『中右記』嘉保元年（一〇九四）十二月十三日条、同永長元年（一〇九六）正月三日条、他参照。

56 『尊卑分脈』および図1参照。

57 『後二条師通記』同日条に、「亘立四尺屛風六帖、端一座敷之、奥座、（余料、）」とあり、藤原師通の座を奥座にしたと読める。通常主人座は東三条殿での儀に見る様に端座とするがこの場合は異なっている。この点に若干の疑問が残るが、参加者の中から主人を探すと師通が最も相応しい人物と考えられる。

58 『史料綜覧』ではこの男について某とするが、大日本史料では憲俊とする。『尊卑分脈』によれば、雅俊の男に憲俊の兄として顕重、顕俊、顕親、俊親がいたことが知られる。

59 『中右記』天永二年（一一一一）四月九日条、『殿暦』同四月二十七日条。

60 『中右記』長治元年（一一〇四）七月十一日条、同長治二年（一一〇五）十月二十七日条、他。

61 『公卿補任』永治元年（一一四一）の項。

62 太田静六、前掲註21。

63 『尊卑分脈』。

64　後述する天永二年（一一一一）の忠基元服、仁平三年（一一五三）の頼盛男元服などの記録により知られる。
65　『小右記』同日条。以下、出居等での開催の出典は表1参照。
66　太田静六、前掲註21。
67　『小右記』万寿四年（一〇二七）十二月二十八日条。
68　この時期藤原忠実は高陽院を御所として用いていた。『中右記』天永二年（一一一一）八月十四日条、他。
69　『殿暦』同日条、『尊卑分脉』。
70　『中右記』『殿暦』同日条。
71　忠実のこの時の御所が鴨院であることについては『中右記』九月三十日条、他。
72　『殿暦』康和四年（一一〇二）七月五日条。
73　以上の記述は『中右記』同日条、『尊卑分脉』による。なおこの住宅は中御門亭と考えられるが、出居の位置は不明である。
74　橋本義彦、前掲註32。同書によれば元服の久安六年（一一五〇）十月以降の記事には徳法師と記されると言われる。
75　『台記』天養元年（一一四四）正月二十八日条、二月十一日条。『台記別記』久安四年（一一四八）八月九日条、他。
76　『台記』久安四年（一一四八）十二月七日条。
77　『兵範記』仁平二年（一一五二）三月十六日条、他。
78　『兵範記』仁平三年（一一五三）七月十六日条。
79　『兵範記』仁平二年（一一五二）十月五日条。
80　『兵範記』仁平二年（一一五二）八月十七日条、同十八日条。
81　他に藤原忠通、藤原基実がこの押小路殿を用いたことが知られる例として『兵範記』保元元年（一一五六）九月二十五日条、他がある。
82　『玉葉』同日条および『尊卑分脉』による。
83　『玉葉』仁安二年（一一六七）正月二十八日条、同承安三年（一一七三）十一月十五日条、他。
84　『玉葉』治承三年（一一七九）十二月二十二日条。
85　この時期藤原兼実が九条殿を用いたのは、『玉葉』承安三年（一一七三）八月十七日条に、九条殿から六条坊門大宮第に移ったとあることから知られる。
86　中臣重武が随身であったことは、『玉葉』承安元年（一一七一）十一月二十七日条。
87　『尊卑分脉』。

88 『山槐記』同日条。

89 『玉葉』承安三年(一一七三)十一月十六日条によると、藤原兼実は転居先の六条坊門大宮第から九条殿に戻っている。

90 『玉葉』『山槐記』同日条。

91 ここで用いられた出居は、公卿座と関係する対の南面出居と異なり、言わば内出居に相当するものと考えることも出来る。第五章第一節参照。

92 出居廊の具体的姿は東三条殿に窺うことが出来る(太田静六、前掲註21)。

93 侍廊の具体的姿は東三条殿に窺うことが出来る(太田静六、前掲註21)。

94 但、ここで注意しなければいけないのはこれらの事例が東三条殿や摂関家住宅に偏っていることである。従って、ここに述べたことがこれらの住宅に特有の性質であった可能性についても考えておく必要があるだろう。

95 長治二年(一一〇五)の源雅実の二男雅定の会場は寝殿であるが、嘉承二年(一一〇七)の嗣子藤原忠通については寝殿であり、また大治五年(一一三〇)の藤原頼長の場合は本来は寝殿で行うべきとされる。頼長は嗣子の役割を持たされていた。従って、一二世紀初めからこの時期までに寝殿は嫡子(嗣子・一男)の会場として位置づけられたものと思われる。

96 関口裕子『日本古代婚姻史の研究』(一九九三年二月、塙書房)。

97 前項でとり上げ検討した例とは必ずしも一致しない。前項では会場としての寝殿、対等の使い分けの要因の解明に主眼を置いたため、寝殿での例を検討する際には対が存在しない住宅を除外していたが、本項では寝殿や対の平面形式・規模と儀式空間との対応関係を見るのが主目的であるので、これらも含め検討する。また、前項で検討の対象としたものでも同様の理由から公卿座、殿上人座の位置が知られないものは除外している。

98 寝殿の平面規模について、東三条殿、宇治小松殿、松殿、六条堀川殿については、太田静六、前掲註21。町尻殿、三条西洞院殿、枇杷殿については、表1の各史料参照。対の平面規模について、東三条殿については太田静六、前掲註21。土御門殿(上東門第)については本章第二節、閑院および二条東洞院第については、表1の各史料参照。

99 太田静六、前掲註21。

100 『兵範記』同日条。なお前項で紹介した、嘉応二年(一一七〇)四月二十三日の基通の場合は近衛殿寝殿が用いられた。『玉葉』によれば、殿上人座が設けられたことは知られるが、これが公卿座末の南庇であったのか、西庇であったのか判然としない。

101 大日本古記録では為高を為隆の誤りと見ている。

102 例えば東三条殿寝殿を主会場として用い、参加者の座が元服と同様東を上位として配された「大饗」では、参加者は西門より参入している。

103 寝殿の復元平面は太田静六氏によっている。

104　例えば東三条殿東対を主会場として用い、参加者の座が元服儀と同様西を上位として置かれた「臨時客」では参加者は東門、東中門より参入している。

105　対の復元平面は太田静六氏によっている。

106　東三条殿東対について、保元三年（一一五八）正月二十八日の兼実の元服では、加冠座の西間、主人座の北側に置かれた。また同じく仁平元年（一一五一）二月十六日の隆長元服では、南庇のうちの西方に敷かれたことが推定される。

107　新訂増補故實叢書。

108　東北大学図書館蔵狩野文庫。

109　仮に嫡家子を嫡子、庶流末子を庶子ととると、この内容は本節での検討の一局面を示したことにはなる。しかし、これらの語の意味も曖昧である。また、同書には正寝、対などで行われた例が紹介してあるが、これらは十分な検討をもとに分類されたと言うことは出来ない。例えば治承三年（一一七九）正月十日に勘解由小路南万里小路東亭の寝殿西北子午廊で行われた元服を正寝での例としている。

110　前掲註1、川本重雄「正月大饗と臨時客」。

第三章　里内裏時に於ける貴族住宅の空間的秩序

第一節　内裏様式里内裏住宅の空間的秩序

〔一〕はじめに

平安宮内裏が火災等の事情により使用する事が出来なくなった時、京中の上級貴族などの住宅を一時期皇居として用いる事があった。これを里内裏という。

太田静六氏は、桓武天皇の平安遷都以来、順徳天皇の承久元年（一二一九）までの四百二十五年間の里内裏前期を次の三期に分けて考える事が出来るとしている。(1)

第一期　里内裏発生時代（内裏全盛時代）
　平安遷都—天徳四年（九六〇）
第二期　里内裏続出時代（内裏受難時代）
　天徳五年—永承三年（一〇四八）
第三期　里内裏全盛時代（内裏衰退時代）
　永承四年—承久元年（一二一九）

即ち、第一期とは内裏の全盛時代で里内裏は殆ど現れないが、第二期になると里内裏が盛んに営まれる様になり、これが第三期に入ると内裏は漸くその存在が認められる程度でこれに反して里内裏の方は全盛を誇る様になったとされる。なお里内裏後期とは、これ以降明治元年の東京遷都に至るまでの六百四十八年間を指している。

太田氏はまた里内裏を規模の点から分類して次の様に述べている。「その第一は、従来から存在せる離宮や邸宅等を、ほぼその儘里内裡として利用せるものであり、その第二は、これらの邸宅を里内裡とするに際して内裡風に改造せるもの、或いは多少内裡風に新造せるものであり、其第三は最初から里内裡として、出来るだけ内裡造に営まれたものである。」氏によれば、一二世紀初めの土御門烏丸殿をもって、第三種里内裏の嚆矢とされる。鎌倉時代については閑院がこの例として知られているが、承久元年（一二一九）に内裏が焼失してからは里内裏が文字通り内裏としての役割を果すようになった。以来、明治維新までの間これら第三種里内裏が我国住宅史上に占めた位置は極めて大きかったと言うことが出来よう。これらの里内裏に於ては、近世に至るまで古代的儀式が保存されてきたが、その会場としては主として紫宸殿、清涼殿が用いられてきた。(2) これら里内裏ではいずれも平安宮内裏に倣い、南庭に面して紫宸殿が置かれ清涼殿はその西側北方に配されている。紫宸殿、清涼殿の位置関係は平安宮内裏と同一であった。

さて、第一章でも述べた様に平安宮内裏に於て儀式空間は必ずしも左右対称的に展開されていたのではなく、例えば「節会」等について見ると紫宸殿の南北中心軸より東側の部分が主要な場とされ、参加した王卿らは南を向く天皇の左手に位置を占めていた。即ち、天皇に向かう東西方向軸上に西を上位とする空間的秩序が形成されていた。また清涼殿に於ても、貴族達は東を向く天皇の右手に北を上位として位置を占めていたのである。

ここでは、第三種里内裏、即ち平安宮内裏に倣って造営された内裏様式里内裏について古代から近世までの数例を取り上げ、主として紫宸殿に於ける儀式時の秩序の向き即ち、平安宮内裏での場合に対する向きに注目し、またこれらと紫宸殿、清涼殿の配置方式との関係を検討することによって里内裏住宅の儀式空間としての性質について考えてみたい。

ここで扱うのは、平安時代の土御門烏丸殿、鎌倉時代の閑院、二条富小路殿、室町時代の応永度・康正度内裏、近世江戸時代の慶長度内裏である。

〔二〕土御門烏丸殿

土御門烏丸殿の平面規模については、すでにいくつかの研究がなされている。(3) これらによれば、この里内裏は大略平安宮内裏を模して造営された。紫宸殿、清涼殿の一部を描いた指図(4)が知られ、この周りはかなり忠実に建造されたと考えられている。また宣陽殿、軒廊などの位置も平安宮内裏に倣って紫宸殿を通る南北中心軸より東側に設定された。但し、南門は設けられていない。太田静六氏によれば、土御門烏丸殿は土御門南烏丸西に存したが保延四年(一一三八)十一月二十四日に一度焼失しその後同様に再建されている。この里内裏は鳥羽、崇徳、近衛天皇によって用いられた。

さて、里内裏となるに当たり内裏の各施設がこの里内裏の殿・廊などに割り当てされるが、『中右記』大治四年(一一二九)正月七日条に、

被向日花門、(東中門外立表杌、中務丞二人、…〈以下略〉)

とあり、また同記元永二年(一一一九)二月十五日条に、

而此皇居雖里亭、公卿座在左仗陣、又被作宜陽殿也

と記される様に、東中門が日華門とされ、公卿座は左仗即ち紫宸殿の東脇に設けられた事が知られる。これらの位置は平安宮内裏のそれに準じたものであった。また、同記元永元年(一一一八)正月朔日条に、

以東中門擬承明門也

とも記される事から、東中門は内裏の南門たる承明門の役割をも果し、従って東門が正門として設定されていた事が知られる。東門が正門と見做されまた日華門、宜陽殿が内裏に倣った位置に配されたので、紫宸殿に於ける儀式時の空間的秩序の向きは平安宮内裏での場合に倣った事が予想されるのである。

元永元年(一一一八)正月七日、「白馬節会」がここで開催された。『中右記』同日条によれば、内大臣藤原忠通が内弁をつとめたが、

内侍持下名臨東檻、内府經軒廊、於東階外指笏三《自カ》長押許登給、(先左足、)賜下名着宜陽殿代兀子、…〈中略〉…次右大将以下人々着外辨座、…〈中略〉…内辨謝座昇、開門、闈司分居、…〈中略〉…少納言公章參入就版、内辨宣、刀禰召(セ、)右大將、藤大納言、源大納言、右衛門督、予、治部卿、別當、源宰相中將、藤宰相、左宰相中將、右宰相中將、新宰相中將、右大辨列立、謝座謝酒、入從軒廊二間各着堂上座、二省率敍人參入、内辨召源宰相中將、(顯政、)給宣命、諸卿下從殿列立、(西面北上、異位重行、)(5)

とあって、天皇の御座す紫宸殿の中心軸より東側の部分が主要な場となり平安宮内裏での場合と同様に行われた事が知られる。南庭あるいは紫宸殿上での公卿らの位置等についての具体的記述はないが、文意より見て天皇の左手に西が上位となる様に座を占め、あるい

は列立したものと考えられる。[6] 他の節会について見ても、同じ方式のもとに行われていた。[7] さらに言えば、雨儀の際には本来南庭に置かれるべき公卿らの列立の版位が宜陽殿[8]に置かれていたし、[9] 天皇の出御の無い平座の時には宜陽殿に饗座が設けられていた。[10] 即ち、これらの点から見ても平安宮内裏の場合と同様であった事が知られる。

大治四年(一一二九)正月朔日の崇徳天皇の「元服」に関し、加冠の摂政太政大臣と右大臣が昇殿する事について『中右記』同日条には、

殿下脱靴、登自西階、南行更東折、立簀子敷第二間揖、(東面、)右大臣於東壇上乍立洗手了、(諸司奉仕、)不脱靴、登自東階、南行西折、立簀子敷第二間揖、(西面、…〈以下略〉)〈付点筆者〉

と記される。加冠の後、天皇は一時北廂に入御し、再び南殿に出御するが、盃を進める事については、

右大臣又洗手、昇自東階、…〈中略〉…太政大臣洗手、昇自西階　〈付点筆者〉

とされる。『江家次第』巻第十七によれば、平安宮内裏での天皇の「元服」時には加冠の太政大臣は西階より、大臣は東階より昇殿していた。[11]「御元服儀」は「節会」等の様な明確な左右非対称的空間構造をとってはいなかったが、空間の性質は東西で異なっている。この様な儀式も平安宮内裏の儀に倣って行われていたのである。この時期の他の諸記録[12]を検討してみても、土御門烏丸殿の紫宸殿に於ける儀式はすべてこの様な方式で行われた事が知られる。

土御門烏丸殿の清涼殿は平安宮内裏と同様紫宸殿の西側北方に位置した。久安三年(一一四七)十二月十一日、この日天皇は初めて孝経を読んでいるが、『台記別記』同日条によると東庇の南第四間に御座を東向に設け、南第五間に摂政座を南面する様に、また(東)広廂南第五間に博士座、同三間に尚復座、一、二間には公卿座を北が上位となる様に西向きに設けた。出居座、殿上人座は清涼殿南側右青鎖門東辺に西が上位となる様に北向きに配された。即ち、公卿以下の座は東を向く天皇の右手に北を上位として設けられたことになる。また『中右記』大治二年(一一二七)正月朔日条によれば、「小朝拝」の際に清涼殿の東庭に参入した公卿らは北が上位となるよう西向きに列立した。清涼殿に関する用例は多くはないが、ここで見たいずれもが平安宮内裏での方式に則って行われた事を示している。

〔三〕閑院（建暦度）

太田静六氏によれば、鎌倉時代の閑院内裏は建暦から建保年間にかけて造営された建暦度内裏と、これが建長元年（一二四九）に焼失したのち再建された建長度内裏とから成っている。(13) これら両者の規模は大略同じであったとされるから、ここでは建暦度内裏を取り上げ検討を加えることにする。氏の復元によれば特に紫宸殿、清涼殿は位置、規模共に平安宮内裏のそれを忠実に模したものであった。宜陽殿、軒廊、日・月華門も平安宮に倣った位置に設けられたものと見做されている。但、土御門烏丸殿と同様正式の南門は設けられなかった。

さて、紫宸殿での儀式については『広橋家記録』貞応二年（一二二三）正月七日の「白馬節会」の条からその具体的様子を窺うことが出来る。即ち、

内侍臨東檻東面居、内弁左大臣起宜陽殿兀子、來東階下、昇橋二三級、取下名、内侍授之、攝政殿令立東庇給、…〈中略〉…内弁著宜陽殿、…〈中略〉…内弁於軒廊東二間斜行練歩、到左仗南頭南去七尺、西出五寸、西面立謝座、昇堂上、次開門闈司著、…〈中略〉…外弁王卿上首右大臣練歩立標、…〈中略〉…次群臣著堂上兀子

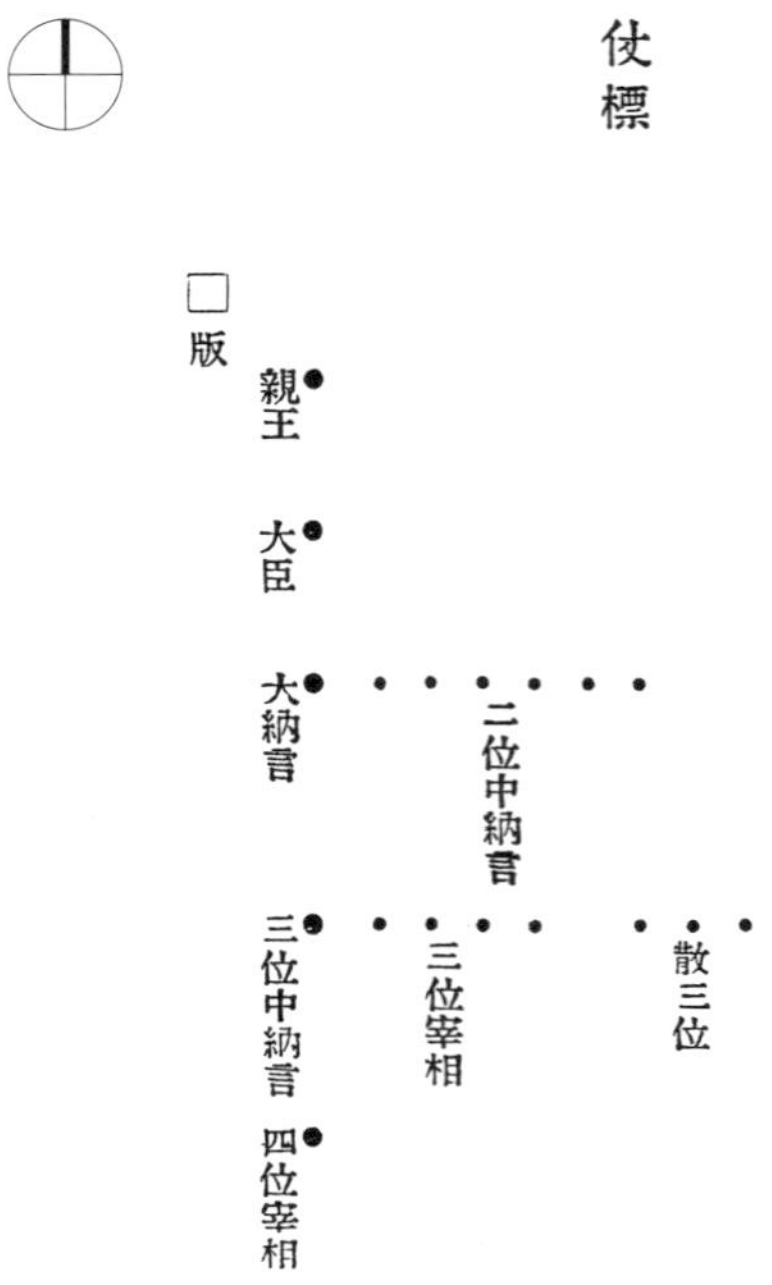

図１　閑院内裏に於ける元日節会の王卿の列立図
（『広橋家記録』による）

と記され、土御門烏丸殿の場合と同様、東半部が重視され平安宮内裏の儀に倣って行われた事が知られる。この例からは南庭に王卿らがどの様に列立したか、そして紫宸殿上でどの様に座を占めたのかについては知られないが、同記嘉禄元年（一二二五）正月朔日条には「元日節会」の際の王卿らの南庭での列立の様子が示されている（図1）。これによれば、南庭の南北中心軸上に設けられた版に対して東側に王卿の標が立てられ、しかもこれが北上の秩序と同時に、西上の秩序のも

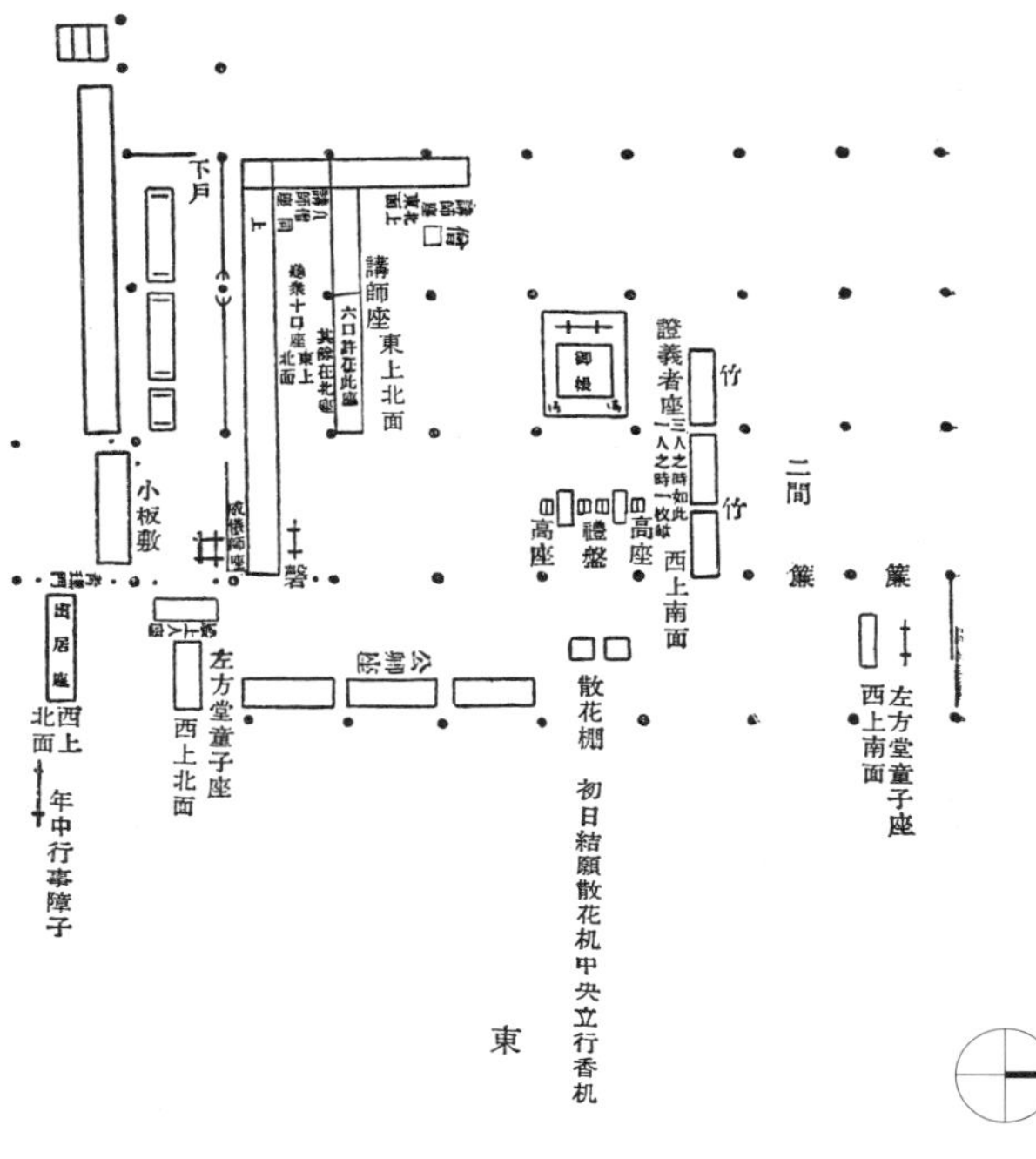

図２　閑院内裏清涼殿に於ける最勝講指図（『民経記』による）

とに置かれた事を知ることが出来る。第一章で推定復元した平安宮での「元日節会」の図に対し、西を上位とする秩序がより明確に表現されているのが認められよう。また平座の際にはやはり宜陽殿に饗座が設けられたし、(14) 雨儀の際にも同様宜陽殿が使われていた。(15) 貞応元年（一二二二）正月三日の「天皇元服」について見ると、(16) 加冠の太政大臣が西階、左大臣が東階から昇殿しており、やはり平安宮内裏の儀に則って行われた事が知られる。(17)

清涼殿での儀式についても全く同様であり、例えば安貞二年（一二二八）十月二十六日の「最勝講結願」について『民経記』に指図（図2）が掲載されるが、内裏での儀と殆ど同じ装束のもとに行われたことが知られる。即ち、東向きの御帳の右手に公卿座、殿上人座が設けられるが、これらの座は北を上位として配されていた。

〔四〕二条富小路殿

二条富小路殿は二条北富小路東に位置を占めた。この里内裏については川上貢氏の研究があるが、(18) ここでは主に紫宸殿、清涼殿の用法に焦点を当てて考えてみることにする。この里内裏は、文保元年（一三一七）四月十九日より花園天皇、文保二年（一三一八）二月二十六日より後醍醐天皇、元弘元年（一三三一）十月十三日より光厳天皇、元弘三年（一三三三）六月五日より再び後醍醐天皇によって用いられた。

規模については川上氏が詳しく考察しているが、管見によれば建武三年(一三三六)の焼失までに少なくとも二度、改造あるいは増築がなされたと考えられるので、まずこの点について概説しておきたい。

正和四年(一三一五)上棟、文保元年(一三一七)遷幸時の規模について

二条富小路殿は『花園天皇宸記』の遷幸時の記録に、

大略摸閑院、但間數多以減少、但清涼殿不滅、依無便宜也

とあって、閑院に倣って造営された事が知られ、整った配置構成をとっていたものと考えられる。しかしながら、同記同条により陣座は紫宸殿西南方の校書殿に、また四足門は敷地西面の富小路に面して設けられた事が知られる。[19] 即ち、陣座は平安宮内裏に対し東西逆転した位置に設定されていた。

元応二年(一三二〇)以降の規模について

『花園天皇宸記』元応二年(一三二〇)七月十七日条に、

今夜行幸常盤井殿云々、是軒廊可被東引之故云々

という、軒廊を西から東に引き移す工事のため常盤井殿に行幸する旨の記述が見られるが、同七月二十二日条には、

今日内裏軒廊被引之云々、然而轆轤破繩切、纔一尺許所引也云々

と記されて、ロクロの綱が切れたため軒廊は一尺程しか動かせなかった事が知られる。しかしながら、同十二月四日条に、

傳聞、内裏宜陽殿丹波國工等引了云々、内裏御惱其後無殊事云々、

傳聞、宜陽殿被引事、自此春沙汰、大和國工等參雖引之不叶、所々長押等引折遂不叶、忽遇八幡神輿事不遂此事、大和國匠等遂以空下向、不叶之間、又召丹波國匠云々、而去二日夜御惱之間引之、御所中人都不知云々、後聞、軒廊同引之、(但白書引之云々、)不經時剋、又無寸分之破損云々、誠是工匠之達者歟

とあることから、春からの懸案であった宜陽殿と軒廊の移動が終わった事を知ることが出来る。[20] 平安宮内裏に於て軒廊は紫宸殿の東脇、宜陽殿は東側南方に位置したから、この時これらは正式に平安宮に倣って配置されたことになる。従って、これ以降日華門が南庭への正式な参入口として用いられたものと考えられ、これに対応する位置の東四足門が左衛門陣に擬定されたものと思われる。[21] またこれに

伴い、南殿西廂の格子が壁に変更されたものと推定される。(22) この様に、宣陽殿や軒廊はそれ以前に対し東西逆転した位置に設けられたのである。なお、改造の前、後ともに南門の存在は知られない。

元弘三年（一三三三）〜建武三年（一三三六）の間の規模について

元弘三年（一三三三）六月五日、後醍醐天皇は二条富小路殿に還御された。この二条富小路殿について『太平記』には、

諸卿議奏シテ曰、帝王ノ業、萬機事繁シテ、百司位ヲ設、今ノ鳳闕僅ニ方四町ノ内ナレハ、分内狭クシテ禮儀ヲ調ルニ所ナシ、四方ヘ一町ツヽ廣ケラレ、殿ヲ建、宮ヲ造ラル

と記される。(23) この文面の内容をそのまま受けとる事は出来ないが、敷地が拡張され建物が整備された様子は窺うことが出来よう。(24)

さて、二条富小路殿の儀式時の用法についてであるが、元弘三年（一三三三）以前をとり上げ宣陽殿、軒廊が東に移される前と後に分けて考えてみよう。

文保元年（一三一七）六月二日、還幸後初めての「旬儀」がここで開催された。『花園天皇宸記』同日条によれば、装束について混乱があったようであるが、紫宸殿のそれについては、

御帳帷三方巻之、…〈中略〉…西第三間西柱東頭立加兀子、（大臣三脚、兩面、納言四脚歟不定、参議長床子一脚也、）始起自第二間東柱西頭立之、後立加兀子之間及柱東歟、西廂西頭立獨床子一脚長床子一脚、爲出居侍従座、（獨床子在南、）御帳西間中央立皇太子倚子、無毯代、御帳後敷兩面帖爲執柄座

と記され、平安宮内裏の場合と東西逆に、即ち天皇の右手に公卿の座が配された事が知られる。これらの座は通常天皇に近い方が上位となるため東を上位にしたものと思われる。また大臣奏については、

内侍出屏風南妻、副障子西行、經出居床子前、出南西妻戸、居西階上、即歸入、頼教扶持之、次右大臣參上、（持書杖、）出自西階之上磬折

とあって、紫宸殿の西階が使われ、やはり平安宮内裏での儀と東西逆転する形で行われていた。

改造以後の紫宸殿での儀式としては、建武二年（一三三五）十一月朔日に行われた「旬儀」が知られる。『朔旦冬至部類記』によれば、

南面廂額間（御帳間也）之東間以東、立大臣以下兀子等、（西上北面一行也）其前立臺盤五脚、（四尺四脚、八尺一脚也、兼不立之、依召立之、）

東廂南第一間立出居次将弁侍従床子、其前立臺盤二脚、南廂西第二間案御膳酒具、……〈中略〉……宣陽殿西廂東壁下立酒番侍従床子二脚

とあり、また大臣奏についても、

内侍出臨東檻、右府揖離列入軒廊、就案跪搢笏取表函、(不取花足)昇東階、(三級許歟、不見及也、)授内侍

とあって、改造以前に対し、東西が入れ替わった様に行われた事が知られる。大臣以下の座は平安宮内裏での場合と同様天皇の左手に西を上位として配されていた。

清涼殿での儀式については、冬至に関する諸記録により知られるが、装束が具体的に記されたものを見出す事は困難である。しかしながら、後醍醐天皇宸作とされる『建武年中行事』[25]によれば、平安宮内裏での場合と同様であったことがわかる。例えば、「五日叙位」については、

清涼殿の御簾をたれてひの御座の間にはしに半帖をしく。四季の御屛風を南西北にたてめぐらして。三尺の木丁を御座のかたはらに立たり。そのまへのひさしに執筆の圓座をしく。關白の座北にあり。南二間。すゑは西におれて上達部の座をしく。

と記される。即ち、天皇の右手に上達部の座が敷かれたのであった。

この様に二条富小路内裏に於ては、元応二年(一三二〇)の改造を境に紫宸殿で行われた儀式時の空間的秩序の向きは東西逆転したのである。

〔五〕応永度内裏、康正度内裏

応永度内裏は、応永九年(一四〇二)十一月に後小松天皇が遷幸してから嘉吉三年(一四四三)九月に焼失するまでの間存続したもの、康正度内裏は康正二年(一四五六)七月の後花園天皇遷幸後百年以上に渡って存続したものを指している。応永度内裏、康正度内裏ともに前の土御門東洞院内裏の跡を受け南に半町拡大して一町四方としたもので、土御門北東洞院東に位置した。

応永度内裏については、藤岡通夫氏によりその規模が紹介されているが[26]、これによれば、中央の紫宸殿に対し前庭を囲むように、東

に春興殿、日華門、西に宜陽殿、月華門が配されていた。また軒廊、陣座は紫宸殿の西脇に設けられている。紫宸殿の西側北方には清涼殿、東北には小御所、そして北には対屋が配されている。紫宸殿と清涼殿の位置関係および南庭周囲の建物の配置方式に、平安宮内裏に倣って造営しようとした意図を窺う事が出来る。但、宜陽殿と軒廊そして陣座は平安宮内裏と反対の西側に置かれ、また正式の門たる四足門は西面の東洞院大路側に開かれていた。南門はやはり設けられていない。

古記録によれば、紫宸殿の儀式としては応永十三年(一四〇六)正月朔日の「元日節会」[27]、同七日の「白馬節会」[28]、応永十九年(一四一二)十一月一日の「朔旦冬至旬儀」[29]が知られるが、いずれも平安宮内裏での儀と東西が逆転する様な方式で行われている。藤岡氏は宮内庁書陵部蔵、応永十年元日節会図を紹介しているが、これによれば公卿座は天皇の右手に配されている。従ってこれらの座は東を上位としたものと思われる。

応永度内裏の清涼殿の平面は閑院、二条富小路殿などのものと異なっているが、古代的儀式は昼御座が設けられた東面で行われたものと推定される[30]。

康正度内裏の規模については、京都御所東山御文庫記録丙九所収の内裏指図[31]が知られているが、これによれば清涼殿の平面がより複雑化してはいるものの、主要な部分に関しては応永度のそれを踏襲していたことが認められる。即ち、紫宸殿での儀式についても応永度と同様であったものと推定される。

〔六〕慶長度内裏

慶長度内裏は徳川氏が造営した最初の内裏であり、全体の規模もそれまでのものと比較してかなり大きなものとなっている。全構については、藤岡通夫氏により指図が紹介されている[32]。前の康正度内裏で清涼殿内に設けられていた常御所が独立して別棟となったため、全体の構成は複雑化しているが、紫宸殿、清涼殿および日・月華門、宜陽殿、軒廊などの配置方式は、前代のものを踏襲していた。但、敷地の南面に南御門が開かれた点でそれまでのものと異なっている。敷地が拡大されたにもかかわらず宜陽殿、軒廊などが平安宮内裏の位置に倣って設定されず、依然として四足門は西面に設けられ、従って宜陽殿、軒廊、陣座も紫宸殿の西側に配された事が注目される。また清涼殿は平安宮のものと比較し平面の変化が著しいが、東面した昼御座に古制を残している。

紫宸殿の用法を元和二年(一六一六)の「元日節会」に窺うと、『資勝卿記抄』には、

天皇出御、次内辨著宜陽殿兀子、内侍臨西檻次内辨深揖、内侍歸入ル、…〈中略〉…次開門、…〈中略〉…次公卿参列庭中標、(東上北面、異位重行、)

と記される。即ち、南殿の西半部が主要な役割を果し、南庭での公卿らも東を上位とした秩序のもとに列立した。また、元和五年(一六一九)正月七日の「白馬節会」は雨儀でありしかも天皇の出御がなかったが、公卿らは宜陽殿の土間に列立している。(33)

この時期になると、清涼殿に於ける古代的儀式の種類は、「四方拝」、「小朝拝」に限られてくる様であるが、その際には古制に従い東面が用いられた。(34)

慶長度以降、寛政度の復古様式までの寛永度、承応度、寛文度、延宝度、宝永度の各内裏についても、紫宸殿、清涼殿、軒廊、陣座、宜陽殿、四足門の位置関係は同じであり、(35)基本的には慶長度と同様の使われ方であったものと見做すことが出来る。(36)

〔七〕おわりに

内裏様式里内裏住宅について、紫宸殿、清涼殿の位置関係および宜陽殿、軒廊、陣座の配置、そして紫宸殿での儀式時に於ける空間的秩序の向き(平安宮内裏に倣って公卿らが天皇の左手に西を上位として位置する場合を←で示し、その逆に天皇の右手に東を上位とする場合を→で示す)に着目して整理したものが表1である。これを見ると、これらの里内裏に於ては紫宸殿、清涼殿の位置関係は不変であり、しかも宜陽殿や校書殿などで南庭を囲む配置型式が受け継がれてきたのを認めることが出来る。里内裏に於ても平安宮内裏のこの様な配置型式が理想であった事が知られるのである。しかしながら、紫宸殿での儀式時に於ける秩序の向きは、必ずしも平安宮内裏の儀に則ったものとはなっておらず、二条富小路殿の様にこれが途中で東西入れ替わる様な例さえ存在していた。この儀式時の空間的秩序の向きは、正門が東に置かれるか西に置かれるかに大きな影響を受けたと思われるが、その位置はその住宅の敷地条件或いは、時々の状況により定められたものと考えられる。これらの条件に従い宜陽殿、軒廊或いは陣座が東または西に配されたものと推定され

表１　内裏様式里内裏に於ける紫宸殿、清涼殿の位置及び紫宸殿での儀式時に於ける空間的秩序の向き
（⇐…西上位、⇒…東上位）

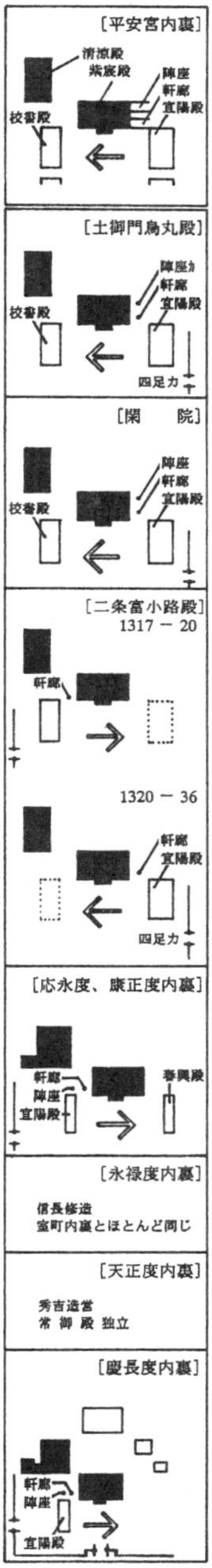

る。これに対して、清涼殿で行われた儀式はいずれの場合も平安宮内裏の儀に倣い、東を向いた天皇の右手に公卿以下が位置する、即ち北を上位とした秩序のもとで行われたものと考えられる。この秩序の向きが一定しているのは、ここでは充分には示し得なかったが清涼殿あるいはその東庭への参入口が天皇の右手（南側）に固定していたことに関わるものと推される。いずれにせよ、紫宸殿と清涼殿との位置関係が不変であったにもかかわらず紫宸殿での儀式時に於ける秩序の向きは変化し得た。この事は換言すれば、紫宸殿と清涼殿は敷地全体を統括する一つの大きな空間的秩序体系に組み込まれて存在していたのではなく、それぞれが独立した空間的秩序を形成していたことを意味している。

本節では、内裏を模して造営された里内裏について検討したが、次節ではこれら以外の里内裏を取り上げ古代的儀式空間の特質をさらに探ることにしたい。

註

1 太田静六「平安鎌倉時代における里内裏建築の研究」(『建築史研究』一九、昭和三十年二月)。

2 里内裏の正殿は紫宸殿(代)、南殿(代)などと呼ばれるが、ここでは紫宸殿と表記することにする。清涼殿(代)についても同様清涼殿とする。

3 太田静六、前掲註1。鈴木亘「平安宮仁寿殿の建築について　その二　平安時代初期の仁寿殿と里内裏における仁寿殿代」(『日本建築学会論文報告集』第二五八号、昭和五十二年八月)。川本重雄「土御門烏丸内裏の復元的研究」(『日本建築学会論文報告集』第三三五号、昭和五十九年一月)。

4 『台記別記』康治二年(一一四三)正月十八日条。

5 この西面北上の列立は、昇殿した王卿が下殿した際のもので、昇殿する前に南庭に列立した際のものとは異なる。

6 公卿らが昇殿するのに南殿南東脇の軒廊より入ったこともこのことの傍証となる。

7 『中右記』大治二年(一一二七)正月七日条、同正月十六日条、同大治四年(一一二九)正月七日条、同正月十六日条。

8 前掲註4『台記別記』の指図によれば、南殿の西南方には校書殿が配されている。宜陽殿については、『台記』久安二年(一一四六)十二月二十日条により軒廊、陣座と連結されていた事が知られ、南殿の東南方に存在した事がわかる。

9 『中右記』長承二年(一一三三)正月十六日条。また、正月朔日条もそうであったと考えられる。

10 『中右記』大治五年(一一三〇)九月九日条。

11 「元服」時の儀式空間の装束については、次節の東三条殿に関する部分で詳説する。

12 『中右記』『台記』『兵範記』『殿暦』。

13 太田静六「閑院内裡の研究」(『建築学会論文集』二九、昭和十八年五月)。

14 『明月記』建保二年(一二一四)十月一日条、同建保三年(一二一五)十月一日条。

15 『民経記』嘉禄元年(一二二五)正月七日条。通常南庭に置かれるべき宣命版、列立標が宜陽殿西庇に設けられている。

16 『天皇元服部類記』(大日本史料所収)。

17 太田静六氏は前掲註13のなかで、仁治二年(一二四一)一月五日の『四条院御元服記』の指図を紹介しているが、この装束も平安宮内裏での「元服」儀と殆ど一致している。

18 川上貢『日本中世住宅の研究』(昭和四十二年十月、墨水書房)。

19 川上貢氏は『門葉記』巻第六、熾盛光法六、元弘三年(一三三三)十一月十五日条を引き、京極西棟門の存在を示し、さらに、同記、元応二年(一三二〇)六月十八日条との比較よりこの棟門が左兵衛陣に擬定されたとしている。しかしながら、後述する様に、元応二年時には京極面に四足門が存在したと推定され、また、遷幸翌年の文保二年（一三一八）正月七日に行われた白馬節会について『花園天皇宸記』には「内辨催白馬、（隆有降殿催之、）自日華門渡西出月花門」とあるが、この日・月華門は、それぞれ東西中門に相当すると考えられるので、これに対応した位置に四足門が設けられていたと考える事も可能である。即ち、花園天皇の遷幸時には、氏の言う様に、西門のみに四足門が設けられたのではなく、東面にもこれが設けられていたと想像されるのである。

20　しかしながら、前掲、『花園天皇宸記』文保元年（一三一七）四月十九日条に、「以校書殿爲陣座」とあり、寝殿の西方に校書殿の存在した事が記してある。元応二年のこの条は或いは、この校書殿を新たな宜陽殿として引いたことを示したものかもしれない。この様に考えれば、陣座もこれに伴って東に移った事になる。移動についての記載はこれのみであり、他の殿舎はそのままであったと考えられる。

21　時代は下るが、建武元年（一三三四）五月九日、北山第への方違行幸について、『行幸部類記』によれば左衛門陣より出御している。

22　『花園天皇宸記』文保元年（一三一七）六月二日条によると、「西廂格子三間上之後立々蔀」とあって西面は格子であった事が知られるが、川上貢氏が示す『門葉記』建武二年（一三三五）閏十月七日条の指図によれば、同所は三間ともに壁と記され、これに対して東面は格子と記されている。宜陽殿が西から東に移されるに伴い、東西の壁の仕様が変更されたものと思われる。

23　『太平記』十二、建武元年（一三三四）正月十二日のこととして記される。なお、「方四町」とあるのは、平安時代で言う一町四方のことと考えられる。

24　大日本史料による。この時、承明門が新たに設けられたものと思われる。『朔旦冬至部類記』建武二年（一三三五）十一月朔日条によれば、承明門は南面して設けられたことが知られる。

25　群書類従　巻第八五。

26　藤岡通夫『京都御所』（昭和三十一年七月、彰国社）。応永度内裏の指図は、『福勝院関白記』応永九年（一四〇二）十一月十九日条に見られる。

27　『荒暦』同日条。

28　『荒暦』同日条。

29　『朔旦部類』。

30　古記録によるも、清涼殿での儀式の例を見出すことは難しい。しかしながら、応永九年（一四〇二）十一月十九日のこの内裏への遷幸に際し、『福勝院関白記』によれば公卿座が清涼殿の（東）簀子南一、二、三間に設けられた事が知られる。また、菅円座が東庇の南三ヶ間に敷かれたが、それは北を上位とし対座する方式であった。

31　大日本史料第九編之八所収。

32　慶長度御造営、元和度御増築内裏指図および、慶長度御造営内裏指図、いずれも、藤岡通夫氏の前掲註26に収められている。

33 『資勝卿記抄』同日条。
34 『後水尾院年中行事』改訂史籍集覧。
35 但し、宝永度については四足門は西面せず、南面西端に設けられている。
36 各期の内裏の規模は、藤岡通夫氏の前掲註26に詳しい。

第二節　平安時代里内裏住宅の空間的秩序（一）
――紫宸殿、清涼殿の割り当てと寝殿に於ける儀式――

〔一〕はじめに

平安時代、里内裏として用いられた貴族住宅はかなりの数に上っている。前節では特に内裏様式里内裏を取り上げたが、本節ではそれ以外の里内裏についてその用法を検討することにより、平安時代貴族住宅の儀式時に於ける空間的性質をさらに鮮明に浮かび上がらせることを目的としている。具体的には、主要な儀式空間であった紫宸殿、清涼殿がそれぞれ貴族住宅のどの殿舎に割り当てられたのか、そしてこれらに於ける儀式時の空間的秩序の向きは平安宮内裏での場合に対しどうであったのかに着目し考察することにしたい。

本節で対象とするのは、院政開始期までの殆どの里内裏と、それ以降平安末期に至るまでの主要な里内裏であるが、一条大宮殿、二条東洞院殿、堀河殿、大炊殿、東三条殿、閑院、高倉殿、五条東洞院殿については時代順に詳しく検討を加えている。図1は、平安時代に用いられた里内裏の位置を示したものである。なお、これら里内裏の門の用法については本章第四節で検討する。(1)

〔二〕一条大宮殿

第一期一条大宮殿について

一条大宮殿は大内裏のすぐ東隣、一条南大宮東に位置を占めた。ここで言う第一期一条大宮殿とは太田静六氏の分類によるもので(2)、長徳年間（一〇世紀末）に道長の所領となってから寛弘六年（一〇〇九）に罹災するまでの間存続したものを指している。寝殿を中心として東対、西対、北対を有し、所謂左右対称型の配置構成をとっていたことが知られている(3)。この時期の一条殿は一条天皇の里内裏として用いられたが、その期間は以下の通りである。

長保元年（九九九）　六月　十六日〜同二年（一〇〇〇）十月十一日

長保三年（一〇〇一）十一月二十二日〜同五年（一〇〇三）十月　八日

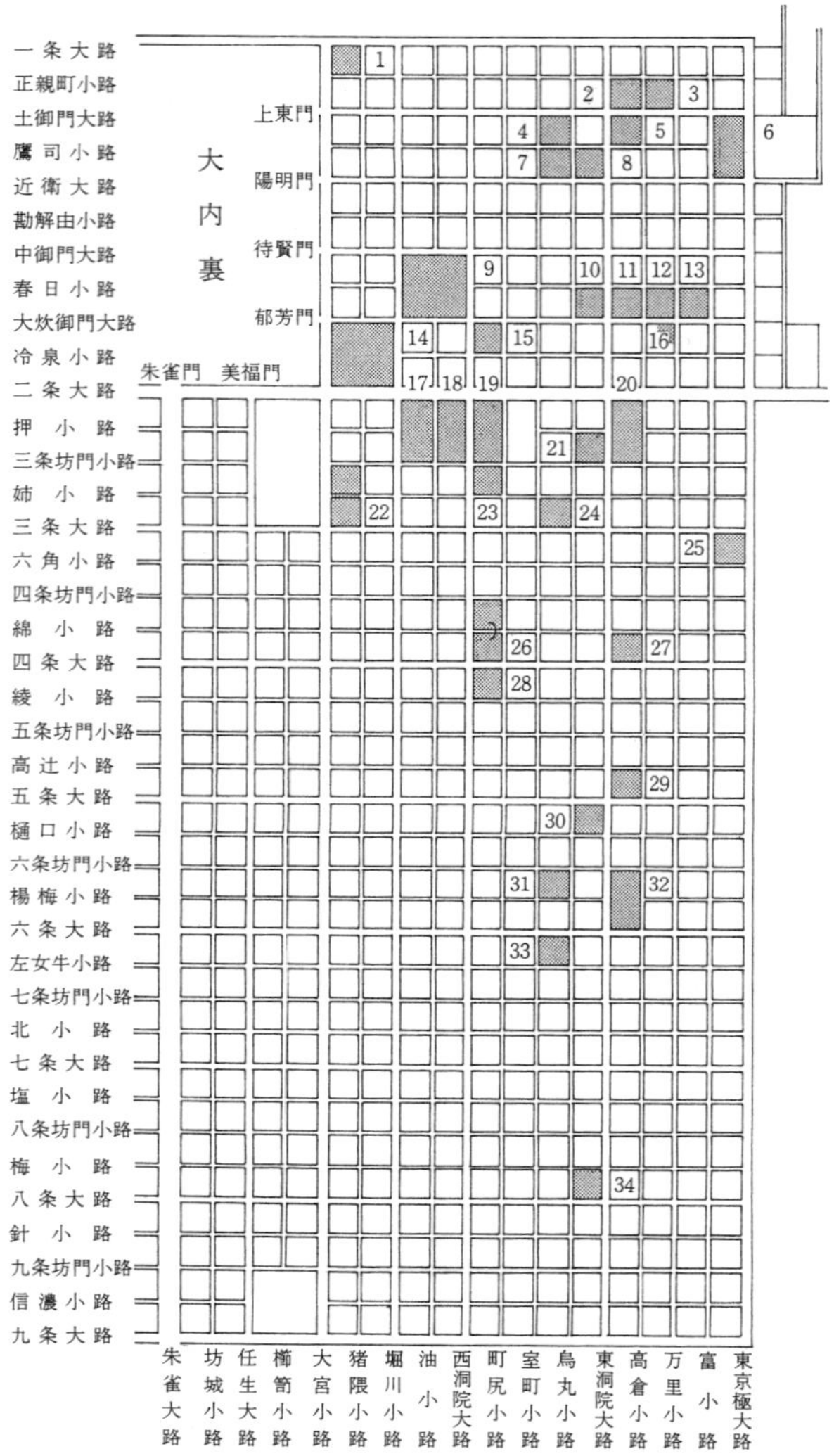

1 一条大宮殿　2 土御門正親町殿　3 土御門殿(土御門北・高倉東)　4 土御門烏丸殿　5 高倉殿　6 上東門第　7 近衛殿　8 枇杷殿　9 高陽院　10 大炊殿(大炊御門北・東洞院西)　11 大炊殿(大炊御門北・東洞院東)　12 大炊殿(大炊御門北・高倉東)　13 大炊殿(大炊御門北・富小路西)　14 冷泉院　15 大炊殿(大炊御門南・西洞院東)　16 大炊御門万里小路殿　17 堀河殿　18 閑院　19 東三条殿　20 二条東洞院殿　21 押小路殿　22 大宮第(推定位置)　23 高松殿　24 三条烏丸殿　25 三条京極殿　26 西洞院第　27 四条殿(四条北・東洞院東)　28 四条殿(四条南・西洞院東)　29 五条東洞院殿　30 五条東洞院殿　31 六条殿(六条坊門南・烏丸西)　32 六条殿(六条北・東洞院東)　33 六条殿(推定位置)　34 八条殿(推定位置)

図1　平安時代に於ける里内裏位置

寛弘三年（一〇〇六）　三月　四日〜同六年（一〇〇九）十月　五日

さて、『権記』長保二年（一〇〇〇）二月二十五日の彰子立后に関する条によれば、

南〔殿〕・装束准紫宸殿供奉、但間数減二間

とあり、南殿すなわち寝殿が紫宸殿に擬された事が知られる。[4] 天皇の御所については、『小右記』長保元年（九九九）七月二十三日の「臨時仁王会」の条に、

参内、院中荘厳五箇處、（南殿・御在所・東西對・中門南面・西小門、）

とあって、東対、西対以外の場所にあてられていた。『権記』長保元年（九九九）七月十三日条に、

紫宸殿分用南殿、仁壽殿分用西對、綾綺殿分用東對、清涼殿分用御中殿、承明門分用西中門、建禮門分可用西門弁織部司南門等間

と記される様に清涼殿は中殿にあてられたが、この中殿については同記長保二年（一〇〇〇）八月十二日条の、

南殿西北廊（即中殿南廊也、）

という記述から、中殿の南廊が南殿の西北廊であったことが知られ、従ってこの中殿は北対のことであったことが導かれる。結局、清涼殿は北対にあてられていた事になる。この事は、後述する様に平安前期の内裏に於て中殿たる仁寿殿が天皇の御所として用いられていた事の影響と思われる。しかしながら、天皇の御所は北対のみに限られていたのではなかった。『権記』長保元年（九九九）七月七日条によると、天皇が北対に遷る前に一時東対に方違した事が知られ、また同十月二十三日条によれば天皇はまた東対に渡御した事が知られる。実際には前に述べた割り当てにとらわれない使い方もなされていたのである。

さて、紫宸殿での儀式としては、長保元年（九九九）十一月二十五日に行われた「豊明節会」の例が知られ、『小右記』には、

西剋許出御南殿、…〈中略〉…右大臣以下引着外弁、以西中門外南腋爲外弁、左大臣爲内弁、西中門不閇、外衞陣候本陣、群臣入自西中門、儀式如例、但參上自西階

と記される。すなわち、この一条大宮殿では紫宸殿南殿の南北中心軸より西側が重要な役割を果していた。平安宮内裏では南庭の東半分が主要な場とされ、また王卿らは東階より昇殿したので、この一条殿では内裏の儀と東西が逆転した様に行われた事が知られる。

また、長保二年（一〇〇〇）七月二十七日の「相撲節」に関して、『権記』には、

午剋御南殿、其装束、南廂中央間立大床子爲御座、…〈中略〉…南廂西第一二三合三間鋪王卿座、(如例准可知、)西又庇格子被鋪出居座、
御座西間長押下鋪筵爲内辨座、(西柱下也、)簀子下東爲殿上人座、西爲上官座

と記される。これを、平安宮内裏での儀を示した『雲図抄』(5)の図と比較すると、やはり東西が全く逆転した様に装束がなされていた。王卿の座は内裏での場合に対し天皇の右手に配されている。

この様に、第一期一条大宮殿に於ては、寝殿が紫宸殿として、北対または東対が天皇の御所として用いられたが、紫宸殿での儀式は、平安宮内裏の儀に対し、東西が逆転した、即ち鏡に映した様な秩序のもとに行われたという事が出来よう。

第二期一条大宮殿について

第二期一条大宮殿は、太田静六氏によると(6)寛弘七年(一〇一〇)に再建されたものを言う。『小右記』『御堂関白記』『権記』によれば、この時期の一条殿は、寝殿の他、東対、西対、北対、東北対、西北舎、東西両中門などにより成っていた。この一条殿は一条天皇および後一条天皇によって以下の期間里内裏として使われている。

寛弘七年(一〇一〇)十一月二十八日～同　八年(一〇一一)六月　十三日
長和五年(一〇一六)　六月　　二日～寛仁二年(一〇一八)四月二十八日

寝殿が紫宸殿として用いられた事は右に掲げたこの時期の諸記録により明らかであるが、天皇の御所については『御堂関白記』寛弘八年(一〇一一)六月十三日条に、

但御在所在西對

とされる。しかしながら『小右記』長和五年(一〇一六)正月十三日条には、

次可改立北對之日、(来月十四日、)、又可壊北對并始院[中]修造等之日、同勘申也、…〈中略〉…新帝先移御一条院東二對、其後造作了可渡給北對者

とあり、後一条天皇の御所は前の一条天皇の北対を壊して建て直したものにすべき事が知られ、また同年六月二日条にも、後一条天皇の遷幸に関して、

警蹕・鈴奏如初、二頭牛立中殿御前、(御在所、)

とあるので、前に紹介した西対のみならず中殿即ち北対も御所として用いられたことが知られる。

紫宸殿での儀式としては「豊明節会」をあげることが出来よう。『小右記』寛仁元年（一〇一七）十一月二十二日条には、

其後余着冗（兀）子、（〻〻立西對巽壇上、）…〈中略〉…仍起座、稱唯退歸、出自軒廊西第二間、（内裏儀出入東二間、此院以西替東、仍用西二間、）進右仗南、（平頭、）謝座左廻、（此間右中將兼經立座前、失也、）昇自西階着座、…〈中略〉…次群臣（小忌爲先、）參入、（諸卿經南・西等廊、列立西對巽、諸大夫不見、少納言用晴儀、公卿用雨儀、問案内于貫首大納言、云、參列間有小雨、頗勞詞欤、少納言傳雨儀喚、仍可答雨儀由欤、但少納言立壇上傳召由、後日大外記文義所申也、）就雨儀、（標猶在庭、）諸大夫不見、仍暫不仰、卿相咳、仍宣、侍座、謝座・謝酒了、參上着座、（小忌座在南廂西二三間、）

と記される。この時『小右記』の記者大納言藤原実資は内弁をつとめたが、西対の南東角に一時控え紫宸殿の西階より昇殿している。そして公卿らは本来は南庭に列立すべきところを、雨儀のためやはり西対の南東に列立した。また殿上の小忌座は紫宸殿南廂の西二三間に設けられた。平安宮内裏での内弁の座は、紫宸殿の東側南寄りにある宜陽殿の西壇に設けられたし、雨儀の際にはやはり宜陽殿の西壇が用いられ、また小忌座は紫宸殿南廂東第二間に配されていたので、この儀は内裏での儀に対して東西が逆転した様に行われた事が知られる。同年十二月五日に行われた「陸奥交易御馬御覧」に於ても同様であった[7]。

ところが、寛仁二年（一〇一八）正月三日に行われた後一条天皇の「元服」に関し、その前年の十二月十三日これに関する定事があったが、『小右記』によれば、

而上達部座在右仗、若可移左仗欤、（件事内〻有可被移左仗之定、事之子細見先日記、又今日壊東對南唐庇板敷改作、又有改造右近陣假名定欤、）可定申者

とあり、また『左経記』にも、

明年御元服後可出御八省否事、并一條院陣座可移左近陣否事等云々、是依御元服日儀式可相違也

とあって、右仗すなわち西に設けられた上達部座を東対の南唐庇を壊してまでも左仗すなわち平安宮内裏と同じ東に移すべきかどうかが議論されている。翌年正月三日の「御元服」儀の紫宸殿の装束を『御堂関白記』同日条に見ると、北廂の西二三四間の北面を除いた三方に屏風をめぐらし、その中央間に御座、その東に理髪座、西間に厨子を据え、御座の東北、南西に菅円座を敷いて、摂政、大臣の座

となしている。また式次第について見ると（紫宸殿母屋の）御帳の天皇に加冠する際に、太政大臣藤原道長は西階より、内大臣藤原頼通は東階より昇殿した事が推定される。天皇「元服」時の紫宸殿の装束および太政大臣、大臣が用いた階については、前節でも触れまた後に東三条殿のところで詳説するが、この儀は平安宮内裏の儀に準じて行われていた。

この様に、第二期一条大宮殿では紫宸殿として寝殿が用いられたが、天皇御所は北対または西対にあてられていた。また、紫宸殿での儀式は平安宮内裏の儀と東西が逆転する様になされたが、天皇一代一度の「元服」時には陣座を東に移し内裏の儀に則って催されたのである。

〔三〕二条東洞院殿

二条東洞院殿は二条南東洞院東に存した。ここで扱うこの二条殿は一一世紀中頃に藤原教通に属したそれを指している。この時期の二条殿は寝殿を中心として東対、南対（西対）、北対、西北対、戌亥角屋、東西両中門、東西両正門などにより成っていた。(8) この住宅は後朱雀天皇、後三条天皇によって以下の期間里内裏に使われている。

長久元年（一〇四〇）十月二十二日～同二年（一〇四一）十二月　十九日

治暦四年（一〇六八）九月　四日～同　年（一〇六八）十　月二十五日

里内裏として用いられた際の紫宸殿、清涼殿等の殿舎等への割り当てについては、長久元年（一〇四〇）十月二十二日の遷幸を記した『春記』に詳しい。これによれば、寝殿を紫宸殿に、南対（西対）を天皇御所に、東対南母屋を賢所御所にあてている。また、納殿、五節所も東対に設けられた。陣座はこの東対の南又庇に置かれている。さらに、五節所は北対に、女御御所は西北対にあてられた。左衛門左兵衛陣は東門外に、右衛門右兵衛陣は西門外に配されている。この様に、この二条殿に於て施設等の割り当ては東西の位置関係の点からするとほぼ平安宮内裏に準じて行われたものと見倣すことが出来る。

それでは紫宸殿における儀式はどの様に行われたのであろうか。長久元年（一〇四〇）十一月四日、天皇は遷幸後初めて紫宸殿に出御したが、『春記』同日条によれば、母屋に帳台、その東間に皇太子の座、南庇に公卿等座、東庇に出居座が設けられた。(9) また、

東対南廊には酒番侍従座が設けられている。そして、内大臣以下の公卿が昇殿する際には、東階が用いられた。同条に、

東西儀已同紫宸殿

と記される様に、平安宮内裏での儀に準じて行われたのである。同様の事は、同年十一月十七日に行われた「豊明節会」に於ても認めることが出来る。

南対(西対)にあてられた清涼殿(御殿)の用法は長久元年(一〇四〇)十二月二十一日の「京官除目」の例により知られる。『春記』十月二十二日条により昼御座は東向きに設けられた事が知られるが、除目の会場としても清涼殿のこの東面が使われている。即ち、母屋南第四間に天皇の御座が、そして東庇の、御座と対面する位置に関白、右大臣、内大臣の円座が置かれた。また、東庇の南三ヶ間には大臣座、納言座が、南端には参議座が横座に設けられた。これらの座は天皇の右手に北を上位として置かれていたが、これら座の配置は平安宮内裏清涼殿での方式と一致している。同年十月二十七日の「宇佐使進撥事」に於ても東面が使われていた。(11) しかしながら必ずしも東面のみが用いられたのではない。十一月十五日の「五節御前試」の際には、南庇、南唐庇が使われている。(12) そして舞姫来集座の位置に着目すると、この儀の装束は内裏清涼殿でのそれを九〇度右廻転したものに該当する事がわかる。十一月二十二日の「賀茂臨時祭」(13)に於ても南面が会場となっていた。南面が用いられた背景には、東面には透渡殿などがあって使いにくいという事と同時に、あるいは右に述べた、東面を用いた十月二十七日の条の、

件儀用孫廂是例也、此殿無其廂、仍可用東廂也者

と記される様な理由が働いたのであろうか。(14)

この様に、二条東洞院殿では紫宸殿、清涼殿等の殿舎等への割り当ての位置のみならず、紫宸殿、清涼殿での儀式時の秩序の向きまでもがほぼ平安宮内裏に則っていたと見做すことが出来る。

〔四〕堀河殿

堀河殿は二条南堀川東の地に南北二町を占めて位置した。ここで考察の対象とするのは、太田静六氏がその規模を復元された(15)一一世

紀後半期のもので、嘉保元年(一〇九四)に罹災したものに関してである。白河天皇、堀河天皇によって以下の期間里内裏として用いられた。

承暦四年(一〇八〇)　五月　十一日~同　年(一〇八〇)十一月　三日
永保二年(一〇八二)　八月　三日~同　三年(一〇八三)十二月二十　日
応徳三年(一〇八六)十一月二十六日~嘉保元年(一〇九四)十　月二十四日

里内裏として使われた時の各殿舎の割り当てを知るには『帥記』承暦四年(一〇八〇)五月十一日条が相応しい。この日白河天皇は新里内裏たる堀河殿へ遷幸したが、その際、清涼殿は西対に、殿上は西侍廊にあてられた。陣座は西中門南廊の南端方に割り当てられ、また中宮御所は東対、関白宿所は北対東妻に設定された。左右衛門、左右兵衛については門外にそれぞれの幄が立てられている。紫宸殿については特に記されないが、当然の事ながら寝殿が用いられたものと考えられる。また、『中右記』寛治七年(一〇九三)正月七日条によれば、宜陽殿は西廊(西中門廊)、承明門は西中門にあてられている。

紫宸殿での儀式としては「万機旬」があげられよう。寛治元年(一〇八七)四月二十三日、堀河天皇は即位後初めての「旬儀」を催したが、『為房卿記』によれば寝殿の中央に御帳、南庇額間の西間に大臣座、その西に連ねて大納言、中納言の座、その西の簀子に参議座、西又庇には出居座が設けられた。また、西中門北廊には酒番侍従座が置かれている。即ち、平安宮内裏での場合と異なり天皇の右手に東を上位として諸卿らの座が設けられた事が知られる。南階下の東には殿上人座、西には上官座が配されている。式次第を見ても、諸卿が昇殿するのに西階を用い、また台盤を供するのに東階を用いるなど、平安宮内裏での儀と東西逆転した様な秩序のもとに行われていた。承暦四年(一〇八〇)七月二十七日には「相撲召合」が開催されている。『帥記』同日条によると、南庇の南階の東間を御座とし、階間を関白座、御座の東方を中宮御所、階間以西三ヶ間を上達部座となしている。東対の南に幄を立て左相撲屋とし、また西中門南廊は右相撲屋とされた。酒番侍従座は西中門北廊に置かれている。この儀についても、「旬儀」と同様の事が言える。

しかしながら、堀河殿紫宸殿に於ける儀式がすべてこの様な方式で行われたのではない。寛治三年(一〇八九)正月五日、堀河天皇の「元服」が紫宸殿を会場として行われたが、『後二条師通記』同日条にその様子が詳しく記されている。母屋中央に帳台が置かれる他、北庇に天皇の御座、理髪座、厨子等が設けられている。指図(図2)によると、まさに平安宮内裏の儀[16]に準じた装束のもとで行われた事が知られる。儀式の次第を見ても、加冠の摂政は西階、大臣は東階より昇殿した事が知られ、この点からも内裏での儀に則っていたことが裏付けされよう。同様の例として「豊明節会」をあげる事が出来る。『後二条師通記』寛治四年(一〇九〇)十一月二十日条にその指図(図3)が掲載されるが、天皇の御座の左手に諸卿の座が配されていた。また、東透渡殿が軒廊にあてられている。これに従い、陣座も東に移されたものと推定される。前に述べた承暦四年(一〇八〇)の「相撲召合」は平安宮内裏の儀と東西が逆転した様になされたが、寛治

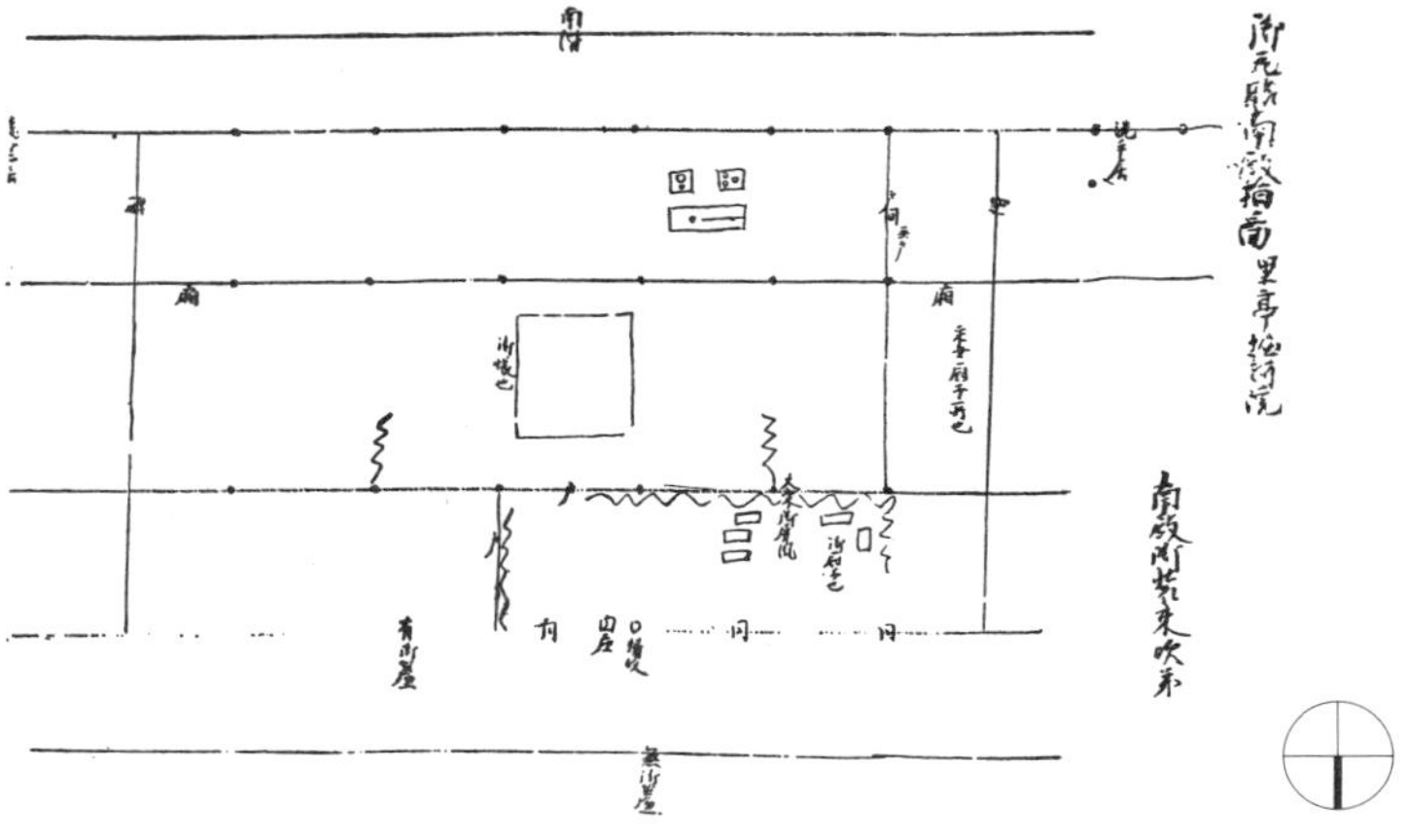

図２　堀河里内裏紫宸殿に於ける天皇元服指図(『後二条師通記』による)

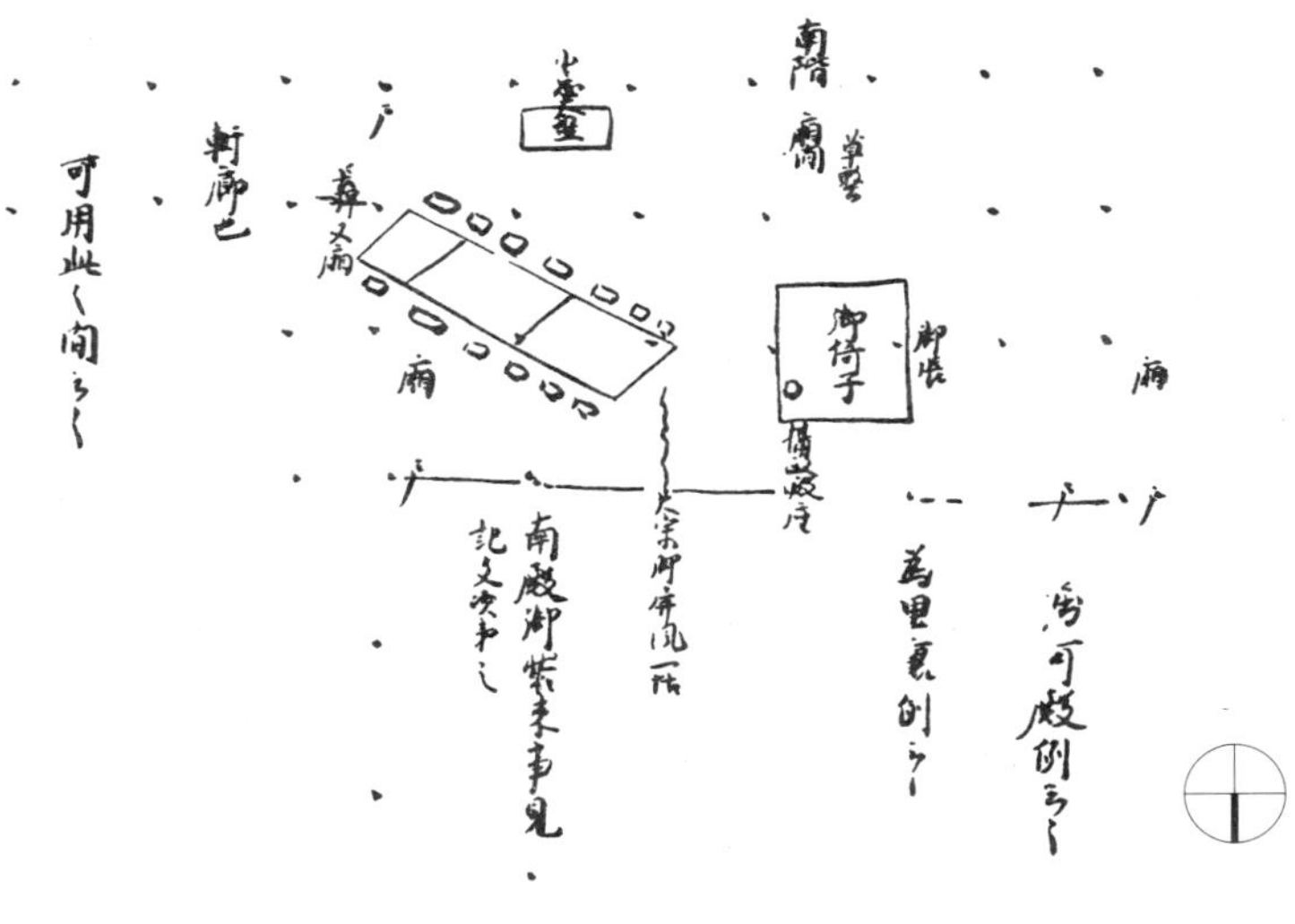

図３　堀河里内裏紫宸殿に於ける豊明節会指図(『後二条師通記』による)

五年(一〇九一)七月二十九日に行われた場合は逆であった。『後二条師通記』『為房卿記』によれば、公卿座は南庇の東三ヶ間に設けられており、この場合は、内裏の儀に倣って行われたものと見做すことが出来る。なお『中右記』同日条によれば、この時東中門が日華門に擬されていた。

この様に、この時期の堀河殿の紫宸殿に於ける儀式には、内裏の儀に則って行われる場合と、これに対し東西が逆転した様に、即ち鏡に映した様に行われる場合とがあった。これらに関して、管見により得られた用例をまとめて示したものが表1である。

さて、清涼殿として西対が用いられたが、昼御座は清涼殿の東面に東向きに設けられた(17)。寛治七年(一〇九三)正月五日の「叙位」の装束について『後二条師通記』には以下の様に記されている。

當日早旦裝束露臺、垂母屋御簾、卷東廂御簾、自南第三間鋪兩面端疊一枚、爲大臣座、第二間南行更西折、鋪綠端疊、爲納言・參議座、當御座間鋪所(行カ)菅円座、爲大臣座、(至于多少、可隨大臣之時、)鋪三枚、臨黃昏燈臺二基立御前、(一基立大臣座北、一基立納言前、各有打敷、)

表1　堀河里内裏紫宸殿に於ける儀式的秩序

	儀式	西暦	和暦	史料
A	天皇元服	1089	寛治 3.正. 5	後二条師通記
	豊明節会	1090	寛治 4.11.20	後二条師通記
	媞子立后	1091	寛治 5.正.22	後二条師通記
	相撲召合	1091	寛治 5. 7.29	後二条師通記
B	相撲召合	1080	承暦 4. 7.27	帥記
	万機旬	1087	寛治元. 4.23	為房卿記
	相撲召合	1092	寛治 6. 7.29	中右記、他
	白馬節会	1093	寛治 7.正. 7	後二条師通記
	篤子立后	1093	寛治 7. 2.22	後二条師通記
	元日節会	1094	嘉保元.正. 1	中右記
	白馬節会	1094	嘉保元.正. 7	中右記

A：内裏の儀と東西が合致、あるいは合致すると推定されるもの
B：内裏の儀と東西が逆転、あるいは逆転すると推定されるもの

即ち、母屋に東向きに御座す天皇に対して、天皇の右手、東庇に大臣以下の座が設けられたが、それらは北を上位とする秩序のもとであった。また、翌嘉保元年(一〇九四)正月朔日の「小朝拝」の様子を『中右記』同日条に見ると、

先有小朝拜、殿下以下着靴、立給射場殿、頭辨來告御出由、則入自仙華門代、列立御殿東庭、公卿一列、頭辨以下雲客十余輩一列

とあり、仙華門代より入り東庭で拝賀が行われた事が知られる。『中右記』寛治六年(一〇九二)三月二十三日条によれば、仙華門は(西対南側の)西廊小門にあてられていた。仏事にも清涼殿の東面が用いられた。寛治五年(一〇九一)十二月二十二日、「御仏名」が催されたが、『後二条師通記』には、

先撤晝御座并帳臺御疊、…〈中略〉…帳臺爲佛臺、鋪滿長筵、(疊端上三枚欤、)其上敷兩面端疊、一・二間(三枚欤、)爲僧座、(逼母屋東

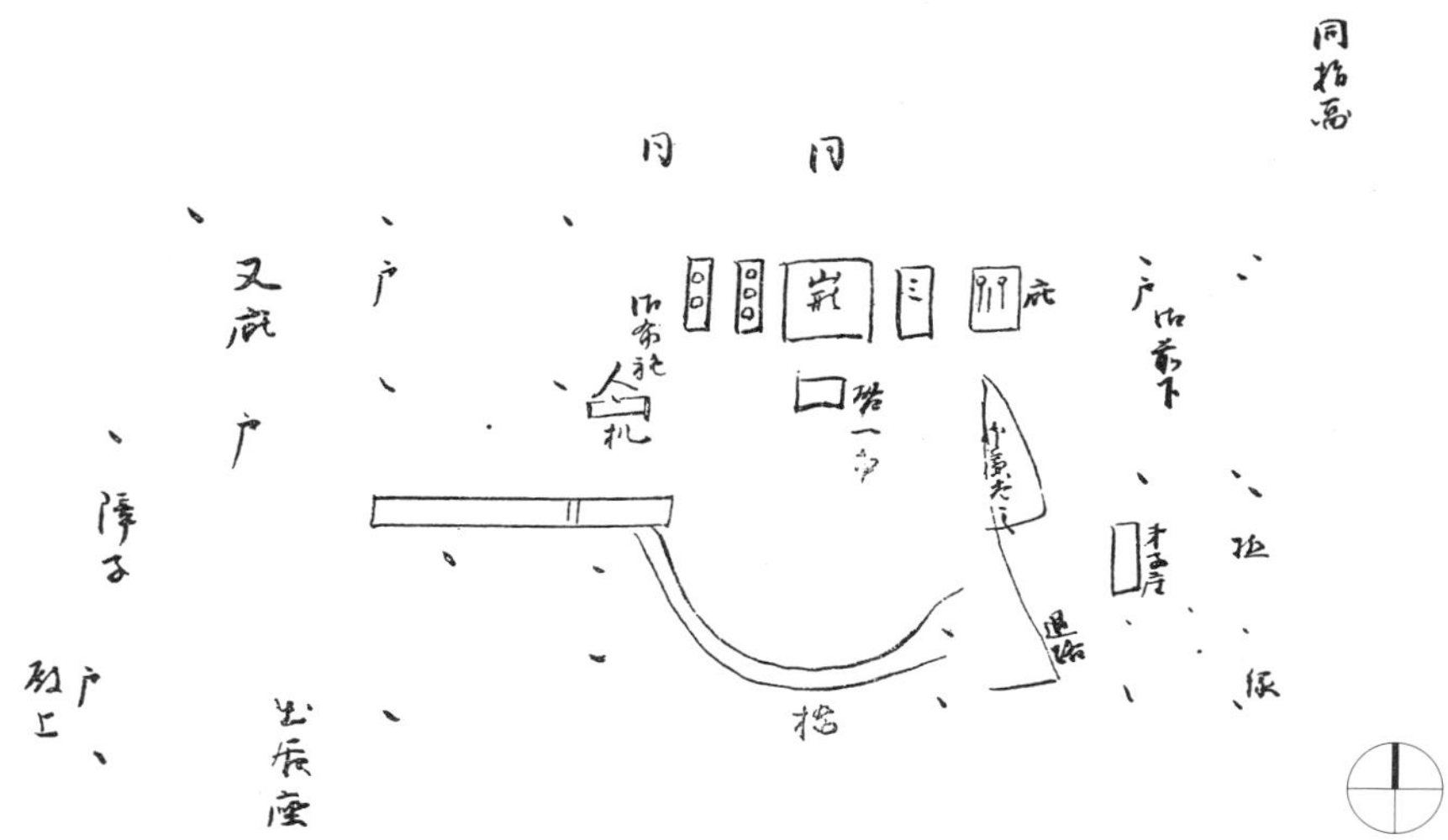

図４　堀河里内裏清涼殿に於ける灌仏指図（『後二条師通記』による）

柱下鋪之、西面北上、）東庇南壁下補（鋪）綠疊二枚、爲弟子僧座、第一・二間鋪綠端疊三枚、（一間戸也、二間格子間也、）爲公卿座、（逼庇東柱下鋪之、西面北上、）東簾南第一・二間鋪黃端疊、爲殿上人座、南緣東妻敷黃端疊二枚、爲出居

と記され、ここに於ても仏台の右手に公卿以下の座が北を上位とする秩序のもとに配された事が知られる。即ち、これらの例に於ては、平安宮内裏清涼殿での儀に倣って行われたことが知られる。

しかしまた、二条東洞院殿の場合と同様、西対の南面が儀式空間として用いられることもあった。寛治五年（一〇九一）正月朔日の「小朝拜」について、『中右記』同日条に、

天陰雨下、仍無所々拜禮、但小朝拜、於中門廊有其儀、西對南面、暫爲晝御座有御出

とあり、この時は雨儀のため中門廊が公卿らの列立の場所として用いられたが西対の南面に天皇の御座が設けられた。寛治六年（一〇九二）三月二十二日の「石清水臨時祭試楽」でもまた南面が使われている。『中右記』および『後二条師通記』同日条によれば、南又庇の階間が御座となされ、その南庭に使・宮主座、御幣机が配されている。西廊（西中門廊）には公卿座が設けられた[18]。装束が具体的に知られる例として、寛治七年（一〇九三）四月八日に行われた「灌仏」をあげることが出来よう。『後二条師通記』同日条に指図（図４）が掲載されるが、これと本文とを照らし合わせてみると、「山形」の南西に東西行に設けられた

畳二枚は公卿座としての緑端畳であった事が知られる。また、出居座はさらにその西方に設けられていた。即ち、この儀に於ては、中心の山形に向かって、東を上位とする秩序が形成されていた事になる。

管見の及ぶものについて、西対の東面が用いられた儀式、南面が用いられた儀式について分類整理したものが表2である。

表2　堀河里内裏清涼殿に於ける儀式会場

	儀式	西暦	和暦	史料
東面	臨時御読経	1091	寛治 5. 5.16	後二条師通記
	御仏名	1091	寛治 5.12.22	後二条師通記
	仁王会	1092	寛治 6. 3.19	後二条師通記
	最勝講	1092	寛治 6. 5.12	後二条師通記
	叙位	1093	寛治 7. 正. 5	後二条師通記
	臨時仁王会	1093	寛治 7. 3.25	後二条師通記
	小朝拝	1094	嘉保元. 正. 1	中右記
	県召除目	1094	嘉保元. 2.20	中右記
	御燈御祓	1094	嘉保元. 3. 3	中右記
	御燈御祓	1094	嘉保元. 9. 3	中右記
南面	小朝拝	1091	寛治 5. 正. 1	後二条師通記
	石清水臨時祭御祓	1091	寛治 5. 3.23	後二条師通記
	賀茂臨時祭	1091	寛治 5.11.25	後二条師通記
	石清水臨時祭試楽	1092	寛治 6. 3.22	中右記、他
	石清水臨時祭	1092	寛治 6. 3.23	中右記、他
	石清水臨時祭試楽	1093	寛治 7. 3. 4	後二条師通記
	石清水臨時祭	1093	寛治 7. 3. 5	後二条師通記
	灌仏	1093	寛治 7. 4. 8	後二条師通記
	賀茂臨時祭	1093	寛治 7.11.23	中右記
	平野御祓	1094	嘉保元. 4. 2	中右記
	灌仏	1094	嘉保元. 4. 8	中右記

以上の様にこの時期の堀河殿に於ては、紫宸殿が寝殿に、清涼殿が西対にあてられており、東西の位置関係から見たこれら両殿舎の配置は、平安宮内裏の中央に紫宸殿を据え、その西に清涼殿を置くという方式と同じであった。しかしながら陣座、宜陽殿などは平安宮と反対側の寝殿より西側の廊等に割り当てられ、紫宸殿での儀式も内裏での場合と東西逆転した秩序のもとに行われていた。但、紫宸殿に於けるすべての儀式がそうであったのではなく、例えば「相撲召合」に見られた様に東中門を日華門に、或いは「豊明節会」に見られた様に東透渡殿を軒廊に擬して、内裏の儀に倣って行われる場合も存在していた。清涼殿について言えば、平安宮内裏に倣って東面を用いるのが正式だった様であるが、時には南面も用いていた。この様に堀河殿に於ては、時々の状況あるいは都合により、紫宸殿に於ては儀式の秩序の向きが、清涼殿に於ては儀式の場が選択されたものと考えることが出来る。

〔五〕大炊殿（大炊御門北・東洞院西）

この大炊殿は『中右記』に「如法一町家」と記されるもののうちの一つであるが、寝殿を中心として東対、西対代、北対を配し、東西両中門、東西両正門を備えた所謂左右対称型と見做しうる構成をとっていた。この大炊殿が鳥羽天皇の里内裏として用いられたのは以下の期間である。

嘉承二年（一一〇七）七月　十九日～同　年（一一〇七）十二月　九日
天仁元年（一一〇八）十一月二十八日～同　二年（一一〇九）七月　一日
天仁二年（一一〇九）九月二十一日～天永三年（一一一二）二月二十三日

後述する様に嘉承二年（一一〇七）の場合と天仁年間以降とでは用法が異なるので、前者を前期、後者を後期とし二期に分けて検討していきたい。

前期について

堀河天皇の崩御に伴い嘉承二年（一一〇七）七月十九日、剣璽が堀河殿から大炊殿に移り、東宮御所であった大炊殿は里内裏として用いられる事になった。嘉承年間の諸記録により殿舎等への割り当てを復元すると、紫宸殿および清涼殿が寝殿に[19]、殿上は西対代に[20]、陣座は東中門南廊に[21]、日華門は東中門に[22]、弓場殿は西中門に[23]、摂政直盧は東侍廊または東北対に[24]、内親王御所は寝殿東北渡殿に[25]あてられていた。即ち、東西両対が完備していたにもかかわらず寝殿でもって紫宸殿と清涼殿とを兼ねていたのである。

この時期の諸記録を探ってみても、寝殿が紫宸殿として用いられた場合の儀式に関する具体例を示すことは出来ない。しかしながら、陣座が東中門南廊に、日華門が東中門にあてられ、そして行幸時には東門が用いられていた事[26]からすると、儀式時には、平安宮内裏でのそれに準じた秩序のもとに行われたものと推定される。一方、清涼殿としての用法が具体的に示された例を見出すことも困難であるが、殿上が西対代に設けられた事、また内裏では清涼殿内北方に設けられた上御局が、この大炊殿では寝殿東北渡殿に設けられたこと[27]に鑑みると、ここで行われた儀式時の秩序の向きは内裏の清涼殿を九〇度右廻転した場合と一致していたものと考える事が出来る。この場合は、前掲『中右記』嘉承二年（一一〇七）七月十九日の剣璽渡御の条に、

本以寝殿爲御所、以西對代廊爲殿上也、□《従》西門出入、内々陰陽師所申也

と記される様に、西門が正門として捉えられていたはずであるから、寝殿が紫宸殿として用いられた場合と、清涼殿として用いられた場合とでは正式の参入路が全く反対の位置に想定されていた事になる点、指摘しておきたい。

後期について

『中右記』によれば、天仁元年（一一〇八）十一月二十八日の遷幸の様子が知られるが、紫宸殿は寝殿に、清涼殿は東対、殿上は東侍廊、公卿座（陣座）は東車宿、内侍所は東中門南廊、弓場殿は東中門北廊、摂政直廬は西侍廊、皇后宮御所は西対代、女房曹司は北対、蔵人町は東北屋にあてられていた。即ち、前期とは全く異なった方式でこれらが割り当てられたのである。

紫宸殿での儀式としては、天仁元年（一一〇八）十二月七日に行われた「万機旬」をあげることが出来る。『中右記』同日条によれば、

未一點主上出御南殿、…〈中略〉…次内侍臨東檻召人、次出居藏人頭左中將實隆朝臣參上着座、次公卿入従東中門着堂上座、（大炊殿儀、公卿座在左仗、）民部卿、右大將、權大納言、按察中納言、右衞門督、皇后宮權大夫、治部卿、別當、左宰相中將、（忠）左大辨、藤宰相、出居侍従左中辨長忠着座、則退下、内膳舁御大盤、（入自西中門到西階、）

とあって、公卿座は左仗（東の陣座）に設けられた事、また南庭に参入するに際し、東中門が用いられた事[28]、これに対し、大盤は西中門より入れられ、西階より供された事などが知られ、平安宮内裏の儀に則った秩序の向きのもとに行われた事がわかる。仏事に於ても同様であった。天永元年（一一一〇）三月二十三日、「春季仁王会」が南殿（紫宸殿）、中殿および大極殿で催されたが、『永昌記』同日条には、

令奉仕南殿御装束、…〈中略〉…其儀、御帳帷三面上之、其内立佛臺、奉懸釋迦像、其前立重佛布施佛供机、其左右立燈臺、南端立獅子形、御帳前東西行立行香机、其坤巽逼柱南北行分立散花机、南庇立高座禮盤、御帳間東西二行敷兩面端幷黃端疊、爲講讀師法用僧等座、威従座立磬、南庇自一二三間敷上達部座、南簀子左右敷出居將座、前庭分敷堂童子座、毎間懸幡花幔、敷下小筵如例

と記される。上達部座に関しては、「南庇自一二三間」とあるのみで東か西かの具体的位置は不明であるが、同条の大極殿での装束について、

先又奉仕大極殿御装束、毎間懸幡花幔、高御藏内懸佛像、調佛具、其前立行香散花机、高座禮盤如例、南庇東一二三間敷上達部座、東西戸中敷堂童子座、又令奉仕十二堂装束

と記されるので、南殿（紫宸殿）の「南庇自一二三間」は大極殿の場合と同様、「南庇東一二三間」の誤記と考えられる。『江家次第』巻第五、仁王会禁中儀によると、

公卿昇、（昇自東階、）

とあるので、平安宮内裏ではやはり南庇の階間より東の部分に公卿座が設けられていた[29]。この様にして、大炊殿では「仁王会」に関し

ても内裏の儀に則った秩序の向きで行われた事が知られる。

清涼殿として用いられた東対での儀式については、天仁元年（一一〇八）十二月十五日に行われた「臨時祭試楽」が知られる。『中右記』同日条には、

中殿南面南庇立御倚子、（當南階間、大炊殿儀、以東對爲御殿、仍南面有此儀、）

とあって、東対の南面が用いられた事が知られるが、その数日後に行われた「御仏名」では西面が使われている。即ち『中右記』同十二月二十一日条に、

次參内、依御佛名也、（一夜）、東對爲中殿、仍日者南向、但御佛名時西面、（依便宜也、）

と記される。

この様に、大炊殿について殿舎等への割り当てを見ると、前期は寝殿で紫宸殿と清涼殿とを兼ねていたが、後期は紫宸殿が寝殿に、清涼殿は東対にあてられていた。また、後期に東対が清涼殿として用いられた場合、儀式会場として南面が使われる場合と、西面が使われる場合とがあった。寝殿が紫宸殿として用いられた場合は、前期、後期ともに平安宮内裏の儀に倣った秩序の向きで儀式が行われたものと考えられ、従って東門及び東中門がその際の正式な参入口として意識されていたものと思われる。また前期に寝殿が清涼殿として用いられた時には、平安宮内裏の清涼殿を九〇度右廻転した場合と同様の空間的秩序が形成されていたものと考えられ、これに対応する正式の参入口は西中門及び西門であったと思われる。

〔六〕東三条殿

東三条殿は平安時代第一級の貴族住宅であったが、里内裏として用いられた期間の合計はそれ程長くはない。諸記録によれば、里内裏となった期間は以下の様であるが、本節では便宜上これをA－G期と名付けこれをもとに検討することにする。

A期　寛弘二年（一〇〇五）十一月二十七日～寛弘三年（一〇〇六）三月　四日

B期　寛弘八年（一〇一一）六月　十三日～同　年（一〇一一）八月　十一日

C期　長久四年（一〇四三）十二月二十一日〜寛徳二年（一〇四五）　正月　十六日
D期　久安五年（一一四九）十二月二十二日〜久安六年（一一五〇）　正月二十二日
E期　保元二年（一一五七）　七月　六日〜同　年（一一五七）　八月　九日
F期　保元三年（一一五八）十　月　十四日〜同　年（一一五八）十一月　十九日
G期　応保元年（一一六一）　七月〜[30]

ここで対象とするのは、太田静六氏がその規模を復元されたもの[31]についてである。従ってC－G期がこれに該当するが、C期については史料が不十分なため具体的用法を知る事は殆ど出来ない。D期以降が検討の対象となる。

D期について

久安六年（一一五〇）正月四日、東三条殿里内裏で近衛天皇の「元服」儀が催された。『台記別記』によれば、この時、寝殿が紫宸殿、東対は清涼殿として用いられていた事が知られる。また、同時に東車宿が陣座に擬された事も記され、従って東透渡殿が軒廊として用いられた事も推定される。

「元服」時の紫宸殿の装束に関しては、

南殿身屋九箇間、東南西三面懸壁代、（巻之如常、）中央間立御帳、…〈中略〉…敷繧繝大帖二枚、…〈中略〉…其上敷龍鬢土敷二枚、…〈中略〉…其上敷東京錦茵一枚、…〈中略〉…御帳艮乾兩角各御帳五許尺、立大宋御屏風一帖、…〈中略〉…帳臺北敷兩面端北帖二帖、（邊鋪）、南廂西第三間、（逼南、）備御酒饌具、…〈中略〉…北廂西第一二三四間北面、并同廂西面戸、懸錦額（縁白、）簾、以廣長筵四枚、鋪滿件四箇間廂内、（無差筵、）第二三四間内、西南東三方、立廻五尺御屏風五帖、…〈中略〉…當第四間東柱、更如折立一帖、…〈中略〉…西第三間、（屏風南之中央間也、）敷紫二色綾毯代、…〈中略〉…、其上立平文大床子二脚、（南北妻、東西相並立之、）敷高麗褥、其上鋪東京錦茵、（南北妻、東面、）其前立草墪一基、…〈中略〉…爲理髪座、（西面、）東御屏風前北寄、敷菅圓座一枚、…〈中略〉…爲攝政太政大臣座、西御屏風後、鋪黄端帖二枚、爲供奉女房座、（東上對座、）西第二間坤角逼屏風、立三尺蒔繪螺鈿壺厨子二脚

と記されるが、この様子を推定復元したものが図5である。『江家次第』巻第十七により平安宮内裏紫宸殿での「元服」の装束を推定復元したものも併せて示したが、東三条殿では内裏の場合と東西殆ど同様の装束のもとで行われた事が知られる。東三条殿での式次第は

以下の様である。まず北庇で理髪があり、次いで天皇は御冠座（御帳）に出御した。太政大臣は西壇に設けられた洗器で手を洗い紫宸殿の西階より昇り南庇の西第二間に立った。大臣は同様に東階より昇り南庇東第二間に立った。太政大臣、大臣はそれぞれ御帳に進み、天皇に加冠した。その後、天皇は一旦北庇に入ったが、再び出御、太政大臣、大臣は天皇に醴を進めた。この後、再び北庇に入御そしてまた出御し王卿以下の拝舞を受けている。幸いこの時の南庭での列立の様子を示した図（図6）が掲載されている。南庭の南北中心軸上に置かれた版をもとにして並んだが、中納言以上は東方にのみ列立した事が知られる。しかもこれらは西を上位とした秩序のもとであった。『江家次第』により平安宮での式次第を窺うと、太政大臣は、やはり西階より紫宸殿に昇っているし、大臣は東階より昇殿

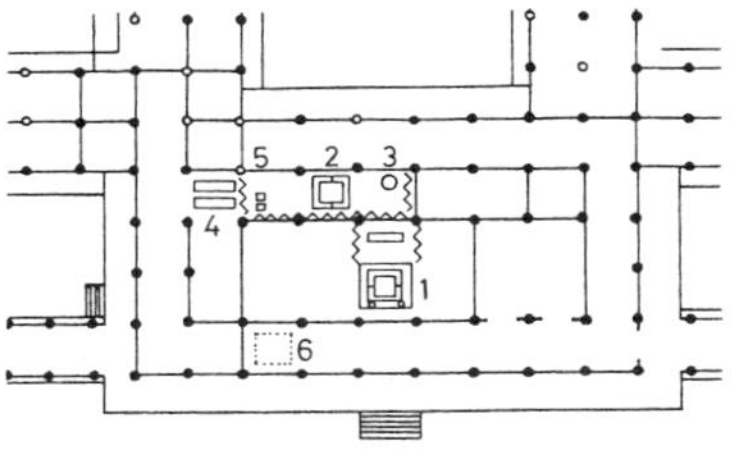

東三條殿に於ける元服儀（平面は太田静六氏による）

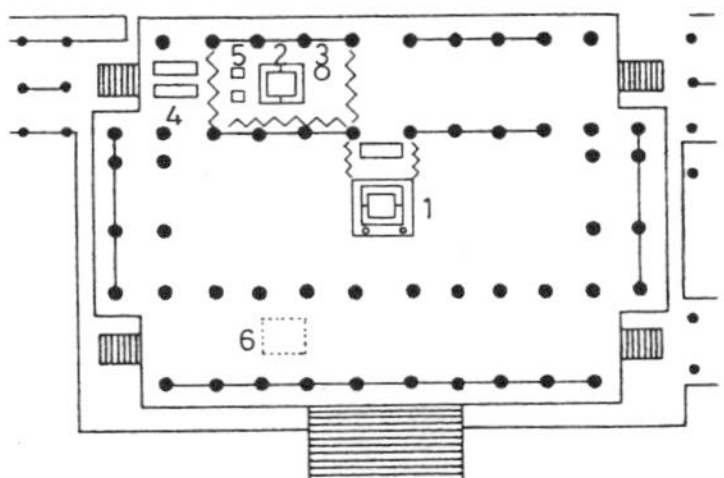

平安宮内裏に於ける元服儀

図５　天皇元服儀復元図

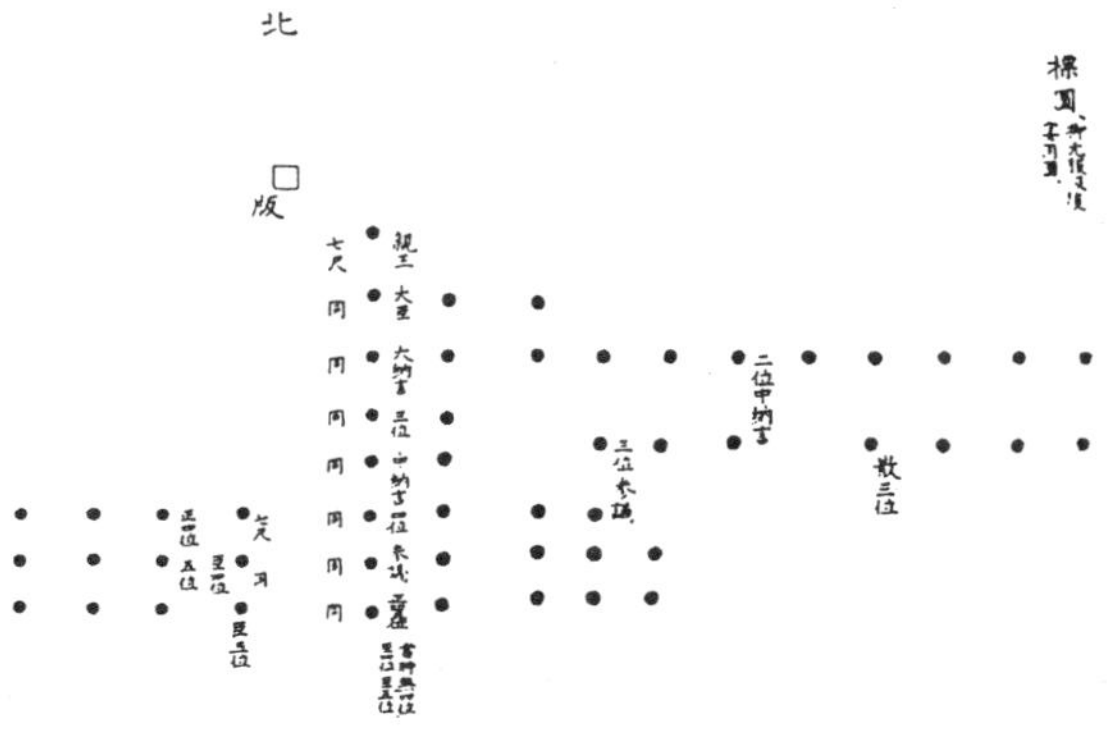

図６　東三条里内裏に於ける王卿列立図（『台記別記』による）

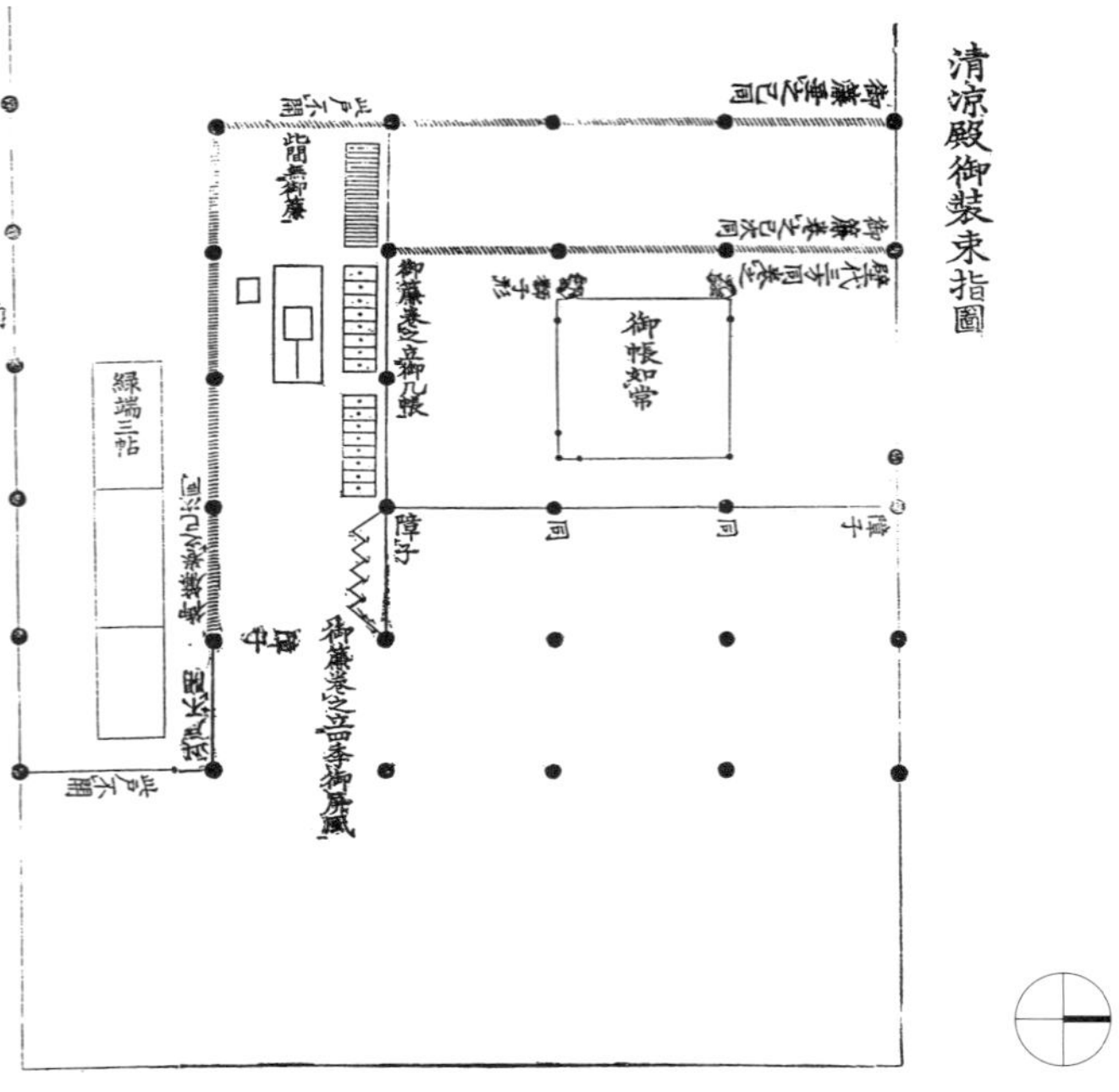

図7　東三条里内裏に於ける清涼殿装束指図(『台記別記』による)

している。王卿らの南庭に於ける列立の方式に関する具体的記述は見られないが、「元日節会」、「旬儀」のそれから推してみても図6と基本的に異なるところは無かったものと考えられる。(32) この時期に於ける東三条殿の紫宸殿での儀式について、「元服」以外の例を見出すことは困難であるが、少なくともこの例から見れば東西方向軸上に於て形成される空間的秩序の向きは平安宮内裏紫宸殿でのそれに則っていた事が知られるのである。

さて、清涼殿は東対にあてられたが、前掲『台記別記』「元服」条にこの時の指図が収められている(図7)。この図によれば、御帳は母屋南二間に西向きに設けられており、(33) この御帳について「如常」と記入されている事からこれがこの東対を清涼殿として用いた場合の方式であったことが知られる。しかしながら、昼御座は南庇に南向きに設けられ、南広(孫)庇西三、四、五間には緑端畳の公卿座が敷かれている。この座は南を向く天皇の左手に配された事になり、従って公卿の座次は西を上位とする秩序のもとに決められたものと推定される。平安宮内裏の清涼殿は東面したが、公卿座は東を向いた天皇の右手に北を上位とする秩序のもとに設けられたから、この時期の東三条殿では、内裏の清涼殿に対して左右反対の秩序のもとに装束された事になる。

E期について

保元二年(一一五七)七月六日、後鳥羽天皇はそれまで用いていた里内裏高松殿から東三条殿に遷幸した。『兵範記』前日条には、里内裏の際の殿舎等への割り当ておよび装束に関する記述が見られる。その様子は太田静六氏により紹介されており、(34)寝殿は紫宸殿、東対は清涼殿として用いられた事が知られる。管見によれば、紫宸殿での儀式に関する用例は見出せないものの、陣座(仗座)が東車宿にあてられていた事からすると、平安宮内裏の儀に準じて行われたものと思われる。清涼殿については、東対母屋に御帳が置かれ、昼御座は南庇西第二間に設けられていた。殿上が蔵人所(東侍廊)にあてられた事に鑑みると、儀式時に於ける公卿座は、D期と同様、南を向いた天皇の左手に西を上位とする秩序のもとに配されたものと推定される。

F期について

この時期の用法は儀式的秩序の点から見た時、注目に値する。東三条殿は保元三年(一一五八)十月十四日から二条天皇の里内裏として用いられたが、『兵範記』同日条によりその時の様子を詳しく知る事が出来る。即ち、

以寝殿相兼南殿清涼殿

とあって、寝殿で紫宸殿と清涼殿とを兼ねていたが、この時の殿舎等への割り当てが太田静六氏によって具体的に復元されている。(35)寝殿が紫宸殿として用いられた場合の例としては、保元三年(一一五八)十一月十九日にこの東三条殿より内裏に遷幸した際の記録があげられよう。『兵範記』同日条には、

寝殿被准南殿儀

と記されている。遷幸に際して、公卿らは仗座(陣座)につくが、

候床子座、(西面、神殿前廊南面、)権大納言經宗卿以下公卿五六輩被着仗座

とあるので、(36)この仗座(陣座)は西中門の仗座の事と考えられる。また天皇出御に際し、

公卿列立南庭西頭

と記され、御輿も西門より出御した事に鑑みると、この遷幸時には紫宸殿中央の南を向いた天皇の右手に、東を上位とする空間的秩序が形成されたものと考えられる。即ち、平安宮内裏での場合に対し東西が逆転していた。管見によれば、この時期に関する門の用例については他に十月十四日の遷幸時に西門が用いられた例が知られるのみであるが、(37)この西門が正門として使われたと推定できよう。

寝殿が清涼殿として用いられた場合であるが、(38)寝殿母屋に御帳、南庇に昼御座が置かれ、北庇の塗籠が夜大殿とされた。また、北又

庇の西側から三ヶ間が大盤所に、同じく西四五間が朝餉、六七間は御手水間とされている。この様に、寝殿は事実上清涼殿として舗設されていた。また殿上は上官座廊（寝殿西北渡殿）にあてられている。平安宮内裏の清涼殿をそのまま九〇度右廻転するとその諸室の割り当ては、この寝殿での割り当てと殆ど一致する事がわかる。従って儀式時には、南向きの天皇の右手に、東を上位として公卿らの座が配されたものと考えられる。

即ち、この時期に於ては寝殿が紫宸殿として用いられた時も、清涼殿として用いられた時も共に、東を上位とした秩序のもとで儀式が行われたことになる。他の時期に対し、紫宸殿として使われた時の秩序の向きが異なっている。

さて、前のD期に於いて清涼殿に割り当てられた東対は、この時期に於ては、女御御在所として用いられた。保元三年（一一五八）十月二十九日、女御姝子内親王はこの東三条殿より平安宮内裏に入御したが、その時の東対の装束について『兵範記』同日条には、

東對東面南三ヶ間庇又庇爲晝御座、庇中央間（長押上、）立本宮御帳、其北障子北爲常御所、御湯殿如本、其東子午小廊爲大盤所、對南面爲殿上、御出居廊南庇爲侍所、贄殿爲御厨子所、東北對幷東卯酉廊爲女房局

と記される。女御の昼御座は寝殿側ではなく反対側の東面に設定され、またこの御所に殿上、侍所なども付属していた事が知られる。天皇の御所たる清涼殿（寝殿）に対して、別御所の体裁をとっていた事が注目される。

G期について

この時期については、寝殿での儀式に関する例を見出すのは困難である。しかしながら清涼殿は東対にあてられたようで、『山槐記』応保元年（一一六一）七月七日条の「乞巧奠」、同七月二十八日条の「九社奉幣」の記録および、同八月十日条の「御修法」の記録によりこれが知られる。東対が清涼殿として用いられたのは、D、E期と共通であるので、この時期に於てもこれらに準じた使い方がなされたものと考えられる。

以上の様に東三条殿里内裏について、D、E、G期に於ては寝殿が紫宸殿、東対が清涼殿にあてられていた。このうちのD期について見ると、清涼殿の御帳は母屋に西向きに設けられたが、昼御座は南面に南向きに設けられていた。儀式時に於ける空間的秩序の向きという点からこれらの時期を見ると、不明な点はあるものの紫宸殿については平安宮内裏に準じ、清涼殿については内裏での場合と左右が入れ替わっていた。F期に於ては、寝殿が紫宸殿、清涼殿を兼ねていたが、いずれの場合も中央の天皇に向かい東を上位とする秩

序が形成されていたものと考えられる。即ち紫宸殿としては、内裏の場合と東西が逆転した様な秩序が、清涼殿としては内裏に準じた秩序が形成されていたことになる。またこの時、東対は女御御所として用いられたが、清涼殿として使われたD、E、G期の昼御座が南面に設けられたのに対し、女御の昼御座は東面に設けられていた。この様にD期からG期を通して見ると、紫宸殿、清涼殿は必ずしもそれぞれ固定した殿舎に割り当てされたのではなく、また寝殿が紫宸殿として用いられた際の儀式時の空間的秩序の向きも平安宮内裏に倣う場合と逆転する場合があり一定していなかったことが知られる。

〔七〕高倉殿

高倉殿は土御門南東洞院東に位置した。ここで扱うのは、一二世紀後半期のものについてである。高倉殿は六条天皇の里内裏として以下の期間用いられている。

永万元年（一一六五）六月二十六日～同年八月二十八日
仁安二年（一一六七）九月二十七日～同年九月三十　日
仁安三年（一一六八）正月二十九日～同年二月　十九日

高倉殿は寝殿の他、西対代、北対代、西侍廊、西中門、東西大門などにより成っていたが、西対代は小規模だったようである。(39)

仁安三年（一一六八）二月十九日、六条天皇の「譲位」がここで行われた。『兵範記』同日条によれば、

藏人改御殿儀、撤御簾御調度等、裝束司奉仕節會御裝束、其儀如例、懸御簾立内辨兀子一脚、南庭安宣命版位立標又如例、西中門外北邊南西兩面引庭幔、其中儲外辨座、西四足門外立式彈正幄

と記され、御殿（清涼殿）として使われていた寝殿(40)が「節会」の会場に即ち紫宸殿に改められた。外弁の座は西中門外に設けられている。

さて、この「節会」については同条に、

内侍臨西檻、（藏人佐扶持、）左大臣持宣命文參著堂上兀子、次開門、（西中門、）次闈司分著、…〈中略〉…次諸卿參入著標、大臣召宣命使、右衞門督實國卿、（著老懸平胡籙取弓、）稱唯參上立大臣後簀子、大臣授宣命、金吾賜之下立西階下、大臣退下

とあり、西階、西中門が重要な役割を果していた事が知られる。また新里内裏となる閑院第への剣璽渡御の際には、

次撤節會御装束、又擬清涼殿懸御簾、供晝御座、次攝政殿出御晝御座、左右大将（左大臣、内大臣）被候西對南面、次内侍二人取劔璽、出自夜大殿戸、…〈中略〉…此間掃部司自西渡殿階下、經庭中弁西中門四足等、自洞院大路南行敷筵道、次劔璽出西中門

とされる様に、寝殿が再び清涼殿に擬され、西渡殿を経て西門より出た事が知られる。「節会」の例により、紫宸殿として用いられた時には、平安宮内裏の儀と東西が逆転した形で行われた事が知られる。[41] 清涼殿として使われた場合については、御座の右手が殿上の側であった事が想像されるが、確定は出来ない。しかしながら『山槐記』応保元年（一一六一）十二月五日条を見ると、

掃部寮敷葉薦於西對東砌、（高倉殿儀擬弓場殿歟、）

とあり、西対（代）東砌が弓場殿に擬された事が知られる。内裏の弓場殿は、校書殿東、即ち清涼殿殿上よりさらに南方（昼御座の右手）に存在していたから高倉殿に於ても殿上は御座の右手に位置したと考えられるのである。

高倉殿の西対代は小規模であったと考えられ、従って寝殿で紫宸殿と清涼殿とを兼ねざるを得なかったものと思われる。紫宸殿としての場合の儀式時の秩序の向きは平安宮内裏の儀と東西が逆転し、清涼殿としての場合は合致していた。これらのことは高倉殿では西門が正式の門として使われていたことに関わるものと推される。

〔八〕閑　院

閑院は周知の様に二条南西洞院西に存在した。ここで扱うのは、太田静六氏がその規模を復元された[42]平安末期仁安年間以降のものについてである。この時期の閑院は、高倉、安徳、後鳥羽、土御門の各天皇の里内裏として用いられた。この間里内裏として使われたのは、少なくとも三〇回を数えている。東三条殿、大炊殿の場合と異なり、紫宸殿、清涼殿等の殿舎等への割り当ての方式は一定していたようである。

『兵範記』仁安三年（一一六八）二月十九日条には里内裏の際の割り当てが詳しく記してある。これによれば、紫宸殿は寝殿、清涼殿は東対、殿上は東侍廊、陣座は東車宿、摂政御宿所は南殿西卯酉廊にあてられ、そして左右近衛陣は東西中門内、左右兵衛は中門外、左

右衛門は門外に置かれた。また宜陽殿は東中門北廊土間に設けられている。(43)

里内裏として長い期間用いられたにもかかわらず、紫宸殿での儀式に関する記録は多くはない。治承四年（一一八〇）正月七日の「白馬節会」を『玉葉』同日条に窺うと、この日、藤原兼実は内弁をつとめたが内侍より下名を受けとる際に紫宸殿の東階を用い、また叙位宣命を持って昇殿する時にも東階を使っている。内弁の兀子は宜陽殿すなわち東中門廊に設けられていた。また、文治二年（一一八六）十月二十九日の権大納言藤原良通の「任大臣儀」についてやはり『玉葉』同日条を見ると、内弁をつとめた藤原宗家は東中門より入り、昇殿するのに兼実の場合と同様東階を用いた事が知られる。(44)さらに、建久元年（一一九〇）四月二十六日に行われた同記、女御任子の「立后」の条でも東中門、東階が重要な役割を果していた。即ち、以上述べたすべての例が、儀式時に於ける空間的秩序の点から見た時、平安宮内裏の儀に則って行われたという事が出来よう。管見の及ぶ他の例を検討しても、すべてこの原則のもとで行われた事が推定され、これに矛盾する例を見出す事は出来なかった。

紫宸殿での儀に対して、清涼殿に関する用例は数多い。閑院の清涼殿の昼御座は東対の西面に設けられたが、(45)必ずしも西面のみが儀式の場として用いられたのではない。他の里内裏と同様に南面も使われていた。これら西面と南面は儀式により使い分けされていた様であるが、それぞれの面で行われた儀式の具体例を紹介することから始めたい。

西面で行われた儀式として、「最勝講」をあげることが出来る。治承三年（一一七九）五月二十日の例を『山槐記』同日条に見ると（図8）、西を向いた御帳の前に、礼盤、高座が置かれ、僧座は御帳の左手に、公卿座はやはり左手西簀子に設けられたことが知られる。建久二年（一一九一）五月二十六日の場合を『玉葉』同日条に窺うと（図9）全く同様の装束のもとに行われていた。平安宮内裏清涼殿での場合は、御帳の右手に僧座、公卿座が設けられたから、閑院では左右逆にこの儀が行われた事になる。「拝賀」についても西面の用例が見られる。治承三年（一一七九）十月二十五日、中納言中将藤原師家は去二十一日正三位に叙された事に関し、松殿を出立所としてこの閑院に向かったが、二条町で下車し左衛門陣（東門）より参入した。鬼間で拝賀の由を奏上、一時殿上（東侍廊）に控えたが、『山槐記』同日条に、

次出上戸被参御前、主上（御直衣、）出御書御座、（東對西面、）納言被候西簀子、藏人源定清、兼取陪膳圓座敷此所

とあるように、東対西面に西を向いて御座す天皇に対し西簀子より拝賀している。殿上より西簀子に到ったとあるから、途中、東中門廊、東対（清涼殿）の南面を経て、天皇の左手より参入した事が知られる。建久元年（一一九〇）十一月九日に頼朝が参内、謁見した時に

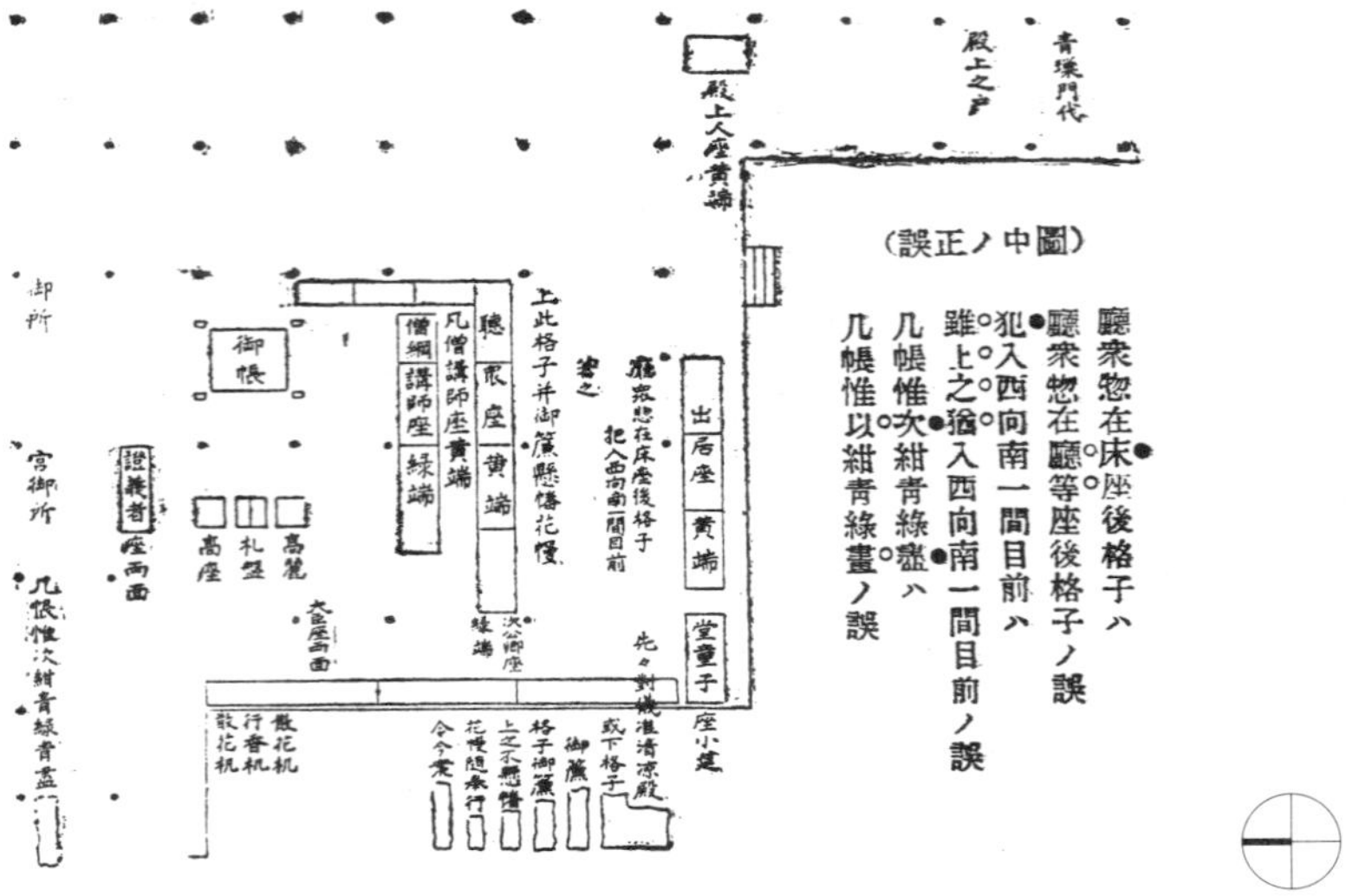

図８　閑院里内裏清涼殿に於ける最勝講指図（『山槐記』による）

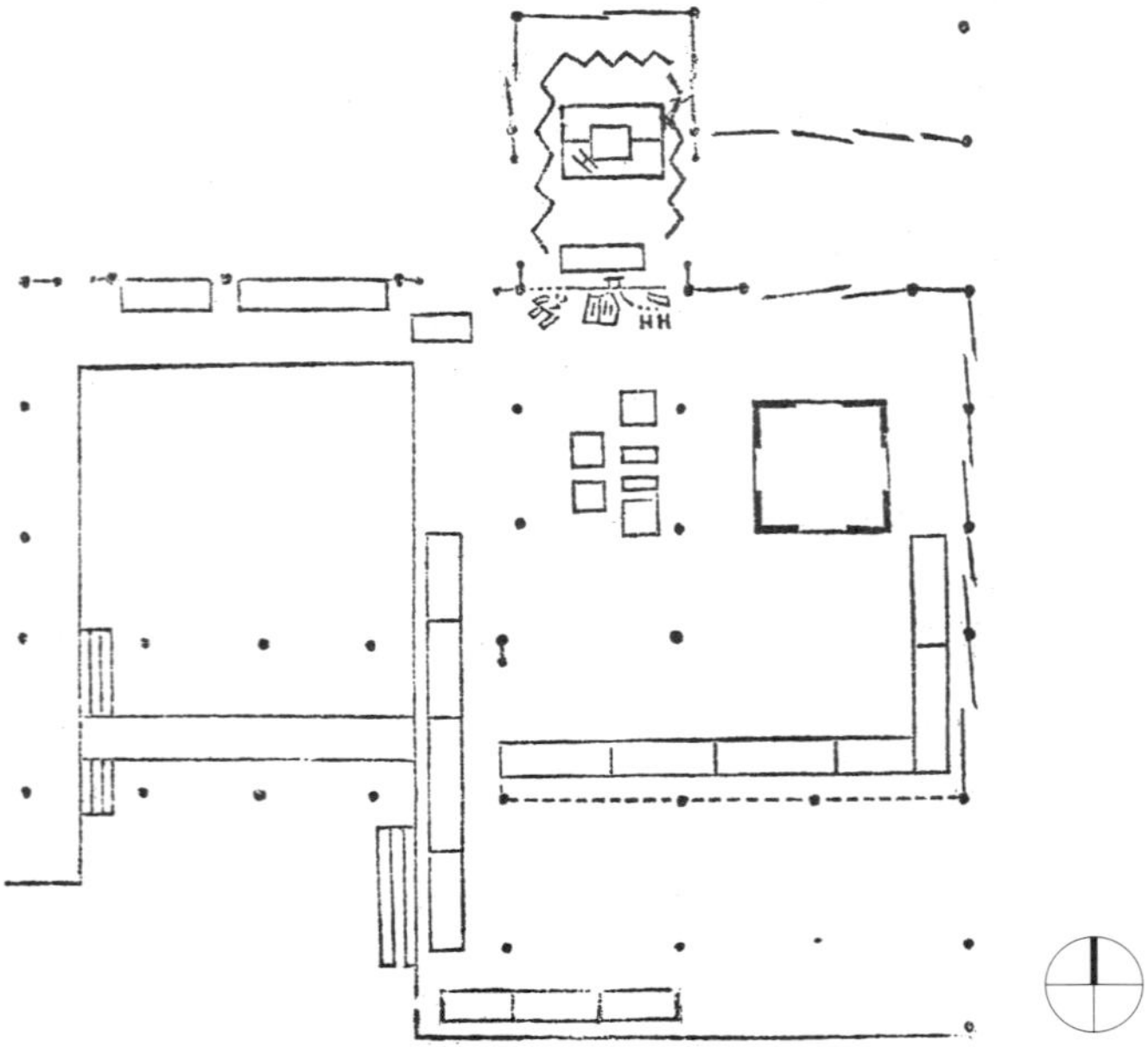

図９　閑院里内裏清涼殿に於ける最勝講指図（『玉葉』による）

図10　閑院里内裏清涼殿に於ける除目指図(『山槐記』による)

も西面が使われていた。

南面での儀式としては「除目」があげられよう。承安四年(一一七四)正月十九日の場合について『山槐記』同日条を見ると、東対南広庇がその会場にあてられていた。弓場殿に擬された東中門廊東の「仮庇」での大臣等の列立儀の後、大臣以下は天皇の御前に昇殿するのであるが、その具体的様子は図10により知られる。この図には、東対の南面部分と東中門廊が描かれているが、大臣以下の座は天皇の左手に西が上位となる様に配された事が知られる。嘉応元年(一一六九)三月十三日にはやはり南面で「臨時祭試楽」が行われている。これに先だち御馬御覧があったが、この時天皇の御座は南庇簾中に設けられていた。試楽の装束について『兵範記』同日条を見ると、

南弘庇階間敷二色綾毯代、(在鎮子四、)立殿上御倚子、南面置御承足、南簀子階間以東敷菅圓座、爲殿下以下納言座、中門廊西簀子同敷爲參議座、東中門廊南庭上(中門北掖也、)敷侍臣座、(南北二行、)歌舞人依召參進東中門外

と記される。平安宮内裏清涼殿での様子を示したのが図11[46]であるが、閑院の場合南広庇が清涼殿東孫庇に、また中門廊は長橋に擬されたのを知ることが出来よう。前に述べた様に「最勝講」では西面が用いられたが、「季御読経」については南面が会場となった。仁安四年(一一六九)三月二十二日の例を『兵範記』同日条より示すが(図12)、中央の行香机より東方の南広庇に公卿座が設けられている。この様に南面で行われた諸儀式は、平安宮内裏での儀と左右が入れ替わった様な秩序のもとに行われた事が知られる。

閑院の清涼殿での儀式を、西面を用いるもの、南面を用いるものの観点から分類したのが表3である。これを見ると、西面では「最勝講」

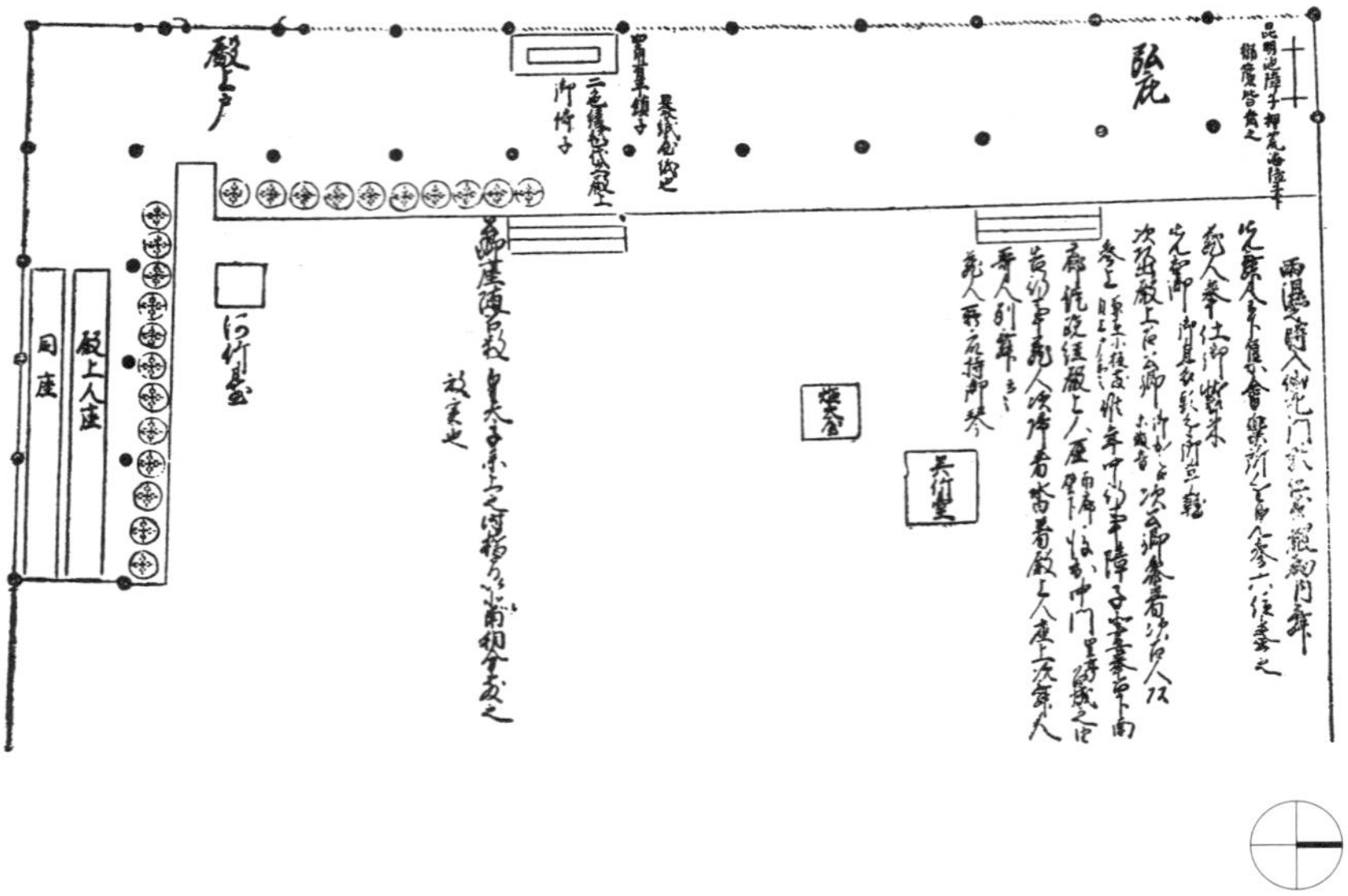

図 11　臨時祭試楽指図（『雲図抄』による）

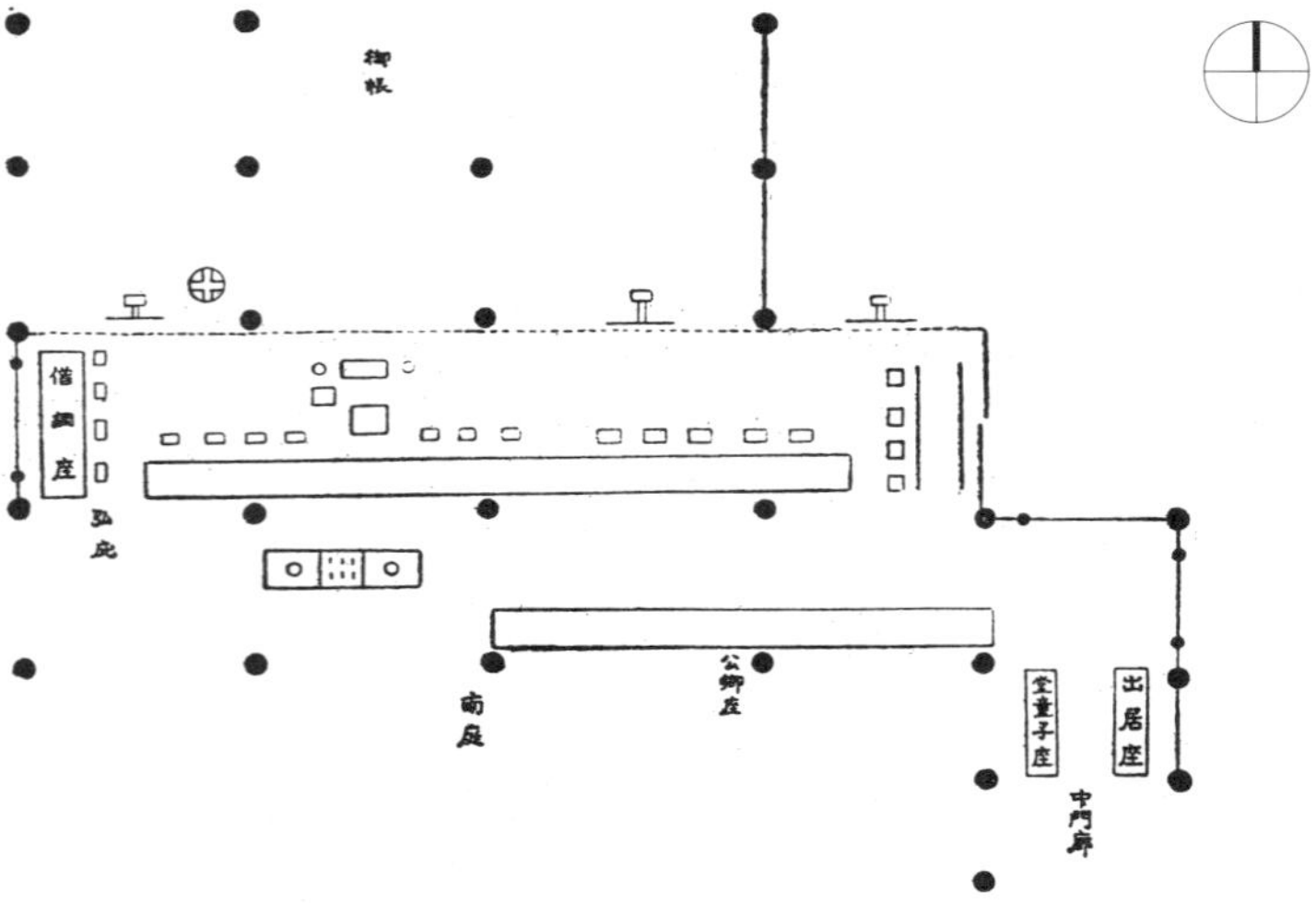

図 12　閑院里内裏清涼殿に於ける季御読経指図（『兵範記』による）

「拝賀」「神宝御覧」等が催されている。南面では「除目」「臨時祭試楽」「季御読経」「正月拝礼」「御馬御覧」「御禊」「官奏」等が行われていた。南面での儀式に特徴的なのは、「臨時祭試楽」や「正月拝礼」の様に前面の庭を用いるものが見られる事である。一方、同様に南面で行われた「除目」について見ると、『山槐記』治承元年（一一七七）正月二十二日条に、

閑院東對也、常時西面也、仍此時於西面撰之、除目之時、南面奉仕御装束、有庇有便之故也

とある様に、南庇、南広庇[47]が完備している南面が都合が良いとされた。即ち、南広庇が平安宮内裏清涼殿の東孫庇に擬されているのである。

この様に、閑院では寝殿が紫宸殿に、東対が清涼殿に準えられ、清涼殿の儀式空間としては西面、南面が共に用いられた。紫宸殿での儀式は平安宮内裏と同様の秩序の向きのもとに行われていた。即ち、紫宸殿を通る南北中心軸より東側が重視されており、天皇の左手に西を上位とする秩序が形成されたものと思われる。また、清涼殿での儀式は西面、南面ともに内裏の儀と左右が入れ替わった様に

表3　閑院里内裏清涼殿に於ける儀式会場

	儀式	西暦	和暦	史料
西面	神宝御覧	1169	嘉応元. 8.29	兵範記
	神宝御覧	1169	嘉応元.10.26	兵範記
	最勝講	1171	承安元. 5.20	玉葉
	三位中将拝賀	1178	治承 2.12.28	玉葉
	最勝講	1179	治承 3. 5.20	山槐記
	中納言中将拝賀	1179	治承 3.10.25	山槐記
	神宝御覧	1190	建久元. 8.14	玉葉
	頼朝初参	1190	建久元.11. 9	玉葉
	最勝講	1191	建久 2. 5.26	玉葉
南面	大内へ遷幸	1168	仁安 3. 3.11	玉葉
	孔雀経	1168	仁安 3. 9.19	兵範記
	月蝕御祈	1169	嘉応元. 2.14	兵範記
	臨時祭試楽	1169	嘉応元. 3.13	兵範記
	八幡臨時祭	1169	嘉応元. 3.14	兵範記
	春季御読経	1169	嘉応元. 3.22	兵範記
	平野臨時祭	1169	嘉応元. 4.10	兵範記
	御馬御覧	1169	嘉応元. 8.27	兵範記
	内裏舞御覧	1171	承安元. 4.12	玉葉
	正月拝礼	1174	承安 4.正. 1	玉葉
	除目	1174	承安 4.正.19	山槐記、他
	京官除目	1174	承安 4.12. 1	玉葉
	荒奏	1174	承安 4.12.15	玉葉
	京官除目	1175	安元元.12. 8	玉葉
	女叙位	1176	安元 2.正.11	玉葉
	除目	1176	安元 2.正.28	山槐記
	官奏	1176	安元 2. 3.25	玉葉
	不堪荒奏	1176	安元 2.12.18	玉葉
	除目	1177	治承元.正.22	山槐記
	叙位	1179	治承 3.正. 5	玉葉
	平野祭	1179	治承 3. 4. 8	山槐記
	春季御読経	1186	文治 2. 7.26	玉葉、他
	宇佐和気使発遣	1186	文治 2.10.21	玉葉
	賀茂臨時祭	1186	文治 2.11.30	玉葉
	平座	1187	文治 3. 4. 1	玉葉
	大神宝御覧、神馬御覧	1187	文治 3.11.22	玉葉
	正月拝礼	1188	文治 4.正. 1	玉葉
	石清水臨時祭	1189	文治 5. 3.16	玉葉
	正月拝礼	1192	建久 3.正. 1	玉葉
	正月拝礼	1194	建久 5.正. 1	玉葉

行われていた。特に南面に於ては天皇の左手に紫宸殿での場合と同様西を上位とする秩序が形成されていた。紫宸殿、清涼殿に於ける儀式時の主要な参入口はともに東中門、東門であったと考えられ、この事が結果的にこれら両殿の儀式時の空間的秩序の向きを規制することに働いたものと思われる。配置形式が殆ど同一であった東三条殿に於て、寝殿での儀式時の空間的秩序の向きが東西のうちの一方に固定しなかったことに対し、寝殿と東対南面の秩序の向きが共に西を上位とし同一方向に一致していたことが知られ興味深い。

〔九〕五条東洞院殿

五条東洞院殿は五条南東洞院西に存した。この五条殿は高倉天皇、安徳天皇の里内裏として、

治承四年（一一八〇）一月　十　日〜同　年（一一八〇）二月十六日
同　四年（一一八〇）　二月二十一日〜同　年（一一八〇）四月　九日
同　四年（一一八〇）十一月二十六日〜養和元年（一一八一）二月十七日

の期間用いられている。『山槐記』治承四年（一一八〇）二月二十一日条よりこの住宅の構成を復元すると、寝殿、西北卯酉屋、その西北屋、北対、（東）中門廊、中門廊東卯酉廊、東車宿、東門などにより成っていた事が知られる。

ところでこの五条殿では、寝殿西北舎が中宮御所、その西北の建物が東宮（後の安徳天皇）御所にあてられていたが、治承四年（一一八〇）二月二十一日から五条殿を新帝（安徳天皇）の里内裏とするに際し、清涼殿をどの殿舎に割りあてするかについて『山槐記』同年二月十七日条には、

其後以吉日遷御中宮御方、以件所可用清涼殿代、以寝殿爲南殿、中宮可御東宮御方也、譲位日下御清涼殿、准大内儀其理可然也者、存此旨之處、今日猶見御所體、東宮晝御座只三ヶ間也、東一間爲出御路、次間有御帳、次間立大床子者、自餘御厨子等不可立之上、無供膳路、雖一夜不可叶、然者兼可令渡替中宮御所之處、間數雖多、（五間四面屋也、但母屋一丈四尺、庇張八尺、）立御帳幷師子形、御後無路、如御佛名最勝講被行之時不可叶、一旦以寝殿雖用南殿、如此公事之時、以南殿可爲御殿、甚可無其詮、如此里亭之時、以寝殿爲御殿、節會行幸之時、假放出南面用南殿流例也

と記される。即ち、中宮御所たる寝殿西北舎を清涼殿とし、寝殿を紫宸殿（南殿）にすべきであるとしたが、清涼殿となる西北舎は間数が多いとは言え仏名や最勝講を行うには規模が小さいので、この様な場合には寝殿を清涼殿として用いる事にする、そしてこの様な例は里内裏ではよくあることだとしている。

さて、この五条殿について、寝殿が紫宸殿として用いられた場合の例を見出すことは困難である。しかしながら平安宮内裏で紫宸殿東脇に置かれた陣座がこの五条殿では東車宿[48]にあてられた事に鑑みて、儀式時には平安宮内裏でのそれに準じた秩序のもとで行われた事が推定される。

清涼殿としての寝殿の用法については、島田武彦氏がその舗設、装備を復元されている。[49]これによれば、平安宮内裏の清涼殿の平面を九〇度右廻転し、さらにこれを裏返しにした様に各部分が割り当てされている。即ち、母屋に南向きに設けられた昼御帳の右側に夜大殿が配されていた。殿上が（東）中門廊東卯酉廊にあてられていた事[50]を考え併せると、儀式時には、内裏清涼殿の儀と左右が逆転した秩序のもとに行われたものと思われる。事実、治承四年（一一八〇）正月二十六日に行われた「除目」について、『玉葉』には、

両面端疊一枚敷御座東間、其東小絶席敷綠端疊三枚、爲納言座、閇南庇東面妻戸、其内敷同疊二枚爲參議座、御座北間御簾下、敷圓座一枚爲執柄座、當御座間、敷圓座二枚、爲大臣座

とあり、天皇の左手に公卿以下の座が置かれ、しかもその座は西を上位として配されたことが知られる。

紫宸殿、清涼殿のいずれの場合でも、天皇の左手側の門や中門のみが儀式時に於ける貴族らの正式の参入口として意識されていたものと思われ、この点で前の大炊殿、東三条殿の場合と異なっている。

〔十〕おわりに

以上、東三条殿を始めとする平安時代の代表的な里内裏住宅を時代順に取り上げ、紫宸殿、清涼殿の位置およびこれらに於ける儀式時の空間的秩序の向きに着目して検討してきた。

平安宮内裏に於て、紫宸殿、清涼殿での儀式は左右対称的空間構造のもとに行われたのではない。これに参加した王卿らは、南面す

る紫宸殿に於ては天皇の左手に西を上位として、東面する清涼殿では天皇の右手に北を上位として列立あるいは座を占めていた。本節で検討してきたこれらの里内裏について王卿らのこの様な姿を必ずしも具体的に知ることは出来なかった。しかしながらこれら里内裏での儀式が平安宮内裏と同様に行われた場合は内裏と同様な、これに対し内裏と東西あるいは左右が逆転、即ち鏡に映した様に行われたことが知られ或いは推定される場合は内裏と逆転した秩序のもとに王卿らが列立あるいは座を占めたと考えて誤りがないだろう。

表4は、これらの里内裏はもとより里内裏発生期から院政開始期までの殆どと、それ以降平安末期に至るまでの主要な里内裏に関して清涼殿（天皇御所）の位置、儀式時に於ける紫宸殿、清涼殿での秩序の向き（天皇に対する王卿以下の座の配置に着目し西が上位の場合を←、逆の場合を→で表わす。天皇が東面、あるいは西面する場合は、この矢印は南あるいは北に向くことになる）、また紫宸殿での儀式秩序の向きを考える際に有効な指標となる陣座（仗座）の位置[51]、そして詳しくは次章で検討することになるが、これら里内裏がどの様な敷地条件を有していたのか（敷地の東西面いずれに大路が面するか[52]）に着目して整理したものである。参考のため里内裏として用いられた時以外すなわち通常の際の用法も併せ示してある。

紫宸殿は南殿とも呼ばれ儀式の正殿であったが、里内裏に於ては通常寝殿にあてられている。平安宮内裏に於て清涼殿は、周知の様に紫宸殿の西側北方に存在した。また、紫宸殿の北に位置する仁寿殿について、『大内裏図考証[53]』には、

一日、中殿

とあり、また、

禁腋秘抄曰、…〈中略〉…むかしは、仁壽殿を、御殿にしつらはせたる時もあり

とも記される。清涼殿については、

拾芥抄曰、中殿、（簾中抄下曰、中殿、清涼殿をいふ、南殿のにしのかた御殿といふ、主上、つねに此殿におはします）云清涼殿○又曰、御殿南殿西、
常寝居也

とされる。すなわち、紫宸殿の北に位置する仁寿殿は中殿と呼ばれ、古くは天皇の御殿として用いられた事もあったが、紫宸殿の西側北方の清涼殿に天皇が移ると、ここが中殿または御殿とも呼ばれる様になった事が知られる。事実、『三代実録[54]』によれば、天皇の御所として当時仁寿殿が用いられた事が知られる。清涼殿は、ここに年中行事の障子文が立てられた仁和元年（八八五）以降、本格的に御

表４　平安時代里内裏に於ける紫宸殿、清涼殿の殿舎割り当てと儀式時の空間的秩序の向き一覧

	住宅名	里内裏の期間	里内裏時 清涼殿・障座割当て儀式秩序の向き	里内裏時 備考	非里内裏時 用法、儀式秩序の向き	非里内裏時 備考
里・内裏続出時代	冷泉院	960－61	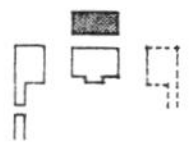			2町４方。 太田静六氏によれば寝殿造の配置形式を備えていたとされる。
	堀河殿	976－77 982－85		・内裏のようにつくりなして… 『栄華物語』		
	一条大宮殿（第１期）	999－1000 1001－　03 1006－　09	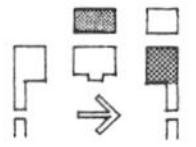	→ 豊明節会等 御斎会内論義に関して但以西代東（権記）とある。		これ以前の正暦２年（９９２）の用法では、為光の大饗時に→の秩序で行われた。
	東三条殿（道長）	1005－06 1011		→ 旬　儀 ・如紫宸殿儀、但以東爲西同大宮院　また・以右仗上達部座『小右記』		
	枇杷殿（第１期）	1009－10 1014－15 1015－16	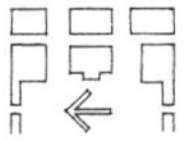	← 白馬節会 ・九重作様頗寫得 『御堂関白記』	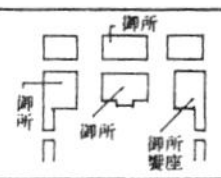	第２期枇杷殿に関して東対は“殿ばらの参り給ふおりのれうなり”（栄華物語）とある。
	一条大宮殿（第２期）	1010－11 1016－18	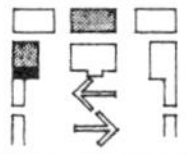	← 天皇元服 → 豊明節会等 ・以西替東　また・以東儀爲西儀『小右記』		
	上東門第（第１期）	1016	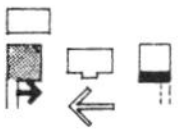	← 旬儀・平座	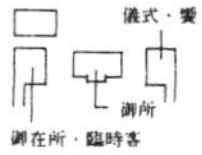	
	上東門第（第３期）	1039－40	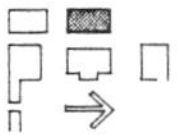	→ 旬儀・豊明節会 ・以西爲禮・以東替西 ・東西相替『春記』		→ 大　饗 ← 大　饗 （但、いずれも第２期）
	二条東洞院殿（教　通）	1040－41 1068	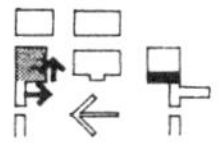	← 旬儀・豊明節会 ・以東爲禮如例・東西同紫宸殿也・東西儀已同紫宸殿『春記』		
里内裏全盛時代	高陽院（第２期）	1053－54	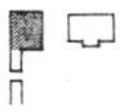		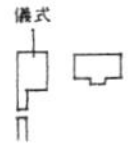	
	高陽院（第３期）	1060－68 1069－70 1075－76 1077 1078 1078(カ)－80(カ)	→	→ 白馬節会等 ・高陽院殿を内の定につくらせ給て 『栄華物語』		
	六条殿（六条北・東洞院東）	1076－77 1083－84	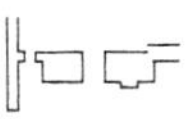		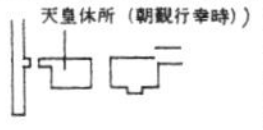	
	堀河殿	1080 1082－83 1086－94	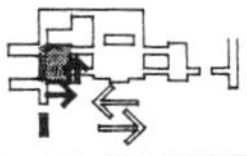	← 天皇元服・豊明節会 → 万機旬・白馬節会等		
	大炊殿（大炊御門南・西洞院東）	1094－95	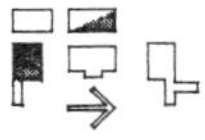	→ 相撲召合 清涼殿を北対にするか、西対にするかで議論あり。	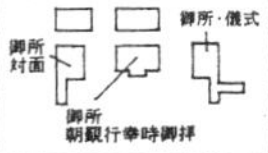	

	住宅名	里内裏の期間	里内裏時 清涼殿・陣座割当て儀式秩序の向き	里内裏時 備考	非里内裏時 用法、儀式秩序の向き	非里内裏時 備考
里内裏全盛時代	閑院	1095－97	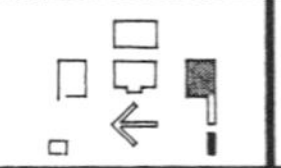	⇐元日節会	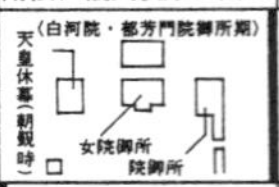	
	二条東洞院殿（師通）	1097	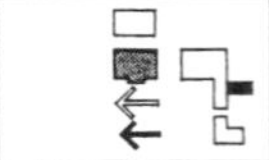		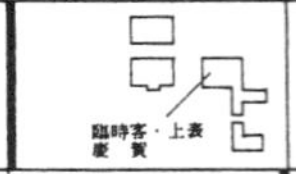	
	高陽院（第4期）	1097－1100 1100－ 02 1111－ 12	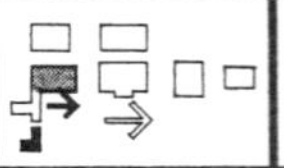	⇒旬儀・豊明節会	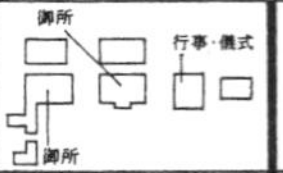	
	大炊殿（大炊御門北・東洞院西）	1107 1108－09 1109－12	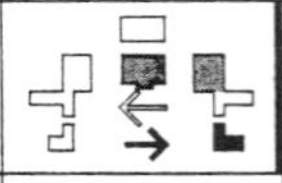	⇐万機旬 ・以東爲晴『殿暦』	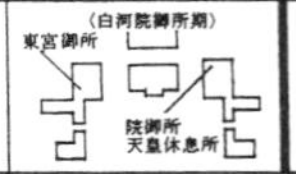	・如法一町之家『中右記』
	小六条殿	1107－08 1112 1114－15 1138－40 1142 1151	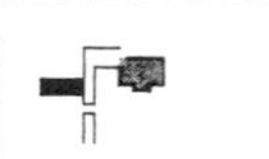			
	土御門殿（源雅実）	1111 1115 1116－17	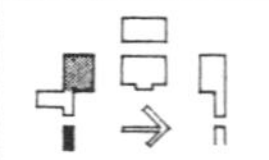	⇒相撲召合 豊明節会 ・以西爲禮『殿暦』	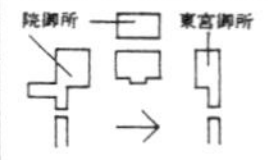	→源雅実大饗
	大炊殿（大炊御門北・東洞院東）	1112 1113－14	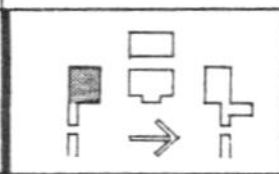	⇒新所旬 白馬節会 ・仗座右陣也『中右記』		
	東三条殿	1149－50 1157 1158 1161	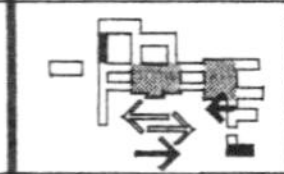	⇐天皇元服 ⇒内裏へ遷幸	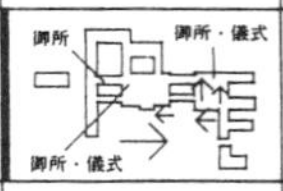	→大饗 ・西礼『殿暦』『玉葉』 ・日者以東爲禮『中右記』
	高松殿	1155－57 1157 1158	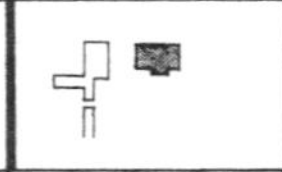	・御殿南殿依兼行也 ・以寝殿爲御殿、西禮也『山槐記』		
	押小路殿	1162－65	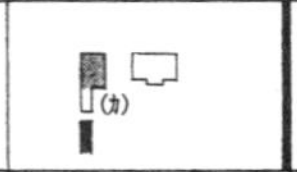	・押小路内裏西禮・仗座在西也『玉葉』		
	高倉殿	1165 1167 1168	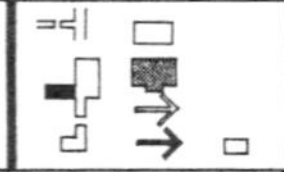	⇒節会	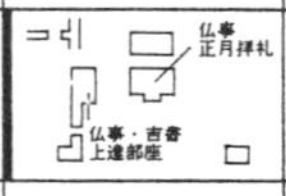	
	閑院	1168…1208	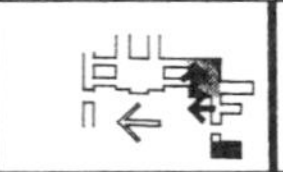	⇐白馬節会、朔旦旬等 ・以東爲禮『玉葉』 ・左衛門陣方依晴也『玉葉』 ・東　禮『吉記』		
	五条東洞院殿	1180－81	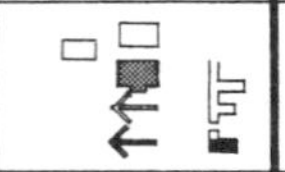	←除目 ・東禮御前座以西爲上『玉葉』		

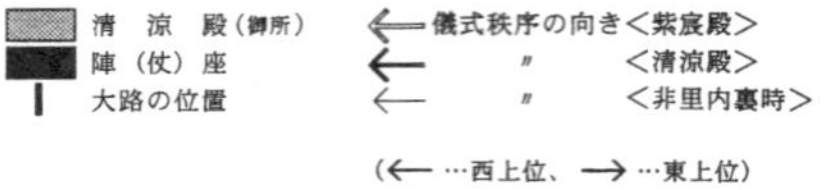

※里内裏の期間については大凡を西暦で示している。
住宅規模については、主要建物のみを模式的に示している。
堀河殿・東三条（平安末）・閑院（平安末）……太田静六氏復元、
その他の住宅については筆者略復元、作図。
また、各住宅の時期の分類は太田静六氏によっている。

所として使われる様になったものと考えられる。[55]

さてこれらの事を念頭に置き、里内裏の清涼殿（天皇御所）の位置について表4を通覧しよう。

まず、里内裏続出時代について、第一期の一条大宮殿、第二期の一条大宮殿の北対が天皇の御所として用いられた事はすでに述べたが、一一世紀初期の東三条殿に於ても北対が使われていたし、[56]第三期の上東門第に於ても同様であった。[57]里内裏全盛時代の大炊殿（大炊御門南西洞院東）では、清涼殿を北対にするか西対にするかで議論のあった事が知られる。[58]これらに於ては、中殿としての位置が意識されていたものと思われる。

一方、教通の二条東洞院殿や第一期の上東門第は、東西両方の対を備えていたが、清涼殿は西対にあてられている。これらに於ては紫宸殿での儀式時の秩序の向きが平安宮内裏の紫宸殿でのそれに合致し、特に二条東洞院殿では、敷地の西面が大路で敷地条件からすればこの面に正式の参入門を設定するのが自然（その場合は、紫宸殿での秩序の向きは内裏の場合と逆転する）であるにもかかわらず、内裏での場合に則って秩序の向きが形成されていた点に鑑みると、清涼殿の位置も内裏に準じて寝殿の西側の対に割り当てられたものと推定することが出来る。

里内裏全盛時代になると、清涼殿は正門の設けられた大路の側の対にあてられる場合が多く見られる様になる。左右対称と見做しうる大炊殿（大炊御門北東洞院東）の様な住宅に於てもそうであった。

また、東西のうちの一方のみに対を持つ場合は当然その対が清涼殿にあてられるが、高松殿、高倉殿、五条東洞院殿の様に充分な規模の対を持たない場合は、寝殿が清涼殿として用いられる場合も生じてくる。しかしまた一方、大炊殿（大炊御門北東洞院西）や、東三条殿の様に十分な規模の対を持つ大規模住宅に於ても寝殿が清涼殿としての役割を果す場合があった。

里内裏における清涼殿（御殿）の位置の変遷を見ると、里内裏続出時代には平安宮内裏のそれに倣った様な位置に設けられる傾向が見られるが、全盛時代では正門の設けられた側、即ち東西のうち仗座（陣座）の設けられた側の対にあてられるものが多く見られる様になる。この様に、里内裏の清涼殿の位置には変化が認められる。

しかしながらこの位置の推移を、清涼殿での儀式時の用法の変化に伴ったものと見ることは出来ない。儀式の本質は前例を踏襲することにあると思われ、平安時代に於て儀式上の大きな変化は基本的には認めることが出来ない。前節で取り上げた内裏様式里内裏に於て清涼殿の位置は近世江戸時代に至るまで不変であった。これら以外の多くの里内裏の清涼殿については寧ろ、その住宅の殿舎の構成や規模等の事情、或いは時々の儀式遂行上の理由等によりどの殿舎に割り当てするかが決定されたと見るべきであろう。寝殿の他に東対、西対、北対を備えた住宅に於ては、これを内裏の位置に倣って自由に割り当てすることが可能であったろうし、東西のうちの一方の対を欠いた場合には、必然的に残された側の対を清涼殿として用いざるを得なかったであろう。また、これさえも欠いた場合は、寝殿で紫宸殿と清涼殿とを兼ねざるを得なかったものと思われる。即ち、里内裏に於て清涼殿は平安宮内裏に見るような紫宸殿との位置関係にとらわれずに割り当てされても支障がなかったのである。また、東三条殿や大炊殿（大炊御門北東洞院西）に於ては、寝殿が紫宸殿とされたり清涼殿とされたりしたが、これらの例は、同一の住宅に於ても紫宸殿、清涼殿を必ずしも固定的な位置に割り当てする必要性のない事を示している。清涼殿とされた対の南面または東西のうちの一面が共に儀式空間として用いられた事もこの様な観点から理解することが出来よう。前章第一節では平安時代貴族住宅に於て儀式空間は平面規模あるいは時々の状況に従い柔軟に展開されてきた事を示したが、これと軌を一にするのである。

以上述べてきた事は、実は紫宸殿と清涼殿が、即ちこれら二つの殿舎が一つの敷地内でどの様な位置関係に置かれていたかに関わらず、儀式空間を独立して形成していたことを示している。前節では、古代的儀式空間を後代にまで伝えたと思われる内裏様式里内裏について検討したが、この様な点に於てここでも全く同様の結果が得られたことになる。

それでは次に、儀式時に於ける空間的秩序の向きの点から表4を検討してみよう。まず紫宸殿でのそれについて見ると、第二期一条大宮殿、堀河殿、東三条殿に於ては、儀式によりこれが平安宮内裏の儀に倣って行われる場合と、逆転した様に行われる場合とがあり一定しなかった。また、平安後期の大炊殿（大炊御門北東洞院西）に於ては、寝殿が紫宸殿にあてられた場合と、清涼殿にあてられた場合の儀式秩序の向きが正反対であり一致していなかった。この様に中心殿舎たる寝殿でのこれらの向きは必ずしも東西のうちの一方向に固定してはいない。

しかしながら、東西のうちの一方の対を欠き、或いは残された側の対をも欠いた平安末期の閑院、高倉殿、五条東洞院殿に於ては、例え閑院の様に寝殿が紫宸殿、東対が清涼殿にあてられた場合でも、高倉殿、五条東洞院殿の様に寝殿で紫宸殿と清涼殿を兼ねた場合でも、寝殿での儀式時の秩序の向きは東西のうちの一方向に収束していく様子を窺うことが出来る。これらのことには、東西門のうちの一方が正門として強く意識され、従って住宅の入口が一方に限定されていく動きが強く係わるものと考えられる。平安末期の閑院に於ては、紫宸殿(寝殿)と清涼殿(東対)南面の儀式秩序の向きが一致し、これら二つの殿舎が一つの空間的秩序大系のなかに組み込まれている様子を窺うことが出来るのである。

註

1 閑院については特に本章第三節で陣口の用法、性格と併せて検討する。
2 太田静六「藤原道長の邸宅について(下)」(『考古学雑誌』三一の七、昭和十六年七月)。
3 太田静六氏によれば、「結局院には、寝殿を中心とし、東西に兩對屋が連り、兩對屋には揃つて唐庇や塗籠が設けられる一方寝殿の背後には北對屋が連なり、東西兩對屋には東西兩中門廊が附属して、途中に兩中門を設け、更に道路に面しては東西兩正門を開くなど、極めて整然として所謂寝殿造の配置形式に従つてゐたであらうことが推察される」とされる。また、管見によれば、少なくとも東対には以上の他、東西庇、西対には北庇の存在が知られる。
4 里内裏の正殿については前節に倣い紫宸殿と表記して進めることにする。清涼殿についても同様とする。なお、この『権記』条の南殿は寝殿のことと考えられ、それ以外に相応しい殿舎は見出せない。
5 群書類従　巻第八二。第一章第一節参照。
6 前掲註2。
7 『左経記』同日条。
8 『春記』長久元年(一〇四〇)十月二十二日条、十月二十七日条。十一月十五日条、他。
9 南庇のどこの部分か具体的記述はないが、文意より、御帳間より東方に設けられたものと見做して大過ない。
10 東庇とは具体的に記されていないが、文意より東庇と考えられる。
11 『春記』同日条。
12 『春記』同日条。
13 『春記』同日条。

14 この条は西対の東面には孫庇が存在しないので東廂を用いたと理解したい。西対には、東孫庇が存在せず代わりに先に述べた様に南唐（孫）庇が備わっている。平安宮内裏の清涼殿には東庇と東孫庇が存在していた。この孫庇が儀式時には重要な役割を果している。即ち、この二条殿の西対に南孫庇が存在することが、「五節御前試」や「賀茂臨時祭」等の際に南面を用いる理由になったとも考えられる。

15 太田静六「堀河殿の考察」（『建築学会論文集』二二号、昭和十六年九月）。

16 内裏儀については、東三条殿のところで詳述する。

17 『帥記』承暦四年（一〇八〇）五月十一日条。

18 『後二条師通記』『中右記』。

19 『中右記』『為房卿記』嘉承二年（一一〇七）七月十九日条、『殿暦』嘉承二年十二月一日条。

20 『中右記』嘉承二年（一一〇七）七月十九日条。

21 『殿暦』嘉承二年（一一〇七）七月二十二日条。『中右記』嘉承二年十月二十二日条。

22 『中右記』嘉承二年（一一〇七）閏十月十六日条。

23 『中右記』嘉承二年（一一〇七）十月二十二日条、同十月二十六日条。

24 『殿暦』嘉承二年（一一〇七）七月二十二日条、同八月二十八日条。

25 『殿暦』嘉承二年（一一〇七）閏十月八日条。

26 『中右記』嘉承二年（一一〇七）十二月一日条、他。

27 『殿暦』嘉承二年（一一〇七）閏十月十一日条、「今日主上渡給宮御方、（件所自寝殿渡東對渡殿也、）」とある。また、八日条には「今日渡給廊、是上御局躰也」とあり、寝殿東北渡殿が上御局であったことがわかる。

28 従って王卿が昇殿する際には当然の事として東階が用いられ、天皇の左手に座を占めたと考えられる。

29 第一章で明らかにした様に、大極殿での仏事に於て、公卿座は中央階より東に設けられていた。南殿を会場にした場合に於ても同様であったものと考えられる。

30 次の里内裏高倉殿が用いられたのは、同年十一月頃からであったから、長くてもせいぜい四ヶ月間であったと推定される。

31 太田静六「東三條殿の研究」（『建築学会論文集』二一号、昭和十六年四月）、同「東三條殿の研究（其二）」（『建築学会論文集』二六号、昭和十七年八月）。

32 第一章に於て、「天皇元服」儀については年中行事ではなく、また頻度が低いという観点より取り上げなかった。しかしながら、この儀に於てもやはり他の儀式と同一の空間的秩序のもとに行われた事が推定される。

33 獅子形の位置に注意。御帳の南西、北西角に設けられている。
34 太田静六「平安鎌倉時代に於ける里内裡建築の研究」（『建築史研究』一九、昭和三十年二月）。殿舎の割り当てについて詳しい解説が加えてある。本節では、儀式時の空間的秩序という観点より捉えなおして考える。
35 前掲註34。
36 東三条殿は、敷地西北角に神殿を有している。
37 『兵範記』。但しこの西門の用例は、先(前章)に述べた様に、移徙特有のものであるかもしれない。
38 前掲註34。
39 拙稿「高倉殿について(Ⅱ)－平安末期高倉殿の規模の復元」（『日本建築学会東北支部研究報告』三二号、昭和五十三年）。
40 引用文には寝殿とは記されていないが、文意より寝殿と見做すことが出来る。
41 さらに、『兵範記』仁安二年（一一六七）九月三十日条によれば、西侍廊が陣座に擬されていたのを知る事が出来る。
42 太田静六「閑院第の研究」（『建築史』五の二、昭和十八年三月）。
43 『山槐記』治承二年（一一七八）六月十七日条。
44 同記に「頃之内辨入自東中門、被進立西軒廊、于時、内侍(讃岐内侍、)出自東面御簾北端、副母屋障子東行、自東庇南行」とあり西軒廊に進んだと記されているが、文意から考えてみて、これは明らかに東軒廊の誤りととるべきである。
45 『兵範記』仁安三年（一一六八）九月十九日条。
46 『雲図抄』群書類従　巻第八二、ここに於ても、天皇に向かって北上の秩序のもとに公卿以下の座が設けられているのが知られる。
47 閑院東対の西面にも西庇が存在している。従って、『山槐記』条でいう庇とは、南庇、南広庇の一組になった空間を指すものと考えられる。
48 『山槐記』治承四年（一一八〇）二月二十一日条。
49 島田武彦「五条亭の清涼殿代の褻御所について」（日本建築学会近畿支部研究発表会、昭和二十七年二月）。
50 『山槐記』治承四年（一一八〇）二月二十一日条。
51 紫宸殿は寝殿にあてられるため、これについて表4では特別に表示は行わない。陣座(仗座)は、公卿の陣議の場として用いられるが、平安宮内裏では紫宸殿東側に位置する軒廊の北側に設けられている。一条大宮殿で見た様に、これが紫宸殿の東に設けられた場合には紫宸殿での儀式は平安宮内裏の場合に準じて、西側に置かれた場合は内裏と東西逆の空間的な秩序のもとで儀式が行われる。儀式時の秩序の向きと陣座の位置との関係については第四章第一節参照。
52 敷地条件と儀式時の空間的秩序の向きについては第四章第三節で検討することになる。

53 新訂増補故實叢書。
54 新訂増補国史大系。
55 『日本紀略』等による。第一章第一節参照。
56 『小右記』寛弘二年（一〇〇五）十二月六日条。
57 『春記』長暦三年（一〇三九）十一月二十日条、他。なお、上東門第の時期の区分は太田静六氏によっている。
58 『中右記』嘉保元年（一〇九四）十月三十日条。

補註

第二章第一節の補註で、東三条殿に於ける「臨時客」の際の対南庭での公卿らの列立の方式について興味深い現象を紹介したが、里内裏閑院で清涼殿として用いられた東対の南庭に於ても同様のことが成立していた。東対の南面に昼御座が設けられた場合、ここでの空間的秩序は西を上位として形成されていたが、その南庭に於てはどうだったであろうか。建久三年（一一九二）正月朔日の「小朝拝」について『玉葉』には次の様に記されている。

余已下、列立前庭、（余小練歩、）以西爲上、如例年、（公卿一列、四五位一列、六位一列、）拝舞了、右廻シテ練旋、出中門昇殿

公卿、四五位、六位がそれぞれ一列ずつ並んだが、例年の様に西を上位にしたというのである。即ち通常この向きは対の南面のそれと同じであった。しかしながら、同じ『玉葉』承安四年（一一七四）正月朔日条にはやはり「小朝拝」に関し、

次關白已下列立対南庭、（橋已南也、東上北面經上﨟後、次第列立也、如去年關白當對南階東妻被立、公卿一列殿上人長方朝臣已下三四人許一列、六位一人立其後、）次拝舞如恒、關白右廻出自中門、昇自殿上前小戸、被參御所了

とあり、この場合は東を上位にしたことが知られる。即ち前の場合と異なり、秩序の向きは逆転していた。そしてこの場合、対南面での向きとも一八〇度異なっていたことになる。東三条殿での「臨時客」の場合と全く同様である。

ところで、同じ「小朝拝」について『玉葉』建久二年（一一九一）正月朔日条には、

余已下列立前庭、（東上如何、）

と記され上位方向を通常とは逆の東とすることに対し躊躇っていたことが知られる。この様に上位の向きをどうするかは当時の貴族達の関心事であったようで、同記承安三年（一一七三）正月朔日条にも記者藤原兼実と関白藤原基房の言談として小朝拝の列立に関し以下の様に記されている。

一小朝拝列如何、東上歟、西上歟、命云、永長元年皇居閑院也、則東對爲御殿、彼間、日記不分明、但粗注云、依其所狭、不列了云々、疑是西上歟、爲東上者、雖何人盖《着カ》列哉者

永長元年（一〇九六）の場合の里内裏は閑院であり、東対が清涼殿であったが（庭が）狭かったため列立できなかった、これは西を上位としたからではないか、東上位ならばその様なことは生じなかったとされている。『玉葉』文治三年（一一八七）正月朔日条には列立の秩序の向きと南庭の規模との関係がより具体的に示されている。

次余已下、列立清涼殿（東對也、）南庭、（余如形練歩也）以東爲上、南階以東、甚狭少之故也

即ち対の南階以東が極めて狭いので東を上位にしたとされる。『江家次第』には東面する平安宮内裏清涼殿東庭で行われる「小朝拝」について、

王卿經明義仙華門列立庭中（北上西面、參議以上一列、第一人常御座立、若人多時、漸々《やうく》北進、）

と記され、王卿らの第一人は御座間に立ったことが知られる。里内裏閑院に於て御座は西第二間の階間に置かれたから、太田静六氏の復元図によれば、閑院東対南面の階間以東は中門廊の西面までの三ヶ間ということになる。列の全体を多少西に移動したにしてもこの範囲に公卿以下多くの人々が並んで立つのはかなり困難なことであったろう。

なお、庭園に於ける儀式時の空間的秩序について、詳しくは拙論「平安期寝殿造庭園の空間的性質」（『日本庭園学会誌』四、一―一三、平成八年）を参照されたい。

第三節　平安時代里内裏住宅の空間的秩序（二）
―陣口、陣中及び門の用法―

〔一〕はじめに

平安宮内裏は大内裏中央やや東寄りに位置を占めていた。大内裏は左右対称の位置に設けられた一四の宮城門によって平安京に開かれ、また二重に囲まれた内裏はそれぞれ主要な位置に門を配していた。そしてこれらの門は六衛府によりそれぞれ分担され護られていた。(1) 貴族達は大内裏内には原則として乗車、騎馬のまま入る事は許されず、内裏内では、天皇、皇后、中宮等の他は、いかなる理由があっても乗物を用いる事は出来なかった。即ち、内裏は二重・三重に囲まれていたのみならず、質的にも異った同心円的な空間秩序を有していたのである。

平安も中期になると、内裏に代り屡々里内裏が用いられる様になるが、これらの多くは京中に営まれた上級貴族の住宅であった。里内裏住宅については、太田静六氏によりその規模がかなりの程度明らかにされてきている。しかしながら里内裏は、紫宸殿（代）、清涼殿（代）等の設けられた一町四方の地のみならず、周辺の領域をも含めて存在していた。

本節では、これら里内裏に於ても大内裏に比すべき領域が存在した事を明らかにすると同時に、門および大内裏宮城門に擬される陣口の用法を具体的に検討し、さらにこれら陣口によって囲まれた領域内の様子を示す事によって、平安時代里内裏の空間的秩序の一端を解明する事を目的としている。

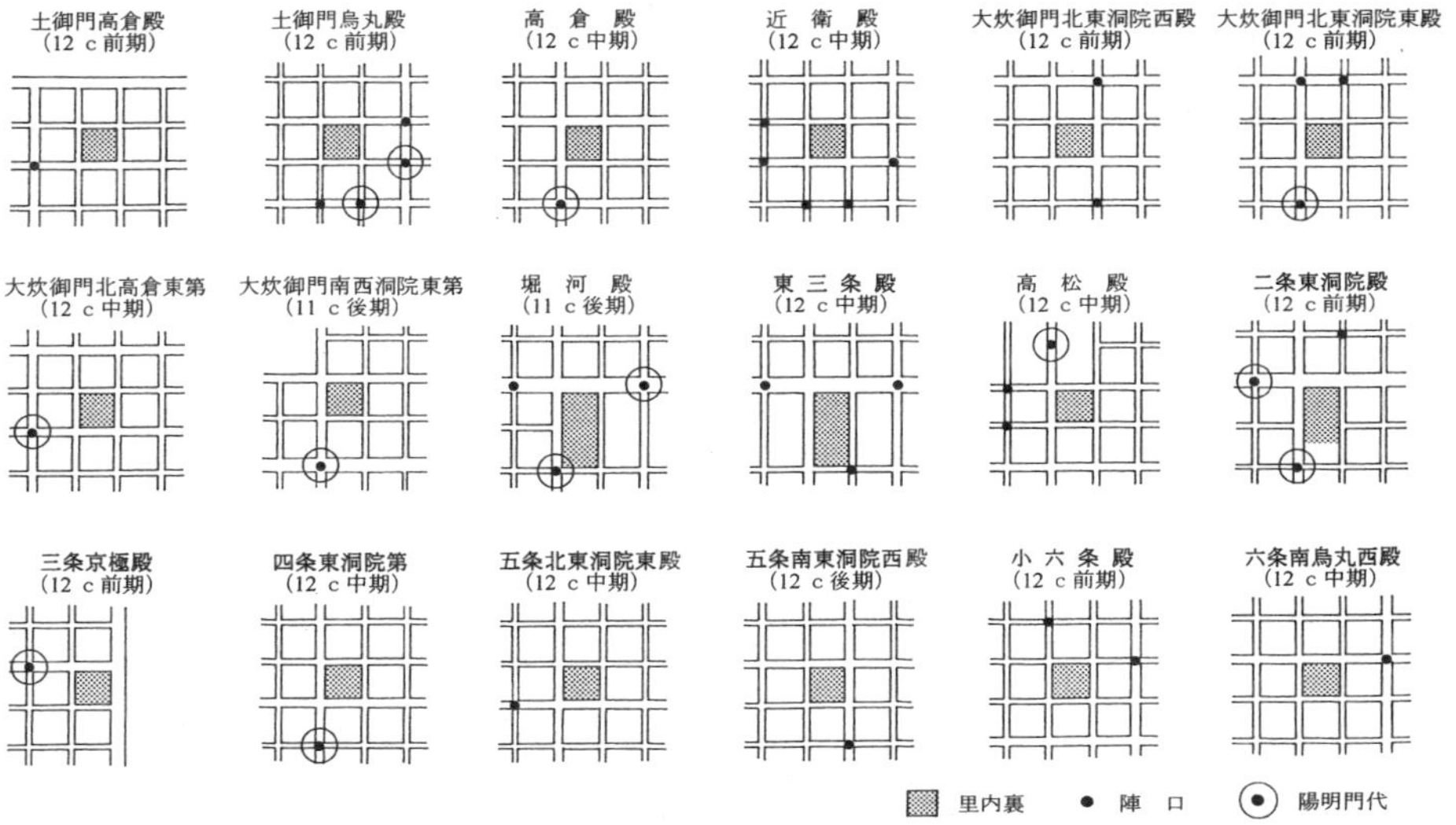

図1　平安時代里内裏に於ける陣口

〔二〕陣口と門の用法

平安宮では、貴族らの参内に際し大内裏宮城門で下車、下馬が要求された。[2]里内裏に於てもこの様な地点が存在する。平安末期に後白河天皇の里内裏として用いられた高松殿に関して『兵範記』によれば、保元元年(一一五六)二月五日、藤原基実は拝賀のために参内したが、

自三條東行、自油小路北行、於姉小路辻、令下車給、入御皇居[3]高松殿西南四足門、(右衛門陣也、)

とあり、油小路姉小路辻で下車し、右衛門陣より入った事が知られる。また、『山槐記』同日条には、

三條(於辻雅頼車爲荒牛破損、仍與余同車、)東行、西洞院西小路北行、於三條北小路陣口下車

と記され、この条の西洞院西小路、三条北小路はそれぞれ『兵範記』の油小路、姉小路に相当するので、基実が下車した地点は「陣口」と呼ばれていた事が知られる。そして、この地点は里内裏から一町離れて設けられていた。

平安時代の里内裏について、この様な地点を諸記録より収集し、里内裏毎に分類して整理したものが表1であり、またこれらの位置を具体的に示したのが図1である。図中の●印は陣口を示している。⦿印は、そのなかで特に陽明門代(陣口)として知られるものであるが、これについては後

述する。

表1　平安時代里内裏陣口史料一覧

里内裏名	陣口名	史料
土御門殿（土御門北高倉東）	土御門東洞院	中右記　天永2（1111）．5．3
土御門烏丸殿	土御門東洞院 ⊙鷹司東洞院 ⊙近衛烏丸 近衛室町	中右記　元永元（1118）．4．21他 台記　康治元（1142）．3．13他 中右記　元永元（1118）．正．26他 中右記　大治4（1129）．2．14他
高倉殿	⊙近衛東洞院	山槐記　応保元（1161）．11．14他
近衛殿	近衛東洞院 勘解由小路烏丸 勘解由小路室町 近衛町口 鷹司町	兵範記　仁平3（1153）．正．15他 兵範記　仁平2（1152）．4．11 兵範記　仁平2（1152）．6．14他 兵範記　久寿2（1155）．7．3 山槐記　仁平2（1152）．12．29
大炊殿（大炊御門北東洞院西）	中御門東洞院 冷泉東洞院	殿暦　嘉承2（1107）．12．1 中右記　天永2（1111）．2．19他
大炊殿（大炊御門北東洞院東）	中御門高倉 ⊙冷泉東洞院 中御門東洞院	中右記　天永3（1112）．12．14 中右記　天永3（1112）．11．1他 長秋記　永久元（1113）．閏3．16他
大炊御門北高倉東第	⊙大炊御門東洞院	山槐記　永暦元（1160）．12．26
大炊御門南西洞院東第	⊙二条西洞院	中右記　嘉保元（1094）．12．7他
堀河殿	⊙二条西洞院 ⊙堀川三条坊門 二条猪隈 堀川冷泉	中右記　寛治5（1091）．正．22他 中右記　寛治2（1088）．12．14他 帥記　承暦4（1080）．5．16他 中右記　寛治7（1093）．12．27
東三条殿	二条室町 三条坊門町口 二条油小路	兵範記　保元2（1157）．8．9 兵範記　保元2（1157）．8．4 台記　久安6（1150）．正．14
高松殿	姉小路油小路 三条坊門油小路 ⊙押小路西洞院	兵範記　保元元（1156）．9．25他 兵範記　保元3（1158）．4．7 兵範記　保元2（1157）．8．19他
二条東洞院殿	高倉冷泉 ⊙三条坊門東洞院 ⊙二条烏丸	台記　保延2（1136）．12．9 中右記　長承3（1134）．3．19他 台記　保延2（1136）．12．17他
三条京極殿	⊙三条万里小路	中右記　大治5（1130）．2．21他
四条東洞院第	⊙綾小路東洞院	本朝世紀　久安5（1149）．8．25
五条北東洞院東殿	五条烏丸	山槐記　仁安2（1167）．3．1
五条南東洞院西殿	六条坊門東洞院	山槐記　治承4（1180）．12．1
小六条殿	六条坊門東洞院 樋口室町	殿暦　天仁元（1108）．12．19他 殿暦　永久3（1115）．4．16他
六条南烏丸西殿	六条東洞院	台記別記　仁平元（1151）．11．11

⊙印は陽明門代

右に示したこれらの陣口の存在は里内裏の領域を推測させるに充分ではあるが、ここではさらに平安末期の代表的里内裏であった閑院を取りあげ、陣口および門の用法上の性格を具体的に検討する事にする。

この時期の閑院は、摂政藤原基房が仁安二年（一一六七）に新造・移徙し(4)、承元二年（一二〇八）に焼亡(5)するまでの間存続したものを指すが、

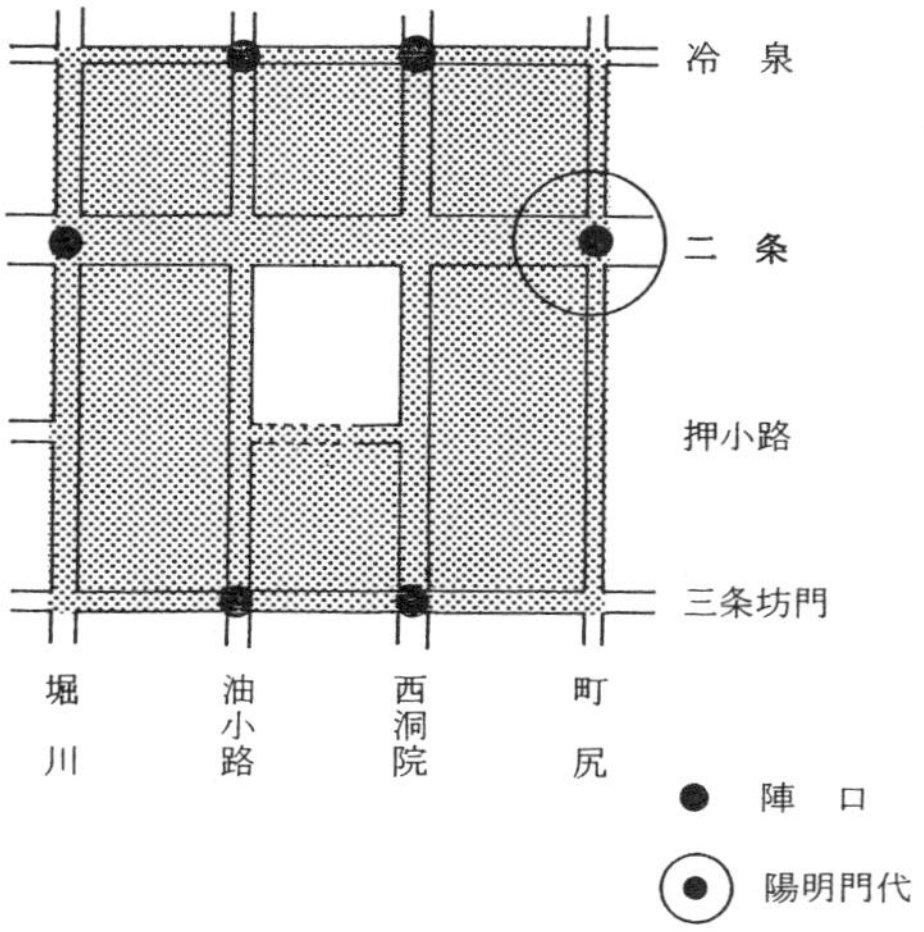

図2　閑院里内裏の陣口、陣中

移徙翌年の二月には高倉天皇の里内裏となり、[6] 以後四〇年間の殆どが里内裏として用いられた。二条南西洞院西に一町四方の地を占め、[7] 西洞院に面して東四足門、[8] 北門、[9] 油小路に面して西四足門、[10] 小門[11]を配した。また、押小路面にも小門[12]を開いている。

閑院について、陣口の位置を求めると、二条町尻、[13] 三条坊門西洞院、[14] 三条坊門油小路、[15] 二条堀川、[16] 冷泉油小路、[17] 冷泉西洞院[18]の各地点が得られる(図2)。押小路町尻および押小路堀川にこの記録が見えないのは、この院の東西の隣接地がそれぞれ東三条殿、堀河殿であり、いずれも南北二町の地を占めていたためであろう。当時の記録からしても、これらの住宅が南北に二分されて間に路が存在したと考える事は出来ない。

表2は、古記録より得られたこれら陣口の用例について、門の用法も併せ知られるものを行為主体毎に分類・整理したものである。また、図3は、この表をもとに、閑院から目的地に到る、或いは出発地から閑院に到る路次をも含めて具体的に示したものである。

行幸には二条町尻、三条坊門西洞院、二条堀川の各陣口が用いられた。二条町尻陣口は特別の場合[19]を除き、閑院より東に位置する貴族住宅、院御所等を目的地とする場合に使われている。三条坊門西洞院も同様、閑院より南に位置する貴族住宅・神社が目的地あるいは出発地の場合に用いられた。[20] 二条堀川が用いられる場合は二つに大別されるが、一つは内裏が目的地あるいは出発地となる場合であり、他の一つは閑院より西の大路を用いた諸社等への行幸の場合であった。[21]

この様に、行幸に於て使用される陣口は必ずしも定まってはいなかったが、門については東四足門を用いるのが常であった。供奉の者は、位により騎馬する場所が異っている。正治二年(一二〇〇)六月十三日、土御門天皇は祇園神輿を避け中院第に方違行幸を行った。『猪隈関白記』によれば、

余於東門下騎馬、(随身二人令張馬口、馬副在馬後、随身才在余馬前、陣中如此、府生番長於西洞院三條坊門辻騎馬也、)

表２　閑院里内裏の陣口、門の用法一覧

陣口	門	西暦	和暦	月日	主　体	目　　的	史　料
天　　皇							
二条町尻	東	1168	仁安３	8．4	高　倉	法住寺殿に朝覲行幸	兵範記
	東	1169	嘉応元	8．29	高　倉	賀茂社行幸	兵範記
	東ヵ	1178	治承２	正．4	高　倉	法住寺殿に朝覲行幸	山槐記
	東	1178	治承２	6．12	高　倉	祇園神輿を避け土御門第に行幸	山槐記
	東	1178	治承２	閏6.11	高　倉	三条殿に行幸	山槐記
	東	1179	治承３	正．2	高　倉	法住寺殿に朝覲行幸	山槐記
	東	1179	治承３	3．15	高　倉	平野社行幸	山槐記
	東	1179	治承３	5．28	高　倉	七条殿に方違行幸	山槐記
	東	1180	治承４	正．10	高　倉	閑院の穢により五条東洞院殿に行幸	玉葉
	東	1183	寿永２	2．21	安　徳	法住寺殿に朝覲行幸	吉記
	東ヵ	1186	文治２	4．7	後鳥羽	大炊御門第に方違行幸	玉葉
	東	1189	文治５	10．29	後鳥羽	春日社行幸	玉葉
	東	1191	建久２	12．8	後鳥羽	松尾社行幸	玉葉
	東	1196	建久７	11．5	後鳥羽	賀茂社行幸	玉葉・三長記
	東	1201	建仁元	1．23	土御門	二条殿に朝覲行幸	猪隈関白記
	東ヵ	1204	元久元	11．3	土御門	石清水社行幸	明月記
三条坊門西洞院	東ヵ	1179	治承３	8．27	高　倉	石清水社行幸	庭槐抄
	東	1179	治承３	9．5	高　倉	賀茂社行幸	庭槐抄
	東	1181	養和元	4．10	安　徳	八条院から遷幸	吉記
	東	1181	養和元	6．15	安　徳	八条院から還御	吉記
	東	1193	建久４	10．11	後鳥羽	日吉社行幸	玉葉
	東ヵ	1199	正治元	11．27	土御門	二条殿に朝覲行幸	猪隈関白記
	東	1200	正治２	6．13	土御門	祇園神輿を避け中院第に行幸	猪隈関白記
	東ヵ	1200	正治２	10．20	土御門	二条殿に方違行幸	猪隈関白記
二条堀川	東	1168	仁安３	3．11	高　倉	内裏へ遷幸	兵範記・玉葉
	東	1168	仁安３	4．9	高　倉	内裏より遷幸	兵範記
	東	1168	仁安３	6．13	高　倉	内裏へ遷幸	兵範記
	東	1168	仁安３	7．16	高　倉	内裏より遷幸	兵範記
	東	1169	嘉応元	4．26	高　倉	石清水社行幸	兵範記
	東	1169	嘉応元	6．23	高　倉	内裏より遷幸	兵範記
	東	1169	嘉応元	10．10	高　倉	内裏に方違行幸	兵範記
	東	1178	治承２	3．22	高　倉	春日社行幸	庭槐抄
	東	1182	寿永元	6．12	安　徳	祇園神輿を避け内裏に行幸	庭槐抄
	東	1183	寿永２	6．15	安　徳	内裏より還御	吉記
	東	1184	元暦元	7．5	後鳥羽	内裏に遷幸	山槐記
	東	1184	元暦元	8．1	後鳥羽	内裏より遷幸	山槐記
	東	1187	文治３	11．14	後鳥羽	賀茂社行幸	玉葉
	東ヵ	1196	建久７	10．25	後鳥羽	石清水社行幸	玉葉
	東	1198	建久９	2．20	土御門	内裏に遷幸	三長記
	東	1204	元久元	8．19	土御門	安井殿に方違行幸	明月記
	東	1206	建永元	6．13	土御門	祇園神輿を避け内裏に行幸	猪隈関白記
	東	1206	建永元	10．23	土御門	五辻殿方違行幸	明月記
高　位　の　女　性							
二条町尻	西ヵ	1168	仁安３	8．23	准　后	白河押小路殿より参内	兵範記
	西	1183	寿永２	6．15	皇后宮	法住寺殿に還御	吉記
	西	1190	建久元	4．20	女　御	退出	玉葉
三条坊門油小路	西	1168	仁安３	9．15	皇太后	七条殿より入内	兵範記
	西	1181	養和元	11．3	故摂政基実女	五条殿に退出	吉記
	西	1196	建久７	4．21	一品宮	八条殿より入内	明月記

二条堀川	西	1179	治承 3	正.23	中宮母儀二品尼	八条亭より参内	山槐記
冷泉油小路	西	1179	治承 3	2.10	北政所	松殿より参内	山槐記
	西	1185	文治元	正．8	皇后宮	法勝寺に行啓	吉記
貴　族							
二条町尻	東ｶ	1169	嘉応元	3.14	臨時祭使	石清水臨時祭に出立	兵範記
	東	1179	治承 3	10.25	中納言中将師家	拝賀により参内	山槐記
	東	1186	文治 2	10．7	摂政兼実	摂政詔の後、初めての著陣により参内	玉葉
	東	1197	建久 8	2．8	権中納言家実	任中納言の後、初めての著陣により参内	猪隈関白記
	東	1198	建久 9	正．8	権中納言家実	任大将兼宣旨を蒙る．参内	猪隈関白記
	東	1198	建久 9	正.19	権中納言家実	左大将に任ぜられた後、饗所たる高辻亭へ	猪隈関白記
	東	1198	建久 9	正.29	権中納言家実	著陣により参内	猪隈関白記
	西洞院面北門	1199	正治元	3.14	関白基通	石清水臨時祭により牛車で参内	猪隈関白記
	東	1199	正治元	6.13	権大納言家実	任右大臣の兼宣旨を蒙る．参内	猪隈関白記
	東	1199	正治元	6.22	右大臣家実	任右大臣節会の後、饗所たる正親町第へ	猪隈関白記
	東	1199	正治元	7．5	中納言	著陣により参内	明月記
	東	1199	正治元	7.13	右大臣家実	任大臣の後、初めての著陣により参内	猪隈関白記
	東	1204	元久元	11．3	摂政良経	石清水行幸に際し参内	明月記
	東	1206	建永元	10.11	摂政家実	摂政の後、初めての著陣により参内	猪隈関白記
	東	1208	承元 2	7．2	権大納言良輔ｶ	任大臣兼宣旨を蒙る．参内	明月記
	東ｶ	1208	承元 2	9．2	権大納言道家	著陣により参内	明月記
三条坊門西洞院	東	1186	文治 2	3.16	摂政兼実	牛車を聴さる、また随身兵仗を賜る	玉葉
	東	1199	正治元	8．3	使	祈年穀奉幣により神祇官へ	明月記
	東	1205	元久 2	12．9	内大臣実宗	奏慶により参内	明月記
三条坊門油小路	西	1179	治承 3	10.25	中納言師家	拝賀の後、院御所へ	山槐記
	西	1179	治承 3	12.13	権中納言忠親	奏慶の後、関白亭へ	山槐記
	西	1189	文治 5	12.14	摂政兼実	任大臣節会の後、院御所へ	玉葉
	西	1198	建久 9	1.19	権中納言家実	任左大将除目により参内、直廬へ	猪隈関白記
二条堀川	東	1188	文治 4	2.16	上　卿	祈年穀奉幣により神祇官へ	玉葉
冷泉油小路	西	1189	文治 5	12.14	摂政兼実	任大臣節会により参内、直廬へ	玉葉
	西	1199	正治元	6.22	権大納言家実	任大臣節会により参内、直廬へ	猪隈関白記

本表は、史料欄に記した『兵範記』などの史料より、用いられた門、および路次の判明するものについて作製したものである。門欄、東は東四足門を、西は西四足門を指している。

図３　閑院里内裏の陣口、門の用法（路次の線の太さは頻度を表す）

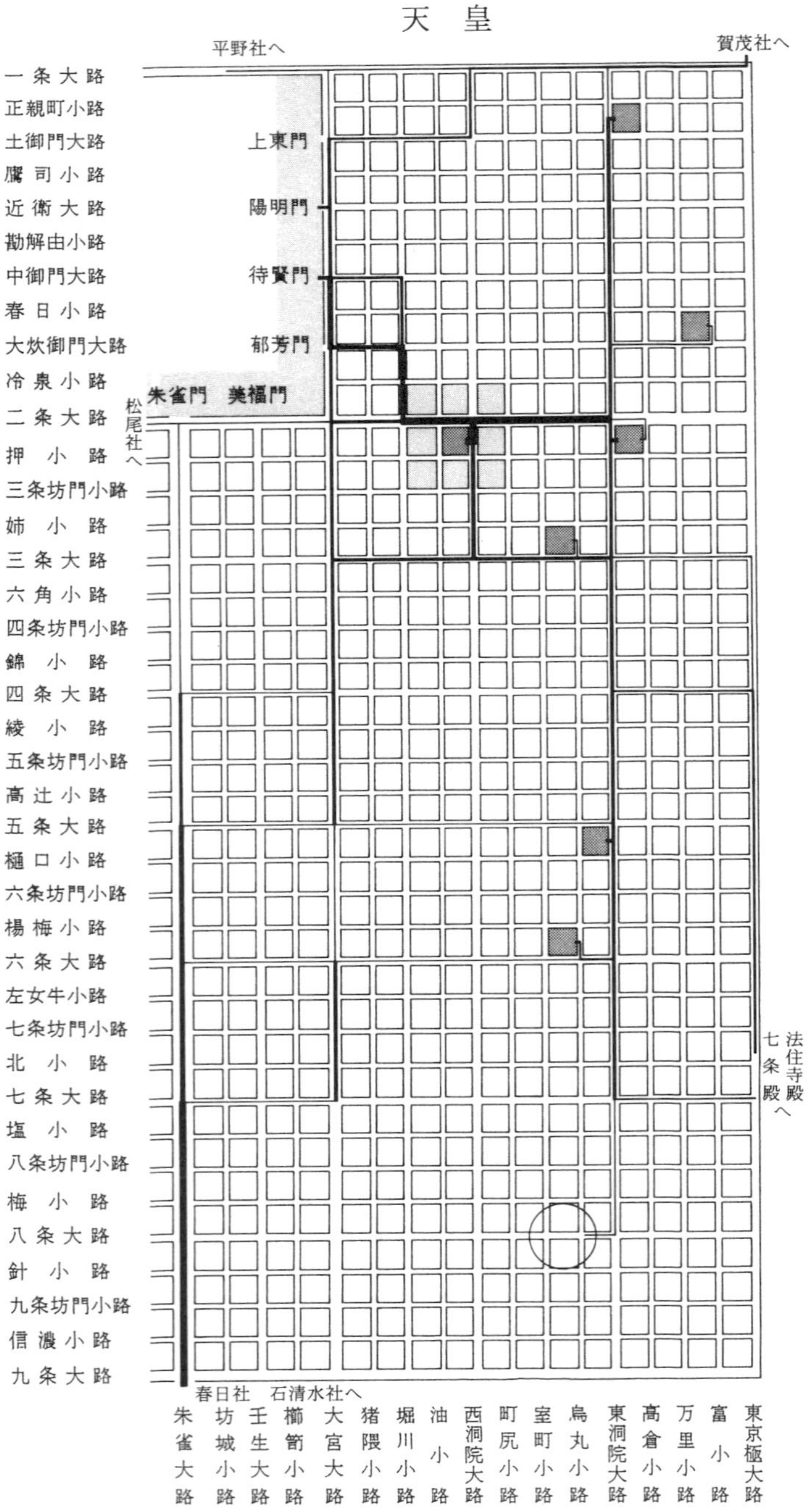

高位の女性

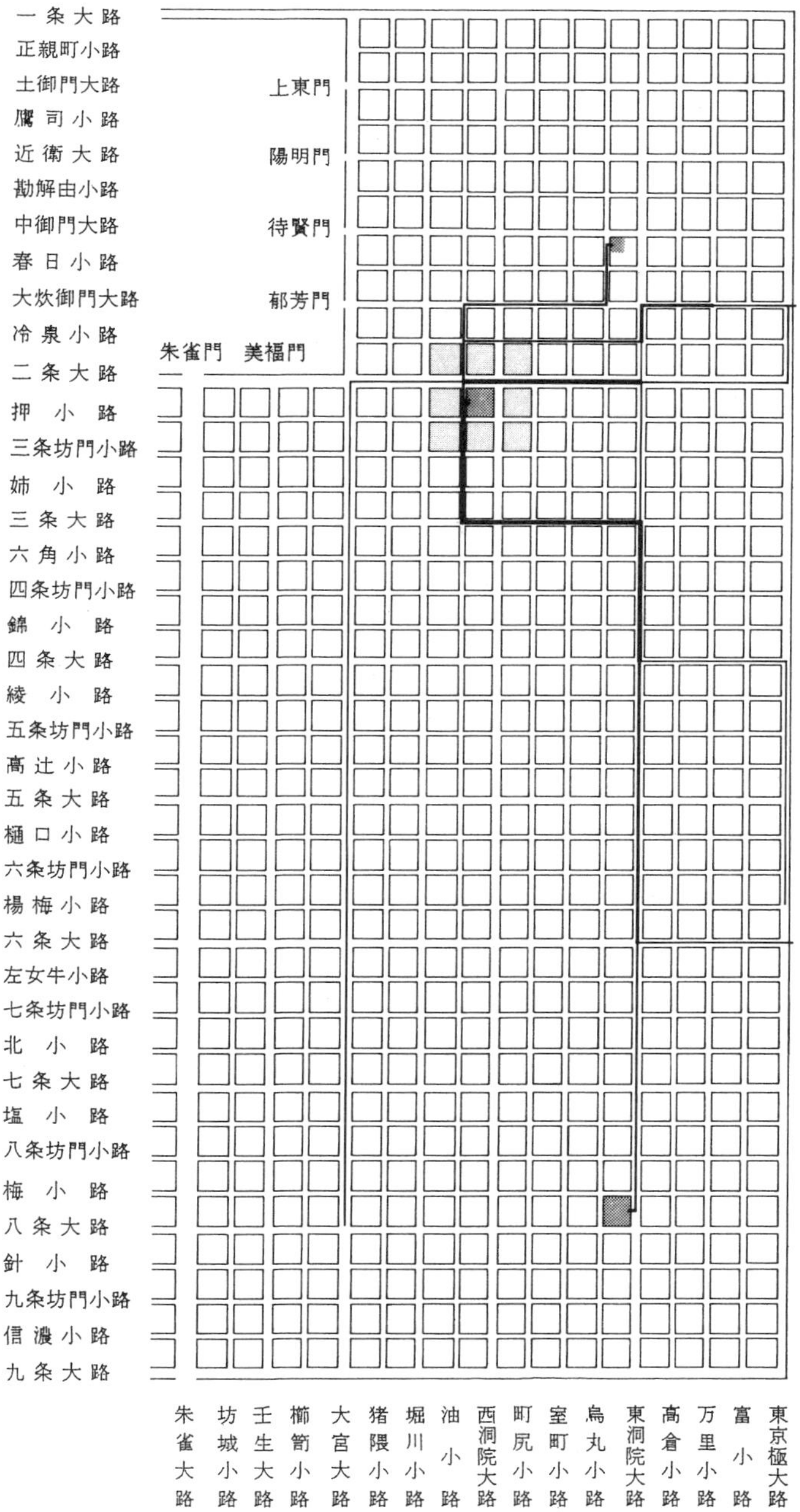
一条大路
正親町小路
土御門大路
鷹司小路
近衛大路
勘解由小路
中御門大路
春日小路
大炊御門大路
冷泉小路
二条大路
押小路
三条坊門小路
姉小路
三条大路
六角小路
四条坊門小路
錦小路
四条大路
綾小路
五条坊門小路
高辻小路
五条大路
樋口小路
六条坊門小路
楊梅小路
六条大路
左女牛小路
七条坊門小路
北小路
七条大路
塩小路
八条坊門小路
梅小路
八条大路
針小路
九条坊門小路
信濃小路
九条大路
上東門
陽明門
待賢門
郁芳門
朱雀門
美福門
朱雀大路
坊城小路
壬生大路
櫛笥小路
大宮大路
猪隈小路
堀川小路
油小路
西洞院大路
町尻小路
室町小路
烏丸小路
東洞院大路
高倉小路
万里小路
富小路
東京極大路

貴　族

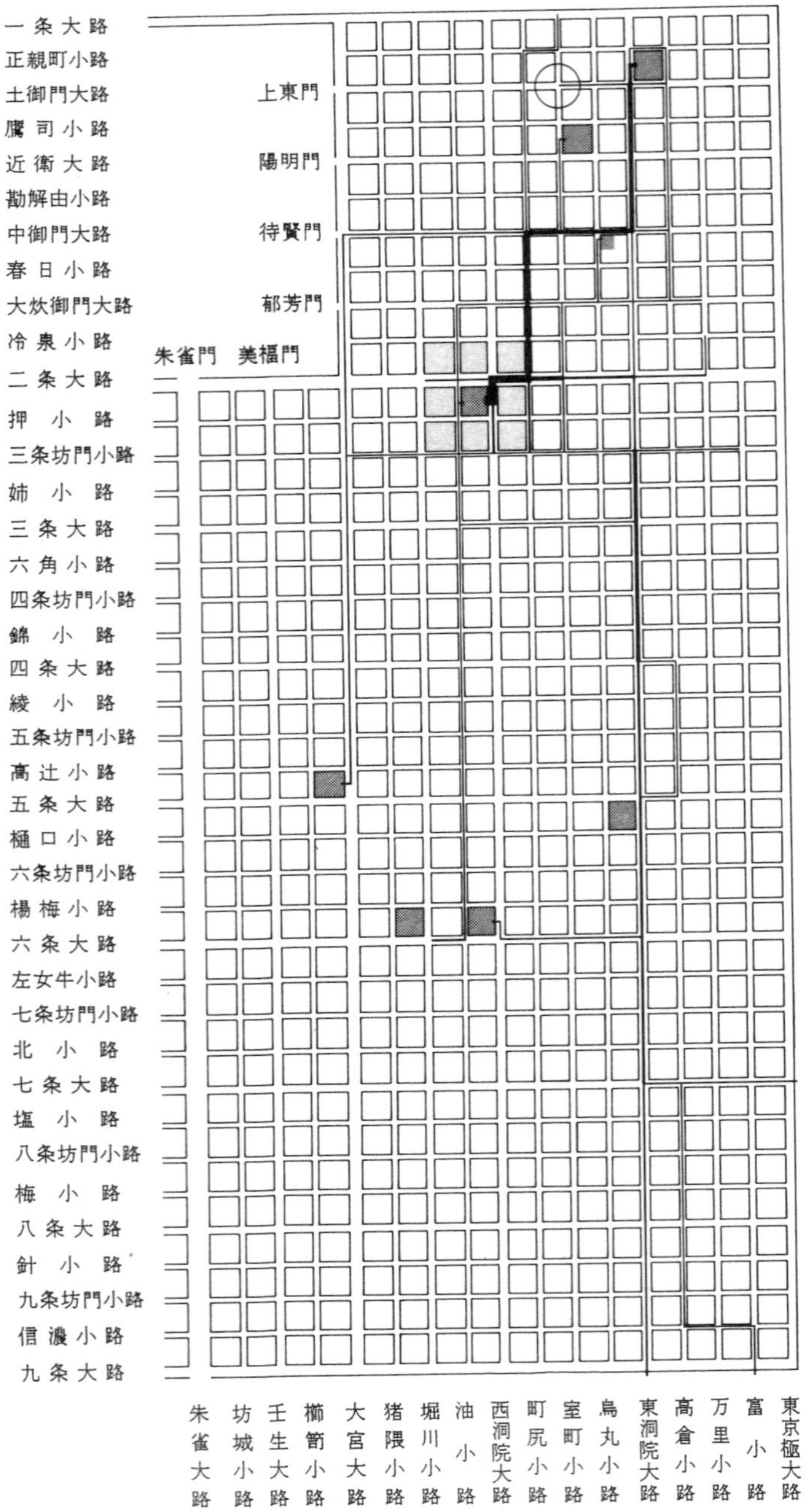
一条大路
正親町小路
土御門大路
鷹司小路
近衛大路
勘解由小路
中御門大路
春日小路
大炊御門大路
冷泉小路
二条大路
押小路
三条坊門小路
姉小路
三条大路
六角小路
四条坊門小路
錦小路
四条大路
綾小路
五条坊門小路
高辻小路
五条大路
樋口小路
六条坊門小路
楊梅小路
六条大路
左女牛小路
七条坊門小路
北小路
七条大路
塩小路
八条坊門小路
梅小路
八条大路
針小路
九条坊門小路
信濃小路
九条大路
上東門
陽明門
待賢門
郁芳門
朱雀門
美福門
朱雀大路
坊城小路
壬生大路
櫛笥小路
大宮大路
猪隈小路
堀川小路
油小路
西洞院大路
町尻小路
室町小路
烏丸小路
東洞院大路
高倉小路
万里小路
富小路
東京極大路

とあり、右大臣藤原家実は東門下で、府生・番長は西洞院三条坊門陣口で騎馬し供奉した事が知られる。

平安宮[22]に於て、内裏から大内裏外へ行幸する場合に用いられる内裏の門は、南の建礼門－承明門、東の建春門－宣陽門の場合が殆どであり、西の宜秋門－陰明門が用いられるのは極めて稀であった。また行幸に際し、高位の者は建礼門または建春門で騎馬し、下位の者は陽明門、待賢門等で騎馬し、供奉している。『西宮記』[23]巻八、行幸の項には、

　五位已上於城中乗馬、六位於宮城外騎

と記されるので、閑院に於ても建礼門、建春門の役割りを果した東四足門外で五位以上が、そして陣口では六位が騎馬し、供奉したものと見做す事が出来る。

高位の女性について見ると、行幸と同様に二条町尻、三条坊門油小路、二条堀川、冷泉油小路の各陣口が用いられるが、門については西門が使われている。

この門を境に、牛車の場合は牛の懸放または輦車への乗り換えが行われた。『玉葉』建久元年（一一九〇）四月二十日条によれば、女御任子の退出に関して、

　此夜、女御退出、先仰手輦、（藏人忠國）次寄輦車、先有反閇、（在宣朝臣給祿）次寄車、余大将寄之、公卿忠親已下降立、殿上人秉松明列居於右衛門陣外、乗移糸毛（車）、

とあり、女御は御所から輦車を用い、右衛門陣（西門）外で糸毛車に乗り換えた事が知られる。『山槐記』治承三年（一一七九）正月二十三日条の中宮母儀参内の場合は輦車の宣旨にもかかわらず、そのまま車を引き入れた例であり、『兵範記』仁安三年（一一六八）九月十五日条の皇太后平滋子入内の場合は、

　於西四足外攬放御牛、…〈中略〉…二分十人引入御車、無輦車宣旨、内大臣被候御車寄役、后宮下御、糸毛引出門外

とある様に、輦車の宣旨は無かったが、やはり牛を西四足門外で放ち人々が車を御所まで引いた例である。供奉の公卿らは『兵範記』仁安三年（一一六八）八月二十三日条に准后平盛子の入内について、

　自二條西行、前駆弁公卿等於町口辻下車馬歩行

と記される様に、陣口を境に下車馬した。

平安宮では、これら女性は朔平門‐玄輝門を用いるのが常であった。行啓に際し御輿を用いる場合もあったが、牛車を用いる場合は北陣たる朔平門で牛の懸放、または輦車への乗り換えが行われた。また、供奉の者は宮城門内は歩行している。

貴族達にとって、二条町尻陣口および東四足門を用いるのが正式の経路だった様である。この陣口は『玉葉』承安二年（一一七二）二月十六日条に、

二條町辻擬陽明門代

と記される様に、大内裏陽明門に準えられていた。この陣口を用いた場合の出発地あるいは目的地は閑院より東に位置する場合が殆どであるが、『猪隈関白記』建久九年（一一九八）正月十九日条の、藤原家実が左大将に任ぜられたのち饗所たる高辻亭（高辻大宮）に向うのにわざわざ迂回してこの陣口を用いたことについての、

出自左衞門陣、（次将寸相従、陪従發歌笛音相従、）於二條町辻乗車、…〈中略〉…經町・中御門・大宮寸道、於門外降自車

という記述は、ここが参内退出時の正式の陣口であった事を示したものと思われる。西四足門については、拝賀、奏慶の退出時、および任大臣節会、除目の際の用例が認められる。拝賀は通常、天皇、東宮、中宮に対して行われるが、閑院では、東対が天皇の御所たる清涼殿[24]に、東宮、中宮御所は寝殿より西方の廊などに設けられていた。[25]任大臣節会、除目に関した例を検討すると、やはり閑院の西面に設けられた直廬に向ったもの、或いは直廬より退出したものであることがわかる。[26]西四足門は、東四足門に対し、便宜により用いられたと思われるのである。

平安宮に於ては、任大臣節会、拝賀、著陣時には、東門たる建春‐宣陽門が用いられるのが常であり、建礼‐承明門が使われる事は無かった。また陰明、宜秋門が用いられた例を見出すのも極めて困難である。

平安末期里内裏閑院のこの様な門および陣口の性質は、一一世紀末に造営された閑院[27]および、鎌倉時代に内裏を模して造営された閑院[28]についても同様認める事が出来る。

一一世紀末の閑院は、堀河天皇の里内裏として嘉保二年（一〇九五）十一月二日から承徳元年（一〇九七）九月二十三日までの間使用された。存続期間が短かったせいか、これらに関して得られた用例は少い。しかしながら『中右記』承徳元年（一〇九七）三月二十七日の春日行幸条、同四月二十六日の祇園社行幸条に見られる様に、行幸にはやはり東門が用いられた。同記永長元年（一〇九六）正月十日条には、

次の日の六条殿への朝覲行幸について、

明日行幸御出方角沙汰也、明日太伯神在東、然者可被用西陣歟、葦路慥可見者、則參内、先見西陣、取御輿丈尺、見其程、西陣方油小路甚狹少之上、右衛門陣屋已滿小路、纔雖有葦路、頗以見苦、見東陣門處、其南ニ依、從夜大殿不當太伯神方、歸參殿下申此旨處、仰云、然者不當正方、可用東門者

と記されるが、太白神が東にあるにもかかわらず、夜大殿から見れば東に当たらないという理由で東門を用いるべく合理的解釈のなされた事を知る事が出来る。(29)

貴族についても、西門に対し東門の用法が知られる。(30)

鎌倉時代（建暦度）の閑院を見ると、この様な傾向はいっそう明らかとなる。この時期の閑院については、二条町尻、(31)三条坊門油小路、(32)二条堀河、(33)冷泉油小路に陣口の設けられた事が知られるが、三条坊門西洞院、(34)冷泉西洞院にも同様設けられたものと思われる。

この時期の路次を諸記録により検討すると、行幸には二条町尻、三条坊門西洞院、二条堀川、冷泉油小路、冷泉西洞院の各陣口が用いられた事が知られる。特に、平安末期の閑院では用例のなかった冷泉西洞院陣口が持明院殿への行幸に用いられた事は注目されて良い。(35)また、冷泉油小路陣口の例も知られる。(36)行幸に用いられた門については東門の例が殆どである。安貞二年（一二二八）十月十四日の持明院殿への行幸について『民経記』前日条に、

中納言殿仰云、内裏東中門（日華門代）依大風傾倚、仍明日行幸出御此門之條、尤可被憚、今間仰修理職、搓柱木可押直之由、能々可相觸之由有御定、仍即書之馳遣、又仰云、彼門若今日不直得者、明日行幸自西陣可出御歟、共例卽内々相尋外記了、而若自彼門可出御者、太白方相當否事、可相尋陰陽助在俊朝臣之由有御命、予書御教書遣之、當太白方否事、自夜御殿於西中門、以定尺可打定之間、參内可檢知之由仰遣了

とあり、東中門が傾いているので西門を用いるべきかどうか、またその際太白神の方角に当たらないかどうかが問題となった事が知られるが、当日条によれば結局東門より出御している。右の文は、行幸には通常東門が用いられる事を如実に示したものであろう。

貴族達の参内、退出についてはやはり東門、あるいは東門を用いたと推定される例が多い。特に、著陣、(37)拝賀(38)等の正式の参内の時には東門が用いられた。また、著陣の際には、二条町尻の陽明門代陣口で下車した事が知られる。(39)

以上の検討をもとに、平安宮内裏の内裏門および大内裏宮城門の用法と照らし合せて見た時、平安末期の里内裏閑院について次の事が言えよう。

即ち、東西諸門が内裏門に対応し、各陣口が宮城門に対応する。東四足門は、貴族の参内、退出という点から見れば建春門に擬されるが、行幸に関して言えば、建春門と同時に建礼門にも擬されている。西四足門は、もちろん右衛門陣に擬されたが、皇后宮など高位の女性の用法から見れば、寧ろ内裏の朔平門、すなわち北陣として用いられた。事実、『山槐記』治承三年（一一七九）正月二十三日条に、

向車於閑院西門（四足、右衞門陣也、此殿無北陣、今擬北陣歟、）

と記され、これが確かめられる。

陣口について見ると、行幸、行啓ともに特定したそれが使われたとは考えにくい。門がそれぞれ用法上の定まった性格を示したのに対して、陣口は、目的地、あるいは出発地との間の路次選択の結果用いられたものと考えられ、無性格なものとして扱われていた。しかしながら、貴族達の用法を見ると、二条町尻の陣口が他の陣口に対して極めて重要なものとして捉えられていた。

この様に、平安時代の里内裏に於ては、大内裏に比すべき領域は三町四方であった事が知られる。(40) そして、図1に示される様に、陣口のうちのあるものが陽明門代陣口として特に意識されていた。それでは、この陽明門代陣口とは如何なるものであったのかを次に検討してみよう。

〔三〕陽明門代陣口

里内裏の陽明門代陣口には、時に幔門が設けられた。例えば、大炊殿（大炊御門北東洞院東）について『中右記』天永三年（一一一二）十一月一日条には、

經二條東洞院於冷泉院辻從御車下御、此辻引幔爲陽明門代

と記されている。平安時代の里内裏について古記録に「陽明門代」あるいは「幔」、「幔門」と記されたものを収集し、これを試みに儀式・行事の観点より分類・整理すると以下の様になろう。

一、着陣の際の用例(41)

二、任大臣節会の際の用例(42)

三、立后の際の用例(43)

四、その他（輦車、牛車宣旨に関しての例）(44)

着陣とは陣座（仗座）に着く事を言うが、ここでは特に新たな位についた後初めて陣儀を行う場所たる陣座に着く事を指している。例えば『中右記』永長元年（一〇九六）二月二十七日条によると、関白藤原師通は従一位に叙せられた後初めて着陣した。(45)師通は二条東洞院殿より里内裏たる閑院に参り、着陣ののち二条殿に退出するのであるが、同条によると、

午剋令着陣給、不經幾程従敷政門代出御、…〈中略〉…於二條町尻辻有出立、擬陽明門也、（引幔、）但左大将殿不令行列給、依殿下命出立之間、暫令立留給也、則還御二條殿

とあり、閑院を出た後、二条町尻で出立儀の行われた事が知られる。閑院以外の例では、二条東洞院里内裏に関して、保延二年（一一三六）十二月十七日、時の内大臣藤原頼長が大臣に任ぜられた後、初めて行った着陣があげられる。『台記』同日条によれば、やはり二条東洞院第西四足門を出た後、二条烏丸の幔門で出立儀があり大炊御門亭に還っている。

『西宮記』(46)巻七には、

一大臣自陣「退」出事、（入夜雨日無此儀、）大臣退出、（敷政門、）辨少納言、外記「史」・陪従大臣、出左衞門陣之比、…〈中略〉…大臣至陽明門前、納言以下、當左兵衞府小門留立、（東面鴈行、）少納言辨列立其西、（去公卿西四許丈、北上東面、）外記史列立其西、（北上東面、）大臣下至門霤下四五尺許、垂尻右廻向西揖、納言以下共相揖、大臣出門之後、参議已上共南向(面)、即一々東行、更西向揖下﨟退出、外記史更列立道北頭、辨少納言立定、次第揖退出

と記され、内裏の左衛門陣（建春門）より退出した大臣が陽明門に到った時に、納言以下が列立した様子を具体的に知ることが出来る。任大臣節会について例をあげるならば『中右記』寛治二年（一〇八八）十二月十四日条が良いであろう。この日、摂政藤原師実は時の里内裏たる堀河殿で太政大臣に任ぜられた。任大臣節会の後、天皇に奏慶し大饗所たる東三条殿に向ったが、

上達部退出之時、於陣頭有出立儀、堀川三條坊門辻、被擬陽明門儀也

とあり、やはり陽明門に擬された三条坊門辻で出立儀があった。しかしながら夜になったり、或いは雨の場合にはこれは取り止めになった。(47)

里内裏での立后の後、公卿らが饗所たる中宮御所に向う際にも陽明門代で出立儀が行われている。大治五年（一一三〇）二月二十一日、女御藤原聖子の立后の儀が里内裏たる三条京極殿で催されたが、その後、貴族達が中宮御所たる東三条殿での饗に向うのに関して『中右記』同日条には、

上達部退出、於三條萬利小路辻引幔、爲陽明門代、有出立

と記されている。また、同じ『中右記』元永元年（一一一八）正月二十六日の土御門烏丸殿での璋子立后の条には、雨のため陽明門代たる近衛烏丸辻での出立儀が取り止めになった様子が記されている。

以上の諸例はすべて出立儀を伴うものであった。ところが里内裏の陣口について、特に陽明門代と記される記録の中に、輦車、牛車の宣旨に関するものがある。通常貴族達は大内裏中は歩行したが、高齢など特別の場合は牛車、輦車が許される場合があった。この様な場合には陽明門は用いられず、上東門や待賢門が使用された。天承元年（一一三一）八月二十二日、高齢の右大臣藤原家忠は輦車の慶を奏するため時の里内裏たる土御門烏丸殿に参内したが、『長秋記』同日条によれば、

於東洞院鷹司遷輦車、於民部卿、依亟相命自陽明門代參會、（可謂烏丸也、）

とある。家忠は東洞院鷹司で輦車に移ったが、他の人々は家忠とは別の陽明門代たる（近衛）烏丸陣口(48)より参内した事が知られる。さらにあげるならば、やはり土御門烏丸殿に関してであるが、摂政藤原忠通が牛車を許された事について『台記』康治元年（一一四二）三月十三日条の例がある。これによれば、

余於鷹司東洞院下車、大内時、執柄入上東門、後従人入陽明門、今日准彼也

と記され、『台記』の記者藤原頼長など、牛車を用いて参内した摂政藤原忠通以外は、陽明門代たる鷹司東洞院陣口で下車した事が知られる。

前述した一〜三については出立儀を伴う極めて儀式性の強い行事の際の用法であり、四の場合は特に他の陣口との用法上の差異を明らかにする事によって貴族の通常の参内口である事を示した例である。この様に、里内裏に於ては特定の陣口が陽明門代として意識さ

れ、しかもそれは貴族達が参内、退出する際の最も正式な出入口であったと言う事が出来よう。

それでは、陽明門代陣口はどの様な場所に設けられたのであろうか。

すでに述べた様に、里内裏閑院の陽明門代陣口は二条町尻に設けられた。即ち、この陣口はこの住宅の東側に存在した事になる。しかしながら陽明門代は必ずしも里内裏住宅の東側に位置したのではない。図1によって明らかな様に、高倉殿を始め、大炊御門北高倉東殿、高松殿、二条東洞院殿、三条京極殿などでは西側に設けられた。ところで、閑院は周知の様に「東礼」[49]の里内裏であった。二条東洞院殿は、『上卿故實』[50]に、

保延二十二十七槐記云。（二條東洞院。皇居西禮儀。）

とあるよう「西礼」の里内裏であった。また、大炊御門北高倉東殿はやはり「西礼」[51]、高松殿も「西礼」[52]の里内裏であった。即ち、陽明門代陣口は里内裏住宅の周囲に存在する陣口のうち「礼」側のそれにあてられたと思われるのである。『玉葉』長寛二年（一一六四）閏十月十七日条に、時の里内裏たる押小路殿について、

押小路内裏西禮、仗座在西也

とされ、また寛治年間の里内裏たる堀河殿について『吉記』治承四年（一一八〇）十一月十三日条に、

寛治右仗西禮

と示される様に、里内裏に於ては「礼」の側に仗座（陣座）が設けられた事が知られる。閑院の例を引くまでもなく、里内裏の正式の門は「礼」側に設けられた。[53] 陽明門代陣口は、これら正門に対応した地点に設けられたと言う事が出来よう。

しかしながら、陽明門代陣口の位置は必ずしも固定的に捉えられていたのではない。

二条東洞院殿について見ると、前掲の『台記』保延二年（一一三六）十二月十七日条により二条烏丸が陽明門代に擬されていた事が分かるが、さらに『中右記』長承三年（一一三四）三月十九日条には、

又三條坊門東洞院引幔爲陽明門代

とあり、三条坊門東洞院辻も陽明門代とされた事が知られる。また土御門烏丸殿について見ると、前掲『台記』康治元年三月十三日条により鷹司東洞院陣口が陽明門代であった事が知られるが、近衛烏丸辻も陽明門代とされていた事は、『中右記』元永元年（一一一八）正

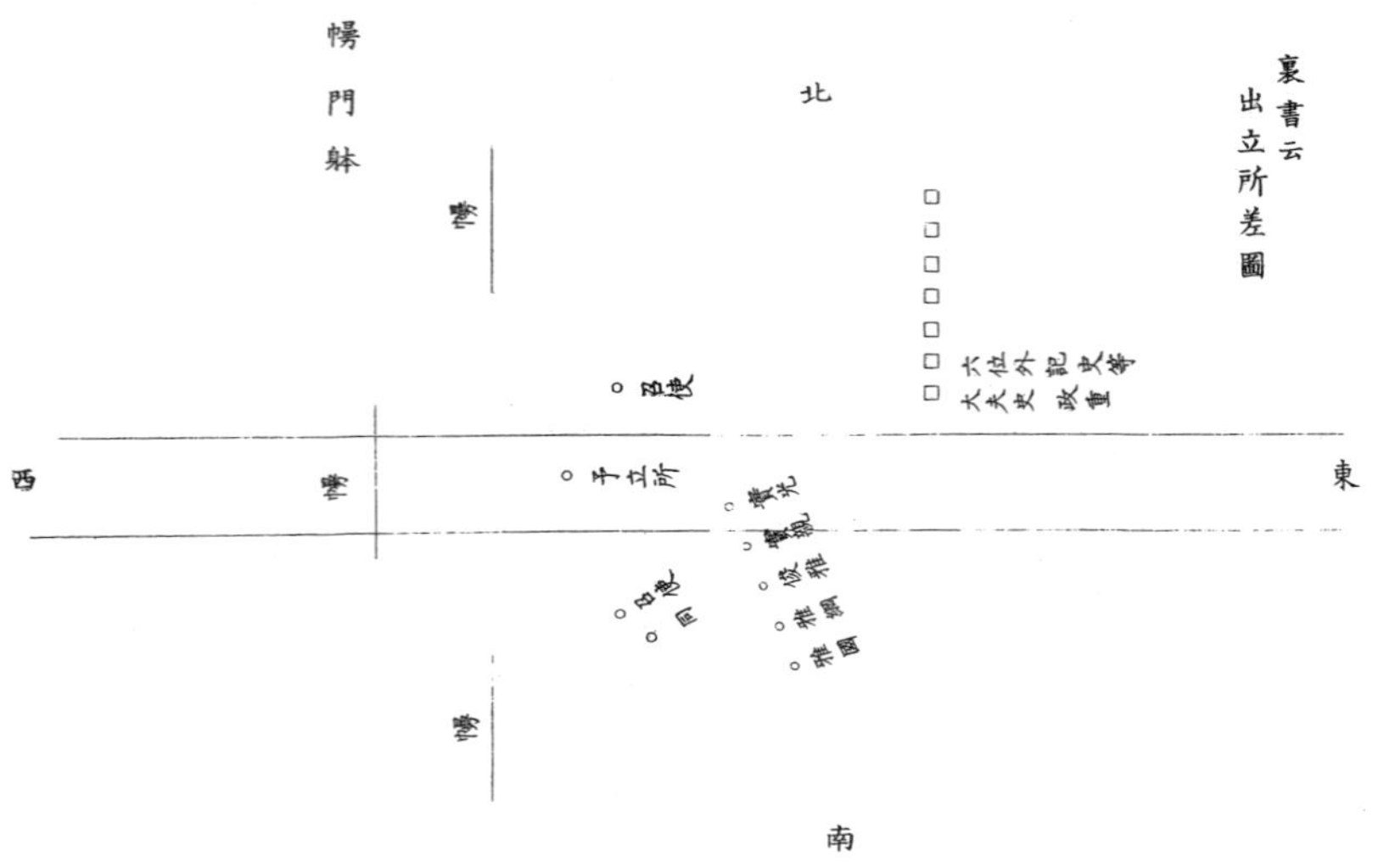

図4　二条東洞院里内裏の陽明門代幔門指図（『台記』による）

月二十六日条の、

近衞烏丸辻引幔爲陽明門代

により明らかである。[54]

二条東洞院殿の二つの陽明門代陣口はいずれもこの住宅の西側であり、土御門殿のそれはいずれも住宅の東側[55]にあり、どちらも住宅の「礼」向きに設けられたという点に於て一致している。しかしながら、「西礼」とされる寛治年間の堀河殿について見ると、『中右記』寛治二年（一〇八八）十二月十四日の摂政師実の任大臣節会の条に、

上達部退出之時、於陣頭有出立儀、堀川三條坊門辻、被擬陽明門儀也

とあり、堀河殿の西側の陣口であった堀川三条坊門辻がそれに擬された事を知るが、『中右記』寛治五年（一〇九一）正月二十二日条には、媞子内親王の立后後、公卿らが饗所たる大炊御門南東洞院東第に向うのに関して、

二條西洞院、引屏幔有出立儀

とある様に、この住宅より東に位置する二条西洞院陣口も陽明門代とされていた。この場合の立后の儀を同記により検討すると、左仗座が用いられる等、堀河殿の寝殿における通常の儀式の場合と異り、東西が逆転した様に儀式が行われていた事がわかる。この点注目すべきでここで指摘しておきたい。饗所たる大炊殿は堀河殿のすぐ東に位置しており、この様な両住宅の位置関係が、二条西洞院陣口をして陽明門代となすのに

大きな影響を与えたのではないだろうか。

　この様に、陽明門代陣口は里内裏の「礼」の側[56]に設けられるのを基本としたが、目的地あるいは出発地との間の路次選択によりある程度の位置の移動が可能だったものと思われる。

　『台記』保延二年（一一三六）十二月十七日条には、二条烏丸に設けられた二条東洞院殿の陽明門代幔門の指図（図４）が収められている。

〔四〕陣中

里内裏に於て、陣口によって囲まれた三町四方の領域は陣中[57]と呼ばれたが、ここでは陣中の具体的内容について述べてみたい。まず、里内裏の位置を決める際に、新たに陣中となるべき領域についても検討が加えられた。『中右記』永久二年（一一一四）十二月十三日条によると、

　皇后宮御所二條方可爲皇居哉否事行向可見定、殿下大藏卿三人共參皇后宮云々、候殿下御車後大略廻見、西對頗可相叶中殿也、…

〈中略〉…又南堀川院中宮崩給之後一周期中已爲陣中如何、如此事可有議由相定也

と記され、次の里内裏の候補地として二条堀川殿が検討の対象となった。その場合南隣接地の堀川院（堀河殿）が陣中となるが、ここでは十月一日に中宮篤子が亡くなっており不吉[58]だとされた。後日、再度議論されたが、結局、内大臣源雅実の土御門殿が次の里内裏として使われることになった[59]。大内裏がそうであった様に、通常一般の人々が陣中に立ち入る事は禁止されていた。『山槐記』応保元年（一一六一）九月三十日条によれば、

　頭辨曰、高倉殿可爲皇居、仍爲見御所只今所參也者、本儀四條坊門東洞院右大將家可爲皇居也、而六角堂爲陣中、參詣道俗可不通之由寺僧申云々、仍改易歟

とあり、四条坊門東洞院第を里内裏にすると六角堂[60]の地が陣中になり、参詣の人々に不都合となるので高倉殿に変更された経過が知られる。同様の事は『玉葉』治承四年（一一八〇）正月二十四日条にも認める事が出来る。即ち、

　行隆仰曰、五條堀川（後院町、）可有造營、而堀川材木商人、依爲陣中可不通、此條可計奏者

と記される。五条堀川周辺は材木商人の活動の場であったが[61]、この地が皇居となった場合、材木商人の立ち入りが禁止される事を懸念している。結局、他の条件も働きこの地に里内裏は設けられなかった。

　里内裏となる地のみならず陣中たるべき領域の検討を経て次の里内裏の位置が定まると、里内裏の領域を示す儀式が行われる。『吉記』養和元年(一一八一)四月十日条によると、新たに里内裏となった閑院について、

　毎陣口堀地埋之

とある。この事は地鎮を意味しているのかもしれない。また、内裏が遷るに伴い、陣中にも新たな施設が移動してくる。そのなかで記録に多く見られるのは内膳屋の存在である。嘉承二年(一一〇七)十二月九日、大炊御門北東洞院西第より小六条殿に皇居(里内裏)が遷ったが、それから間もなくの嘉承二年(一一〇七)十二月二十一日の『中右記』の記事によると、

　早旦仰修理職、令作立内膳屋、(件日時従行事所召陰陽師、只上覽許也、今日辰刻者)内膳屋令立皇居北地、(院御厩跡也、)…〈中略〉…

　下官起座、相具左少辨退出、行向本大炊殿内膳屋所、(大炊殿北地也、依刻限已成也、)御竈神可奉渡也

とあり、旧皇居大炊殿の北地にあった内膳屋から新皇居北地に設けられた内膳屋に釜神を移した事が知られる。他の里内裏について、内膳屋の位置を見ると、土御門北高倉東殿では西町に[62]、土御門烏丸殿では北町に[63]、大炊御門南西洞院東第では東町に[64]設けられた。また、平安末期の閑院ではやはり北町に[65]設けられている。『大内裏図考証』[66]巻第二十六によれば、

　百寮訓要抄曰、内膳司、天子の供御奉行する所なり、たとへば膳部所など中處同事也、むかしは、内膳の御膳ならでは、主上のきこしめさぬ事也、凡もろ〳〵の御膳の具を、此處におかる。

と記される。内膳司は、平安宮内裏の西隣、宜秋門の内、北方にあった。

　この様にして成立した里内裏領域内は、一般人の立ち入りはもちろん貴族達が通り抜けする事も許されなかった。例えば平安末期の閑院の里内裏期間中について、貴族達が用いた路次を古記録により検討すると、閑院の陣中を通り抜けて他所に行った例を見出す事は出来ない。しかしながら、祇園神輿の場合は特別だった様で、陣中が神輿の通路にあたる場合は、むしろ天皇が居を一時遷した。『猪隈関白記』建永元年(一二〇六)六月十三日条によると、

　今夜行幸大内也、是于時皇居閑院、二條大路爲明日御靈會少將井路、無便宜、仍毎年今夜有行幸於他所也

とあり、二条大路が神輿の通る路にあたるので、天皇は一時閑院から大内裏に遷っている。但し、天皇が不豫で他の場所に遷る事が出来ない場合は、神輿がその路を変更し陣中に入る事はなかった。(67)

また警備の分担は、大内裏に準じ陣中と陣外とでは異っていた。『中右記』大治四年(一一二九)正月二十日条によれば、土御門烏丸殿について、

　於陣外有刃傷犯人、検非違使爲義搦之云々、少將公隆小舍人童於陣中被殺害云々

とあり、陣中で起きた殺害の犯人を検非違使が陣外で取り抑えた事が知られるし、さらに『兵範記』嘉応元年(一一六九)二月二十八日条によれば、この時の里内裏は閑院であったが、

　晩頭、検非違使右衞門尉紀久信參入、稱別當命瀧口藤原能範召具犯人候北陣頭、次可請取由召仰久信、々々陣中無先例、於陣口可給預云々、仍於二條町口邊令請取了

とあり、滝口の藤原能範が北陣(68)で逮捕した犯人を検非違使の紀久信が二条町陣口で請取った事が知られる。また、非常の時には、宮人、武士が陣口を護った。建久二年(一一九一)四月二十六日、延暦寺の衆徒は佐々木定綱の子定重が宮仕を傷つけたのに抗議して、日吉、祇園、北野等の神輿を担ぎ里内裏たる閑院に参入しようとしたが、『玉葉』同日条には、

　卯刻、法印送書告云、山門衆徒、只今下洛之由、所聞及也者、乍驚遣人令見、已有其實、集會京極寺云々、倒衣(裳)參内裏、無人、只能保卿、宗頼朝臣等候、余仰大理、催官人、弁武士等、可令候陣口之由、下知之

とあって、摂政藤原兼実が検非違使の別当に命じ陣中に衆徒が入らない様に指示している様子を窺う事が出来る。(69)

内膳屋の他に、大内裏に設けられた官衙等の施設が里内裏陣中に設けられたか否かについては不明な点が多いが、管見によれば平安末の閑院について、西隣の堀河殿の地に中宮庁(70)が設けられた例が知られる。また、一〇世紀末の堀河殿では西町に外記局(71)が設けられたし、高松殿では北隣の東三条殿の西中門廊が官庁(72)に擬された事もある。しかしながら、里内裏が代わる毎に、大内裏中に設けられた諸施設がこれに伴って移動したとは考え難い。諸記録によれば、皇居が里内裏に設けられていた時に於ても、依然として八省院は即位、各社奉幣、御斎会などに用いられたし、太政官、外記庁も官政に使われていた。(73)どうしても欠く事の出来ない内膳屋は天皇に伴い移動したが、大内裏の主要な施設はそのまま機能していたのではないだろうか。里内裏が遷るに従い、陣中にあたる三町以内の地を大内裏に準

ずる様に特別に改造した、という記録も見出す事は出来ない。大方の里内裏が上級貴族住宅をそのまま用いた様に、陣中の建物についても変化が無かったのではないだろうか。また、里内裏となるのに伴い、陣中にあたる家の住人を他所に移したという記録も管見の限り見出す事は出来なかった。

〔五〕おわりに

里内裏に於ても、大内裏に比すべき陣中と呼ばれる三町四方の領域が存在した。この住宅に開かれた門は内裏門に、この住宅より一町先の辻々に設けられた陣口は宮城門に擬された。門のうち、住宅の「礼」の側に開かれた四足門は建礼門、建春門の役割を果し、「礼」側の陣口の一つが陽明門代とされた。また、陣中には内膳屋の施設が設けられた。

この様に、里内裏住宅として用いられた一町四方の地の周囲を陣中と見做す考え方は、すでに一一世紀初期の一条大宮殿に於て見られる。即ち、『御堂関白記』寛弘六年（一〇〇九）四月六日条によれば、

一条院東町木守男、午時許死、件町〔男カ〕候内膳所也

と記され、また『権記』同日条に、

今日別納有死穢、仍内裏同觸穢云々

とあり、東町が内裏の領域と見做されていた事が知られる。陣中という語の早期の例は『春記』長久元年（一〇四〇）九月十六日条の仮皇居たる女院御所に関してのもので、

内膳在陣外、（上東門院内也、）

と記される様に、先の里内裏たる上東門第から未だ内膳屋が移されていない事を示したものである。陽明門代の早期の例は、先に述べた『中右記』寛治二年（一〇八八）十二月十四日条の堀河殿に関するものである。

里内裏発生期にはすでに陣中の概念が生じていたのではないだろうか。

院政時代に入ると、里内裏の移動に伴い院御所も移る場合が見られる。甚だしい例として、陣中に居を構える場合さえ見られた。鳥羽天皇の里内裏たる小六条殿に対し、白河院は南隣地に居を移した。(74)また院は、養女たる璋子の入内に際し土御門烏丸内裏に近接する藤原季実亭に渡ろうとしたが、藤原忠実は自身の日記『殿暦』永久五年(一一一七)十二月四日条に、

御在所近邊条無由事歟、日本第一奇恠事歟

と記す様に、この様な傾向に対して強い批判を行ったのである。院政時代に於ては、里内裏の位置さえ院の影響力に依っていたと考えられるから、(75)この様な傾向も当然であったろう。

この様に、里内裏は、陣中という空間領域を介して都市空間と関わり、門および陽明門代陣口の位置を通して里内裏の空間的秩序を都市空間に示したのである。

註

1 『大内裏抄』によれば、左右近衛陣は日、月華門内に、左右兵衛陣は宣陽、陰明門、左右衛門陣は建春、宜秋門に設けられた。また、門の護りについては、『延喜式』巻四五、四六に記されているが、宣陽などの閤門は近衛府の近衛が護り、建春などの宮門は衛門府門部が、また陽明、待賢など大内裏の一番外側を囲む宮城門は衛門府衛士がこれを護った。本節は、里内裏建築に関する特有の概念たる陣口・陣中について、前者は宮城門に、後者はこれによって囲まれる領域に該当する事を述べようとするのである。

2 第一章第二節参照。下車に関しては例えば『兵範記』保元二年(一一五七)十月二十二日条があげられ、騎馬については『中右記』天仁元年(一一〇八)十月二十二日条があげられる。前者は、造内裏勧賞叙位のために関白以下が参内した事に関するものであり、後者は、春日祭使発遣に関するものである。いずれも陽明門が用いられた。

3 史料大成本には「皇后」とあるが「皇居」の誤りととる。

4 『兵範記』仁安二年(一一六七)十二月十日条。

5 『猪隈関白記』承元二年(一二〇八)十一月二十七日条。

6 『兵範記』仁安三年(一一六八)二月十九日条。

7 『玉葉』仁安二年(一一六七)十二月十日条。また閑院には南直盧が存在したが、ここに到るのに押小路面小門を用いた事が知られる(『玉葉』文治四年正月六日条、他)。

8 『兵範記』仁安三年(一一六八)八月二十五日条、他。
9 『猪隈関白記』正治元年(一一九九)三月十四日条、他。
10 『山槐記』治承三年(一一七九)正月二十三日条、他。
11 『兵範記』仁安三年(一一六八)八月二十三日条。
12 前掲註8と同。
13 『玉葉』文治二年(一一八六)十月七日条、他多数。
14 『玉葉』治承二年(一一七八)十月二十九日条、他。
15 『山槐記』治承三年(一一七九)十二月十三日条、他。
16 『玉葉』文治四年(一一八八)二月十六日条。
17 『玉葉』文治五年(一一八九)十二月十四日条、他。
18 『山槐記』治承三年(一一七九)十月二日条。
19 閑院より西に存在する諸社寺への行幸、即ち治承三年(一一七九)の平野社、文治五年(一一八九)の春日社、建久二年(一一九一)の松尾社、元久元年(一二〇四)の石清水社への行幸もこの陣口を用いるが、いずれも上皇の見物地点を通過した結果の路次であった。建久二年(一一九一)の松尾行幸について『玉葉』には、「出御東陣、經二條、東洞院、三條、(已上經〔々〕院御桟敷、犯道及廿町云々、)大宮、二條、木辻等」とある。
20 閑院より北に存在した賀茂社への行幸、即ち治承三年の例でもこの陣口を用いたが、三条殿桟敷で法皇が見物した理由によるものである。
21 文治三年(一一八七)十一月十四日の賀茂社行幸の際もこの陣口を用いた。この時は、一条南室町東に設けられた院の桟敷の前を通過している。
22 以下、平安宮の門の用法等については第一章第二節参照。
23 新訂増補故實叢書。
24 『兵範記』仁安三年(一一六八)二月十九日条。本章第二節参照。
25 東宮御所については、『山槐記』治承三年(一一七九)正月六日条、同十二月十六日条。中宮御所については、『玉葉』建久元年(一一九〇)十一月十六日条によりその位置を窺う事が出来る。
26 例えば、正治元年(一一九九)六月二十二日に藤原家実が任大臣節会のために参内した時は、『猪隈関白記』同日条によれば「入自右衞門陣、暫候殿下御宿所、西北門内妻戸口也」と記され、直盧たる殿下御宿所は敷地の西北面に存していた。閑院の直盧については、拙稿「閑院直盧について」(『日本建築学会大会学術講演梗概集』昭和五十三年九月)を参照されたい。

27　嘉保二年（一〇九五）造営、承徳二年（一〇九八）取毀し。
28　建暦度内裏は、建暦二年（一二一二）上棟、建長元年（一二四九）焼失。建長度内裏は、建長三年（一二五一）上棟、正元元年（一二五九）焼失。本章第一節参照。
29　しかしながら、実際には何故か西門が用いられた。
30　『中右記』嘉保二年（一〇九五）十一月九日条、永長元年（一〇九六）正月七日条、同五月二十日条。
31　『玉蘂』承久二年（一二二〇）三月一日条、他。
32　『明月記』安貞元年（一二二七）七月十四日条。
33　『民経記』安貞元年（一二二七）四月十二日条。
34　『民経記』嘉禄二年（一二二六）八月十四日条。
35　『民経記』安貞元年（一二二七）十月十四日条、九月六日条、他。
36　『口筆』寛元四年（一二四六）三月十一日条。即位のため太政官庁に行幸。
37　『近衛文書』嘉禄元年（一二二五）二月三日条、他。
38　『拝賀著陣部類』貞応元年（一二二二）十一月五日条、他。
39　『玉蘂』承久二年（一二二〇）三月一日条。
40　『清獬眼抄』に、「禁裡三町内」と記されているのは、この事を示したものと思われる。
41　一一世紀末の閑院については、『中右記』『後二条師通記』永長元年（一〇九六）二月二十七日条。平安末期閑院については、『玉葉』文治二年（一一八六）十月七日条、『明月記』正治元年（一一九九）七月五日条、『猪隈関白記』正治元年（一一九九）七月十三日条、『明月記』建仁三年（一二〇三）十二月二十一日条、『猪隈関白記』建永元年（一二〇六）十月十一日条、『玉蘂』承久二年（一二二〇）三月一日条、『明月記』承元二年（一二〇八）九月二日条。高倉殿については、『山槐記』応保元年（一一六一）十一月十四日条。土御門烏丸殿については、『永昌記』保安三年（一一二二）十二月二十五日条。大炊御門北東洞院東第については、『中右記』天永三年（一一一二）十一月一日条。大炊御門南西洞院東第については、『中右記』嘉保元年（一〇九四）十二月七日条。二条東洞院殿については、『台記』保延二年（一一三六）十二月十七日条。四条東洞院第については、『本朝世紀』久安五年（一一四九）八月二十五日条。
42　土御門烏丸殿について、『中右記』天永三年（一一一二）十二月二十二日条。大炊御門北東洞院東第について、『中右記』天永三年（一一一二）十二月十四日条。堀河殿について、『帥記』承暦四年（一〇八〇）八月十四日条、『中右記』寛治二年（一〇八八）十二月十四日条。高松殿について、『兵範記』保元二年（一一五七）八月十九日条。二条東洞院殿について、『台記』保延二年（一一三六）十二月九日条。

43 閑院について、『玉葉』承安二年（一一七二）二月十六日条。土御門烏丸殿について、『中右記』元永元年（一一一八）正月二十六日条。堀河殿について、『中右記』寛治五年（一〇九一）正月二十二日条。三条京極殿について、『中右記』大治五年（一一三〇）二月二十一日条。

44 土御門烏丸殿について、『長秋記』天承元年（一一三一）八月二十二日条、『台記』康治元年（一一四二）三月十三日条。

45 『公卿補任』によれば、正二位であった藤原師通は正月五日従一位に叙せられている。

46 新訂増補故實叢書。

47 『中右記』天永三年（一一一二）十二月十四日条等。

48 表1によれば、近衛烏丸辻が陽明門代であった事がわかる。

49 『山槐記』治承二年（一一七八）正月十六日条など多数。住宅の「礼」向きについては第四章で詳説する。

50 群書類従　巻第一〇〇。

51 『山槐記』永暦元年（一一六〇）十一月十一日条、他。

52 『山槐記』久寿二年（一一五五）九月二十六日条。

53 表1に示した里内裏のうち、礼向きの明らかなものについて天皇および貴族の門の使用例を検討してみると、「礼」側のそれの使用頻度が極めて高い。

54 但し、この両記録の間に土御門烏丸殿は一度焼失している。しかしながら、同殿は内裏を模して造営された里内裏であるという事を考えると、焼失の前後で規模等が変化したとは考えにくい。

55 土御門烏丸殿は『中右記』大治四年（一一二九）正月二十日条に、「行幸ハ猶可用東陣也」とあり、「東礼」の里内裏であった事が推定される。

56 ここで言う「礼」の側とは、その住宅の通常の或いは一般的に知られるその側を示している。第四章第三節で述べる様に、平安時代、特に平安末期以前の貴族住宅に於て、この「礼」の向きは住宅により或いは場合により変化することがあった。本文で述べた堀河殿は「西礼」の住宅として知られるが、寛治二年（一〇八八）十二月十四日の場合は通常と異なり「東礼」の里内裏として役割を果したと言うことも出来るのである。

57 『玉葉』治承四年（一一八〇）正月十日条、他。

58 『中右記』永久二年（一一一四）十月一日条。

59 『中右記』永久二年（一一一四）十二月十九日条。『殿暦』永久三年（一一一五）八月二十五日条。

60 『山城名勝志』巻四によれば、「六角北、東ノ洞院ノ西」に存した。

61 『京都市の地名』（昭和五十四年九月、平凡社）。

62　『永久五年遷幸記』続群書類従　巻第八八。
63　前掲註62と同。御釜神の地について、「自土御門北、室町東也」とある。
64　『中右記』嘉保二年（一〇九五）十一月二日条、他。
65　『山槐記』治承四年（一一八〇）四月二十六日条。
66　新訂増補故實叢書。
67　例えば『百練抄』永万元年（一一六五）六月七日条に、「祇園神輿路避皇居用新路。（主上不豫。不幸他所。）」とある。
68　この北陣は、前に述べた様に朔平門代と考えられる。従って、陣中に存在した事になる。
69　同様の事は『百練抄』治承元年（一一七七）四月十三日条にも見られる。
70　『山槐記』治承三年（一一七九）正月二十三日条。
71　『小右記』長和三年（一〇一四）二月十三日条。
72　『兵範記』保元元年（一一五六）七月十五日条。
73　例えば『山槐記』永万元年（一一六五）七月二十七日条によれば、六条天皇は即位の儀により高倉殿より八省院に行幸した。また『中右記』嘉保二年（一〇九五）十一月九日条によれば、この時の里内裏は閑院であったが、外記庁で政始が行われた。
74　太田静六「大炊殿と六條殿」（『建築学会論文集』二四、昭和十七年三月）によれば、小六条殿は六条坊門南烏丸西に存在した。また『殿暦』によれば、院は天仁元年（一一〇八）二月二十五日に三位卿藤原顕季の中院第に移った。『拾芥抄』の京図（新訂増補故實叢書）によると、中院は小六条殿の南に位置している。
75　拙稿「都市空間秩序の観点からみた平安期里内裏の空間構成に関して」（『日本建築学会大会学術講演梗概集』昭和五十六年九月）参照。

第四節　門の用法の史的検討

第二章第一節では、東三条殿、三条烏丸殿の非里内裏時に関し、寝殿や対の儀式時の用法を明らかにすると同時に東西門の用法についても検討し、大炊殿（大炊御門北東洞院西）については東西門の用法を明らかにしたが、門に関して得られたのは、それぞれの門が東西対や寝殿等の殿舎、或いは御所とされたこれら殿舎との結びつきで用いられたということであった。即ち、これらの住宅に於ては、程度の差こそあれ東西いずれの門も正門的な扱いがなされていたものと見ることが出来る。

一方、本章三節で明らかにされたのは、貴族住宅の「礼」の側に設けられたとされる陽明門代陣口の位置が、堀河殿の例に見られる様に、必ずしも東西のうちの一方に固定してはいなかったという事である。この事は、貴族住宅の「礼」[1]の向きが固定的ではなかった事と裏腹の関係にある。しかしながら、平安末期の閑院では陽明門代陣口の位置が一町東の二条町尻に固定され、また行幸に用いられた門はすべてが東門、或いは東門と推定されたというのも事実である。

また、本章第二節で得られた結果は、平安末期になるに従い、それぞれの里内裏に於ける紫宸殿での或いは紫宸殿と清涼殿での儀式的秩序の向きが次第に東あるいは西の一方向に固定していくということであった。そしてこの過程には使用される門の固定化が関わるのではないかとの予測があった。

門の用法について非里内裏時の東三条殿、三条烏丸殿、大炊殿を取り上げ検討することは、平安時代貴族住宅に於ける門の性格を知るための適切な方法ではあった。しかしながら、いずれも一二世紀の、特に後二者は東西に対あるいは対代を持つ大規模な貴族住宅であり、右に述べた事実の変遷に対応した例とは言い難い。

本節では、本章第二節で取り上げた一〇世紀末から平安末期までの一条大宮殿、二条東洞院殿、堀河殿、大炊御門北東洞院西殿、東三条殿、高倉殿、五条東洞院殿について、里内裏として用いられた際の、主として東西両門の用法を明らかにし、その変遷と儀式的秩序の向きの固定化への過程との対応関係を検討したい。

里内裏時の用法は、非里内裏時すなわち貴族住宅として用いられた際の用法の反映であり、用例の豊かな里内裏時について検討することによって平安時代貴族住宅の門の用法の変遷を窺うことが可能となる。

さて、これらの里内裏住宅に関し、古記録に記された門の用例について、路次も併せ知られるものに重点を置き分類・整理したものが表1である。以下、門の性格を検討するのに最も相応しい行幸の例に着目し進めることにする。

まず、第一期一条大宮殿について見ると東西門が共に用いられているが、西門の例の多いのが認められる。しかしながら、そのうちの三例が西隣の内裏を出発地、或いは目的地としたものであり、残りの長保三年(一〇〇一)の例は敷地西面の大宮大路を三条大路まで南下して、女院詮子の御所に向かったものであった。これに対し、東門の用例はこの一条殿より東方の上東門第へのものであり、土御門大路を東行している。

第二期の一条大宮殿でも、東西門が共に用いられている。寛弘八年(一〇一一)の東三条殿への行幸、寛仁元年(一〇一七)の賀茂行幸には共に西門が用いられたが、これらはいずれもこの一条殿より東に存している。また、寛仁二年(一〇一八)の例は西隣の内裏へのものであった。これに対し、東門の用例はこの一条殿より東方の枇杷殿、上東門第に関するものである。

この様に第二期一条大宮殿では、東方に向かうに際しても西門が用いられたことに鑑みると、東門に対し西門の方が正門としての性格が強かったと思われるが、東門も便宜により使われていたものと推せられる。

二条東洞院殿については、西門の用例が二例、東門が一例である。西門の長久元年(一〇四〇)例は敷地に西面する東洞院大路を用いたものであった。しかしながら長久二年(一〇四一)の北野行幸の例を『春記』二月二十一日条により見ると、

御輿在東中門、而可出御西陣也、是例也

とあり、御輿は東中門に置かれていた(従って、東門より出発するものと理解されていた)にもかかわらず、先例に倣い西門が用いられた事が知られる。長久元年(一〇四〇)の平野行幸には東門が使われていたが、平野社はこの二条殿の西方に存在している。東門出御の後、高倉小路を北行、二条大路を西行し、東洞院大路を北行したが、東洞院大路に面する西門を用いずわざわざ迂回してまで東門を

表1　平安時代里内裏における門の用法

門	出入	西暦	和　暦	主　体	目　　的	備　　考	史　料
東	出	1008	寛弘 5.10.16	天　皇	上東門第へ行幸		小右記
西	入	999	長保 元. 6.16	天　皇	内裏焼亡により遷御		本朝世紀
	出	1000	長保 2.10.11	天　皇	内裏に還御		権記
	出	1001	長保 3.閏12.16	天　皇	詮子御所へ行幸		権記
	出	1003	長保 5.10. 8	天　皇	大内へ遷幸		権記
東北門	出	1008	寛弘 5. 4.13	中宮璋子	上東門第に遷御		御堂関白記
東面北門	入	1008	寛弘 5.11.17	中宮・親王	上東門第より入御		小右記
東北陣	入	1009	寛弘 6. 8.17	親　王	参内	東対へ	御堂関白記

第1期一条大宮殿

門	出入	西暦	和　暦	主　体	目　　的	備　　考	史　料
東	入	1010	寛弘 7.11.28	天　皇	枇杷殿より遷御		権記
	入	1010	寛弘 7.11.28	中　宮	遷御に伴い行啓		権記
	入	1011	寛弘 8. 6. 2	東　宮	天皇と対面により行啓	東対へ	御堂関白記
	入	1016	長和 5. 6. 2	天　皇	上東門第より遷幸		小右記
西	出	1011	寛弘 8. 6.13	天　皇	東三条殿へ行幸		権記
	出	1017	寛仁 元.11.25	天　皇	賀茂行幸		小右記
	入	1018	寛仁 2. 3. 7	尚侍威子	入内	威子御所は西北対	御堂関白記
	出	1018	寛仁 2. 4.28	天　皇	大内へ遷幸		御堂関白記

第2期一条大宮殿

門	出入	西暦	和　暦	主　体	目　　的	備　　考	史　料
東	出	1040	長久 元.12.25	天　皇	平野行幸		春記
西	入	1040	長久 元.10.22	天　皇	仮皇居より遷幸		春記
	出	1040	長久 元.11.22	祭　使	賀茂臨時祭		春記
	出	1041	長久 2. 2.21	天　皇	北野行幸		春記
東面北小門	入	1040	長久 元.11.23	内親王	着袴により入御	北対へ	春記
	出	1040	長久 元.11.29	内親王	高倉殿へ	北対より	春記
	入	1040	長久 元.12.16	皇后宮	入内	北対へ	春記

二条東洞院殿

門	出入	西暦	和　暦	主　体	目　　的	備　　考	史　料
	出	1088	寛治 2. 8. 7	天　皇	大炊殿(院御所)へ		中右記
	出	1088	寛治 2.12.14	太政大臣師実	任大臣大饗所たる東三条殿へ		為房卿記
	入	1089	寛治 3. 正. 1	摂政以下	小朝拝		後二条師通記
東	出	1090	寛治 4. 正. 3	天　皇	大炊殿(院御所)へ		中右記
	出	1091	寛治 5. 正.13	天　皇	大炊殿(院御所)へ		中右記
	出	1091	寛治 5. 正.22	公卿等	立后饗所大炊殿へ		後二条師通記
	入	1091	寛治 5. 4.26	中宮媞子	入内		後二条師通記
	入	1080	承暦 4. 5.16	公卿等	大内より参内		帥記
	出	1080	承暦 4. 8. 6	伊勢奉幣使	大内八省へ		帥記
	出	1080	承暦 4. 8.14	公卿等	任大臣大饗所たる花山院へ		帥記
	出	1080	承暦 4. 8.22	右府以下	任大将饗所へ		帥記
	出	1087	寛治 元.11.19	天　皇	八省院へ行幸		中右記
	入	1087	寛治 元.11.22	天　皇	八省院より還御		中右記
	出	1088	寛治 2. 3.23	祭　使	石清水臨時祭		寛治二年記
	出	1088	寛治 2.12.14	公卿等	任大臣大饗所たる東三条殿へ		中右記
	出	1089	寛治 3. 3.11	天　皇	春日行幸		後二条師通記
西	出	1090	寛治 4. 4.19	天　皇	鳥羽殿へ行幸		後二条師通記
	出	1090	寛治 4.11. 4	伊勢奉幣使	大内八省へ		後二条師通記
	出	1091	寛治 5. 3. 8	天　皇	日吉行幸		中右記
	出	1091	寛治 5. 5. 9	奉幣使	大内八省へ		後二条師通記
	出	1091	寛治 5.10. 3	天　皇	稲荷祇園社行幸		中右記
	出	1092	寛治 6. 2.29	天　皇	六条殿(太上皇御所)へ		中右記
	出	1093	寛治 7. 正. 3	天　皇	六条殿(太上皇御所)へ		中右記
	出	1094	嘉保 元. 正. 3	天　皇	六条殿(太上皇御所)へ		中右記
	入	1094	嘉保 元. 3. 9	関白師通	慶賀により参内		中右記
	出	1094	嘉保 元. 3.28	大将忠実	任大臣大饗所たる東三条殿へ		中右記
北	入	1091	寛治 5.10.25	内親王	入内	東対代廊へ	中右記
北小門	入	1093	寛治 7. 2.10	女院媞子	入内		後二条師通記

堀　河　殿

門	出入	西暦	和　暦	主　体	目　　的	備　　考	史　料
	入	1107	嘉承 2.10.16	公卿等	大内より参内		中右記
	出	1107	嘉承 2.12. 1	天　皇	大内(大極殿)へ		中右記
	出	1107	嘉承 2.12. 9	天　皇	小六条殿へ遷幸		中右記
	出	1108	天仁 元.12.19	天　皇	六条殿へ朝覲行幸		中右記
	出	1109	天仁 2. 4.26	天　皇	石清水行幸		殿暦
	入	1110	天永 元. 3. 8	三位中将忠通	著陣		永昌記
東	出	1110	天永 元. 9. 8	内親王	群行	皇后同輿	殿暦
	入	1111	天永 2. 正.15	公　卿	大内より参内	仗座につく	中右記
	入	1111	天永 2. 正.24	権中納言忠通	慶を申す		殿暦、他
	出	1111	天永 2. 2. 1	天　皇	六条殿へ朝覲行幸		中右記
	入	1111	天永 2. 2. 1	天　皇	還御		中右記
	出	1111	天永 2. 2.11	天　皇	春日行幸		中右記
	入	1111	天永 2. 2.19	中将忠通	着陣		中右記
	出	1111	天永 2. 2.23	天　皇	大内へ遷幸		中右記
	入	1108	天仁 元.11.28	天　皇	大内より遷幸		中右記
西	入	1108	天仁 元.12.20	天　皇	六条殿より還御		中右記
	入	1111	天永 2. 正.24	権中納言忠通	皇后宮に慶を申す		殿暦、他
北	入	1107	嘉承 2.10.26	前斎院	入内	御所は寝殿東北渡殿カ	中右記

大炊殿(大炊御門北東洞院西)

門	出入	西暦	和暦	主体	目的	備考	史料
東	入	1157	保元 2. 7.23	平信範等	議事		兵範記
	入	1157	保元 2. 8. 3	平信範	方違行幸に伴い参内		兵範記
	出	1157	保元 2. 8. 3	天皇	世尊寺堂へ方違行幸		兵範記
	入	1157	保元 2. 8. 4	大納言基実	著陣		兵範記
	入	1157	保元 2. 8. 9	大納言基実	任大臣兼宣旨		兵範記
	出	1158	保元 3.10.14	平信範	遷幸後、退出		兵範記
	出	1161	応保元. 8.20	天皇	平野行幸		山槐記
	出	1161	応保元. 8.25	天皇	大原野行幸		山槐記
西	入	1150	久安 6. 正.14	公卿等	八省院より参内		台記
	入	1157	保元 2. 7. 6	天皇	高松殿より遷幸		兵範記
	入	1157	保元 2. 7. 6	東宮	遷幸に伴い行啓		兵範記
	入	1158	保元 3.10.14	天皇	大内より遷幸		兵範記
	出	1158	保元 3.11.19	天皇	大内へ遷幸		兵範記
東面北門	出	1150	久安 6. 正.22	女御多子	四条東洞院第へ遷幸に伴い行啓		台記別記
	入	1157	保元 2. 7. 6	中宮	東三条殿遷幸に伴い行啓	北対へ	兵範記
	入	1158	保元 3.10.29	女御内親王	入御	東北対へ、御所は東対	兵範記

東三条殿

門	出入	西暦	和暦	主体	目的	備考	史料
東	入	1165	永万元. 7.18	摂政基実	礼服御覧	中宮御方(東面)へ	山槐記
西	出	1161	応保元.11. 2	天皇	方違行幸		山槐記
	出	1161	応保元.11.19	天皇	大内に遷幸		山槐記
	入	1161	応保元.11.26	天皇	大内より還幸		山槐記
	出	1161	応保元.12.16	天皇	大内に遷幸		山槐記
	入	1165	永万元. 6.25	天皇	押小路里内より遷幸		山槐記
	出	1165	永万元. 7.17	摂政基実	大内八省へ		山槐記
	出	1165	永万元. 7.25	諸卿	御即位叙位		山槐記
	出	1165	永万元. 7.27	天皇	御即位により大内へ		山槐記
	出	1167	仁安 2. 9.30	天皇	大内へ遷幸		兵範記
北	入	1165	永万元. 7.25	諸卿	御即位叙位		山槐記

高倉殿

門	出入	西暦	和暦	主体	目的	備考	史料
東	入	1180	治承 4. 正.10	天皇	閑院より遷幸		玉葉
	入	1180	治承 4. 2.21	剣璽	閑院より渡御		山槐記
	入	1180	治承 4.11.26	天皇	福原より遷幸		吉記

五条東洞院殿

用いたのである。

堀河殿に於ても東西門が共に使われている。東門はすべて堀河殿の近所、東北方に位置する院御所たる大炊殿（大炊御門南西洞院東）への朝覲行幸の際の例であり、西門について、寛治元年（一〇八七）の大内への行幸、寛治三年（一〇八九）の春日行幸の例はいずれも堀河殿より西方が目的地あるいは、西の朱雀大路を用い南下した例である。しかしながら、寛治五年（一〇九一）の日吉行幸、稲荷祇園社への行幸を見ると、これらの社は共に堀河殿より東方に存在している。また寛治六年（一〇九二）同七年、嘉保元年（一〇九四）の六条殿への朝覲行幸にも西門が用いられたが、いずれの場合も堀河殿より東方の東洞院大路を南下し院御所に至っている。堀河殿では西門がより重視されていた。

大炊殿（大炊御門北東洞院西）に於ても東西両門が用いられたが、東門に対し西門の用例が少ない。西門については、天仁元年（一一〇八）の大内裏からの遷幸、六条殿からの還御の例が知られるのみである。一方、東門については嘉承二年（一一〇七）、天永二年（一一一一）の大内裏への行幸、六条殿への朝覲行幸の他、天仁二年（一一〇九）の石清水、天永二年（一一一一）の春日行幸の例が知られる。

東三条殿は、数度にわたり里内裏として用いられたが、その期間が短かったためか得られた例数は多くはない。ここに於ても東西両門が用いられている。西門については東三条殿より西方の大内裏を目的地あるいは出発地とした場合そして南隣の高松殿から西に面する西洞院大路を用いて入御した場合であった。東門について見ると、平野、大原野、世尊寺堂への行幸の例であり、これらはいずれも東三条殿より西方に存在している。

以上の例から見る限り、東三条殿に於ては西門に対し東門がより重要な門として捉えられていたと言えるのではないだろうか。

高倉殿については、これまで述べてきた里内裏と全く様子が異なっている。行幸に関するすべての例で西門が用いられていた。特に、応保元年（一一六一）の勘解由小路殿への行幸は、高倉殿より東に位置する住宅への例であった事をも考え併せると、西門が正門として認識されていたと言えるだろう。

五条東洞院殿に於ても全く同様であり東門が正門として用いられている。

以上、一〇世紀末の一条大宮殿から平安末期の五条東洞院殿までについて、東西門の用法を行幸例に着目し概観してきた。一条大宮殿から東三条殿までの里内裏では東西いずれかの門が重視されてはいたものの両門が共に用いられていた。しかしながら平安末期の里内裏の例は、一方の門が正門として位置づけられていた事を示している。高倉殿は、東西両面に大門を配していたにもかかわらず[2]西門のみが用いられたし、前節で述べた平安末期の閑院に於ても、東西両門が存在していたにもかかわらず東門のみが使われていた。また五条東洞院殿では東門が正門であった。

この様に、正門が東西のうちの一方に固定化していく過程は、本章第二節で見た、里内裏の規模、特に寝殿の東西に対を配した左右対称型の住宅から一方の対を欠いた左右非対称型のそれへと移行していく過程と対応している。また、儀式時の空間的秩序の向きが次第に東西のうちの一方に固定化していく過程とも完全に対応していた。

また表1を見ると、いずれの里内裏に於ても高位の女性は東西正門とは別の北の門を用いる傾向が強く、北対など寝殿より北側に配された殿舎との継りで使われていた。

註

1　「礼」については、第四章で詳しく述べる。「礼」の向きとは、東西方向軸上に成立する儀式時の空間的秩序の向きのことであるが、第二章第一節で見た様に、この向きは必ずしも東西のうちの一方に固定してはいなかった。

2　拙論「高倉殿について(Ⅱ)－平安末期高倉殿の規模の復元」(『日本建築学会東北支部研究報告集』第三二号、昭和五十三年)参照。

第四章　平安時代貴族住宅に於ける「礼」及び「晴」

第一節　平安時代貴族住宅に於ける「礼」及び「晴」

〔一〕はじめに

我国に於ける中世の住宅を空間構成の点から考えようとする時、「晴」、「褻」の語を用いて説明がなされてきた。「晴」は、天気のハレに語源を求めることが出来ようが、正装的、儀礼的、公式的という風に解され、これに対して「褻」は略装的、日常的、私的という風に考えられている。

川上貢氏は、これらの語を建築的立場から提唱された。(1) 以来、氏の意見は我国住宅の歴史を研究する者に対し大きな影響を与えてきたと考えられる。

川上氏の論を筆者なりに要約すれば以下の様になろう。貴族住宅に於ける、ハレとケの分化は古く遡る。ハレの場所とは儀礼の場所であり、接客の場所である。他方、ケの場所は家人が日常に生活のため用いる場所である。ハレとケの相互の位置は、南と北の全く相反する位置に設定される。この様な南北両面の別によるハレとケは更に進んで、平安末(一一世紀の初め)には東西両面の向きによって設定される様になる。平安末に出現する左右非対称の住宅については、邸内の諸建物とハレ向きとの間には密接な関係が認められる。即ち、寝殿の東西何れかに中門、中門廊、二棟廊等が集中して造られている場合、その存在している側をもってその住宅のハレ向きと見做す。摂関期や院政初期に於ける一流邸宅の様に、寝殿を中心として左右対称の配置型式を持つ住宅については、東西何れかをハレ向きとする考え方は記録の上から極めて見出しにくい。

また、氏は論中に於て、古記録に屢々見出される「礼」と「晴」とを特に区別していない様に見受けられる。要するに、私見によれば氏の意見は、中世住宅を考えるに際しての規範たる「晴」は「礼」と同義であり、この概念は住宅の諸建物の配置方式、特に住宅の左右非対称性と深く結びついている、と理解する事が出来よう。

川上氏の、寝殿の東西のうち一方にハレ、ケを想定する考え方は非常に分かりやすく、中世住宅を対象とした場合これを理解するのに大きな武器となっている。

しかしながら、平安時代第一級の貴族住宅たる東三条殿は太田静六氏の復元(2)によれば西対を欠き、東対に付属する廊などが充実していたのにもかかわらず、古記録には「西礼」とされた(3)。また、鎌倉時代、後鳥羽上皇の院宮であった二条殿も太田静六氏の復元によればやはり東対(代)のみで西対を欠いていたが(4)、『猪隈関白記』建仁元年(一二〇一)正月朔日の院拝礼の条によれば、「西門爲礼」とされている。

これらの例はハレ、ケ、礼の概念、とりわけハレと礼との関係をさらに遡って解明していく事の必要性を我々に示していると言えよう。これら「礼」と「晴」との関係が明確にならないと、古代住宅の空間的特質、そして近世的空間への変遷過程の解明、ひいては中世住宅の史的位置づけも不充分にならざるを得ないと私考する。

本節では、これに関して特に「礼」及び「晴」と貴族住宅平面規模との相関関係、「礼」と「晴」の具体的内容、そしてこれらの概念の発生時期等について考えてみたい。

〔二〕「礼」、「晴」と貴族住宅の左右対称性、非対称性

「礼」または「晴」の具体的内容の検討に入る前に、これらの概念が貴族住宅の平面規模、特に左右対称性、非対称性とどの様な関係にあるかについて明らかにしておきたい。これら両者の初源的関係を知るには、古記録に於てこれらの語が用いられた住宅のうちの初期の例についてその規模を明らかにしていくのが良いであろう。

「礼」向きに関する古記録上の初期の例は、上東門第(土御門殿)、二条東洞院殿についてのものである。前者については『春記』長暦三年(一〇三九)十一月七日条に「以西爲禮」とあり、後者については同記長久元年(一〇四〇)十月二十二日条に「以東爲禮」と記される。

また「晴」向きの初期の例としては、大炊殿（大炊御門北東洞院西）についてのものが知られ、『殿暦』天仁元年（一一〇八）十二月七日条に「以東爲晴」(5)とされる。

これらのうち上東門第と二条東洞院殿の規模については、東西両対の梁行規模の観点からすでに第二章第二節で述べている。即ち、この上東門第は第三期のそれを指すが、寝殿を中心として東西の対、北対、西北対などを配していた。東対の梁行は母屋および東西庇の存在から見て四間、西対の梁行もそれに準ずる規模を有するものと考えられた。二条東洞院殿は、藤原教通により造営された時期のものであるが、寝殿のほか東西両対、東西両中門廊、北対、西北対などにより成り、東対の梁行はやはり四間程度、西対は五間の規模を有していた。

また大炊殿は『中右記』長治元年（一一〇四）十一月二十八日条に「如法一町家」と記される住宅であり、寝殿を始めとして東対、西対代、東西両中門廊などにより構成されていた。(6)

以上の様に、これら三つの住宅は寝殿を中心として東西に対あるいは対代を配した、所謂左右対称の配置型式をとっていたと言う事が出来る。特に、上東門第、二条東洞院殿については、東西両対の梁行までほぼ同規模と考えられた。これらの結果は、「礼」または「晴」の概念が貴族住宅の左右非対称性と特に関係のないこと、即ち対称、非対称とは無関係に成立してきた事を如実に物語っていよう。まずこの点につき注意を喚起しておきたい。

〔三〕「礼」の概念

それでは次に、古記録中「以□爲禮」または、「以□爲晴」と示されるものの具体的内容について検討していきたい。

これらに関する記録を収集してみると、一二世紀初期までは「以□爲晴」の記述を古記録中に見出す事は出来ない。「礼」向きの記載の初見は、管見によれば前にあげた上東門第と二条東洞院殿の里内裏期間中に関するものである。

まず上東門第について見ると、長暦三年（一〇三九）十一月十七日の「豊明節会」について『春記』同日条に、

儀式尤相違也、以東替西也、以西爲禮之、…〈中略〉…内侍出御簾中、（御座西方御簾中也、）經例路西檻、（以東替西也、）…〈中略〉…

今日左近陣儲階下饗、(左陣在東、此儀以西爲禮方、仍左近所儲云々、)

と記される。即ち、紫宸殿(代)とされた寝殿での「豊明節会」儀は、東西を入れ替え「西礼」で行われたというのである。この上東門第についてはさらに、長久元年(一〇四〇)六月二十二日に行われた一条天皇国忌に関する記録があるが、やはり『春記』同日条によれば、

其儀垂母屋三間御簾、(御殿向南也、間數四間、令縮一間、以西爲禮殿上在西也、上卿座又如之、)不下西第一間御簾、依例立御屏風一帖、(件屏風素所立也、依壇間也、壇一間也、)撤晝御座、其所敷細莚二枚、(内藏寮所敷也、東西行雙敷也、)其上供圓座一枚、(用所圓座也、是例也、)南向供之、南廂西第一間(壇上間也、)逼西壁下敷兩面端疊一枚、(南北行敷之、用掃部寮、)爲咒願僧座、(東面向御前也、件座當二柱敷之、然而間數今一間縮欠、仍第一間敷之、)孫廂西一二間敷緣端疊、爲公卿座、西廊下板敷之黄端疊爲侍臣座、(殿上戸前敷、二行南北對座、)

とあって、御殿の装束は「西礼」であった事が示されている。ところでこの第三期の上東門第の御殿は北対にあてられていた。即ち、『春記』長暦三年(一〇三九)十一月二十日条に、

南殿北廂有御階、當御殿西四間

とあり、この里内裏での南殿(紫宸殿)と御殿の位置関係が示されている。この様に、御殿として用いられた北対に於て「礼」の概念が成立していたのを知る事が出来る。

さて次に、教通の二条東洞院殿について見よう。この二条殿は、長久元年(一〇四〇)十月二十二日から後朱雀天皇の里内裏として用いられたが、『春記』同日条によれば、

以寝殿爲南殿、(北東爲禮如例、)[7]…〈中略〉…以東門外爲左衞門左兵衞陣、(府各立陣屋、)西御門外爲右衞門右兵衞陣、(各立陣屋、)凡以東爲禮云々

と記される。同記をさらに詳しく検討すると、二条殿の殿舎に於て御殿、賢所などが平安宮内裏に準じた位置に割当てられており、「以東爲禮如例」という表現は、内裏に倣って東を「礼」となしたという風に解釈される。それから間もない十一月四日に行われた「旬儀」に関して、やはり『春記』同日条には、

今日儀式等如何、東西儀已同紫宸殿、…〈中略〉…偏可准據紫宸殿儀也

とあって、紫宸殿(代)に於けるこの儀式は東西方向軸上の秩序を内裏の儀と同一にして行われた事が示されている。

この様に、「礼」の概念は平安宮内裏での儀式と比較して、里内裏でのそれが内裏に準じて行われるのか、或いは内裏での儀と東西が入れ替った様に（即ち、鏡に映した様に東西が逆転して）行われるのかに関してのものである事がわかる。[8] 古記録より得られたこれらの記録を整理したのが、表1である。

ところで、第一章第一節で明らかにされたのは、平安宮内裏の紫宸殿及び清涼殿を会場とした儀式は左右非対称的な空間構造のもとに行われたという事であった。表1に多く示された「旬儀」に関して言えば、紫宸殿中央に御座す天皇の左手に、王卿らは西を上位とした秩序のもとに座を占め、南庭での列立についても同様であった。また南北中心軸より東側の施設が重視され、宜陽殿、軒廊が重要な役割を果し、東の門たる日華門などが南庭への入口として用いられていた。「元日節会」他の儀式についてもほぼ同様であり、[9] 一見左右対称的殿舎配置を持つ内裏に於て、実は左右非対称の、天皇に向かって西を上位とする儀式的秩序が形成されていたのである。清涼殿での儀式についても同様であった。例えば「叙位議」について見ると、東面する天皇の右手に大臣以下が座を占めていた。即ち、北を上位とする秩序のもとにこれらの座が配されたのである。左右対称的に行われたと思われる「仁王会」等の仏事に於ても同様であり、公卿座は階間より南の東孫庇に、西面して設けられていた。

この様に、平安宮内裏紫宸殿での儀式に於ては、天皇に向って西を上位とする儀式的秩序が形成されていたが、表1によれば、里内裏の紫宸殿（代）〔寝殿〕で儀式を行う際に、東西軸上に形成される儀式時の秩序が平安宮の儀に倣った場合は東礼的秩序、東西が入替った場合は西礼的秩序で儀式が行われたと言う事が出来る。

里内裏に於ては屢々対の南面が清涼殿として用いられた。また、平安末期になると寝殿で紫宸殿と清涼殿を兼ねる例が出てくるが、この様な場合は本来東面する清涼殿を南面するものと見做す必要がある。内裏清涼殿で成立していた北が上位の儀式的秩序は、九〇度右廻転して南面させると東が上位の儀式的秩序となる。

堀河殿の清涼殿は西対にあてられたが、西礼的秩序が形成された例である。[10] また、前述した上東門第は、北対南面が御殿にあてられた場合であるが、やはり西礼的秩序が形成されていた。平安末期の里内裏で、寝殿を清涼殿として用いた五条東洞院殿は『山槐記』治承四年（一一八〇）二月二十一日の安徳天皇受禅の条に、

此殿儀以左替右

表１「礼」と儀式時に於ける空間的秩序

	住宅名	西暦	和暦	史料	儀式・行事	史料内容
紫宸殿について	一条大宮 里内裏	1003	長保 5.正.14	権記	御斎会内論義	南殿西第三間東程南北懸御簾、更　等 門□座等如例儲之、但以西代東
		1017	寛仁元.11.19	小右記	天皇元服儀 に関して	又問申御元服案内、命云　一条院儀相 違内裏、以東儀爲西儀
		1017	寛仁元.11.22	小右記	豊明節会	出自軒廊西第二間（内裏儀出入東二間、 此院以西替東、仍用西二間…）
	東三条 里内裏	1005	寛弘 2.12.17	小右記	旬儀	諸卿同參入、（悉參）、如紫宸殿儀、但 以東爲西同大宮院
	上東門第 里内裏	1039	長暦 3.11. 6	春記	旬儀	明日旬儀以東替西也
		1039	長暦 3.11. 7	春記	旬儀	内仰云、今日可御南殿也、而其儀東西 相替、其中神璽寶釼例安置東置物御机、 而此所以西爲禮爲之如何… 女房乃候御帳東北屏風東方、（例御帳西 北也 、今日以西替東也、）
		1039	長暦 3.11.17	春記	豊明節会	儀式尤相違也、以東替西也、以西爲禮 之…（以東替西也）… （左陣在東、此儀以西爲禮方、仍左近所 儲云々）
		1039	長暦 3.閏12.26	春記	陸奥交易御馬 御覧	先是左中辨經長仕南殿御裝束… 南殿南廂東第三間（以東替西也…）
	二条東洞院 里内裏	1040	長久元.10.22	春記	新皇居となる	以寢殿爲南殿（※以東爲禮如例）… 以東門外爲左衛門左兵衛陣（府各立陣 屋）西御門外爲右衛門右兵衛陣（各立陣 屋）凡以東爲禮 ※　史料大成本の「北東爲禮如例」は 「以東爲禮如例」の誤りと考えられる。
		1040	長久元.11. 4	春記	旬儀	今日儀式等如何、東西儀已同紫宸殿、 置璽釼事可候東置物御机歟… 仰云、偏可准據紫宸殿儀也
		1040	長久元.11.17	春記	豊明節会	（東西同紫宸殿也云々）
	堀河殿 里内裏	1105	長治 2.正. 7	中右記	白馬節会	内侍臨西檻召人（堀川院以西爲禮）
				永昌記		次舞姫昇自西階、於南庇舞之（雨儀者 、 内裏儀 、昇自西階 、仍堀川殿可用東階、 萬事如此…）
		1105	長治 2.正.16	殿暦	踏歌節会	…而此堀河亭以右近陣爲陣座　裏作法 萬事相違也　［内脱ヵ］ 於内裏用左事於此亭用左、右又如此 ［右］
清涼殿について	五条東洞院 里内裏	1180	治承 4.正.26	玉葉	除目	五條東洞院皇居、南殿清涼殿相兼、東 禮…
		1180	治承 4. 2.21	山槐記	御譲位	此殿儀以左替右

但し、割註は（　）で示した。下線筆者。

と記される様に、内裏清涼殿の儀と東西を入れ替えて装束がなされたが、『玉葉』治承四年（一一八〇）正月二十六日の「除目」条に、

五條東洞院皇居、南殿清涼殿相兼、東禮…〈以下略〉

とある様に、東礼的秩序が形成されていた。(11) この間の事情については『世俗浅深秘抄(12)』に次の様に要約されている。即ち、里内裏の清涼殿（代）での儀たる臨時祭庭座について、

里亭儀。於西禮者不可違大内。於東禮可以左替右。

とされる。

この様に、南面して用いられた清涼殿（代）については、紫宸殿（代）の場合と逆に、内裏の儀に倣った場合の儀式的秩序は西礼であり、左右が入れ替った様になされた儀式の場合は東礼であったと言う事が出来よう。

この様な「礼」概念と、空間的上位下位との関係については当時の貴族達にも認識されていた様で、五条東洞院里内裏については前述の『玉葉』治承四年（一一八〇）条に、

東禮御前座以西爲上

と示されるし、また、里内裏の例ではないが、中御門亭での法事に関して『吉記』寿永二年（一一八三）二月十七日条には、

僧座東禮可爲西上事、…〈中略〉…東禮之時可爲西上也

と記される。

また、この「礼」向きは具体的には、紫宸殿（代）での儀式の際に重要な役割りを演じた仗座（陣座）の位置、清涼殿（代）での場合には殿上の位置との関係で理解されていた。紫宸殿（代）での場合については、平安末期の里内裏たる押小路殿に関して『玉葉』長寛二年（一一六四）閏十月十七日条に、

押小路内裏西禮、仗座在西也

と記されるし、寛治年間の里内裏であった堀河殿について、『吉記』治承四年（一一八〇）十一月十三日条には、

寛治右仗西禮

とある。同様に清涼殿（代）については、前述の上東門第に関して『春記』長久元年（一〇四〇）六月二十二日条に、

以西爲禮殿上在西也

と記されている。

この様にして、「礼」は内裏での儀式を里内裏に於ていかに行うか、という事に関して問題化してきた概念であるという事が出来よう。内裏紫宸殿での儀式は、東を「礼」向きの規準としたが、同様の事は豊楽殿についても言う事が出来る。即ち「元日節会」「七日節会」に於ては天皇の左手に王卿らが座を占めていた。

平安時代も九世紀の末になると、貴族住宅に於ても、内裏に影響されてか儀式が行われる様になってくる。その代表的なものは寝殿を中心として開催された大臣大饗であろう。大臣大饗には正月に行われる「正月大饗」と、大臣に任ぜられた時に行われる「任大臣大饗」があるが、いずれも官人多数を招いて催される饗宴である。前者には寝殿の母屋が主会場として用いられ、後者には寝殿の庇がそれにあてられるが、装束に関して両者の間に著しい違いは認められない。例えば、東三条殿について見ると、尊者以下の饗宴の座席は位階により厳しく規制され、いずれも東が上席となり西に行くに従い下位の者の座が設けられていた。この様に、東西方向軸上に座席の序列が形成されるのは大饗、大将饗の常であり、それは例え住宅の規模が一条大宮殿や小野宮、さらには、「如法家」とされる源雅実の土御門殿の様に左右対称と考えられる住宅に於ても同様であった点に注目したい。

管見によると、大饗に関する「礼」の文献上の初見は一二世紀初めに降るが『江次第鈔』第二によれば、座の装束及び行為が「礼」の概念によって厳しく秩序づけられていたのを知る事が出来る。[13] 東三条殿が「西礼」とされたのは『殿暦』嘉承二年（一一〇七）正月十九日条と、『玉葉』文治二年（一一八六）十月二十九日条に於てであったが、実はこれらはいずれも大饗に関したものであった。

大饗の座の設けられ方が、内裏紫宸殿での「節会」儀、「旬儀」等に極めて類似していた事を思えば、当時の貴族達がこの儀式の空間的秩序を「礼」の概念を通して理解していたのは当然の事であった。

この様に、「礼」概念は、儀式の行われる空間領域に於て形成される空間的上位下位と結びついた秩序の向きを示す概念と言う事が出来る。

本書で屢々指標として用いてきた儀式時の空間的秩序の向きとは、実はこの「礼」概念のことだったのである。

そしてこの「礼」の向きについては、『殿暦』嘉承二年（一一〇七）正月十九日条に、

東三條亭以西爲礼

といみじくも記される様に、儀式の主要な会場であった寝殿での「礼」向きをもって屢々その住宅の「礼」向きとして理解されていたものと思われる。

〔四〕「晴」の概念

すでに述べたが、「以□爲晴」の様に住宅の東または西の方位と結びついて「晴」が用いられた記録は少なく、管見によれば『殿暦』の天仁元年(一一〇八)十二月七日条の大炊殿の例を除けば、一二世紀後半以降に現れるにすぎない。そこで、この「晴」の起源を探るため、この語が建築的に用いられた例を古記録より収集し、その内容を検討してみる事にする。

具体例に入る前に、まず当時の貴族達が「晴」をどう捉えていたのかを知るため、「晴」がどの様な語の対概念として用いられていたのかを見ておく必要があるだろう。

管見によれば、空間概念としての「晴」の文献上の初見は遅くとも一〇世紀まで遡る事が出来る。『西宮記』[14]巻第一によれば、臣下大饗の給蘇甘栗事に関して、

舊例自晴方出之、而自延喜年自後方付之

とあり、「晴方」と「後方」とが対概念として用いられているのを知ることが出来る。また、同じく大饗の蘇甘栗使について、『春記』永承三年(一〇四八)正月条には、

於晴方可相遇歟、諸卿云、延喜以□皆用腋方[15]

とあり、「晴」に対して「腋」という語が用いられている。ついでに述べておくと、この「晴」に対する「腋」の関係は、儀式時に於ける「晴御膳」、「腋御膳」の関係に通じると思われるが、「晴御膳」が南階より供されたのに対して「腋御膳」には西階などの腋階が使われていた。

それでは、建築的概念としての「晴」とは如何なるものであったのだろうか。

故北政所の法事について

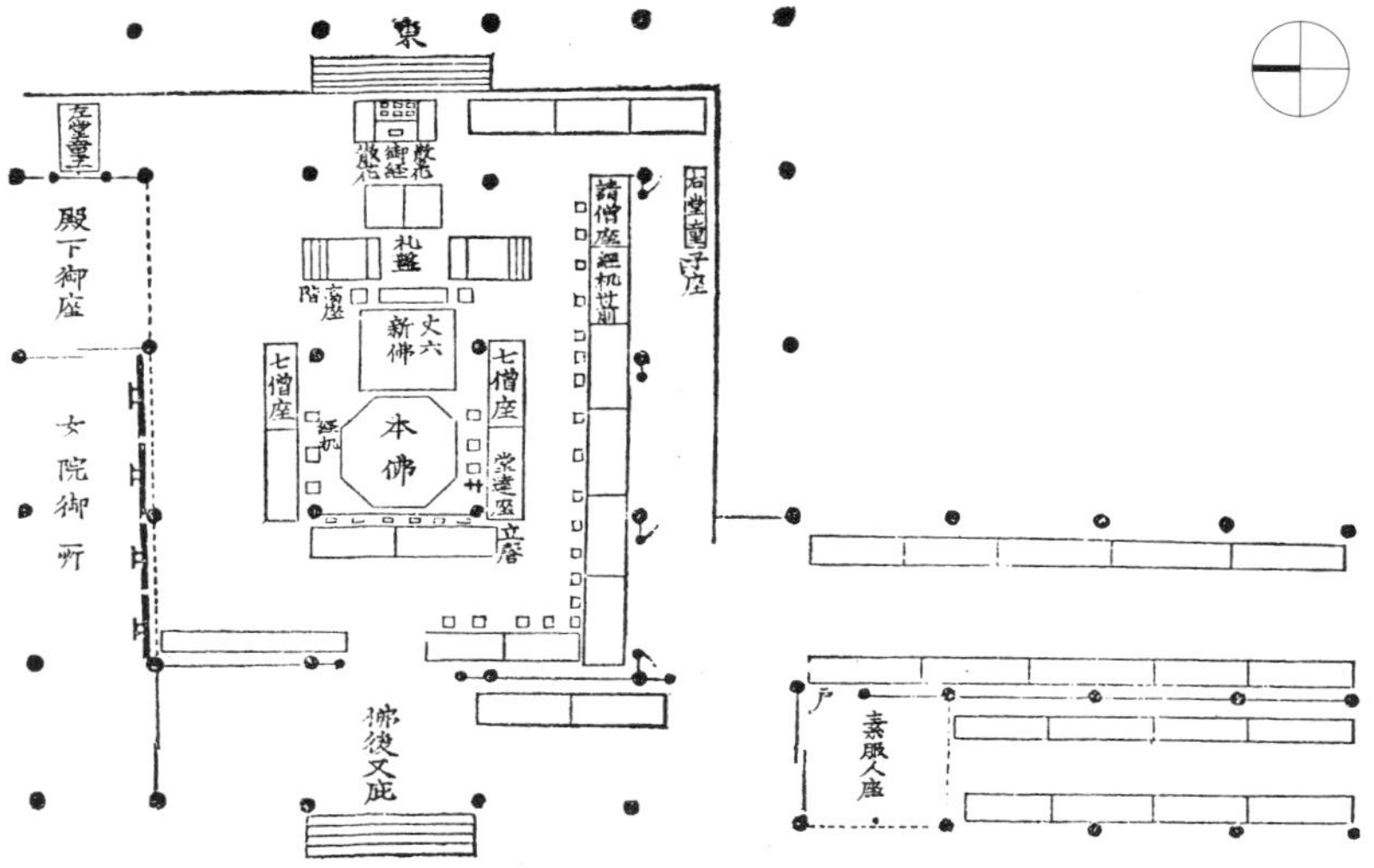

図1　法性寺最勝金剛院装束指図（『兵範記』による）

久寿二年（一一五五）十月二十三日、法性寺殿最勝金剛院で故北政所（忠通妻宗子）の法事が行われた。『兵範記』同日条によれば、

御堂南廊東面二行、敷紫縁帖十帖、為殿上人座、同西面北第一間、西南両方懸廻伊豫簾、其中敷鈍色帖、為素服人座、…〈中略〉…季兼朝臣以下服者着素服、候于廊簾中座、不着束帯、不出晴方

とあり、素服を着けた人々は、御堂の南廊の簾中に座し「晴方」に出なかったとされる。同記に指図（図1）[16]が掲載されているので具体的にその様子を知る事が出来るが、これらによれば、「晴方」とは法事の主要な会場の事であり、素服人座はその主要な会場を支える副次的な場として理解されていた事がわかる。法事の会場となった御堂の向きに注目したい。

東宮言仁五十日儀について

治承三年（一一七九）正月六日、東宮言仁の五十日儀が開催された。この儀式は時の里内裏たる閑院で行われた。『山槐記』同日条に指図（図2）[17]が載せられているが、主要な場は、寝殿西面、寝殿西北渡殿、その西の南北廊および寝殿西南透渡殿であり、東宮御所は寝殿西北渡殿にあてられている。

さて、同記によれば、指図に示された夜御殿に関して、

一、西弘庇南第四間北方南向戸覆御簾事、
件戸閇之、不懸御簾、此事不可然、晴方争向閉戸哉

とあり、ここは「晴方」とは相容れない場所であるので戸を閉じたことが知られる（しかし実際は、御簾がかけられた）。また、直接の儀式会場で

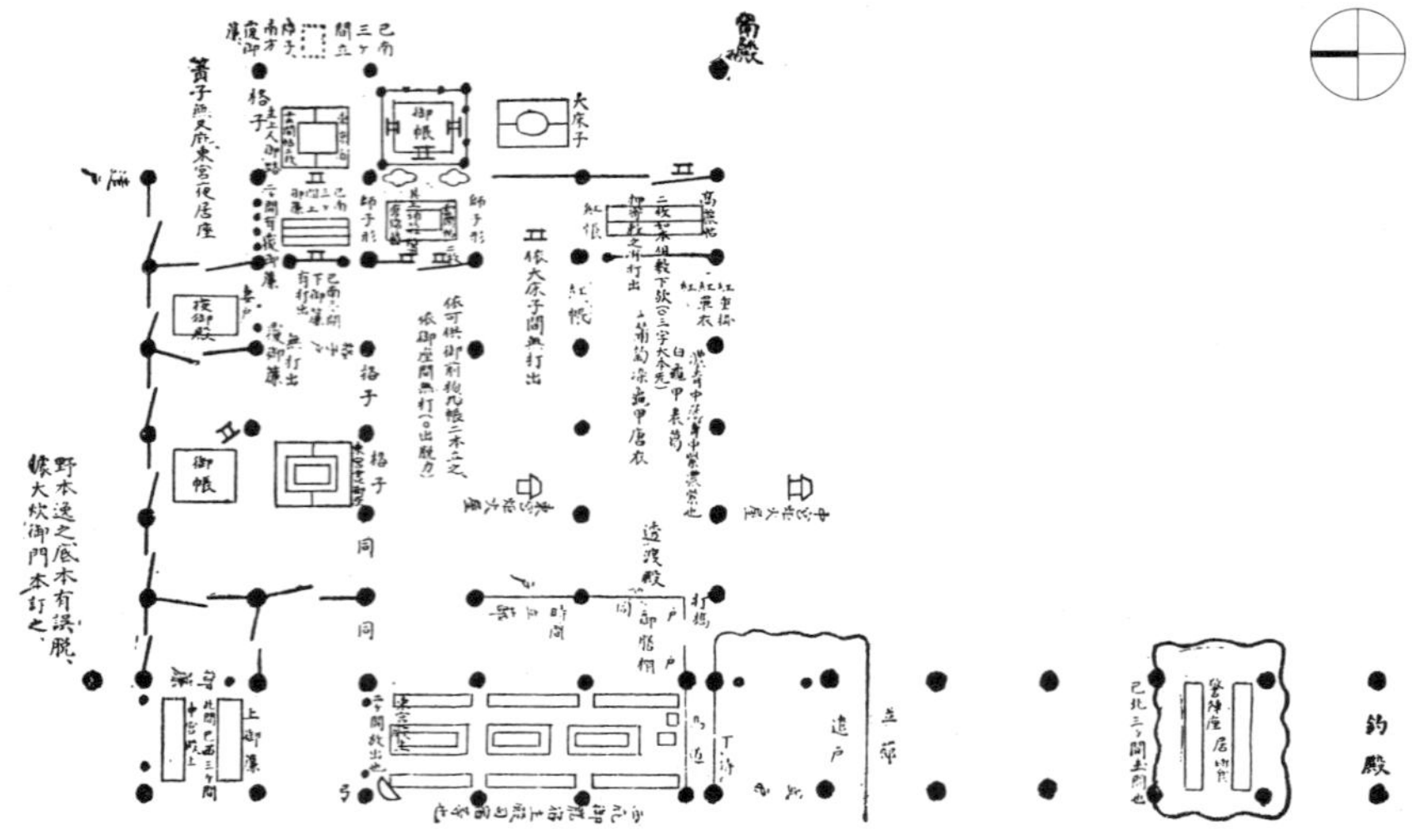

図２　閑院第に於ける五十日儀指図（『山槐記』による）

はない寝殿の南簀子に弘筵を敷くべきか否かについては、

一、南簀子二箇間令敷弘筵事、

件筵不敷之、理不可然、與弘庇南簀子平頭也、自晴方見及、仍至于第二間令敷之

と記され、「晴方」より見えるので、この部分にも弘筵を敷くべきことが示されている。さらに、天皇が御殿たる東対よりこの会場に向かうのに、東対の西北渡殿を西行し、紫宸殿（代）の後を経て、その西庇北間に設けられた中宮昼御帳の北より入御した事について、

藏人中宮大進基親日、關白被仰云、主上何強自閑路可入御乎、至于晴方可供筵道歟、左府聞此事被示日、於次第者不注入御所、藏人敷筵道由注載了、左右只可在御定事也者、予案之、渡御弘徽殿之時、自瀧口方妻戸入御、不令出晴方、今日御路相叶彼儀歟、令廻晴方給者、可令經南殿簀子、還可無便歟、殿下慥被〔示〕此旨歟、不審事也

とあって、内裏の弘徽殿での儀では清涼殿からこの建物に到るのに、「晴方」に出ずに西南角南面の滝口方妻戸より入御するが、これに倣ってこの様な路が用いられたのではないかとされた。この条では、「晴」に対して「閑」の語が使われている。

以上の様に、この五十日儀に於ても「晴方」は儀式の行われた主要な場として認識されていた事が分かる。

皇子顕仁五十日儀について

この儀式は、元永二年（一一一九）七月二十一日に時の里内裏たる土御門烏丸殿で催されたが、その会場には仁寿殿（代）たる北対[18]とその東舎があてられている。『長秋記』同日条によれば、この儀の装束について、

以殿東廂爲上達部殿上人座、南北二行居赤木机饗爲上達部座、々末居黒柿机饗二前（同對座、）爲殿上人座、北渡殿紫端帖四枚二行敷之、爲役送人座、東舎西廂敷高麗帖、爲人々參會所、以件屋清道〔路イ〕爲役送路、其舎東調備諸膳物

とされるが、皇子の御所は殿南面西二間に設けられていた。

さて、この儀で使う餅を進める事については、

市餅豫自大盤所方令進是恒例也、今度又如此、而臨期紀伊守清隆取出居御盤、自晴方供之、不知役〔故カ〕

とあり、紀伊守清隆がこれを「大盤所」の方からではなく、「晴方」より供した事が批判されている。

この例を見ても「晴方」は儀式の際の主たる会場として理解されていた。最勝金剛院の例では、東面した御堂がそれにあたり、諸記録に「東礼」[19]とされる閑院内裏での東宮五十日儀では、紫宸殿（代）西庇、西北渡殿など、寝殿西の中庭周りの場所が「晴」の場として用いられ、土御門烏丸殿の例では、仁寿殿（代）たる北対とその東舎の西面がその場に供されていた。これに対して、「礼」という語で同様の内容が記された例を見出すのは困難である。

念のために、「礼」と「晴」の語義および読みについて一瞥しておこう。

諸橋轍次著『大漢和辞典』[20]によれば「礼」について、

禮（レイ、ライ）一、ゐや、ふみを行うべきのり、… 二、作法、… 三、うやまふ、… 四、進物、… 五、儀式、… 六、そなえもの、… 七、ご馳走、… 八、貴賤の別… 九、国家の法制、… 一〇、事理を貫き統べてゐる法則…〈以下略〉

とあり、「晴」についてては、

晴（セイ、ジャウ）一、はれる、… 二、はれ、… 三、睲に同じ、…邦 一、はれ、㋑おほやけ。おもてむき。ひとまえ。㋺名誉。 二、はれる。… 三、はらす。…〈以下略〉

とある。この様に、『大漢和辞典』を見る限りに於て、「礼」と「晴」とは、語義に於ても読みに於ても一致する点は全く無いと言える。

さらに『江次第鈔』[21]の大臣家大饗を述べた条に、

西禮《ライ》之時以南階西頭爲座下

とあり、禮にライと仮名が付してある。即ち、礼をハレとは読まず、また、晴をライと読む事は無かった。

以上の検討により次の事が言えよう。即ち「晴」（「晴方」）とは、必ずしも建物の南面を指すものでもなく、寝殿など貴族住宅構成の南半部分のみを指すものでもない事、また、寝殿での儀式的秩序の向きで代表させた住宅の「礼」の向きとも必ずしも一致しないという事である。「晴」とは、儀式の行われる主要な場（空間、領域）という意味であり、貴族住宅に於て固定した場所を指すものではなかった。

〔五〕「礼」と「晴」の混同化の過程

平安末期になると、貴族達の日記のなかにも「礼」と「晴」を同義と見做している例が認められる様になる。治承二年（一一七八）十一月十二日、中宮平徳子が皇子言仁を六波羅泉殿で出産する事に関し、『山槐記』同日条には、

其儀

兼撤尋常御座大床子、

先例押尋常御帳於東間、（西禮御所儀也、東晴御所之時可押西間也、）而此殿母屋間狹、御帳寸法不叶、仍日來只供平敷御座也、又雖可押件御座許、験者物付等依可候其所、兼皆所撤也、…〈中略〉…先例母屋簾中敷御座五枚、其東北兩方（西晴儀也、爲東晴之時可立西北兩方）立白五尺御屛風、御座上又立白三尺御几帳也、然而御所便不相叶、只隨宜自北供之

と記される。即ち、先例に倣えばこの御所は西礼であるので御帳を東間に押すべきであるが、東晴御所の時は西間に押すべきだとされた。また、西晴の時は、母屋簾中の御座の東北両方に白五尺屛風を立てるが、東晴の時は西北に立てるともされる。これは、寝殿の装束についての記述であるが、「礼」と「晴」とを全く同義として扱っている。

起源に於て異った「礼」と「晴」が何故この様に同義として理解される様になったのであろうか。これを明らかにするためには上級貴族住宅で行われた儀式の歴史を概観しておく必要がある。

前に述べた様に、貴族住宅に於ける儀式は内裏の影響の下に生まれたと考えられる。内裏紫宸殿での儀式を『類聚国史』[22]により窺うと、

平安遷都の翌年には「元日節会」[23]が催されているし、九世紀中頃には「白馬節会」「女踏歌」「豊明節会」「卯杖」「旬儀」など、年中行事障子文に記された儀式がほぼ出そろうようになる。

貴族住宅の寝殿に於ける儀式として「大臣大饗」「大将饗」「元服」等の例が知られるが、何と言っても大規模かつ重要なものは「大臣大饗」であった。倉林正次氏[24]によれば、大饗の起源は九世紀末に遡る事が明らかにされている。『九条殿記』承平四年（九三四）正月四日の左大臣忠平の例によれば、主人と尊者の南階前での列立の仕方[25]について、

此故實也

という記述があり、また『西宮記』による承平六年（九三六）八月十九日の太政大臣忠平の時の記録には、寝殿より東対にかけて尊者、納言、少納言、外記・史の座が順に設けられていたことが記され、饗宴の座席秩序が形成されていた事が知られる。従ってこの頃には貴族住宅寝殿の東西軸上に於ける儀式時の空間的秩序は形成されていたと見做す事が出来る。

一方、一〇世紀後半期になると、上級貴族住宅を皇居とする里内裏時代に入ること[26]になる。これらの住宅が里内裏として用いられる様になると、前述した様に紫宸殿（代）としての寝殿での儀式時の秩序の向き、従ってそれに伴った装束、さらには里内裏としての各施設の割当てをどうするかが問題となってくる。

長保五年（一〇〇三）正月十四日の「御斎会内論義」[27]について『権記』同日条に、

南殿西第三間東程南北懸御簾、更〔二字空〕等門□座等如例儲之、但以西代東

と記され、内裏の儀と東西が入れ替った様な使い方のなされた一条大宮殿は、藤原道長に属する前は藤原為光に属していた。『法住寺相国記』[28]によれば、為光は正暦二年（九九一）九月七日に任大臣の大饗をこの一条殿で催している。当時の一条殿の規模は詳かではないが、同記によれば尊者、主人の座が設けられた寝殿南庇から西対東庇まで納言、大弁、外記等の座が配され、東を上位とする儀式的秩序が形成されていた事が認められる。道長の代に里内裏として使われた時には、これら非里内裏時の用法の影響を受け、天皇に向って東上の秩序、即ち内裏の儀と東西が入れ替った様な方式でなされたものと考えられる。

この様に、里内裏時の儀式的秩序の向きが、非里内裏時のそれに倣うのは極く普通の事であった。里内裏発生時代[29]に於ては、里内裏での儀式が内裏での儀式に準じて行われたのか、或いは鏡に映した様に東西が入れ替った様に行われたのかという観点より古記録に記

表2　大饗・臨時客の開催頻度(・は開催1回を示す)

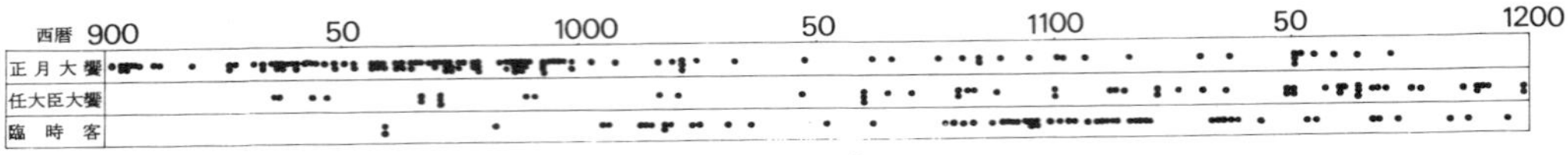

載され、里内裏続出時代の一一世紀前半期に入ると、これが「礼」という概念で認識される様になったものと思われる。即ち「礼」の概念の発生は、潜在的には貴族住宅の寝殿で儀式が行われる様になった九世紀の末頃にまで遡ると考えられるのである。

さて、貴族住宅に於ける東西対での儀式の発生は寝殿でのそれよりも遅れる。古記録によれば、一〇世紀の前半にはその例を見出す事が出来るが、これが本格化するのはかなり後の事である。対で行われた儀式の種類は数多いが、その代表はやはり大臣大饗を簡略化したと考えられている「臨時客」[30]であろう。倉林正次氏[31]によれば、その発生は一〇世紀後半期であるが、多く行われる様になるのは一一世紀に入ってからであり、本格化するのは一一世紀の末になってからである(表2)。

ところで、すでに述べた様に平安のかなり後になっても「如法一町家」に代表される大炊御門殿の様な上級貴族住宅に於ては、東西に対または対代を配する左右対称的配置構成を持つものが存在していた。しかしながら、東西対の用法を見ると、治安二年(一〇二二)に新造なった枇杷殿の東対に見られる様に[32]、東西対のうちの一方の対を儀式・接客のために空けておくという傾向が生じてきた[33]。また三条烏丸殿では、東西対共に御所として用いられたが、東対は朝覲行幸時に天皇休所とされ、また中宮大饗所として用いられるなど、西対に対し儀式空間としての性格をより強く有していた。即ち、一一世紀に入ると、寝殿の他に、東西対のうちの片方の対を儀式、行事の会場、即ち「晴」の場として明確に意識する様になってきたものと考えられる。

寝殿に於ける儀式的秩序の向きが定まる(即ち、礼向きが定まる)という事は、東西両中門のうちの一方が儀式時に重要な役割りを果すという事で、これに対応する門が正式のアプローチ口として意識されるという事である。この様に、住宅の正門が定まると、東西に対を備えた住宅に於ては、正式の門の存在する側の対が儀式を行う場として便宜が良いという事になる。即ち、大規模儀式の行われた寝殿の「礼」向きと、中小規模の儀式の行われた「晴」の場としての対の寝殿に対する位置(方角)が一致する事になるのである。「晴」向き記載の早い例として、「以東爲晴」とされた大炊殿が一二世紀初めの住宅であった事は意味のない事ではない。

この様な過程を経て、平安末期になると「礼」と「晴」とが混用、誤用され、遂には同義として用いられる様になったものと思われる。

〔六〕おわりに

平安時代貴族住宅に於ける「晴」と「礼」とは起源に於て全く別の概念であった。「晴」とは、儀式の行われる空間領域を示す概念であり、「礼」とは、その空間領域、即ち「晴」の場に於て形成される向きを表す儀式的秩序の事であった。「礼」の概念は、一一世紀の中頃、里内裏に於て、特に紫宸殿（代）で儀式を行う際に明確に認識される様になったと考えられるが、上級貴族住宅の寝殿に於て儀式が行われる様になった九世紀の末頃には潜在的に意識されていたものと思われる。そして、平安末期には、屢々寝殿での礼向きがその住宅の礼向きとして見做される様になった。

対での儀式の発生は、寝殿でのそれよりも遅れる。「臨時客」等の儀式が定着化し、東西対のうち「礼」の側の対がその会場としての役割を果し、「晴」の場として明確に意識される様になると、「礼」の向きと「晴」の場の位置が一致し、ここに両者を同義と見做す考えが成立したものと思われる。

西対を欠いた東三条殿の「西礼」は、寝殿を中心として行われた大臣大饗が「東を上位」とした空間的秩序のもとになされたという事を理解して納得がいき、後鳥羽上皇の二条殿にしても、院拝礼の公卿らが西中門より参入し、南庭で「北面東上」に列立した事を知って初めて肯く事が出来るのである。(34)

ところで貴族住宅や里内裏住宅について、前章までに明らかにされたのは、平安末期になるに従いそれぞれの住宅に於て形成される儀式的秩序の向きが次第に東西のうちの一方に固定化し、それと軌を同じくして用いられる門も東西のうちの一方に限定される様になったということである。またこの過程と貴族住宅の左右非対称化の過程が完全に対応していることも明らかとなった。第三期上東門第や、藤原教通の二条殿そして東三条殿や後鳥羽上皇の二条殿に見られる様に、住宅の左右対称性、非対称性と「礼」の向きとの間には必ずしも相関関係は認められなかったが、中世に近づくに従い左右非対称性と「礼」向きとの間に対応関係が見られるようになる。

この間の事情は、住宅の構成の極めて似通った平安末期の東三条殿と、その焼失後に再建された閑院第の関係に象徴的に現われている。即ち、両住宅共に寝殿の東側に対や東中門廊そしてその付属廊を充実させていたのに対し西対を欠いていたが、前者は「西礼」の住宅として知られ、後者は「東礼」とされた。[35]そして、この具体的内容は、両住宅への移徙時の装束に表われている。永久三年（一一一五）七月二十一日、関白藤原忠実が行った東三条殿への移徙の際の寝殿の装束と、[36]仁安二年（一一六七）十二月十日の摂政藤原基房の閑院第への移徙時の寝殿のそれ[37]とを比較すると、東西が全く入れ替っているのである。ほぼ同時期の高松殿は、寝殿の他に西対代、西中門廊等を備えたが「西礼」[38]とされた。閑院第以降の住宅を見ると、「礼」向きと住宅規模との関係は極めて明快である。基房の松殿、藤原基通の六条堀川殿、藤原兼実の冷泉万里小路殿はいずれも小規模住宅であり、寝殿の他に対は存在しなかったが、その代りの二棟廊、中門廊の存在する側がその住宅の「礼」向きとされた。[39]敷地の狭小化による門、入口の限定化がこの様な傾向に拍車をかけることになったのである。

附記

管見によれば、「褻」は「褻御所」として諸記録に現われてくるが、それは特定の個人が日常生活を行うための場所であり、限定された領域を示す語であった。褻御所の語源は、褻衣に着換えるところと解され、それが転じて、休息の場、常居の場を意味する様になったものと思われる。時代が降ると、この褻という語は褻御所という特定の場所を示す語から離れて、褻方という風に不特定の場を示す語として用いられる様になる。『明月記』承元元年（一二〇七）五月十四日条によれば、御堂の障子絵を画工に描かせる事について、

可令書晴方、…〈中略〉…可令書褻方

とあり、「晴」と「褻」が完全に対立した空間概念として用いられている事がわかる。褻とはやはり空間領域を示す概念であり、晴の対概念として捉えられていたのはその意味に於て首肯される。

註

1 川上貢『日本中世住宅の研究』（昭和四十二年十月十日、墨水書房）、同「寝殿造から書院造へ」（『世界建築全集』二、日本II・中世、昭和三十五年五月、平凡社）。
2 太田静六「東三條殿の研究」（『建築学会論文集』二一号、昭和十六年四月）、同「東三條殿の研究（其二）」（『建築学会論文集』二六号、昭和十七年八月）。
3 『殿暦』嘉承二年（一一〇七）正月十九日条、『玉葉』文治二年（一一八六）十月二十九日条。太田博太郎『書院造』（昭和四十一年、東京大学出版会）では『玉葉』条をあげて東三条殿が「西礼」であることを紹介し、川上貢前掲註1では東三条殿を「西晴」の住宅と見做し論を展開している。
4 太田静六「後鳥羽上皇の院宮について（鎌倉時代における寝殿造の研究）」（『建築史研究』八、昭和二十七年五月）。
5 『玉葉』承安四年（一一七四）正月十九日条に「寛治六年皇居堀川院也、彼院以西爲晴」とある。寛治六年（一〇九二）の堀川院（堀河殿）は大炊殿の例より古いが、後代の記述であるためとらない。
6 『江記』長治二年（一一〇五）正月五日条、『中右記』嘉承二年（一一〇七）十一月二十九日条、他。
7 史料大成本には引用文の様に「北東爲禮如例」とあるが、「以東爲禮如例」の誤りと考えられる。同引用文に「凡以東爲禮云々」ともある。
8 里内裏時の装束が内裏のそれに準じてなされるのか、或いは東西が入れ替った様になされるのかという事は、儀式が内裏でのそれに準じて行われるのか、或いは、東西が入れ替った様に行われるのかという事と同義である。
9 但、「節会」に於ては参入口として承明門が用いられたことはすでに述べた通りである。
10 『玉葉』文治二年（一一八六）十月二十一日条によれば、内裏清涼殿が会場として用いられた宇佐和気使発遣の事に関して、「堀川院西禮之御殿」〈付点筆者〉とある。
11 高松里内裏、大炊御門高倉里内裏でも寝殿が清涼殿として用いられていたが、この場合は西礼の秩序が形成されていた。
12 群書類従　巻第四六九。
13 続々群書類従　巻第六。内容については次節で詳しく検討する。
14 新訂増補故實叢書。
15 この記述は、多分に『西宮記』を意識してのものと思われる。この間かなりの年月が経っているが、「晴」に対する理解が変化していないのが知られる。なお、後述するが「褻」が空間概念として「晴」に対して用いられる様になるのは、かなり後の事である。
16 史料大成本。
17 史料大成本。

18 『中右記』同日条、および八月二十五日条より北対である事がわかる。
19 『玉葉』承安四年(一一七四)十二月十五日条、他。
20 大修館書店、昭和三十年十一月。
21 続々群書類従　巻第六。禮にライと仮名が付されたのは、さらに後代である可能性もあるが、いずれにせよ、禮をハレと読む事はなかった。
22 新訂増補国史大系。
23 『類聚国史』巻七十一によると、元日宴(節会)は、平安遷都の翌年より前殿で行われている。内裏の殿舎等の名称が唐風に改められたのが弘仁九年(八一八)の事であるから、この前殿は後の紫宸殿と見て差し支えがない。
24 倉林正次『饗宴の研究(儀礼編)』(昭和四十年八月、桜楓社)。
25 この列立の仕方は当然の事ながら、「礼」向きと関わりを持つ。次節で検討する。
26 太田静六氏「平安鎌倉時代における里内裡建築の研究」(『建築史研究』一九、昭和三十年二月)。
27 通常は清涼殿で行われる。しかしながら『雲図抄』によれば「當御物忌時、於南殿被行之」とある。
28 大日本史料。
29 里内裏の時代区分については、太田静六前掲註26。第三章第一節参照。
30 対での他の儀式について見ると、屢々「如臨時客」と記され、臨時客の装束が対の儀式の一つの規準であった事が窺われる。
31 前掲註24。なお、表2は同書に掲げられた大饗、臨時客の開催一覧表をもとに、西暦一二〇〇年までの分を図化したものである。
32 『栄華物語』巻十六。
33 同様の事は、藤原実資の小野宮の西対についても指摘されている。吉田早苗「藤原実資と小野宮第」(『日本歴史』第三五〇号、昭和五十二年七月)。また、『小右記』によれば、治安元年(一〇二一)七月二十五日に小野宮で行われた実資の任大臣大饗は西礼的秩序のもとに行われた。
34 前掲『猪隈関白記』建仁元年(一二〇一)正月朔日条。
35 いずれも太田静六氏の復元による。前掲註2及び「閑院第の研究」(『建築史』五―二、昭和十八年三月)。
36 『類従雑要抄』群書類従　巻第四七〇。
37 『兵範記』同日条。
38 『山槐記』久寿二年(一一五五)九月二十六日条。
39 いずれも、太田静六「平家時代を中心とする藤原氏の邸宅」(『日本建築学会論文集』第四一号、昭和二十五年八月)。

第二節　大饗・臨時客と「礼」概念

前節では大饗時に設けられた官人らの座の位置が位階により規制され、これらによって東西方向の軸上に形成される上位・下位の空間的秩序の向きが「礼」概念と密接な関係にあることを示した。本節ではさらに、この「礼」は行動方式をも含んだ秩序的概念であることを述べてみたい。

大饗の式次第については、倉林正次氏の詳細な研究(1)があるが、「任大臣大饗(2)」を例にとって極く簡単に紹介しよう。当日、新たに大臣に任ぜられる者（大饗の主人）は、大饗の会場となる住宅を出発地として参内する。内裏での任大臣儀の後退出し、大饗所に還る。客主たる尊者以下の官人らはこの住宅に向かい、門より参入する。この間、主人は寝殿の南階より降り庭上に立ってこれを迎えるが、尊客以下は南庭に列立し、主客の間で拝礼がなされる。その後、主人、尊者は殿上に昇り、官人らはこれに続き昇階し着座する。饗宴が始まり、さらに座を変えての穏座がある。最後に官人らに禄が与えられ、尊客以下が退出する。

さて、文治二年（一一八六）十月二十九日、新内大臣藤原良通（兼実男）の「任大臣大饗」が冷泉万里小路殿で催されたが、時の里内裏たる閑院での任大臣儀の後、大饗所に還る事に関して『玉葉』同日条には、

> 於冷泉萬里小路亭（東禮）行庇饗、…〈中略〉…先例東三條儀、以西爲禮、主人自東門出入尤有便、此家以東爲禮、西方無門無路、仍〔只〕出入禮門、太無便宜歟、…〈中略〉…内府入自冷泉亭東四足弁中門、…〈中略〉…（東三條儀、以西爲禮、主人出入東門有便、此家一方有門、仍自禮門出入、甚無便宜、）

と記される。即ち、東三条殿は「西礼」の住宅であり、主人（主催者）は（礼向きと反対側の）東門を用いるのが最も便宜が良い。一方、この冷泉万里小路殿は「東礼」の住宅であるが、（礼向きと反対側の）西側には路もなく従って門もないので主人は礼門を用いざるを得

なくなるが、これは甚だ具合の悪いことだとしている。同じ東三条殿についてであるが、永久三年（一一一五）四月二十八日の内大臣藤原忠通の「任大臣大饗」に関し『殿暦』同日条によれば、

内大臣來東三条、用東門、（是先例、）

とあり、主人はやはり東門を用いた事と同時にこれが慣例であった事が知られる。また、元久元年（一二〇四）十二月十四日に八条殿で行われた藤原良経の「任大臣大饗」に関して、『殿記』同日条には、

到饗所於北門下車、（不入四足是故實也、）

と記されている。同記によれば、八条院は寝殿の他、（東）二棟廊、透渡殿、（東）中門廊などにより成っていたが、右の四足門は、礼側の門たる東門であったものと思われる。

以上の諸例は、主人（主催者）が内裏より退出し饗所に還る際には礼門の四足門を用いてはいけない事を示したものである。

さて、尊者以下が南庭に入り、主人は南階の前に立ってこれを迎えるが、この時階の東側に立つべきか、西側に立つべきかについてきまりがあった。『江次第鈔』第二(3)には、

西禮《ライ》之時以南階西頭爲座下尊者爲上首時主人立座下也或尊者爲下﨟時主人立座上方假令攝政關白太政大臣等大饗左大臣右大臣尊者又左右大臣大饗納言爲尊者之時主人立座上方也自余者雖爲上首猶立座下方也…〈中略〉…主人下﨟尊者爲上﨟之時如此或主人上﨟之時先立東再拜之後渡立西頭《ホトリ》有揖讓之儀攝政關白大饗大臣爲尊者之時猶用此禮…〈中略〉…

西禮儀

攝政關白立階東（座上方）

或大臣立階東拜畢立渡階西

或大臣立階西拜畢立渡階東（内覽大臣）

内大臣大饗大納言尊者時（有二説）

或大臣立西　尊者大納言昇座上階（寛仁宇治殿）

或大臣立東　尊者昇座下方階

と記され、主人と尊者の間の位階の上下に応じて細かい規則のあったことが知られる。例えば「西礼」の場合は階の西側が東側に対して下位となるがこれに従い両者の立つべき位置が決められる。摂政関白や太政大臣の「大饗」で左右大臣が尊者の場合、左右大臣大饗で納言が尊者の場合は主人は上位の位置に立ち、それ以外の場合はたとえ主人が尊者より高位の者であっても下位の位置に立つべきとされた。『台記』仁平二年（一一五二）正月二十六日条、『帥記』承暦四年（一〇八〇）八月十四日条にも同様の記述があり、当時の貴族達がこの列立の方式を強く意識していた様子を窺うことが出来る。

次に昇殿着座の方式を尊者について見ると、やはり『江次第鈔』第二に、

尊者入自廂西一間

西禮《ニシライ》之儀入南廂西一間東行經主人前入母屋着座

とあって「西礼」の場合は（南階を昇った後、西行し）南庇の西第一間より入って東行し座に着くこと、即ち低位の空間から高位の空間に向かうことが示されている。

この様に、「大饗」に於ては主人が用いる門、南庭に客を迎える際の南階に対する主人及び尊者の位置、そして尊者の昇殿着座の方式が「礼」概念のもとに規制されていた。表1は、古記録により知られる正月大饗、任大臣大饗そして寝殿で行われた臨時客に関し、主として京内の住宅でその位置が知られるもの、あるいは推定可能なもののうち饗宴に参加した官人らの座の配置方式などが知られる例について、京内の北に位置するものから順に整理したものである。時代順としなかったのは、同一の住宅でも複数例得られるもの、例えば花山院や東三条殿に於てこれらがどの様であったのかを比較検討するのに都合が良いと考えたからである。この表を見ると、前に述べた諸点がこれらの住宅に於て互いに関連を持って成立しているのを認めることが出来よう。特に「礼」向きが古記録に記載される東三条殿（西礼）、冷泉万里小路殿（東礼）、錦小路大宮亭（西礼）[4]、六条堀川殿（東礼）[5]について、「礼」向きと前述の諸点との関係を見るならば、『江次第鈔』に示された内容がそのまま成立していたのを知る事が出来る[6]。

大饗以外について「礼」向きと行動方式との相関関係が記された例を示せば、まず承安四年（一一七四）十二月十五日に行われた「官奏」があげられる。この時の里内裏は閑院であったが、清涼殿（代）たる東対がその会場として用いられた。左大臣藤原経宗は奏状を奉り控えたが、『玉葉』同日条には、

表1　大饗・臨時客時の用例一覧

住宅名	大饗 臨時客	西暦	和暦	主人	尊者	主人、尊者の用いる門	南階前の主人の位置	官人らの座の秩序	備考	史料
室町殿	任大臣	1432	永享 4. 7. 25	内大臣　義教	左大臣　兼良			東上		永享四年大饗定、他
一条室町殿	臨時客	1237	嘉禎 3. 正. 3	摂政　道家	左大臣　兼経	尊. 東門		西上	①	玉蘂、他
今出川殿	任大臣	1289	正応 2. 10. 18	内大臣　実兼	権大納言	主. 東面北門	西	西上		勘仲記
一条大宮殿	任大臣	991	正暦 2. 9. 7	太政大臣　為光	右大臣　源重信 内大臣　道兼			東上		法住寺相国記
正親町第	任大臣	1199	正治元. 6. 22	右大臣　家実	内大臣　源通親	主. 西面北門、尊. 西門	西	東上	②	猪隈関白記
	臨時客	1208	承元 2. 正. 2	関白　家実	右大臣　忠経	尊. 西門	東	東上		猪隈関白記
土御門第(雅実)	正月	1102	康和 4. 正. 20	内大臣　源雅実	左大臣　俊房	尊. 西門	西	東上		中右記
土御門万里小路第	任大臣	1199	正治元. 6. 22	内大臣　源通親	右大臣　家実			東上	③	猪隈関白記
土御門高倉亭	任大臣	1065	治暦元. 6. 3	内大臣　源師房		主. 東門、尊. 西門		東上		大饗御装束間事、他
上東門第	正月	1008	寛弘 5. 正. 25	左大臣　道長	右大臣　顕光 内大臣　公季	尊. 西門				権記
	正月	1020	寛仁 4. 正. 22	関白　頼通	左大臣　顕光 右大臣　公季		西	西上	④	左経記
	任大臣	1021	治安元. 7. 25	内大臣　教通	右大臣　実資			東上		左経記、他
近衛亭	任大臣	1288	正応元. 10. 27	内大臣　兼忠	権大納言　公守	主. 西面唐門	東	東上		勘仲記
東院	正月	936	承平 6. 正. 4	左大臣　忠平	右大臣　仲平	尊. 西門			⑤	九条殿記
	正月	960	天徳 4. 正. 12	右大臣　師輔	中納言ｶ	尊. 西門	東			九条殿記
花山院	任大臣	1080	承暦 4. 8. 14	右大臣　俊家	内大臣　能長		東	東上		任大臣大饗部類、他
	任大臣	1122	保安 3. 12. 17	右大臣　家忠		尊. 北面門		西上	⑥	類聚雑要抄、他
	任大臣	1167	仁安 2. 2. 11	内大臣　忠雅	大納言　源雅通	主. 西門、尊. 北面門	西	西上	⑦	山槐記
	任大臣	1168	仁安 3. 8. 10	内大臣　源雅通	権大納言　公保		西	西上	⑧	兵範記
	任大臣	1189	文治 5. 7. 10	内大臣　兼雅	右大臣　実房ｶ	尊. 北面門	西		⑨	玉葉、他
	任大臣	1191	建久 2. 3. 28	内大臣　忠親	権大納言　忠良	主. 西門、尊. 北面門				吉部秘訓抄、他
高陽院	正月	1025	万寿 2. 正. 20	関白　頼通		尊. 西門	東	東上		左経記
中御門京極ｶ	任大臣	1212	建暦 2. 6. 29	内大臣　道家		尊. 東門	西	西上	⑩	建暦二年大饗次第
小野宮	正月	945	天慶 8. 正. 5	右大臣　実頼	大納言　師輔	尊. 西門	東	東上	⑪	九条殿記、他
	任大臣	1021	治安元. 7. 25	右大臣　実資		主. 北門		東上	⑫	小右記、他
冷泉万里小路殿	任大臣	1186	文治 2. 10. 29	内大臣　良通	権大納言　宗家	主. 東門、尊. 東門	西	西上	⑬	玉葉、他
	臨時客	1187	文治 3. 正. 3	摂政　兼実	右大将　実房		西	西上		玉葉
二条町尻殿	正月	993	正暦 4. 正. 28	内大臣　道兼	左大臣　源雅信 右大臣　源重信	尊. 西門				小右記、他

于時、左大臣揖、（四、）置杖於座右邊、（乾巽妻引去圓座置之、）如家口傳者、東禮之時、座右爲參退之路、仍可置座前（横、）之由所見也、而今如此、可尋、（但嘉保二年堀川左府置座右之由、見江記、閑院東禮也、）

と記される。即ち経宗は杖を座の右の辺りに置いたが、『玉葉』の記者藤原兼実は「東礼」の場合は座の右側が参退路となるためこの杖は座の前に置くべきではないかと疑問を呈している[7]。また同じ閑院里内裏での「白馬節会」に関して同記安元二年（一一七六）正月七日条には、

内大臣（左大將、）令奏左右白馬奏、（合指一枝、）退下之時、右廻、此事有兩説、東禮之時、猶可左廻歟、奏宣命、暫還立柱下之時、右廻〔退〕下、及

住宅名	大饗 臨時客	西暦	和暦	主人	尊者	主人、尊者の用いる門	南階前の主人の位置	官人らの座の秩序	備考	史料
二条殿(道長)	任大臣	1017	寛仁 元.12. 4	太政大臣 道長	摂政・内大臣 頼通 左大臣 顕光 右大臣 公季	主. 北門、尊. 東門	西	西上		小右記、他
閑院	任大臣	1021	治安 元. 7. 25	太政大臣 公季	内大臣 教通 右大臣 実資	尊. 東門		西上		小右記
東三条殿	任大臣	1060	康平 3. 7. 17	内大臣 師実				東上		大饗御装束間事
	任大臣	1088	寛治 2.12. 14	太政大臣 師実	左大臣 源俊房 内大臣 師通	主. 東門、尊. 西門	東	東上		為房卿記、他
	任大臣	1100	康和 2. 7. 17	右大臣 忠実	内大臣 源雅実	主. 東門	西	東上		殿暦、他
	正月	1107	嘉承 2. 正. 19	関白 忠実			東			中右記、他
	任大臣	1112	天永 3.12. 14	太政大臣 忠実		主. 東門、尊. 西門		東上		殿暦、他
	正月	1113	永久 元. 正. 16	関白 忠実		尊. 西門	東	東上		長秋記、他
	任大臣	1115	永久 3. 4. 28	内大臣 忠通	右大将 家忠	主. 東門	東	東上		大饗雑事、他
	正月	1116	永久 4. 正. 23	内大臣 忠通	右大臣 源雅実	尊. 西門	西	東上		類聚雑要抄、他
	正月	1131	天承 元. 正. 19	関白 忠通	右大臣 家忠 内大臣 源有仁	尊. 西門	東			長秋記
	任大臣	1136	保延 2.12. 9	内大臣 頼長		主. 東門	東	東上	⑭	類聚雑要抄、他
	正月	1152	仁平 2. 正. 26	左大臣 頼長	右大臣 源雅定 内大臣 実能	尊. 西門	東	東上		台記
	正月	1155	久寿 2. 正. 21	左大臣 頼長	内大臣 実能	尊. 西門	東	東上		兵範記
	任大臣	1157	保元 2. 8. 19	右大臣 基実	内大臣 公教	主. 西門、尊. 西門	西	東上	⑮	兵範記
	正月	1159	保元 4. 正. 22	関白 基実	内大臣	尊. 西門	東	東上		山槐記
南院	正月	989	永祚 元. 2. 23	内大臣 道隆				東上		小右記
	正月	995	長徳 元. 正. 28	内大臣 伊周	権大納言道頼		西	東上ヵ	⑯	小右記
鴨院	臨時客	1118	元永 元. 正. 2	関白 忠実			東	東上		中右記
三条北高倉東第	任大臣	1047	永承 2. 8. 1	内大臣 頼宗				東上		大饗御装束間事
三条西洞院第	正月	1151	仁平 元. 正. 26	内大臣 実能			東	西上		台記
三条殿	正月	1089	寛治 3. 正. 22	太政大臣 師実	左大臣 源俊房 右大臣 源顕房			東上	⑰	後二条師通記
三条南高倉第	臨時客	1167	仁安 2. 正. 2	摂政 基房	左大臣 経宗	尊. 西門	東	東上		兵範記
三条南高倉東第	任大臣	1157	保元 2. 8. 19	内大臣 公教	右大臣 基実		西			兵範記
錦小路大宮亭	臨時客	1172	承安 2. 正. 2	太政大臣 基房	右大臣 兼実	尊. 西門	東	東上		玉葉
六条堀川殿	任大臣	1189	文治 5. 7. 10	右大臣 実房	内大臣 兼雅	主. 六条面門、尊. 東門	西	西上	⑱	愚昧記、他
八条院	任大臣	1204	元久 元.12. 14	太政大臣 良経	右大臣 隆忠	主. 北門	西	西上		殿記

備考欄については本節末の備考註を参照。

復〔座〕之度可左廻歟、但有執右廻之人云々、兩説共存、不可謂失儀、抑、大將復座之後、問余曰、有合指一枝之説歟、余答曰、有兩說〔事〕也、是〔打〕任事也

とあって、奏上した内大臣は右廻りに退いたが、この件については両説があるものの「東礼」の住宅の場合は左廻りにすべきではないかとの疑問が提出されている。同様の内容は、寿永二年(一一八三)十一月一日条にも見ることが出来る。

以上、十分な例を示すことは出来なかったが、これらの例だけからしても、「礼」概念が儀式時の行動方式を規制していたであろうことは容易に想像する事が出来るのである。

註

1　倉林正次『饗宴の研究』（昭和四十八年八月二十五日、桜楓社）。

2　「任大臣大饗」は大臣に任ぜられた後に行われる大饗であり、従って内裏での「任大臣」儀がこれに先行する。この点に於て「正月大饗」、「臨時客」と異なっている。

3　続々群書類従　巻第六。

4　『玉葉』承安二年（一一七二）正月二日条。

5　『玉葉』治承四年（一一八〇）二月十一日条。

6　但し、同一邸に於ても南階前での主人の立つ位置は、尊者の位階との関係で必ずしも一定してはいない。正親町第と東三条殿に於て主人が右大臣、尊者が内大臣の例があるが、主人は下位の位置に立っている。これは『江次第鈔』の説明の、それ以外の場合に相当する。

7　この杖は文杖のことである。

表1　備考註

①　雨儀により、尊者は南階を用いず中門廊より昇っている。尊者の用いる門については、この第の構成および寝殿に着座するまでの道すじより見て東門と考えて良い。

②　尊者の用いる門については、「次尊者已下出自西幔門列立南庭」とあることより西門と考えられる。

③　官人の座の秩序の向きについては、南庭での列立のそれより推定。

④　官人の座の秩序の向きについては、弁少納言座が寝殿東庇、外記・史の座が東対にそれぞれ設けられたと考えられることより推定。

⑤　庭中での官人の列立について、『九条殿記』に「北面西上」とあるのは、北面東上の誤りと考えられる。

⑥　尊者が用いた門は、諸卿の用いた門と同一と考えられるので、『永昌記』により北面門とする。

⑦　尊者が用いた門は、文意より北面門と考えられる

⑧　文意より、官人は西が上位となる様に座を占めたと考えられる。

⑨ 尊者の用いた門について、『愚味記』に「近衛西門」とあるのは「近衛面門」の誤りと考えられる。

⑩ 尊者が用いた門は、諸卿が用いた門と同一と考えられる。

⑪ 尊者の用いた門については、諸卿が西中門より入り南庭に列立した事より判断。

⑫ 『任大臣大饗部類』によれば、実資は東門より入っている。

⑬ 『玉葉』に、「此家以東爲禮、西方無門無路、仍只出入禮門、太無便宜歟」とある。

⑭ 『類聚雑要抄』所収の指図には、尊者の座が記されていない。

⑮ 主人が内裏より東三条殿に還る時に西門を用いている。これは、この時の里内裏が東三条殿南隣の高松殿であり、高松殿の西門を出て直ちに東三条殿に向かったためと考えられる。

⑯ 『小右記』に「尋見前例、納言爲第一之時、主人當座上□《(立カ)》、主人今日當座下立、不知故實欤」とある。

⑰ 『後二条師通記』に、「左大臣従簀子敷西折行自庇間、更東折經庇而着之」とあることから、官人らの座は、東を上位として設けられた事がわかる。

⑱ 六条堀川殿は¼～½町程度の敷地規模であったものと考えられる。

第三節　平安時代貴族住宅に於ける「礼」向き決定の諸要因

〔一〕はじめに

平安時代貴族住宅に於ける「礼」とは、空間的上位・下位と結びついた儀式的秩序の向きを現わす概念であった。そして主要な儀式会場たる寝殿での礼向きが屢々その住宅の礼向きとして見做されていた。

しかしながら寝殿を中心会場として用いた大饗に着目すると、公卿らの座位は住宅によりそして時々の状況により、西が上位、或いは東が上位に設定されていた。即ち、東礼あるいは西礼的秩序が形成されており、この向きが東西のうちどちらか一方に固定していたのではない。また、里内裏として用いられた場合、内裏の儀式がここで行われることになるが、その際、東礼的秩序で行われる場合もあれば、西礼的秩序の場合も認められる。

それでは、この様な「礼」の向きは一体どの様にして決められたのであろうか。以下、筆者が考える諸要因を実例をあげて説明することにしたい。

〔二〕古代宗教に関わる場合―内裏の礼向き―

平安宮内裏紫宸殿に於ける代表的儀式は「節会」であったと考えられる。豊楽殿が用いられた事もあったが、前殿すなわち紫宸殿がその主要な会場であった。これら儀式の特質は日華門、宜陽殿、軒廊、陣座など南北中心軸より東半部にある殿・廊等が重要な役割を果し、西半分はむしろ補助的に使われるという点にあった。紫宸殿の中心に御座す天皇に対し、公卿らはその左手に西を上位として位置を占めた。即ち、東礼的秩序のもとに儀式が催されたのである。そして、内裏での儀式はこの逆に行われる事は決してなかった。空間的には東半分が重視されていたと言うことが出来よう。

この様な空間的意識は平安宮の官衙の配置方式に反映されている。以下、長安宮との比較の中で考えてみたい。

唐の官制は周、漢など前代のものをそのまま引き継ぎ、複雑な体系をとっていたことが知られている。[1] 最高官庁として尚書、中書、門下の三省を設け[2]、尚書省の下に、吏部、戸部、礼部、兵部、刑部、工部の六部を置いたが、この他に御史台、九寺[3]（太常寺、光禄寺、衛尉寺、宗正寺、太僕寺、大理寺、鴻臚寺、司農寺、太府寺）、五監（国子監、少府監、軍器監、将作監、都水監）をも擁していた。しかしながら、これらの中には職掌上重複するものが多く認められる。[4]

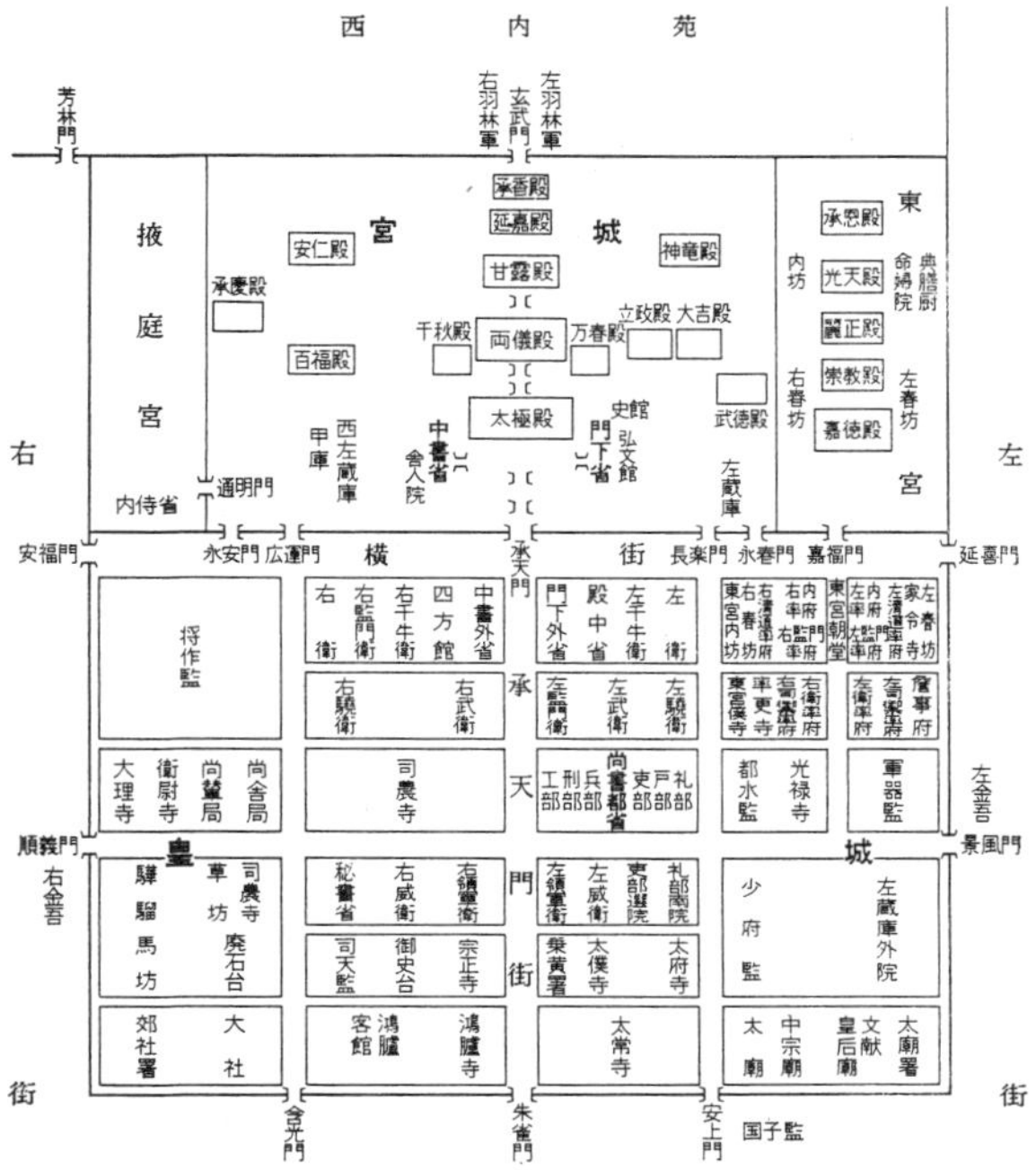

図１　長安宮城皇城略図（池田温氏による）

これに対して、我国の官制は唐のそれに基礎を置きながらも、二官八省として周知される様に国情に合せ簡素化されている。二官とは神祇官、太政官のことであり、八省とは太政官の下に置かれた中務省、式部省、治部省、民部省、兵部省、刑部省、大蔵省、宮内省を指している。[5]

さて、我国大内裏に相当する長安宮城皇城は図１[6]の様な構成をとっていた。これに対し、平安宮大内裏は図２[7]に示す様なものであった。即ち長安に於ては、儀式の正殿たる太極殿や甘露殿、両儀殿等を擁する宮城と、太政官に相当する尚書省などの官衙を配する皇城とに南北二分されていたが、平安宮では、大内裏中に八省院、内裏、官衙などが配されていた。この両者を比較してまず気が付くのは、長

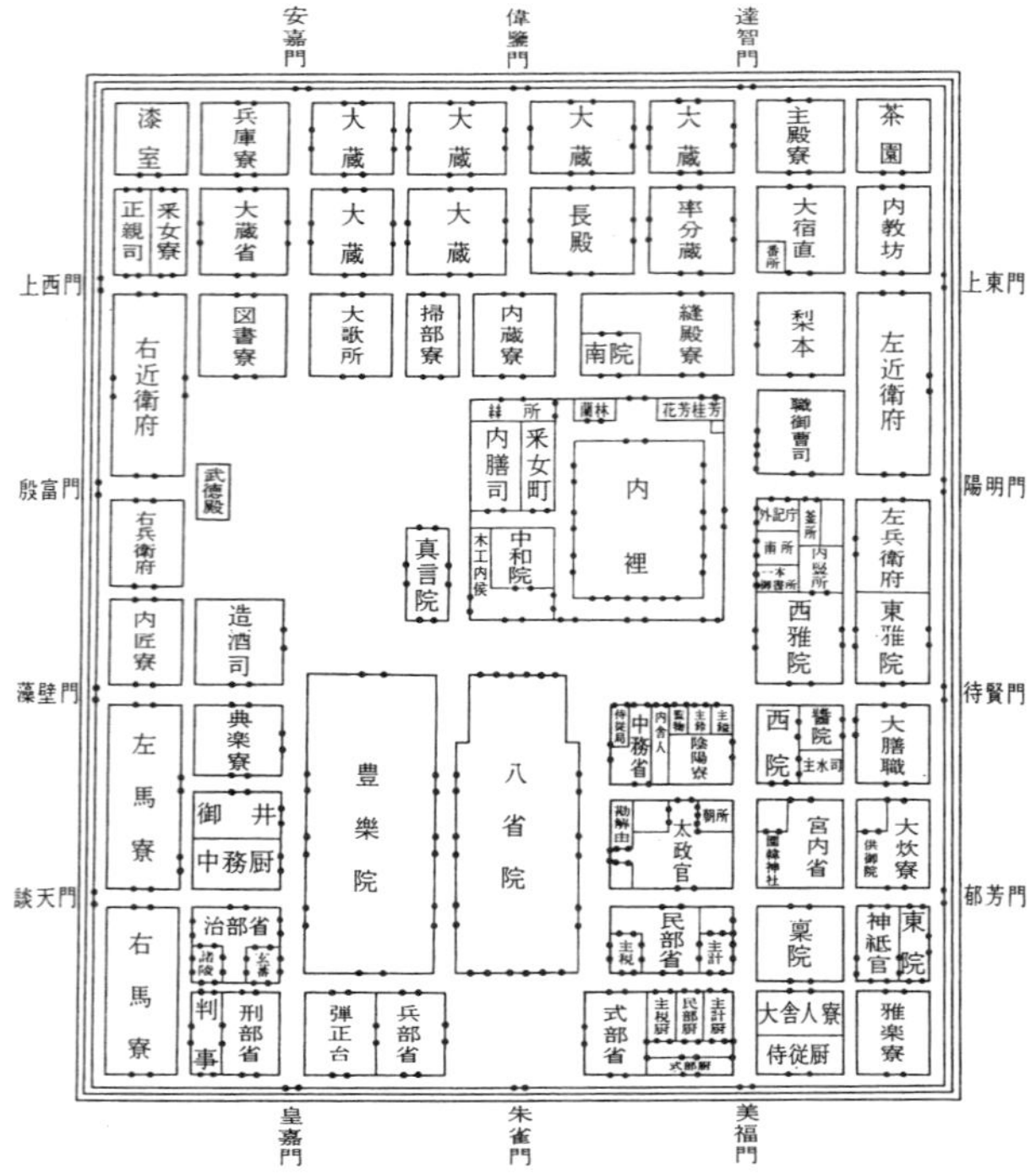

図２　平安宮大内裏図（『日本建築史図集』による）

安の場合は各施設が承天門、朱雀門を貫く南北方向軸を中心として極めて整然と配置されている事であろう。これに対し、平安宮の場合は著しく異っている。中心軸上に存在する主要な施設は八省院のみであり、内裏はその北東方に位置している。官衙の配置について見ると、長安では、承天門外東西に門下外省、中書外省、殿中省が位置し、衛府がこれをとり囲む様に配されている。太政官に相当し六部を擁する尚書省は、中央やや東寄りに置かれた。これらの官衙がどの様な方式のもとに配置されたかについて知る事は困難である。しかしながら、官掌が重複する礼部と太常寺、戸部と太府寺、刑部と大理寺、工部と将作監、軍器監と衛尉寺などを見ると、これらが必ずしも関連をもって配置されたとも考えられず、南北中心軸とも言うべき承天門街を挟んで東西に分置されている例も認められる。我国と異なり兵部、刑部が東方に配された点も注目される。彼国に於ては型式的対称性のなかにこれらが配置されていた。

我国の「元日節会」に相当する「元正会」は太極殿での朝賀ののち同じ場所で行われたが、唐代の『開元礼』によると、中心軸の皇帝に対し参加した文武官は左右対称型に配されたことが知られる。(8)

一方、平安宮に於ては、すでに指摘がなされている様に太政官、民部省、外記庁などの政務上重要なる官衙は八省院の東方に位置していた。(9) これに対し兵部省、刑部省、弾正台などは西方に置かれている。また、女官のことを掌った縫殿寮、さらには大蔵省とその所属の倉庫群が北方に置かれた点も注目される。政務機関は東または南に、それ以外の機関は西または北に振り分けられている。即ち、平安宮は長安宮に対し、より意図的に配置計画がなされたと推されるのである。滝川政次郎氏は、都城制と陰陽道との関係について述べているが、左は陽、右は陰であること、また軍事、刑事は陰である事を指摘している。(10)

一方吉野裕子氏は、日本原始信仰の信仰軸は東西軸に存在した事を示した。そしてこの信仰は、外来の陰陽五行説を強力に習合させたとしている。(11)一聴に値しよう。

太陽の昇る東方の諸門、諸施設が重視され、儀式(節会)の際には、中央の天皇に対し貴族達が東方(天皇の左手)に位置を占めるという発想は極く自然なものであったと想像されるのである。

〔三〕敷地条件による場合

平安宮内裏は大内裏中に存在し、その礼向きは東であった。これに対し、貴族住宅の多くは京内に営まれていた。これらの礼向きは一体どの様に決定されていたのであろうか。ここではこれらの住宅の敷地条件に着目し考えてみたい。

古代平安時代及び中世の貴族住宅について、京内及びその北辺に存在するものに限って、古記録にその礼向きの記載があり、しかもその位置が確定もしくは推定可能なものに関し、北に位置するものから順に整理したのが表1であり、これを地図上に示したものが図3である。(12)●印の付してある方がその住宅の礼の向きである。(13)

さて前節までに、里内裏時に紫宸殿(代)または清涼殿(代)として用いられた寝殿での儀式時の用法や、「大饗」或いは寝殿が会場として用いられた場合の「臨時客」の儀式時の秩序が礼向きと密接な関係にあることを示したが、これらにより礼向きが推定可能なものをも含めて示したのが図4である。この図により以下の点が指摘されよう。

①敷地の東西のうちいずれかが大路に面する住宅については、大路側が礼向きとなる確率が高い。

②方一町に満たない狭小敷地の住宅(14)については、東面、西面のうち路に面する側がその住宅の礼向きとなる。

③東西共に小路の場合は、東礼に対し西礼の割合が高い。

②については、門の設けられる位置が限定され、従って儀式時のアプローチが固定されるため当然の結果であると考えられる。①につ

いて見ると、東洞院大路に面する住宅の例数が多いが、例えば東京極大路に面した東京極西二条北の二条富小路殿について『花園天皇宸記』文保元年(一三一七)四月十九日条[15]には、

此地為東禮者、晴陣可為洛外之間難儀、仍為西禮

と記されている。この住宅の東面は大路ではあるがこの面を晴(礼)とするとこれが洛外に面することになるため西を礼となしたことが知られる。この記述は換言すれば、通常は大路に面する側を礼向きにするという事を示していよう。儀式時に於ては大路側の門から

表1　貴族住宅に関する礼向き記載一覧

住宅名	礼向き	史料	
室町殿	西	吉田家日次記	応永9(1402)11.19
一条町殿	西・東	明月記	天福元(1233) 2.10
正親町第 土御門東洞院内裏	西(門) 西	猪隈関白記 康富記	建仁2(1202)正.1 嘉吉3(1443) 9.23他
土御門第(雅実)	西	殿暦	永久4(1116)11.15
上東門第	西	春記	長久元(1040) 6.22他
近衛殿	西	猪隈関白記	建久9(1198)正.2
高陽院	東	中右記	寛治7(1093) 2.23
春日西洞院	西	相国拝賀部類記	暦応4(1341)正.16
松殿	西	玉葉	治承2(1178) 4.26
大炊御門東洞院第	東	殿暦	天仁元(1108)12.7他
大炊御門高倉殿	西	山槐記	応保元(1161) 4.26
大炊御門北万里小路東殿	西	平戸記	建保2(1214)12.13
冷泉万里小路殿	東	玉葉	文治2(1186)10.29
冷泉富小路殿 二条富小路殿	西 西	実躬卿記 花園天皇宸記	正応元(1288) 2.12 文保元(1317) 4.19
堀河殿	西	中右記	長治2(1105)正.7他
閑院	東	山槐記	治承2(1178)正.16他
東三条殿	西 東	殿暦 中右記	嘉承2(1107)正.19他 文治5(1130) 2.28
押小路殿	西	山槐記	長寛2(1164)12.28
二条東洞院殿	東 西(門)	春記 猪隈関白記	長久元(1040)10.22 建仁元(1201)正.1
高松殿	西	山槐記	久寿2(1155) 9.26
三条坊門殿	西	在盛卿記	永享3(1431)11.26
三条烏丸殿	東	自暦記	建久9(1198)11.14
三条大宮殿	東	殿暦	天永3(1112)正.1
三条室町殿	西	山槐記	平治元(1159) 2.19
錦小路大宮殿	西	玉葉	承安2(1172)正.2
五条東洞院殿	東	玉葉	治承4(1180)正.26
六条堀川殿	東	玉葉	治承4(1180) 2.11
六条殿	東	玉葉	文治2(1186) 3.16

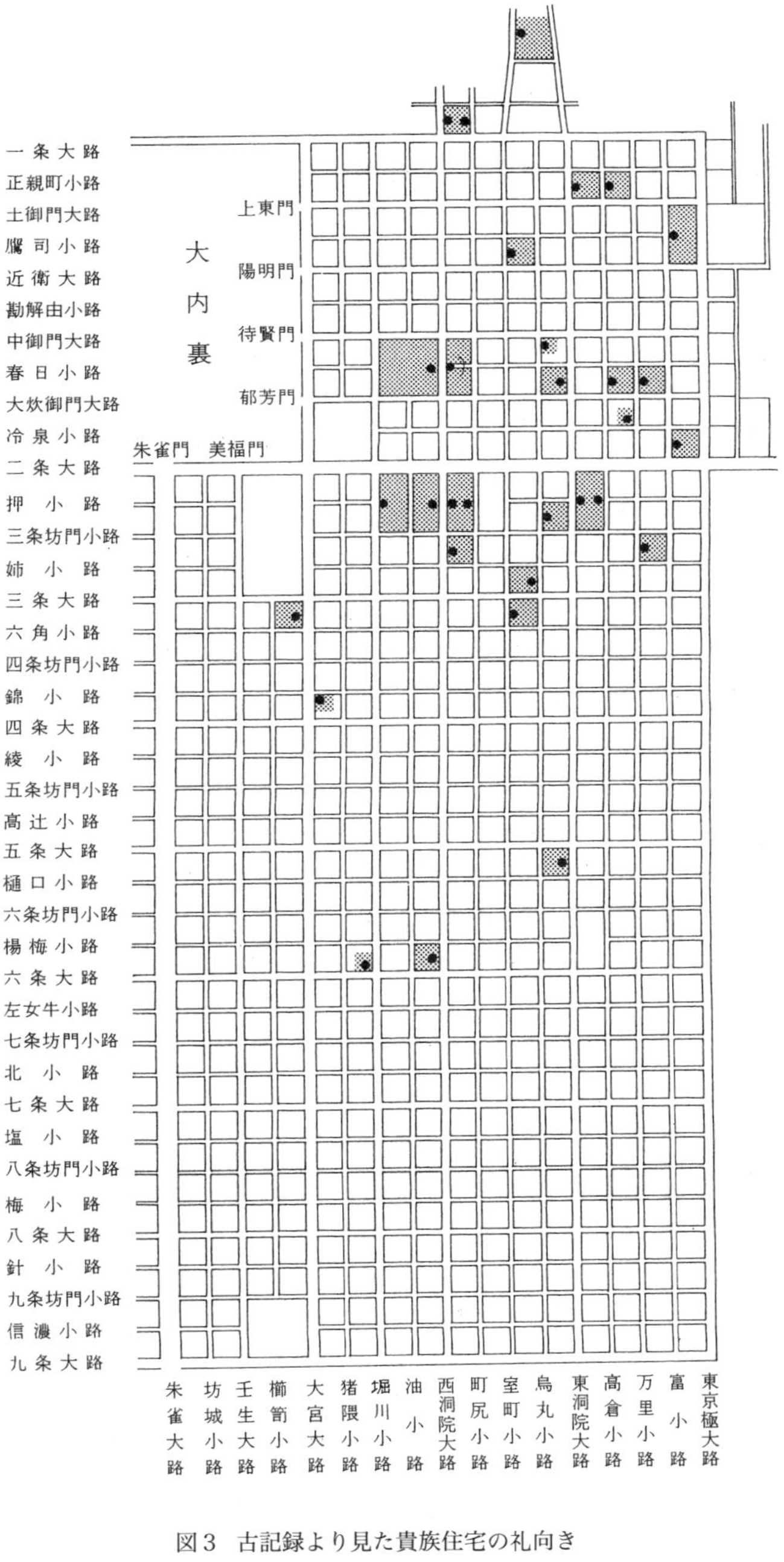

図３　古記録より見た貴族住宅の礼向き

のアプローチがより相応しかったものと思われる。第三章第一節で示した応永度内裏、康正度内裏が紫宸殿、清涼殿の配置方式を平安宮内裏に倣いながらも西礼と見做されたのは実際は東洞院大路に西面していたためと考えられる。③については、今のところその根拠を示すことは難しいが、或は大内裏の位置する方角をもってその礼向きとなしたのかもしれない。

〔四〕内裏に倣う場合

（一）敷地条件に鑑みると、西礼の住宅と推定されるものでも里内裏の際に、或いは里内裏の際のある特定の儀式時に於て礼向きが変化し、東礼となる場合があった。

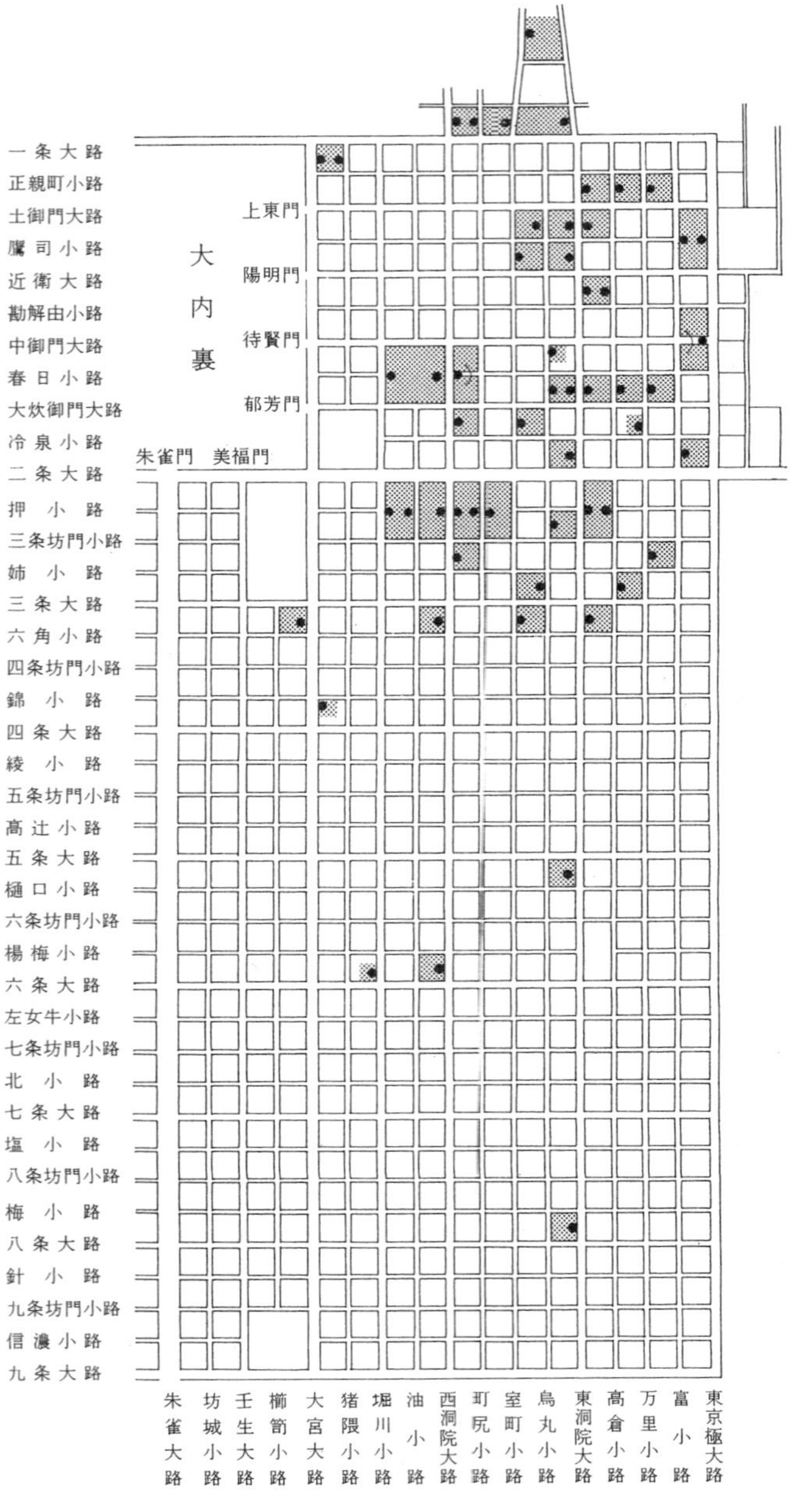

図4　貴族住宅の礼向き

一一世紀初期の第二期一条大宮殿は、一条南大宮東に存在した。敷地的条件から見ると、儀式は西礼的秩序のもとに行われた事が想像される。事実、里内裏時に於てはそうであった。また、再建以前の第一期一条大宮殿でもそうであったし、それ以前の藤原為光代の大饗時の用法に於てもそうであった。しかしながら、寛仁二年（一〇一八）正月三日の後一条天皇の「元服」の時には、公卿座を東に移してまでも内裏に倣った様な装束で、即ち東礼的秩序のもとでこれが行われている。

堀河殿は二条南堀川東に存在した。西面の堀川小路とは言え中央に四丈幅の堀川、その両脇に二丈の路を通し、東面の油小路四丈[16]と比較すると、約二倍の幅員を誇っていた。従って、里内裏の際には西礼的秩序のもとに儀式が行われている。しかしながら、一条大宮殿の場合と同様、寛治三年（一〇八九）の堀河天皇の「元服」時には内裏の儀に則って行われた他、翌年の「豊明節会」、その翌年の「相撲召合」も同じ原則のもとに行われた。

この様に、西礼の里内裏に於ても、天皇の「元服」の様に極めて重要な儀式の際には内裏の儀に倣って東礼的秩序のもとで行われたと考えることが出来る。

一方、藤原教通の二条殿は二条南東洞院東に存し、敷地から見ればやはり西礼的里内裏の条件を備えている。しかしながらこの里内裏は前に明らかにした様に、東礼とされ、実際「旬儀」「豊明節会」も内裏の儀に則って行われていた。また、儀式的秩序のみならず清涼殿、日・月華門、陣座なども内裏の位置に準じて割り当てされていた[17]。この住宅は、寝殿を中心として大規模の東西両対、東西両中門廊を備えた左右対称的構成をとっていたと考えられるため、この様な事が可能であったものと思われる。この二条殿の礼向き秩序は、内裏に倣うべく積極的意志が働いた結果と見ることが出来よう。

土御門烏丸殿は東は烏丸小路、西は室町小路に面し、敷地の東西条件は同一であったと見做すことが出来る。この里内裏は内裏を模して造営されたが、東礼的里内裏であった。

この様に、里内裏として用いられた時には内裏の礼向きに倣うべく意識が根底に流れていたものと考えられる。

(二) 里内裏の際に、寝殿が紫宸殿として用いられるのか、あるいは清涼殿として用いられるのかによって礼向きの変化する場合があった。

平安末期の東三条殿では、久安五年（一一四九）、保元二年（一一五七）の里内裏の際には寝殿が紫宸殿として用いられ東礼的秩序が成立していたが、保元三年（一一五八）の時には寝殿が清涼殿として用いられ西礼的秩序が成立していた。

また、大炊御門北東洞院西第は『中右記』に「如法一町家」とされる住宅であったが、嘉承二年（一一〇七）の里内裏の際には、寝殿が紫宸殿および清涼殿として用いられている。紫宸殿としての時には東礼、清涼殿としての場合は西礼の秩序が成立していたものと考えられる。

内裏の清涼殿での儀式を九〇度右廻転すると西礼的秩序になることはすでに明らかにしているが、以上の二例に共通するのは清涼殿として用いられた時でも内裏に於けるそれに準じようとする意識が働いたであろうと思われる点である。とりわけ、大炊殿に於ては紫宸殿代としての時は東礼であったため、同じ寝殿で全く反対向きの儀式的秩序が同時に成立することになったのである。

〔五〕前代の用法の遺制による場合

周知の様に東三条殿は「西礼」の住宅として知られている。しかしながらこの住宅は西対を欠いた左右非対称的構成をとっていた。平安末期になると、左右非対称的住宅と礼向きとの間には密接な対応関係（中心の寝殿に対し対、二棟廊、中門廊等の存在する側がその住宅の礼向きとなる）が認められるようになるが、この様な観点からすると東三条殿は矛盾に満ちた存在となる。本章では、礼概念と貴族住宅の平面構成・規模との間に相関関係は基本的には無いという結論を導いてはいるが、それでは何故この様な東三条殿が西礼とされたのかという疑問は依然として残されている。

東三条殿は、藤原良房、藤原忠平に属したのち藤原兼家に伝えられ、さらに藤原道長に属した。藤原頼通新造後、仁安元年（一一六六）に焼失するまでの間存続したのが西礼として知られ、太田静六氏によってその規模が復元されたものである。

藤原忠平代、藤原兼家代の両期について、古記録よりその礼向きを知ることは困難である。しかしながら、同時期東三条殿の南半部を占めたと思われる東三条南院について、永祚元年（九八九）二月二十三日の藤原道隆の「任内大臣大饗」[18]、同十二月二十日の兼家の「任太政大臣大饗」[19]の用法を見ると、いずれも公卿座は寝殿南庇に、外記・史座は西対庇に設けられたことが知られる。即ち、この儀式は東を上位とした秩序のもとになされ、従って東三条南院の礼の向きは西であった。南北に連続するこれら二つの住宅の礼の向きが東西逆向きであったとは考え難く、また両住宅ともに西面は西洞院大路に面していた事に鑑みても、この時期の東三条殿は西礼の住宅であったと見做すことが出来よう。

さて、兼家より道長に伝えられると、道長は大々的な改造を行っている。この時期の東三条殿は西対を欠いており、平安後期の規模と同一であったとされている。(20) この時期の礼向きは里内裏時の用法により知ることが出来る。『小右記』によれば、寛弘二年（一〇〇五）十二月七日「旬儀」が行われたが、内裏の儀と東西が入れ替わった様な、即ち西礼的秩序のもとに行われたことが知られる。寛弘三年（一〇〇六）三月四日には、一条殿への遷幸に先だち「花宴」が催されている。『御堂関白記』前日条によれば、母屋六間の四面に壁代を懸け、階間に御帳を立て、西四間を御所となしたが、

南廂遣二間、南六間西間上御簾、當　間［階マミ］立大床子二脚、従南三間、西二間敷高麗端［縁ミ］疊、為公卿座、坤高欄邊敷紫端［縁ミ］疊一○為出居座、高渡殿敷座、家上［泉マミ］又敷座、有脇息深［沉歟］

とあり、寝殿階間を中心として西方に儀式の空間が装束されたことが知られる。

この様に東三条殿に於ては、何らかの要因によって西対が失われた後にも、(21) 西礼的秩序が引き継がれて来たことが知られる。同一敷地に於ては、この様なことは極く自然なことであったと思われる。一条大宮殿に於てもそうであったし、枇杷殿に於ても第一期の東礼的秩序が第二期に引き継がれている。(22) また閑院では、一一世紀末の礼向き秩序が平安末のそれに引き継がれた。東三条殿に於ても同様であり、平安後期の西礼的秩序は前代のものが継承された結果と見做すことが出来るのである。(23)(24)

〔六〕殿舎の配置による場合（東三条殿）

『中右記』大治五年（一一三〇）二月二十八日条に次の様な記述がなされている。

今日中宮御方所被渡西也、日者以東爲禮、然而初度行啓、永承例従西門出御故也

この記録は、女御聖子（関白藤原忠通女）が、立后ののち時の里内裏たる土御門烏丸殿に行啓する事に係るものであるが、『中右記』によりこの前後について聖子の居所を追ってみると、

二月　十七日　今日従内御使可參女御殿、仍未時許着束帶參入東三條殿
　二十一日　關白殿女御（本位従三位、御名聖子、）立后、…〈中略〉…依午《仍カ》四點先參東三條
　二十三日　中宮第三日也、未時許參東三條
　二十七日　申時參中宮東三條
　　二十八日（右掲）
三月　五日　今日中宮奉幣也、辰時相具中將參入東三條、西面爲宮御方
　九日　今日氏寺可參賀中宮也、依未時許相具中將參東三條
四月　三日　今日中宮初立后之後可入内給也、…〈中略〉…中宮今夜可有行啓、…〈中略〉…次馳參中宮御所東三條西面方、…〈中略〉…出御従西御門

となり、二月二十八日条の、「日者以東爲禮」という記述は、東三条殿に関してのものであることがわかる。「日者」とは、明るいうちは、という風に取れなくもないが、管見によれば、通常は、普段は、と訳すのが最も適当のようである。東三条殿が西礼とされたのは「大饗」に関してであり、また、西礼的秩序が成立したのは「大将饗」等の他、保元三年の里内裏時に於てであった。しかしながら、非里内裏時に於ては数多くの儀式が東対で行われており、また久安五年（一一四九）、保元二年（一一五七）の里内裏時には東礼的秩序が成立していた。通常は東礼的秩序がこの住宅を支配していたと考えられるのである。儀式的秩序と殿舎の配置方式とのこの様な対応関係は、平安末期の諸住宅の例に見られる様に極く自然な事であった。この様に、東三条殿では普段は配置形式に影響を受けた空間的秩序が形成されていたと考えられるのである。

〔七〕他の住宅との位置関係による場合

堀河殿は、通常は西礼の住宅であった。しかしながら里内裏期間中寛治五年（一〇九一）正月二十二日の媞子「立后」の儀を『後二条師通記』同日条により窺うと、東礼的秩序のもとに行われたことが知られる。ところでこの後、公卿達は院御所たる大炊殿（大炊御門南

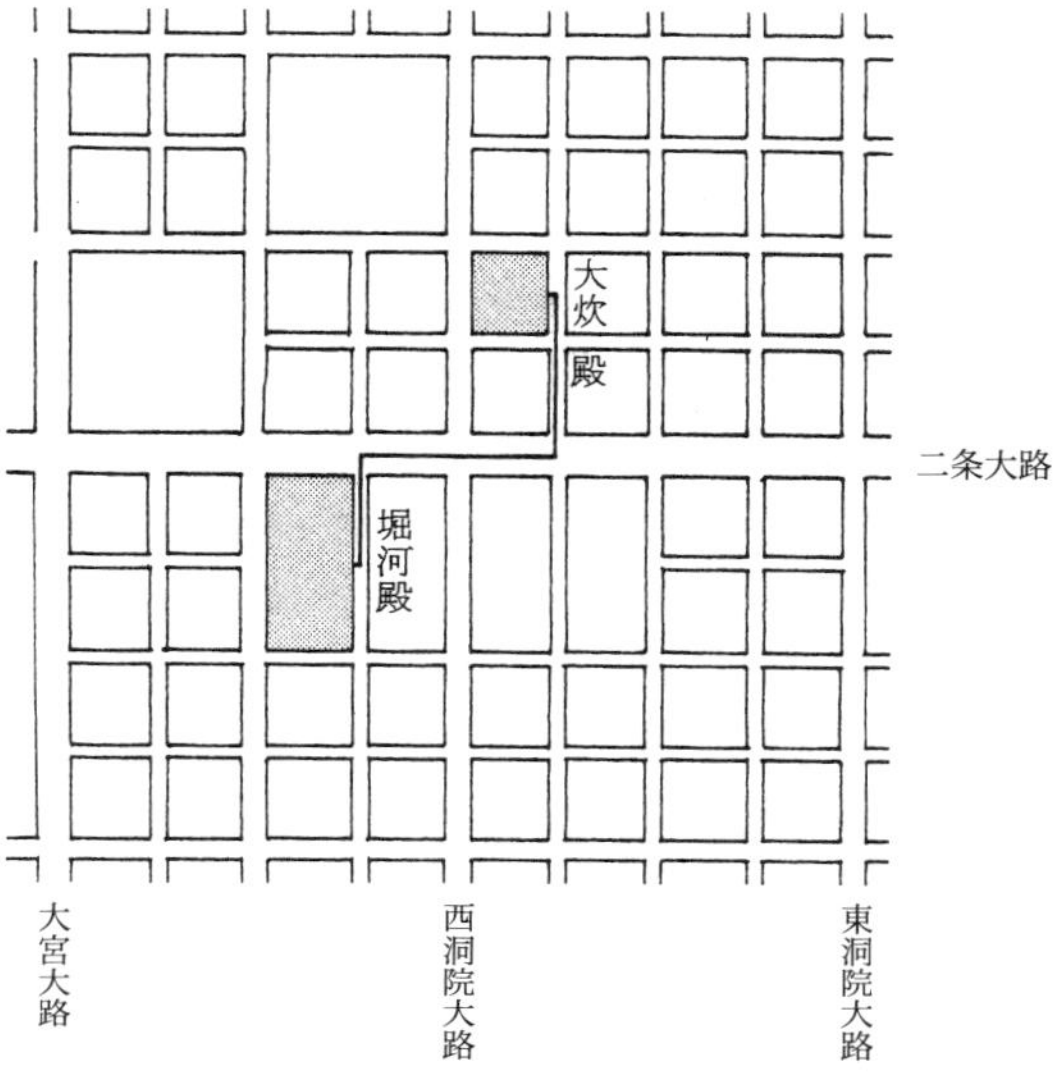

図５　立后に於ける公卿等の堀河殿から大炊殿への路次

西洞院東）に向うのであるが、

事了於率公卿等左衞門外、…〈中略〉…出立叓、（先例無之云々）

左大臣傍〔幔ヵ〕内西向立、件屏幔二条西大路西辻曳幔云々、…〈中略〉

…自二條路更北、町尻方東御門下車

とあって、堀河殿の東門を出た後、二条西洞院辻（陽明門代）で出立儀があり、町尻小路より院御所東門に至ったことが知られる（図５）。「立后」には出立儀が伴い、それは里内裏より礼の側に一町離れた陽明門代陣口でなされる。従って、西礼の堀河殿では一町離れた西方にこれが設けられる事になる。仮にそうなれば、堀河殿のすぐ東に位置する大炊殿に向うのにかなりの距離を迂回することになるであろう。堀河殿のこの時の東礼的秩序は、大炊殿に対する位置関係を合理的に解釈した結果と見做すことが出来るのである。

〔八〕おわりに

内裏の東礼的空間秩序は、東西方向軸を重視するという古代信仰に起源を持つものと推定される。そしてその空間的表現は大内裏の配置計画に見ることが出来る。

上級貴族住宅について言えば、その敷地条件、即ち東西のうち大路に面する側がその住宅の礼向きとなるという大原則が認められるが、必ずしもこれにとらわれずに、内裏の秩序に倣う（寝殿が紫宸殿代とされる場合は東礼、清涼殿代とされる場合は西礼）理念的選択、建物の配置方式や他の住宅との位置関係で決定される合理的選択を認める事が出来る。

東西のうちの一方のみが路に面する四分之一町程度の狭小敷地を持つ住宅に於ては必然的に礼向きは決定されるが、以上述べてきた様に礼向きが比較的自由に変化し得たのは東西面ともに正門を持つという平安時代貴族住宅特有の空間的性質が背景に存在していたためと考えられる。

しかしながら、東西に路を持つ貴族住宅の礼向きがその都度変化したのではない。その住宅の礼向きは通常は定っていた様である。第二期の一条大宮殿に於て行われた「天皇元服」は東礼的秩序のもとであったが、通常はこれとは異なった礼向きが形成されていたと考えられるし、また堀河殿で、やはり「天皇元服」等の時の礼向きが内裏に倣った東礼であったのにもかかわらず古記録には「寛治右仗西禮」とされ、「如法一町家」たる大炊御門北東洞院西殿が、里内裏時に寝殿を清涼殿として用いた時には西礼的秩序が形成されていたにもかかわらず「以東爲晴」[25]と記され、そして東三条殿が、数える程しかない大饗等の儀式時の西礼的秩序に対し「日者以東爲禮」とされたのはこの事を物語っていよう。通常は、東または西のうちの一方が主要な礼向きとなるが、状況に応じ変化も可能であったと見るべきであろう。

註

1 桑原隲藏『支那法制史論叢』(昭和十年十月、弘文堂書房)、他による。

2 この他に、秘書省、殿中省、内侍省を加え六省とすることもあるが、通常はこれを内三省と呼び区別する。

3 寺は官署の意である。

4 前掲註1によると、「今一二の實例を示すと、太常寺卿の職掌は禮樂祭祀であるから、禮部尙書の職掌―禮部祠祭のことを管掌する―と重複する。太理寺卿は刑獄の事を掌るから、司法事務を管掌する刑部尙書の職掌と重複する。その他の衛尉寺でも鴻臚寺でも一々調査するとその職掌は、大抵六部の職掌と重複してゐる。この重複してゐる新舊の官制をその儘に取捨を加へぬ所が保守氣質の支那人の特色とも言へる」とある。

5 日唐両者のこれら諸官庁の関係について、前掲註1では、「八省の中で、中務省を除き、式部卿は唐の吏部尙書に、治部卿は禮部尙書に、民部卿は戸部尙書に、兵部卿は兵部尙書に、刑部卿は刑部尙書に相当すること申す迄もない。大蔵省は大體に於て唐の太府寺に當るが、天下の財政を管理する重要なる官衙故、我が國では特に之を八省の一に列したものと見へる。宮内省は大體に於て、唐の光祿寺（膳羞の事を掌る）宗正寺（皇族の系譜の事を掌る）及び、六部九寺以外の殿中省（天子の服御の事を掌る）等の職掌を併せ、主として宮廷に關する雜務を管理する目的で八省の一に加へたのである。唐の工部は百工屯田山澤等の事を管理する官衙であるが、我が官制では工部の職掌は宮内民部等の各省に配付して獨立の官省を立て、居らぬ。九寺は大抵冗宮故、我が官制では之を省いた」とする。

6 池田温「律令官制の形成」（『岩波講座、世界歴史　五　東アジア世界の形成Ⅱ』昭和四十五年九月、岩波書店）。この図の註として、この略図は、徐松「唐両京城坊考」、平岡武夫「唐代の長安と洛陽地図」、中国科学院考古研究所「唐長安大明宮」、「唐代長安城考古紀略」「考古」昭和三十八年一一期、等を参照し、皇帝と諸官府、官人の関係をうかがう一助として見やすいよう簡単にまとめた、とある。

7 日本建築学会編『日本建築史図集』（昭和五十五年三月、彰国社）。なお、京都市編『京都の歴史』（昭和四十五年十月、學藝書林）によれば、当初からこの様な配置をとっていたのではない事が示されているが、主要部に関しては変化がなかったものと考えて良い。

8 拙稿「大唐開元禮にみる唐代の儀式秩序について」（『東北大学建築学報』第二三号、昭和五十九年三月）。開元礼、巻九十七、嘉礼、皇帝元正冬至受群臣朝賀幷会、に詳細に記されている。また、倉林正次氏は『饗宴の研究（儀礼篇）』（昭和四十八年八月、桜楓社）のなかで、我国節会の儀礼の構造について、「中国の様式を採り入れながら、わが国古来の独自な形態と内容を保持していることが確かめられる」としている。

9 『京都の歴史』一、前掲註7。

10 滝川政次郎「京制並都城制の研究」（『法制史論叢第二冊』昭和四十二年六月、角川書店）。

11 吉野裕子『日本古代呪術』（昭和四十九年、大和書房）。

12 時代が降ると、礼と晴とが同義として扱われる様になる。ここでは、明らかに同義と見做すことの出来る晴については、礼向きに含めて考える。

13 一条町殿に対し、東西に・印が付してあるのは『明月記』天福元年（一二三三）二月十日条に、「雜人說渡東殿給、（云々）…〈中略〉…以西爲晴…〈中略〉…其後改作、（南立惣門爲東晴、）」とある事によるものであり、東三条殿について、周知の西礼の他に東礼とするのは、後述の『中右記』大治五年（一一三〇）二月二十八日条によるものである。また、二条東洞院殿の東礼は藤原教通時代のものであり、「西門爲礼」は後鳥羽上皇時代に関してのものである。

14 松殿、冷泉万里小路殿、錦小路大宮殿、六条堀川殿がこれにあたるものと思われる。太田静六「平家時代を中心とする藤原氏の邸宅」（『日本建築学会論文集』第四一号、昭和二十五年八月）。

15 この記録は、川上貢『日本中世住宅の研究』（昭和四十二年十月、墨水書房）にも紹介されている。

16 『大内裏図考証』による。また、『京都の歴史』一（前掲註7）付図によれば、やはり堀川小路は油小路に対し約二倍の幅員が与えられている。

17 本章第一節、第三章第二節。

18 『小右記』同日条。

19 『小右記』同日条。

20 太田静六「藤原道長の邸宅に就いて(下)」(『考古学雑誌』第三一―七、昭和十六年七月)。

21 太田静六氏は、「東三條殿の研究」(『建築学会論文集』第二一号、昭和十六年四月)のなかで、「時代が下つた爲に初期の形式が著しく崩れてきたことも認めたい。だが其他の理由として古來院の守護神として西北角に祠られたる兩神殿と、寢殿の西方に當りて恰も西對の設けらるべき場所に湧く泉とを、東三條院を設計する際考慮に加へたことも亦大いに與つてゐるのではないかと思はれる」としている。

22 『小右記』長和五年(一〇一六)正月七日、白馬節会条による。なお、枇杷殿の時期の分類は太田静六氏(前掲註20)によっている。

23 『栄華物語』巻十六に、「ひんがしのたいは。とのばらのまいりたまふをりのれうなり」とあり、また『左経記』万寿二年(一〇二五)正月二十三日条の皇太后宮大饗が東対で行われた記述に鑑みても、この住宅は東礼であった可能性が極めて高い。

24 但し、この礼向きは、その住宅の主要な礼向きであり、一条大宮殿や後述する堀河殿の様に、時に逆の礼向きとなる可能性も存在していた点に注意すべきである。

25 『殿暦』天仁元年(一一〇八)十二月七日条。この場合の「晴」は「礼」と同義と見てよい。

第五章　中世住宅への変遷過程

第一節　貴族住宅に於ける「出居」、「公卿座」

(一) はじめに

平安時代貴族住宅の出居については すでに稲垣栄三氏の研究がある。(1) 氏はこの中で、平安末期貴族住宅（寝殿造）の出居の使用目的を次の様に分類された。一―摂関大臣などの公職にある主人が自宅に於て行うべき政治上の要務、二―主人と客との間の政務上の会見・面談、三―衣服の着換え、四―儀式が行われる場合の公卿達の控室或は休息所。また、出居の舗設と、寝殿母屋、庇のそれとの比較により、出居は接客空間と同時に生活空間でもあった事を示された。そして出居は多くの場合、二棟廊(2)に設けられたとしている。太田博太郎氏は、この説をさらに展開し中世住宅に見られる出居が接客的機能を引き継いでいる事を示し、この様な観点より中世住宅の会所は出居から発展したものと考えられた。(3) 一方、川上貢氏は会所の私室的性格、或いは泉殿が会所として用いられた例のある事から、会所は常御所あるいは泉殿にその出自を持つとされた。(4) また同時に、公卿座(5)で行われていた接客の機能が会所に引き継がれた事をも示されている。(6)

中世住宅に於て、屡々問題とされる会所、出居、公卿座の空間的性格をさらに明らかにするためにも、平安時代のみならず中世の貴族住宅の出居について再度検討を加えておくべきと考える。

本節では、これら先学の論を念頭に置きながら、貴族住宅の出居がどの様な位置に設けられ、どの様な性質を持っていたのかについて、平安時代の代表的住宅であった東三条殿、高陽院、さらには鎌倉時代の一条室町殿、南北朝時代の中園殿を取り上げ、主として接客空間としての観点から論じたい。また併せて出居と公卿座との関係についても触れてみたい。

〔二〕東三条殿と高陽院の「出居」

(一)東三条殿について

ここで扱う東三条殿は、太田静六氏がその平面を復元された(7)康平年間一一世紀後半以降(第二章第一節第一項で検討した第V期)のものについてである。

稲垣栄三氏は、前に紹介した研究のなかで東三条殿の出居についても言及し、東二棟廊(8)と寝殿西北渡殿がそのための場として用いられた事を明らかにされた。

ところが、これらの出居の他に東対にも出居が存在した。永久元年(一一一三)十二月二十六日、東三条殿に於て時の摂政藤原忠実の「上表(9)」の儀が執り行われた。『殿暦』同日条によれば、

未剋許人〻來、余如例出對南面出居、上達部着、(皆着直衣、但治部卿、左右兩大弁着束帶、依政也、)余召爲隆問在良朝臣之參否、中參之由、表草可持參者、爲隆退了、在良以草進來、余開之、…〈中略〉…頃之勅答使四位少將顯國中門ゟ來、爲隆申之、余出逢、(着踏〔沓〕、)取笏廻右返昇、於便所見之、(内出居方也、)〈付点筆者〉

とあり、対南面出居と内出居の存在が知られる。内出居の位置については、『殿暦』同年三月二十八日の太政大臣藤原忠実の初度「上表」の条に、

余於便所見之、(對東面也、)〈付点筆者〉

とあるので、両条を併せ見ると対の東面に設けられたことがわかる。

嘉承元年(一一〇六)十二月十日、関白藤原忠実は来る十六日の「春日詣」のために東三条殿に渡ったが、『殿暦』十六日条を見ると、

丑剋許出立、余裝束衣冠、(出袙紅打、余着野劔、取笏、指貫薄色織物、竪文、白衣、)威徳裝束着衣冠、(尻長款冬匂、同色打衣、赤色袍、青織物指貫、不結甕、)東對南出居早參人〻着座、右大弁・宰相中將等也〈付点筆者〉

と記され、忠実・忠通父子は人々が着座して待つ東対の南出居に出た事が知られる。『中右記』同日条には、

表1　東三条殿に於ける上表

西暦	和　暦	主　体	表草御覧	勅答御覧	勅使と対面	吉書御覧	史 料
1102	康和 4. 7. 5	忠　実	対南面 東対南面	便所 御出居方	対南面ｶ 東対孫庇	東対南面ｶ	殿暦 中右記
1102	康和 4. 9.17	忠　実	出居		東対南庇	東対南庇	殿暦 中右記
1102	康和 4.10. 7	忠　実	出居 東対南庇方	内出居	東対広庇 対南孫庇	南庇	殿暦 中右記
1108	天仁元. 8.13	忠　実	対南出居 東対南面	便所(対東面)	対南広庇		殿暦 中右記
1108	天仁元.10. 9	忠　実	東対南面	内出居	東対南庇	対南庇	殿暦 中右記
1113	永久元. 3.28	忠　実	対南面	便所(対東面)		対南面	殿暦
1113	永久元. 4.14	忠　実			東対南面ｶ	東対南面ｶ	殿暦
1113	永久元.12.26	忠　実	対南面出居	便所(内出居方)		東対南面ｶ	殿暦
1129	大治 4. 3.28	忠　通	東対南面				中右記

　東對南廂敷長筵、立四尺屏風、鋪高麗端疊爲上達部座、南弘廂同敷筵幷紫端

とあるので、この南出居は東対南庇、南広庇あたりを指している事がわかる。

　さて、前に述べた様に「上表」の儀には東対南出居と内出居の両方が用いられた。「上表」とは天皇に辞表を奉る事を指すが、儀式の次第に従いその都度会場あるいはその装束の変更がなされる。「上表」は以下の順に行われた。

　一、日時勘申。二、表草御覧。三、清書。四、清書御覧。五、奏表。六、勅答使来邸。七、勅答御覧。八、拝舞。九、授禄。十、吉書。

東三条殿に於て、これらの儀が行われた場所は一定していた。表1は、東三条殿で行われた「上表」のうち、会場や装束が知られるものについて、右に記したなかでも重要と思われる表草御覧、勅答御覧、勅使との対面(授禄)および、吉書御覧が行われた場所を示したものである。この表を見ると、勅答御覧は内出居で行われたがそれ以外は南出居たる東対南面が用いられた事が知られる。ところで、前掲の『殿暦』永久元年(一一一三)十二月二十六日条によれば、表草御覧の儀には上達部等が参加していたし、吉書御覧でも複数の貴族の参加があった。(10) これに対して、勅答御覧には極く僅かな人以外は参加しなかった様である。(11) また、勅使に対する拝舞、対面は直接的には主人と勅使との間の儀ではあるが、これが「上表」儀に於けるハイライトであったと言う点を考え併せると、内出居で行われた勅答御覧は、「上表」の儀のなかでは地味な性格の部分であったと言う事が出来よう。

　内出居の南面出居に対する性格の違いを知るには『中右記』康和五年(一一〇三)十月八日条が相応しい。これによれば、

　入夜参右大臣殿、(東三條)雖御物忌依召參入御、出居方、當年維摩會文書等爲給勅

使右中辨長忠朝臣、依件沙汰所參也、先令藏人大進爲隆書當年竪者并宣旨聽衆交名等、(一紙、)文書五通之上指件交名、(前奏十聽衆交名、試年分交名簡定寺解二通、)殿下東對南面給、(御冠直衣、)召長忠朝臣給之、及深更候御出居、寺僧申文等八通御覽之後退出〈付点筆者〉

とあり、右大弁藤原宗忠は右大臣藤原忠実の御所たる東三条殿に参じたが、忠実は物忌にもかかわらず出居に宗忠を招き入れ、維摩会に関する指示を行った。その後、東対の南面で維摩会勅使に文書を授けている。また、宗忠は深夜まで出居に候じ、寺僧の申文などを御覧に入れた事が知られる。この出居は、東対南面に対する語として用いられているので東面に設けられた内出居の事と考えられる。[12]この条を見ても、(内)出居は、東対南面に対しより内向きの場として用いられていた事が知られる。

(二)高陽院について

太田静六氏は、高陽院を四期に分類して考察された。[13]第四期の高陽院は、寛治六年(一〇九二)から天永三年(一一一二)までの間存続したものを指す。始めは寝殿、北対、東対、(東)小寝殿等により構成されていたが、承徳元年(一〇九七)に到り西小寝殿が竣工し、整ったものとなった。ここで扱うのは、史料的制約により第四期のうち西小寝殿が完成した後の高陽院についてである。

嘉承元年(一一〇六)七月二十九日、関白藤原忠実は初度「上表」を行った。『殿暦』同日条によれば、

清書間遲々、仍於内出居有盃酒事、其後於南出居見清書、…〈中略〉…戌剋許勅使頭中將持來、余着東(束帯カ)出迎跪テ挿笏取之還昇、(不着踏、可尋、)於便所見之〈付点筆者〉

とあり、南出居、内出居の存在が知られるが、『中右記』同日条によると、

此間於御出居方、聊人々有盃酌事、…〈中略〉…及申剋又出御東對南面、右大將以下被候、御表清書了、時範朝臣持、殿下加御判給、…〈中略〉…亥時許中使藏人頭左中將俊忠朝臣來、…〈中略〉…歸入簾中覽之、(對東面、)〈付点筆者〉

とあるので、南出居は東対の南面に、便所は東面に設けられた事が知られる。東三条殿では内出居方に便所があったので、高陽院でも内出居は東面に設けられたものと思われる。即ち、この時期の高陽院の東対では東三条殿と全く同じ位置に南出居、内出居が設けられた事を知る事が出来る。

対南面出居と内出居の用法上の性格の違いについてであるが、これらは東三条殿に準じたようで、南出居では、忠実が冠・直衣で人と逢っている事が知られるし、(14) これに対し東対東面北出居では、密々に新中納言藤原忠教の息男忠基の「元服」の儀が行われた事が知られる。(15)

（三）東三条殿と高陽院の東対の性質について

ところで、東三条殿、高陽院の東対はこの時期（一二世紀初）に於ては忠実の御所として用いられていた。まず東三条殿について見よう。長治元年（一一〇四）正月朔日、右大臣藤原忠実に対する「正月拝礼」が行われたが『中右記』同日条によれば、

午時許先參□《右カ》大臣殿、（東三條、）未刻人々參集之後有拜禮、殿下令立東對南庭給、（寝殿大北政所御座、）

とあり、忠実に対する拝礼が東対南庭で行われた事と同時に、寝殿は大北政所の御所として用いられていた事が知られる。また『殿暦』嘉承元年（一一〇六）正月朔日条には、やはり新関白たる忠実に対する「正月拝礼」について、

午時許着束帶人々來後、有拜礼事、予對〇《南》面階与リ下天階西掖ニ立、（侍從家隆取踏、）拜了予同昇自階、人々座定後、予可參鳥羽院由を示、人々座《立》、予參大宮御方、次參北政所御方

と記され、忠実は東対南庭で人々の拝礼を受けた後、大宮御方（藤原寛子）と北政所（源麗子）に参じた事が知られる。『中右記』同日条によれば、太后（寛子）と北政所の御所は寝殿であった。

高陽院に於ても同様であった。やはり「正月拝礼」についてであるが、『中右記』長治二年（一一〇五）正月朔日条には、

午時許參右大臣殿、（高陽院、）於東對南庭有拜禮、（寝殿弁西寝殿、太后弁北政所御座也、仍女房皆打出、）

とあり、忠実が東対で拝礼を受けた事と同時に、寝殿と西（小）寝殿は、太后と北政所の御所であった事が知られるし、康和五年（一一〇三）正月朔日の『中右記』条にも、寝殿は北政所の御所として用いられた事が記されている。これらは、必ずしも各人が右に記した場所に常住した事を示す例として見ることは出来ないものの、貴族住宅の住み方の一つの典型を表していると言えよう。東三条殿、高陽院の東対は忠実の御所として使われていたのである。

ところで、『兵範記』保元三年（一一五八）正月朔日条には関白藤原忠通の東三条殿について次の様な記述がなされている。

表２　寝殿、出居の調度

<table>
<tr><th colspan="1">類聚雑要抄巻第四</th><th colspan="2">満佐須計装束抄</th><th colspan="2">東三条殿（類聚雑要抄）</th><th>大炊御門
万里小路殿</th><th>四条東洞院殿</th></tr>
<tr><th>寝殿</th><th>寝殿</th><th>出居具</th><th>寝殿</th><th>東二棟（出居）廊</th><th>寝殿東庇
（出居）</th><th>東北卯酉廊</th></tr>
<tr><td>庇具

二階　犀形鎮子
火取母　冠筥
泔坏　四尺屏風
唾壺　四尺几帳
打乱筥　三尺几帳
彫脇息　唐錦茵
重硯筥　龍鬢地鋪
唐匣　繧繝端畳
鏡筥　高麗端
鏡台</td><td>南庇

二階　籠箸
火取　匙鉢
泔坏　大和絵-
唾壺　四尺屏風
打乱筥　几帳
脇息　茵
硯筥　龍鬢
唐匣　繧繝
鏡筥　高麗端
鏡台</td><td rowspan="2">

厨子

泔坏
掻上筥
放筥
脇息
硯筥

高麗畳</td><td>南庇

二階
火取
泔坏　泥唐絵-
唾壺　四尺屏風
打乱筥　三尺几帳
脇息　唐錦茵
重硯筥　龍鬢
唐匣　繧繝
鏡筥　高麗端
鏡台</td><td>南庇

三尺厨子二階
小火取
泔坏
掻上筥
半蓋手筥
脇息
硯筥
冠筥
扇
高麗端</td><td rowspan="3">

竹桐厨子

泔盃
掻上筥

脇息
硯筥
冠筥

高麗

五尺屏風
衣架

『長秋記』
元永 2.10.21
による</td><td>南庇（出居）

二階厨子

泔坏台
掻上筥

腋息
硯筥
冠筥

高麗端
屏風</td></tr>
<tr><td>母屋調度

二階厨子　香壺筥
櫛筥　薬筥
造紙筥　枕筥
香嚢　衣架
帳　犀角
鏡　壁代
五尺屏風　三尺几帳
四尺几帳　繧繝端畳
東京錦茵　高麗端畳</td><td rowspan="2">母屋

厨子　香壺筥
櫛筥　薬筥
草子筥　沈枕
衣架
帳　角

五尺屏風　几帳
繧繝
東京茵　畳</td><td>母屋

厨子
櫛筥
造紙筥　沈枕

帳

屏風　几帳

東京茵　繧繝</td><td>母屋

二階棹</td><td rowspan="2">母屋（内出居）

蒔絵二階厨子
硯筥
鏡筥
檀紙
白麻
棚
菓子
火爐

『兵範記』
保元元 .2.28 による</td></tr>
<tr><td>北庇具

二階　燈台
火取母　泔坏
掻上筥　浅硯筥
香唐櫃　手筥
四尺几帳　五尺屏風
繧繝端畳　引帷
高麗端畳</td><td>北おもて

二階台
たらい
貫簀
手巾筥</td><td>北庇、北孫庇

二階
火取　泔坏
浅硯筥
香唐櫃　手筥
五尺屏風
繧繝端　衣架</td><td>二棟廊南面
中門廊東面

置物厨子
手洗
貫簀
手巾筥
沓
楾</td></tr>
</table>

皇嘉門院以寝殿爲御所、以東中門南廊爲殿上、北西南方前庭立幔、右大臣殿以西細殿爲御所、上官座廊爲御出居、母屋二行對座敷高麗縁疊、（不敷筵、）於奥座上召御手水、（南面、）御節供同供此所　〈付点筆者〉

即ち、寝殿が皇嘉門院（忠通女、崇徳后）の御所として用いられた事と同時に、西細殿（寝殿北西渡殿）が右大臣藤原基実（忠通息）の御所として、上官座廊（寝殿西北渡殿）は基実の出居として使われていた事が知られる。そして、この出居は西出居と呼ばれていた。(16)一方、同条に、

次歸出中門、令左中辨資長朝臣可催拜禮由被申殿下、左中丞入御車寄戸、於對南面申殿下　〈付点筆者〉

と記される様に、忠通の御所は東対であった。ところで、前掲の様に、基実は参内に先だち西出居で手水を行った

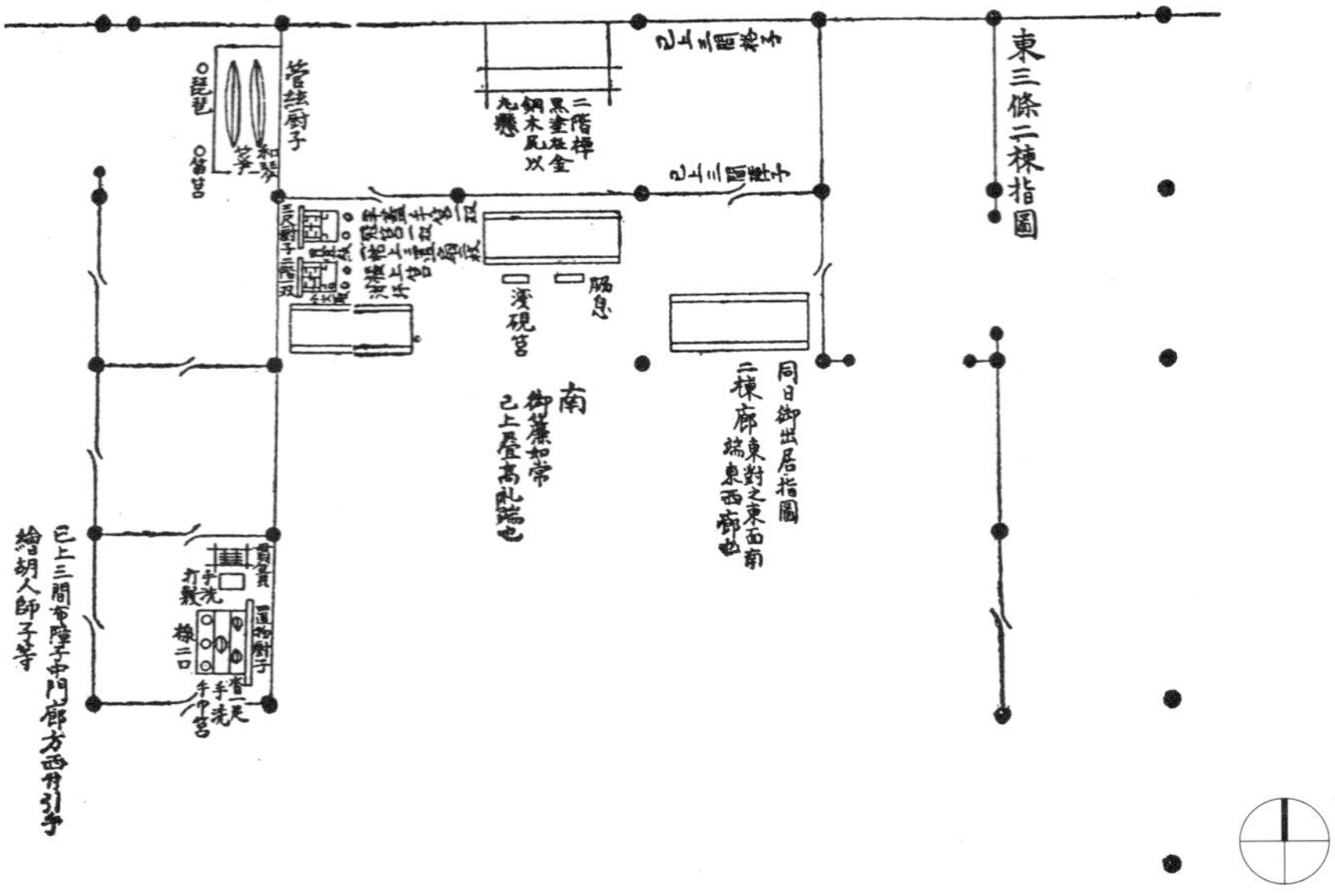

図1　東三条殿出居指図（『類聚雑要抄』による）

が、忠通の手水の場は、

次有殿下御手水事、（東對南面、兼敷厚圓座、）

とある様に、東対南面であった。即ち、忠通の出居は東対南面であったと言う事が出来る。

以上の様に、この時の東三条殿に於ては、忠通、皇嘉門院、基実がそれぞれ東対、寝殿、西細殿を御所として用いたが、忠通の出居は東対の南面に、基実の出居は上官座廊に設けられていた事が明らかになった。稲垣氏が示された東三条殿の西北渡殿の出居は、実は細殿に御所を構えた基実の出居だったのである。

それでは、寝殿を御所とした人物の出居は何処に設けられたのであろうか。この謎を解く鍵は室礼・装束に求める事が出来る。表2は、古記録に寝殿や出居の装束が詳しく記してあるものについて、その調度に注目して作製したものである。これを見ると、稲垣氏も指摘される様に[17]、出居の調度、出居の具は大方寝殿庇の調度に含まれているのが知られるであろう。特に南庇との類似性が非常に強い。そして、出居具の基本は（主人の）座、脇息、硯筥、および泔坏、冠筥などを収める厨子であった事がわかる[18]。

ところで、東三条殿の出居（図1）[19]や大炊御門万里小路殿[20]、四条東洞院殿[21]の出居に於ては、（主人の）座の前、左右に硯筥、脇息が対になる様に置かれているのを認める事が出来る。しかしながら、東三条殿の寝殿南庇の場合は、唐錦茵の前に脇息はあるが、硯筥は

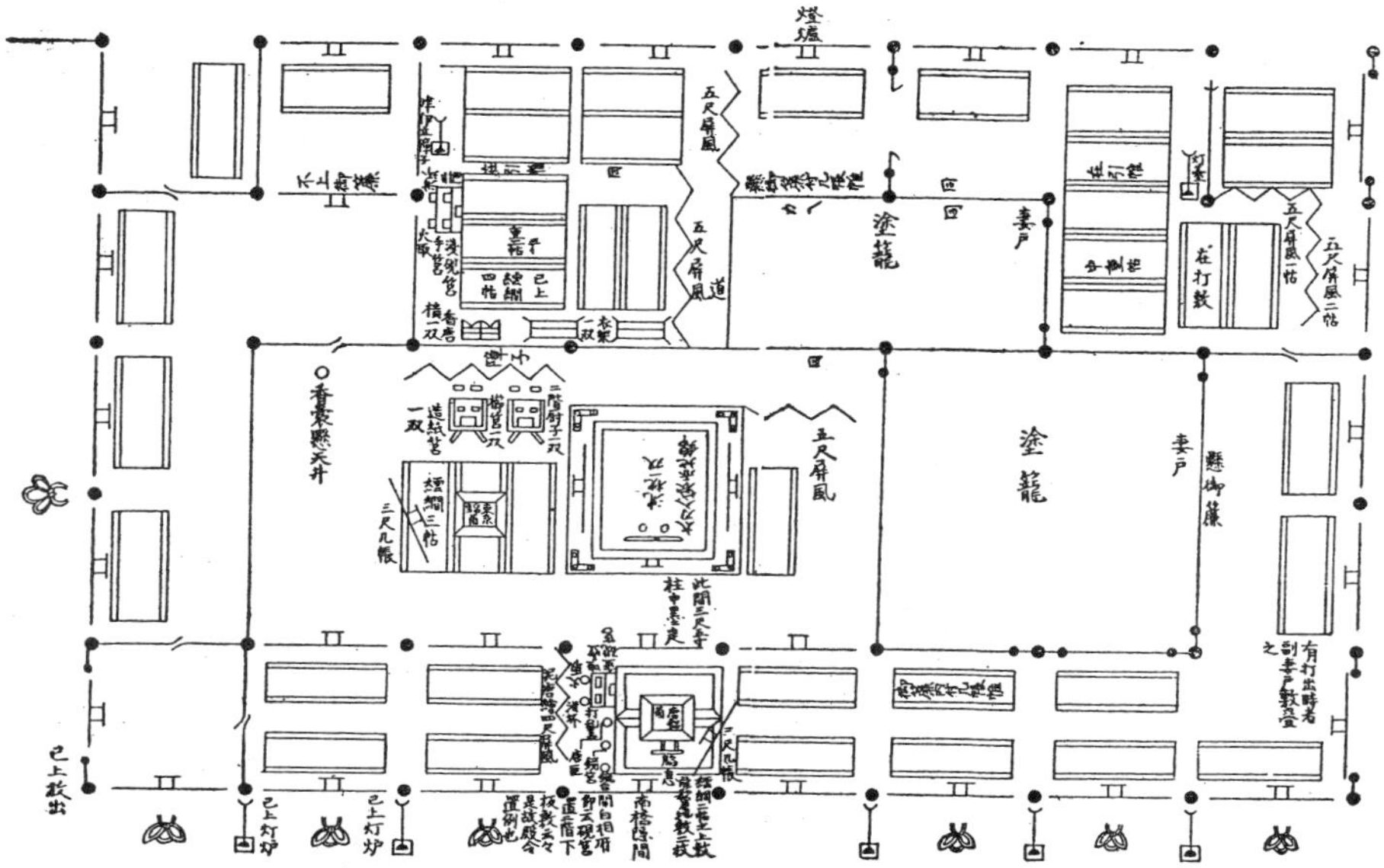

図2　東三条殿寝殿指図(『類聚雑要抄』による)

座の西北方二階の下に置かれている(図2)。但、良く注意して見ると図中に、

関白相府仰云硯筥置二階下板敷云々是故殿令置例也

とあり、本来の置き方ではない事が示されている。『満佐須計装束抄』もやひさしのてうどたつる事[22]、によれば、

まづしんでんのひさしにみすをかけまはす。…〈中略〉…りうびんしきたるたゝみ…〈中略〉…そのたゝみの南のいたにおほきなるすゞりのはこをゝく。かけごなし。すゞりふでつねのごとし。にしのかたによせておくべし。そのひんがしにまきゑのけうそくをたゝみのへりにそへて。にしひんがしざまにをくべし。〈付点筆者〉

とあり、寝殿南庇に設けられた座の前、西に硯筥、東に脇息を置くべき事が示されている。また、『類聚雑要抄[23]』巻二、長元八年(一〇三五)七月二十四日条の関白藤原頼通第の指図および小野宮第の指図(図3)を見ても、茵の前の西に硯筥、東に脇息が装束されているのを認める事が出来る。

この様に考えてきた時、出居の装束の初源形態は寝殿南庇にあったと思われるのである。出居の装束は、寝殿南庇のそれを簡略化したものではないのだろうか。

保元三年(一一五八)八月十一日、藤原忠通に代って藤原基実が新関白となるに伴い、それまで御所として用いていた東三条殿の西

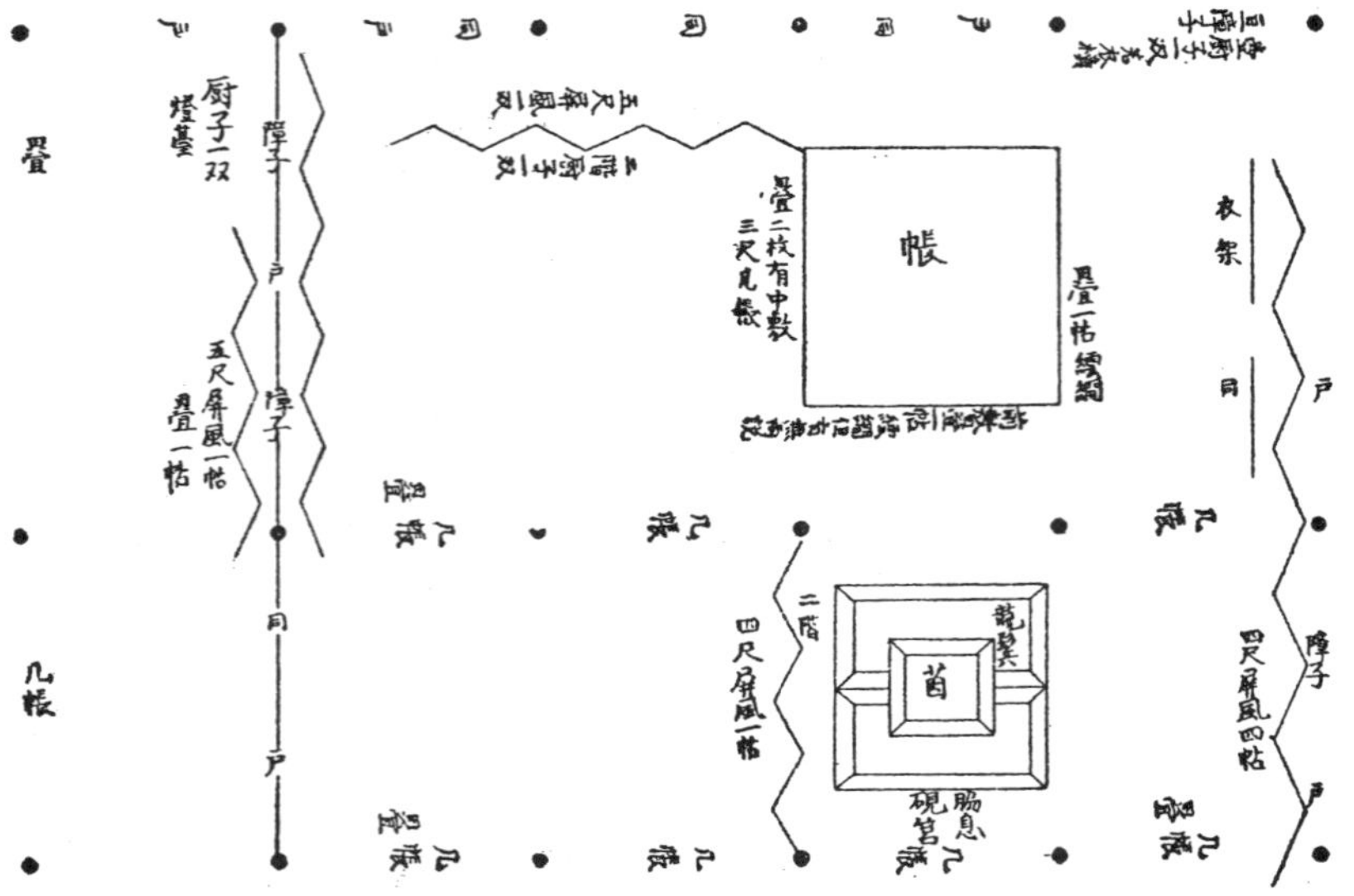

図３　小野宮第寝殿指図（『類聚雑要抄』による）

面から東対に移った。『兵範記』同日条には、

　次右府召御装束、（御束帯如常、有文玉帯、螺鈿御劔、）出御對南面、（對南面、上達部座如常、但不置脇息硯筥等、西侍渡東藏人所了、自今日爲右府藏人所也、障子上等作法如常、不立大盤、）〈付点筆者〉

とあり、基実は対の南面に出たが、通常ここには脇息、硯筥が置かれていたことが知られる。先に述べた、東対南面が出居として用いられたという事は、この点からも確かめる事が出来る。

　この様に、東三条殿と高陽院を見る限りに於て、出居とは、寝殿、対などそれぞれの御所に付属した空間であったと言う事が出来よう。

管見によれば、建築空間としての出居の文献上の初見は、東三条殿や高陽院の出居とほぼ同時期、一一世紀末であり、『帥記』に見られる南出居、北面御出居、西御出居や[24]、『後二条師通記』に見られる内出居[25]が早期の例である。出居は、本来動作を示す語であり、例えば、

　主人出居西對西面[26]、

の様に用いられるが、この様な用例はすでに一〇世紀中期の『九条殿記[27]』には見られ、それ以降の例は枚挙に暇がない程である。出居とは、稲垣氏も言われる様に、天皇の場合の出御にあたる語と考えられ、帳の設けられた母屋より出るという意に解されるのである。場所としての出居の起源は、母屋に対する庇に求められるのではないだろうか。

　また、東三条東対南面の出居について、前掲『兵範記』保元三年（一一五八）八月十一日条に、

　對南面、上達部座如常

とあり、東三条殿ではないが、藤原兼実亭について、『玉葉』承安元年（一一七一）九月十日条に、

　則下官着衣冠、出居上達部座、（外出居也、東面、）

とされる様に、公卿座（上達部座）と出居の関係について示唆に富む記述がなされている。以下、中世住宅を例としてこれらについて論じてみたい。

〔三〕一条室町殿と中園殿の「公卿座」、「出居」

（一）一条室町殿について

一条室町殿の沿革、規模についてはすでに川上貢氏が述べておられる。[28] 氏によれば、一条室町殿は主として藤原道家により用いられたが、一条北、町東に位置し、寝殿、東対代、東中門廊、東中門、北対、車宿、随身所、侍廊、御念誦堂などにより成り惣門は東に設けられていた。本節で扱うのは、氏が規模を明らかにされた一三世紀前期のものについてである。

氏は『玉蘂』暦仁元年（一二三八）三月十四日条及び嘉禎三年（一二三七）正月二十六日条より、東対代南庇が平常は公卿座として、また客亭として使われていた事を明らかにされた。ところで、一条室町殿には公卿座の他に出居が存在した。『玉蘂』暦仁元年（一二三八）二月十三日条によると、

　巳刻許攝政相具北政所幷姫君被來、密々儀也、八葉車、侍在共、攝政烏帽子直衣、於東面出居対面〈付点筆者〉

とあり、この住宅の主人たる藤原道家が、女婿たる摂政藤原兼経と出居で逢った事が記されているが、ここは東面出居と呼ばれた事が知られる。この出居については同嘉禎三年（一二三七）三月五日条にも、

　左府被來、於東向出居謁之、可譲攝政之由示之、有驚氣〈付点筆者〉

とあるのでその存在が確認される。それでは、この東面とは、何処を指すのであろうか。右に引いた『玉蘂』嘉禎三年条より約一ケ月半程前、やはり左大臣兼経は道家を訪ねているが、同記同年正月二十六日条に、

予坐寝殿東庇簾中、（件庇東西二行敷高麗疊六枚、南東庇懸御帳帷、但不懸東面妻戸、依爲出入跪也、是先例也、）左府入東面妻戸、（權大夫褰簾、）

坐給疊、予對面暫言談

とあるので、寝殿東庇が対面の場とされた事が知られる。即ち、東向出居は寝殿の東面にあった。そしてここは、『明月記』嘉禄二年（一二二六）二月二十五日の室町殿で行われた連歌に関する条に、

午時許参室町殿、未時許人々參會、相國幕下被如此座、（東面、内御出居也、）〈付点筆者〉

と記される様に、内出居と呼ばれていた。(29)

ところで、公卿座は客亭とも呼ばれた様に、接客や儀式などの会場に用いられた。前者の例としては『玉蘂』嘉禎元年（一二三五）正月十三日条があげられる。これによれば、宇都宮泰綱は道家、教実父子に馬を贈ったが、別当資頼はこれと対面するのに公卿座を用いている。また、後者としては、道家の外孫たる兼経の女君の五十日儀、百日儀の際の公卿らに対する饗応の場として用いられた例、(30)叙位の中文御覧の場、(31)道家の嫡孫忠家の元服会場として用いられた例(32)などをあげる事が出来る。一方、出居は前述の様に、極く親しい人との対面または連歌のように遊興的色彩の強い行事のための場としても使われていた事がわかる。

接客的立場から見た公卿座と出居の性格的違いを見るには、前掲した『玉蘂』嘉禎三年（一二三七）正月二十六日条が相応しい。一部重複するが再び引用すると、

於門外下車、昇中門廊坐公卿座、（客亭裝束不異常、置脇足硯等、）以皇后宮權大夫、示可被來此方由、予坐寝殿東庇簾中、（…〈割註略〉…）左府入東面妻戸、（權大夫褰簾、）坐給疊、予對面暫言談〈付点筆者〉

とあって、兼経はまず公卿座に一時控え、そののち東面出居で道家と談じたのである。しかもこの出居は、『玉蘂』嘉禎三年（一二三七）三月五日条に記される様に、摂政を譲る事を相手に打ちあけた位、私的な性格を持つ空間でもあった。即ち、一条室町殿では公卿座の方が東面内出居よりもより表向的性格の強い接客空間として捉えられていた事がわかる。

一条室町殿は道家の住宅であり、寝殿がその御所として用いられていたが、(33)一時その子教実が同居する事があった。そして、その御所は東対代であった様だ。(34)しかしながら、以上述べてきた公卿座あるいは出居は、寝殿を御所としたこの住宅の主人たる道家に属する空間として捉えられていた点に注意すべきである。この点については、次の中園殿を検討する中でよりはっきりしてくるであろう。最

後に、寝殿南庇の用法について一瞥しておくと、ここも対面、行事の場として用いられた事が知られる。前者としては、新摂政藤原兼経が道家に拝賀した際に両者の座がここに設けられた例[35]があげられるし、後者としては、道家の「臨時客」の会場として用いられた例[36]がある。

(二)中園殿について

中園殿は『園太暦』を著した当時の碩学藤原公賢の住宅であるが、南北朝時代の第一級貴族であった公賢の住宅を取り上げ検討するのは極めて意義深い事と考えられる。

『山城名勝志』[37]巻二によると、

中園殿（洞院ノ公賢公ノ第也、持明院殿ノ東北歟、○園太暦云、持明院殿炎上、此宿所又咫尺、非無怖畏云云、）

とあり、中園殿は持明院殿の近所、東北に存在したと推定されている。川上貢氏は、持明院殿の位置について述べた中で[38]、『園太暦』貞和四年（一三四八）十一月十日条および貞和六年（一三五〇）正月朔日条の路次の記事を引き、中園殿は持明院殿の北方に存したと見做された。また『京都の歴史─二』[39]の付図では、持明院殿の東隣、毘沙門大路の北とされている。いずれも、持明院殿の周辺に存在したという点で一致する。

さて、『園太暦』貞和元年（一三四五）十月十八日条によれば、

今日頭左中辨宗光朝臣入來、此亭造作取破散々之間、不能對面、渡向屋謁之

とあって、公賢の住宅がかなり痛んでいる様子が示されている。その後、修理もしくは建て替えがなされたらしく、同記貞和三年（一三四七）五月十七日条に鎮宅の事が記されている。同年六月三日には寝殿への移徙が行われた[40]。移徙以降の規模について見ると、寝殿の他に、東対代、東卯酉廊、侍廊、中門廊、東門、南棟門により成っていた事が知られるが、寝殿は桁行五間以上で東西に妻戸を持ち、卯酉廊は三間以上、侍廊は五間以上の規模を有していた[41]。寝殿には東面二間が存在した事も知られる[42]。また、同記貞和四年（一三四八）四月二十八日条には、

此第寝殿東禮也

とあるので、中園殿は東礼の住宅であった事がわかる。

中園殿の公卿座については、『園太暦』貞和三年（一三四七）九月十六日の藤原実夏拝賀の条に、

昇中門外沓脱、入北妻戸、經公卿座前、於寝殿東面妻戸申事由

と記される事から、中門と寝殿の中間に存在した事が知られるが、さらに、同記貞和四年（一三四八）十月二十二日条を見ると、

今日任太政大臣日也、所々裝々束、（本所中園殿、無饗祿儀、）…〈中略〉…東卯酉廊三ヶ間（日來公卿座也、）

とあるので、寝殿の東卯酉廊に設けられ、しかも「日來公卿座」とある事から、この場所が常には公卿座として用いられていた事が知られる。そしてこの公卿座は同記貞和四年（一三四八）十月二十日の公賢の任太政大臣兼宣旨の条に、

仍自早旦庭上敷砂、堂上令掃除、…〈中略〉…公卿座三ヶ間（如例、）…〈中略〉…設東京茵、爲勅使座

と記され、また、

兼宣旨、頗洒掃客亭、（端座上設東京茵、）

とある事から、客亭と呼ばれていた事も知られる。(43)

さて、出居についてであるが、同記文和元年（一三五二）十二月三日条に、

抑及晩博陸被送弼少納言長綱朝臣、予招入内出居謁之、示云、陽祿門院御事、天下重事不能左右　〈付点筆者〉

とあって、内出居の存在を知る事が出来る。『園太暦』より中園殿の内出居に関する他の用例を収集すると、

・陰陽師親宣朝臣懃身固、又令勘日時、先於内出居、覽日時勘文　［貞和三年（一三四七）九月十九日］

・亥刻四條中納言（隆持卿、束帶、）來、招入内出居謁之、予著烏帽・直衣、故來賀云々、又傳勅定　［観応二年（一三五一）正月朔日］

・入夜頭中將具忠朝臣來、（蘇芳織物、冑直垂也、率軍士廿騎許、）予出會、（長絹狩衣、直衣奴袴、上紐、）須於客座謁也、而如直衣難治也、仍招入内出居謁之、世上事、去春以來事演說　［同、十一月二十四日］

・入夜、爲南方勅使藏人右衞門權佐光資來、例鎧直垂體也、招入内出居謁之、近衞家門事也　［文和元年（一三五二）正月十五日］

・入夜青侍云、頭辨自殿下爲御使參云々、頭辨殿下稱誰人乎雖不審、即可謁答之、其後出内出居、招入仲房朝臣也、（自襖布衣打梨、）彼朝臣示云、被申（二條前關白事歟、）宮御方踐祚事、武家申沙汰近日可被行其禮　［同、七月一日］

・戌刻許、吉田中納言宗房爲南山御使入來云々、戎衣躰也、余出内出居、(小直衣打梨體也、)中納言入來、(褐衣冑直垂也、)授御書并
御事書　[文和二年(一三五三)六月二十七日]
〈以上付点筆者〉

とあって、対面に関する例の多い事に気が付く。しかしながら、その具体的位置を知る事は難しい。ただ、同『園太暦』観応二年(一三五一)三月十八日条に、

抑及晩爲錦小路兵衛督入道使、二階堂信濃入道行珍來、以寝殿東面召簾前謁之、(予直烏帽《(衍カ)》直衣、)〈付点筆者〉

とある事、また前掲貞和三年の実夏拝賀の条をも併せ考えると、寝殿の東面に設けられたものと推定されるが、さらに以下の例によりこの事が立証されよう。

『園太暦』貞和四年(一三四八)十二月二十日条によれば、公賢の孫である公為の「元服」に際して、寝殿の西面が会場として用いられたが、東面二間は冠者の休所とされた。また、貞和五年(一三四九)十二月二十一日条からは忠季息男実綱の「元服」がやはり西面で行われたことが知られるが、東面は装束を着けるための場として使われている。

東三条殿での「元服」の例をあげると、関白息藤原兼実の「元服」の際には、東対東孫庇三ケ間が曹司として用いられている。[44] この東対東面が内出居として用いられた事はすでに述べた。また、宇治小松殿での左大臣藤原頼長の若君の「元服」の際には、この住宅の出居と考えられる二棟廊がやはり曹司として使われている。[45]

即ち、中園殿の内出居は寝殿東面に設けられていた。そして、この出居は、前掲『園太暦』貞和三年(一三四七)九月十六日条に、

其後大納言歩入砌内一丈許、向乾二拜、歸出堂上、自寝殿東面入來予常居、節會間事談之〈付点筆者〉

と記される様に、公賢の常居とも呼ばれていた可能性が指摘される。この他に、寝殿北面にも出居があり、公賢の妻の居所として使われていた事が知られる。[46]

さて、公卿座の用法については『園太暦』貞和四年(一三四八)十月二十日条の、任太政大臣兼宣旨の際に勅使との対面の場として用いられた例、同十一月十日条の、公賢が任太政大臣拝賀に出発する前に公賢と公卿らの座として装束された例、さらには「上表」の会場として用いられた例[47]があげられる。また、寝殿移徙以前の例ではあるが、奏慶、来賀[48]の際に対面の場として使われていたのは注目に値

する。即ち、公卿座は行事の際の公卿らの座として、或いは対面の場として用いられていた事が知られる。しかも、対面については奏慶などの際の様に極めて公式的な場として理解されていた様である。これに対して、内出居は前述の様に重要な用件について談じたりする場として捉えられていたと言える。この公卿座（客亭、客座）と出居の、対面に関する用法上の性格の違いについては、前掲の『園太暦』観応二年（一三五一）十一月二十四日条によく表れている。即ち、参じた頭中将具忠朝臣に対して、公賢ははじめ客座に於て対面したが、後、内出居に場所を変えて対面したと言うのである。即ち、公卿座と内出居については一条室町殿と全く同様の関係が成立していた。

また、中園殿の公卿座、出居も一条室町殿の場合と同様、寝殿を御所としたこの住宅の主人たる公賢に属した空間であった点に注意すべきであろう。最後に、寝殿の用法について見ると、公賢の任太政大臣の日に主人座、客大臣座、公卿らの座が設けられた例(49)、また除目習礼の場として用いられた例が知られる(50)。

(三)「公卿座」と「出居」について

以上、鎌倉時代に於ける一条室町殿、南北朝時代の中園殿について公卿座、出居の位置、用法を明らかにしてきた。ところで管見によれば、両殿について内出居という語は共に認められても、外出居という語を見出す事は難しかった。それでは、公卿座はどの様に装束されていたのであろうか。『玉蘂』嘉禎三年（一二三七）正月五日条によれば、道家は叙位の中文を公卿座で見たが、

次於公卿座覧中文、予著直衣出居、（不撤脇足硯、）〈付点筆者〉

と記してある。また、前掲『玉蘂』嘉禎三年（一二三七）正月二十六日条にも、

昇中門廊坐公卿座、（客亭装束不異常、置脇足硯等、）〈付点筆者〉

とあり、公卿座には常に脇息（足）、硯が備えられていた事が示してある。中園殿について同様の事を試みると、『園太暦』貞和四年（一三四八）十一月十日条に、

東卯酉廊南面三箇間巻翠簾、座上妻戸覆翠簾如例、（不敷弘筵、不立屏風、奥障子不覆翠簾例也、）奥端二行敷高麗端疊五枚、（西第一間端不敷之、硯・脇息撤之、）〈付点筆者〉

とあり、公卿座たる東卯酉廊に常には硯、脇息が置かれてあった事が知られるし、また、同記観応元年（一三五〇）三月十八日条には、

取表函出客亭著座、以光連招使、々進來之間、授函了、使參內之間、中簡、硯・脇息等令取入之〈付点筆者〉

とあって、ここでも客亭たる公卿座に脇息、硯が装束されていたのを認める事が出来る。この脇息、硯を備えるという事は何を意味しているのであろうか。すでに示した様に、実はこれは「出居の具」であったのである。東三条殿、高陽院の東対の南庇、南広庇には南面出居が、東面には内出居が設けられたが、東三条殿の南面出居に脇息、硯筥が置かれてあった事はすでに指摘した。また、東三条殿についてではないが、『玉葉』嘉応二年（一一七〇）三月二十五日条によれば、

余著衣冠、出居上達部座、（外出居也、件所、東面前在廣庇、余座北第一間傍奥西也、辨座傍南障子北面敷之、紫端自本所敷于端也、高麗疊二枚不撤之、又脇息、硯筥等不置之、件座總有三間也、）〈付点筆者〉

とあり、この場合の外出居は寝殿東面であった様だが、外出居が上達部座と呼ばれていた事が知られる。

これら一条室町殿、中園殿の公卿座は、（外）出居の流れを汲むものではないのだろうか。

一条室町殿や中園殿のような公卿座、出居の存在は平安末期に於てすでに見る事が出来る。冷泉万里小路殿は、寝殿の他に二棟廊、東中門廊などにより成っていたが[51]、中門廊北三ケ間が公卿座として用いられていたし[52]、六条堀川殿は、やはり寝殿の他二棟廊、東中門廊より成っていたが[53]、東二棟廊は公卿座として用いられていた[54]。また、氏院参賀の際に博陸の座は寝殿東面簾中に設けられたが[55]、東三条殿に於てこの座は東対東庇妻戸内に設けられていた事[56]に鑑みると、六条堀川殿の寝殿東面は東三条殿東対の東面（内出居）の役割りを持ったものと考える事が出来よう。また、『玉葉』治承四年（一一八〇）六月二十三日条によれば、右大将藤原良通の婚姻の儀が女院御所を会場として行われたが、寝殿西庇が出居として用いられた事が知られる。公卿座の具体的位置に関する記述はないが、諸大夫座が中門廊に設けられているので、寝殿と中門廊の間に存在したと考えられ、恐らくは二棟廊がその場にあてられたものと思われる[57]。

公卿座が客亭として用いられた例は、右の六条堀川殿に於ても認められるが[58]、他にも例が存在している[59]。

鎌倉中期に成立したと考えられる『三条中山口伝』[60]によれば、

○客亭　以對南庇爲賓客座。西第一間北障子際。敷高麗端帖一枚。爲主人座。其前置脇息硯筥等。（脇息在左。硯在右。）第二間以東南邊。

敷高麗端帖二枚。紫端一枚。爲客人座。無對之時第用二棟廊。

とあって、住宅に対のある場合は対南庇に、無い場合は二棟廊に客亭の設けられた事が知られるが、ここにもやはり、脇息、硯筥が備えられていたのを認める事が出来る。この様な点から考えてみても、平安末期に成立した公卿座は屡々客亭と呼ばれ、しかも平安後期ごろからの外出居より発展したものと見る事が出来よう。

〔四〕おわりに

東三条殿、高陽院の東対に存在した南面出居、内出居は、東対を御所とした藤原忠実等に属した空間であった。そして、内出居は南面出居に対しより内向きの接客の場として用いられていた。また、東三条殿の西出居は、西細殿を御所とした藤原基実の出居であった。一方、装束に着目すると、出居の具(調度)は特に寝殿南庇のそれを簡略化したものと考えられ、従って出居の起源は、帳の設けられた母屋に対する庇にあったと推定する事が出来る。

一条室町殿、中園殿に見られる公卿座には出居の具である脇息、硯筥が置かれてあり、これが出居より発展してきたものである事を物語っている。[61] また、内出居は寝殿に存在したが、ここでは公卿座での接客に対してより内向きの接客が行われている。これら公卿座、内出居は、寝殿を御所とした藤原道家、藤原公賢に属する空間として捉えられている。

東三条殿の出居について、私達は右に示したものの他に、東対の南東に存した東二棟廊がその場として用いられた事もまた同時に知っている。これについて私見を述べてみたい。前掲の『類聚雑要抄』に示された出居の指図は、藤原忠実が移徙した時のものである。『殿暦』永久三年(一一一五)七月二十一日条によると、この時忠実は妻師子、娘泰子を伴ったが、

今夜臥帳中、姫君北面

とある様に、忠実は寝殿を御所とし、東対を御所としては用いなかった。この様に、即断は出来ないがこの二棟廊の出居は居住方式の相違、或いは出居の場の専用化に関わるものとも考えられる。

なお、南北朝時代の記録を見ると、太田博太郎氏も指摘される様に、[62] 接客饗応の場として、出居の語が用いられる場合が多い。これは、

この出居が公卿座と共に平安期の出居に端を発しながらも、別の流れ、即ち内出居の流れとして発展してきたものと見る事が出来よう。

註

1 稲垣栄三「寝殿造に於ける接客部分」(『日本建築学会研究報告』四、昭和二十四年)。

2 この場合の二棟廊は、寝殿の東北、或いは西北の卯酉廊を指している。以下、本節で特に断らない場合はこの二棟廊を指すものとする。

3 太田博太郎「『出居』について」(『建築史研究』三五、昭和三十九年九月)。

4 川上貢「会所について(その一)」(『日本建築学会研究報告』第二七号、昭和二十九年五月)、同「会所成立の諸要因について(会所についてその四)」(『日本建築学会研究報告』第三六号、昭和三十一年六月)。

5 この場合の公卿座は、儀式や行事の際に殿上人座等と共に臨時に装束されたものと異なり、常設のものと考えられている空間である。この様な公卿座が中世住宅に存在した事は、川上貢『日本中世住宅の研究』(昭和四十二年十月、墨水書房)に詳しく論じられている。平安末期には、この様な公卿座が出現するようになる。

6 前掲註5の中で、足利義政の烏丸殿について、「右の文安六年の公武諸門跡の拝賀対面が公卿座で行われているのは、当時この御所には会所が完成していなかったためである。即ち、会所に代る接客空間にはやはり前時代的公卿座が活用された事を示している」とし、また、足利義教の室町殿について、「換言すれば従来の来客の身分や格の高下に関係なく公卿座で行われていた接客のなかから、来客の身分や格の高下が考慮されて接客空間の分化が進行する過程のなかで、会所がその要求を充すに適当したものであったところに、会所が接客座敷として成立してきたと考えたい」としている。

7 太田静六「東三條殿の研究」(『建築学会論文集』二一号、昭和十六年四月)、同「東三條殿の研究(其二)」(『日本建築学会論文集』二六号、昭和十七年八月)。

8 この場合の東二棟廊とは、東対の東南に設けられた卯酉廊を指している。この廊のさらに南には侍廊が存在した。

9 「上表」とは辞表を天皇に奉る事であるが、必ずしも一回で許可されるとは限らず、二度、三度の「上表」により許される事が多い。この時、藤原忠実は摂政の辞退が認められ関白となっている。

10 『殿暦』康和四年(一一〇二)七月五日条、「其後申吉書、(官方重資朝臣、藏人方顯實朝臣、家文時範朝臣等申之、)」とある。

11 『殿暦』康和四年(一一〇二)十月七日条、「歸昇於内出居開見了、(右大弁宗忠讀之、)」とある。

12　『殿暦』同日条によれば、「申剋許右大弁宗忠、右中弁長忠來、余雖物忌相合、是明後日維摩會勅使弁彼長忠也、着冠直相合、今年御寺新造後維摩會始被行、仍如此、事委趣爲示所相合也、於對面南相合、給文書等、（宣旨聽衆、家司爲隆書之、）余件等文給弁、其次仰云、今年會如法可被行之由、別當法印々可示也、又僧綱毎日々聽可參會之由、能々聽可被仰、則退了、其後右大弁於出居談、寺僧等申文被示也」（付点筆者）とあり、これを見ても対南面と出居とが使い分けられている事が知られる。なお、引用文の「對面南」は、「對南面」の誤りと考えられる。また、管見によれば、東三条殿東対の出居について、南面と東面以外の場所を示す例を見出す事は出来なかった。

13　太田静六「平安末期における高陽院について」（『早稲田建築学報』第一八号、昭和十七年）。

14　『殿暦』長治二年（一一〇五）十二月十日条。

15　『中右記』天永二年（一一一一）八月九日条に、「今夜新中納言忠教卿息男於殿下御出居、密々有元服事、仍人々參籠御物忌、於東對東面北御出居二間方有件事、中納言中將、（布衣、）予、（以下直衣、）新中納言、大宮亮實明朝臣、阿波守忠長、藏人少將忠宗等、參御出居」とある。但し、ここでは紙数の制限もあり詳しくは述べられないが、この時期の高陽院では北門が正門の役割りを果しており、それに関係してか東対東面は必ずしも内向きの機能だけに限定されていたのではない点注意すべきである。

16　同条に、「右大臣殿有御節供事、（去年八月所宛以後今年今日初在之、）供西御出居」とある。

17　但し稲垣氏は、前掲註1では、寝所である帳とその付属品を除いた母屋、庇の調度が殆ど出居に完備している事から出居は生活空間であった事を導くが、本節では後述する様に、寝殿庇の調度が出居の調度と殆ど一致する事から、寝殿の庇が出居の原型であったのではないかとするのである。

18　表中『満佐須計装束抄』に出居具として示された放筥については「かぶりのはこの名也」という註があり、冠筥を指す。また、出居具に共通して見られる掻上筥については『類聚雑要抄』に「用事如鏡筥」とあり、この点より考えてみても出居具は寝殿南庇の具との共通性が非常に高い事がわかる。また同記によれば、母屋調度目録のなかに示された二階厨子は上階が棚、下階が両開きの扉を持った容器として図示されており、庇具としての二階は二重の棚として示されている。表によれば、出居具としては厨子を用いるのが基本であった様だが、機能は南庇の具であった二階と同様であったと考えられる。

19　東対の東南に存する卯酉廊（東二棟廊、出居廊）の事。前掲註7参照。

20　大炊殿の出居は東廂に設けられた。表中の史料によると、「其前敷高麗端一帖、其前立脇息、其南置硯筥」とある。

21　表中の史料によると、「東北卯酉廊爲出居、南庇四間敷高麗帖一枚、（南面、）其前置脇息（左、）硯筥等（右、）」とある。

22　群書類従　巻第一一二。

23　群書類従　巻第四七〇。

24　承暦四年（一〇八〇）九月十日、承暦五年（一〇八一）正月二日、同年三月十三日条。
25　寛治四年（一〇九〇）十二月二十日、寛治六年（一〇九二）十一月二十一日条。
26　『小右記』寛仁二年（一〇一八）六月二十八日条。
27　天慶八年（九四五）正月五日条。
28　前掲註5。
29　川上貢氏の前掲註5によると、承久乱後、道家は一時九条殿に引きこもっていたらしい事、そしてその時は息男教実が一条室町殿に居住していた事が示されている。本文に示した『明月記』条より、四日前には教実が室町殿で詩歌会を催している事が知られる。二十五日条の連歌会も教実が催したものとも考えられるが、大日本史料では道家と見做されている。また『玉蘂』安貞二年（一二二八）三月九日条によると、「午剋民部卿來、於内出居謁之」とあり、道家は定家と内出居で対面した事が記されているが、これは東面出居の事と考えられる。定家の日記『明月記』によると、例えば嘉禄二年（一二二六）三月四日条に、「日入以後參室町殿、寺僧正御房參給、於御出居見參、退出給之後、暫見參退出」とあるが、この出居も内出居の事と考えられる。
30　『玉蘂』暦仁元年（一二三八）二月十三日条、三月十四日条。
31　『玉蘂』嘉禎三年（一二三七）正月五日条。
32　『玉蘂』暦仁元年（一二三八）四月十一日条。
33　寝殿が道家の御所として用いられた事は、内出居が寝殿東庇に設けられていた事からも知られるが、さらに例を示すならば、『玉蘂』嘉禎三年（一二三七）三月十日条の新摂政兼経の拝賀に際し道家は寝殿南庇でこれを受けた事があげられる。
34　『玉蘂』安貞二年（一二二八）正月朔日条。その際には、東三条殿での様に、教実の出居としては東対南面が用いられたものと考えられる。
35　前掲註33。
36　『玉蘂』嘉禎三年（一二三七）正月三日条。
37　改定史籍集覧二二。
38　前掲註5。
39　學藝書林発行、昭和四十六年五月。
40　但し、同記によると、「寝殿移徙依遊年方、爲春宮大夫分移徙事」とある。春宮大夫は公賢息実夏のことである。
41　『園太暦』貞和四年（一三四八）十一月十日条。
42　『園太暦』貞和三年（一三四七）六月三日条。

43 観応元年（一三五〇）三月十八日条からも公卿座と客亭が同じ空間を指していることが窺える。なお、中園殿に於て東対代は儀式の場としては殆ど用いられていない。

44 『兵範記』保元三年（一一五八）正月二十九日条。

45 『兵範記』久安五年（一一四九）十月十八日条。

46 『園太暦』貞和四年（一三四八）十二月十九日条。「次入北面内出居、（日來女房方也、）」とある。

47 『園太暦』観応元年（一三五〇）三月十八日条。公賢が、内裏への使に、客亭（公卿座）で函を授けた。

48 『園太暦』康永三年（一三四四）正月四日条、貞和元年（一三四五）十一月二十七日条。

49 『園太暦』貞和四年（一三四八）十月二十二日条。

50 『園太暦』貞和四年（一三四八）四月二十八日条、延文元年（一三五六）四月二十七日条。

51 太田静六「平家時代を中心とする藤原氏の邸宅」（『日本建築学会論文集』四一、昭和二十五年八月）。

52 『玉葉』文治二年（一一八六）六月二十日条、「中門廊北三ケ間、（尋常公卿座也、不立屏風）」〈付点筆者〉とある。

53 前掲註50。

54 『玉葉』治承四年（一一八〇）二月十一日条。「二棟廊、（件廊垂簾不出几帳、惟爲公卿會集［所］歟、尋常公卿座也、）」〈付点筆者〉とある。

55 『山槐記』治承三年（一一七九）十二月十四日条。

56 『中右記』嘉承元年（一一〇六）三月二十三日条、他。

57 同条に、「元上達部座如元」とある。

58 『山槐記』治承四年（一一八〇）二月十一日条。「相共着二棟廊南座、（常客亭也垂御簾）」〈付点筆者〉とある。

59 『玉葉』承安元年（一一七一）九月十日条、安元二年（一一七六）三月十日条。

60 群書類従　巻第九六九。

61 『三内口決』（群書類従　巻第四七二）の、「主殿ハ七間四面、」とある中に、「公卿座四疊敷也。（或六疊敷也。清花之御所之公卿座。六疊敷云々。）此間有置物。硯一面。脇息。灯臺等也。」〈付点筆者〉とあり、さらに主殿の公卿間とのつながりも予想させる。

62 前掲註3。

第二節　行幸時に於ける貴族住宅の出入口
―院御所・女院御所への場合―

〔一〕はじめに

平安時代貴族住宅の出入口については、従来から近世住宅への変遷過程の解明、具体的には玄関の成立過程の解明の観点から屢々関心の対象となってきた。今日、平安時代貴族住宅の主要な昇降口として中門廊と寝殿南階の二ヶ所が知られている。

これらについて平井聖氏は、中門をくぐり寝殿南面の中央階より昇るのが主人の経路であり、普段訪れた人は中門廊の中門付近から昇ったとされた(1)。

また、大河直躬氏は、南階の使用は主人に限られていたとし、中門廊の先端が訪問者の出入り口としては一番格が高く、一般的には中門廊側面にある戸口が多く使われたとされた(2)。

即ち、いずれも訪問時に於ける中門廊の重要性を指摘してはいる。

しかしながらこれらに関し、天皇について見ると、例えば院御所・女院御所への行幸に於ては著御時に中門廊より昇る場合と、寝殿南階より入る場合との両例存在することが知られ、従って現象的にはこの場合訪問口として中門廊と南階が共に用いられていた様に見える。

従来、平安時代貴族住宅の昇降法については絵巻物によるものが主で、貴族の日記等古記録を用いた検討は充分にはなされてこなかった。とりわけ訪問主体と訪問先との相関関係に着目した研究は殆ど無かったという事が出来よう。

本節では特に院御所・女院御所[3]への行幸をとり上げ、天皇の昇降の実態を明らかにし、中門廊、寝殿南階それぞれの用法上の背景を探ることによって貴族住宅の正式の訪問口について再検討したい。本節で扱うのは平安時代のみならず室町時代にかけての諸例である。[4]なお、表1はこれらの期間に於ける行幸例のうち管見の及ぶものに関し、院・女院御所名および著御時の昇り口(入口)或いは還御時の降り口(出口)[5]のいずれかが明らかになるか或いは推定されるものに関して年代順に整理したものである。[6]以下この表に基づき検討を進めることにする。

〔一〕著御時の用法—中門廊より昇る場合—

中門廊は通常、東・西の対(対代)の南端より前方に突き出した廊を指すが、対を欠く場合は寝殿に接続する二棟廊に取りつく場合もあった。天皇が中門廊[7]より昇る例は、朝覲行幸時[8]とそれ以外の用法とに大別できる。まず朝覲行幸について考えてみたい。

朝覲行幸は、年の始めに天皇が上皇ならびに母后の御所に行幸し拝する儀式を指すが、『類聚国史』[9]では、大同四年(八〇九)八月の嵯峨天皇の行幸を最初の例として記している。正月の朝覲の儀は承和元年(八三四)の例が初見である。天皇到着時の様子を『西宮記』[10]に見ると、天皇は門内の筵道を御休所まで歩行したようである。また、延喜十七年(九一七)正月二十四日の例[11]の様に手輿を用いる場合もあったが、これは院の意向に沿ったものであった。『北山抄』[12]には、御輿のまま門内に入り中門にまで到るのは天皇が幼い場合の例と記されている。しかしながら、表1に記す天暦元年(九四七)以降の例はすべて中門まで御輿を用いた例であり、従って一〇世紀中頃以降は門内でも御輿を用いるのが通例だったようである。

次に少しく具体的例をあげ著御時の様子を検討してみよう。

長治二年(一一〇五)正月五日、堀河天皇は時の里内裏たる堀河殿より白河院御所たる大炊御門北東洞院西第に朝覲行幸している。この大炊殿は『中右記』に「如法一町家」とされる住宅であったが、同記当日条によれば、

未時許行幸事成、…〈中略〉…其路、經堀川、大炊御門、洞院東大路到東門、暫留御輿、(鳳輦、)此間公卿列立東中門外、(南面西上、)…〈中略〉

表1　院御所・女院御所への行幸時に於ける出入口の用例一覧

西暦	和暦	天皇	行幸種別	住宅	著御時			還御時		備考	史料
					昇り口	御座御所	奏事由鈴奏	降り口	鈴奏		
850	嘉承 3.正. 4	仁明	朝覲	冷泉院(太皇太后嘉智子)				南階			続日本後紀
947	天暦 元. 4.15	村上		朱雀院(皇太后穏子)	中門カ					太皇太后ノ御悩ニヨル	九暦
995	長徳 元.正. 2	一条	朝覲	土御門殿カ(東三条院)	中門		被啓				小右記
996	長徳 2.正. 5	一条	朝覲カ	土御門殿カ(東三条院)	中門			南階			小右記
999	長保 元. 3.16	一条		一条殿(東三条院)	中門	西対	申事由				御堂関白記
1001	長保 3.10. 9	一条		土御門殿(東三条院)	西中門	西対	啓事由	西対與寝殿細殿		東三条院四十ノ御賀	小右記
1027	万寿 4.正. 3	後一条	朝覲	土御門殿(上東門院)	中門	西対	被奏	南階			小右記
1031	長元 4.正. 3	後一条	朝覲	土御門殿(上東門院)				南階			左経記
1032	長元 5.正. 3	後一条	朝覲	高陽院(上東門院)	東対前	東対		南階			左経記
1052	永承 7. 5. 6	後冷泉		六条院(上東門院)	東廊					御病ヲ訪ハセ給フ	春記
1088	寛治 2.正.19	堀河	朝覲	大炊殿(白河院)	西中門	西対					中右記
1088	寛治 2. 8. 7	堀河		大炊殿(白河院)	西中門	西対		南階カ	鈴奏	相撲御覧	中右記、他
1089	寛治 3.正.11	堀河	朝覲	大炊殿(白河院)	中門	西対	被申				後二条師通記
1090	寛治 4.正. 3	堀河	朝覲	大炊殿(白河院)	西中門	西対		南階カ			中右記
1092	寛治 6. 2.29	堀河	朝覲	六条殿(白河院)	西中門	西小寝殿	奏事由	西中門			中右記
1093	寛治 7.正. 3	堀河	朝覲	六条殿(白河院)	西中門	西小寝殿	申事由	西北中門			中右記、他
1095	嘉保 2.正. 2	堀河	朝覲	六条殿(白河院)	西中門		奏事由				中右記
1096	永長 元.正.11	堀河	朝覲	六条殿(白河院)	西中門	西小寝殿	奏事由				中右記
1098	承徳 2. 7.20	堀河	朝覲	六条坊門堀河殿(白河院)	中門		奏事由				中右記
1099	康和 元.正. 3	堀河	朝覲	鳥羽北殿(白河院)	中門						後二条師通記
1102	康和 4.正. 2	堀河	朝覲	鳥羽北殿(白河院)	西中門		奏事由	西中門			中右記
1102	康和 4. 2. 1	堀河	方違	鳥羽北殿(白河院)	西中門		奏事由				中右記
1102	康和 4. 3.18	堀河		鳥羽南殿(白河院)	西中門	寝殿北面	奏行幸由	南階		法皇五十御賀	殿暦、他
1102	康和 4. 5. 2	堀河	方違	鳥羽北殿(白河院)	中門		奏事由				殿暦
1102	康和 4.閏5.14	堀河	方違	鳥羽北殿(白河院)	西中門カ		申事由	西中門			殿暦、他
1102	康和 4. 6.18	堀河	方違	鳥羽北殿(白河院)	西中門		申事由				中右記
1103	康和 5.正. 2	堀河	朝覲	鳥羽北殿(白河院)	西中門		奏事由				中右記
1103	康和 5. 4.27	堀河		高松殿(白河院)	中門		達事由			皇子御百日儀	殿暦
1104	長治 元.正. 3	堀河	朝覲	高松殿(白河院)	西中門	寝殿西庇					為房卿記、他
1105	長治 2.正. 5	堀河	朝覲	大炊殿(白河院)	東中門	東対	奏事由				中右記、他
1107	嘉承 2.正. 3	堀河	朝覲	土御門殿(白河院)	中門	西対					中右記
1107	嘉承 2. 3. 5	堀河	朝覲	鳥羽南殿(白河院)	西中門		奏事由	西中門			中右記
1108	天仁 元.12.19	鳥羽		六条殿(白河院)	南廊南透廊	西渡殿		南階	鈴奏		殿暦、他
1109	天仁 2. 4.27	鳥羽		鳥羽南殿(白河院)	中門		奏行幸由				殿暦
1111	天永 2. 2. 1	鳥羽	朝覲	六条殿(白河院)	南透廊			南階	鈴奏		中右記
1112	天永 3. 2.11	鳥羽	朝覲	六条殿(白河院)	南透廊	西廊	奏事由	南階	鈴奏		中右記
1112	天永 3. 3.16	鳥羽		六条殿(白河院)	西透廊	西廊	申事由	南階	鈴奏	法皇六十御賀	中右記
1113	永久 元.正. 8	鳥羽	朝覲	六条殿(白河院)	西透廊		奏事由	西(透)廊			長秋記
1114	永久 2.11.14	鳥羽		鳥羽南殿(白河院)	西中門		奏事由	中門			殿暦、他
1116	永久 4.12.24	鳥羽	方違	鳥羽殿(白河院)	中門		申事由				行幸雑要
1117	永久 5. 2. 6	鳥羽	方違	鳥羽殿(白河院)	南階		鈴奏				殿暦
1118	元永 元. 2.10	鳥羽	朝覲	白河殿(白河院)	西中門		申事由				中右記
1119	元永 2. 2.11	鳥羽	朝覲	白河殿(白河院)	西中門		申事由				中右記
1120	保安 元. 2. 2	鳥羽	朝覲	三条烏丸殿(白河院)	中門	東対カ	申事由				中右記
1126	大治 元.正. 2	崇徳	朝覲	三条烏丸殿(白河、鳥羽院)	中門	東対	奏御旨				永昌記
1127	大治 2.正. 3	崇徳	朝覲	三条東洞院殿(白河、鳥羽院)				南階	鈴奏		中右記

西暦	和　暦	天 皇	行幸種別	住　　宅	著　　御　　時			還　　御　　時		備　　考	史　　料
					昇り口	御座御所	奏事由鈴　奏	降り口	鈴奏		
1129	大治 4. 正. 20	崇徳	朝覲	三条東洞院殿（白河、鳥羽院）	中門	東対ｶ	奏臨幸之由	中門			中右記、他
1130	大治 5.10.　1	崇徳	朝覲	三条東洞院殿（鳥羽院）				東中門			中右記
1132	長承元. 正.　2	崇徳	朝覲	三条東洞院殿（鳥羽院）				東中門			中右記
1133	長承 2. 正.　2	崇徳	朝覲	二条万里小路殿（鳥羽院）	西中門		申事由	西中門			中右記
1134	長承 3.　6.　7	崇徳		二条万里小路殿（鳥羽院）	南階					祇園神輿ｦ避ｹﾙ	中右記
1143	康治 2. 正.　3	近衛	朝覲	六条殿（鳥羽院）	西中門			南階	鈴奏		台記
1144	康治 3. 正.　5	近衛	朝覲	押小路殿（鳥羽院）	中門			南階	鈴奏		台記
1147	久安 3.　8. 10	近衛	朝覲	鳥羽南殿（鳥羽院）	西中門					法皇新御堂供養ﾆﾖﾙ	本朝世紀、他
1152	仁平 2.10.　1	近衛	方違	白河殿（美福門院）	南階		鈴奏				宇槐記抄
1159	平治元. 正.　9	二条	方違	押小路殿（美福門院）	南階		鈴奏				山槐記
1167	仁安 2. 正. 28	六条	朝覲	法住寺殿（後白河院）	中門	西対代	奏臨幸由				兵範記
1168	仁安 3.　8.　4	高倉	朝覲	法住寺殿（後白河院、皇太后平滋子）	中門	西対代	奏臨幸由	南階	鈴奏		兵範記
1169	嘉応元.　4. 27	高倉	朝覲	法住寺殿（後白河院）	西中門	西対代	奏臨幸由	南階ｶ	鈴奏		兵範記
1170	嘉応 2. 正.　3	高倉	朝覲	法住寺殿（後白河院）	中門		奏事由				玉葉
1171	承安元. 正. 13	高倉	朝覲	法住寺殿（後白河院）	中門	対代ｶ	奏事由				玉葉
1172	承安 2. 正. 19	高倉	朝覲	法住寺殿（後白河院）	中門	西対代	奏事由				玉葉
1174	承安 4. 正. 11	高倉	朝覲	法住寺殿（後白河院）	中門						玉葉
1174	承安 4.　2.　6	高倉	方違	法住寺殿（後白河院）	中門		奏事由	中門			吉記
1178	治承 2. 正.　4	高倉	朝覲	法住寺殿（後白河院）	中門	西対	申事由				山槐記
1178	治承 2.　4. 29	高倉	方違	法住寺殿（後白河院）	中門		申事由				庭槐抄
1179	治承 3. 正.　2	高倉	朝覲	法住寺殿（後白河院）	中門		奏				山槐記
1179	治承 3.　4. 17	高倉	方違	法住寺殿（後白河院）	南階ｶ		鈴奏		鈴奏		山槐記
1179	治承 3.　5. 28	高倉	方違	七条殿（後白河院）	中門	西対代	奏事由				庭槐抄
1179	治承 3.　7.　6	高倉	方違	法住寺殿（後白河院）	中門	西対代					庭槐抄
1183	寿永 2.　2. 21	安徳	朝覲	法住寺殿（後白河院、建礼門院）	中門	西対	奏事由				吉記
1187	文治 3.11.　8	後鳥羽	朝覲	鳥羽南殿（後白河院）	中門	西対代	申事由				玉葉
1190	建久元. 正. 27	後鳥羽	朝覲	六条西洞院殿（後白河院）	中門		奏事由				玉葉
1191	建久 2. 正. 27	後鳥羽	方違	六条西洞院殿（後白河院）	中門	寝殿北面ｶ					玉葉
1195	建久 6. 正. 17	後鳥羽	方違	押小路殿（殷富門院）	南階		鈴奏		鈴奏		玉葉
1197	建久 8.　4. 22	後鳥羽	朝覲	三条烏丸殿（七条院）	中門	東中門廊	始事由	南階	鈴奏		三長記
1199	正治元.11. 27	土御門	朝覲	二条殿（後鳥羽院）	東対南階	東対		南階	鈴奏		猪隈関白記、他
1200	正治 2.10. 20	土御門	方違	二条殿（後鳥羽院）	西廊土門		申事由				猪隈関白記
1201	建仁元. 正. 23	土御門	朝覲	二条殿（後鳥羽院）	東中門	東対	奏事由				猪隈関白記
1202	建仁 2. 正.　4	土御門	方違	安井殿（殷富門院）	南階		鈴奏				猪隈関白記
1202	建仁 2.　9.　6	土御門	方違	二条殿（後鳥羽院）	西透廊		申事由				猪隈関白記
1204	元久元.11.　8	土御門		安井殿（殷富門院）	南階						明月記
1206	建永元.　5.　6	土御門	方違	安井殿（殷富門院）	南階						猪隈関白記
1207	承元元. 正.　2	土御門	朝覲	高陽院（後鳥羽院）	中門	東対代	奏事由				明月記
1211	建暦元. 正. 19	順徳	朝覲	高陽院（後鳥羽院）	中門	東対	奏行幸由	中門			猪隈関白記
1211	建暦元.　5. 10	順徳	方違	八条殿（八条院、春華門院）	南階		鈴奏	南階ｶ	鈴奏		玉蘂
1212	建暦 2.10. 23	順徳		高陽院（後鳥羽院）	中門	東対ｶ	奏事由			大嘗会神膳ﾉ儀	玉蘂
1212	建暦 2.12. 11	順徳		高陽院（後鳥羽院）	中門ｶ						明月記
1212	建暦 2.12. 14	順徳	方違	高陽院（後鳥羽院）	中門						玉蘂
1213	建保元.　4.　9	順徳		高陽院（後鳥羽院）	中門			中門			明月記
1213	建保元.　7. 16	順徳		三条坊門殿（後鳥羽院）	中門						明月記
1228	安貞 2.　3. 20	後堀河	朝覲	持明院殿（北白河院）	中門		啓臨幸由				玉蘂
1228	安貞 2.10. 14	後堀河	方違	持明院殿（北白河院）	中門	（東）対	啓事由	南階	鈴奏		民経記
1229	寛喜元.　2. 18	後堀河	方違	持明院殿（北白河院）	中門	（東）対代	申事由	南階	鈴奏		柳原家記録

西暦	和暦	天皇	行幸種別	住宅	著御時 昇り口	著御時 御座御所	著御時 奏事由鈴奏	還御時 降り口	還御時 鈴奏	備考	史料
1229	寛喜元. 5. 21	後堀河	方違	四条殿(嘉陽門院)	南階	寝殿	鈴奏		鈴奏		民経記
1231	寛喜 3. 8. 11	後堀河	方違	持明院殿(北白河院)	中門	(東)対代		南階	鈴奏		民経記
1231	寛喜 3. 9. 6	後堀河	方違	持明院殿(北白河院)	南階ヵ		鈴奏				民経記
1262	弘長 2. 6. 13	亀山		万里小路殿(後嵯峨院)	中門		申事由			祇園神輿ヲ避ケル	園太暦
1267	文永 4. 6. 13	亀山	方違	三条坊門殿(後嵯峨院ヵ)	中門		申次	南階	鈴奏	祇園神輿ヲ避ケル	吉続記
1268	文永 5. 6. 13	亀山		万里小路殿(後嵯峨院)	中門		申事由	中門		祇園神輿ヲ避ケル	吉続記
1268	文永 5. 9. 26	亀山		万里小路殿(後嵯峨院)	中門			中門			吉続記
1270	文永 7. 6. 13	亀山		万里小路殿(後嵯峨院)	中門			南階		祇園神輿ヲ避ケル	園太暦
1271	文永 8. 5. 7	亀山	方違	六条殿(後深草院)	中門			南階			園太暦
1284	弘安 7. 6. 6	後宇多		万里小路殿(亀山院)	中門			南階	鈴奏	祇園神輿ヲ避ケル	勘仲記
1284	弘安 7. 6. 13	後宇多		万里小路殿(亀山院)	中門	対代	啓事由	南階	奏		勘仲記
1284	弘安 7. 12. 22	後宇多	方違	万里小路殿(亀山院)	南階		鈴奏				勘仲記
1287	弘安10. 6. 6	後宇多		万里小路殿(亀山院)	中門ヵ		申事由			祇園神輿ヲ避ケル	勘仲記
1287	弘安10. 6. 14	後宇多		万里小路殿(亀山院)				中門			勘仲記
1289	正応 2. 3. 23	伏見	朝覲	鳥羽殿(後深草院、玄輝門院ヵ)	中門		奏事由	南階			伏見天皇宸記
1289	正応 2. 5. 2	伏見	方違	常盤井殿(後深草院)	中門						勘仲記
1290	正応 3. 2. 4	伏見		常盤井殿(後深草院)	中門						続史愚抄
1291	正応 4. 正. 3	伏見	朝覲	常盤井殿(後深草院)	中門						勘仲記
1292	正応 5. 2. 24	伏見	方違	持明院殿(室町院)	南階		申事由				伏見天皇宸記
1293	永仁元. 8. 13	伏見	方違	常盤井殿(後深草院)	中門		申事由				勘仲記
1293	永仁元. 11. 26	伏見	方違	常盤井殿(後深草院)				南階			続史愚抄
1304	嘉元 2. 6. 6	後二条		万里小路殿(後宇多院)				中門		祇園神輿ヲ避ケル	園太暦
1305	嘉元 3. 3. 5	後二条		二条殿(後宇多院)	中門			南階			園太暦
1306	徳治元. 6. 6	後二条		万里小路殿(後宇多院)	中門			南階		祇園神輿ヲ避ケル	園太暦
1311	延慶 4. 2. 25	花園	方違	土御門殿(陽徳門院、伏見院、後伏見院)				南階			花園天皇宸記
1311	応長元. 4. 11	花園	方違	土御門殿(陽徳門院、伏見院、後伏見院)	南階						花園天皇宸記
1312	正和元. 2. 3	花園	方違	持明院殿(伏見院、後伏見院)	南階		鈴奏				花園天皇宸記
1313	正和 2. 9. 14	花園	方違	持明院殿(伏見院)	南階						花園天皇宸記
1313	正和 2. 10. 9	花園	方違	衣笠殿(玄輝門院、伏見院、後伏見院)	南階		鈴奏				花園天皇宸記
1313	正和 2. 10. 26	花園		持明院殿(伏見院、後伏見院)	南階			南階			花園天皇宸記
1314	正和 3. 正. 2	花園	朝覲	常盤井殿(伏見院、後伏見院、広義門院)	中門		奏事由	中門			花園天皇宸記
1314	正和 3. 正. 12	花園	方違	持明院殿(伏見院)	南階						花園天皇宸記
1314	正和 3. 正. 26	花園	方違	持明院殿(伏見院)	中門		申事由				花園天皇宸記
1314	正和 3. 2. 12	花園		持明院殿(伏見院)	中門		申事由	南階			花園天皇宸記
1314	正和 3. 2. 26	花園	方違	持明院殿(伏見院)	中門			南階			花園天皇宸記
1314	正和 3. 3. 11	花園		常盤井殿(後伏見院)	中門		申事由				花園天皇宸記
1317	文保元. 正. 12	花園	方違	持明院殿(伏見院)	中門		申事由				花園天皇宸記
1322	元亨 2. 正. 3	後醍醐	朝覲	常盤井殿(後宇多院)	中門	西対代ヵ	ことのよしを奏す				増鏡
1332	元弘 2. 11. 2	光厳		常盤井殿(後伏見院、花園院)	中門					大嘗会神膳習礼	花園天皇宸記
1344	康永 3. 10. 23	光明		持明院殿(光厳院)	中門	対代		中門			園太暦
1345	貞和元. 3. 28	光明	方違	持明院殿(光厳院)	南階						園太暦
1348	貞和 4. 9. 19	光明	方違	持明院殿(光厳院)	中門	対代					諸記纂
1351	観応 2. 正. 14	崇光		持明院殿(光厳院、光明院)	南階		申事由			世間騒動ニヨル	園太暦
1406	応永13. 12. 25	後小松		土御門高倉殿(通陽門院)	中門					生母ノ病ニヨル	康富記
1414	応永21. 12. 5	称光	方違	東洞院殿(後小松院)	中門						御方違行幸記
1448	文安 5. 2. 28	後花園		土御門高倉殿(後崇光院)	中門					生母ノ病ヲ訪フ	康富記

…先令院別當民部卿奏事由、於東中門下御輿、此間左右樂院(屋カ)發亂聲、次入御東對御休息所、…〈中略〉…寝殿中央間以東上母屋南東庇等(マヽ)御簾、法王出御寝殿母屋中央間、（御出家後年來御簾中、今年初上御簾、覺行法親王置居筥於法王御所、）主上渡御寝殿、御拜舞、了南庇還御休息所、法王入御、（寝殿中央以西垂御簾爲御所、）

と記されている。即ち、天皇の鳳輦は一たん院御所東門に留められるが、この間、院別当民部卿をして「奏事由」[13]させている。この後天皇は輿のまま東中門まで到りここで輿より降りて休所たる東対に入御するが、やがて寝殿母屋中央間に座を占める法皇に対して拝舞するのである。

女院御所への場合も同様で、例えば万寿四年（一〇二七）正月三日の上東門院彰子第への朝覲行幸では、やはり御輿は西門に留められたが、この際院司による「奏事」があった。その後中門まで御輿を進め、ここで輿から降り御座所たる西対に入御したことが知られる。拝舞は同様寝殿で行われた。

因みに、『後二条師通記』寛治二年（一〇八八）正月十九日条には大炊御門南西洞院東殿での拝舞の際の指図が載せられており、その様子を知ることが出来る。

中門廊のどこから昇ったかに関し、具体的箇所が示された例として、まず建久元年（一一九〇）正月二十七日の六条西洞院殿への例があげられるが『玉葉』同日条には、

主上昇自中門廊南妻給

と記されている。また、寛喜元年（一二二九）二月十八日の持明院殿に関して『柳原家記録』同日条に、

次昇中門南妻

ともされる様に、中門廊の南妻より昇るのを原則としたようである。また休所について見ると、住宅の規模が不十分な場合には中門廊をあてる場合もあったが、対を用いるのが基本である。休所の具体的装束は『中右記』永長元年（一〇九六）正月十一日条の六条殿の小寝殿の指図によって知ることが出来る。

ところで、前述した「奏事由」[14]とは「奏臨幸由」、「奏行幸由」[15]のことで、天皇の到着を伝える儀であるが、『永昌記』大治元年（一一二六）正月二日の三条烏丸殿への朝覲行幸の条に、

奏御旨於上皇

と記される様に上皇に奏されるのである。[16]その場所は例えば『兵範記』仁安二年（一一六七）正月二十八日の法住寺殿への行幸条によって知られるが、寝殿南階の砌に於てであり、院司によって奏された。[17]『年中行事絵巻』[18]第一巻に法住寺殿での朝覲儀が描かれており、第四段には奏上の様子が示されている。

この様に見てくると、朝覲行幸は院・女院に対する天皇の訪問であったという事が改めて知られよう。即ち、当然の事ではあるが、行幸時に院・女院がその住宅に御座すこと。天皇が中門廊より昇るに先だち到着を告げる「奏事由」の儀が行われること。昇った後に対の休所に一時控えること。そして中心建物たる寝殿に座を構える院・女院に対し南庇から拝舞を行う事であった。

朝覲行幸以外でも中門廊より昇る場合が存在する。

康和四年（一一〇二）六月十八日、堀河天皇は里内裏高陽院から白河院御所たる鳥羽殿に方違行幸したが『中右記』には以下のように記されている。

今夕依御方違有行幸鳥羽、（夕方先院又有御幸鳥羽、）…〈中略〉…従南門出御、經大炊御門、大宮、七條、朱雀等大路、到鳥羽北殿西門、暫留御輿、令左衞門督申事由、入御、寄御輿於西中門、于時亥時許也、法皇有御對面

即ち、院御所に到着後、西門で御輿を一たん留め左衛門督源雅俊[19]をして「申事由」させたが、その後天皇は西中門に御輿を寄せここから昇っている。ところで右の文に明らかな様に、この時院は行幸に先だちこの鳥羽殿に御幸している。[20]即ち行幸時には院が鳥羽殿に御座しており、院は行幸を受け天皇と対面したのであった。

女院への場合も同様で、寛喜元年（一二二九）二月十八日の北白河院御所[21]への方違行幸ではやはり門で一たん御輿を留め、院司による「申事由」の儀の後、中門廊より昇り対代に入御している。後、女院のもとに渡った。即ち、ここでも行幸時女院はここに御座した事が知られる。

中門廊を用いた方違行幸の諸例を検討すると、右の例の様に予めその住宅に御幸した場合も含め、行幸時には院・女院がその住宅に御座した事が知られる。康和四年（一一〇二）二月一日の鳥羽北殿への行幸では、院は前もって高松殿より渡っていたし、同五月二日のやはり鳥羽北殿の場合も院が御座し当日天皇と対面している。永久四年（一一一六）十二月二十四日の鳥羽殿への行幸でも同様院は先に御幸し天皇と対面したし、また建久二年（一一九一）正月二十七日の六条西洞院殿の例では行幸時院が御所として用いていた事が知られ

る。[22] そしてこれらすべての例に於て、天皇が昇る前に、「奏事由」の儀が行われていた点に注目しておきたい。[23]

他の方違例については、院・女院がその住宅に御座していたかどうか必ずしも明らかではないが、「奏事由」の記述がある事から御座していたものと見て良いだろう。

方違以外で行幸する場合には様々の理由が存在する。祇園神輿を避けるため一時的に内裏を離れる場合、或いは大嘗会神膳の儀の習礼のため、そして院の御賀のため等々である。

祇園神輿の例としては、弘安十年（一二八七）六月六日の後宇多天皇による万里小路殿への行幸があげられるが、『勘仲記』当日条によれば、方違時と同様到着後四足門に一時御輿を留め、院司[24]が「申事由」した後中門より昇り諸司御所[25]に入ったことが知られる。後に院と対面した。

また、寛治二年（一〇八八）八月七日の場合は、堀河天皇が相撲を覧るため大炊殿に行幸した例であるが、やはり西門で御輿を留め院司が「申案内」[26]した後、西中門で輿より下りここから昇って西対に入った。その後、やはり院と共に寝殿で相撲を見ている。

長保三年（一〇〇一）十月九日の東三条院四十の御賀、天永三年（一一一二）三月十六日の白河法皇の六十の御賀の行幸でも、いずれも「啓事由」、「申事由」ののち中門廊、透廊より昇り、西対、西廊[27]に入御した。当然の事ながらこの儀は院・女院に対してのものであった。

以上の様に、これら方違などの行幸では寝殿での拝舞は無いものの、天皇が昇る前に「申事由」儀が行われること、また休所たる対（代）に入御する点に於て朝覲儀と異ならない。「申事由」の儀は中門廊を用いる場合に特有の儀であり、院・女院への訪問の意を表現したものと考えられる。そして後述する様に、南階を用いる場合には原則としてこの儀の存在を認めることは出来なかった。

この様に、朝覲以外の行幸でも院・女院が御座す場合には中門廊を用いるが、この間の事情について『台記』久安三年（一一四七）八月十日条には以下の様に端的に示されている。

依法皇御坐、於中門降輿

即ち、この日近衛天皇は法皇の新御堂供養のため鳥羽南院に行幸したが、法皇が御座したので中門で御輿を降り昇ったというのである。

〔三〕著御時の用法―寝殿南階より入る場合―

院御所・女院御所への行幸に於ては中門廊以外に南階を用いる場合があったが、これらの中に朝覲行幸の例を見出すことは出来ない。さて、永久五年（一一一七）二月六日、鳥羽天皇は白河上皇御所たる鳥羽殿に方違行幸している。当時上皇は大炊御門万里小路殿、白河殿と共に鳥羽殿を用いていたが、この鳥羽殿に行幸したのであった。『殿暦』同日条には、

依御方違行幸鳥羽殿、…〈中略〉…着御鳥羽殿、上皇不御坐、(御京、)仍御輿寄南階、鈴奏如常

とあり、南階に御輿を着けここから入ったことが知られるが、これは上皇の不在がその理由であった。この時上皇は京中の大炊殿に御座したものと思われる。(28)

正和三年（一三一四）正月十二日の花園天皇による持明院殿への方違行幸でも同様で、この時法皇は常盤井殿に御幸しており、従って持明院殿が留守となったため鳳輦を南階に寄せたのである。(29)

方違以外の場合に於ても事情はほぼ同様であった。『中右記』によれば、長承三年（一一三四）六月七日崇徳天皇は祇園神輿を避けるために鳥羽院御所たる二条万里小路殿へ行幸している。

晩更行幸院御所二條萬利小路亭、近々之間歩行幸也、院不渡御、…〈中略〉…御輿寄南階、院依不渡御也

ここにも院が不在のため御輿を南階に寄せた旨記されている。この様に、院が不在の場合の行幸では、方違或いはそれ以外にかかわらず南階を用いるのが原則であった事が知られよう。

これらは院が不在の場合であったが、御座すにもかかわらず南階を用いることがあった。

康永三年（一三四四）十月二十三日、光明天皇は院御所たる持明院殿に行幸したが『諸記纂』同日条には、

抑朝覲之禮已前、非幸上皇御在所之儀、以御留守儀、寄御輦於寝(殿脱カ)南階下御流例也

とあり、朝覲行幸が行われる以前に院御所に行幸する場合は、御留守儀をとり、南階に御輿を着けるのが習わしであることが示されている。これに関し、上皇より藤原公賢に先例を調べるよう諮問がなされている。『園太暦』同日条によると、公賢は後二条天皇の後宇多院への行幸、即ち嘉元三年（一三〇五）三月五日、徳治元年（一三〇六）六月六日の例を示し、これらでは朝覲行幸以前にもかかわらず

中門に御輿が着けられた事を明らかにしている。結局『園太暦』には、

抑行幸儀中門下御可宜之由治定

とされ、この時は『諸記纂』の内容にもかかわらず中門が用いられたのであった。

しかしながら、後二条天皇の後の花園天皇の行幸諸例を検討すると事情が異なってくる。『花園天皇宸記』正和三年(一三一四)正月二日条によると、天皇は常盤井殿に朝覲行幸し、伏見院(法皇)、後伏見院に拝観したが、(30) これ以前の伏見院または後伏見院、あるいは両院の御座す住宅への行幸、即ち応長元年(一三一一)四月十一日、同二年二月三日、正和二年(一三一三)九月十四日、同年十月九日、同年十月二十六日について見ると、(31) これらではすべて南階を用いたのに対し、朝覲以降では正和三年(一三一四)正月十二日の法皇不在の例を除き、正和三年(一三一四)正月二十六日、同年二月十二日、二月二十六日、文保元年(一三一七)正月十二日のすべての例で中門を用いている。天皇はこれらについて強く意識していたと思われ、同記正和元年(一三一二)二月三日条に、

朝覲以前雖不可然、爲御留守儀

とされる他、同年三月十九日条、正和二年(一三一三)九月十四日条などにも同様の内容が記されている。

しかしながらこれらの例は公賢も示すよう後二条天皇に関しては認めることが出来ず、他の天皇については例が不充分であるので確認が出来ない。従ってここでは一応一四世紀以降に見られた特例と考えておくことにする。(32)

ところで右に記した以外にも、女院御所への方違行幸に特徴的に見られる例ではあるが、女院が御座すにもかかわらず南階を用いる場合があった。

平治元年(一一五九)正月九日、二条天皇は美福門院御所たる押小路殿に方違行幸したが『山槐記』同日条には以下の様に記されている。

入御自押小路殿(河原渡浮橋、)東門、寄御輿於寝殿南階、(兼構御輿寄、)公親卿開輦戸取御劔傳内侍、次下御、…〈中略〉…次少納言鈴奏、次成憲朝臣問公卿、次第名謁畢被候殿上、美福門院御也、然而非如在之儀歟、院司不申次

朝覲行幸時と異なり到着後門より直ちに御輿を入れ南階にこれを着けたが、その後少納言により鈴奏が行われている。ところで引用文にも明らかなように、行幸時美福門院はここに御座していた。にもかかわらず(この入り方は)不在の儀の様であったという。さらにあげれば次の例が相応しいだろう。

仁平二年(一一五二)十月一日、近衛天皇は白河泉殿に方違行幸したが、これに先だち母親の美福門院もここに御幸している。(33)さて『宇槐記抄』同日条によると、天皇は東門より入り御輿はやはり南階に着けられたが、美福門院が御座すので本来ならば「啓事由」(34)の後(中門より)昇るべきであるのに、この様に南階に御輿を着けるのは母儀不在の儀であるとされている。

女院が御座すにもかかわらず天皇が南階を用いる理由について、『玉葉』建久六年(一一九五)正月十七日条に興味深い記述がみられる。この日後鳥羽天皇は押小路殿に方違行幸したが、(35)

押小路御所密々殷富門院渡御、被奉待行幸也、須先以院司申事由也、然而表非御所之由、仍置寄御輿於南階也、鈴奏出御入御毎度也

とあるように、殷富門院は先に渡御し行幸を待ちうけていた。従って、天皇の到着の際院司による「申事由」の儀がなされるべきであるのに行われず、南階に御輿が着けられたが、これは「表非御所」のためであるという。この具体的な内容は不明であるが、殷富門院は密かに渡ったとあるので、この時、この住宅は表向きには女院の御所と見做されなかったためと考えることは出来ないであろうか。(36)いずれにせよ、これらに於ても前と同様入り方に関しては不在に準じた扱いがなされたことが知られよう。

さて、南階を用いた場合の装束(舗設)についても一瞥しておこう。前述仁平二年(一一五二)十月一日の白河泉殿への行幸について『兵範記』同日条にこれに関する記述が見られる。

其儀寝殿母屋五箇間并南東兩方庇敷滿弘筵、(南東母屋際并庇兩方切指筵、庇兩方置鎭子、)懸亘御簾、(母屋際、南東兩方、并同庇兩方、皆巻上之、)母屋四面懸壁代十四帖、巻上如掌、母屋北置戸并西棟分障子面、及東庇北戸等副立五尺御屏風八帖、母屋中央間敷繧繝端疊二枚、其上加龍鬢土敷、供唐錦茵、北庇同又庇東三間、爲朝餉御所、…〈中略〉…其西二箇間爲美福門院御所、(舗設儀、大略如内御在所、)寝殿西面垂御簾、出几帳帷、同爲女院御方、

東子午廊、(本殿上歟、)爲内大盤所、…〈中略〉…西子午廊、爲女院大盤所、北對東三箇間、爲内女房局、同西方爲女院御方、東泉屋西庇二箇間敷紫端帖四枚爲内殿上、…〈以下略〉

即ち、寝殿母屋の中央間に繧繝端畳二枚を敷き、その上に龍鬢土敷を置き、さらに唐錦茵を敷き加えて天皇の御座となしている。この時はさらに朝餉御所、大盤所また殿上なども割りあてられ、この白河泉殿が恰も天皇の御所に準えられて装束或いは施設の設定がなさ

れたことが知られる。

時代はやや下るが、これら装束に関し、寛喜元年（一二二九）五月二十一日の嘉陽門院御所たる四条殿への方違行幸の例を見ると、時の里内裏たる閑院よりこれらが渡されたことが知られる。仁平二年（一一五二）の様な装束が南階を用いたすべての例で行われたと考えることは出来ないが、この例はこれらの行幸の性質を示すものとして注目されよう。(37)

ところで、朝覲行幸等、中門廊より昇る場合には、これに先だち「申事由」の儀があった。即ち、到着の由を告げ訪問の意を表していたわけである。ところが、寝殿南階より入った場合は門、中門を経て直接南庭に到り南階に御輿を寄せている。入御の後、鈴奏、名謁などが行われるが、この鈴奏は南階を用いた場合特有の儀であった。これに関し、さらに若干の例を示せばまず『勘仲記』弘安七年（一二八四）十二月二十二日条をあげることが出来る。

この日、後宇多天皇は院御所たる万里小路殿に方違行幸したが、

於仙洞不被申事由、依為御留守也、自南階下御、（儲御所事、右大辨経頼朝臣奉行、）鈴奏如例

と記される。また、寛喜三年（一二三一）九月六日の持明院殿への方違行幸について『民経記』同日条では、

次下御、御輿退可有鈴奏之處、少納言為綱逐電、先々入御此御所之時、自中門下御之時、無此奏之間、…〈中略〉…右少将雅継勤鈴奏

とされている。即ち、南階より入る（御輿を下りる）場合は「申事由」の儀が無く鈴奏の儀が執り行われ、中門より昇る（御輿を下りる）場合は、鈴奏が無いというのである。この鈴奏とは、行幸の際に先払いに用いる鈴を申請しまた還御の際に返上する奏を指し、(38)従って原則的には天皇御所（より具体的には内裏）に於て行われるべきものと考えられる。事実この奏上に関し、『小右記』寛仁二年（一〇一八）十月二十二日条には、

件奏於本宮復奏之由所覺

と記されている。従って、行幸時に院御所・女院御所でこの奏が行われたということは、一時的にここが天皇の御所に擬制されたことを示しているのではないだろうか。(39)臨幸を告げる「申事由」の儀が行われないのも、訪問と見做されていないがためであった。

〔四〕還御時の用法

還御時に於ても、中門廊と寝殿南階が共に用いられる。これらの間に著御時ほどの明確な使い分けは認められないが、やはり著御時の用法と無関係ではなかった。従って、ここでは先に倣い、著御時に中門廊が使われた場合と南階が使われた場合との二つに分けて考えてみたい。

中門廊に御輿を着けここから昇るのは、朝覲、方違の別なく院・女院が御座した場合に於てであったが、還御に際しては中門廊を用いる場合と、南階を用いる場合とがあった。まず、中門廊の例から紹介したい。

康和四年(一一〇二)閏五月十四日、堀河天皇は白河院の御所鳥羽殿に方違行幸している。(40) 翌十五日、天皇は馬場殿に行幸し院と共に競馬を見物したが、一旦鳥羽殿に戻りここから還御した。『殿暦』十五日条には以下の様に記されている。

次還御、中門寄御輿、是院還御此殿也

即ち、中門に御輿を寄せここから還御したが、これは院が(馬場殿から)この鳥羽殿に戻ってきているからだというのである。この例は、著御時と同様、上皇が御座す場合には還御の際も中門廊を用いるべきことを示している。これ以外にも中門より還御の例は数多いが、これらに於ても同様であったものと考えることが出来よう。

ところが、寝殿南階より御輿を用いる場合もあった。正応二年(一二八九)三月二十三日、伏見天皇は後深草院御所たる鳥羽殿に朝覲行幸している。さて還御は翌々日の三月二十五日であった。『伏見天皇宸記』同日条には、

子剋許還本宮、依仰寄鳳寄於階間

と記されるが、南階に御輿を寄せたのは院の仰せによるためであるという。南階を用いた場合、その理由が記された例について検討して見ると、同様に院の意向によったことが知られる。例えば天仁元年(一一〇八)十二月十九日、(41) 天永二年(一一一一)二月一日、(42) 同三年三月十六日(43)の行幸は白河院御所たる六条殿へのものであったが、いずれも院の意向により南階を用いている。女院御所の場合も同様であった。(44)

院が行幸の行列を見物するために、その路次を変更させる例のあったことはすでに指摘されているが、(45) この南階の用法も院が還御の

盛儀を具に見物するためであったと考えてみたい。

しかしながら、中門廊を用いるか南階を用いるか実際は迷う場合もあったようである。例えば文永八年（一二七一）五月七日の六条殿への方違行幸については、

還御之時於中門可有御乗輿之由雖有勅定、可奉寄南階之由有新院仰、御相論及数刻、遂於南階有御乗輿

と記され[46]、この件に関し議論されたことが知られる。この場合は天皇の意志に反し院の仰せにより南階が用いられた例であるが、弘安十年（一二八七）六月十四日の万里小路殿への行幸については『勘仲記』同日条に、

御輿可被寄南階之由、有其沙汰、雖被構御輿寄、俄自中門乗御

とある様に、逆に御輿寄がすでに南階に設けられたにもかかわらず、俄に中門より乗御した例であった。

以上の様に、院・女院がその住宅に御座す場合は中門より還御するのを原則としながらも、場合によってはその私的要求によって南階が用いられることもあり、ケースバイケースで選択されたものと考えることが出来よう。

一方、著御時に南階が用いられるのは、院・女院が不在、留守あるいは不在に準じた場合であったが、還御時の様子が同時に知られる例は多くはない。

正和二年（一三一三）十月二十六日の持明院殿への行幸では、留守儀により南階に御輿を着けここから入ったが、還御の際も南階を用いたし、また建暦元年（一二一一）五月十日の八条殿への方違行幸でも、共に南階を用いたことが推定される。他の例については必ずしも明らかではないが、やはり南階を用いたと考えられよう[47]。

〔五〕おわりに

院御所、女院御所への行幸の際に用いられる出入り口として、中門廊および寝殿南階の二つをあげることが出来る。

著御時中門廊より昇る例は朝覲行幸や方違行幸等に認められる。これらに於ては、到着に際し御輿は一たん門に留められるが、この時、到着の意を伝える「申事由」の儀が行われる。その後天皇は中門廊南妻より昇り、休所たる対に控える。これら諸例に共通するの

は朝覲はもちろんの事、方違に於ても院・女院がその住宅に御座し行幸を受けることであり、従ってこれらの行幸は天皇の訪問と考えることが出来る。

南階より入る例は、方違行幸等に認める事が出来る。これらに於ては、門および中門を経て御輿は南庭より直接南階に着けられるが、この際、「申事由」の儀がなく、代りに入御の後「鈴奏」が行われる。この奏は本来天皇の御所に於て行われるべきものであった。これらの例は、院・女院が不在もしくは御座す場合でも留守儀をとって不在に擬される点に於て共通しており、従って天皇の訪問と考えることは出来ない。

一方、還御時について見ると、著御時に中門廊より昇った場合は還御時も中門廊より御輿に乗り、南階より入った場合には還御時も南階を用いるのを原則としたが、中門より昇った場合でも院の意向により南階を用いる事が屢々あった。

以上の点より見ると、天皇の院・女院御所への訪問時に於ける正式の出入り口は中門廊であったことが改めて知られよう。

この様な具体的検討を経て初めて、平安時代貴族住宅に於ける訪問口について語ることが出来る。

しかしながら、本節で扱ったのは行幸のみであり、(48)従って貴族住宅の訪問時の用法のすべてが明らかにされたわけではない。行幸以外の用法については次節以降で検討することにする。

註

1　平井聖『日本住宅の歴史』(昭和四十九年、日本放送出版協会)。平井氏は寝殿南階について、「平安時代には先にふれたように、屋敷への出入りは、朝覲行幸の折の天皇の鳳輦の場合と同じで、中門をくぐり寝殿南面中央の階をのぼった。当時は、通常、主人より身分の高い人が訪れることはなく、この主人の経路が寝殿造の住宅に対する最も公式のアプローチであった。」としている。後述する様に朝覲行幸についての氏の理解は誤りである。

2　大河直躬『住まいの人類学』(昭和六十一年、平凡社)。

3　本節では、上皇、法皇、女院御所を対象として考察している。女院号の初めは東三条院詮子とされるが、後出の表1にはそれ以前の皇太后の例も便宜的に収めてある。また本節では、行幸に先だち前もって院・女院がその住宅に御幸している場合をも含めて院・女院御所として扱っている。例えば、『中右記』天永三年（一一一二）二月十一日条の六条殿への例に見られるように、朝覲行幸に於てさえこれを受けるために院がその住宅に御幸する場合も存在している。

4 行幸時の昇降法については、中世に於ても平安時代の古式を保っていた。また行幸を受ける住宅も、寝殿、中門廊など主要部分については古制を良く保っていたと思われる。

5 本節では、昇り口（入口）とは御輿より下りる場所、降り口（出口）とは御輿に乗る場所と捉えている。

6 本表を本節の各項に対応させ、中門廊より昇る場合、南階より入る場合に分けて作製することも可能であるが、第三項で述べる朝覲行幸以前の行幸、そして第四項に関する降り口のみ知られる例についての理解を助けるために敢えて一つの表に纏めている。また、還御日は行幸の日と必ずしも一致してはいない。

7 透廊あるいは対の階などから昇る場合もあったが、本節ではこれらも中門廊に準じたものとして考えている。天仁元年（一一〇八）、天永二年（一一一一）、同三年（一一一二）、永久元年（一一一三）の六条殿の透廊は『殿暦』に南廊とされるように、中門廊に相当するものとして用いられたと思われる。また、正治元年（一一九九）十一月二十七日の二条殿への行幸では東対南階より昇ったが『三長記』には、「先例寄中門廊、而依天仁例寄東對也」と記される。この例は通常は中門廊が用いられた事を示している。長治五年（一〇三二）正月三日の高陽院への行幸でも東対前より昇っている。太田静六氏は『寝殿造の研究』（昭和六十一年、吉川弘文館）で、この時期の高陽院には東中門廊が設けられず、代りに透廊か軒廊が設けられたのではないかとしている。ここでも中門廊に代り対の階が用いられたものと考えられる。

8 大河直躬氏も前掲註2に於て法住寺殿の例をあげ、朝覲行幸時には中門廊が用いられた事を示した。本節は朝覲行幸も含め広範に用例を検討することにより、中門廊と南階の用法時の背景を探るのが大きな目的の一つである。

9 新訂増補国史大系。

10 新訂増補故實叢書。

11 『年中行事抄』。

12 新訂増補故實叢書。

13 後述する。

14 『長秋記』大治四年（一一二九）正月二十日条。

15 『殿暦』天仁元年（一一〇八）十二月十九日条。

16 『兵範記』によれば、仁安三年（一一六八）八月四日の法住寺殿への行幸では、上皇、皇太后宮両者への拝舞が行われたが、院別当が御輿到着の後、殿上の屏の南の公卿らの列より離れ、中門、南庭を経て皇太后宮御所の簾前たる寝殿南階の東間砌で「臨幸由」を奏している。また朝覲行幸ではないが『殿暦』天仁元年（一一〇八）十二月十九日の六条殿への行幸条を見ると、「以民部卿奏行幸之由於院、」とあり院司民部卿が「行幸之由」を院に奏した事が知られる。女院御所への朝覲行幸の例では『玉蘂』安貞二年（一二二八）三月二十日条の北白河院御所の例があげられるが、やはり南庭で「臨幸由」が啓されている。

17　但し、長徳元年（九九五）正月二日、長保三年（一〇〇一）十月九日の東三条院御所の場合は、蔵人頭により奏されている。

18　『日本絵巻物全集』（昭和四十三年、角川書店）。但しこの場面は奏上の後退出しようとする様子を示している。

19　『中右記』同年三月十八日条によると、左衛門督雅俊は院司であったことが知られる。

20　この時期院は京内の御所として高松殿を用いており、ここから御幸したものと思われる。『中右記』同六月十日条に、「卯刻許参院、（高松）」とある。

21　北白河院は後堀河天皇の生母。

22　さらに、康和四年（一一〇二）三月十八日、同年六月十八日、貞和四年（一三四八）九月十九日の例も同様であったし、康和四年（一一〇二）閏五月十四日、承安四年（一一七四）二月六日の場合は法皇が御座したことが推定される。

23　建久二年（一一九一）の例については、『玉葉』から院司藤原頼実により「事由」が奏されたことが推定される。

24　院司は行幸に供奉している。

25　休所と考えられる。

26　「申事由」と同意で、到着を告げたものと思われる。院司侍従大納言源雅実は行幸に供奉している。

27　太田静六氏前掲註7によれば、白河法皇の六十賀の行われた六条殿は対代も持たない規模だったのではないかとされる。

28　『殿暦』永久五年（一一一七）正月四日条に、「今日上皇還御大炊殿、」とありまた同八月六日条にも、「院御所、（大炊御門万里小路伊与長實宅、此両三年爲院御所召券文云々、）」とあるので、院の京中の御所として大炊御門殿が用いられていたことが知られる。

29　さらに、永久五年（一一一七）十月十六日の例があげられよう。この日鳥羽天皇は白河殿に方違行幸したが、『殿暦』によれば、「但白河御所ニ上皇不御座、然者南階ヨリ可寄御輿」とされる。この場合実際には御輿寄は設けられなかったが、上皇不在の場合は南階より入るのが原則であったことを示している。

30　同時に広義門院にも拝覲している。『続史愚抄』には、「拝覲儀。先新法皇。次新院。次廣義門院。」とある。

31　応長元年（一三一一）四月十一日、正和二年（一三一三）十月九日の場合は行幸に先だち院が予め御幸していたものと思われる。

32　朝覲以前に何故留守儀をとったのか不詳であるが、或いは朝覲行幸より前の行幸は正式の訪問とは認めないという意識があったのかもしれない。

33 白河殿は北殿、南殿（泉殿）等により成っていたが、鳥羽上皇、美福門院により用いられていた。主に北殿が用いられたが、女院は行幸に先だち泉殿に御幸したものと思われる。

34 「申事由」と同義と思われる。

35 『玉葉』建久四年（一一九三）正月朔日条によると、「及晩、相伴大將、參殷富門院、（御座白川押小路殿御所、）」とあり、この頃には押小路殿は殷富門院の御所として用いられていたことが知られる。建久五年（一一九四）正月朔日条にも同様の記述がある。

36 後の例ではあるが『花園天皇宸記』正和二年（一三一三）十月九日条に、「朝覲已前上皇御幸内々儀也、然者鳳輦寄南階也」とあるのが参考になる。なお、殷富門院は、後白河上皇の女亮子内親王である。『玉葉』文治三年（一一八七）正月朔日条によれば、押小路殿は寝殿の他、透渡殿、中門、東四足門などにより成っていたことが知られる。

37 因みに、院御所以外の住宅への行幸例について見ると、例えば文治二年（一一八六）五月二十一日の藤原兼実が用いている冷泉万里小路殿への方違行幸では寝殿が南殿（紫宸殿）に擬されたし（『玉葉』同日条）、同年四月七日の藤原経宗の大炊殿への方違行幸でも寝殿の南面が南殿（紫宸殿）に、北面が御殿（清涼殿）に擬されている（『玉葉』同日条）。これらに於てはいずれも南階が用いられている。

38 『北山抄』巻第九に詳しい。実例を朝覲行幸の例で示せば、例えば康和四年（一一〇二）正月二日の鳥羽殿への行幸があげられるが、出発に際し内裏（高陽院）で鈴奏があり、還御の後またここで鈴奏があった。

39 『山槐記』仁安二年（一一六七）四月二十三日条には、鳥羽殿への方違行幸に関し、「於鳥羽有鈴奏、近年於旅所有之、可尋」とあり行幸先での鈴奏に疑問が提出されている。しかしながら、前述『殿暦』永久五年（一一一七）二月六日条の鳥羽殿の例では、「鈴奏如常」とされ、このころすでに南階より入る場合はこの奏の行われるのが通例であったことが知られる。右に紹介した『山槐記』条は、換言すれば鈴奏が行われるのは天皇の御所に於てのみという事を示していよう。

40 著御時には西中門より昇った。『中右記』に、「至鳥羽北殿西門、暫留御輿、令院司左衞門督申事由、歸參後入御、於西門下寄御輿」〈付点筆者〉とあるが、この西門は文意より見て西中門の誤りと考えられる。

41 『中右記』に、「寄御輿於南階、依院御氣色也」とある。

42 『中右記』に、「有院仰寄御輿於寝殿南階」とある。

43 『中右記』に、「寄御輿於寝殿南階、依上皇仰也」とある。

44 長元四年（一〇三一）正月三日の上東門院御所への行幸について『左経記』には、「寄御輿還御、（是依院御消息也云々、）」とある。

45 小寺武久「平安京の空間的変遷に関する考察（二）」（『日本建築学会論文報告集』六六号、昭和四十四年十二月）。

46 『園太暦』康永三年（一三四四）十月二十三日条。

47　ところで、著御時の鈴奏は先に述べた様に、院・女院が不在もしくは不在に擬された場合に行われている。しかしながら還御に着目すると事情は若干異ってくるようで、南階より還御する場合の鈴奏について時に疑問が提出されている。『台記』康治二年（一一四三）正月三日、天養元年（一一四四）正月五日の朝覲行幸条、『山槐記』治承三年（一一七九）四月十七日の方違条、『応永二十一年御方違行幸記』にその例が見られるが、これらに共通するのは『山槐記』条を除き、すべて著御時に中門廊が用いられていることである。即ち、院が御座した場合に属している。つまり、これらの疑問は、還御の際いかに南階より御輿に乗るとは言え院が御座する場合は鈴奏は行わないのが当然ということから発せられたものと思われる。しかしながら実際はこれらに反し、すでに『中右記』寛治二年（一〇八八）八月七日条に、「御輿於寝殿中央間、還御之儀如例也、鈴奏立樂等如常」と記される様に鈴奏を行うのが通例になっていた。

48　本節では行幸をとり上げた。しかしながらこれ以外について、例えば東三条殿に関し『殿暦』永久三年（一一一五）五月二十五日条を見ると、源雅実は任右大臣の慶を申し上げるために関白藤原忠実の東三条殿を訪れている。この時雅実は東対南階より昇り、東対南面で忠実と対面した後、中門廊より還っている。また『中右記』天仁元年（一一〇八）八月十三日条には摂政忠実の上表儀が記されているが、勅使は中門廊より昇り、後、対南階より還っている。これらの例は、貴族住宅の昇降についてさらに具体的な検討が必要であることを示していよう。

第三節　院の御幸時に於ける貴族住宅の出入口

〔一〕はじめに

前節では院・女院御所への行幸時に於ける出入口について検討したが、中門廊が用いられたのは訪問時に於てであり、寝殿南階が使われたのは院・女院が不在或いは不在に擬される即ち天皇の御所に準えられる場合に於てであることが知られた。ここに貴族住宅の南階と中門廊の主客による機能分化を認めることが出来る。そしてこの原則は史料が得られた平安時代から室町時代まで基本的に変わることはなかった。

一方、一六世紀に成立したと考えられる『三内口決』[1]には主殿に関し、面七間に妻戸が二つ設けられたこと、そのうちの一つは公卿座の中にあるが主人の妻戸で普段は用いず貴人等の出入の路とされたこと、そしてこの場所に中門車寄が設けられたこと等が記され、主人或いは貴人の出入口と中門車寄との強い関係を知ることが出来る。

また太田博太郎氏は書院造に於ける玄関の成立について塔頭のそれの形式に注目し、寝殿造の中門廊と無関係ではあり得ないとされた。[2]

この様に平安時代貴族住宅（様式的観点からは寝殿造住宅）と主殿・書院造とでは、出入口、特に主人の出入口の位置が大きく異なっており、中門廊が次第に重視されていったものと推定される。しかしながらその過程および要因については従来殆ど明らかにされてこなかった。これらを解明するには様々な場合の出入時の用法を具体的に示し、特に南階と中門廊の出入口としての性質やその変化をさらに詳しく検討する必要があるだろう。前に述べた行幸時の用法からこれらを探ることは出来ない。

ところで、天皇を退位した院（上皇）は、行動に制約を受けることの多かった天皇に対しすべてから自由であったとされるが[3]、御幸についてはどうだったのであろうか、行幸との対比で興味が持たれる。

本節では管見により知られる平安時代から室町時代の御幸時に於ける出御・著御時の出入口についてその実態を示し、それぞれの場合について主として南階・中門廊に焦点を当てその使い分けの要因を明らかにしたい。さらに御幸時に於ける主人の出入口の変遷についても考えてみることにする。

〔二〕出御時の用法

表1は平安時代から室町時代に於ける院の御幸に関し、出御した住宅及びその出口の個所が知られるかあるいは推定されるものについて年代順に整理したものである。以下これに基づき検討することにしたい。

（一）寝殿南階が用いられる場合[4]

南階から出御する例はかなりの数に上る。移御（移徙・遷御）、賀茂・石清水等諸社への御幸および御幸始には原則として南階が用いられた。

まず移御について、建久九年（一一九八）四月二十一日、後鳥羽院が新造なった二条殿に自身の御所大炊御門殿から御幸する例を『吉大記』同日条に見ると、

公卿列立南庭、（北上西面、左大将外皆懸裾、）先是左右兵衛引陣、主殿寮奉仕立明、次輦御車於南階、（諸司二分十人著束帯役之、）左近少将實宣朝臣右近少将有雅爲啓將候之、次上皇（御冠、御直衣、二藍御指貫、被遂（逐カ）寛治例歟、）駕御々車、（殿下令候御簾給、人々用無文帯給、）公卿以下於東門外次第騎馬供奉

と記され、公卿らは南庭に列立し、院は南階より乗車し東門から出御したことが知られる。

次に諸社への御幸に関し石清水社への例を『猪隈関白記』建仁二年（一二〇二）三月二十六日条に見よう。御所鳥羽殿からの御幸であっ

たが、院は寝殿南庇に座を占めている。

左右乗尻各十人渡南庭、(自西渡東、先左、次右、上﨟爲先、)次神寶舞人乗尻渡南庭、(自東渡西、)

先前掃二人、(相竝、召使、)

次御幣持三人(白妙、一行仕丁、)

次神寶十一荷、

次案二荷、(已上十三荷、一行、)

次御祓物一荷、御琴持一人、(相竝藏人所仕人、但不著襷褌、其外皆著襷褌、)

次神馬三疋、(一行、各付鈴木綿、口取各二人、冠褐衣、襖袴、菒脛巾、藁沓、)

次小使四人、(廳官、束帯、)

次舞人十人、(上﨟爲先、但路頭下﨟爲先、)

各御廐舎人、居飼、隨身、小舎人童、雑色等相具、

次左乗尻十人、(一行、)

次右乗尻十人、

次舎人十人、次居飼十人、

次舎人十人、次居飼十人、

乗尻大路下﨟爲先、舎人居飼各相從、乗尻左右依番次第相竝、

次公卿自下﨟起座著靴、余於中門廊南妻内方著靴、…〈中略〉… 次余以下列立南庭、(北上東面、)衞府公卿帯弓箭如行幸、次寄唐御車於寝殿南階、一員次將雅親朝臣取御劒入御車、殿下參御車簾給、内大臣取御衣尻、次公卿自下﨟一々退出、於西門外乗馬、余同之、(隨身二人張馬口行列如行幸、仍不更記、)陪從等於中門外發歌笛聲、次出御自西門

南庭では神宝、神馬、舞人の御渡の儀があり、その後、院は寝殿南階で車に乗り西門より出御した。他の石清水社への例、あるいは賀茂社、日吉社、春日社への例を検討してみても南階を用いる場合には南庭で御渡の儀が行われている。この点に着目しておきたい。

表１　院の出御時の出口に関する用例一覧

西暦	和　暦	院・同乗者	住　宅	御幸の目的	出御場所	備　考	史　料
1087	寛治 元. 2. 5	白河	三条殿	鳥羽殿ニ移御	西対南階	院御所は西対	伏見宮御記録
1090	寛治 4.11.29	白河	大炊殿カ	石清水八幡宮ニ御幸	寝殿南階	御渡儀あり	御二条師通記
1091	寛治 5. 2.11	白河	大炊殿	日吉社ニ御幸	西対南階	大略如八幡、院御所は西対カ　御渡儀あり	御二条師通記，他
1093	寛治 7. 3.20	白河	六条殿	春日社ニ御幸	南階・南面中央間	御渡儀あり	後二条師通記，他
1093	寛治 7.10. 3	白河	六条殿	日吉社ニ御幸	南階	御渡儀あり	西園寺家記録
1096	永長 元. 7.10	白河	六条殿カ	加茂社ニ御幸	西寝殿	今夕御幸、是密儀也	中右記
1103	康和 5. 正.25	白河	高松殿	皇子ニ対面ノ為女御御所ニ御幸	西対東面		中右記
1103	康和 5. 8.17	白河	高松殿	高陽院ニ移御	北面・北対南面	8/25より寝殿は東宮御所	殿暦，為房卿記
1115	永久 3.11. 2	白河	大炊殿	白河新造御所ニ移御	南面		殿暦
1118	元永 元. 4.21	白河	土御門東洞院殿	賀茂祭見物	南面		中右記
1118	元永 元. 7.10	白河	土御門東洞院殿	白河北殿ニ移御	寝殿南		中右記
1126	大治 元. 2. 2	白河	三条西殿カ	三条東殿ニ移御	御所西北妻戸		永昌記
1130	大治 5.12.27	鳥羽	三条西殿	三条東殿ニ始御幸	寝殿		長秋記
1131	天承 元. 6. 8	鳥羽	三条西殿カ	鳥羽殿御仏供養泉殿新堂上棟	東中門廊	寝殿は仏事会場	長秋記
1131	天承 元. 7. 8	鳥羽	三条西殿カ	鳥羽阿弥陀堂落慶供養ニ臨幸	小寝殿南面		長秋記
1167	仁安 2.10.25	後白河	法住寺御所	日吉社ニ御幸	南階	御渡儀あり	兵範記
1179	治承 3. 正.14	後白河	七条殿	法勝寺ニ御幸	寝殿南階		山槐記
1180	治承 4. 3. 4	高倉	閑院	御幸始（新院）	東対南階	諸卿列立南庭　東対は院御所カ	山槐記，玉葉
1183	寿永 2. 7. 7	後白河	法住寺南殿	法勝寺御八講結願	中門内（常御所西向中門）	法住寺殿に白地臨幸	吉記
1185	文治 元. 正. 5	後白河	白河押小路	御祈始ノタメ上西門院御所ニ御幸	南階		吉記
1185	文治 元. 5. 1	後白河	白河押小路	法勝寺三十講始ニ御幸	中門	・依仰輦中門	吉記
1187	文治 3. 7. 3	後白河	白河押小路	法勝寺御八講始ニ御幸	中門北廊車寄妻戸		玉葉
1188	文治 4.12.19	後白河	五条殿	六条殿ニ移御	南階	・上達部（束帯）、列立南庭	山丞記，吉大記
1188	文治 4.12.21	後白河	六条殿	御幸始（移徙後初御幸）	南階		山丞記，吉大記
1191	建久 2. 正.18	後白河	六条殿カ	蓮華王院修正ニ御幸	西面閑所	・未得其意	玉葉
1191	建久 2.12.20	後白河	法住寺殿カ	御渡以後、初度御幸	常御所西面壺中	・今日褻事也	玉葉
1198	建久 9. 4.21	後鳥羽	大炊御門殿	二条殿ニ移御	寝殿南階	・公卿列立南庭	吉大記
1199	正治 元. 7. 7	後鳥羽	二条殿カ	法勝寺御八講	寝殿南階		猪隈関白記
1200	正治 2. 正. 8	後鳥羽	二条殿カ	法勝寺御八講	寝殿南階		猪隈関白記
1201	建仁 元. 3.13	後鳥羽	二条殿カ	長講堂御八講結願	西面妻戸		猪隈関白記
1201	建仁 元. 7. 5	後鳥羽	二条殿	法勝寺御八講第三日	西面妻戸		猪隈関白記
1202	建仁 2. 3.26	後鳥羽	鳥羽殿（南殿）	石清水八幡宮ニ御幸	寝殿南階	御渡儀あり	猪隈関白記
1202	建仁 2. 3.28	後鳥羽	二条殿	賀茂社ニ御幸	南階	御渡儀あり	猪隈関白記
1202	建仁 2.10.19	後鳥羽	二条殿	京極殿ニ移御	西面妻戸		猪隈関白記
1204	元久 元. 正. 5	後鳥羽	京極殿	御幸始（歳首カ）	南階		明月記
1205	元久 2.12. 2	後鳥羽	京極殿	高陽院殿ニ移御	寝殿南階カ		伏見宮御記録
1206	建永 元. 4.26	後鳥羽	高陽院殿カ	七条第（熊野精進所）ニ御幸	南階		猪隈関白記
1206	建永 元.10.17	後鳥羽	高陽院殿カ	仁和寺ニ御幸	寝殿南階		猪隈関白記
1207	承元 元. 7.28	後鳥羽　修明門院	高陽院殿	白河殿新御所ニ移御	南階	・公卿列居庭中	猪隈関白記
1208	承元 2. 7.20	後鳥羽	白河新御所	御幸始（移徙後初御幸）	南階		堀黄記
1209	承元 3. 7. 5	後鳥羽	白河殿	法勝寺御八講第三日	南階		猪隈関白記
1209	承元 3. 8. 3	後鳥羽　修明門院	白河殿	押小路新御所ニ移御	南階	公卿ら列立南庭	玉蘂
1210	承元 4. 正. 4	後鳥羽	高陽院	御幸始（歳首カ）	南階	公卿ら列立南庭	玉蘂
1213	建保 元. 3. 2	後鳥羽	水無瀬殿	鳥羽殿ニ渡御	中門妻戸	・非御渡移徙也	仙洞御移徙部類記
1232	貞永 元.10.14	後堀河	内裏	冷泉万里小路殿ニ移御	仁寿殿代東面妻戸		御譲位并御即位記
1233	天福 元. 正.13	後堀河	冷泉富小路殿	法勝寺修正	中門廊	・自寝殿可有駕御歟	民経記
1233	天福 元. 正.18	後堀河	冷泉富小路殿	蓮華王院修正御幸	寝殿南階		民経記

西暦	和　暦	院・同乗者	住　宅	御幸の目的	出御場所	備　考	史　料
1246	寛元 4. 2.16	後嵯峨	冷泉万里小路殿	御幸始(新院)	南階	御馬御覧あり	御譲位記
1246	寛元 4. 4.26	後嵯峨	冷泉万里小路殿	石清水八幡宮ニ御幸(新院)	寝殿南階カ	御渡儀あり	葉黄記
1246	寛元 4. 4.29	後嵯峨	冷泉万里小路殿	賀茂社ニ御幸(新院)	寝殿南階カ	御渡儀あり	賀茂御幸記
1246	寛元 4. 5.20	後嵯峨	冷泉万里小路殿	石清水八幡宮ニ御参籠	弘御所南中門廊	・褻事	葉黄記
1248	宝治 2. 正.13	後嵯峨	冷泉万里小路殿	法勝寺修正	寝殿南階カ		葉黄記
1248	宝治 2. 2.10	後嵯峨	冷泉万里小路殿	賀茂・北野両社ニ御幸	内(弘御所)中門廊		葉黄記
1259	正元元.12.13	後深草	冷泉万里小路殿	御幸始(新院)	南階	御馬御覧あり	御幸始部類記
1260	文応元. 8. 9	後深草	三条坊門殿	石清水八幡宮ニ御幸	南階	御渡儀あり	石清水臨幸記
1279	弘安 2. 正. 9	亀山 新陽明門院	冷泉万里小路殿カ	法勝寺修正第二夜	南階		勘仲記
1279	弘安 2. 7. 7	亀山	冷泉万里小路殿カ	法勝寺御八講結願	御車寄		勘仲記
1280	弘安 3. 正. 3	亀山	常盤井殿	御幸始(歳首)	中門廊	中門廊での乗車は大宮院が御同座のため	勘仲記
1283	弘安 6. 正. 3	亀山	近衛殿	御幸始(歳首)	中門廊	大宮院と同宿カ	勘仲記
1286	弘安 9. 7. 7	亀山	冷泉万里小路殿	法勝寺御八講結願	寝殿南階カ		勘仲記
1288	正応元. 正. 8	後深草 東二条院	常盤井殿	法勝寺修正	寝殿南階カ		勘仲記
1288	正応元. 正.18	後深草	六条殿(長講堂)	蓮華王院修正	中門	御堂を御所となしたため中門で乗車	公衡公記
1319	元応元. 正.23	後伏見 花園 広義門院	持明院殿	竹中殿ニ御幸(依雪興)	北面		花園天皇宸記
1320	元応 2.10. 3	花園	持明院殿	伏見上皇御月忌(参衣笠殿)	中門	永福門院等と同宿	花園天皇宸記
1320	元応 2.10.30	後伏見	持明院殿	北山第ニ御幸(覧紅葉)	中門	永福門院等と同宿	花園天皇宸記
1321	元亨元. 正.25	後伏見 花園	持明院殿	御幸始(歳首カ)	中門	永福門院等と同宿	花園天皇宸記
1321	元亨元. 2. 3	後伏見 花園	持明院殿	深草法華堂ニ御幸(御諷誦)	中門	永福門院等と同宿	花園天皇宸記
1321	元亨元. 3. 9	後伏見 花園 (女房)	持明院殿	長講堂御八講	西面御車寄		花園天皇宸記
1321	元亨元. 5.13	花園	持明院殿	御深草天皇月忌	中門	永福門院等と同宿	花園天皇宸記
1322	元亨 2. 3.18	後伏見 花園 一品宮 昭訓門院 親王	持明院殿	花見岡亭ニ御幸	西面		花園天皇宸記
1322	元亨 2. 6.11	後伏見 花園 広義門院 永福門院	持明院殿	仏事、北山第ニ御幸	東面		花園天皇宸記
1323	元亨 3. 3. 1	後伏見 花園 親王 (女房)	持明院殿	花ヲ歴覧	対屋妻		花園天皇宸記
1323	元亨 3. 7. 3	花園	持明院殿	衣笠殿ニ御幸(伏見天皇御月忌)	中門	永福門院等と同宿	花園天皇宸記
1323	元亨 3. 9.26	花園 (親王・女房二人)	持明院殿	六条殿ニ於テ供花	西面		花園天皇宸記
1323	元亨 3.10. 7	後伏見 花園 (女房三人)	持明院殿	菊亭(前右大臣)ニ於テ舞楽ヲ御覧アラセラル	東面		花園天皇宸記
1323	元亨 3.12.26	後伏見 花園	持明院殿	火事ニヨリ今小路殿ニ避難	対妻		花園天皇宸記
1324	正中元. 2. 7	後伏見 花園	持明院殿	御幸始(歳首カ)	中門	永福門院等と同宿	花園天皇宸記
1325	正中 2. 正.24	後伏見 花園・親王	持明院殿	御幸始(歳首カ)	中門	永福門院等と同宿	花園天皇宸記

西暦	和　暦	院・同乗者	住　宅	御幸の目的	出御場所	備　考	史　料
1325	正中 2. 8. 6	後伏見 永福門院	持明院殿	御堀河天皇ノ御八講	東面		花園天皇宸記
1332	正慶元. 正.15	後伏見 花園	常盤井殿	御幸始（歳首ｶ）	寝殿南階		花園天皇宸記
1332	正慶元.10.28	後伏見 花園	常盤井殿	光厳天皇御禊・鹵簿ヲ御覧	寝殿南階		花園天皇宸記
1332	正慶元.11.13	後伏見 花園	常盤井殿	標山ヲ御覧	寝殿南階		花園天皇宸記
1334	建武元. 正.29	光厳	持明院殿	御幸始（新院）	中門廊南妻戸	後伏見院等と同宿	洞院家記
1342	康永元. 8.13	光厳 広義門院	持明院殿	六条殿ニ御幸	東向		中院一品記
1342	康永元. 8.23	光厳	持明院殿	六条殿ニ御幸（結願）	中門妻戸	花園院と同宿	中院一品記
1344	康永 3. 正.19	光厳	持明院殿	褻御幸始（幸新御所・歳首ｶ）	東面御車寄	院御所は東面	園太暦
1345	貞和元. 3.16	光厳（徽安門院同乗ｶ）	持明院殿	褻御幸始（幸新御所）	中門妻戸	法皇同宿ｶ	中院一品記
1347	貞和 3. 正.26	光厳 徽安門院 親王	持明院殿	褻御幸始（萩原殿・歳首ｶ）	東向		通冬卿記，園太暦
1348	貞和 4.12.17	光明	土御門殿	御幸始（新院）	寝殿南階	・公卿列立南庭	園太暦
1348	貞和 4.12.20	光明	持明院殿	八葉御車始、六条殿ニ御幸	中門廊	光厳院と同宿	園太暦
1368	応安元. 2. 5	崇光	菊亭	室町第ニ移御	南面妻戸		崇暦
1412	応永19. 9.27	後小松	東洞院殿	晴御幸始（新院）	寝殿南階	御馬御覧あり	兼宣公記
1424	応永31.10.29	後小松	東洞院殿	相国寺ニ御幸	御車寄		看聞御記

鎌倉前半期について見ると、御幸始にも寝殿南階が用いられている。御幸始には歳首の御幸、移徙以後初の御幸、あるいは院になった後初めての新院御幸など様々な場合があったが、目的地としては母親あるいはこれに準ずる者の住宅が選ばれた。例えば歳首の御幸始に関し、後鳥羽院の御所高陽院から母親七条院の御所三条殿への場合について『玉蘂』承元四年（一二一〇）正月四日条には以下の様に記されている。

右府以下列立南庭、（北上西面、）次輦御車（廂御車、新造也、）於南階、
關白進跪南簀子、次院司二人進寄懸打板、次關白進褰御簾、上皇出
御於簾外、（御直衣冠、薄色浮文御指貫也、）次乗御、關白褰之、先是諸
卿前行、於門下騎馬

やはり、右大臣以下の公卿が南庭に列立したが、院は南階から乗車したことが知られる。

これら以外にも南階が用いられた例は存在している。鎌倉初期に於ける法勝寺での仏事への例が多いが鎌倉末期の常盤井殿からの例も目につく。

(二) 中門廊が用いられる場合

中門廊は様々の場合に用いられた。以下順に検討していきたい。

まず、天福元年（一二三三）正月十三日、後堀河院が法勝寺修正に伴い御所冷泉富小路殿から御幸した例を見よう。実はこの日院に先立ち中宮も行啓したが、その御車は寝殿南階に寄せられ南庭に列立する公卿の前

で乗車している。一方院は中宮と同様寝殿に出御したが、ここから対代南面弘庇等を経、中門廊より乗車したのである。しかしながらこの点に関し『民経記』同日条には、

今夜出御儀、後日奉語家君之處、猶上皇自寝殿可有駕御歟

と記され、院は寝殿より乗車すべきであったとして中門廊からのそれに対し疑問が提出されている。(5)

また、『吉記』文治元年（一一八五）五月一日条によれば、後白河院は法勝寺三十講始により御所押小路殿より御幸したが、

巳剋参院、（押小路殿、着束帯、雖須着直衣、有雨氣、依進退有煩也、）午剋事具之由、自寺家奏之、次有出御（兼輂御車於寝殿南面、依仰輂中門、兼上御車簾、）

とあり、寝殿南面に輂けられていた御車の位置が院の意向により中門に変更された。理由は特に記されないが或は雨天のためだったのであろうか。(6)

移御の際には前にも述べた様に、寝殿南階を用いるのが原則であった。しかしながら『仙洞御移徙部類記』(7)には、建保元年（一二一三）三月二日、後鳥羽院が水無瀬殿から鳥羽殿へ渡御したことに関し、

雨降自水無瀬殿　御幸鳥羽殿…〈中略〉…御渡可為晴…〈中略〉…毎度尋常儀不可必然於今度者可爲密儀御車（八葉）公卿已下布衣（上絬）可参之由有　勅定且又依建仁例候所不相儲之外所々饗不可及御沙汰依非御移徙也云々　午刻出御（御水干）於寝殿南弘庇有乱舞事了乗御々輿（兼儲中門妻戸東面）

と記されている。この日は通常の御渡と異なり雨降りであったが、今度は密儀の車を用いるべきであり、そしてまた御移徙ではないので所々饗などは沙汰に及ばずとしている。院は中門妻戸より出御した。(8)

御幸の目的地が同じであっても、同じ住宅で寝殿南階と中門廊が使い分けられる場合があった。表1に見るように後嵯峨院は寛元四年（一二四六）四月二十六日、御所冷泉万里小路殿から石清水八幡宮に御幸した。この時は院になってから初めての同社への御幸であったが、寝殿南階より乗車したと考えられる。しかしながらそれから間もなくの五月二十日、院は参籠のため八幡宮に向かうことになるが『葉黄記』同日条には、

又好節倹顧人費、仍就省略被用淨衣、蓋又近例也、四位五位院司不及口入、予一事以上奉行、如此事、近習之中以其仁爲先之故也、

承久以後此儀久絶了、仍雖爲藝〔褻〕事、人々頗無子細歟、未明可出御之由有仰之間、自夜半參御所催促之、丑剋早爲御晝云云、及寅剋人々參上、近日之日出寅剋也、仍早及微明、弘御所南中門廊儲御輿、…〈中略〉…次駕御御輿、（著御布御淨衣、後簾之外皆卷之如常、）此間公卿已下列居、早以騎馬、中宮權亮顯方朝臣取御劔、北面下﨟左衞門尉信茂、…〈中略〉…路頭行列無定樣、強不正位次、近習壯年人々近祇候歟

と記され、弘御所南中門廊より輿に乗ったことが知られる。後嵯峨院の冷泉万里小路殿は、寝殿の他、弘御所、内弘御所[9]、弘御所東小御所[10]等々により成っており、東礼[11]の住宅であった。弘御所は寝殿の西方に設けられ[12]、この弘御所では御作文会[13]、和歌管弦会[14]が催されている。院の常御所は寝殿より西方に設けられていたと思われ[15]、従ってこの弘御所は院の常御所の近辺に位置したものと考えられる。この参籠のための御幸は同記に記される様に「褻事」とされ、また「節儉顧人費、」「路頭行列無定樣、強不正位次、」ともされる様な性質を有していた。即ちこの様な点に鑑みた時、院にとっての重要事たる初の御幸の際の様な寝殿南階ではなく、弘御所のしかも中門廊が選択されたことの意味が理解できるのではないだろうか。

後白河院の御所法住寺殿から御幸の例も興味深い。表1からも明らかな様に仁安二年（一一六七）十月二十五日の日吉社への御幸には南階が用いられたが、寿永二年（一一八三）七月七日の法勝寺御八講結願の際には、常御所西向の中門内より乗御した。但これは『吉記』同日条に、

自去夜雖入御新熊野精進屋、白地有臨幸此御所之故也、公卿通親卿一人早參、又親信卿在御所方云々、相次攝政殿令參給、即有出御、殿上人纔五六輩參會、朝景之由依思食、殊被忩歟、輦御車於常御所西向、中門内乘御

と記される様に、新熊野精進屋から到着したばかりにもかかわらず慌ただしく出発した場合の例であった。また、中門廊と明確には記されないが、建久二年（一一九一）十二月二十日の場合はやはり常御所西面壺中より出御した例であり、『玉葉』同日条には、「褻事」と記されている。

以上の例は非本来的或いは略式的な場合の用法と考えることが出来よう。

次の例も中門廊の用法として注目される。『勘仲記』弘安三年（一二八〇）正月三日条によると、亀山院は常盤井殿から後深草院御所たる富小路殿に御幸始を行っている。

人々参集《進イ》之後有出御、寄御車於中門廊、（大宮院御同宿故歟、）

中門廊に車を寄せここから乗車したが、これは亀山院の母親大宮院が同宿しているというのがその理由であった。(16) 表1によれば亀山院は他に冷泉万里小路殿、近衛殿を用いていたが、中門廊より出御した近衛殿ではやはり大宮院と同宿していたと考えられる。(17) 因みに今まで本節で紹介してきた、南階が出口となった例あるいは中門廊でも非本来的、略式的用法の例は、母親等と同宿した場合のそれではない。

中門廊についてさらに次の例もあげることが出来よう。正応元年（一二八八）正月十八日の朝、後深草院は六条殿長講堂に渡ったが、蓮華王院修正のためここから御幸している。『公衡公記』同日条によれば、

亥刻出御、先公卿（予懸裾、如例、）列立中門〔廊〕南庭、（北上東面、）兼立御車於中門外、（御堂爲御所之間、於中門可乗御御車也、）…〈中略〉…經公卿座北廊〔井中門廊〕御東行、於中門乗御〻車、（網代庇、被巻御簾、御下簾被□□八字）

とあり、院は中門より乗車したことが知られるが、これは御堂を御所となしたためとされている。この場合は厳密に言えば住宅の例として適当ではないかもしれないが中門の用法を知る上で貴重である。住宅の例で示せば天承元年（一一三一）六月八日条の例が良いだろう。『長秋記』によればこの日鳥羽院は三条殿東中門廊より出御したが、この寝殿では御修法が行われていた。

中門廊の用法に関し、さらに興味深い事実が存在している。表1を概観した時、院の同乗者に女性が居る場合には中門廊が使われなかった事が知られるのである。(18) 特に、持明院殿での用法にこれが顕著に表れている。

(三) 寝殿南階、中門廊以外の場合

さて、以上の検討は寝殿南階、中門廊に関してであったが、これ以外にも出口は存在している。後鳥羽院の二条殿に於ける西面妻戸と、後伏見院・花園院の持明院殿に於ける東面、西面（御車寄）がそれである。これらの住宅にはいずれも高位者が複数居住していたが、これらについて若干の検討を試みたい。

二条殿の構成についてはすでに明らかにされているが、ここには後鳥羽院の他、東宮も同宿していた。(19) 普段の東宮御所には東対代があてられ、院は寝殿を中心とする西面を用いていたが、正治二年（一二〇〇）四月の立太弟以前と以降とでは院の儀式空間に変化が見ら

れることが指摘されている。[20] 即ち以前は東面で行われていたが以後は西面が用いられる様になった。表1を見ると立太弟以前は御幸にあたり寝殿南階が用いられていたが、以降は西面妻戸が使われている。この変化は右に述べた内容に対応している。しかしながら、以降の例でも建仁二年(一二〇二)三月二十八日の賀茂社への例では南階が使われている。これは前にも述べた様に御幸に際し御渡儀等を南庭で行わざるを得ず、そのためにとられた措置と考えられよう。

持明院殿の構成や居住者についてもすでに明らかにされている。後伏見院、花園院、永福門院(伏見院妃)、広義門院(後伏見院妃、花園院准母)や後伏見院の皇子たちがそれぞれ居所を定め住んでいたが、これらの居所は固定されず時に相互の移動が行われていた。[21] しかしながら正中二年(一三二五)十月十七日までについて見ると、後伏見、花園の両院は寝殿西面や北面を、永福門院、広義門院の両女院は寝殿東面をそれぞれ御所として用いたことが知られる。[22] 表1によれば西面[23]より出たのは後伏見・花園の両院であり、東面からの場合は例外はあるものの女院が同車した場合であった。東面、西面の出御時に於ける使い分けはこの様な居住形態の反映と考えることが出来そうである。

以上、院の御幸時に於ける出御場所について検討してきた。しかしながらこれまで主人という語を意識的に用いずに来た。何故ならば、これらの用法を主人の出口のそれとして一概に捉えることは出来ないからである。というのも南階が出口となった場合は母親あるいは父親等と同宿せず文字通り院がその住宅の主人であったと見做すことが可能な例であるが、中門廊が用いられた場合の一つの理由、即ち母親等との同宿あるいは仏事会場として使われていた場合は、仮に母親等あるいは御仏をこれら住宅の主人と見做すことが出来るのであれば、この場合は院を主人として捉えることは不可能となってしまうからである。この様な観点に立つ時中門廊は主人の出口として用いられたと言うことは出来なくなる。それにもかかわらず本項で指摘したいのは、非本来的或いは略式的な用法とは言え平安末期から鎌倉時代にかけて既に院の出口として中門廊が使われていたという事実であり、これらについては院は母親等と同宿しておらず従って主人の出口として見做すことが出来るという事である。

〔三〕著御時の用法[24]

前と同様著御に関し整理したものが表2である。これに基づき検討を進める。

（一）寝殿南階が用いられる場合

移御（移徙）の場合には寝殿南階が用いられる。表2によればこれらの例で南階の用例の殆どが占められている。前項で紹介した後鳥羽院が建久九年（一一九八）四月二十一日に二条殿へ移御した例を『猪隈関白記』同日条に見よう。

扣御車於門内霤下、引出御牛、殿上人各候御車、左右水火童女参向立中門外、黄牛二頭同引立御車前、（近衛官人各二人引之）火童女秉紙燭在右、（蔵人勘解由次官清長副之、…〈以下略〉）水童女在左、（蔵人中宮大進長兼副之、…〈以下略〉）陰陽頭宣憲朝臣奉仕御反閇、昇自南階入御中門、公卿列居南庭、余同之、水火童女黄牛等前行、黄牛二頭牽立庭中、（左右相分、各北面、）又水火童女昇自南階、水瓶進入簾中了、寄御車於寝殿南階、殿下褰御車簾給、於晝御座供五菓、女房御陪膳云々、殿下令候東廂邊給、予同候

院の御車は門内に入り、中門から公卿の列立する南庭に進んだ。南庭では水火童女、黄牛が前行し、水火童女は南階より昇ったが、そののち院の御車はここに寄せられた。昼御座では五菓が供された。他の移御の例を見てもほぼ同様の経過を辿っている。

著御時に寝殿南階が用いられるのは移御に限ったことではない。永久三年（一一一五）九月二十一日、白河法皇が時の関白藤原忠実の富家別業を御覧になるために御幸したときには、やはり寝殿南階に御車が寄せられている。『殿暦』同日条には、

御装束寝殿東西南三面、母屋庇西廊南西兩面懸廻翠簾、…〈中略〉…南庇當母屋御座敷繧繝端御座二枚、…〈中略〉…未剋上皇入御自北面西門、…〈中略〉…次御車寄階隠間

と記されるが、装束（舗設）より見て寝殿は院の御所に準えられたものと思われる。さらに南階が用いられた同様の例として、建久九年（一一九八）二月十四日および建仁二年（一二〇二）三月二十六日の後鳥羽院が石清水八幡宮に御幸した際の宿院についての記録があげられるが、前者についてその装束を『三長記』建久九年（一一九八）二月十三日条に見ると、三間四面寝殿の母屋中央間に屏風が立廻らされその中に院の御座が舗設されている。北庇にも御座が置かれ、その前に畳や火爐が据えられていた。東庇には棚が立てられまた榻手

表２　院の著御時の入口に関する用例一覧

西暦	和　暦	院・同乗者	住　宅	御幸の目的	著御場所	備　考	史　料
1087	寛治 元. 2. 5	白河	鳥羽殿	移御	南階		伏見宮御記録
1091	寛治 5.10.27	白河	小野山荘	雪見御幸	はしかくしのま		今鏡
1094	嘉保 元.正.14	白河	鴨院	陽明門院ノ病ヲ訪フ	中門廊	申事由の儀あり	中右記
1095	嘉保 2. 6.26	白河	閑院	移御	寝殿中央間		中右記
1103	慶和 5.正.25	白河	五条高倉殿	皇子ニ御対面	西渡殿東二間	・依便宜也	中右記
1103	慶和 5. 8.17	白河	高陽院	移御	東対南庇東戸		為房卿記
1104	長治 元.12.27	白河	大炊殿	移御	寝殿前階		中右記
1115	永久 3. 9.21	白河	富家別業	御所ヲ御覧ノ為御幸	寝殿南日隠		殿暦
1115	永久 3.11. 2	白河	白河殿	移御	南階		殿暦
1118	元永 元. 7.10	白河	白河北殿	移御	御所南辺		中右記
1126	大治 元. 2. 2	白河	三条東殿	移御	南階		永昌記
1130	大治 5.12.26	鳥羽	三条西殿	修理後初渡御	寝殿中央間		中右記，長秋記
1132	長承 元.10. 3	鳥羽	白河新御堂御所	初御渡	南階間		中右記
1134	長承 3.12.22	鳥羽	白河北殿	移御	南面		長秋記
1135	保延 元. 2.25	鳥羽	東三条殿	春日御幸ノ為渡御	寝殿階間・南階		長秋記，平知信朝臣記
1150	久安 6.12.13	崇光	白河北殿	著袴ニ臨御	卯酉小寝殿南妻		本朝世紀
1153	仁平 3. 3. 8	鳥羽	雷解小路御所	中宮御産所ニ御幸	中門廊	・女院御車輦寝殿南面	兵範記
1154	久寿 元. 7.29	鳥羽	鳥羽御堂中御所	移御	西面妻戸		台記，兵範記
1158	保元 3. 8.17	後白河	高松殿	移御	寝殿南階		兵範記
1158	保元 3.10.17	後白河	宇治小松殿	御幸	寝殿南弘庇東間		兵範記
1161	応保 元. 4.13	後白河	法住寺殿	移御	寝殿階隠間		法住寺殿御移徙部類
1166	仁安 元.10.10	後白河	東三条殿	立太子事ニ依ル	東中門廊外戸	・宮御車被輦對南弘庇	兵範記，玉葉
1167	仁安 2.正.19	後白河	法住寺新造御所	移御	南階		兵範記
1172	承安 2. 7.21	後白河	三条室町殿	移御	寝殿南面		玉葉
1173	承安 3.10. 5	後白河	最勝光院御堂御所	移御	西面妻戸		玉葉
1175	安元 元. 7.11	後白河	法住寺辺ノ新御所	移御	寝殿南面		玉葉
1180	治承 4. 3. 4	高倉	土御門東洞院殿	御幸始（新院）	寝殿南階	邦綱亭	玉葉
1185	文治 元.正. 5	後白河	持明院殿	御祈始ノタメニ御幸	中門廊	（上西門院御所）	吉記
1188	文治 4.12.19	後白河	六条殿	移御	南階		山丞記，吉大記
1188	文治 4.12.21	後白河	八条殿	御幸始（移徙後初御幸）	中門廊西面妻戸	（八条院御所）	山丞記，吉大記
1191	建久 2.12.16	後白河	法住寺殿	移御	南階		玉葉
1191	建久 2.12.20	後白河	最勝光院南萱御所	御渡以後、初度御幸	寝殿南面東妻戸		玉葉
1198	建久 9.正.21	後鳥羽	三条殿	御幸始（新院）	中門廊	（七条院御所）	猪隈関白記
1198	建久 9. 2.14	後鳥羽	石清水宮宿院	石清水八幡宮ニ御幸	南階		三長記
1198	建久 9. 4.21	後鳥羽	二条東洞院第	移御	寝殿南階		猪隈関白記，師直記 吉大記
1200	正治 2.10.17	後鳥羽	安井殿	蓮華光院供養	中門廊	（殷富門院御所）	明月記
1201	建仁 元. 3.13	後鳥羽	六条殿（長講堂カ）	御八講結願	中門廊		猪隈関白記
1201	建仁 元. 9.30	後鳥羽	鳥羽殿御精進処	鳥羽殿ニテ御精進始	中門廊		猪隈関白記
1202	建仁 2.正. 6	後鳥羽	三条殿	御幸始（歳首）	中門廊	（七条院御所）	猪隈関白記
1202	建仁 2. 3.26	後鳥羽	八幡宮宿院	石清水八幡宮ニ御幸	寝殿南階		猪隈関白記
1202	建仁 2.10.19	後鳥羽	京極殿	移御	南階		猪隈関白記
1203	建仁 3.11.10	後鳥羽	二条殿	移御	南階		伏見宮御記録
1203	建仁 3.11.11	後鳥羽	三条殿	御幸始（移徙後初御幸）	東面	（七条院御所）	伏見宮御記録
1204	元久 元.正. 9	後鳥羽	宣陽門院御所	親王ノ御著袴ノ儀	中門廊		明月記
1204	元久 元. 8. 8	後鳥羽 二位重子	五辻殿	移御	南階		伏見宮御記録
1205	元久 2.12. 2	後鳥羽	高陽院	移御	南階		伏見宮御記録
1206	建永 元.10.17	後鳥羽	仁和寺南院 仁和寺北院	長仁親王、出家ニ依ル	中門廊 廊南妻	七条院に謁見	明月記 明月記
1207	承元 元. 7.28	後鳥羽 修明門院	白河新御所	移御	寝殿南階		猪隈関白記
1208	承元 2.正. 3	後鳥羽	三条殿	御幸始（歳首）	中門廊	（七条院御所）	猪隈関白記
1208	承元 2. 4.13	後鳥羽	前太政大臣頼実第	蹴鞠	西ノ小寝殿ノ南オモテ		承元御鞠記
1208	承元 2. 7.20	後鳥羽	三条殿	御幸始（移徙後初御幸）	中門廊	（七条院御所）	猪隈関白記

西暦	和　暦	院・同乗者	住　宅	御幸の目的	著御場所	備　考	史　料
1209	承元 3. 8. 3	後鳥羽 修明門院	押小路新御所	移御	南階		猪隈関白記
1210	承元 4.正. 4	後鳥羽	三条殿	御幸始（歳首）	中門外妻戸下	（七条院御所）	玉蘂
1210	承元 4.12.23	土御門	高陽院殿（後鳥羽院御所）	御幸始（新院）	中門妻戸		長兼卿記
1214	建保 2.12.13	後鳥羽	大炊御門殿	移御	南階（女院同車）		伏見宮御記録
1232	貞永元.10.14	後堀河	冷泉富小路殿	移御	南階		御譲位并御即位記
1246	寛元 4. 2.16	後嵯峨	土御門殿	御幸始（新院）	中門廊東面車寄戸	承明門院と対面	御譲位記
1247	宝治元. 5.11	後嵯峨	六条殿	長講堂供花	中門廊	（宣陽門院御所）	葉黄記
1248	宝治 2.正. 6	後嵯峨	土御門殿	御幸始（歳首）	中門廊	（承明門院御所）	葉黄記
1259	正元元.12.13	後深草	二条万里小路殿	御幸始（新院）	中門廊	（後嵯峨院御所）	御幸始部類記
1274	文永11. 2. 7	亀山	常盤井殿	御幸始（新院）	中門廊	（大宮院御所）	御幸始部類記
1279	弘安 2.正. 3	亀山	常盤井殿	御幸始（歳首）	中門	（大宮院御所）	勘仲記
1287	弘安10.12. 8	後宇多	万里小路殿	御幸始（新院）	西中門	（亀山院御所） ・最略儀歟	御幸始部類記
1319	元応元.正.14	後伏見 花園 広義門院	北山第	御幸始（歳首）	西面		花園天皇宸記
1319	元応元.正.14	後伏見 花園 広義門院	衣笠殿	女院ﾄ対面	東面		花園天皇宸記
1319	元応元. 5.12	花園	六条殿	長講堂供花	東面妻戸		花園天皇宸記
1319	元応元. 5.18	後宇多	六条殿（長講堂ｶ）	供花	東中門		花園天皇宸記
1321	元亨元.正.25	後伏見 花園	衣笠殿	御幸始（歳首）	東面御車寄ｶ		花園天皇宸記
1321	元亨元. 3.18	花園 広義門院	今小路殿	女院御方ﾃﾞ盃酌	東面車寄		花園天皇宸記
1321	元亨元. 5.13	花園	六条殿	後深草天皇月忌	東面		花園天皇宸記
1321	元亨元.12.23	花園 女院・親王	今小路殿	広義門院御産	北面		花園天皇宸記
1322	元亨 2. 4.23	後伏見 花園・蔭子	量仁親王御所	庚申会	対妻		花園天皇宸記
1322	元亨 2. 6.11	後伏見 花園 広義門院 永福門院	北山第	仏事ｶ	南第東面		花園天皇宸記
1322	元亨 2. 8.28	後伏見 花園 広義門院 女房	北山第	永福門院ﾄ対面	東面		花園天皇宸記
1322	元亨 2. 9. 4	後伏見 花園	北山第	西園寺実兼ﾉ病ｦ問ﾌ	中門		花園天皇宸記
1322	元亨 2.10.20	後伏見 花園	北山第	七僧法会	中門	寝殿は法会会場ｶ	花園天皇宸記
1322	元亨 2.12.27	後伏見 花園・女房	北山第		北屋廊		花園天皇宸記
1323	元亨 3. 3. 1	花園 親王 （女房）	前関白第	花ｦ歴覧	中門		花園天皇宸記
1323	元亨 3. 9.10	後伏見 花園 広義門院 （女房）	北山第	仏事	北亭廊		花園天皇宸記
1323	元亨 3. 9.26	花園 （女房二人）	六条殿	供花	東面		花園天皇宸記
1323	元亨 3.10. 7	後伏見 花園 （女房三人）	菊亭	舞楽ｦ御覧ｱﾗｾﾗﾙ	西面		花園天皇宸記
1324	正中元. 6.20	花園	持明院殿	広義門院ｦ見舞ﾌ	中門		花園天皇宸記
1325	正中 2.正.24	後伏見 花園・親王	衣笠殿	御幸始（歳首ｶ）	御車寄		花園天皇宸記

西暦	和　暦	院・同乗者	住　宅	御幸の目的	著御場所	備　考	史　料
1325	正中 2.12.13	後伏見 花園	六条殿	後白河天皇御月忌供花	東面		花園天皇宸記
1332	正慶元. 正.15	後伏見 花園	北山第	御幸始（歳首ｶ）	中門廊	（永福門院御所）	花園天皇宸記
1332	正慶元. 5.13	後伏見 花園	六条殿	後白河天皇御月忌供花	東面御車寄		花園天皇宸記
1334	建武元. 正.29	光厳	某所	御幸始（新院）	中門廊南妻戸		洞院家記，続史愚抄
1345	貞和元. 3.16	光厳 徽安門院	広義門院御所（持明院殿西面）	褻御幸始	中門 寝殿南妻戸ｶ（女院）	（広義門院御所）	中院一品記
1347	貞和 3. 正.26	光厳 徽安門院 親王	萩原殿	褻御幸始	中門妻戸（院・親王） 東向妻戸（女院）	（花園院御所）	通冬卿記
1348	貞和 4.12.17	光明	持明院殿	御幸始（新院）	中門廊南戸	・今度爲女院御所儀 申事由の儀あり	園太暦
1368	応安元. 2. 5	崇光	室町第	移御	西面妻戸	・今夜移徙之儀毎事省略	崇暦
1412	応永19. 9.27	後小松	三条坊門殿（義持第）	晴御幸始（新院）	寝殿南階		兼宣公記
1430	永享 2. 4.28	後小松	三条坊門殿（義教第）	御幸（会所等ﾃﾞ饗応）	中門	・自未末雨降	満済准后日記

洗等が配されている。この様にこの宿院寝殿は院の御所に準えられていたのを知ることが出来よう。

(二) 中門廊が用いられる場合

御幸始に於ては殆どの場合中門廊が用いられる。御幸始には前述したように様々の場合が存在したが、おおむね母親や父親またはこれに準ずる人物の住宅が目的地となっている。[25] 従って、この御幸は天皇の朝覲行幸などに類似する訪問の性質を持ったものと考えられるが、具体的例を承元四年（一二一〇）正月四日、後鳥羽院が母親七条院の御所三条殿に向かった場合について『玉蘂』同日条に見よう。

到御所東四足下、諸卿下馬入門、列立殿上屛〔風脱カ〕前、先是殿上人列立御車宿前、次御車入御、此間殿上人諸卿等在地、次輦御車於中門外妻戸下、良久關白進参以廳官令見之、則参入褰御車簾、即下御、次入御々所、家嗣取御劍進入簾中、公卿等昇殿、關白、右府、余等候上達部座

東四足門より入り中門外妻戸に車を着けここで下り、御所に入った。他の御幸始の例を見てもほぼ同様の内容が記されている。

『花園天皇宸記』正中二年（一三二五）正月二十四日条には後伏見、花園両院の衣笠殿への御幸始について記されているが、

今日親王有御同車、於衣笠殿、被寄御車寄之段有恐、自中門可下御之由有仰、女房可候寝殿之由、内〻告申之處、只可被寄御車寄之由被申、仍如此

とあり、今回は御車寄を用いたが本来は中門で下車すべきであったことを知ることが出来る。

朝覲行幸など院御所や女院御所への行幸の場合は中門廊より入御するのが定式であったが、その際には訪問の意を伝える「中事由」儀が行われていた。しかしながら本節の院の御幸の例でこの儀の存在が知られるのは僅かに貞和四年（一三四八）十二月十七日の光明院の例のみであった。

御幸始以外でも以下に示す様な母親等に準ずる人物の御所に御幸する場合には中門廊が使われている。『明月記』元久元年（一二〇四）正月九日条によると、後鳥羽院は親王の御著袴儀の会場たる宣陽門院御所に向かったが、宣陽門院は後鳥羽院の叔母にあたっている。また、正治二年（一二〇〇）十月十七日の後鳥羽院の安井殿への例は、殷富門院（後鳥羽院の伯母）の御所への御幸、建永元年（一二〇六）十月十七日のやはり後鳥羽院の仁和寺南院への例は、七条院（後鳥羽院の母）との謁見、正中元年（一三二四）六月二十日の花園院の持明院第への例は、広義門院（後伏見院妃、花園院准母）を見舞うためのものである。

また、元亨二年（一三二二）九月四日の後伏見、花園両院の北山第への例は西園寺実兼の病気見舞のためであったが、実兼は後伏見院の妃（広義門院）の祖父であり、また伏見院妃（永福門院）の父であった。実兼が亡くなった時花園院は、

此相國者朝之元老、國之良弼也、仕自後嵯峨之朝、爲數代之重臣、頃年以來雖遁跡於桑門、猶關東執奏不変、又於重事者預顧問

と言って嘆き悲しんだが、実兼はまた、後伏見院と花園院にとって、

上皇誠有外祖之義、於身又爲曾祖之義

とされるような人物であった。(26) この様な関係が或いは中門廊からの入御となって表れたものと思われる。

建仁元年（一二〇一）三月十三日の後鳥羽院が六条殿（長講堂ヵ）へ御幸した例も興味深い。この場合も中門廊に車を寄せているが、ここでは仏事が執り行われていた。出御の時に検討した正応元年（一二八八）正月十八日の例等が想起されよう。

永享二年（一四三〇）四月二十八日、後小松院が将軍足利義教の三条坊門第に御幸した例も注目される。実は、院は応永十九年（一四一二）にも将軍（内大臣）足利義持第に晴御幸始を行っている。この新院御幸始は前述のような母親等の御所への御幸始ではなく下位の者の(27)住宅への御幸であったため南階より入御した。しかしながら、永享二年の場合は同じ将軍第への御幸にもかかわらず(28)中門より入御している。この件に関し、『満済准后日記』四月二十八日条には、

御幸中半計歟。自未末雨降。御車被寄中門

と記され、雨のためであったことが知られる。

(三)寝殿南階、中門廊以外の場合

寝殿南階、中門廊以外の場所に著御した場合について鎌倉末期の北山第を取り上げ考えてみたい。北山第は西園寺家の重要な住宅として知られ(29)、この時期西園寺実兼に属していた(30)。後伏見院・花園院と実兼とは前述したような関係にあり、従って御幸時には中門廊が用いられた。しかしながら元応元年(一三一九)正月十四日、元亨二年(一三二二)六月十一日、同年八月二十八日の場合には中門廊は使われていない。これらの三例について、再び表2を見ると中門廊での場合に対し女院が同車している点に共通性が認められる。この様な用法は出御時について検討した結果と同様の傾向を示している。

以上、院の著御場所について検討してきたが、移御や院の御所に準じる場合には南階が、訪問的色彩の強い場合には中門廊の使用が認められた。従って御幸を通して見た主人の入口は原則的には南階であったと言う事が出来よう。これは行幸についての場合と同様の結果である。

〔四〕おわりに

以上をもとに寝殿の南階、中門廊に着目し院の出入口について簡単に纒めてみたい。まず、出御についてであるが、移御(移徙)、賀茂・石清水等諸社への御幸に於ては南階が用いられた。諸社への御幸の場合には寝殿南庭が儀式会場として重要な役割を果し、神宝・舞人等の御渡儀が行われている。また鎌倉前半期に着目すると御幸始にも南階が使われている。これ以外にも南階から出御した例は多く認められるが、院にとって極めて重要な言わば晴の御幸には南階が用いられたと見て良いだろう。これに対し中門廊が使われるのは、非本来的、略式的御幸と考えられる場合に於てであった。また、院の母親が同宿している場合、御堂が御所にあてられている場合にも同様に中門廊が用いられる。しかし高位の女性が同乗する場合には中門廊は使われない。

一方著御について見ると、移徙に際しては南階のみが用いられた。また目的地が院の御所に準えられる場合にも南階が使われる。これに対し中門廊が用いられるのは御幸始に於てであった。御幸始は母親やこれに準ずる人物に対し行われるものであり、天皇の朝覲行幸に類する訪問の性質を持つものと考えられる。御幸始以外でも、母親やこれに準ずる人物に対する御幸には中門廊が使われている。しかし、出御時と同様高位の女性が同乗する場合には中門廊は用いられない。

主人の出入口という点より御幸を見ると、南階がこれにあてられたことが知られるが中門廊も使われており、それは出口としての用法により強く認めることが出来る。そしてその萌芽は平安末期に既に現れている。

一五世紀後半期の後花園院以降は一六世紀末の正親町院に至るまで院が置かれなかったため、これらの期間について知ることは出来ない。しかしながら貴族住宅の主人の出口について南北朝時代の洞院公賢邸を見ると知られるのは殆どが中門廊の例であり、かなり早い時期から南階の重要性が減じていたことが推測される。仮にそうだとするならば、主人の出口の変遷という点から見た場合、院の場合は天皇と貴族の用法の中間に位置していたとすることが出来よう。

註

1 群書類従　巻第四七二。

2 太田博太郎『書院造』(昭和四十一年、東京大学出版会)。

3 村井康彦「院政論」(『日本の歴史』昭和四十九年、小学館)。

4 表中に単に南階あるいは南面と記されたものは史料の文意より見て、すべて寝殿南階と見做すことが出来るものである。

5 中宮は院の后、媓子であり同年四月三日に院号を得ている。後堀河院が何故南階ではなく中門廊を用いたのか理由は記されていない。著御についてではあるが、仁安元年(一一六六)十月十日の後白河院の例が参考になるかもしれない。『兵範記』によれば院は憲仁の立太子に伴い東三条殿に向かったが、憲仁は東対南広庇に車を付け(但し『玉葉』では北中門)、院は中門廊外戸に車を寄せている。東宮になるべき憲仁に遠慮したのであろうか。

6 院の例ではないが、雨により中門廊が用いられた例を『台記』久寿元年(一一五四)正月朔日条に見ることができる。

7 宮内庁書陵部蔵。

8　院は同年正月二十一日に水無瀬殿に御幸し三月三日に鳥羽殿に移るまでここを御所としていた。五月二十五日には再び水無瀬殿に戻っている。
9　『葉黄記』宝治二年（一二四八）正月十七日条。
10　『御譲位記』寛元四年（一二四六）三月十三日条。
11　『定嗣卿記』仁治三年（一二四二）三月十八日条。
12　『葉黄記』前掲註9。
13　『葉黄記』宝治元年（一二四七）三月二十日条。
14　『顕朝卿記』宝治二年（一二四八）正月十七日条。
15　『経俊卿記』宝治元年（一二四七）十一月二十八日条。
16　御幸についてではないが『園太暦』延文四年（一三五九）二月二十七日条に乗車位置について、「卿相雲客之間、扈従人入来并父祖同宿之時者、於門外乗車勿論候、不然之時者、輦於中門廊《常事候歟》車寄戸可駕之候歟」とあり、父祖が同宿の時は門外で乗車するが、そうでない場合は中門廊より乗車したことが知られる。これも同様の関係を示したものと見て良いだろう。
17　『続史愚抄』によれば、亀山院と大宮院は常盤井殿に同宿していたが、弘安五年（一二八二）十一月二十六日の焼亡により共に靡殿に移っている。そののち院は、十二月五日に近衛殿に移御したが、大宮院も同所に移ったものと思われる。
18　女院・中宮に関し平安、鎌倉期の行啓を見ると、中門廊を用いないのが通例であったことがわかる。
19　太田静六『寝殿造の研究』（昭和六十二年、吉川弘文館）。
20　溝口正人「後鳥羽上皇の二条殿における居住形態と殿舎構成について」（『日本建築学会大会学術講演梗概集』平成三年九月）。
21　川上貢『日本中世住宅の研究』（昭和四十二年、墨水書房）。
22　『花園天皇宸記』元亨元年（一三二一）正月朔日、正月三日、六月二十二日、八月二十三日、元亨二年（一三二二）八月八日、八月九日、元亨三年（一三二三）八月二十二日、正中元年（一三二四）正月朔日、正月十五日、正月十九日、正中二年（一三二五）六月十二日条。
23　『花園天皇宸記』には東面、西面とのみ記され具体的場所は知られないが、中門廊あるいは南階でないことは確かであり、寝殿あるいはそれに付属した殿・廊の車寄等を指したものと思われる。
24　著御については帰邸時のそれも考えられるが、得られた例が少ないため今回は扱わない。
25　例外として、治承四年（一一八〇）三月四日と応永十九年（一四一二）九月二十七日があげられる。前者は高倉院の邦綱亭への例であり、後者は後小松院の義持第への御幸である。いずれも下位の者の住宅への御幸である。

26 『花園天皇宸記』元亨二年(一三二二)九月十一日条。
27 『兼宣公記』によれば、義持は御幸に供奉し、また到着時には院の御車の簾を褰げている。
28 将軍が院より下位の者であったことは『満済准后日記』の、御幸に際し義教が躊躇している記述からも知られる。
29 川上貢前掲註21。
30 『花園天皇宸記』元亨元年(一三二一)四月六日条、九月二十八日条、十一月十七日条、他。

第四節　南北朝時代貴族住宅の出口および乗車位置
―洞院公賢の用法―

〔一〕はじめに

平安時代貴族住宅から近世住宅、様式的観点から言えば寝殿造から書院造への変遷過程の解明に於て、玄関の成立過程を明らかにすることが最重要課題の一つであることは言を俟たない。この玄関の成立については早くから論じられてきた。しかしながらこれらに於ては寝殿造の中門廊との関係を指摘することはあっても(1)、出入口の用法の実態を明らかにしその変遷を具体的に跡付け検討したものは見られない。

ところで大河直躬氏は近年の著作に於て寝殿造の出入口に関し、主人の出入口は寝殿の南階であり、訪問者の出入口は中門廊であったと簡明に述べ(2)主人と客の出入口が機能分化していたと見做している(3)。

一方、『三内口決』(4)には主殿に関し、

面七間之中。妻戸二有之。(一ハ公卿座ノ中也。是ハ主人ノ妻戸。仍平生ハ不開之。爲貴人等出入之路也。中門車寄此所ニ相兼テ作之。家々有之。輿等自此戸可寄候也。)其次之妻戸。平生之客人之通路也。

とあり、「主人ノ妻戸」は公卿座に設けられ、またここに作られた「中門車寄」が昇降に際し重視されていた様子を窺うことが出来る。

もし仮にこの様であったとすれば主人の出入口の位置は大きく変化したことになるが、その変遷過程および要因については全く不明

のままである。

本節では、これらを解明する手始めとして南北朝時代の代表的貴族洞院公賢とその住宅、中園殿をとり上げ、主人の出入口としてどこがどの様に用いられていたのかを明らかにし、また本来寝殿造の中門廊には設けられなかった車寄が重視されていく過程と要因について考えてみたい。

公賢の著した『園太暦』はこの時代を具体的に知るためにまず第一にあげられるべき史料であり、当時の最上級貴族層の住宅の出口および乗車位置を知るのに相応しいものとなっている。なお主人としての公賢の出入に関する記録は出発に関するものが殆どであるので、この場合について検討することにする。

〔二〕中園殿と公賢の出口、乗車口

今日遺される『園太暦』が書き始められた応長元年(一三一一)当時の公賢の住宅については位置、規模ともに詳らかにすることは出来ない。しかしながら康永三年(一三四四)以降は中園殿に居住していた。『園太暦』康永三年(一三四四)十一月二十四日条(以下、特別に断らない限りは『園太暦』からの引用とする)に、

未刻著宇治、聊駄餉、申刻赴洛、秉燭之間到著中園第了

と記されている。中園殿は当時の院御所持明院殿の近所に存在したが、[5]同年(一三四四)正月朔日条に、

予里第已仙洞咫尺也

とあるので、この年の正月には公賢はすでに中園殿を用いていたことが知られる。貞和三年(一三四七)六月三日には、それまで居住していた中園殿を修理もしくは建て替えし、息男実夏と共に寝殿に移徙したが、これ以降もこの地を動いた様子を認めることは出来ない。中園殿の規模については移徙以降のものについて知ることが出来る。東面に晴門を持ち、寝殿のほか東対代、東卯酉廊、侍廊、中門廊などにより成っていた。[6]移徙以前については知られない。しかしながら『園太暦』には修理もしくは建て替えに際し以前のものとどの様に変わったかについての記述は特に無いし、また移徙後の住宅の構成がほぼ同時期の貴族住宅の典型的なそれであったと考えられ

るので(7)、移徙以前に於ても対代を持つかあるいはこれをさえ欠く構成をとっていたものと考えることにする。

さて、前にも述べた様に貞和三年（一三四七）六月三日、公賢は息男実夏と共に移徙したが、実夏と中園殿との関係についても述べておくべきであろう。と言うのも、昇降の場所を検討するに際しては、この中園殿の主人は誰であったのかを明確にしておく必要があるからである。移徙以前と以降とに分けて見ておきたい。

移徙以前、実夏は中園殿の向屋に住んでいた。康永三年（一三四四）正月五日条に、

　今日敍位習禮、此第室禮無便宜之間、渡春宮大夫向屋始此事

とあり、また同年十一月二十二日条にも、「春宮大夫向屋」の記述がある。春宮大夫とは実夏のことを指している。『園太暦』を通覧してもこの期間公賢と同居していたことを示す記述は無い。かえって方違や対面のために公賢がこの向屋を用いたことがある程である(8)。

移徙以降については注意を要する。移徙に際し実夏は南階より昇り寝殿東面二間に入ったが、ここで五菓が供された。一方公賢は寝殿北面に居を構え、ここで五菓の儀があった。実夏はこの後客座に出たが、

　今日爲亭主儀、仍令坐奥座予許也

と記され、この移徙に際し亭主の役割を果している。しかしながら、この時以来実夏が中園殿の主人となったのではない。実はこの移徙は

　但今年予遊年在坤方、今年移住者、彼方作事・犯土不可叶云々、仍談在弘朝臣・有俊朝臣等、爲春宮大夫分移徙儀也、予相附之凌（渡カ）之體也

とある様に、公賢の方忌のため実夏の移徙に公賢も伴うという方式をとったものであった。この時以来、公賢と実夏は同居したようであるが(9)、実際は公賢が以前と変わらずこの住宅の主人であった。上表、任太政大臣拝賀の出発など公賢に関する重要な儀式の殆どがここで行われたのに対し、実夏が主体となる儀式は行われていない。また移徙の際に実夏の居所とされた寝殿東面二間は普段は公賢の内出居として使われており(10)、実夏は権大納言に任ぜられた後、この内出居に来て公賢と談じている(11)。

実夏は公賢の移徙以降、文和四年（一三五五）十二月二十七日条に、

　今日節分也、去年方違事與奪大納言之處、彼卿當時移住向屋

とある様に、向屋を引き続き用いていたことが知られる。

いずれにせよ中園殿の主人は公賢であったと見做して良い。移徙時、公賢の居所は寝殿北面に設けられたが、普段の御所はどこであったのかを知ることは出来ない。しかしながら客座、公卿座が東卯酉廊に設けられ[12]、内出居が寝殿東面に設けられたことに鑑みて寝殿内にあったと見て良いだろう。

さて、公賢の出口、乗車位置について検討していきたい。表1は中園殿に関し『園太暦』より知られる外出時の記事について、管見の及ぶものを整理したものである。次項で述べる理由により、扈従あるいは同行した人物や前駆等についても併せ示してある。これら諸例のうち出口、乗車位置が知られるか或いは推定されるものの数は多くはない。これらをもとにまず出口から検討していくことにしよう。

貞和四年(一三四八)十一月十日、公賢は任太政大臣拝賀のために参内・参院した。当日、上達部、殿上人などがこの住宅に参集している。出発に際し公賢は寝殿より出て東卯酉廊の上達部座[13]に著し、ここから進み対代前階を下りた。

次主人起座、出當間弘庇東行、下對代前階、於下一級著沓、(殿上人右中将守賢朝臣獻之、侍所司定景傳之、此間前駈取松明進出、列居中門南頭、雜色長取松明進參階下、)出中門東行、(前駈等猶一行、先下臈東行、沓役殿上人在主人後、雜色長在傍、)向上達部上首相揖、(致禮人退列蹲居、兩人也、)諸卿答揖、(參議揖畢、更警折、)主人到門外乘車、上臈前駈(光綱朝臣、)就車右開輦戸立榻、(卽居柳榻候、)其人(春宮大夫、)就車左褰簾主人乘車、(本役殿上人守賢朝臣、取沓賜雜色長、)本役前駈(光綱朝臣、)押入裾、閉輦戸撤榻、先參內、行列先殿上人、(下臈爲先、二列、)宗重朝臣・長顯朝臣・實富朝臣・伊俊朝臣・守賢朝臣・信行朝臣・敦有朝臣・公夏朝臣・親明朝臣・公村朝臣・實興朝臣・基賢朝臣・實勝朝臣・信　兼・行　時・教　光・時　經・時　光・邦　茂・兼　賴・公　廣・基　數・親　兼・光保・藤原光豐、次前駈笠持十二人、(二行、)次地下前駈、(下臈爲先、二行、馬上取松明、右爲上、)次主人車、(卷簾、)車副六人、(毎辻稱警蹕、)牛飼一人、(持榻在車右、)仕丁一人、(持雨皮・張筵、在車左、)大番一人、(持笠相從仕丁邊、)次雜色二人、(平禮、上結、亂緒垂尻、)次雜色長右府生峯茂(平禮、白襖、差帶、)騎馬、於晴所者下馬、取松明在雜色前、次扈從上達部、左大將(公重、)・源大納言(通冬、)・大宮大納言(公名、)・三條大納言(公忠、)・春宮大夫・別當(實繼、)・右衞門督(忠季、)・甘露寺中納言(藤長、)・右宰相中將(實材、)・大宮宰相(隆持、)・西園寺三位中將、(實俊、)・路次北大路西行

表１　中園殿に於ける公賢の外出時の出口に関する用例一覧

西暦	和　暦	目　　的	出　口	乗車位置		扈　従・同　行	前駆・雑色など	備　　考
				中門廊	門　外			
1344	康永 3. 正.　1	参院 (院御薬)	中門ｶ	◌			前駆　光煕、光連 等	鋌車駕 教言、仙洞で来会、 基隆遅参
	正.　1	参院 (拝礼)	中門	○		殿上人二人 頭中将基隆　(連車) 山科少将教言 (連車)	前駆　光遠、仲康 光煕、兼氏　等 雑色長・雑色・如木	
	正.　2	参院 (院御薬)					前駆　仲康、光連 業治 雑色長・車副	基隆、教言、隆 邦朝臣 ・各参會仙洞門外
	正.　3	参院 (院御薬)					前駆　光遠、仲康 光煕、兼氏 雑色長	同上
	正.　7	参内 (白馬節会)				教言	前駆　光遠、仲康 光煕、業治 雑色長・雑色・如木	基隆遅参
	正. 22	参内 (除目)				春宮大夫 (実夏)	前駆　仲康、業治 雑色長　車副	実夏は公賢の息 実夏、公賢と同 車 (ｶ)
	正. 23	参内 (除目)					前駆　光煕、光連 雑色長	
	正. 24	参内 (除目)					前駆　仲康、兼氏 業治 雑色長	
	2. 16	参内 (吉書奏)					前駆　光連、業治 雑色長	・殿上人少々雖 相誘、面々故 障之間不相伴、 近來法也
	2. 28	参内 (御遊)				春宮大夫 (実夏)、同車	前駆三人 雑色長	
	閏 2.　1	参院 (評定)					前駆二人	
	閏 2. 10	参院 (詩御会)				実守　同車	前駆三人 雑色長	実守は権大納言、 公賢の弟で猶子
	閏 2. 12	参院 (和歌)				冷泉前大納言 (公泰) 同車	前駆四人 雑色長	公泰は公賢の弟
	9.　3	参院 (御八講)					前駆　光煕、光連 業治　等 雑色長、車副	
	9. 16	参院 (天竜寺御幸に同 行)				春宮大夫 (実夏)、同車	諸大夫　光遠、仲康 時茂、光煕 侍　源康成、康益	
	9. 23	参内 (除目)					前駆　兼氏、他 雑色長	・近來面々不譜、 無見訪之雲客
	10. 26	参院 (評定)					前駆　光連、業治 雑色長	
	11. 22	参宇治・春日				実守 (騎馬) 実夏 (騎馬) 冷泉前大納言 (公泰) ｶ	諸大夫　光遠、光綱 仲康、光煕 光連、経賢 侍　国定 六位　源康成、康信 紀定景、久知 衛府長	

西暦	和　暦	目　　的	出　口	乗車位置		扈　従・同　行	前 駆・雑 色など	備　　考
				中門廊	門　外			
1345	貞和元. 2. 2	参広義門院					前駆　時茂、光煕 光連	
	6.13	参祇園旅所				春宮大夫（実夏）	光煕　等	・不及共人、密々之儀也
	8.13	参院				春宮大夫（実夏）同車		
	8.22	参院					前駆　仲康、光連	
	8.29	見物 （天竜寺供養武将行向）				春宮大夫（実夏）同車		
	10.11	参院（評定）					前駆　仲康、光連	
	10.21	参院				右中将守賢	前駆　仲康、時茂 光連、業治 雑色長	
	10.21	参内 （出仕）				春宮大夫（実夏）同車 守賢　　　　連車		
1346	貞和 2. 5.13	参六條殿 （阿弥陀講）				春宮大夫（実夏）同車	前駆　時茂　光煕 雑色長	春宮大夫の共人、源康成
	5.15	参院 （舞御覧）				春宮大夫（実夏）同車 守賢	諸大夫、侍	
	5.26	参萩原殿					諸大夫　光綱、時茂 侍　　　定重	公賢、輿を用いる。萩原殿は法皇（花園院）御所
	7. 3	参萩原殿					時茂、業治 康成　等	公賢、輿を用いる。
	7. 7	参院 （和歌御会）				冷泉前大納言（公泰）同車 春宮大夫（実夏）同車	諸大夫 侍	
	8.29	詣近衛大納言邸				春宮大夫（実夏）	前駆　仲康、光煕 永季 雑色長	・殿上人雖誘問答、面々故障仍不相伴、冷然也、依爲最密儀
	閏 9.10	参院 （御百首令抜講）				冷泉前大納言（公泰）同車	諸大夫　光煕、永季 業治、仲康	
	10.13	向徳大寺				冷泉前大納言（公泰）同車 春宮大夫（実夏）同車	光煕 定景　等	
	11. 7	参梶井二品				冷泉前大納言（公泰）同車 春宮大夫（実夏）同車	諸大夫　光綱、光煕 侍　　　重興　等	
	11. 9	参院（勅撰竟宴）			○	冷泉前大納言（公泰） 春宮大夫（実夏）　カ 大納言（実守）同車カ 内大臣公清	前駆　光煕、兼氏 業治、永季 光盛 雑色長	
1347	貞和 3. 正. 1	参院 （院御薬）	中門カ	◌		春宮大夫（実夏） 教言朝臣、連軒	前駆　光煕、業治 永季	・教言疎遠者也、非指由緒來訪之間
	正. 2	参院 （院御薬）				春宮大夫（実夏）同車	前駆　仲泰（仲康カ） 光煕、永季 雑色長	・教言朝臣相伴、但咫尺連車、頗無要、仍可參會下車所之旨示之、

西暦	和　暦	目　　的	出　口	乗車位置		扈　従・同　行	前 駆・雑 色など	備　　考
				中門廊	門　外			
1347	貞和 3. 正. 3	参院 (院御薬)					前駆　仲康、業治 永季 雑色長	
	正. 3	参陽徳門院				春宮大夫 (実夏) 同車	前駆	
	正.14	参院 (評定始)					前駆　仲康、光煕 業治、永季 車副	
	正.22	参院					前駆　仲康、永季	
	2.30	参天竜寺					諸大夫　光煕、光連 永季 侍　重貞、源康成 紀定景　等	
	3. 2	参院 (評定)					前駆　業清、永季	
	8. 5	参法皇 (御悩)					光煕、光連 源康成　等	
	8. 9	詣梶井宮				春宮大夫 (実夏) 同車	諸大夫、侍	
	9.25	参西園寺無量光院				春宮大夫 (実夏) 同車	前駆　光綱、仲康、 光連、永季 前駆　光煕 雑色長	
	12.15	参二尊院				公泰、実守同車	諸大夫　光煕、光連 侍　定景　等	実守は途中より同車 ・予老後長途乗車雖無術、公泰實守兩卿可同車之旨頻示之
1348	貞和 4. 2.13	参萩原殿 (顕親門院仏事)					前駆　仲康、光煕 永季 雑色長	・殿上人近來具訪輩少々雖相待故實無之
	5.13	参萩原殿 (御不例)					光煕、永季 定景	
	6. 8	参安楽光院 (阿弥陀講)				大納言　実夏	前駆　三人	
	7. 7	参院 (御遊)				冷泉前大納言 (公泰) 同車	前駆　四人	
	10.11	参院 (親王御元服習礼)				春宮大夫 (実夏) 同車ヵ	諸大夫 侍	
	10.20	参萩原殿					諸大夫 侍	
	11.10	参内・参院 (太相国拝賀)	対代前階		○	上達部 公重、通冬、公名 公忠、実夏、実継 忠季、藤長、実材 隆持、実俊 殿上人 宗重、長顕、実富 守賢　等	前駆諸大夫 光綱、仲康 光連、兼氏 長経、行有 経賢、光之 懐衡、光盛 光春、親基 地下前駆 車副、牛飼 仕丁、大番 雑色、雑色長	

西暦	和暦	目的	出口	乗車位置		扈従・同行	前駆・雑色など	備考
				中門廊	門外			
1348	貞和 4.12.17	参新院 （新院御幸始）	中門廊	○		内蔵頭　教言	前駆　光綱、光煕 兼氏、経賢 永季、光之 雑色長	・無外人之間、自中門廊駕車教言且出門、可乗車旨雖示之不出之
	12.23	参院 （直衣始）	中門廊	○		殿上人 三条中将　公世 内蔵頭　教言	前駆　光綱、仲康 光煕、光連 永季、光之 雑色長	・無外人、自門内乗之也
1349	貞和 5.正. 2	参院 （院御薬）				民部卿（公泰）同車ｶ	前駆　仲康、光煕 光連、永季 雑色長	
	正. 3	参院 （院御薬）					前駆　仲康、光煕 兼氏、永季	
	正.29	褻御幸見物				民部卿（公泰）同車		
	7. 9	参院 （雑訴沙汰）				春宮大夫（実夏）同車		
	9.28	参院 （雑訴沙汰）					光煕、永季　等	
1350	観応 元.正. 1	参院 （奏牛車慶）	中門廊	○		春宮大夫（実夏） 左少将基秀	前駆 光綱、光煕、光連 永季、光之、光豊 雑色長	・於中門乗車、外人相伴之時於門外乗事 ・外人相伴之時不可然、於門外可駕也
	2.27	参院 （年号定事）				春宮大夫（実夏） 左少将基秀	前駆 光綱、光煕、光連 兼氏、永季、光之 車副、雑色長	
	3. 2	参詣石山				春宮大夫（実夏） 守賢	諸大夫 光綱、光煕、仲康 兼氏、永季 侍　源康成、紀定景 橘重豊、藤景康	輿を用いる。
	9.11	花園院御影参拝				前大納言（実守）同車 春宮大夫（実夏）同車 守賢	光煕、仲康 紀定景　等	
	9.27	参院 （雑訴沙汰）				春宮大夫（実夏）同車		
	10.17	参新院					諸大夫　光煕、光連 侍　広成　等	
1351	観応 2. 4.11	参院				春宮大夫（実夏）同車		
1355	文和 4. 2.26	賀茂員平宅に避難					光綱、光煕	
1356	延文 元.11.13	為定家に向う （和歌所見物）				大納言（実夏）同車 三位（公定ｶ）同車 光煕		

この参内に際し上達部以下多くの人々が扈従・同行したことが知られよう。なおこの場合の乗車位置は門外であった。出口が知られるこれ以外の例はすべて中門廊からのものである。[14] 二つほど例を示そう。上記の拝賀から間も無い十二月二十三日、公賢は直衣始により参院している。

亥刻理蓬鬢、戴竹皮、近來鬢髪灑落、其構縱横、頗經時刻、其後著直衣、（熨地綾遠文、表裏白如例、）綾袙（志々良地、遠文白、）・白單（綾、）指貫、（同直衣、但文藤丸、）白下袴等也、不帯劔笏、（不及令持之、正安如此、）先之殿上人三條中將公世朝臣、（馬瑙帯、々劔、召具随身一人、此間依法皇御事廢朝・警固中也、於此亭卷纓、弓壺借用、令持雜色也、）・内藏頭教言朝臣（同帯也、）幷前駈等來集、予出中門廊乘車、（公世朝臣褰簾、依無外人、自門内乘之也、）先參院、前駈（光綱朝臣・仲康・光熙・光連・永季・光之、各衣冠半靴、歩行也、）車副警蹕、雜色前聲等令止之、被止音奏程也、…〈中略〉…兩朝臣連車扈従（前駈歩行之時、殿上人連車先例也、）

この場合は三条中将公世と内蔵頭教言が連車扈従した。

観応元年（一三五〇）正月朔日には、牛車慶を奏上するため参院したが、

已及申刻、著裝束、…〈中略〉…及申刻欲出門之處、持明院少將基秀朝臣可相伴也、而遲來、頻加催促、及酉刻入來、（於中門乘車、外人相伴之時於門外乘事）仍出門、車輦中門廊乘之、（外人相伴之時不可然、於門外可駕也、）春宮大夫褰簾、即遣出、（今日雜色・牛飼・車副皆以無單袴、車副六人、警蹕如例、）前駈六人、（光綱朝臣・光熙朝臣・光連・永季・光之・光豐、歩行也、）前行雜色長秦峯茂、（布衣也、帯劔如例、）其後春宮大夫車、（前駈二人、兼氏・經賢、前行、）次基秀朝臣車、（随身二人、紅梅袴、）

とあり、やはり中門廊から出、ここで乗車している。扈従は春宮大夫実夏と持明院少将基秀がつとめた。

以上の様に『園太暦』により知られる公賢の出口は対代前階と中門廊のみで、寝殿南階の例を認めることは出来なかった。[15]

一方、乗車位置に着目すると表1からも明らかな様にこれらの例は二つに大別される。ひとつは門外で乗車するものであり、他のひとつは中門廊で乗車するものである。前者の例として、前出貞和四年（一三四八）十一月十日条があり、また貞和二年（一三四六）十一月九日の場合もこれに当てはまる。これらに於ては晴門たる東門外で乗車したものと思われる。これら以外は前掲の貞和四年（一三四八）十二月二十三日条、観応元年（一三五〇）正月朔日条も含めすべて中門（廊）で乗車または乗車したと推定される例であった。

〔三〕出口及び乗車位置の使い分けの要因

本項では、出口と乗車位置に何故前項で見た様な違いが生じたのかについて考えてみることにする。

まず、出口から検討したい。前に述べた様に、対代前階が用いられたのは貞和四年（一三四八）十一月十日の任太政大臣拝賀のため参内、参院した一例のみであった。この例と他との最も大きな相違はこの例がすべてに渡って大掛かりであったということに尽きる。当日早朝より住宅は内外共に清掃され、寝殿を始めとして建物内部が装束された。東卯酉廊には公卿座が、侍廊には殿上人座と前駆座が設けられた。また南庭には幔が引かれ、中門外にもこれが設置された。他にこの様な例を認めることは出来ない。一方、外出の行列に着目すると扈従した公卿は一一名に上り、前駆としての殿上人は実に二〇数名に及んだ。その他にも地下前駆など多くの人々がこれに参加している。この行列に関し、中門廊を出口として用いた場合を見ると、扈従したのは二名以下であり、前駆の数は対代前階の場合より遙かに少ない。その目的も任太政大臣拝賀の一身の大事に対し、院御薬や正月拝礼の様な年中行事や牛車の慶を奏するためのものであり、いずれも参院の例であった。

この様に見てきた時、これらの差が用いる出口の違いに表れたと見るのは極く自然なことであろう。即ち、対代前階より下りるのは中門廊からの場合に対し、外出理由がより晴れがましい場合と考えることが出来そうである[16]。

因に平安時代の例について花山院の場合を見ると、仁安三年（一一六八）八月二十五日、藤原忠雅は任太政大臣の慶賀のために参院、参内したが[17]西対南階より出ている。公卿座（客亭）は西対南面に、殿上人座は西又庇に設けられた。扈従した公卿は八名、殿上人は二〇数名、その他多くの人々が行列に参加している。また忠雅は仁安二年（一一六七）二月十一日に任大臣儀により参内したが[18]、この場合は西対中門廊より下りている。公卿座等は設けられていない。扈従したのも若干名であった。

さて、次に乗車位置についてであるが、『園太暦』には興味深い記述が見られる。前項で取り上げた貞和四年（一三四八）十二月二十三日条、観応元年（一三五〇）正月朔日条の一部を再録しよう。

予出中門廊乗車、（公世朝臣褰簾、依無外人、自門内乗之也、）

持明院少將基秀朝臣可相伴也、而遲來、頻加催促、及酉刻入來、仍出門、車輦中門廊乘之、(外人相伴之時不可然、於門外可駕也、)

即ち外出に際して「外人」が相伴する時は門外で乗車すべきであり、「外人」が居ない時には門内で乗車するというのである。このいずれの場合も公賢は中門廊より乗車しているが、この門内での乗車位置に関し、貞和四年(一三四八)十二月十七日条にはさらに具体的に、

無外人之間、自中門廊駕車

と記され、「外人」が居ない(相伴しない)場合は中門廊より乗車したことが知られる。

ここでいう相伴とは、前駆、雑色等の行列に常に参加する下位の者に対する語ではなく、右に掲げた観応元年(一三五〇)条の持明院少将基秀に関して用いられたことに見る様に、扈従・同行する公卿や殿上人に対する語と考えられる。[19]従ってここで問題となる「外人」の検討もこれらの範疇の中で行えば良いということになりそうであるが、しかしまた貞和四年(一三四八)十一月十日条に、出発に関してではないが、

今度人々皆兩大夫許、連車文殿、前駈無外人、仍乍乘入了[20]

ともあるので、前駆をも含めて考えることにする。

それでは「外人」とはいかなる概念なのであろうか。[21]『園太暦』には「外人」の内容に関する具体的記述は見られない。従って本項では「外人」ではない人物の性格を明らかにしながら「外人」の概念を浮き彫りにすることにしたい。主人の乗車位置の問題を考えるためにはこれらの検討が不可欠となるのである。

前掲諸条によれば、「外人」が相伴しない場合は中門廊より乗車するとあった。公賢が中門廊より乗車した場合に扈従・同行した公卿、殿上人は表1により、

春宮大夫実夏
頭中将基隆
山科少将教言
三条中将公世
左少将基秀

であったことが知られる。即ちこれらの人々は「外人」とは見做されなかったことになるが、これらについて便宜上公卿と殿上人に分けて検討を進めることにしたい。

まず公卿についてであるが、春宮大夫実夏がこれに相当する。実夏はすでに前項で述べたように公賢の子息であった。即ち子息は「外人」の範疇には入らないということになろうが、これに関し貞和二年（一三四六）閏九月十日条には興味深い記述が見られる。この日、院御所で百首和歌披講事があったがこの清書について、

抑御百首清書事、予惡筆有恥之間、可教人書之條可宜歟、然而相替可書之仁更無之、仍無力勵老筆了、且談合戸部候處、雖爲何様、自筆可宜之由計之也、但案先例、

寛元

院御製（清範入道書之、）常盤井入道相國（實〈他人書之、非歟〉自筆也、）定嗣卿（猶子高定書之、）

文保

内大臣師信（子息師賢書之、）有房公（子息有忠卿書之、）經繼卿（醫師師光吉書之、有沙汰云々、）此外猶有例等歟、

今度

前關白（子息大納言書之、）關白（松殿三位忠嗣卿、）前内府（子息公忠卿、）實敎卿（孫實名卿、）尊氏卿（上杉伊豆守重治、）資明卿（他筆、）爲定卿（侍從爲重、）隆敎卿（隆朝卿書之、）直義卿（上杉彈正少弼朝定、）

及數輩、不知先規、所勞幷至極老者無力、自由人々如何、就中隆朝卿書自詠、又書父卿歌、先規雖不審、文保有忠卿可摸歟、但太不穩便哉、子姪中聊可書之人有之者、尤可誂外人太不可然哉〈付点筆者〉

と記される。即ち、子姪のうちで清書すべき者がいるのであれば、「外人」をこれにあてるのは甚だよろしくないというわけである。ここに於て「外人」は子姪と対比させ用いられている。公賢は、今回の隆朝卿が父の隆教卿の、文保年間の有忠卿が父の有房公の代わりに歌を清書した例をあげているが、さらに先例により子息、猶子がこれにあたる場合があった事を知ることが出来る。

ところで『園太暦』には、致礼または家礼という語が散見される。公賢の致礼または家礼として実夏、実守、公泰、忠季、実治があげられる。前四者については、康永三年（一三四四）二月二十八日条に、

次冷泉前大納言（直衣、和琴、）・洞院大納言（同、拍子、）・春宮大夫（束帶、笙、）・左宰相中將（同、）廻北面著端座、（件四人爲予致禮、仍不著一ゝ也、）

とあって、致礼と呼ばれていた。冷泉前大納言とは公泰を指し、洞院大納言は実守、春宮大夫は実夏、左宰相中将は忠季をそれぞれ指している。また、実夏については貞和元年（一三四五）十月二十一日条に、

先之、實夏卿依家禮退了

とあり、家礼とも呼ばれたことが知られるが、忠季については、貞和四年（一三四八）十一月十日条に、

致禮之人、大夫・右衞門督、起座蹲居

とあり、また同時に、

自巻簾、子息以下家禮輩來此處

ともされる。右衛門督は権中納言正親町忠季であり、大夫とは春宮大夫実夏のことである。また子息が実夏のことを指しているのは言を俟たない。即ち忠季も家礼と呼ばれていた。文和二年（一三五三）五月十九日条には実治に関しても以下のような記載が見られた。

秉燭之間三條大納言送消息、實治卿薨去事示之、凡不便言詞難及、今年六十二歟、自年少爲予猶子、致家禮了

さて、再三繰り返すように実夏は公賢の子息であった。また実守は公賢の弟であったが、『尊卑分脉』に、

爲舎兄公賢公子依父公命也

とされる様に公賢の猶子でもあったことが知られ[22]、公泰も公賢の弟であった。忠季について見れば、公賢とこの様な関係は無い。しかしながら、貞和五年（一三四九）正月二日条には、

忠季與予、父子儀也、仍起居禮如實子

と記される。また実治は前掲条に見るように公賢の猶子であった。従って公賢にとっての致礼または家礼[23]とは、公賢と父子または父子儀あるいは公泰のように血縁上極めて近い関係にあった人物と考えることが出来よう。またこの家礼については、貞和三年（一三四七）十二月二十一日条に、

子孫家禮

とも見えるので公賢直系をも含む概念と考えられる。
平山敏治郎氏によれば(24)、鎌倉時代末ごろの家礼について「すなわち家礼なるものは、公事の法式故実を習わんがために、摂家方へ親しく附き随い朝夕出入して勤仕するばかりでなく、御恩地の沙汰を蒙ることによって奉公を致すものであった。これはいわゆる封建的な主従関係の一類型であったことがわかる」とされる。公賢の家礼が、公賢に対しこの様な関係にあったかどうかは全く不明であるが、いずれにせよこの家礼は「外人」を考える上で極めて重要な概念であることに疑いはなく、家礼は「外人」の範疇には入っていなかったものと考えられる。

さて次に殿上人すなわち基隆、教言、公世、基秀について考えてみたい。基隆(25)は園を名乗り教言は山科、公世は三条をそれぞれ名乗っている。また基秀は基隆の孫であり、いずれも公賢の洞院家と直接的な関係はなく、家司ともなっていない。これらの人々と公賢とはいかなる関係にあったのであろうか。その前に次の点についてぜひ述べておく必要があるだろう。

貴人の外出あるいは帰宅に際し扈従、同行する人物のうちのある者が、乗下車の際に貴人の沓を取り、また車の簾を褰げる役割を果した。基隆に関しては、康永三年(一三四四)正月朔日条で知る事が出来る。この日公賢は、院御所に参じた後帰宅したが、

予即帰宅了、乗車之間、頭中將褰車簾

と記される。頭中将とは基隆のことである。また、公世については前掲貞和四年(一三四八)十二月二十三日条に、

公世朝臣褰簾

とあり、沓については『輿車図考』(26)に、

康永二四廿沓公世裾實富朝臣也

とある。(27)基秀についても『園太暦』観応元年(一三五〇)正月朔日条に、

基秀朝臣又取沓也

と記されている。即ち、基隆、公世、基秀のいずれもが沓を取り、あるいは車の簾を褰げる役割を果していた。この役割について貞和三年(一三四七)正月朔日条には、

今日沓弁簾役皆前駈也、殿上人昵近輩相伴之時者役之

とあり、本来は「殿上人昵近輩」がこの役を果すべきことが知られる。(28)

この昵近輩について、貞和四年（一三四八）二月十三日条には、上皇、女院の御幸に関し、

幸御聴聞所、又乍屋形奉舁入御車寄妻戸内、少時下御、舁出御輿也、公蔭卿・忠季卿等、依女院由緒昵近、懃如此細々事也

と記され、公蔭と忠季が女院にとっての「由緒昵近」人であったことが知られる。また同年十一月十日の公賢の任太政大臣拝賀の条には、

賜親昵人（右衛門督、正安権中納言實明、）

とあり、右衛門督すなわち忠季と実明は公賢の「親昵人」であったことが知られるが、この忠季は康永三年（一三四四）正月朔日条に、

忠季卿當時叔父大納言入道（〻〔實〕明、）猶子之儀也、故入道大相國圓光院以來有由緒

とされる様に、公賢にとって古くから由緒のある人物であった。またこの忠季は前に述べた様に公賢の家礼でもあった。

この様に見てきた時、昵近輩（人）とは由緒のある人々と考えることが出来よう。(29)

『三条中山口伝』(30)には、一。乗車儀事として、

褰簾人　子息役之。若無子息。前駈上臈役之。

下車儀　立榻人（前駈第二人役之。子息取沓者。第一人立之。）取沓人（同第一人。有子息者必取之。）取裾人（取沓人便取之。）

とあり、沓、簾の役について本来は子息の役であったことが示されている。基隆、公世、基秀以外で公賢に対しこの役を果した人物として、実夏(31)、守賢(32)、保脩(33)をあげることが出来る。

この様に見てきた時、昵近人もやはり「外人」とは対立した概念であったということが知られよう。

以上の様に基隆、公世、基秀については公賢の昵近輩という点に於て共通していた。しかしながら教言については事情が異なっている。教言は屢々公賢に扈従したが、貞和三年（一三四七）正月朔日の参院の条には次の様に記されていた。一部重複するが再び引用してみよう。

今日沓并簾役皆前駈也、殿上人昵近輩相伴之時者役之、教言疎遠者也、非指由緒、來訪之間如此事加斟酌也

即ち教言は昵近輩に対し疎遠者と見做されている。翌正月二日、公賢は再び参院したが、

又教言朝臣相伴、但咫尺連車、頗無要、仍可參會下車所之旨示之、仍來會也

とあり、公賢は教言に対し、車を連ねて相伴するに及ばず院御所の前（公賢の下車する所）で参会すれば良い、と指示したことが知られる。

教言は山科実教を祖とし公賢と血縁上の直接的な継りは無くまた、家司でもない。『園太暦』を通覧しても公賢との特別な関係を示した記述を見出すことは出来なかった。しかしながら公賢はまたこの教言に対し、貞和四年（一三四八）十二月十七日条に於て、

又教言朝臣可相伴也、遅々之間遣使了、半時許之後入来、即出門、無外人之間、自中門廊駕車

と記す様に、「外人」と見做してはいなかった。前掲貞和三年（一三四七）正月朔日条にも記される様に、公賢の外出に際し幾度か来訪し相伴した教言を、公賢は敢えて「外人」として扱わなかったと考えざるを得ない。(34)

以上の様に、中門廊より乗車した場合をとり上げ、扈従・同行した公卿・殿上人に着目し、「外人」の概念を浮き彫りにしようと試みてきた。子姓、致礼・家礼あるいは昵近人は「外人」の範疇には属さなかったと言うことが出来るだろう。

ここで前駆についても一瞥しておきたい。公賢が中門廊より乗車あるいは乗車したと推定される場合の前駆として光熙、光連、光遠、仲康、兼氏、業治、永季、光綱、経賢、光之、光豊が知られるが、これらは前の考察により「外人」と見做すことは出来ない。これらの殆どは諸大夫であり(35)、このうち、光熙、光連、光遠、仲康、兼氏、永季は公賢の家司(36)でもあった。諸大夫は権門に仕えその保護を受けるものとされている。(37)また門外で乗車した場合の前駆について見ると、当然上記の者も含まれているが、それ以外として長経、行有、懐衡、光春、知景、仲頼（顕）をあげることが出来る。これらのうち少くとも前四者はやはり諸大夫であった。(38)即ちいずれの場合に於ても、前駆は公賢にとって「外人」ではなかったと見て良いだろう。

さて以上の検討は中門廊より乗車した場合、即ち「外人」が扈従・同行しない場合をもとにしたものであるが、次に、表1より、門外で乗車した場合すなわち「外人」が扈従・同行したと考えられる場合をとり上げ、今まで述べてきた観点からさらに検討し考えてみたい。

前項で紹介した貞和四年（一三四八）十一月十日の任太政大臣拝賀の条は門外で乗車した例である。この場合表1にも示される様に多くの上達部、殿上人が扈従・同行した。これらの中には、上達部では春宮大夫実夏や右衛門督忠季の様な家礼（致礼人）や、殿上人では守賢の様な昵近人も含まれるがそれ以外は「外人」と考えられる。例えば左大将大納言公重は西園寺公経を祖とし、公賢と血縁上の継りは無く、家礼または昵近人であったとする記録を見出すことも出来なかった。権大納言通冬は源を名乗り同様に家礼、昵近人であった徴は無い。

この様な背景のもとで公賢は門外で乗車したのであろう。

貞和二年（一三四六）十一月九日、公賢は和歌集の撰歌の竟宴の儀により参院した。

扈従殿上人公世朝臣（退出之時件之、）領状、相待之間、及戌刻猶不見、仍且出門、（予車八葉長物見、々々開之、懸藍革五緒小簾、内方懸之也、不巻之、常鞦差綱、車副四人遣之、警蹕如例也、）此間大納言實守來會、卽令乗車後、内府來臨、未乗、仍予於門外乗車也、（革緒劔入之、下車之後、前駈上﨟持之也、）前駈五人、（光煕・兼氏・業治・永季・光盛、已上衣冠・半靴、）雑色長秦峯茂（褐衣及狩衣、菊閉黄衣、用單、帶劔、）等在共

大納言実守が来会し同乗したが、内大臣公清は来臨したものの乗車せず、従って公賢は門外で乗車したとある。この場合、門外で乗車しているので「外人」が扈従・同行した例と考えられる。ここで実守と公清が対比的に記されている点に注目したい。実守は前にも述べた様に、公賢の弟で猶子でもあり家礼と呼ばれていた。従って、公賢にとって「外人」と考えることは出来ない。一方公清は公賢の女婿[39]ではあったものの徳大寺を名乗り実能の子孫であり洞院流ではない。この様な事情のもとで公清は「外人」として振舞ったのであろうか。そのため公賢は門外で乗車したのであろう。[40]

さてここで再び表1の乗車位置の不明な例を扈従・同行した公卿、殿上人の点より見ると、殆どが家礼（致礼）または昵近人で占められていたのが分かるであろう。また、前駆について見ても、極めて多くの例が前に示した家司および中門廊で乗車した際の前駆により占められているのが知られるであろう。

即ち、表1に示した殆どの例で公賢は中門廊より乗車したということになる。

〔四〕おわりに

『園太暦』をもとに中園殿の公賢に焦点をあて、外出時に於ける主人の出口、乗車位置について考えてきた。

『園太暦』により知られる主人の出口としては中門廊の場合が殆どであり対代前階が用いられたのは一例のみであった。この例は他と比べ外出理由がより晴れがましい場合と考えられる。乗車位置は門外と中門廊の二つに分けることが出来る。門外での乗車に対し、

中門廊より乗車する場合は原則として「外人」が扈従、同行しない場合であった。公卿、殿上人について言えば家礼、息男、兄弟など血縁上極めて近い繋がりを持つ、或いはそれに準ずる人々や、公賢と由緒を結んだ昵近人は「外人」の範疇には属していない。これらをもとに乗車位置が記されない他の例について推定すると、公賢の場合の扈従・同行はこれら家礼、昵近人によって占められ、従って殆どの例で中門廊から乗車したものと思われる。極く特殊な即ち極めて晴れがましい場合を除き普段の外出には中門廊が乗車口として用いられたと考えて良いだろう。

康永三年（一三四四）二月十六日条に、

殿上人少々雖相誘、面々故障之間不相伴、近來法也

とされる様に、この頃には殿上人が扈従しない場合も増えてきた。殿上人が扈従しないということは、それだけ「外人」の参加の可能性が減る事を意味し、この様な背景も中門廊からの乗車に拍車をかけたものと思われる。

さて、本節では南北朝時代の貴族を扱ったが、実は平安時代およびそれ以降の貴族住宅に於ける主人の出入口の実態について、必ずしも明らかにされてはいなかった。例えば大河直躬氏が主人の出入口として寝殿南階とし、『春日権現験記』の寝殿南階からの乗車の図を示しているが、(41)前に花山院の例に見た様にこれが必ずしも平安時代に於ける実態を示したものとは言えない。

即ち、公賢の時代にかけてどの様にして中門廊が主人の出入口として重視されるようになったのかについては全く解明されていないのである。次の節で考えることにする。

註

1 藤原義一『書院造の研究』（昭和二十一年、高桐書院）、太田博太郎『書院造』（昭和四十一年、東京大学出版会）、太田静六『寝殿造の研究』（昭和六十二年、吉川弘文館）等の玄関に関する部分があげられる。

2 大河直躬『住まいの人類学』（昭和六十一年九月、平凡社）。

3 次節では主人の出口の変遷について検討するが、大河氏の理解は必ずしも当を得ていない。また大河氏を含めた先行研究は絵巻物を主とし

たもので極めて不十分であったことはすでに第二節で述べている。

4　群書類従　巻第四七二。一六世紀の成立と考えられている。但し、主人の妻戸は平生は「不開之」とある。平生の主人の出入口は別の箇所に設けられていたのか不明であり、今後検討すべきであるが、ここでは文字通り主人の妻戸は公卿座に設けられていたと考えておくことにする。

5　『山城名勝志』巻二に「中園殿（洞院ノ公賢公ノ第也、持明院殿、東北歟…〈以下略〉）」とあり、また川上貢氏は『日本中世住宅の研究』（昭和四十二年十月、墨水書房）に於て持明院殿の北方に存したと見做している。

6　『園太暦』貞和四年（一三四八）十一月十日条。

7　常盤井殿、持明院殿、一条室町殿など（川上貢前掲註5参照）。

8　方違については康永三年（一三四四）十一月二十二日条、対面については貞和元年（一三四五）十月十八日条。

9　『園太暦』貞和四年（一三四八）十二月八日条、「入夜大夫歸來」。貞和五年（一三四九）二月二十六日条、「今日春宮大夫依召參院、爲御使歸來」。観応元年（一三五〇）二月二十七日条、「寅下剋歸宅、春宮大夫同車也」など。

10　中園殿の「出居」については、本章第一節参照。

11　『園太暦』貞和三年（一三四七）九月十六日条。

12　前掲註10。

13　中園殿では東卯酉廊が上達部座にあてられている。「東卯酉廊南面三箇間巻翠簾、座上妻戸覆翠簾如例、（不敷弘筵、不立屛風、奥障子不覆翠簾例也、）奥端二行敷高麗端疊五枚、（西第一間端不敷之、硯脇息撤之、）」

14　中門と記される場合と中門廊と記される場合とがあったが、ここでは中門廊とし、一括して扱っておく。

15　『園太暦』と同時代の重要な記録として『師守記』があげられるが、そこには公賢の昇降に関する記述は見られない。また同時期の他の記録からも知ることは出来なかった。本節表1、康永三年（一三四四）十一月二十二日について、この日公賢は宇治に着き酉刻に春日社に参じている。この例は他の場合と異なり輿を用いたとあるが、出口の位置は知られない。平安時代について見ると、春日詣の場合、出口として対あるいは寝殿の南階が用いられている。従って、公賢の場合も寝殿南階が使われた可能性はある。しかしながら詳しくは後述するが、扈従した公卿について見ると実守（公賢弟）、実夏（公賢息）、公泰（公賢弟）の身内の人々のみであり、彼らはいずれも「外人」ではなかった。平安時代に於ける春日詣は藤氏長者の儀式として位置づけられ非常に多くの公卿、殿上人らが扈従同行したが、公賢は氏長者ではない。この様な点に鑑みると、中門廊より降りた可能性も考えられる。この時もし仮に寝殿南階が用いられたとしても、中園殿に於ては実質的には中門廊が重視されていたという論旨に大きな影響を及ぼすことはない。

16 本節では出口の違いに関し、これ以上言うことは出来ない。中世期の他の記録を検討しても同様詳かにすることは出来ない。これらについては別に平安時代について検討するなかでさらに明らかになっていくであろう。

17 『兵範記』同日条。

18 『山槐記』同日条。

19 公卿については例えば、康永三年（一三四四）三月二十二日条の内大臣実忠の拝賀に関し、大納言公清が扈従したが、「次公清以下乗車、扈従如常、春宮大夫殿自路次被遣連車許云々、公清兩三町相伴了」とあり、また殿上人については同年二月十六日条に、「殿上人少々雖相誘、面々故障之間不相伴」とある。また、公賢は貞和五年（一三四九）十二月二十六日に即位に伴い参内し退出したが、「春宮大夫、右衞門督、保脩朝臣（未脱甲、依爲陣家、相伴不可然事歟）等相伴如初、前駈等如先」とあり相伴としての春宮大夫等と前駆とを分けている。

20 大日本史料による。史料纂集本には、「今度人々皆兩大夫許、連車文殿、前駈無外人仍乍乗入了」とある。

21 国史の分野でも「外人」に関する研究はなされていないようである。これに関係するものとして「家礼」についての研究が見られるが（平山敏治郎『日本中世家族の研究』昭和五十五年四月、法政大学出版局）、「外人」については知る事が出来ない。

22 『公卿補任』嘉暦三年（一三二八）の条に実守について、「父大納言右大将公賢卿（實者故左大臣実泰公四男）」とあり、この時にはすでに公賢の養子となっていたことが知られる。

23 家礼は主人の外出に扈従し、庭上では蹲踞して敬意を表すのを常とした（前掲、貞和四年（一三四八）十一月十日条、他）。実守も公賢に対し蹲踞の礼をとっている（康永三年（一三四四）正月二十三日条、同二月二十一日条）。なお前掲註21に於ては、「致礼」と「家礼」とを特に区別はしていない。

24 前掲註21。

25 但、基隆は康永三年（一三四四）七月二十九日には参議となっている。

26 新訂増補故實叢書。

27 『続史愚抄』によれば、公賢はこの日奏慶し著陣している。

28 『後愚昧記』応安三年同四年内大臣故実文書には、「御簾役人事、親昵之中、可爲上首、雖爲公卿、爲子息者勲仕之、御沓役人事、是又親昵之中、殿上人可勲仕之、所詮簾役ヨリハ下﨟人役也」とある。いずれにせよこれらの役は「親昵人」が果したことが知られる。

29 因みに基隆について見ると、基隆の母は公賢の妾（但し、高群逸枝氏によれば摘妻）の妹にあたり、また公賢の母と基隆の母は叔母、姪の関係にある（以上『尊卑分脉』より）。この様なことも関係して公賢との由緒が生じたとも考えられる。公賢は外出に際し屢々、基隆の車を借用している。貞和五年（一三四九）六月二日条によれば基隆の住まいは公賢家の隣であった。

30　続群書類従。
31　観応元年(一三五〇)正月朔日条。
32　貞和四年(一三四八)十一月十日条。源守賢、為守男。
33　貞和五年(一三四九)十二月二十六日条。持明院保脩、保有男。保脩は貞和四年(一三四八)十二月二十日の公賢の孫の元服で理髪をつとめ、翌年九月九日の菊九首歌詠に公賢の弟公敏、公泰、息実夏と共に参加している。
34　子姓、致礼、家礼、昵近人以外で「外人」の範疇に属さないものがあり、これに教言が含まれていた可能性も考えられるが、今回『園太暦』からは公賢との特別の関係を見出すことは出来なかった。これらについては今後の課題としたい。教言が致礼、家礼あるいは昵近輩でもないのになぜ相伴したのかについては、当時の最高の貴族であった公賢と関係を持ちたいという意志の表れと考えることは出来ないであろうか。
35　康永三年(一三四四)十一月二十二日条、貞和二年(一三四六)閏九月十日条、貞和四年(一三四八)十二月二十日条、光豊は貞和二年(一三四六)正月二日条に蔵人と記されている。
36　貞和五年(一三四九)十二月二十六日条、貞和二年(一三四六)正月六日条、康永三年(一三四四)九月二十三日条、康永三年(一三四四)正月二十五日条、康永三年(一三四四)九月二十三日条、観応元年(一三五〇)正月二十九日条。
37　石田祐一「諸大夫と摂関家」(『日本歴史』三九二号、昭和五十六年一月)。この中で氏は平安末と鎌倉時代の諸大夫を取り上げ考察しているが、「この状態がつづくことにより、諸大夫は権門に仕える家来であるという位置付けが固まり、室町時代には、「九条殿諸大夫、一条殿諸大夫、久我殿諸大夫」の如く表現されるようになる」としている。
38　貞和四年(一三四八)十一月十日条、同年十二月二十日条。
39　『尊卑分脉』。
40　『後愚昧記』貞治二年(一三六三)正月朔日条によれば、洞院実夏は拝賀の出立所として日野時光亭を用いているが、これは実夏の息公定が時光の女婿である由緒によるという。この点より見ると、公清は公賢にとって由緒のある人物ということになる。本文に引用した貞和二年(一三四六)十一月九日条によると、公賢は公清が乗車(同車)するのを期待した風であり、当初必ずしも「外人」とは見做さなかったようであるが、公清の動きを見て「外人」が相伴する場合の方式をとったのであろうか。表1によれば、貞和二年以前で公清が公賢と同行した例は無く今回が初めてである。この様な事情もあるいは影響したのかもしれない。
41　大河直躬前掲註2。

第五節　貴族住宅に於ける主人の出口
―変遷過程及びその要因―

〔一〕はじめに

我国の住宅史研究に於て、玄関の成立過程およびその要因の解明を最重要課題の一つと見做すことに異論はあるまい。従来、平安時代貴族住宅の出入口として寝殿南階と中門廊が知られており、寝殿南階は主人の出入口、中門廊は訪問客のそれと理解されてきた。また中世を通じ南階の重要性が次第に失われていったことも指摘されている。(1) しかしながらこれらの意見は主として絵巻物をもとになされ、従って貴族住宅の出入口の実態やその変遷過程については未だ殆ど解明されてこなかったと言っても過言ではないだろう。

本節では平安時代と南北朝時代の代表的貴族住宅を取り上げ、主人の出口としてどこがどの様に用いられていたのかを主として南階と中門廊に焦点を合わせ明らかにすると共に、これら出口の使い分けの要因について検討し、また主人の出口の変遷要因についても考えてみたい。

平安時代から南北朝時代にかけての貴族住宅に関する記録を通覧しても、主人の出口が知られる例は想像以上に多くはない。本節で取り上げる東三条殿、冷泉万里小路殿等の藤原兼実の住宅、洞院公賢の中園殿(2)はこれらの中で比較的纏って用法が知られる住宅である。

〔二〕東三条殿と主人の出口

東三条殿は藤原氏の儀式場として知られ、従って通常の住宅とは異なった特殊な住宅であったと言うことが出来よう。しかしながら平安時代第一級の住宅であることに変りはなく、この時代の住宅を検討しようとする時、決して見逃すことが出来ない存在である。何よりも多くの用例が得られる点で貴重である。

東三条殿の平面規模は太田静六氏により復元されている。(3) 近年この復元案に対する疑問も提出されてはいるが、(4) 基本的配置構成に対する影響はないので良く知られている氏の復元案を念頭に置き考えることにする。

検討を進めるに際し、主人および出口の概念が問題となろう。

順序が逆になるが、先に出口について言えば、出口とは、単に降殿口を指すのではなく、降殿し外出する場合のそれを指すものと限定したい。(5)

主人とは通常その住宅の主であり、ここを御所として用いた最も上位の人物と解することが出来る。(6) 後述する冷泉万里小路殿等の藤原兼実や、中園殿の洞院公賢はこれに相当しよう。しかしながら、平安時代に於て貴族等は必ずしも一つの住宅に常住するとは限らず、ある儀式を行うために一時的に他の住宅に移る場合があった。東三条殿はこの最も顕著な住宅の例である。この様な場合、屢々複数の人物がここに移って来る。例えば藤原忠実は、長治二年(一一〇五)十二月二十二日、来たる二十五日の関白の詔に備え東三条殿に渡ったが、(7) それから間もなくの翌年正月朔日にはここで関白家拝礼が行われている。忠実の御所は『殿暦』正月朔日条等により東対であったことが知られるが、この時寝殿には前もって渡っていた太后と北政所が御座していた。(8) 太后寛子は忠実の祖父師実の姉で後冷泉天皇の中宮であり、北政所麗子は同じく忠実の祖父師実の妻である。即ち、東三条殿にはこの時重要な人物が三人居り、従って忠実が東三条殿の主人であったとは一概に言えず、複雑な様相を呈している。

しかしながら、寝殿と東対とがこの様に住み分けられた事を考える時、東三条殿全体の主人については不問に付すとしても、東対の主人が関白忠実であったと言うことは出来るだろう。

東対では多くの儀式が行われ、ここが儀式空間であったとするのに疑いはない。しかしながら実はここは移住期の一時期であったにせよ、摂関・氏長者等の御所としてこそ用いられたのである。(9) この対の南面と東面には、それぞれ南面出居と内出居が設けられ、ここを御所とした主人の対面等に使われていた。(10)

平安末期以降の対を欠き或いは東西のうちの一方のみに対代を残す様な住宅に於て、寝殿は東三条殿の東対の様な大規模な対の役割を受け継ぐことになった。それまで対で催されていた「臨時客」「上表」等の諸儀式は寝殿で行われるようになり、(11) この様な寝殿がやがて後代の主殿へ変遷するものと理解されている。(12)

この様に予め多言を弄したのは他でもない。東三条殿に於ける主人の出口を検討するに際し、摂関・氏長者等の御所として用いられた東対を取り上げる意義を理解して戴きたかったからである。東対に付属する出口としては、南階と東中門廊をあげることが出来る。因みに管見によれば、寝殿南階が用いられたのは鴨院第への移徙の例のみであった。(13)

表1は、これらに関する用例を出口毎に時代順に整理したものである。まず第一に指摘されるのは、中門廊から外出の例に対し南階からの例数が圧倒的に多いことであろう。

南階の用例でまず目につくのは関白藤原師実による寛治六年（一〇九二）七月十日の高陽院への「移徙」の場合である。この例は何よりも東対が師実の実質的な御所であったことを如実に示していよう。次に注目されるのは、正月朔日に諸卿以下の拝礼（摂関家拝礼）を受けた後に院御所での拝礼に向かう場合、「賀茂詣」、「春日詣」、これら三つの場合で南階からの用例のかなりの部分が占められていることである。これら以外について見ると「着陣」「着座」、「上表」の後の参院、「臨時客」の後の参院、参内、参東宮などであり、外出理由は様々であった。

一方、中門廊からの外出については用例数が少い。まずこれらの中で注目されるのは、南階の場合に多く見られた「正月拝礼」を受けた後の参院の例が二例も見られることであろう。まず最初の例は長承元年（一一三二）正月三日の大殿藤原忠実の場合であるが、『中右記』同日条によれば、

大殿則出御、（螺鈿細劔、瑠璃束、紺地緒、打下襲、）被仰人々云、行歩不叶也、車欲乗、依無禮早可被出者、依此仰人々或被出、或立隠、予、治部卿、民部卿、宰相兩三人、徘徊中門廊邊之間、寄御車於中門廊乗御、（檳榔半蔀車、）引關白殿以下（紺地緒、打下襲、）諸卿、参入従院御所三條烏丸第西門

表１　東三条殿東対に於ける主人の出口に関する用例一覧

	西暦	和　暦	主　　体	目　　的	史料
東対南階	1092	寛治 6. 7. 10	関白・(氏長者)師実	高陽院に移徙	中右記
	1100	康和 2. 11. 27	右大臣・(氏長者)忠実	春日詣	殿暦
	1104	長治元. 正. 1	右大臣・(氏長者)忠実	正月拝礼を受けた後、参院	殿暦
	1104	長治元. 正. 2	右大臣・(氏長者)忠実	臨時客の後、参東宮	殿暦
	1104	長治元. 4. 17	右大臣・(氏長者)忠実	賀茂詣	殿暦
	1106	嘉承元. 正. 1	関白・(氏長者)忠実	正月拝礼を受けた後、参院	殿暦
	1106	嘉承元. 12. 16	関白・(氏長者)忠実	春日詣	殿暦
	1109	天仁 2. 正. 1	摂政・(氏長者)忠実	正月拝礼を受けた後、参院	殿暦
	1109	天仁 2. 正. 2	摂政・(氏長者)忠実	臨時客の後、参院	殿暦
	1109	天仁 2. 8. 17	摂政・(氏長者)忠実	賀茂詣	殿暦
	1111	天永 2. 10. 20ヵ	摂政・(氏長者)忠実	賀茂詣	中右記
	1111	天永 2. 12. 16	摂政・(氏長者)忠実	春日詣	中右記
	1112	天永 3. 正. 1ヵ	摂政・(氏長者)忠実	正月拝礼の後、参院	中右記
	1112	天永 3. 11. 1	摂政・(氏長者)忠実	著陣	中右記
	1113	永久元. 12. 26	摂政・(氏長者)忠実	上表の後、参院	殿暦
	1116	永久 4. 正. 1	関白・(氏長者)忠実	正月拝礼を受けた後、参院	殿暦
	1132	長承元. 4. 19	関白・(氏長者)忠実	賀茂詣	中右記
	1136	保延 2. 10. 11	権大納言・頼長	着座	台記
	1139	保延 5. 10. 11	前関白・忠実	八幡詣	兵範記
	1139	保延 5. 10. 23	前関白・忠実	賀茂詣	兵範記
	1151	仁平元. 正. 26	左大臣・(氏長者)頼長	内大臣の大饗に尊客として向かう	台記
	1151	仁平元. 8. 10	左大臣・(氏長者)頼長	春日詣	台記別記
	1153	仁平 3. 5. 11	左大臣・(氏長者)頼長	着座	兵範記
	1153	仁平 3. 11. 26	左大臣・(氏長者)頼長	春日詣	台記別記
	1154	久寿元. 正. 2	左大臣・(氏長者)頼長	参院(拝礼)	台記
	1155	久寿 2. 4. 20	左大臣・(氏長者)頼長	賀茂詣	台記別記
	1158	保元 3. 8. 11	関白・(氏長者)基実	参内(参御前)	兵範記
東中門廊	1100	康和 2. 7. 17	権大納言・忠実	任大臣儀により参内	殿暦
	1132	長承元. 正. 3	大殿・忠実	正月拝礼を受けた後、参院	中右記
	1136	保延 2. 10. 11	権大納言・頼長	着座の出立所東三条殿より帰亭	台記
	1136	保延 2. 12. 9	権大納言・頼長	任大臣儀により参内	台記
	1136	保延 2. 12. 17	内大臣・頼長	著陣	台記
	1136	保延 2. 12. 18	内大臣・頼長	直衣始、参院	台記
	1154	仁平 4. 正. 1	左大臣・(氏長者)頼長	正月拝礼を受けた後、参院	台記

とある。中門廊より乗車したがこれは歩行が困難なためであり、本来の方式ではなかった事が知られる。便宜上の措置として中門廊が用いられたのである。次は久寿元年（一一五四）正月朔日の左大臣藤原頼長の場合であるが、『台記』同日条には、

次余降中門廊南妻、（依雨湿也）、出中間、於東門（四足）外、乗車参院(14)

と記され、この場合は雨のために中門廊南妻から降りたことが知られる。即ちこれら中門廊から外出した二例は共に本来の用法ではなかった。

保延二年（一一三六）十月十一日の権大納言（右大将）頼長の例は興味が深い。『台記』によればこの日頼長は普段住んでいる大炊御門亭(15)から大内で行われる「著座」のための出立所となるべき東三条殿に渡った。(16)当時の貴族にとっての大事たる著座には、表1にも明らかなように南階が使われている。ここで紹介する中門廊からの外出は、実は著座から東三条殿に戻り東対での饗宴の後、大炊御門亭へ帰る際のものであった。(17)即ちこの用例からは、言わば南階の公式性に対する非公式性、或いは正式性に対する略式性を窺うことが出来よう。(18)

他に南階の場合と同様、「著陣」の例も認められるが、「任大臣儀」の参内が二例あり注目される。これについては南階の用例を認めることが出来ない。管見によれば、平安時代で知られる任大臣儀はすべて中門（廊）より降殿しており、(19)これが原則であったとも考えられるが、鎌倉時代に於ては必ずしもそうではなかった。(20)

中門廊には摂関・氏長者の例が見られず、またこの用例が主として一二世紀後半期、頼長の代に集中する点も注目される。

以上の様に、東三条殿東対の主人の出口について見ると南階の用例が非常に多く認められ、またその外出理由も様々であった。これに対し中門廊は補助的な役割りを担わされていたものと思われる。主人の主要な出口は南階と見做して良いだろう。

〔三〕兼実第と主人の出口

藤原兼実は摂関を歴任するなど活躍した平安末期に於ける著名な貴族の一人であった。この時期、藤原氏の儀式場たる東三条殿は焼失しすでに存在していない。(21)

表２　兼実第に於ける主人の出口に関する用例一覧

	住宅名	西暦	和暦	兼実の地位	目的	史料
寝殿南階	九条殿	1186	文治 2. 4.28	摂政・氏長者	冷泉万里小路殿へ移徙	玉葉
	冷泉万里小路殿	1187	文治 3.正. 1	摂政・氏長者	正月拝礼を受けた後、参院	玉葉
		1188	文治 4.正. 1	摂政・氏長者	正月拝礼を受けた後、参院	玉葉
		1188	文治 4.正.27	摂政・氏長者	春日詣	玉葉
	大炊御門殿	1190	建久元.正. 1	摂政・氏長者	正月拝礼を受けた後、参院	玉葉
		1191	建久 2.正. 1	摂政・氏長者	正月拝礼を受けた後、参院	玉葉
		1192	建久 3.正. 1	関白・氏長者	正月拝礼を受けた後、参院	玉葉
		1193	建久 4. 4.20	関白・氏長者	賀茂詣	玉葉
		1194	建久 5. 4.17	関白・氏長者	賀茂詣	玉葉
中門廊	九条殿	1186	文治 2. 3.16	摂政・氏長者	拝賀により院御所等に参	玉葉
		1186	文治 2. 3.28	摂政・氏長者	直衣出仕	玉葉
	冷泉万里小路殿	1187	文治 3. 2.11	摂政・氏長者	春日神馬十列を立つ	玉葉
	大炊御門殿	1189	文治 5.11.15	摂政・氏長者	参内（参御前）	玉葉
		1189	文治 5.12.14	摂政・氏長者	任太政大臣により参内	玉葉
		1191	建久 2.12.17	摂政・氏長者	上表の後、参院	玉葉
公卿座	冷泉万里小路殿	1186	文治 2.10. 7	摂政・氏長者	着陣	玉葉

『玉葉』によれば、兼実は六角東洞院殿(22)、九条殿(23)、新造九条殿(24)、九条尼上家(25)、冷泉万里小路殿(26)、大炊御門殿(27)を住宅として用いている。本項ではこれらのうち平面規模が比較的良く知られ、また兼実の外出時の用例も得られる九条尼上家（以下九条殿と称す）、冷泉万里小路殿、大炊御門殿を扱うことにする。

九条殿は、兼実がそれまで用いていた住宅が姉の皇嘉門院聖子の御所として使用されることになったため、養和元年（一一八一）三月四日に移り住んだ住宅である(28)。この九条殿は寝殿の他、二棟廊代、（東）中門廊、侍廊、（東）門等により成っていた(29)。

冷泉万里小路殿は、兼実が摂政就任を機会に内裏に近いという理由で右兵衛督藤原隆房より借用したもので、兼実はこれを修理し文治二年（一一八六）四月二十八日に移り住んでいる(30)。冷泉万里小路殿の規模はすでに明らかにされているが(31)、寝殿、東二棟廊、東透渡殿、東中門廊、（東）門等により成っていた。公卿座（上達部座）は中門廊北三ヶ間にあてられている(32)。

大炊御門殿は、元左大臣藤原経宗第であったものを後白河法皇が召し上げ、さらにこれを兼実に貸し与えたもので、兼実は文治四年（一一八八）八月四日に移徙している(33)。この大炊御門殿も、寝殿のほか透渡殿、中門廊、殿上廊、東四足門等により成り、また西廊も備えていたことが知られる(34)。

以上の様にこれら三つの住宅はいずれも寝殿以外に二棟廊、中門廊等により構成されていたが、対の存在が知られないという点に於て共通している。

兼実はこれら三つの住宅を、自身が居住するため順に用いたが、例え息男良経等と同宿することがあったとしても、これら住宅の主人は兼実であったと見做して良いであろう。[35]

兼実がこれらの住宅で用いた出口としては寝殿南階、公卿座西階[36]、中門廊[37]をあげることが出来る。表2は、これら出口の用例について、出口毎に住宅ごとに纒めたものである。兼実が摂政に就任し、藤氏長者となったのは文治二年（一一八六）三月十二日のことであるから、これらの用例はすべて摂政あるいは関白・氏長者時代のものとなっている。本項では、これら三つの住宅を一括して扱い検討することにする。

まず指摘されるのは中門廊に対し、寝殿南階からの用例がやや多いものの共に数例以上認められることであろう。公卿座からの例は一例にすぎない。南階からの例としては、東三条殿での場合と同様、「移徙」をあげることが出来る。九条殿から冷泉万里小路殿へのそれであるが、この例はまた同時に寝殿が兼実の御所であったことをも示していよう。南階について注目されるのは、「正月拝礼」を受けた後の参院、「賀茂詣」、「春日詣」に際し用いられたことである。東三条殿では前述の様に東対南階が使われていた。これに対し中門廊からの外出理由は拝賀、直衣出仕など様々であった。一概に比較は出来ないものの、例えばこれらのうち「上表」後の参院、或いは参内（参御前）について見ると、東三条殿ではいずれも東対の南階が使われている。

公卿座の階が用いられたのは文治二年（一一八六）十月七日の「著陣」の例である。東三条殿ではこの場合東対南階と東中門廊が使われている。一二世紀までの古記録を探り他の住宅について見ると、小寝殿南階[38]、上達部座南階[39]、中門廊[40]の例が知られ、一定していない。

この様に兼実第に関し、主人の出口として主に用いられた寝殿南階と中門廊とについて見ると、明確な使い分けが認められた。即ち、南階が用いられたのは、「移徙」の例を除けば、「正月拝礼」を受けた後の参院、および「賀茂詣」、「春日詣」に限られていた。これに対し中門廊からの外出理由は特に限定されてはいない。

（四）中園殿と主人の出口

南北朝時代の代表的貴族洞院公賢の住宅が中園殿である。公賢はこの住宅をすでに康永三年（一三四四）正月には用いている。その後修理もしくは建て替えがなされ、公賢は貞和三年（一三四七）六月三日、息男実夏と共に移徙している。

表３　中園殿に於ける主人の出口に関する用例一覧

	西暦	和　暦	公賢の地位	目　的	史料
対代前階	1348	貞和　4.11.10	太政大臣	任太政大臣拝賀により参内、参院	園太暦
中門廊	1344	康永　3.正．1	左大臣	院御薬により参院	園太暦
	1344	康永　3.正．1	左大臣	拝礼により参院	園太暦
	1347	貞和　3.正．1	前左大臣	院御薬により参院	園太暦
	1348	貞和　4.12.17	太政大臣	参新院	園太暦
	1348	貞和　4.12.23	太政大臣	直衣始、参院	園太暦
	1350	観応元．正．1	太政大臣	牛車慶を奏するため参院	園太暦

中園殿の規模については移徙以降のものについて知ることが出来る。東面に晴門を持ち、寝殿のほか東対代、東卯酉廊、侍廊、中門廊などにより構成されていた。移徙以前について知ることは出来ない。しかしながら移徙後の住宅の構成がほぼ同時期の貴族住宅の典型的なそれであると考えられるので、移徙以前に於ても対代を持つかあるいはこれをさえ欠く同様の構成であったものと考えることにする。

貞和三年（一三四七）の移徙以前については、公賢が文字通り中園殿の主人であったが、移徙以降については注意を要する。この移徙に際し息男実夏は南階より昇り寝殿東面二間に入った。一方公賢は寝殿北面に居処を構えている。実夏はこののち客座に出たが『園太暦』六月三日条には、

今日爲亭主儀、仍令坐奥座予許也

と記され、この移徙に際し亭主の役割を果している。しかしながら、この時以来実夏が中園殿の主人となったのではなく、この移徙は実は『園太暦』同日条に明らかな様に、公賢の方忌のため実夏の移徙に公賢も伴うという方式で行われたものであった。この後実夏と同宿することがあってもこの住宅の実際の主人は公賢であり、「上表」や「任太政大臣拝賀」の際に用いられるなど公賢に関する重要な儀式の殆どがここで行われている。これに対し、実夏が主体となる儀式は行われていない。移徙の際に実夏の居処とされた寝殿東面二間は常には公賢の内出居として使われており、実夏はこの内出居に入来し公賢と談じている。公賢の御所はこの内出居の位置と客座・公卿座が東卯酉廊に設けられたことに鑑みて、寝殿内に設けられたと見て良いであろう。

公賢はこの中園殿に居住しているあいだ左大臣から太政大臣に昇ったが、摂政あるいは関白には就任していない。従って氏長者にもなっていないが、この住宅は当時の最上級貴族層の用法が知られる殆ど唯一の例となっている。

さて、表３は、中園殿に関し公賢の出口が知られるものについて、出口ごとに年代順に整理したものである。[41] 対代前階と中門廊が出口として使われたことが知られよう。対代前階は一例のみであり、他は中門廊の

例であった。

対代南階は貞和四年(一三四八)十一月十日の任太政大臣拝賀のために参内、参院した場合の例である。中門廊の場合その外出理由は様々であるが、いずれも参院、参新院の例である。対代前階の例をさらに検討すると、出発に際し家内外が清掃され、建物内部は装束された。扈従した公卿は実に一一名に及んでいる。中門廊の場合この様な例を認めることが出来ない。例えば、康永三年(一三四四)の「正月拝礼」のために参院した例を見ると、連車扈従したのは殿上人の基隆、教言のみであった。即ち対代前階の場合は中門廊からの場合に対し外出理由が特に晴れがましい場合であったと推定される。しかしながらここで注目しておきたいのは、得られた例から判断する限りに於て寝殿の南階からの例は見られず、殆どが中門廊からの例であったということである。

〔五〕貴族住宅に於ける主人の出口の変遷要因

以上の検討に見られる様に、主人の出口として東三条殿の東対に於ては、「正月拝礼」を受けた後の参院、「賀茂詣」、「春日詣」を含め原則として南階が用いられていた。平安末期の藤原兼実亭に於ては、寝殿の南階は「移徙」を除けば「正月拝礼」を受けた後の参院、「賀茂詣」、「春日詣」に限られており、これら以外の場合には中門廊が使われていた。南北朝時代の中園殿について見ると殆どが中門廊からの外出例となっている。前二者と後者について摂関家・氏長者の住宅であったか否かの相違は認められるものの、いずれも当時の最上級層の住宅であったという点に於ては軌を一にしている。本項ではまず平安時代の東三条殿と兼実亭をもとに摂関・氏長者の住宅に於ける主人の出口について南階、中門廊の機能分化の要因を検討し、また中園殿の用法に導かれて南北朝時代以降の最上級貴族層住宅に於ける南階の用法の変遷とその要因について考えてみたい。

南階、中門廊の機能分化の要因を探るには、どの様な場合に中門廊が用いられたのかについて、南階を用いるのが原則と考えられた東三条殿をとり上げ再び整理して見るのが良いであろう。即ち、中門廊は便宜的、非本来的、非公式的な場合の出口として理解されていたと思われる。さらに例をあげるならば、『殿暦』永久四年(一一一六)二月七日条が相応しいであろう。この日、内大臣藤原忠通は春日祭上卿として東三条殿より出立したが、関白藤原忠実はこの行列を見物するためやはりここから出発した。(42)

此間余東中門廊乗車、京極二条（二天）見物、女房・姫君同相具、女房東〔車カ〕四両也、無前駈、密〻儀

忠実は中門廊より乗車したが、この外出は前駆も無く「密々儀」であったとされる。この例も中門廊の用法として右に述べたことと同様の内容を示していよう。

しかしながら、兼実亭に於ては、南階と中門廊の用法が外出理由により分化している。南階は「移徙」を除けば「正月拝礼」を受けた後の参院と「賀茂詣」、「春日詣」に限定されていた。これら外出理由はいかなる意味を持つのであろうか。

平安時代の貴族住宅に於ては、「正月大饗」を始めとして「臨時客」「興福寺参賀」「祭使発遣」など様々な儀式が催されていた。「正月拝礼」「賀茂詣」「春日詣」もこれらの中に含まれている。

「正月拝礼」の記録は一〇世紀には認められるようになる。当初は『小記目録』第一に、

拝禮事（院・女院・二宮・大臣・大納言）

とある様に必ずしも大臣家に限られてはいなかったようであるが、次第に摂関家に限定された儀式となっていった。(43) 拝礼の後これを受けた主人の参内もしくは参院の例が明らかになるのは道長時代以降に於てである。(44)

「賀茂詣」は摂関家の行事として位置づけられている。『日本紀略』天禄二年（九七一）九月二十六日条に、摂政藤原伊尹の例が載せられているが、『公事根源』にはこれが摂関の「賀茂詣」の初めと記されている。この「賀茂詣」について『中右記』長承元年（一一三二）四月十九日条に、

保安二年以後十二年間久絶也、就中當時殿執柄之後未有此事

とあり、また『玉葉』建久四年（一一九三）四月二十日条には、

此日、攝籙之後、初度賀茂詣也

と記され、摂関の儀式として意識されていたことが知られる。

春日神社は藤原氏の氏神であり、「春日詣」は藤氏長者の責務と見做されていた。『玉葉』文治四年（一一八八）正月二十七日条に、

此日、余氏長者之後、始參詣春日御社

とあり、賀茂詣と春日詣とでは参詣する立場の異なることが明確に意識されていた。

いずれにせよ、「正月拝礼」および「賀茂詣」、「春日詣」は摂関家あるいは藤氏長者にとって極めて重要な儀式であり、また主人の外出を伴うという点に於て「正月拝礼」「正月大饗」等の他の儀式と大きく異なっている。

またこれらの儀式は、対または寝殿とその南庭とが一体となって用いられる点に共通した特徴が認められる。兼実亭について「正月拝礼」の例を『玉葉』文治三年(一一八七)正月朔日条から紹介したい。

余在寝殿簾中、(打出間也、)…〈中略〉…次内大臣、權中納言定能卿、經房卿、泰通卿、參議隆房卿、從三位良經卿等、列立南庭、(上首當南階東間柱立也、内大臣不練歩、只徐歩也、)殿上人頭中將實教朝臣以下、列立公卿之後、(家司之爲殿上人者、在此列、)次五位外記列立殿上人後、(六位外記、在列末、此列、家司職事可列立、而一人不立、尤違例也、但近例如此云々、如何如何、)(皆)悉立定了、内府已下再拜訖、殿上人之下﨟等、並上官、先出中門了、次内大臣已下、經列前、出中門、列立藏人所立蔀前、内府、三位中將等、留中門邊、次余出自寝殿西面妻戸、(隨便宜也、)降自寝殿南階、(頭辨兼忠獻履、)出自中門、小向上首示氣色、過上達部前、(定能已下、四卿列立也、余過之間、皆居地、)於門外乘車、(三位中將褰簾、)内府已下、相引公卿等參院、(押小路殿也、)

即ち、兼実は寝殿簾中で南庭に列立した内大臣以下の拝礼を受け、その後寝殿南階より下り中門を出て門外で乗車した。公卿等を引きつれて参院したのである。「春日詣」の例をやはり兼実亭について『玉葉』文治四年(一一八八)正月二十七日条に見ると、

寝殿南東庇敷弘筵、西第三間(階西間也、)副奥屛風、敷高麗端疊一枚爲余座、其東間副端長押、敷同疊一枚、爲大臣座、其以東二行對座敷同疊、爲上達部座、(東庇)敷紫端疊二枚、爲殿上人座、(但不着也、)

…〈中略〉…

次舞人九人渡南庭於西、

…〈中略〉…

此間余已下降居簀子圓座、次御幣已下渡東塹以遲々、粗加催促、南庭行列、

先前掃二人、(…〈割註略〉…)

次幣持二人、(…〈割註略〉…)

次神寶長櫃四合、(…〈割註略〉…)

次祓物外居、（左、）和琴、（右、）相並、

已上仕丁十四人、

…〈中略〉…

次神馬一疋、（…〈割註略〉…）

…〈中略〉…

次出納二人（相並、布衣、）但今日依遅參、不渡南庭、是又行事懈怠也、可謂違例、

次下家司二人（知家事左、案主右、共衣冠相並、）歩行、但今日案主遅參、

知家事盛康一人渡南庭、又違例也、

次舞人馬居飼十人、

次同舎人十人、（…〈割註略〉…）

次舞人十人、（…〈割註略〉…）

各出門了、

…〈中略〉…

先上達部列立中門外、（西上南面、）内府下自中門内方、進立梅樹邊、二位中将取沓來南階下、随身等列居南階西脇、余倚東檻、降階一級着沓、依取指貫、賜笏於随身、此間、陪従於中門南脇發物音、余出東中門、向權大納言垂指貫小揖過、（…〈割註略〉…）

於門外乗車

と記される。寝殿には兼実以下公卿座、殿上人座が設けられたが、兼実の出発に先立ち南庭では舞人および御幣、神宝、神馬等の渡りの儀があった。兼実は南階から下り東中門を出、門外で乗車している。内大臣を始めとする一四名の公卿以下極めて多くの人々を従えた行列は、

公卿員數未曾有如此例

であったという。『江家次第』(45)には「賀茂詣」についての記事がある。これによれば対に主人座以下大臣座等が設けられるが、南庭では

舞人および神宝以下の渡りの儀があり、その後主人は南階より下り中門を出て門外で乗車した。

兼実亭および公賢の中園殿に関し、中門廊より外出した例を見ると、この様に出発の前に寝殿もしくは対とその南庭とが同時に儀式会場として用いられた例を見い出すことは出来ない。例えば、文治二年(一一八六)三月十六日兼実が拝賀のため院御所等に出発した時には、『玉葉』同日条によれば寝殿が主会場であったにもかかわらず南庭は使われなかった。またこの様な拝賀は摂関あるいは氏長者に特有の行事でもない。

「賀茂詣」「春日詣」は摂関・氏長者あるいは摂関が置かれない場合はこれに代わる者が行うべきと見做されていた(46)が、但ここで注意しなければいけないのは、実際は必ずしもこれらの人々のみに限られていたのではなく、他の大臣等もここに参詣する場合があったことである。しかしながら儀式の重要度・規模等の点から見ると摂関・氏長者等の場合とは大きく異なっていたようだ。これらの儀式空間については不明であるが、行列に参加した人々については知ることが出来る。例えば「賀茂詣」について、応徳三年(一〇八六)十月二十三日の内大臣藤原師通の例を『後二条師通記』同日条に見ると、

前駈六人、殿上○《人》二人、右馬頭・少将定(宗カ)忠

とされる状態であったし、「春日詣」にしても右大臣藤原忠平の場合が『貞信公記』延喜十八年(九一八)十一月二日条に記されているが、左兵衛督、右大弁、宰相中将などが同行したにすぎなかった。摂関・氏長者が公卿以下の多くの人々を従えた場合と著しい対比をなしている。これらの出口については知られないが、以上の点より見ると南階ではなく中門廊が使われた可能性も想定される。

この様に、特に摂関・氏長者に関する「正月拝礼」、「賀茂詣」、「春日詣」はその性格、儀式空間のいずれの点より見ても極めて重要な儀式であった。これらに関し、東三条殿、兼実亭以外の場合について主人の出口の知られる例について見ると中門廊は殆ど用いられず、寝殿または対の南階が使われている(47)。

以上の検討をもとに、兼実亭に於ける寝殿南階と中門廊の使い分けの要因について推定すると以下の様になろう。即ち摂関・氏長者の責務であり、権利でもあった「正月拝礼」、「賀茂詣」、「春日詣」の際の主人の外出に於ては、御所であり中心殿舎でもあった寝殿の南階が用いられ、それ以外の外出には便宜性の観点から中門廊が使われたということである。また、この中門廊の用法には本章第四節で見た様に、乗車の問題も関係してくる筈である。

表4　摂関等家正月拝礼の記録一覧

西暦	和　暦	摂　関　等	備　　考	史　料
979	天元 2. 正. 1	大臣家		小記目録
979	天元 2. 3.29	関白・頼忠		小記目録
981	天元 4. 正. 1	関白・頼忠		小記目録
982	天元 5. 正. 1	関白・頼忠		小右記
982	天元 5. 正. 3	左大臣・雅信		小右記
984	永観 2. 正. 2	大臣家		小記目録
993	正暦 4. 正. 2	摂政・道隆		小記目録
1004	寛弘 元. 正. 3	左大臣・道長	[摂関空位]	権記
1005	寛弘 2. 正. 1	左大臣・道長	[摂関空位]	御堂関白記
1006	寛弘 3. 正. 1	左大臣・道長	[摂関空位]	御堂関白記
1007	寛弘 4. 正. 2	左大臣・道長	[摂関空位]	御堂関白記
1008	寛弘 5. 正. 1	左大臣・道長	[摂関空位]	権記
1009	寛弘 6. 正. 2	左大臣・道長	[摂関空位]	小記目録
1010	寛弘 7. 正. 2	左大臣・道長	[摂関空位]	御堂関白記
1011	寛弘 8. 正. 1	左大臣・道長	[摂関空位]	御堂関白記
1013	長和 2. 正. 1	左大臣・道長	[摂関空位]	御堂関白記
1016	長和 5. 正. 1	左大臣・道長	[摂関空位]	御堂関白記
1016	長和 5. 正. 3	内大臣・公季		左経記
1017	寛仁 元. 正. 1	摂政・道長		御堂関白記
1018	寛仁 2. 正. 2	太政大臣・道長		小記目録
1018	寛仁 2. 正. 2	摂政・頼通		小記目録
1019	寛仁 3. 正. 2	前太政大臣・道長		小右記
1020	寛仁 4. 正. 1	前太政大臣・道長		左経記
1021	治安 元. 正. 1	関白・頼通		小右記
1021	治安 元. 正. 1	前太政大臣・道長		小右記
1022	治安 2. 正. 2	関白・頼通		小記目録
1024	治安 4. 正. 1	関白・頼通		小記目録
1027	万寿 4. 正. 1	関白・頼通		小右記
1031	長元 4. 正. 1	関白・頼通		左経記
1032	長元 5. 正. 1	関白・頼通		左経記
1035	長元 8. 正. 1	関白・頼通		左経記
1036	長元 9. 正. 1	関白・頼通		日本紀略
1065	治暦 元. 正. 1	関白・頼通		水左記
1081	永保 元. 正. 1	関白・師実		帥記
1083	永保 3. 正. 1	関白・師実		後二条師通記
1086	応徳 3. 正. 1	関白・師実		後二条師通記
1087	寛治 元. 正. 1	摂政・師実		中右記
1088	寛治 2. 正. 1	摂政・師実		中右記
1089	寛治 3. 正. 1	摂政・師実	三条殿・対南階	後二条師通記
1090	寛治 4. 正. 1	摂政・師実		中右記
1092	寛治 6. 正. 1	関白・師実		為房卿記
1093	寛治 7. 正. 1	関白・師実	高陽院・東対東階	後二条師通記
1094	嘉保 元. 正. 1	関白・師実		中右記
1095	嘉保 2. 正. 1	関白・師通		中右記
1096	永長 元. 正. 1	関白・師通		後二条師通記
1097	承徳 元. 正. 1	関白・師通		中右記
1099	康和 元. 正. 1	関白・師通		後二条師通記
1101	康和 3. 正. 1	右大臣・忠実	[摂関空位]	殿暦
1103	康和 5. 正. 1	右大臣・忠実	[摂関空位]　高陽院・東対東面階	殿暦
1105	長治 2. 正. 1	右大臣・忠実	[摂関空位]	中右記
1107	嘉承 2. 正. 1	関白・忠実		中右記

西暦	和 暦	摂 関 等	備 考	史 料
1111	天永 2.正.1	摂政・忠実	高陽院・東対南階	中右記
1112	天永 3.正.1	摂政・忠実		殿暦
1114	永久 2.正.1	関白・忠実		中右記
1115	永久 3.正.1	関白・忠実		殿暦
1117	永久 5.正.1	関白・忠実		殿暦
1118	元永 元.正.1	関白・忠実		中右記
1119	元永 2.正.1	関白・忠実		中右記
1125	天治 2.正.1	摂政・忠通		中右記目録
1127	大治 2.正.1	摂政・忠通		中右記
1136	保延 2.正.1	摂政・忠通		長秋記
1137	保延 3.正.1	関白・忠通		中右記
1145	天養 2.正.1	摂政・忠通		台記
1152	仁平 2.正.1	左大臣・頼長		本朝世紀
1153	仁平 3.正.1	関白・忠通		兵範記
1153	仁平 3.正.1	左大臣・頼長		兵範記
1155	久寿 2.正.1	左大臣・頼長		兵範記
1167	仁安 2.正.1	摂政・基房		兵範記
1173	承安 3.正.1	関白・基房		玉葉
1179	治承 3.正.1	関白・基房	松殿寝殿南階	山槐記
1185	元暦 2.正.1	摂政・基通	近衛室町亭寝殿南階ヵ	吉記
1194	建久 5.正.1	関白・兼実		玉葉
1195	建久 6.正.1	関白・兼実		玉葉
1196	建久 7.正.1	関白・兼実		玉葉
1197	建久 8.正.1	関白・基通	近衛殿上達部座南階 (但し、寝殿は存在しない可能性あり)	猪隈関白記
1198	建久 9.正.2	関白・基通		猪隈関白記
1200	正治 2.正.1	摂政・基通	近衛殿南階	猪隈関白記
1201	建仁 元.正.1	摂政・基通		猪隈関白記
1202	建仁 2.正.1	摂政・基通	正親町第寝殿南階	猪隈関白記
1203	建仁 3.正.1	摂政・基通	正親町第南階ヵ	明月記
1204	元久 元.正.1	摂政・良経		明月記
1207	承元 元.正.1	関白・家実		明月記
1208	承元 2.正.1	関白・家実	正親町第南階ヵ	猪隈関白記
1211	建暦 元.正.1	関白・家実		猪隈関白記
1212	建暦 2.正.1	関白・家実		明月記
1226	嘉禄 2.正.1	関白・家実		明月記
1227	安貞 元.正.1	関白・家実		明月記
1228	安貞 2.正.1	関白・家実		玉葉
1230	寛喜 2.正.2	関白・道家		明月記
1231	寛喜 3.正.1	関白・道家		民経記
1233	天福 元.正.1	大殿・道家		民経記
1237	嘉禎 3.正.1	摂政・道家	一条室町殿寝殿南階ヵ	玉葉
1240	仁治 元.正.1	摂政・兼経		平戸記
1241	仁治 2.正.1	前摂政・道家		左大史小槻季継記
1242	仁治 3.正.1	摂政・兼経		経光卿記抄
1244	寛元 2.正.1	関白・良実		平戸記
1245	寛元 3.正.1	関白・良実		平戸記
1246	寛元 4.正.1	関白・良実		葉黄記
1247	宝治 元.正.1	摂政・実経		葉黄記
1248	宝治 2.正.1	摂政・兼経		百練抄
1249	建長 元.正.1	摂政・兼経		百練抄
1250	建長 2.正.1	摂政・兼経		百練抄

西暦	和　暦	摂　関　等	備　　考	史　　料
1251	建長 3. 正. 1	摂政・兼経		百練抄
1252	建長 4. 正. 1	摂政・兼経		百練抄
1253	建長 5. 正. 1	摂政・兼平ｶ		百練抄
1254	建長 6. 正. 1	摂政・兼平		百練抄
1256	康元 元. 正. 1	関白・兼平		百練抄
1257	正嘉 元. 正. 1	関白・兼平		百練抄
1258	正嘉 2. 正. 1	関白・兼平		百練抄
1264	文永 元. 正. 1	関白・良実		続史愚抄
1266	文永 3. 正. 1	関白・実経		続史愚抄
1267	文永 4. 正. 1	関白・実経		続史愚抄
1277	建治 3. 正. 2	摂政・兼平	鷹司殿東廊階間ｶ	勘仲記
1279	弘安 2. 正. 2	関白・兼平		勘仲記
1280	弘安 3. 正. 1	関白・兼平	兼平第中門内切妻	勘仲記
1283	弘安 6. 正. 1	関白・兼平		勘仲記
1285	弘安 8. 正. 1	関白・兼平		続史愚抄
1286	弘安 9. 正. 1	関白・冬平		続史愚抄
1288	正応 元. 正. 1	関白・師忠		勘仲記
1290	正応 3. 正. 1	関白・家基		続史愚抄
1291	正応 4. 正. 1	関白・家基		勘仲記
1293	永仁 元. 正. 1	関白・忠教		続史愚抄
1294	永仁 2. 正. 1	関白・家基		勘仲記
1301	正安 3. 正. 2	関白・兼基		続史愚抄
1306	徳治 元. 正. 1	関白・師教		続史愚抄
1311	応長 元. 正. 1	摂政・冬平		続史愚抄
1314	正和 3. 正. 1	関白・家平		続史愚抄
1317	文保 元. 正. 2	関白・道平		花園院宸記
1321	元応 3. 正. 1	関白・内経		花園院宸記
1343	康永 2. 正. 1	関白・師平		愚管記
1344	康永 3. 正. 1	関白・師平		続史愚抄
1347	貞和 3. 正. 1	関白・良基		園太暦
1350	観応 元. 正. 1	関白・良基		続史愚抄
1364	貞治 3. 正. 1	関白・良基		後愚昧記
1377	永和 3. 正. 1	関白・忠基		続史愚抄

表5　賀茂詣の記録一覧

西暦	和　暦	主　　体	備　　考	史　　料
971	天禄 2. 9.26	摂政・伊尹		日本紀略
973	天延元. 4.12	関白・兼通		日本紀略
976	貞元元. 4.25	関白・兼通		日本紀略
978	天元元. 4.18	関白・頼忠		日本紀略
978	天元元. 4.23	関白・頼忠		小記目録
979	天元 2. 4.24	関白・頼忠		日本紀略
980	天元 3. 4.24	関白・頼忠		小記目録
981	天元 4. 4.17	関白・頼忠		小記目録
982	天元 5. 4.23	関白・頼忠		小右記
983	永観元. 4.22	右大臣・兼家		日本紀略
983	永観元. 4.23	関白・頼忠		小記目録
985	寛和元. 4.23	関白・頼忠		日本紀略
987	永延元. 5.21	右大臣・為光	・四位廿人。五位卅餘人。六位卅餘人前駈	日本紀略
987	永延元. 6.29	摂政・兼家	・攝政與左右大臣以下諸卿參賀茂社	日本紀略
988	永延 2. 4.22	摂政・兼家		日本紀略

西暦	和　暦	主　　体	備　　　　考	史　　料
989	永祚元．2.28	摂政・兼家	・内大臣以下參向。以殿上人爲舞人。四位二人。五位八人	日本紀略
992	正暦 3. 4.21	摂政・道隆		日本紀略
992	正暦 3. 4.25	内大臣・道兼	・上官前駈	日本紀略
993	正暦 4. 4.14	摂政・道隆		小記目録
994	正暦 5. 4.15	関白・道隆		日本紀略
998	長徳 4.正.28	左大臣・道長	[摂関空位]	日本紀略
998	長徳 4. 4.20	左大臣・道長	[摂関空位]	小記目録
999	長保元．4.20	左大臣・道長	[摂関空位]	小記目録
1000	長保 2. 4.13	右大臣・顕光		権記
1005	寛弘 2. 4.19	右大臣・顕光	四位少将頼通前駆	小右記
1005	寛弘 2. 9.22	左大臣・道長	[摂関空位]　・同道上達部春宮大夫…(中略)…有舞人・陪従等	御堂関白記
1006	寛弘 3. 4.16	左大臣・道長	[摂関空位]　・同道上達部十一人	御堂関白記
1007	寛弘 4. 4.18	左大臣・道長	[摂関空位]　・同道上達部右衛門督…(以下略)	御堂関白記
1008	寛弘 5. 4.18	左大臣・道長	[摂関空位]	御堂関白記
1009	寛弘 6.12.16	左大臣・道長	[摂関空位]	御堂関白記
1010	寛弘 7. 4.23	左大臣・道長	[摂関空位]	御堂関白記
1011	寛弘 8. 4.17	左大臣・道長	[摂関空位]	御堂関白記
1013	長和 2. 4.23	左大臣・道長	[摂関空位]	御堂関白記
1014	長和 3. 4.26	左大臣・道長	[摂関空位]	日本紀略
1015	長和 4. 4.23	左大臣・道長	[摂関空位]	日本紀略
1017	寛仁元．4.16	前摂政・道長 摂政・頼通		御堂関白記
1018	寛仁 2. 4.21	前太政大臣・道長 摂政・頼通		御堂関白記
1019	寛仁 3. 8.20	摂政・頼通	・去四月依障不被参之故也	日本紀略
1020	寛仁 4. 8.18	前太政大臣・道長	・被供養仁王經百部	左経記
1020	寛仁 4. 9.24	関白・頼通	(病により9月に延期)	左経記、他
1021	治安元．4.15	関白・頼通		日本紀略
1022	治安 2. 4.21	関白・頼通		小右記
1023	治安 3. 4.15	関白・頼通		小右記
1024	万寿元．4.15	関白・頼通		小記目録
1026	万寿 3. 4.21	関白・頼通		左経記
1029	長元 2. 4.20	関白・頼通		日本紀略
1030	長元 3. 4.21	関白・頼通		日本紀略
1031	長元 4. 4.26	関白・頼通		小記目録
1032	長元 5. 4.23	関白・頼通		小記目録
1034	長元 7. 4.19	関白・頼通		日本紀略
1035	長元 8. 4.19	関白・頼通		左経記
1048	永承 3. 4.16	関白・頼通	東台	春記
1052	永承 7. 4.21	関白・頼通		春記
1061	康平 4. 9.21	関白・頼通	・中納言以下公卿前駈。不異行幸	扶桑略記
1079	承暦 3. 4.13	関白・師実		十三代要略
1081	永保元．4.28	関白・師実		帥記
1082	永保 2. 4.24	関白・師実		為房卿記
1083	永保 3. 4.15	関白・師実		後二条師通記
1084	応徳元．4.22	関白・師実		後二条師通記
1086	応徳 3. 3. 6	関白・師実	・御賀茂詣間仁[如ｶ]常事	後二条師通記
1086	応徳 3.10.23	内府・師通	・前駈六人、殿上人二人	後二条師通記
1087	寛治元．4.15	摂政・師実		中右記
1088	寛治 2. 4.20	摂政・師実		中右記

西暦	和　暦	主　　体	備　　　　考	史　料
1089	寛治 3. 4.20	摂政・師実		中右記
1090	寛治 4. 4.13	摂政・師実		中右記
1091	寛治 5. 4.22	関白・師実		後二条師通記
1093	寛治 7. 4.21	関白・師実	高陽院東対南階	後二条師通記
1094	嘉保元. 4.14	前関白・師実 関白・師通	高陽院寝殿	江記
1095	嘉保 2. 4.19	前関白・師実 関白・師通		中右記
1096	永長元. 4.13	前関白・師実 関白・師通		中右記
1098	承徳 2.12. 6	前関白・師実 関白・師通	・去四月依故宇治前大僧正事延引也 ／二条殿寝殿	中右記
1099	康和元. 4.24	前関白・師実 関白・師通		中右記
1105	長治 2. 4.17	右大臣・忠実	[摂関空位]	殿暦
1107	嘉承 2. 4.16	関白・忠実		中右記
1109	天仁 2. 8.17	摂政・忠実		殿暦
1110	天永元. 4.16	摂政・忠実		殿暦
1112	天永 3. 4.22	摂政・忠実	東三条殿東対	中右記
1113	永久元.10.19	摂政・忠実	・去四月依大衆事延引	殿暦
1115	永久 3.12. 9	関白・忠実	東三条殿透渡殿西階（但し、会場は寝殿）	殿暦
1116	永久 4. 4.21	関白・忠実		殿暦
1117	永久 5. 4.21	関白・忠実		殿暦
1117	永久 5. 8.25	内大臣・忠通	・内府密々入夜被参賀茂	殿暦
1118	元永元. 4.20	関白・忠実	鴨院西対代廊東面階	中右記
1119	元永 2. 4.21	関白・忠実	東三条殿東対	中右記
1120	保安元. 4.14	関白・忠実	東三条殿東対	中右記
1132	長承元. 4.19	関白・忠通		中右記
1133	長承 2. 4.23	関白・忠実		中右記
1134	長承 3. 4.17	関白・忠通		中右記
1135	保延元. 4.17	関白・忠実		中右記
1137	保延 3. 5.28	関白・忠実	・内府被参、大納言一人不参左衛門督以下十一人	中右記
1140	保延 6. 4.15	関白・忠通		師抄
1142	康治元. 4.21	摂政・忠通		台記
1143	康治 2. 4.21	摂政・忠通		本朝世紀
1144	天養元. 4.15	摂政・忠通		台記
1146	久安 2. 4.21	摂政・忠通		本朝世紀
1147	久安 3. 4.15	摂政・忠通		台記
1148	久安 4. 4.21	摂政・忠通		台記
1154	久寿元. 4. 6	前太政大臣・忠実	東三条殿東対	台記
1154	久寿元. 4.14	左大臣・頼長		兵範記
1168	仁安 3. 4.13	摂政・基房		兵範記
1170	嘉応 2. 4.16	摂政・基房		玉葉
1173	承安 3. 4.22	関白・基房	大宮亭寝殿南階	玉葉
1185	文治元. 4.22	摂政・基通		玉葉
1195	建久 6. 4.17	関白・兼実		玉葉
1198	建久 9. 4.17	摂政・基通	高辻大宮家南階	猪隈関白記

表6　春日詣の記録一覧

西暦	和　暦	主　体	備　考	史　料
878	天慶 2.11.16	右大臣・基経	・是日、身自向大和國春日神社奉幣。賽先禱也	三代実録
918	延喜18.11. 2	右大臣・忠平	・左兵衛督、右大弁、宰相中将等相共参向	貞信公記
976	貞元 元. 3. 8	関白・（氏長者）兼通		日本紀略
978	天元 元.12. 6	関白・（氏長者）頼忠		小記目録
987	永延 元. 3.28	摂政・（氏長者）兼家		日本紀略
992	正暦 3. 3. 9	摂政・（氏長者）道隆		小記目録
993	正暦 4. 9.19	内大臣・道兼		権記
996	長徳 2.11. 1	左大臣・（氏長者）道長		日本紀略
999	長保 元. 2.27	左大臣・（氏長者）道長		日本紀略
1007	寛弘 4. 2.28	左大臣・（氏長者）道長		御堂関白記
1018	寛仁 2. 3.22	摂政・（氏長者）頼通		御堂関白記
1034	長元 7. 3.25	関白・（氏長者）頼通		日本紀略
1066	治暦 2.11.26	左大臣・（氏長者）教通		扶桑略記
1076	承保 3.正.25	関白・（氏長者）師実		十三代要略
1080	承暦 4.10.21	関白・（氏長者）師実		水左記
1088	寛治 2. 9.16	摂政・（氏長者）師実	三条殿東対南面	師記
1092	寛治 6.正.20	関白・（氏長者）師実		中右記
1095	嘉保 2. 3. 8	関白・（氏長者）師通		中右記
1103	康和 5. 7.26	右大臣・（氏長者）忠実		殿暦
1131	天承 元.11. 7	関白・（氏長者）忠通		十三代要略
1136	保延 2. 3. 4	前太政大臣・忠実	・右大将、源大納言（顕）、此中宮権大夫扈従	中右記
1146	久安 2. 3. 4	内大臣・頼長		台記
1148	久安 4. 4.16	内大臣・頼長		台記
1150	久安 6. 4. 1	前太政大臣・忠実	・奉馬五疋云々、	台記
1150	久安 6.10.28	前関白・忠実	・献寳物	台記
1152	仁平 2.12. 3	前太政大臣・忠実	・自宇治令参詣春日給、右少將行通朝臣、…僧達三人等前駈	兵範記
1153	仁平 3.12.28	前太政大臣・忠実	・若君同車、…前駈公卿二人、…殿上人十人…諸大夫十人…	兵範記
1161	応保 元.12. 9	関白・（氏長者）基実		山槐記
1167	仁安 2.11.27	摂政・（氏長者）基房		兵範記
1184	元暦 元.12.16	摂政・（氏長者）基通		玉葉
1197	建久 8.10.20	関白・（氏長者）基通		猪隈関白記
1203	建仁 3. 7.16	摂政・（氏長者）良経		明月記
1209	承元 3.11.25	関白・（氏長者ｶ）家実		猪隈関白記
1229	寛喜 元. 9.13	前太政大臣・公経		明月記
1230	寛喜 2. 2.27	関白・（氏長者）道家		明月記
1233	天福元. 3.29	大殿・道家		百練抄
1240	仁治元. 4.26	前摂政・道家	・三ヶ日可有御參籠	平戸記
1241	仁治 2.10.26	摂政・（氏長者）兼経		百練抄
1246	寛元 4.正.10	前摂政・道家		葉黄記
1253	建長 5. 4.25	前摂政・兼経		百練抄
1257	正嘉元.12. 9	関白・（氏長者）兼平		百練抄
1265	文永 2.12. 7	関白・（氏長者）実経		続史愚抄
1271	文永 8.11. 9	関白・（氏長者）基忠		歴代皇記
1279	弘安 2.10.25	関白・（氏長者）兼平		歴代皇記
1294	永仁 2. 2. 1	前関白・師忠		続史愚抄
1302	乾元元. 2. 4	前関白・師忠		興福寺略年代記
1312	正和元. 2.25	前関白・忠教		続史愚抄
1316	正和 5. 8.19	関白・（氏長者）冬平		続史愚抄

西暦	和　暦	主　体	備　　　考	史　料
1322	元亨 2.12. 7	関白・(氏長者)内経		花園院宸記
1344	康永 3.11.22	左大臣・公賢	・實守、實夏騎馬、又冷泉前大納言同自路打出	園太暦
1346	貞和 2.10. 5	内大臣・公清	(殿上人、諸大夫等同行す)	園太暦
1347	貞和 3. 2.21	前左大臣・公賢	・春宮大夫實夏卿冷泉前大納言公泰卿騎馬	師守記
1350	観応元.正.28	太政大臣・公賢		園太暦
1385	至徳 2. 8.29	摂政・(氏長者)良基		続史愚抄

それでは、これら主人の出口はこれ以降どの様な変遷を辿ることになるのだろうか。表4・5・6は摂関等家の「正月拝礼」「賀茂詣」「春日詣」についての記録を年代順に整理したものである。この表には前述した摂関・氏長者以外の例も参考のため収録してあるが、前項までの表で紹介したものについては重複する関係上省略してある。[48]

まず「正月拝礼」について見ると、一五世紀以降は記録に見られなくなる。『園太暦』観応元年(一三五〇)十二月十七日条によると、

小朝拜弁拜禮等、合戰年々停止例、官外記勘例申入了

とあり、また『続史愚抄』応安六年(一三七三)正月朔日条にも、

小朝拜拜禮等、依神木在京被停之

と記される様に、この頃には戦乱等の影響により「小朝拝」や「拝礼」等が屢々中止されていたことが知られる。『師守記』応安元年(一三六八)正月朔日条には、

小朝拜无之、依鎌倉大納言事也、於四方拜者如例、殿下拜禮无之、依無御朝拜也

とあり、これは足利義詮の喪により小朝拝等が中止されたことを示す例ではあるが、「摂関家拝礼」が「小朝拝」の中止に伴い取り止めとなったことも知ることが出来る。「摂関家拝礼」は一五世紀の中頃には全く行われなくなったと見え、『康富記』文安五年(一四四八)正月朔日条に、

殿下拜禮近年不及沙汰者也

と記されるまでになった。

摂関の行事であった「賀茂詣」は前掲『中右記』長承元年(一一三二)四月十九日条に記される様に保安年間より長承年間にかけて一時中絶したことがあったが、その後再開された。しかしながら一三世紀には古記録に認められなくなる。

氏長者の責務とされた「春日詣」もやはり一四世紀後半期以降記録に見られなくなり、漸次廃絶に及ん

だものと思われる。

「摂関家拝礼」が行われなくなった後も、摂関は正月に参内・参院し拝賀を行っているがその出口は知られない。しかしながら前に述べた観点からすれば、これらの出発に際し南階を用いる理由は必ずしも無くなったと言うことが出来よう。

この様に見てくると、摂関・氏長者等の住宅に於ては遅くとも一五世紀中頃には主人の外出口として寝殿の南階を用いる最も大きな要因は失われたと見做して良いことになる。中園殿は決して摂関家・氏長者の住宅ではなかったが、主人の出口に関して言えば結果として当時の摂関家住宅と同様の使い方を知ることが出来る例だったのである。(49) これ以降の最上級層の住宅に於ては殆どの場合中門廊が使われていったものと思われる。

〔六〕おわりに

本節では平安時代の東三条殿、兼実の諸第そして南北朝時代の公賢の中園殿をとり上げ、主人の出口に関し主として対または寝殿の南階と中門廊に着目し、その用法を明らかにすると共に変遷の要因についても考えようとしてきた。

東三条殿に於ては、南階を用いるのが原則であったが、兼実亭に於ては南階と中門廊の使い分けがなされていた。しかしながら中園殿に於ては得られた用例の殆どが中門廊についてのものであった。

兼実亭で南階が用いられたのは「移徙」を除けば、「正月拝礼」を受けた後の参院と「賀茂詣」、「春日詣」に於てであったが、これらは摂関・氏長者の重要で言わば公式性の高い儀式時あるいは儀式に伴った外出の際の用法であり、それ以外は便宜性の観点から中門廊が使われたものと思われる。しかしながら「摂関家拝礼」は一五世紀には廃絶し、「賀茂詣」、「春日詣」も一三、一四世紀中に行われなくなった。即ち、この頃には南階を用いる最も大きな要因が失われたと考えることが出来る。この様な経過を辿り主人の出口としての南階はその重要性を減じていったものと思われる。南北朝時代の中園殿はこの時期の最上級層の用法を知ることが出来る貴重な例であった。

本節では、平安・南北朝時代の最上級層の住宅を取り上げ、主人の出口の変遷過程とその要因についての考え方の枠組を示してきたが、主人の出口についてはまだまだ検討すべき点が多く残されている。「移徙」の際の用法の変遷あるいは車寄の成立に関わる乗車位置の問題についてである。乗車位置については前節で検討しているが、いずれも重要な問題であり、また中世の武士住宅との比較も今後の課題である。さらに検討を進めていきたい。

註

1　大河直躬『住まいの人類学』(昭和六十一年、平凡社)。
2　中園殿については前節で詳しく検討しており、本節では要点を示すことになるが、重複する部分のあることを予めお断りしておきたい。
3　太田静六「東三條殿の研究」(『建築学会論文集』二一、昭和十六年四月)。同「東三條殿の研究(其2)」(『建築学会論文集』二六、昭和十七年九月)。
4　川本重雄「東三条殿東対屋の復元について」(『日本建築学会大会学術講演梗概集』平成二年)。また、本書第二章第一節の補註参照。
5　儀式の際、庭上に降殿する場合は出口として扱わない。
6　主人について考える場合まず問題となるのは、これが住宅の所有者を指すのか或いはこれを使用するものを指すのかという点であるが、貴族住宅に於ては所有者は必ずしもその住宅に居住してはいない。本節の目的は出口の用法の検討であるから、ここを御所として用いた主たる人物を対象とすることになる。
7　『殿暦』同日条。
8　太后、北政所が何時東三条殿に渡ったのかは不明である。
9　筆者が試みている様な、対を御所として捉えることの重要性は、藤田勝也「学会展望　日本住宅史」(『建築史学』第一八号、平成四年三月)に於て指摘されている。
10　本章第一節参照。
11　第二章第一節参照。
12　太田静六『寝殿造の研究』(昭和六十二年、吉川弘文館)。
13　『殿暦』永久五年(一一一七)七月二日条。本項では、後の兼実亭や公賢亭との比較の関係上、摂関・氏長者等の御所として用いられた東対の出口に焦点を絞っている。実は、これら以外に用いられた東三条殿の出口として西中門、西透渡殿が知られる。これらからの外出記録は東門のみならず西門も正門として用いられたことに対応するものと思われるが数は少ない。
14　「中間」は「中門」の誤記と考えられる。

15 『台記』保延二年(一一三六)十月十一日条。

16 頼長は権大納言ではあるが東対には上位の者はおらず、出立に際しここが彼の御所に準えられたものと思われる。

17 『台記』には、「次人々退出之後、解装束、自中門出帰亭」とある。中門より降りるとは記されないが、大炊御門亭より東三条殿に渡った時に中門廊より昇ったことに鑑みて、この時も中門廊から降りたと考えて良い。

18 因みに、着座より東三条殿に戻った時には南階を用いている。

19 花山院について、『山槐記』仁安二年(一一六七)二月十一日条。六条堀川殿について、『愚昧記』文治五年(一一八九)七月十日条。大炊御門殿(兼実第)については後述。

20 八条院御所、『殿記』元久元年(一二〇四)十二月十四日条、中門。中御門殿、『明月記』建暦二年(一二一二)六月二十三日条、対代南階。鷹司殿、『勘仲記』建治二年(一二七六)十二月十四日条、中門。近衛殿、『勘仲記』正応元年(一二八八)十月二十七日条、二棟南面階。

21 『百練抄』仁安元年(一一六六)十二月二十四日条、「東三條第焼亡」。

22 『玉葉』(以下本項の註では特別に断らない限り出典は『玉葉』とする)長寛二年(一一六四)閏十月十七日条。

23 仁安二年(一一六七)正月二十八日条。

24 治承二年(一一七八)四月二十六日条

25 養和元年(一一八一)三月四日条。尼上とは兼実の姑(妻の母)のことである。

26 文治二年(一一八六)四月二十八日条。

27 文治四年(一一八八)八月四日条。

28 皇嘉門院は、それまで住んでいた御所が焼亡したため兼実第に移った。

29 文治三年(一一八七)三月十六日条。同日の装束より見て東礼の住宅であったものと思われる。

30 同日条。

31 太田静六「平家時代を中心とする藤原氏の邸宅」(『建築学会論文集』四一、昭和二十五年八月)。

32 文治二年(一一八六)六月二十日条。

33 同日条。

34 文治五年(一一八九)十一月十五日条、同年十二月十四日条、建久二年(一一九一)十二月十七日条。東四足門の存在より見ても、透渡殿、中門廊は寝殿より東方に存在したものと思われる。

35 九条殿については、文治元年(一一八五)二月二十六日条に、息男良通と同宿するため北対などを増築する記述がある。冷泉万里小路殿には兼実夫婦、娘の他、良通、良経が移徙した。大炊御門殿について、建久二年（一一九一）六月二十三日条によれば、良経はこの住宅から結婚のため能保卿一条室町亭に渡っている。『玉葉』を見るとこれらいずれの住宅に於ても儀式の記録の殆ど は兼実が主体となったものであり、これら住宅の主人は文字通り兼実であったと見做すことが出来る。

36 公卿座が用いられたのは冷泉万里小路殿に於てであったが、これは本文でも述べた様に中門廊北三ヶ間にあてられている。従ってここから降りるには西階が使われている。

37 同じ中門廊でも詳細に見ていくと場合により中門内方、中門外方、中門南方が使い分けられている。これら使い分けについては稿を改め乗車位置との関わりで考えていきたい。本項の目的は、寝殿南階以外に出口が存在することを示すことにある。

38 『後二条師通記』永長元年（一〇九六）二月二十七日条。関白藤原師通、二条東洞院殿。

39 『猪隈関白記』正治元年（一一九九）七月十三日条。右大臣藤原家実、正親町第。

40 『猪隈関白記』建久八年（一一九七）二月八日。中納言藤原家実、土御門室町家。

41 康永三年（一三四四）と貞和三年（一三四七）の院御薬により参院の例は中門廊と推定される例である。なお、本表は『園太暦』から直接出口について知られる記録をもとに作製したものであり、前節での検討結果は反映されていない。

42 忠通の御所は東対にあてられ、忠実は寝殿簾中に座を占めている。表1は東対を御所とした主人を対象として作製しており、この例は収録していない。しかしながら、中門廊の用法を知る上で貴重な例と考えられ紹介している。

43 表4の寛弘元年（一〇〇四）からの左大臣道長家の例が一〇例程あるが、この時期の摂関は空位となっている。

44 『御堂関白記』長保二年（一〇〇〇）正月朔日条。この日、右大臣以下は実際に参集したが拝礼は行われなかった。しかしながらこの後参院、参内している。

45 新訂増補故實叢書。

46 康和三年（一一〇一）からの右大臣忠実の例がこれにあたる。

47 後掲表4・5・6の備考欄参照。

48 備考欄には、出口が知られ或いは推定されるものについても記してある。

49 表6によれば、公賢は康永三年（一三四四）、貞和三年（一三四七）、観応元年（一三五〇）に「春日詣」を行っている。この時公賢は摂関、氏長者ではなかった。これらの出口は知られないが、例えば康永三年の場合について扈従した公卿を見ると、実守（公賢弟）、実夏（公賢息）、公泰（公賢弟）の身内の人々のみであり、藤氏の長の詣の場合とは程遠い行列である。また出発に際し舞人や神宝などの渡りの儀もなかった。貞和三年の場合もほぼ同様である。従ってこの場合、南階が用いられた可能性の有無については何とも言えない。しかしながら、もし仮にそうであったとしても外出時の降殿口として多くの場合中門廊が用いられていたという事実に変わりはなく本節の論旨と矛盾はしない。何よりも公賢以降、「春日詣」の記録は殆ど見られなくなる。

第六章　平安宮内裏の空間的秩序（二）

第一節　平安宮内裏、承明門・日華門の儀式時に於ける性格

〔一〕はじめに

平安時代の後期、初の本格的里内裏として営まれた土御門烏丸内裏は、紫宸殿と南庭を取り囲む宜陽殿、校書殿、春興殿、安福殿とで主要部分が形成され、その北側には仁寿殿、清涼殿、綾綺殿が置かれるなど極力内裏を模す構成をとっていた。儀式空間たる南庭に対しては、東の宜陽殿と春興殿の間に日華門、西の校書殿と安福殿の間に月華門が開かれるが、これらの門に比べ本来規模・形式共に優れ南北中心軸上にあるべき南門としての承明門は設けられていない。[1]やはり本格的里内裏として鎌倉時代建暦年間および建長年間に営まれた閑院内裏についても同様で、日・月華門が設けられたのに対し、承明門は開かれていない。[2]その後、平安宮内裏に代り実質的に内裏として使われた室町時代の応永度内裏や、康正度内裏でも同様承明門は設けられなかった。[3]これらに於ては日華門が承明門を兼ねていたのである。[4]

もちろん、この点についてはそれ以前に里内裏として用いられた貴族住宅に南門が無かったことや、土御門烏丸内裏、閑院内裏の南面道路が共に小路であり、南門を設けこれを用いるにはこれらの幅員が十分でなかったこと等の影響も考えられるであろう。しかしながら内裏に代わるべき建築として当初から計画されたこれら里内裏に於て、承明門が内裏運営上すなわち儀式遂行上不可欠なものであったとするならば設けることも出来た筈である。敢えて設けなくても済んだ理由が生じていたからではなかったのか。

本節では、平安宮内裏の門のうち儀式時に最も重要な役割を果した承明門と日華門に焦点を当て、それぞれが本来どの様な性格を有していたのかを、用法の実態を示しまたその相違点に着目することによって明らかにしたい。さらにこれらの門の性格に変化が生じた

ことを示すと同時にその要因についても考え、右に記した疑問の解決に一歩でも近づくこととしたい。

本節で用いる史料は主として平安時代に成立した諸儀式書であるが、場合により貴族等の日記も参照することにする。前者からはそれぞれの成立期に於ける儀式のあるべき姿を知ることが出来、後者からは実際の具体的様子を窺うことが出来る。但、平安前期については貴族等の日記に儀式内容に関する記述が殆ど見られないため勢い諸儀式書が中心とならざるを得ない。

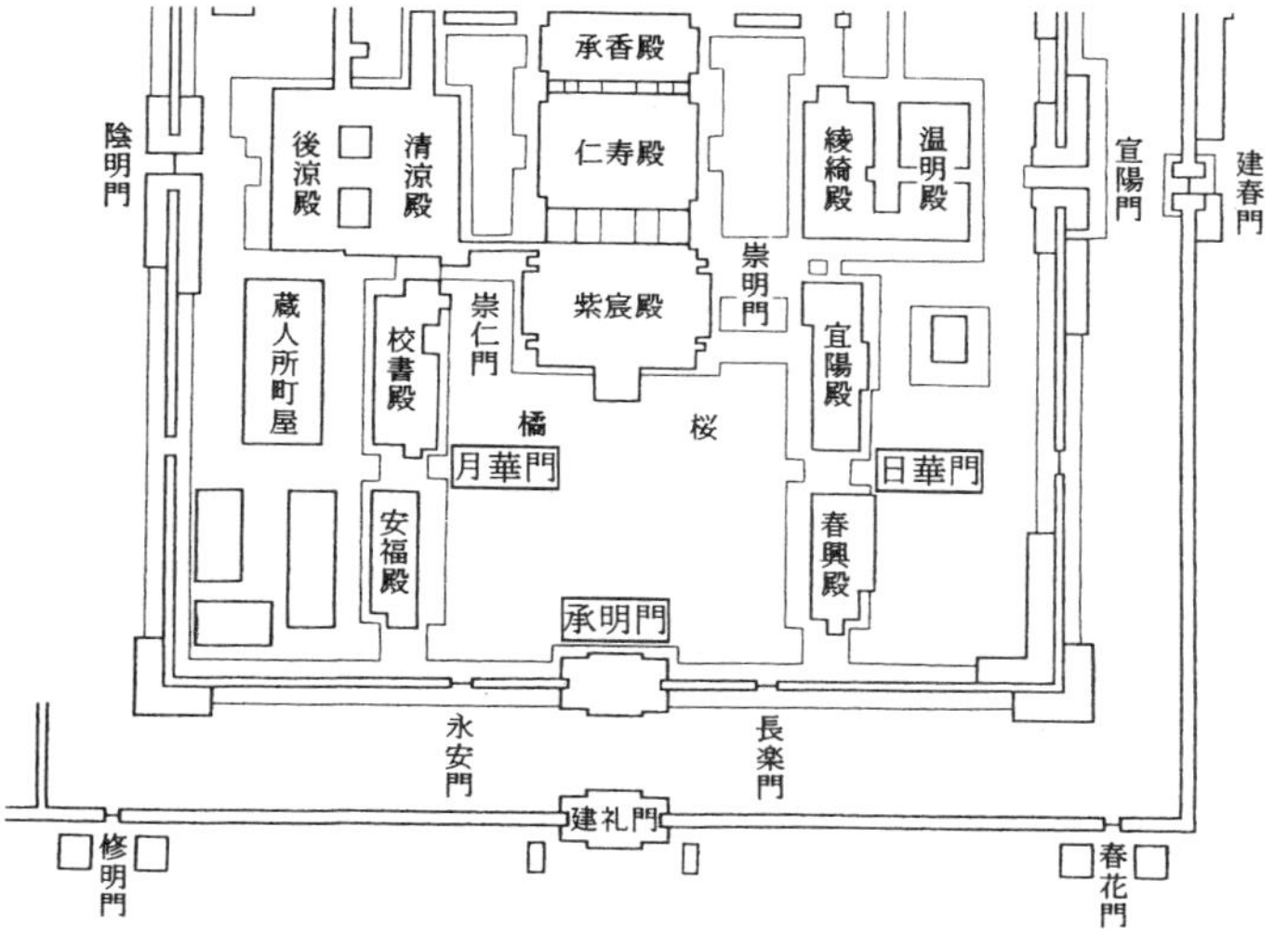

図1　平安宮内裏（部分）

〔二〕承明門を用いる儀式、日華門を用いる儀式

周知の様に平安宮内裏に於ては様々な儀式が執り行なわれていた。主要な儀式空間は紫宸殿と南庭であったが、この南庭、紫宸殿の対面たる南面中央には承明門が、東西両面には、日・月華門が開かれていた（図1）。これら儀式は、承明門を主たる入口として用いるものと、日華門を主とするものとに大別することが出来る。承明門を用いる儀式はさらに、公卿を始めとして六位以下も参加するものと、五位以上のみ参加するものとに分けられるが、以下これらについて順に式次第、参加者の動き等を示しながら門の用法を見ていくことにしたい。

まず、承明門の六位以下も参加する儀式についてであるが、諸儀式書によると、「立太子」「立后」「任官式」「譲位」「天皇元服・拝賀」がこれに相当する。これらは親王、公卿すなわち王卿以下が南庭に参入列立、拝舞することで成り立つ点に於て同一の性格を有しており、後述の五位以上が参加する紫宸殿上などで宴を賜る儀式とは異なっている。以下これらについて当初の様子を出来るだけ探るため、これらが具体的に記載される儀式書のうちで最も古い時期に成立したものを中心に見ていくことにする。まず「立太子」について検討しよう。「立太子」とは皇太子を冊立する儀式である。天皇の御座として紫宸殿南庇額間に大床子一双が立てられた。九世紀後半期の勅撰と見做される『儀式』[5]にはその次第について、

當日早旦式部丞錄率史生省掌等於建禮門前庭左右相分列立刀禰爰中務丞執版參入置紫宸殿前庭退出訖所司開閤門親王以下應召左右相分參（五位以上在承明門内庭六位以下在同門外）錄稱容止如常立定宣命大夫進就版宣制曰天皇詔旨勅命（乎）親王諸臣百官人等天下公民衆聞食（止）宣…〈中略〉…訖宣命大夫復本位皇太子進拜舞而退次親王以下退出

と記される。即ち、当日、式部省は刀禰を承明門よりさらに外側南面の建礼門の前庭左右に整列させる。刀禰とは王卿以下参加者のことである。[6]閤門、すなわち承明門[7]が開かれ、親王以下は召されて参入するが、五位以上は承明門内の南庭に、六位以下は承明門外に列立する。次いで宣命大夫によって立太子の宣命が読まれ、その後親王以下の退出となるのである。なお一〇世紀中期以前の成立とされる『新儀式』『西宮記』や『御産部類記』により次第を補うと、承明門開門の後に女官たる闈司が承明門内両脇の座に着き、また親王以下は宣命が読まれた後、再拝している。

この様な次第は基本的には「立后」に於ても同じで、『儀式』や『三代実録』貞観十一年（八六九）二月一日条などにより窺うことが出来る。「任官式」については『内裏式』『儀式』に記され、「譲位」は『儀式』『西宮記』に、「天皇元服・拝賀」は『西宮記』『北山抄』[8]に載せられるが、やはり開門ののち五位以上は承明門内に、六位以下は承明門外に列立したことが知られる。また、これら儀式では共に開門の後、闈司が承明門内両脇の座に着き、「任官式」「譲位」に於てはやはり宣命が読まれていた。[9]

五位以上が参加する儀式としては、「元日節会」「七日節会」「十六日節会」「天皇元服・後宴」があげられる。これらは前に述べた様に宴が中心の儀式であった。これらのうち「元日節会」を取り上げ、これを平安の極く初期に成立したとされる『内裏儀式』[10]により窺うことにしよう。「元日節会」は正月朔日、八省院での朝賀の後に場所を内裏に移し開催された饗宴である。天皇の座は紫宸殿母屋中央に、王卿の座はその東側に設けられ、四・五位座は庭中に幄を張ってここにあてられた。

皇帝還宮饗宴侍臣…〈中略〉…大臣先升殿兩衞服中儀服陣階下兩衞將曹各一人率近衞五人（開閤之儀他皆效此）開南閤掃部入鋪闈司座於戸内左右闈司二人分居（凡開南閤者闈司必居戸内非唯此節）大舍人詣南閤叩門闈司就位奏云御暦進（牟止）…〈中略〉…大臣宣喚侍從（踏

歌九月九日節亦同餘節宣喚大夫等）少納言稱唯出跪喚親王以下共稱唯親王先入跪大臣宣參來親王稱唯升殿就座王公以次入（雨泥不跪）大臣亦宣侍座群臣稱唯以次就座…〈中略〉…所司供御膳…〈中略〉…宣命大夫徐歩就版上下群臣降座卽宣制曰…〈中略〉…皇太子先稱唯拍手揚賀聲親王以下復然訖就座…〈中略〉…皇太子拍手稱唯揚賀聲出自東閤中務唱名賜親王以下拍手揚賀聲出自南閤給群臣祿訖

凡宴會之儀餘節效此

当日、天皇は紫宸殿に出御する。（内弁）大臣が昇殿し、次いで近衛府が南閤たる承明門を開き、闈司が門内の左右に座を占める。続いて暦の献上があり、次いで王卿以下が召されて南庭に参入、座に着く。饗宴の後、宣命が読まれ、その後王卿以下は承明門より退出する。

「七日節会」は実際は九世紀の中頃までは豊楽院で行われ、内裏が会場として使われる様になるのはそれ以降のことであるが、『内裏儀式』には、蕃客入朝時には豊楽院を、通常は内裏を会場とすると記載されている。[11]「七日節会」は「元日節会」と同様天皇が王卿以下に賜宴する儀式であるが、左右馬寮の引く白馬を御覧になりまた叙位がある点でこれと異なっている。しかし儀式の次第および諸門の使い方は基本的に同一で、『内裏儀式』には、

宴會之儀一同元日

と記される。『内裏式』『儀式』には豊楽院の場合について記載されるが、『西宮記』『北山抄』『江家次第』等には内裏での儀式が記され、王卿らは承明門より入ったことを知ることが出来る。「十六日節会」についても全く同様で『内裏儀式』に、

天皇賜宴侍臣供設儀式一同元日會

とされる他『江家次第』にも詳しく記され、王卿らは承明門を用いていた。「天皇元服・後宴」は、元服儀終了の後、日を改めて王卿以下を饗応する儀式であるが、『西宮記』『北山抄』等により同様であったことが知られる。そして「七日節会」以下の儀式に於ても等しく、開門ののち闈司が門内左右に座を占め、また宣命が読まれていた。

さて、日華門を入口とする儀式として、「皇太子元服」「天皇御賀」をあげることが出来る。いずれも五位以上が参加した。「皇太子元服」については、『西宮記』『新儀式』『北山抄』『江家次第』に記載されるが、これらによればこの儀式は、理髪、加冠とその後の王卿らに対する饗宴とから成っていたことが知られる。饗宴は、天皇が紫宸殿の御帳に御座し、その東南に東宮が座を占め、王卿らが南庭に参

入するのを待って始まるが、前掲儀式書のうち最も古い時期、一〇世紀中頃に成立した『西宮記』には以下の様に記されている。

親王以下五位以上、入自日華門列立庭中、近仗興、(参議已上一列、四位以下在後重行、並北面西上、未得解由及進過状大夫等皆預之、)謝座、

春宮高〔亮〕把空盞、授貫首人、即謝酒訖、上下各着座

また、ほぼ同時期の記録『延光記』応和三年(九六三)二月二十八日条(12)にも、

親王公卿以下五位以上。入自日華門列立南庭。近仗興。(参議以上一列。四位以上列於其後。西上北面。未得解由及進過状諸大夫皆悉預之。)

謝座

とあり、王卿らは日華門より参入し南庭に列立ののち着座した。因みにこの王卿座は、

爰所司敷殿上親王公卿座。如例節會

とされる様に、節会の場合と同様紫宸殿上に設けられた。しかしながら四・五位の座は節会の場合と異なり宜陽殿・春興殿西庇に配されている(13)。次いで饗宴となり、音楽が奏される。こののち王卿以下は禄を賜り退出した。同じ元服でも「天皇元服・後宴」の場合は王卿らは承明門より入っているが、ここでは日華門が王卿の入口として使われたのである。「天皇御賀」については、『西宮記』『新儀式』によりその具体的様子が知られるが(14)、これらに記されるのは法皇あるいは中宮が天皇の四十の宝算を祝って行う宴の内容である。いずれに於ても王卿や四位五位(諸大夫)は日華門より南庭に入っている。王卿の座は節会の場合と同様に紫宸殿上に設けられ、四・五位座は「皇太子元服」の場合と同じく宜陽・春興殿西庇に用意された。しかしながらこれら儀式ではいずれも承明門での場合に対し、式次第に開門が見られず闈司も登場しない。また宣命が読まれることも無かった。

以上の様に、平安宮内裏に於ては承明門を王卿らの入口として用いる儀式と日華門をそれとして用いる儀式の存在したことが知られたが、前者に於ては王卿ら参加者の南庭への参入に際し式次第の一つとして開門(儀)とも言うべきものがあり、こののち闈司が承明門内両脇に座を占めた。そしてまた、宣命使により宣命が読まれている。しかしながら後者に於てはこれらのいずれをも認めることが出来ない。これら両者の相違点は何を意味するのだろうか。また承明門について見ると、六位以下も参加する場合と五位以上が参加の場合とがあった。これら両者の違いにも更に注意を払う必要があろう。

〔三〕承明門、日華門の性格

前項で指摘した諸点の検討に入る前に、承明門、日華門の性格をより具体的に考えるため、王卿らがそもそもどの様な経路を辿りそれぞれの門より参入したかについて更に明確にし整理しておくことにする。

承明門の場合から始めよう。王卿以下六位以下も参加した儀式については前に「立太子」で見た様に、儀式開始前に王卿も含む刀禰が建礼門の前に控えたが、承明門開門ののち王卿以下五位以上は南庭に参入した。六位以下は承明門外に留まり列立したが、王卿以下五位以上は建礼門を通過しさらに承明門を潜ったことになる。王卿以下のこの様な動きは「立后」「天皇元服・拝賀」「譲位」についても基本的には同じで、『儀式』他によりこれを知ることが出来る。

これら儀式に於ては、承明門のみならず建礼門も式次第のひとつとして開門されるのが原則であった。『西宮記』が引く延長三年（九二五）十月二十一日の寛明親王の「立太子」の条には、

諸衛開承明建禮等門[15]

とあり、『御産部類記』天暦四年（九五〇）七月二十三日の憲平親王の「立太子」の条にも、

次左右近衛将曹各一人、率近衛各六人、趁進開承明門、…〈中略〉…左右兵衛開建禮門

と記される。[16]

「立后」については、『小右記』正暦元年（九九〇）十月五日の定子立后の条他に、「任官式」については、『内裏式』『儀式』により、「譲位」については、『西宮記』により、「天皇元服・拝賀」については、『北山抄』他により同様であったことが知られる。

五位以上が参加した宴中心の「節会」等についてはどうだったであろうか。実はこれらの儀式については、建礼門外に王卿以下が集合・整列したという明確な記録を見出すことは出来ないが、前に倣い建礼門の開門の有無との関連でこれを見ることにしよう。

「元日節会」については、すでに『内裏儀式』を紹介して見た様に、近衛府が承明門を開くとはあるものの、建礼門についての記述は見られない。しかしながら『西宮記』には、

開門、（左右将曹率近衛八人、開承明門及左右腋門、左右兵衛開建禮門、…〈以下略〉）

とあり、また延喜十五年（九一五）正月朔日の例を、

近衛兵衞開承明門、建禮門

と紹介して、近衛府兵衛府によりこれらの門が開かれたことが知られる。『北山抄』『江家次第』にも両門開門のことが記され、前の『内裏儀式』では建礼門に関する記述が省略されたものと考えられる。『西宮記』が引く、延喜十六年（九一六）正月朔日の条には、

諸衞開門常例

と記される。諸衛とはこの場合承明門の開閉を掌る近衛府、そして建礼門を掌る兵衛府のことと考えられるから、「元日節会」では式次第の一つとしてこれら両門を開くのが常例であったことが知られるのである。

「十六日節会」については、次の例が興味深い。『北山抄』は延喜二年（九〇二）正月十六日の例を載せている。

不開建禮門、依有明日射禮裝束也、〔天慶九年如之、〕

これについて『江家次第』では更に、

有明日射禮行幸時、不開建禮門由見舊記

と説明する。即ち、翌日建礼門前で「射礼」があり、このための準備がしてあるので建礼門を開けなかったと言うのである。この例は換言すれば承明門と共に建礼門をも開くべきであったことを示している。「七日節会」については建礼門の開閉を知ることは出来ないが、「元日」「十六日」と同じであったと考えて良く、「天皇元服・後宴」についても同様であったと見て大過ないだろう。この様にこれら節会・宴に於ては、王卿以下が建礼門外から南庭に参入したという明確な記述は見られないものの、少なくとも承明門は建礼門と共に使われるべき門として意識されていたことが知られるのである。

承明門を主たる入口として用いた儀式に於ては、王卿以下六位以下も参加の場合は実際に建礼門より入り、五位以上が参加の場合はこれを用いるのが前提であったことが知られよう。建礼門は内裏外郭の、承明門は内裏内郭の門であるから[17]、このことは取りも直さず彼らが、内裏外郭外より内郭内に参入することを意味している。これらに対し日華門の場合はどうだったであろうか。

「皇太子元服」に関し、『西宮記』や『新儀式』には王卿らの経路についての明確な記述はない。しかしながら『北山抄』には以下の様に記されている。

親王以下、〔出自敷政門着靴〕五位以上、入自日華門外立庭中[18]

敷政門は紫宸殿東北廊の東方、宣陽殿北側の門であるが、親王以下はこの門から出て靴を着け日華門から儀式会場の南庭に入った事が知られる。この間の事情については『東宮冠礼部類記』[19]がより詳しい。応和三年（九六三）二月二十八日の東宮憲平の「元服」について、

次三品中務卿式明親王。四品兵部卿章明親王。右大臣従二位藤原朝臣。従二位行大納言源高明卿。藤原在衡卿。権大納言正三位藤原朝臣師尹卿。正三位中納言兼明卿。従三位中納言藤原師氏卿。参議同朝忠卿。源雅信卿。同重信卿。正四位下藤原元名朝臣。同朝成朝臣。橘好古朝臣。従四位上藤原伊尹朝臣起左仗座。出敷政門着靴。入自日華門。諸大夫皆列立南階東。（親王已下参議已上一列。四位已下五位已上公卿後三列相重。皆北面西上。近仗起。）

とあり、中務卿式明親王や、右大臣以下の公卿そして四位の諸大夫[20]が、左仗座すなわち紫宸殿の東北廊（宣陽殿の西北）にある左近陣座を発ち敷政門を出たことが知られる。同様の内容は同記、永承元年（一〇四六）十二月十九日の東宮尊仁についての条からも窺うことが出来る。即ち左近陣座を出発し敷政門を出、日華門より南庭に入った。

「天皇御賀」については、記載される儀式書や記録が少ないため日華門に至るまでの経路を明確にすることは出来ない。しかしこれらには、王卿らが南庭に入るに際し「皇太子元服」の場合と同様、内裏内郭に設けられた門の通過や闈司についての記述が見られないことから、やはり左近陣座から出発し同じ経路を辿ったと推せられるのである。

図2は承明門を入口とした場合、日華門を入口とした場合の王卿ら本来の経路を模式的に示したものである。

さて以上の様に承明門を用いる場合と日華門を用いる場合とでは、王卿らの経路が内裏外郭外から内裏内郭内に入るのか或いは内裏内郭内で完結するのかの点で違いが認められたが、この様な内裏内郭とはどの様な性質の領域だったのだろうか。前に掲げた諸点のうちまず承明門内両脇に座を占めた闈司に着目し、先学に導かれながら考えてみることにしよう。

吉川真司氏は飛鳥時代小墾田宮の空間構造について、『日本書紀』舒明天皇即位前紀の病に伏した推古天皇が山背大兄王を召した場面の記載をもとに、栗隈采女黒女によって迎えられた閤門内の空間が大王（天皇）と近侍の女性だけが暮らす空間であることを明らかにした。そして、黒女はのちの闈司に類する役割を果したとしている。また、大王と宮人（近侍の女性）だけの空間であった閤門内に男性官人が立ち入る場合、闈司により天皇の許可を得るべき取り次ぎの奏がなされたとする。[21]

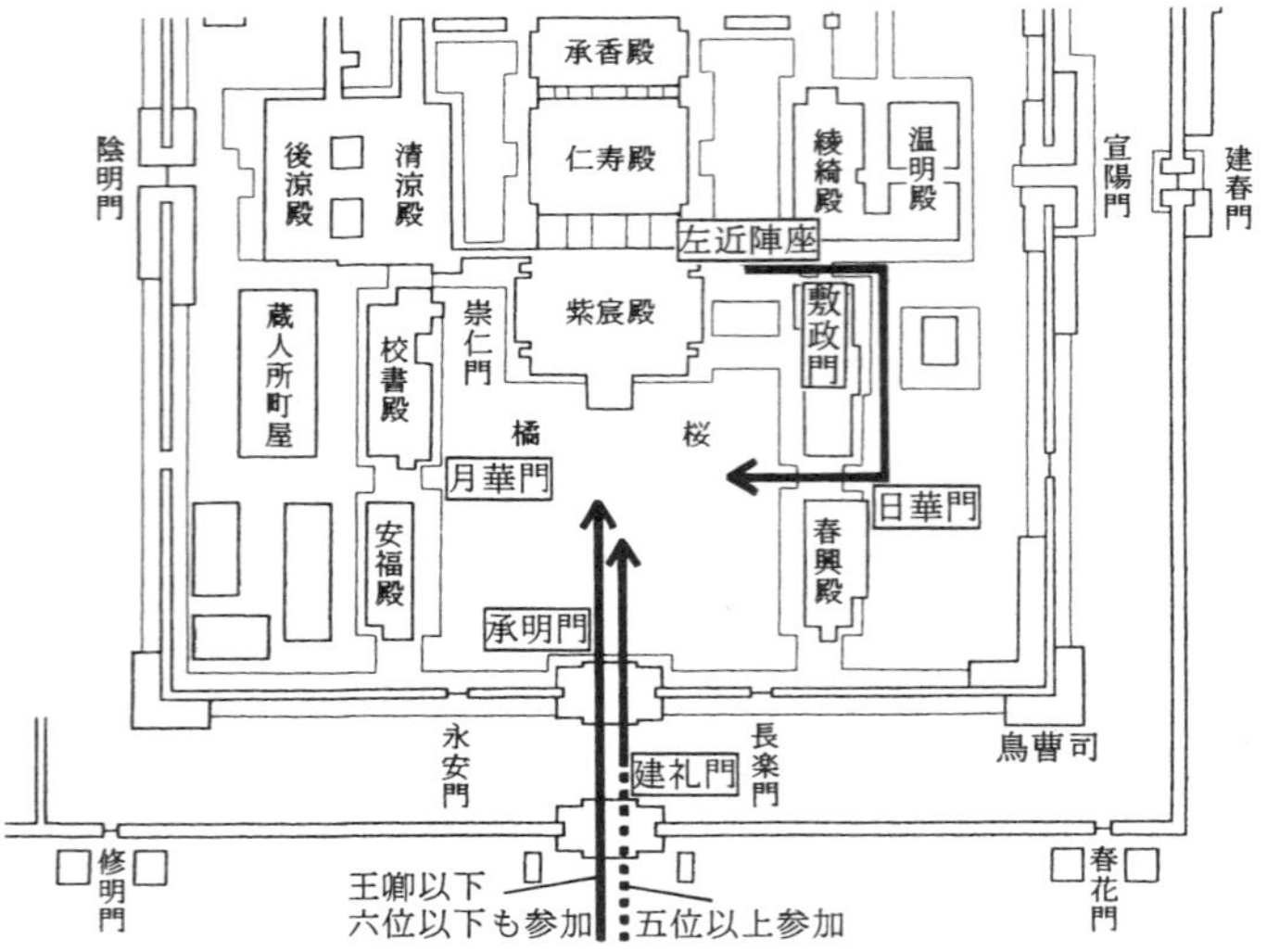

図２　承明門、日華門を用いた王卿らの儀式時の経路

平安宮に於て、閤門たる承明門内両脇の座は闈司の控えの場であったが、これは右に述べた様な歴史性の表れだったのである。内裏内郭は本来男性官人が入ることの出来ない天皇の占有空間であった。即ち、承明門より参入した王卿らは天皇の専有空間に外部から入ったことになり、日華門を用いた王卿らは天皇の専有空間内で移動していたことになる。

それでは、承明門、或いは日華門から入ったこれら参加者は、それぞれどの様な性格を有していたのであろうか。異なった観点から更に検討を進めよう。倉林正次氏は『饗宴の研究』(22)に於て宮廷儀礼の構造を分析しているが、そのなかで献上、奉幣・献饌儀式に着目している。「元日節会」「七日節会」(23)や「大嘗祭卯日祭」「神今食」(24)と「春日祭」「平野祭」(25)とでは、儀礼進行上に於けるこれらの性格に大きな違いが認められるとした。即ち前者の「献上儀は、開門の後にまず最初に門外から参入する形をとって行われるが」後者の「奉幣、献饌には開門のことがその前提をなしていない」とし、前者は外部からはるばる祭に参入する「まれびと」即ち客人の形をとるが、(26)後者の儀礼上での立場は主催者側にあるとする。節会等に於ける公卿らの参入についても「開門と共に参向した献上者からが客側の者といえる。やはり門外から参入し来臨する形式をとっている」と述べている。詳細は同書に譲るが、ここで注目されるのは儀式に於ける開門（儀）の有無および開門（儀）を境に何時参入するかが、これに参加する客側と主催者側の両者を区別する大きな指標となっていることである。

氏があげる「元日節会」等と「卯日祭」等とでは会場が異なり一概に比較することが出来ないので、内裏の場合について祝いの杖を献上する「卯杖」を取り上げ当てはめて考えてみよう。『西宮記』には以下の様に記されている。

天皇出御、近衞陣列、（中儀、）春宮坊立案（以蘇木作、）日華門外、太子於直盧（着靴、）大夫舁案坤、…〈中略〉…太子入自日華門、扶案西行、（當額東間北行、）登南階立簀子上、（自下﨟下去、）太子後下、（大夫退間、太子正笏暫立安下、）内侍出取、（内侍二人舁机、立御帳西南、）太子還宮、（坊官自内侍所請机、）次開門、（開承明建禮闈司着、）大舍人叩門、（闈司奏、）勅命申ヨ、闈司傳宣云、姓名ヲ令申ヨ、掃部寮立案、（入自承明門、）大舍人頭已下捧杖、（入自承明門、延喜十五年正十四、以掃部頭爲代、）頭留奏（云々、）勅置（介、）共唯、遞置案上、出了左右兵衞佐、（天暦元年正月十日、右兵衞佐不參、左兵衞佐二人渡、一人爲代官、逢腋靴或闕腋、）府生已上、（着劒不着箭、）捧杖、（入自承明門、杖頭左右相對、）左佐就版奏

皇太子は日華門より入り、春宮坊の坊官に杖を持たせ紫宸殿の天皇に献上したが、大舎人寮および兵衛府は承明門、建礼門の開門ののち承明門から入りこれを捧げている。即ち、倉林氏に従えば皇太子等は主催者側、大舎人寮・兵衛府は客側としての役割を果していたことになる。

これらを念頭に置き今まで検討してきたことを再び考えてみると、開門（儀）の後に承明門から入った場合の王卿たちは客人（まれびと）の立場から参加し、これが無い日華門から入った場合の王卿たちは主催者の立場から参加していたことになる。倉林氏は献上等儀について、開門（儀）の有無に着目し参加者の性格を検討したが、実はこのことは内裏での儀式の点から言えば、天皇の専有空間に外部から参入するそれか或いは専有空間内でのそれかの違いを示していた。日華門は本来天皇の専有空間たる内裏内郭内の門であったから開門（儀）が無かったのである。

また開門が行われる場合、許可の合図を得た後でなければ入ることが出来なかった点にも注意しておきたい。前項で「立太子」に関し『儀式』を紹介したが、ここには

親王以下應召

とあり、また「元日節会」について『内裏儀式』には、

少納言稱唯出跪喚親王以下

とされる。より具体的には同じ「元日節会」について『江家次第』に、

内辨宣大夫達召(27)

と記されている。日華門の場合は当然のことながらこれが設定されていない。

ところで、宣命とはミコトノリを宣(の)る勅命のことで、天皇の命令・意向を(群臣や人民に)表明する文書とされている。『西宮記』巻第十五には、宣命事の項目があり、神社や山陵への告文、立太子、立后、任大臣、節会、任僧綱、任天台座主および葬家への告文に用いるとある。内裏での儀式に於ては、南庭に列立する臣下などに対し参議以上の公卿もしくは中務卿が宣命大夫をつとめこれを朗読した。諸儀式書によると前述の儀式以外にも「朝賀」や「即位」あるいは外国からの蕃客が参加した「七日節会」に於て宣布されている。宣命は例えば前項での「立太子」の『儀式』条に、

親王諸臣百官人等天下公民衆聞食(止)宣

と内容が記される様に、本来儀式に参加した王卿以下の群臣のみならず、広く天下公民に対して宣布されるものであった。宣命が読まれたのは内裏内のみならず対外的な意義を有した儀式に於てであったと見て良いだろう。喜田新六氏は朝堂院での「元正朝賀」に於ける宣命について、天下百姓にも呼びかけて勅を宣布することはこれを全国に向けて放送することであり、この宣布は儀場たる朝堂院の会昌、応天門およびその南にある宮城の正門、朱雀門を開放し世間と空気を通じて行われたとする。(28) 聞くべきであろう。承明門を用いた儀式に於ける承明門、建礼門の二つの門の開門は、単に王卿らの入口としての役割を示すのみならず、この様な意味をも有していたものと思われる。

以上の様に、承明門は本来建礼門と対になって用いられ、或いは対になって用いられることを前提とした門で、客人(まれびと)の役割りを果す側が本来天皇の専有空間であった内裏内郭に入るための門であり、日華門は内裏内郭内で儀式空間が完結する内輪の儀式のための言わば主催者の側が用いる門であったと言うことが出来るであろう。

(四) 承明門、日華門の性格の変遷とその要因

承明門は本来、建礼門と対になって用いられるべき門であった。しかしながらこれまで度々検討を加えてきた六位以下も参加した儀式「立太子」について、一二世紀初めに成立したとされる『江家次第』を見るとそれまでとは異なった変化が認められる。

前一日令主殿寮掃除南庭…〈中略〉…長樂門南面東掖第一間東柱下設外辨親王公卿座、東西行立兀子獨床子簀子敷床子、（南面西上）

承明門東側の脇門たる長楽門の外側東掖に、控えのための外弁親王公卿座（以下外弁座とする）が設けられていた。外弁親王公卿とは内郭内で儀式の進行を掌る内弁大臣に対する語で、いわゆる儀式に参加する王卿のことである。『江家次第』には続いて当日の様子が記されている。

次開門、（開建禮門承明兩門、…〈以下略〉）闈司着座、…〈中略〉…外辨王卿參入立標、（異位重行、北面西上、…〈以下略〉）

即ち王卿は外弁座を発ち承明門より参入した。外弁座からの参入については「立太子」のみならず「立后」に於ても同様であり、『江家次第』や『北山抄』にその記載が認められる。これら王卿は一体どこからこの座に向かったのだろうか。『小右記』寛仁二年（一〇一八）十月十六日条には威子立后について以下の様に記されている。

下官及諸卿出自敷政門向外辨、於鳥曹『司』着靴著座

即ち、記者藤原実資を始めとする諸卿は紫宸殿東北方、宜陽殿の北側に設けられた敷政門を出て（内裏内郭の東門たる宣陽門を出）、内郭東南角外側の鳥曹司で靴を着け外弁座に着いたと言うのである。この記事から具体的出発点は知られない。しかしながら式終了後の王卿の還着に関し、「立太子」について『御産部類記』天暦四年（九五〇）七月二十三日条には憲平親王の例が記されている。

親王以下一々退出、如初入儀、闈司又還、訖天皇御本殿、王卿還著左仗之座

親王以下は参入の場合と同じ経路[29]で左仗座すなわち紫宸殿東北廊の左近陣座に着いたことが知られる。従って開始時にはこの左近陣座を発ち外弁座に着いたことになる。「天皇元服・拝賀」についても『江家次第』から外弁座の存在が知られ、また『長秋記』永久元年（一一一三）正月朔日の鳥羽天皇の「元服」条からも、公卿らが陣座から外弁座に着いたことを知ることが出来る。但、「任官式」「譲位」については史料が少ないためか、これらについての記事を見出す事は出来なかった。

以上の様に、六位以下も参加する儀式に於て王卿は左近陣座から出発し、敷政門を経てさらに宣陽門を出、一旦内裏内郭外に出た後、鳥曹司で靴を着け、さらに外弁座に控えた後、開門を待って承明門から参入したのである。この経路を、後述する退出路と併せて示したのが図3である。

管見によればこの様な王卿の経路の変化が知られる最も早い例は前掲『御産部類記』であり、一〇世紀中頃にはすでにこの様な変化

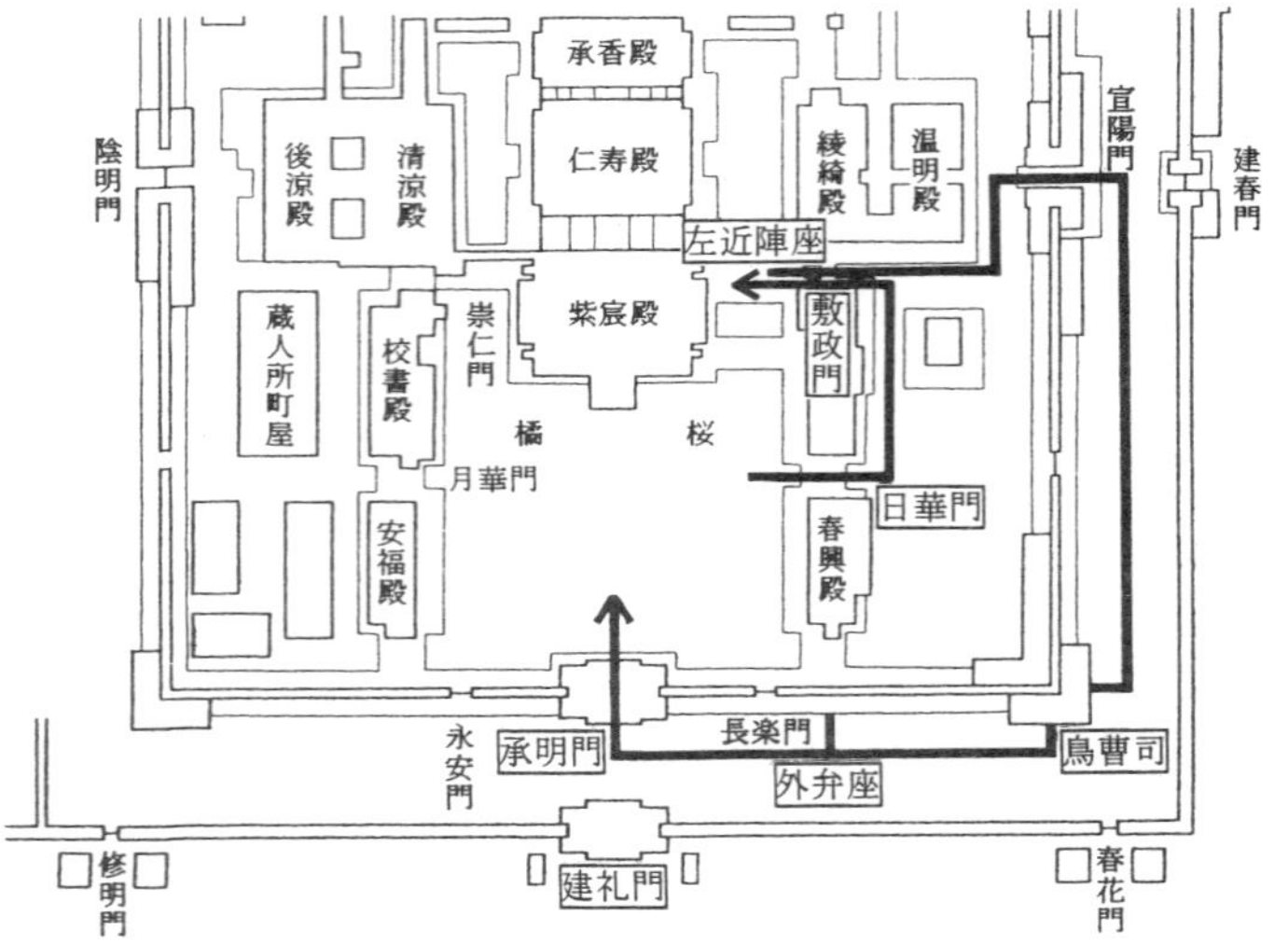

図３　承明門を用いた王卿の儀式時の参入経路及び節会等に於ける退出経路

が生じていたことになる。但、四・五位の経路の変化については、具体的に知ることは出来ない。また六位以下の経路については、「立后」について一一世紀前期に成立したとされる『北山抄』にこれらの参加がある場合は建礼門を用いるとの記述があるものの、これ以降の儀式書には後述するよう六位以下に関する記載が見られなくなるのである。

さて、五位以上が参加した節会等ではどうだったであろうか。「元日節会」について『西宮記』に

天皇出御、…〈中略〉…内辨着兀子、…〈中略〉…王卿着外辨、…〈中略〉…開門、（左右将曹率近衛八人、開承明門及左右腋門、左右兵衛開建禮門、雨日、經東西殿廂向、）…〈中略〉…王卿已下列立立標

とあり、やはり王卿は外弁座に着き、ここを発って承明門より入ったことが知られるが、『小右記』治安三年（一〇二三）正月朔日条には、公卿がまず陣座に着き、ここから外弁座に向かったことが具体的に記されている。

内府及諸卿相従著陣、…〈中略〉…内大臣・大納言頼宗・能信・中納言通〔道〕方・參議公信・經通・資平・朝任〔經カ〕・定頼・右三位中將兼經・長家・參議廣業等向外辨、…〈中略〉…次開承明・長樂・永安弁建禮等門、…〈中略〉…内大臣已下參入

同記、長和二年（一〇一三）正月朔日条、治安元年（一〇二一）正月朔日条からもこれらのことが窺える。

「七日節会」の場合も同様で『西宮記』に外弁座の記載があり、「天皇元服・後宴」については、『長秋記』永久元年（一一一三）正月朔日の鳥羽天皇の条に、公卿が陣座から外弁座に着きここを発って承明門より入ったことが記されている。

この様に見てきた時、五位以上が参加した節会等の儀式に於ても、『西宮記』が成立した一〇世紀中頃にはすでに公卿が陣座を発ち、

承明門から入る経路が成立していたと考えられるのである。

以上の様に、承明門を用いた儀式について主要な参加者たる王卿の参入路を検討してきたが、ここで明らかにされたのは本来内裏外郭外に開かれた建礼門と対になって用いられるべきこの門が、王卿の参入経路が内裏外郭内で完結することにより単に内裏外郭内に対して開かれた門としての性格を帯び、従ってはるばる参加する客人（まれびと）のための入口としての性格が弱まったと言うことである。それでは何故この様な変化が生じたのであろうか。

奈良、平安時代に於ては、官人に対する禄の支給や勤務評定の資料として官人の出勤日を記録することが行われ、この出勤した日は「上日」と呼ばれていた。橋本義則氏は、五位以上の官人が執務のため朝堂の座に着いた日は「朝座上日」であったが天長九年（八三二）の宣旨により朝堂のみならず内裏に侍候することで給せられる「内裏上日」を「上日」に加えて良いことになったとし、このことはまた同時に、五位以上の官人が朝堂あるいは曹司に着いて聴政することが稀になってきたことをも示すとした。[30]吉川真司氏はこの「内裏侍候」について、「内裏上日」の成立から見て遅くとも八世紀末の延暦年間には始まっていたと推定し、内裏内郭は公卿が日常的に詰める場所になったとした。本来、天皇と女官の専有空間であった内裏内郭・閤門内空間が男性官人に開放され「開かれた内裏」に変化したとするのである。また、この「開かれた内裏」は八世紀を通じ徐々に表面化し、八世紀後期に至って確立したと考え陣座の利用がこれと全く無関係とは思われないとした。[31]

平安宮内裏には、公卿が参内した時のための公卿座が宜陽殿と近衛陣に二種類設けてあり、改まった儀式などを行う際には宜陽殿の座に、普通の時には近衛陣座に着いたとされる。[32]これら両者の成立について、滝浪貞子氏は『類聚国史』天長四年（八二七）正月二日条と『続日本後紀』承和六年（八三九）正月朔日条をそれぞれ示し、ともに平安時代のごく早い時期に設けられたとし、また近衛陣は天皇不予の際の公卿以下官人の控所になったとした。[33]

この陣では、公卿議定たる陣定が行われる様になるが、その起源について弘仁年間（八一〇～八二四）とする説[34]あるいは元慶八年（八八四）をそれ程遡らない時期とする説[35]がある。いずれにせよ九世紀には、この陣が公卿議定の場として用いられていたことになる。従って、この頃にはここが公卿参内時の控所となっていたと考えて良いだろう。

ところで近衛陣には、紫宸殿東北廊に設けられた左近陣と、校書殿東庇の右近陣との二箇所があった。これら両者の利用について『西

宮記』巻一所引『吏部記』には、承平四年(九三四)正月十四日の「御斎会」について、

近年公卿常御左仗

と記され、一〇世紀前期には公卿控所が左近陣に固定していたことが知られるが、実際はもう少し早かったものと思われる。第一章第一節の表1を「旬儀」の開催状況と会場に着目して見よう。天皇不出御の平座の場合宜陽殿と共に右近陣・左近陣がその場として共に使用されるが、九世紀の後期になると左近陣が固定的に使われる様になった。いずれにせよ、九世紀後期から一〇世紀前期にかけて左近陣が公卿控所として使用されるようになったものと考えられる。

この様に、平安時代に於ける内裏侍候とこれに伴う公卿控所としての陣座の存在が、平安初期以来の儀式を変容させ、承明門の性格にも影響を与えることになったと思われるのである。

さて、日華門についても興味深い事実が存在している。五位以上が参加した節会等の儀式「元日節会」について『内裏儀式』を見ると、王卿の参入口、退出口は共に承明門であった。しかしながら、退出口についてはそののち変化が認められる。『江家次第』には以下の様に記されている。

群臣下殿(到日華門待唱、跪蘆蕣上、搢笏取祿、)縫殿頭以下授之、一拜退出自日華門、縫殿頭取納言以上祿、助取參議祿、允取非參議祿(云々、)

即ち、王卿らは禄を賜った後、日華門より退出した。『江家次第』以前に成立した『西宮記』や『北山抄』にも同様の記述があり、やはり一〇世紀中頃にはすでにこの様な変化が起きていたことが知られる。[36]「七日節会」についても同じで『西宮記』以降の儀式書からこれを窺うことが出来る。この様に本来、主催者側の門の性格を持つ日華門が客人(まれびと)側の出口としても使われる様になったのである。

これら節会等について、日華門退出後の王卿の具体的経路を諸儀式書から知ることは出来ない。儀式終了後の王卿について見ると、内裏から退出する場合[37]と内裏に留まる場合[38]とがあったが『小右記』治安三年(一〇二三)正月朔日条に、

余并已次進祿所、縫殿頭保季(王脱カ)執祿、進膳衡(膝カ)給、了復陣座、諸卿不退出、或佇立陣後、或著座

とある様に、日華門を出たあとはまず左近陣座に還ったものと思われる。「立太子」の場合は、前に述べた様に王卿は儀式終了後左近陣座に還着している。大臣の内裏からの退出に関し『西宮記』巻七には「大臣自陣退出事」の項目があり、『北山抄』にも「大臣退出事」

の項目があるが、大臣が内裏から退出する場合、左近陣座を発ち敷政門あるいは和徳門を経て建春門を出、陽明門を用いることと記されている。このことは換言すれば内裏での大臣の控所は左近陣座であったことを示しているが、いずれにせよ、節会等に参加した王卿は、承明門を用いず日華門より直接に左近陣座に還ったことになる。この場合承明門から退出するよりも移動の距離は遥かに短くなろう。(39) 儀式終了時は参入時ほど形式性が要求されず、本来の承明門の代わりに距離的合理性の観点から日華門が使われたと考えられるのである。即ち、承明門の役割の一部を日華門が分担するようになった（図3）。

六位以下も参加した「立太子」「立后」などについてはこの様な例を認めることが出来なかったが、これらは年中行事たる節会等に対して国家的行事の性格がより強く、従って形式性が要求された結果と考えられる。

この様に日華門についても性格の変化が認められたが、ここに於ても左近陣座の存在が大きく影響していたことが知られる。

ところで、儀式の参加者についても変化が認められる。承明門を用いた儀式のうち六位以下も参加すべき「立太子」「立后」について『江家次第』には六位以下に関する記述が見られない。(40) 実は「立后」について見るとすでに『小右記』にはこれらの記載が認められなくなっている。(41)「天皇元服・拝賀」については『高倉院御元服記』(42)に承安元年（一一七一）正月三日に行われた高倉天皇の例で未だ六位以下の参加を知ることが出来るものの、これ以外の儀式では一〇世紀末頃には六位以下の不参加が顕在化してきたものと推せられる。『江家次第』には「立太子」「立后」ともに、承明門のみならず建礼門開門のことが記されていたが、建礼門についてはその使用は形骸化していたのではないだろうか。事実「立太子」について『為房卿記』康和五年（一一〇三）八月十七日条に、

不開建禮門

とされる様に建礼門が開かれない場合も出てきた。

五位以上が参加した節会等に関し『江家次第』には「元日節会」について、

近例侍従不見

と記される。侍従即ち四位・五位の参加の無かったことが知られる。『小右記』からは一一世紀初めの頃の「元日節会」の様子が知られるが、四位・五位の参加は極めて少ない状態であった。(43)『江家次第』が成立した一二世紀初め頃には、公卿のみの参加となっていたのである。第三項で紹介した「十六日節会」の「建礼門不開」の記事もこの様な流れの萌芽の顕れと見られる。

この様な参加者の変化、即ち内裏外郭外から参加すべき六位以下が不参加となり、また左近陣座から発つ公卿のみが参加となる様な変化は、承明門を用いた儀式の内裏外郭外との継りの弱体化の現れと考えられ、このことも客人(まれびと)側の入口としての承明門の性格の弱体化に強い影響を与えたと思われるのである。

以上の様に、承明門、日華門の性格に変化が認められたが、これらには共に公卿の内裏侍候に伴う陣座の成立が大きく関っていたものと考えられる。

〔五〕おわりに

平安宮内裏で行われた様々な儀式の実態を示すことにより、承明門と日華門の性格を明らかにしてきた。また、これら門の性格の変遷過程を明らかにし、その要因についても考えてきた。

平安宮内裏で行われた儀式は承明門を主たる参入口とする儀式と、日華門をそれとする儀式とに大別される。承明門は、六位以下も参加する儀式に於ては特に、建礼門と対になって使われており、内裏外郭外からの客人(まれびと)の側が参入すべき門として、対外的な儀式のための門としての性格を有していた。一方、日華門は、主催者の側が自ら用いる門であり、内輪の儀式のための門であった。

しかしながら承明門はやがて必ずしも建礼門と対になっては使われなくなり、王卿は左近陣座から出発して内裏外郭外に出ることなく承明門より参入するようになった。王卿の参入経路が内裏外郭内で完結するようになったのである。即ち、客人(まれびと)側の門としての性格が弱まった。その要因として、平安前期に於ける公卿の内裏侍候成立に伴う公卿控所としての陣座の存在が考えられた。また日華門は、客人(まれびと)側の出口としても使われ、承明門の役割の一部を分担する様になるが、その背景にはやはり陣座の存在があり、またこれには距離的合理性も働いていた。

この様に見て来た時、本来全く異なるべき承明門と日華門の性格が似通って来たのを認めることが出来るであろう。「はじめに」で述べた里内裏建築が日華門で承明門を兼用した背景には、この様な事情が存在していたのである。さらに言うならば近世に至る内裏の空間構成の変遷もこの様な観点を導入することにより、より明快に説明されるようになるであろう。

しかしながら、これで問題がすべて解決したのではない。今までの検討によると、日華門を入口として用いた儀式の具体的様子が知られるのは、既に述べた様に『西宮記』以降に於てであり、これは公卿控所が左近陣座に固定してから後の例としてであった。しかし、実はこのうちの「皇太子元服」については内容は知られないものの、平城、長岡宮に於ても行われていたことが記録から窺える。(44) この点については更に検討する必要があるし、五位以上が参加した節会等に於ける王卿以下の承明門に至るまでのそもそもの経路も不明なのである。今後の課題である。

註

1　太田静六『寝殿造の研究』（昭和六十二年二月、吉川弘文館）、川本重雄「土御門烏丸内裏の復元的研究」（『日本建築学会論文報告集』第三三五号、昭和五十九年一月）。

2　太田静六、前掲註1。

3　川上貢『日本中世住宅の研究』（昭和四十二年十月、墨水書房）、同「寝殿造から書院造へ」（『世界建築全集』昭和三十五年、平凡社）。

4　但し、これら里内裏が「西礼」の場合は月華門が承明門を兼ねた。なお、この様な内裏を模して造営された内裏様式里内裏住宅については、第三章第一節で、紫宸殿（代）、清涼殿（代）の配置方式とそれぞれに於ける儀式時の空間的秩序の向きの関係に着目し検討している。

5　新訂増補故實叢書。

6　『西宮記』七日節会の項に、「百官主典已上稱刀禰事」とある。

7　『大内裏図考証』巻第九、また後掲註17参照。

8　但し、『日本三代実録』貞観六年（八六四）正月朔日の清和天皇の「元服」条には 春華門外で百官六位主典以上が拝賀したとあるが、元慶六年（八八二）正月二日の陽成天皇の場合はこれらの人々は承明門外で拝賀しており、『西宮記』『北山抄』にも同様の記載がある。基本的には「立太子」等の場合と同じであったものと思われる。

9　「天皇元服・拝賀」について、宣命は日を改めて行われた「後宴」で読まれるので、宣制はここでは無かった。

10　西本昌弘「古礼からみた内裏儀式の成立」（『史林』七〇－二、昭和六十二年）。『内裏式』より古く、平安初期に成立したものと考えられている。

11　西本昌弘『日本古代儀礼成立史の研究』（平成九年、塙書房）によれば、『内裏儀式』の、平時内裏を「七日節会」の会場とする規定は弘仁三年

（八一二）以前の状況を反映するもので、その原型は天平勝宝年間（八世紀中期）前後にまで遡るとされる。なお、節会等の儀式会場の変遷については第一章第一節参照。

12 続群書類従　巻第二九三。

13 『村上天皇御記』同日条。

14 『新儀式』には「親王以下弁五位六位等執獻物進庭中」とあり、六位以下の参加が記されるが、実はこれは『北山抄』に「依多物數、六位相加」と説明される場合であったことが知られる。

15 新訂増補故實叢書には「諸街」とあるが、これは開門する近衛、兵衛のことであるから「諸衞」の誤りと考えられる。

16 『北山抄』は、延喜四年（九〇四）の崇像親王の「立太子」の例として、「唯開閤門、不開建禮門及掖門」と載せ、建礼門は開かれなかったとする。『西宮記』が引くこの日の「立太子」条には近衛が（承明門を）開門したことについては記述されるが、兵衛が建礼門を開門したことは記されていない。後の『北山抄』では記者公任が、承明門のみが開門されたと解釈したものと思われる。『西宮記』の条には単に建礼門について記されなかっただけで、実際はこの門も開門されたと考えられる。

17 『養老令』によれば、内裏の門には閤門、宮門、宮城門の別があった。閤門は内裏に直接開く門で、内裏内郭の南門たる承明門は閤門と見做すことが出来る（『大内裏図考証』巻第九）。建礼門は宮門に分類され（『大内裏図考証』巻第六）、内裏外郭南面中央に開かれた門である。また、宮城門は朱雀門や陽明門などのことで、宮城外郭の四方に開かれた門である。この様に平安宮内裏は内郭、外郭、宮城外郭による三重の同心円的な空間秩序を有しており、これら郭にそれぞれ開かれたのが閤門、宮門、宮城門ということになる。

18 新訂増補故實叢書本には「外立庭中」とあるが「列立庭中」の誤りと考えられる。

19 続群書類従　巻第二九三。

20 この場合五位は参加しなかった様である。

21 吉川真司「律令国家の女官」（『日本女性生活史一　原始・古代』平成二年五月、東京大学出版会）。

22 倉林正次『饗宴の研究』（昭和四十年、桜楓社）。

23 倉林氏によれば、「元日節会」「七日節会」は宮廷儀礼のうち節会第一形式に分類される。この形式には他に「踏歌節会」「豊明節会」「菊花宴（九月九日）」が分類されている。前掲註22。

24 倉林氏によれば、祭事第一形式に分類される。前掲註22。

25 倉林氏によれば、祭事第二形式に分類される。他に祈年祭、鎮魂祭、園韓神祭があげられている。前掲註22。

26 倉林氏は「もちろん諸司諸官の行うことではあったが、形は外部者の姿をとっていよう」としている。前掲註22。

27　新訂増補故實叢書本には、「マウチキンタチ召セ」と仮名が付してある。前述「卯杖」に於ては、開門ののち召（儀）が設定されていない。しかしながら、大舎人が門を叩き、闈司の奏上を待って承明門より参入することが、客の側として参加することを示していると思われる。

28　喜田新六「宣命の性格について」（『中央大学文学部紀要』史学科、第一号、昭和三十年十月）。

29　同記には、開門前に、王卿らが兀子座に控えここを発って承明門から入ったことが記されている。この兀子座が設けられた場所が外弁座であったと思われ、この外弁座には陣座から向かったものと思われる。

30　橋本義則『平安宮成立史の研究』（平成七年、塙書房）。

31　前掲註21。

32　『西宮記』巻第十九、宜陽殿の項。

33　滝沢貞子『日本古代宮廷社会の研究』（平成三年、思文閣出版）。

34　藤木邦彦「陣定について―平安時代における政務執行の一形態―」（『歴史と文化Ⅴ』歴史学研究報告第九集、昭和三十六年三月）。

35　美川圭「公卿議定制からみる院政の成立」（『史林』第六九巻第四号、昭和六十二年七月）。

36　但、諸大夫については、『北山抄』に長楽門より退出の例が記されるものの、不明な点が多い。更に検討する必要がある。

37　「七日節会」について、『兵範記』仁安二年（一一六七）正月七日条、「十六日節会」について、『玉葉』嘉応二年（一一七〇）正月十六日条。

38　「十六日節会」について、『中右記』長治元年（一一〇四）正月十六日条。

39　平安宮内裏の門の用法を知る上で興味深い例を紹介しよう。『西宮記』「臨時奉幣」の項に内裏から八省院に向かう公卿の道筋が示されている。

　　内侍就八省令褁幣、（諸社幣、史及神祇官人、於本官若宮城褁之、）上卿奏清書、返給、退出之次催使、公卿經月華・陰明・脩明門、着
　　　昭慶門東廊内方

日華門、陰明門、脩明門を経て、八省院昭慶門東廊に着いている。また逆に八省院から内裏への経路に関しては、『北山抄』「大臣従八省参内儀」の項に、

　　安和三年正月十四日記云、上官出自永陽門、（公卿用此門、）奉仕御前、外記史留立脩明門前東頭、（西面《上イ》北上《面イ》、）辨少納言入自同門、列立東掖、（西面北上、）諸卿入門北行、辨以下相從、上卿至陰明門之此、辨以下史以上、留立中和門南頭、公卿列立陰明門前西側、（東面
　　　北上、）大臣揖而入之

と記される様に、前と全く反対の道順を辿っていた。公卿は行幸の供奉あるいは内裏での儀式等以外に承明門を用いることは無かったので、この場合は日華、宣陽、建春門を用いるよりも移動する距離は短くなるのである。ついでに豊楽院の門の用法についても一瞥しておこう。拙論「平安宮内裏、承明門・日華門の儀式時に於ける用法上の性格」（『日本建築学会東北支部研究報告』平成八年）では「元日節会」の例を取

り上げ、王卿らが東門たる延明門より退出したことを紹介したが、『御堂関白記』および『小右記』長和元年（一〇一二）十一月二十五日条には「豊明節会」終了後の公卿らの行動が具体的に記されている。即ち天皇の御座す大極殿北側の清暑堂に着き、天皇の還宮に供奉したことが知られるのである。清暑堂に着くには南門たる儀鸞門、豊楽門を用いるより延明門を用いる方が遥かに近かったであろう。

40 「立太子」「立后」については、『江家次第』には参加者の参入に関し「大臣宣刀禰召せ」との記載がある。ここには王卿についての記述は見られるものの六位以下に関する具体的な記述は見られない。

41 「立后」について、天元五年（九八二）三月十一日条、正暦元年（九九〇）十月五日条、長和元年（一〇一二）四月二十七日条、寛仁二年（一〇一八）十月十八日条。なお、これらにはいずれも建礼門開門の記載は見られる。

42 続群書類従　巻第二九二。なお「天皇元服・拝賀」については、『天皇元服部類』（群書類従　巻第九八）に土御門天皇、元久二年（一二〇五）正月三日の例が載せてあり、六位以下の参加があったことが知られる。

43 『江家次第』には、「侍従以下着幄屋（…〈割註略〉…）近例侍従不見」とある。前述の様に幄は四・五位の座にあてられたから、侍従は四・五位であったことが知られる。『小右記』治安元年（一〇二一）正月朔日条からは公卿の他侍従は二名のみが参加したこと、また『中右記』長治元年（一一〇四）正月七日条、嘉永元年（一一〇六）正月朔日条からは公卿のみで、四・五位の侍従の参加が無かったことが知られる。

44 『続日本紀』和銅七年（七一四）六月二十八日条、延暦七年（七八八）正月十五日条。

第二節　紫宸殿上に於ける天皇及び公卿らの沓の着脱

――儀式時の検討――

〔一〕はじめに

周知の様に、平安宮内裏に於ては様々な儀式が執り行われていた。これらは主として紫宸殿、清涼殿、仁寿殿そしてそれぞれの前庭を会場として催されたが、それらの多くは天皇が出御し公卿らが参加することで成り立っている。天皇や大臣以下参議以上の公卿らは共に正装し、また履物もこれに相応しいものを用いていた。

ところで、内裏で開催された儀式の具体的様子は部分的にではあるものの『年中行事絵巻』により知ることが出来る。仁寿殿を中心として行われた「内宴」についてこの絵巻を見ると、公卿らが沓を着けたまま昇殿しているのが知られる。仁寿殿も含め、紫宸殿を中心とした内裏の諸殿舎が板張りの高床式建築であったことを考えると、これら公卿らの姿は現代の我々にとってかなり奇異に映る。

この点に関し鈴木亘氏は、紫宸殿上に於て朝臣は沓を着けるのが例であり日常の遊宴の場合も同様であったと指摘し、またこのことは皇太子および朝臣の座として椅子、床子、兀子、草墪などが用いられたことから推定されるとしている。(1) しかしながら後述する様に公卿らが沓を着けずに昇殿する場合もあり、(2) 公卿らの履物の着脱について、特に儀式時のそれについて従来十分な検討がなされて来たとは言い難い。

本節では平安宮の中心殿舎紫宸殿に於ける儀式を取り上げ、これに参加した天皇及び公卿らの履物、沓の着脱の実態を用いられた座具の種類に着目しながら明らかにしたい。また公卿らについては、紫宸殿上に於けるその違いの要因を解明し、その意味についても考えてみたい。なお「沓」は挿鞋、靴、浅履、舄、履を含むいわゆる「くつ」の総称とすることにする。

〔二〕元日節会について―公卿らが沓を着けたまま昇殿する場合〈その一〉―

平安宮内裏紫宸殿で行われた儀式に関し当時の儀式書や貴族達が遺した日記等を渉猟するとき、これに参加した公卿らが沓を着けたまま庭上より昇殿する儀式として、まず「元日節会」を始めとする諸節会や「旬儀」があげられよう。本項ではその代表的例として「元日節会」を取り上げ検討することにしたい(3)。なお、図1は儀式の会場となった紫宸殿を中心とした部分を示したものである。適宜参照していただきたい。

さて「元日節会」は、正月朔日に天皇が大極殿で群官の朝賀を受けた後に場所を内裏紫宸殿に移し開催された宴である。その式次第は『江家次第』(4)等の儀式書に詳しく記され、天皇出御、内弁大臣昇殿着座、開門、公卿昇殿・着座、羞饌・盃事、奏覧、賜禄、退出、天皇還御の順に行われた。

会場として紫宸殿および南庭が共に用いられたが、天皇の御座は母屋中央間に南向きに置かれ、公卿の座は御座の東側に東西行二行に南北相対して設けられた。『江家次第』には御帳内の天皇の御座について、

次撤尋常ノ御倚子、鋪唐錦毯代、立平文御倚子、鋪唐錦褥

と記され、公卿座については、

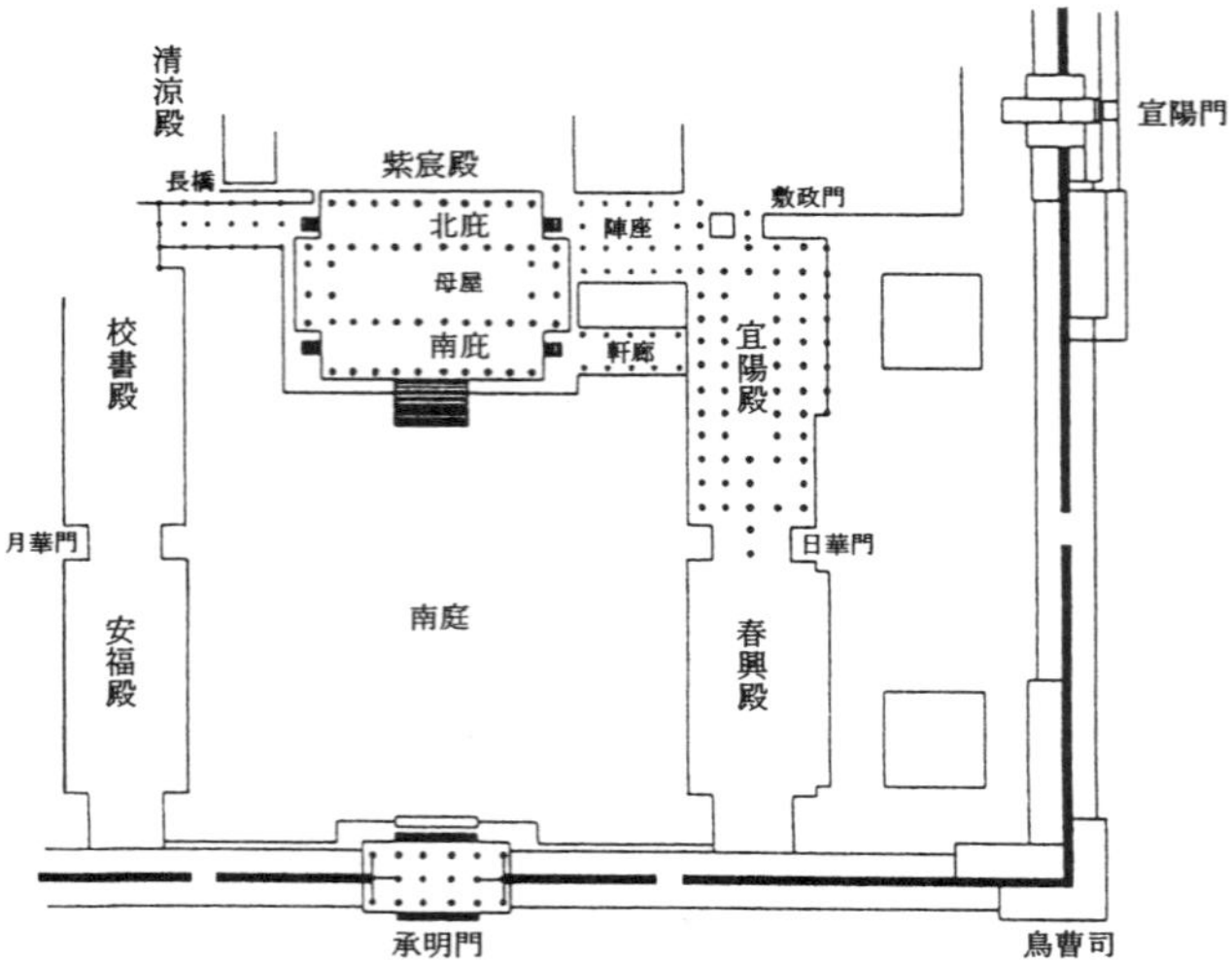

図1　平安宮内裏（部分）

當御帳東第二間中央、東西兩行設親王公卿座、鋪紺ノ布蠻繪毯代、（…〈割註略〉…）
立兀子獨床子簀子敷床子等、（北親王參議座、南大臣大中納言三位參議散三位參議座、並西上對座、）

とされている。即ち、天皇は平文御椅子を、大臣以下参議以上の公卿は兀子、床子を座具として用いた。これらはいずれも脚を持つ腰掛けであるが、椅子は背もたれ及び肘掛けを持つ点で他とは異なっている。

さて、主な参加者たる天皇、内弁大臣、公卿のそれぞれについて、式次第に従い沓の着脱の様子を具体的に明らかにしていこう。

天皇は普段の御所たる清涼殿より出発し、長橋を経て一時紫宸殿北庇に控え、母屋の御帳に着御する。ここで公卿を迎え宴になる。三献ののち公卿は退出し、天皇も清涼殿に還御する。

天皇は清涼殿を出発するに際し挿鞋を着用した。『建武年中行事』[5]によれば、清涼殿二間の前で関白が挿鞋を奉ったことが知られる。[6]挿鞋は、『装束抄』[7]に記される様に天皇が常に用いた沓であり、「そうかい」と称される。この沓を着けたまま、紫宸殿北庇に入るのであるが、ここで『江家次第』に、

先於北廂着靴給

と記される様に靴に履きかえ、御帳の中の椅子に着御する。靴は『装束抄』に、

朝賀。小朝拜。節會。内宴等ニ天子モ召。臣下ハ此外卽位。行幸。行啓。列見。定考。駒牽。讓位。立后。立太子。任大臣。釋奠等ニモ是ヲ用ュ

とある様に儀式のための正装の沓で「かのくつ」と呼ばれた。天皇は儀式終了までこの靴を着けたまま紫宸殿上に御座すのである。

内弁とは、式の進行を主導した官人を言い、節会に於ては大臣がこれをつとめた。天皇の出御に際し、内弁はそれまで控えていた紫宸殿東腋の陣座から宜陽殿西庇に据えられた兀子に着く。ここから軒廊を経て南庭に出、謝座[8]再拝の後、紫宸殿東階より昇殿・着座する。ここでの宴（三献）の後、再び陣座につき、宣命等を取り昇殿し降殿、さらに副宣命を取り昇殿また降殿したのち南庭に列立、ここで拝礼を行った後、四たび昇殿そして降殿し日華門より退出するのである。

さて、内弁は宜陽殿に着く前、陣座の後で靴を着けた。『江家次第』にはこのことについて、

先於陣座後着靴之後、聞近仗警蹕

と記されている。内弁は靴を着けたまま第一回目の昇殿を行い、着座、また降殿し陣座に着くが、同記に、

脱靴云々

とある様、ここで靴を脱いだ。

この後、儀式終了までの内弁の靴の着脱については詳らかになし得ないが、恐らくはこの後の昇殿の際は陣座の後で同様に靴を着けたものと思われる。

公卿は宴を賜わる側の参加者である。公卿は控えていた陣座から東脇の敷政門を出、左兵衛陣たる宣陽門を経て内裏内郭の東南角、鳥曹司に至る。そして外弁座に着いたのち南門たる承明門外に至り、ここから門内に参入し南庭に列立する。謝座、謝酒の後[9]、紫宸殿東階より昇り座に着く。宴(三献)の後、降殿し南庭に列立して拝礼、また昇殿ののち降殿、禄を受取り日華門から退出する。

公卿は『江家次第』に、

入鳥曹司東戸着靴、出南戸

とある様に鳥曹司で靴を着け、そのまま承明門より南庭に入り、こののち昇殿するが儀式終了時まで靴を着けたままであった。『三節会次第』[10]より類推すれば、日華門より退出の時、浅履に履き替えたと考えられる[11]。なお、南庭に参入する際には右に述べた様に鳥曹司で靴を着けたが、それまでは浅履を着けていたと思われ、ここで履きかえたものと推定される。浅履は公卿らが常に用いた沓であり「あさぐつ」と呼ばれた。

表1は以上述べてきた天皇、内弁大臣、公卿について、式の次第に従いそれぞれの動きを座具と沓の着脱に注目し整理したものである。紫宸殿に於て、天皇は椅子を御座とし、公卿は兀子、床子を座具として用いていた。天皇は母屋の御座に出御する際には靴を着用し、内弁、公卿らは、内弁が降殿の際に陣座で脱靴したものの、共に靴を着用したまま昇殿したことが知られよう。

諸儀式書を見ると、以上述べたことは「元日節会」のみならず「七日節会」「十六日節会」「豊明節会」に於ても同様であったことが知られる。

表１　元日節会に於ける天皇、内弁、公卿の沓の着脱

儀式次第	天皇	天皇 座具	公卿 内弁大臣	公卿 座具	公卿	公卿 座具
出　御	＊清涼殿より長橋を経て紫宸殿に移る。 挿鞋 ＊紫宸殿北廂で着靴 靴 ＊天皇、御帳中椅子に着御	・撤尋常ノ御椅子、鋪唐錦毯代、立平文御椅子、鋪唐錦褥『江家次第』			＊敷政、宣陽門より出て鳥曹司で着靴 靴 ＊外弁に着く	
内弁 昇殿着座			＊陣座の後で靴を着け宣陽殿の兀子に着く 靴 ＊軒廊より出て南庭で謝座再拝 ＊東階より昇り、着座	兀子		
開　門 公卿 昇殿着座					＊承明門より入り南庭に列入 ＊再拝（謝座、謝酒） ＊東階より昇り着座	紺ノ布蠻繪毯代を敷き兀子、独兀子、簀子敷床子等を立てる その前に朱台盤を立てる
羞饌 盃事						
奏　覧			＊陣に着く、脱靴 脱 ＊見参、宣命を取り昇殿 靴カ ＊東階より降りる ＊副宣命を取り昇殿 ＊降殿し南庭に列立 ＊再拝 ＊昇殿 ＊降殿		＊降殿し南庭に列立 ＊再拝 ＊昇殿 ＊降殿	
賜　禄						
退　出			＊日華門より退出		＊日華門より退出 脱靴し浅履を着ける 浅履 陣座で脱靴	
還　御	＊天皇還御					

〔三〕釈奠内論義、相撲召合について―公卿らが沓を着けたまま昇殿する場合〈その二〉―

「釈奠内論義」「相撲召合」に於ても公卿らは沓を着けたまま昇殿したものと思われる。(12)

釈奠とは、孔子やその弟子を祀る儒教儀礼を指すが、大学寮の廟堂、都堂を会場として行われた。「内論義」とはその翌日、紫宸殿に諸博士等を召して論義を行わせ、天皇がこれを傍聴したことを言う。この儀式は天皇出御、公卿昇殿、博士・座主・学生参入昇殿、論義、天皇還御から成っていた。

天皇の御座は母屋中央間に南向きに、公卿座は南庇東第一二三間に設けられた。『西宮記』には天皇の御座について、

南面母屋六間懸御簾、更北折同懸之、「副」東御簾、立御屏風三帖、西第四五六間敷廣筵、立大床子二脚、(有毯代、)

とあり、公卿座については、『江家次第』に、

南廂東第一二三間南邊、去柱二許尺立兀子床子爲公卿座、(北向、大臣南面、納言緣、三位參議獨床子、四位參議長床子、並黃端敷物、)

と記される。即ち、天皇の御座は脚を持つ大床子を二脚並べたものであり、公卿座には兀子、床子が用いられた。

当日、天皇は清涼殿から出発し、紫宸殿の御座に着き論義を聴くが、諸儀式書には沓に関する記述は見られない。

公卿は昇殿し、前述の座に着くが『西宮記』に、

王卿昇、(着靴、)

また『江家次第』にも、

王卿以次參上、(着靴、遲參者不參上、依博士等參上之後無道便歟、)

とある様に靴を着けたまま昇殿したことが知られる。儀式終了後は日華門で脱靴し退出した。(13)

「相撲節会」は、毎年七月に諸国から召し集められた相撲人による相撲を天皇が御覧になる儀式で、会場の装束等の準備を行う召仰、稽古のための内取、天皇が観覧する召合、抜出・追相撲がそれぞれ日を設定して行われた。ここでは中心となる「召合」をとり上げ検討する。

『江家次第』等の儀式書によれば、この儀式は、天皇出御、大臣大将昇殿、公卿昇殿、競技・差饌・盃事、穏座、天皇還御、公卿退

下の順に行われる。

天皇の御座は南庇中央間に南向きに置かれ、公卿座は南庇東一二三間、内弁大臣座は南簀子に設けられた。天皇の御座について『江家次第』には、

額間設御座敷紫二色綾毯代、立塵蒔大床子一雙、鋪高麗褥、（近例其上供圓座一枚、）

とされ、公卿座について、

當南廂御簾東三間敷滿長筵、其上南北對座敷帖二行、（並東西行）爲親王公卿座、（親王大臣紫端、納言綠端、參議黃端帖等也、）

内弁大臣座については、

南廂之南簀子當御簾東端、以東三ヶ間東西行敷亘長筵其御簾東端簀子敷筵一枚、（爲内辨大臣座、南北妻、）

とそれぞれ記されている。則ち天皇座は「釈奠内論義」と同様大床子二脚であるが、公卿座には畳、内弁座には筵が用いられた。「相撲節」の装束については第一章第一節図7に示してあるので参照されたい。

諸儀式書により沓の着脱が知られるのは天皇と大臣大将についてであるので、この両者を検討することにしたい。

天皇の南殿への出御について『江家次第』には、

巳刻御南殿、（御位袍　延喜五年麹塵御挿鞋、不例御時御直衣、）内侍取劔璽候前後、（…〈割註略〉…）執柄人候御裾、命婦藏人各四人扈從、藏人持式御筥、（經長橋南殿北面西戸、有筵道、自南廂西間入御、須御大床子、…〈以下略〉）

とあり、天皇は挿鞋を着け、清涼殿から長橋を経て紫宸殿の御座・大床子に至ったことが知られる。その後、沓の履き替えや着脱に関する記述は見られず、このまま儀式終了にまで至ったものと思われる。

大臣大将についてはやはり同記に、

大臣大將先昇、（淺履、…〈以下略〉）

と記されている。大臣大将がどの座に着いたのか、即ち公卿座なのかあるいは内弁座なのかについて具体的記述はないが、いずれにせよ浅履のまま昇殿したことが知られる。但、これらの座に着いた時に履物を脱いだか否かは明らかではない。

「相撲召合」と同様に大床子が御座として用いられた例として「御覧陸奥交易御馬事」があるが、天皇は同様、挿鞋を用いていた。(14)

以上の様に、「釈奠内論義」「相撲召合」に於て、天皇の御座としてはいずれも大床子が用いられたが、公卿らの座として前者では兀子、床子、後者では畳、筵がそれぞれ使われていた。また天皇は、後者に於て挿鞋を着用したが、公卿について見ると前者では靴を、後者では大臣大将が浅履を着け昇殿したのである。

〔四〕天皇元服について－公卿〈太政大臣・大臣〉が沓を脱ぎ昇殿する場合－

「天皇元服」儀に於て、太政大臣・大臣は天皇が出御した紫宸殿に沓を脱いで昇殿した。この様な例は「天皇元服」儀以外には認められない。

「天皇元服」は一代一度の重要な儀式であり、その次第は諸儀式書のみならず、貴族達の日記からも窺うことが出来る。「天皇元服」は理髪、加冠、羞饌・盃事、公卿等参入・拝舞、還御の順に行われた。

天皇の御座は紫宸殿母屋中央に据えられたが、この御座は加冠、羞饌・盃事の時と、公卿参入・拝舞の時とでは異なり、前者については『江家次第』に、

御帳下敷繧繝端大帖二枚、其上敷土敷一枚、(龍鬢筵)其上敷茵一枚、(東京錦)

と記される様に、繧繝端畳に筵を敷きその上に茵を置いたものが用いられ、後者については同記に、

女官依例装束立御倚子

とある様、椅子が使われた。一方、大臣を含めた公卿らの座は節会の場合と異なり紫宸殿上に設けられてはいない。

当日天皇は清涼殿から紫宸殿北庇に入り理髪。次いで母屋の御座すなわち繧繝端畳の上に筵を敷き茵を置いた御座に出御する。ここで太政大臣、大臣による加冠、理冠があり、そののち北庇に入りさらに理髪する。再度、母屋の御座に出御し、太政大臣、大臣から盃、肴物を受けまた北庇に入る。再度母屋に出御し、それまでの茵に代わって置かれた椅子に着御する。[15] ここで南庭に列立する公卿以下の拝舞を受け、その後還御するのである。

沓の着脱の点から見ると、天皇は紫宸殿北庇に向かうに際し、清涼殿朝餉で糸鞋を着けている。[16] 糸鞋は天皇が幼少の時用いる履物で

あり「しかい」[17]と呼ばれた。この糸鞋を脱ぐのは加冠の後、盃・肴を受けるために母屋に出御する時である。永久元年（一一一三）正月朔日の鳥羽天皇の元服に関し『殿暦』によれば、

脱糸鞋、着御草鞋出御、（於御帳下脱草鞋、）

とあり、糸鞋から草鞋に履き替え、御座に着く際これを脱いでいる。ここに記される草鞋は「元日節会」および「相撲召会」の検討の際に紹介した挿鞋のことと思われる。[18]天皇は公卿らの拝舞を受けるため再び出御し椅子に着くが、この時には靴を履いた。即ち『北山抄』に、

皇帝出自北廂、着御倚子、（着御靴、）

と記される。なお、還御の際はこの靴を挿鞋に履きかえている。[19]この様に天皇は紫宸殿上に於て糸鞋を着けたが、加冠即ち成人後は挿鞋を用い、また椅子に着く時にはこれを靴に履きかえたことが知られる。

太政大臣と大臣は加冠・理冠および盃・肴物を進める役として庭から昇殿する。これに先立ち両者は靴を着けるが、『愚昧記』承安元年（一一七一）正月三日条[20]に、

次太政大臣降自南殿御後東階（壁外。）着靴。左大臣出陣腋着靴。

とされるよう太政大臣は紫宸殿後の東階を下りた壁外で、また大臣は陣座の腋でそれぞれ着けている。[21]南庭での再拝ののち太政大臣は西階より、大臣は東階より昇るが、前者については『殿暦』永久元年（一一一三）正月朔日条に、

手水了昇西階、（右足爲先、於一級脱靴、）階南邊を昇

後者については『江家次第』に、

大臣詣東壇洗器之下盥手、（同上）昇自東階、（脱靴、）

と記される様に、昇殿に際しそれぞれ靴を脱いだことが知られる。昇殿した両者は天皇の前に進み跪き加冠、理冠した。終了後再び降殿するが、太政大臣については『殿暦』永久元年（一一一三）正月朔日条に、

余揖廻右下西階、右足爲先、著靴入自無明門

とされる様に、この時再び靴を着けている。大臣についてはこの様な記述を見いだすことは出来なかったが、太政大臣の場合と同様であったものと思われる。両大臣が再び昇殿するのは、北庇から改めて母屋の御座に出御した天皇に盃・肴物を進める時である。この時

の昇殿に関し『江家次第』には太政大臣について、

　太政大臣洗手、登自西階（脱靴、）

大臣については、

　大臣洗手、昇自東階（脱靴、）

と記されている。やはり両者とも昇殿するに際し靴を脱いだ。こののち再び降殿するが同記に、

　退降立於西階下、（着靴、）…〈中略〉…降自東階（着靴、）

と記され、それぞれ靴を着けたことが知られる。

この様に太政大臣および大臣は昇殿に際し靴を脱ぎ、降殿の時には靴を着けたが、この件について『中右記』大治四年（一一二九）正月朔日の崇徳天皇元服条に興味深い記述がある。

　右大臣於東壇上乍立洗手了、（諸司奉仕、）不脱靴、登自東階、南行西折、立簀子敷第二間揖、（西面、内大臣以下諸卿密々於東階邊窺見、人々談云、不被脱靴如何、若是有別説歟、但太政大臣已脱靴給、不同也、此事人々有奇氣、）

即ち、靴を脱がずに昇殿した右大臣は公卿らに非難されたのであった。

両大臣の昇降殿に際する沓の着脱に関する記述は以上の様であるが、昇殿はしなかったものの南庭で拝舞した公卿らの沓の着脱についても一瞥しておきたい。「元日節会」の際には公卿は鳥曹司で靴を着け承明門より参入したが、「元服」について、高倉天皇の例を『愚昧記』承安元年（一一七一）正月三日条に見ると、廻廊の辺で着靴したとある。『玉葉』同日条には鳥曹司の東庭とされるので「元日節会」の場合と同様であったと考えられる。公卿らは南庭での拝舞ののち退出するが、同記によればやはり同じ辺りで靴を脱ぎ浅履に履き替えている。

さて「天皇元服」について、今まで述べてきたことを天皇、太政大臣・大臣及び公卿も含め、式の次第に従いそれぞれの動きを座具と沓の着脱に着目し、「元日節会」の場合と同様に整理したものが表2である。

天皇は紫宸殿母屋で冠を受け、また盃・肴物を受けるが、これらは何れも繧繝端畳に龍鬢筵を敷き更に茵を重ねた御座に於てであった。履物について見ると、清涼殿を出る時から糸鞋を用いていたが、加冠ののち再度御座に出御する時には挿鞋に履きかえ、さらに御

表２　天皇元服に於ける天皇、太政大臣、大臣の沓の着脱

儀式次第	天皇	座具	公卿 太政大臣(加冠の役割)　大臣(理冠の役割)	
理　髪	清涼殿朝餉で 糸鞋を着ける 紫宸殿北廂で 理髪　(糸鞋)	・二色綾毯代立 大床子二脚、 其上敷茵 『江家次第』		
加　冠	紫宸殿母屋の 御座 (御冠座) に出御	・御帳下敷繧 繝端大帖二 枚、其上敷土 敷一枚(龍鬢 筵)其上敷茵 一枚(東京錦) 『江家次第』	＊太政大臣、南殿御後の東階より降り、 壁外で着靴　(靴) ＊大臣、陣腋で着靴 ＊南庭で再拝 ＊太政大臣、手水の後、西階より昇る 一級で脱靴　(脱) ＊大臣、手を洗い、東階より昇る。脱靴 ＊太政大臣、跪き天皇に加御冠 ＊大臣、跪き、理御冠	
入　御	紫宸殿北廂に入る 更に理髪	大床子	＊太政大臣、階より降りる 着靴　(靴)	
出　御 羞饌、 盃事	紫宸殿母屋の 御座に出御 糸鞋を脱ぎ、 挿鞋を着け出 御、御帳下で 挿鞋を脱ぐ　(挿鞋)	御冠座と同様 但し、御前に 小机を立てる	＊大臣、手を洗い、西階より昇る。脱靴　(脱) ＊太政大臣、手を洗い、西階より昇る。 脱靴 ＊御盃、肴物を進める ＊太政大臣、西階より降りる。着靴　(靴) ＊大臣、東階より降りる。着靴	
入　御	紫宸殿北廂に入る			
出　御 公卿等 参入 拝　舞	紫宸殿母屋の 椅子に着御 着御靴　(靴)	御椅子		廻廊辺で着靴　(靴) 外弁に着く 承明門より 参入、拝舞
還　御	天皇還御　(挿鞋)			退出　(浅履)

帳下でこれを脱いだ。また南庭に列立する公卿らの拝舞を受ける時には椅子を御座としたがこの時は靴を着けている。一方、太政大臣・大臣は加冠・理冠および盃・肴物を進める際に昇殿したが、このいずれの場合にも靴を脱いだ。しかしながら降殿の時にはこれを着けている。

〔五〕昇殿者の脱沓の要因及びその意味

以上、平安宮内裏で行われた「元日節会」「釈奠内論義」「相撲」および「天皇元服」を取り上げ、天皇と公卿らについて、紫宸殿上と南庭に於ける沓の着脱を用いられた座具に着目しながら明らかにしてきた。これらを整理し纏めたものが表3である。

天皇は清涼殿で挿鞋あるいは糸鞋を着け紫宸殿に至ったが、御座が椅子の場合はここで靴に履きかえている。大床子に着く場合は必ずしも明確ではないが、繧繝端畳に龍鬢筵を敷きその上に茵を重ねた御座の場合はここで挿鞋を脱いだ可能性がある。

公卿らについて見ると、紫宸殿上に靴を着けて昇殿した場合の座具は脚を持つ兀子、床子であり、浅履の場合は畳もしくは筵のいずれかであったと推定される。兀子、

表3　各儀式に於ける天皇・公卿らの座具及び沓の着脱

	天皇			公卿				
					内弁大臣			
	場所	座具	沓の種類及びその着・不着	場所	座具	沓の種類及びその着・不着	座具	沓の種類及びその着・不着
元日節会	紫宸殿上御座	椅子	靴・着	南庭 紫宸殿上 昇殿時 紫宸殿上 着座時	— 兀子（カ）	靴・着 靴・着 靴・着（カ）	— 兀子、床子	靴・着 靴・着 靴・着（カ）
釋奠内論義	紫宸殿上御座	大床子		紫宸殿上 昇殿時 紫宸殿上 着座時			兀子、床子	靴・着 靴・着
					大臣大将			
相撲召合	紫宸殿上御座	大床子	挿鞋・着（カ）	紫宸殿上 昇殿時 紫宸殿上 着座時	畳又は筵（カ）	浅履・着 不明		
					太政大臣・大臣			
天皇元服	紫宸殿上御座	繧繝端・筵・茵（平敷）	挿鞋・不着（カ）	南庭 紫宸殿上 昇殿時 紫宸殿上 —	— なし	靴・着 靴・不着		
	紫宸殿上御座	椅子	靴・着	南庭 紫宸殿上 — 紫宸殿上 —			 — —	靴・着 —

床子に着座した時には靴のままであったと思われるが、畳・筵などに着いた場合に浅履を脱いだか否かは不明である。

以上の様に天皇、公卿らそれぞれについて座具の種類と沓の着脱との相関関係を見ると必ずしも明快ではない。しかしながら、天皇の座具と公卿らの沓の着脱に着目するとき、これらの間には興味深い関係が認められる。即ち、天皇が椅子や大床子に御座した場合に対し「天皇元服」に見たように、畳に筵、その上に茵を重ね敷いた御座の場合は、公卿ら（太政大臣・大臣）は沓を脱いで昇殿していた。この様な御座は平敷（ひらしき）と呼ばれたが[22]、これに関し『新儀式』[23]の「天皇元服」の項には御座に関し注目すべき記述が認められる。

案。晋禮設大床。唐禮鋪筵席。貞觀元慶之例依唐禮設平鋪。今案。土敷上加御茵。

即ち、貞観六年（八六四）の清和天皇、元慶元年（八七七）の陽成天皇の「元服」の際には、唐礼に倣って平敷を用い、晋礼の大床を採用しなかったと言うのである。事実これ以降の「天皇元服」については『中右記』大治四年（一一二九）正月五日条に、

助教信俊來談云、我朝清和帝初御元服時、大江音人卿引唐禮元服儀作出式也、其後用件式也

と見える様に唐礼に倣い、従って天皇の御座として平敷が用いられるようになった。

中国・唐代の儀式内容を具さに記したものとして『大唐開元礼』[24]（以下『開元礼』とする）をあげることが出来るが、巻第九十一には我国の「天皇元服」に相当する皇帝の元服に関する記述がある。皇帝の元服は太極殿で行われたが、

先一日尚舍奉御設御冠席於太極殿中楹之間南向莞筵紛純加藻席繢純加次席黼純

とされ[25]、縁飾のついた筵類を重ね皇帝の御座としていた。言わばこの御座は平敷に相当する。

一方、『晋書』[26]には、

江左諸帝將冠、金石宿設、百僚陪位。又豫於殿上鋪大牀

と記され、唐代に先行する晋代では大牀が御座として用いられたことが知られる。大牀は筵とは異なる台状の座具と考えられる。『新儀式』にこれが大床とされたのは前に示した通りである。即ち、晋代と唐代とでは皇帝の座具に相違があり、我国の清和天皇以降の天皇の「元服」の御座が唐に倣い平敷とされたことをここで確かに知ることが出来る。

それでは「天皇元服」に於て公卿（太政大臣・大臣）が昇殿するにあたり沓を脱ぐ様になったのは何時からなのであろうか。平安時代に於ける「天皇元服」の記録を通覧すると、これが最初に知られるのは後一条天皇についての『御堂関白記』寛仁二年（一〇一八）正月三

日条であり、従って厳密に言えば清和天皇の貞観六年（八六四）からであったか否かについては確かめることが出来ない。しかしながら前述の『中右記』大治四年（一一二九）正月五日条に清和天皇の時から唐礼に倣って儀式を行ったとあるので、沓を脱いで昇殿する作法もこの時にまで遡ると見るのが極く自然なことであろう。

この様に「天皇元服」に於ては清和天皇の時から御座を平敷にし、また昇殿者が沓を脱ぐ方式もこの時から受け継がれてきたものと考えることが出来る。

さて、一一世紀初期に成立したとされる『北山抄』(27)には、「天皇元服」について以下の様に記されていた。

太政大臣西度、〔記文云、度馳道、〕詣西壇洗器下、盥手、昇自西階、東向而立、〔記文云、自簀子敷南行、東折當南廂西第二間立、因御座平敷、脱履也、〕〈付点筆者〉

即ち太政大臣が昇殿する際に沓を脱ぐのは天皇の御座が平敷であるためと言うのである。果してこの様な理解も唐礼の影響なのであろうか。

『開元礼』は我国の儀式に最も大きな影響を与えた儀式書とされているが、この書に於ける太極殿での儀式を取り上げ、皇帝の座具と昇殿者の沓の着脱との相関関係を検討してみよう。『開元礼』には我国の紫宸殿に相当する殿舎での儀式は記されていない。唐代の太極殿では前述の皇帝の元服のほか我国の「元日節会」に相当する（元正）会も行われている。

太極殿で行われた儀式のうち殿上に昇殿者があるものとして、巻第七十九・蕃主奉見、同九十一・皇帝加元服（臨軒行事）、同九十五・皇帝元正冬至受皇太子朝賀、同九十七・皇帝元正冬至受群臣朝賀・会、同一百三・太極殿読五時令、同一百十一・皇太子納妃（臨軒醮戒）をあげることが出来る。これらについて皇帝の座具およびその舗設を見ると、蕃主奉見では北壁に御幄を整設し御座を、皇帝元服では前述の様に筵類を重ねたものを、受皇太子朝賀では北壁に御幄座を、受群臣朝賀・会では御幄を設け北壁下に御座を、読五時令では北庇に御幄座を、皇太子納妃では阼階上西向きに御座を設けたとされるが、元服以外に具体的な座具の種類を知ることは出来ない。また昇殿者の沓の着脱の記載は受群臣朝賀・会、読五時令および皇太子納妃に於て認められる。まず朝賀についてこれを見ると、南庭に参入した王公のうちの上公は、

訖通事舎人引上公一人詣西階公初行樂作至解劍席樂止公就席脱舃跪解劍置於席俛伏興通事舎人引升階進當御座前北面跪賀稱某官臣

某言元正首祚景福惟新伏維開元神武皇帝陛下與天同休（冬至云天正長至伏維陛下如日之升）俛伏興通事舍人引降陛詣席後上公跪著劍俛伏興納舄樂作　〈付点筆者〉

と記される様に昇殿し奏賀するが、その際太極殿の南方横街の南に設けられた解剣席で剣を外すと同時に脱舄すなわち沓を脱ぎ、また降殿の際はここで納舄つまり沓を履いたことが知られる。舄は二重底の沓のことである。会に於ても同様で、これに参加した公王以下について、

通事舍人引應升殿者詣東西階公初行樂作至解劍席樂止公王以下各脱舄跪解劍置於席上俛伏興…〈中略〉…羣官客使等上下皆俛伏起立席後通事舍人引降階俱詣席後跪著劍俛伏興納舄樂作復横街南位樂止　〈付点筆者〉

とあり、同様、昇殿に際しては脱舄、降殿の時は納舄した。他に楽人など[28]に関する記述があるがこの場合は、

升座者脱屨如式　〈付点筆者〉

と記される様に、昇殿し着座する者は脱屨即ち沓を脱ぐのが定式であった。屨は一重底の沓を指している。

読五時令では公王以下および刑部郎中が解剣席で脱舄し昇殿、また降殿し納舄したことが、皇太子納妃でも皇太子が昇降殿の際にそれぞれ脱舄、納舄したことが知られる。

ところで、これら儀式で用いられた御座あるいは御幄座と記された皇帝の座具はどの様なものだったのだろうか。太極殿で行われた他の儀式も含め『開元礼』を検討しても詳らかにすることは出来ない。

しかしながらこれに関し『旧唐書』[29]志第二十四、職官三には、

凡元正、冬至大朝會、則設斧扆於正殿。（施蹋席薫鑪。朔望受朝、則施幄於正殿、帳裙頂帶方闊一丈四尺也。）〈付点筆者〉

また、『新唐書』[30]志第十三上・儀衛上、志第三十七・百官二にもそれぞれ、

元日、冬至大朝會、宴見蕃國王…〈中略〉…朝日、殿上設黼扆、躡席、熏爐、香案。　〈付点筆者〉

大朝會、設黼扆、施躡席、薫鑪。朔望、設幄而已　〈付点筆者〉

という記述があり、朝賀・会および宴見蕃国王に於て蹋席、躡席が皇帝の御座として用いられたことが知られる。これら御座について『唐六典』[31]殿中省巻第十一には、

凡元正、冬至大朝會、則設斧扆於正殿。（施榻席及薫鑪。…〈以下略〉）〈付点筆者〉

と記され、『旧唐書』『新唐書』の蹋席、躡席は榻であったことが知られるが、『大唐六典』(32)巻之十一にも、

凡元正冬至大朝會、則設斧扆於正殿、施榻（旧唐志、榻作蹋、新唐志、榻作躡、）〈付点筆者〉

とあるので、これを確かめることが出来る。榻(33)は筵などとは異った台状の座具と考えられる。この事については『開元礼』蕃主奉見で殿上に設けられた蕃主の座が牀座(34)であったことに鑑みても頷くことが出来よう。

皇帝の座具はこの様なものであったが昇殿者は解剣席で沓を脱ぎ階を昇ったのである。因みに『開元礼』に収められた太極殿以外の明堂などでの儀式についても同様の点から概観すると、昇殿（堂）者が脱舃する例は多く、(35)この実態は筆者がこの研究開始時に抱いていた、彼の国に於ては沓のまま昇殿したのではないか、という予想とはかけ離れたものとなっていた。特に「釈奠」について見ると、我国のそれは中国の影響を強くうけた儀式とされ、沓を履いたまま都堂に昇殿するが、『開元礼』に於ては脱屨していたのが対照的であった。(36)この様な点からすれば沓の着脱についての記述は特にないが、平敷を御座として用いた皇帝元服に於ても、我国の太政大臣・大臣の役割りを果した昇殿者（太師、大尉）が沓を脱いだ可能性は高いと言えよう。

以上の様に彼の国では、皇帝の御座として平敷とは異なる台状の座具も用いられたにもかかわらず昇殿者は沓を脱いでおり、また太極殿ではないが次に紹介する『礼記』の内容をも併せ見た時、昇殿者の沓の着脱の選択は皇帝の座具の違いによってなされたとすることは難しいだろう。

『礼記』は、孔子の死後その弟子達が礼について師から伝聞したり、あるいは彼等同士で話し合ったりしたことを記録し集録したものであり、晋より以前の漢代に成立したとされている。巻第一・曲礼上には、(37)

侍坐於長者、屨不上於堂。（屨賤。空則不陳於尊者之側。）解屨不敢當階。（爲妨後升者。）就屨跪而擧之、屏於側。（謂獨退也。就猶著也。屏亦不當階。）鄕長者而屨、跪而遷屨、俯而納屨。（謂長者送之也。不得屏、遷之而已。俯俛也。納内也。遷或爲還。）

という一文があり、長者に侍座する時は屨を履いたまま堂上に昇ってはいけない、何故ならば脱いだ屨を長者のそばに並べておくことは出来ないからであると説かれている。また巻第十七・少儀にも、

排闔說屨於戸内者、一人而已矣。（雖衆敵、猶有所尊也。）有尊長在則否。（在在内也。後來之衆、皆說屨於戸外。）

と記され、この場合は、昇堂時と明確にはないものの、最年長者が室内に居る時は後から来たものは室外で屨を脱いだことが知られる。これら長者あるいは最年長者の座具については知られないが『礼記』を通覧した限りでは倚子ではなく筵の類であったものと考えられる。昇殿者は、長者あるいは最年長者に敬意を表し沓を脱いだものと理解され、貴人のそばでは脱沓が基本であったと考えられる。

『隋書』[38]志第七・礼儀七には儀式に参加する者の帯剣[39]について以下の様な記載がある。沓についても知られる興味深い内容となっているので少し長いが紹介することにしよう。

剣，案漢自天子至于百官，無不佩刀。蔡謨議云：「大臣優禮，皆劍履上殿。非侍臣，解之。」蓋防刃也。近代以木，未詳所起。東齊著令，謂爲象劍，言象於劍。周武帝時，百官燕會，並帶刀升座。至開皇初，因襲舊式，朝服登殿，亦不解焉。十二年，因蔡徵上事，始制凡朝會應登殿坐者，劍履倶脱。其不坐者，勑召奏事及須升殿，亦就席解劍，乃登。納言、黃門、内史令、侍郎、舍人，既夾侍之官，則不脱。其劍皆眞刃，非假。既合舊典，弘制依定。又準晉咸康元年定令故事，自天子已下，皆衣冠帶劍。今天子則玉具火珠鏢首，餘皆玉鏢首。唯侍臣帶劍上殿，自王公已下，非殊禮引升殿，皆就席解而後升。六品以下，無佩綬者，皆不帶

即ち、周代の武帝の時、百官は帯刀して昇殿（座）したが、隋の開皇十二年（五九二）には朝会で昇殿する者は剣を外し沓を脱ぐ様になったこと、但し夾侍之官、侍臣については帯剣したまま昇殿しても構わなかったことなどが知られる。夾侍之官、侍臣は、皇帝の近臣である。

さらに具体的に知るためには同書に続いて記される沓に関する説明が相応しいだろう。

履、舃，…〈中略〉…諸非侍臣，皆脱而升殿

侍臣でない者は昇殿する際に沓を脱いだというのである。前の帯剣に関する文も併せ考えると、儀式に参加した王公以下は昇殿に際し剣を外しまた沓を脱いだが、侍臣はこれらを着けたまま昇殿したことになる。これは前に『開元礼』の朝賀および会で見た、王公らが解剣席で剣をはずし沓を脱いで昇殿した内容とまさに一致している。

『礼記』『隋書』の内容はそれぞれ異なるが、共通するのは昇殿者の殿上の貴人への作法あるいは対応という観点から述べられている事であって、貴人の座具の種類の点からではないという事である。

我国の『北山抄』には、昇殿者が沓を脱ぐのは天皇の御座が平敷であるためという理由が記されてあったが、中国に於ては全く違っ

ていたことになる。

それでは我国では何故「天皇元服」について、後に『北山抄』に記される様な理解がなされるようになったのだろうか。『北山抄』に先行する『新儀式』あるいは『西宮記』にこの様な理由は記されていない。これに対し現在までのところ次の様なことが推測される。[40] まずあげられるのは清涼殿東庇に設けられた天皇の御座が平敷であったことである。天皇がこの御座に出御した時には、王卿は東孫庇に候したがその際には当然沓を脱いだであろう。[41] 次は、貴族住宅に於ける用法である。貴族住宅に於ける最も重要な儀式「大臣大饗」はすでに九世紀末には成立していたが尊者を始めとする公卿らの座は平敷であり諸記録に示される様に昇殿に際し彼らは沓を脱いでいた。普段の生活に於ても同様であったろう。要するに清涼殿に於ける天皇の普段の用法あるいは貴族住宅の使われ方が『北山抄』の記者の念頭にあったものと思われる。このことは取りも直さず当時の貴族達がその様に考えていたことを意味している。『愚昧別記』建久元年(一一九〇)正月三日条[42]に、後鳥羽天皇元服に関し右大臣藤原実房が「元服儀」の装束を前もって点検したことについて、

先向南殿、見御装束之儀、(不著沓、供平敷御座之故也、)

とされるのもこの様な背景があったがためと解されるのである。

実は「天皇元服」は清和天皇が最初の例であり、それ以前は元服後に即位していた。前例のないこの儀式を行うにあたり唐礼を導入し、従って天皇の御座を平敷となし、また公卿(太政大臣・大臣)は沓を脱いで昇殿することになった。この方式はそれまで行われてきた節会等の方式と異なっていたため当時は新鮮に映ったものと思われる。前に紹介した『新儀式』に特に唐礼云々と記されたのもこの様な背景があったからではないだろうか。「元服」時に於ける昇殿者の脱沓の要因は唐礼の導入にあったと見ることが出来るのである。

〔六〕おわりに

平安宮内裏紫宸殿での諸儀式について天皇および公卿らの沓の着脱の実態をそれぞれが用いた座具に着目しながら明らかにし、特に昇殿時に於ける公卿らの脱沓の要因とその意味について考えてきた。

公卿らが沓を脱いで昇殿するのは、天皇の御座が倚子や大床子ではなく平敷御座の場合に於てであり、「天皇元服」に於ける太政大

臣および大臣にこれを見ることが出来る。「天皇元服」は清和天皇の代から中国の唐礼の方式で行われてきたが、天皇の御座を平敷とし、また昇殿者が沓を脱ぐ方式もこの時期から受け継がれてきたものと考えられる。後の『北山抄』の記者は昇殿の際に沓を脱ぐのは天皇の御座が平敷であるためと解釈した。しかしながら中国に於ては唐代の『大唐開元礼』の諸儀式に見る様に『北山抄』の理解とは異っていた。沓を脱ぐのは寧ろ『礼記』に具体的に記される様に殿上の貴人を敬うためであり、また『隋書』に示される様、沓を脱いで昇殿するのは皇帝の侍臣以外の者達であった。いずれも、殿上の貴人の座具の種類がその理由とはされていない。『北山抄』の記述は、平敷を用い沓を脱いで昇殿していた我国の当時の天皇御在所清涼殿や貴族住宅の用法の背景の中で理解すべきと考える。

さて、最後に大きな問題が残されることになった。それは我国紫宸殿で行われた節会等に於て何故公卿らは沓を履いたまま昇殿したのか、またそれは何時からなのか、即ち建築史的観点からの我国儀式さらには古代中国儀式の変遷過程の解明である。今後の課題である。

註

1　鈴木亘「平安宮紫宸殿の建築様式について」（『ＱＵＡＤＲＡＴＯⅢ』昭和六十三年二月、文化学院建築科）。
2　鈴木亘氏も前掲註1に於て「天皇元服」時の脱靴の例を紹介はしている。しかしながら脱沓の要因については触れていない。
3　『類聚国史』等によれば、「元日節会」は平安当初、前殿（紫宸殿）が会場とされたが、弘仁のうちの一時期、豊楽殿に移されその後再び紫宸殿が会場として用いられた（本書第一章第一節参照）。また『江家次第』等の儀式書や貴族達の日記によれば、平安時代に於て座具や沓の着脱についての変遷はなかったものと考えられる。
4　新訂増補故實叢書。
5　群書類従　巻第八五。
6　「關白ひさしの二間のまへにさぶらひて笏をさして御裾をとる。藏人頭御さうかいをたてまつる。」とある。
7　群書類従　巻第一一六。「天子尋常ニメス。幼主ノ時ハ糸鞋ヲ行フ」とある。
8　殿上に着座することを謝するための拝礼。
9　賜酒を謝すための礼。

10 群書類従　巻第八九。
11 『三節会次第』には、「出月華門脱靴着淺履」と記されている。同書は一条兼良（一四〇二～一四八一）の作とされ、この時期の内裏は土御門東洞院内裏であり、西礼のため月華門が日華門の役割を果していた。
12 『江家次第』等の儀式書以外の貴族の日記等にはこれらに関する記述は殆ど見られない。
13 『九条年中行事』群書類従　巻第八三。日華門で浅履に履き替えたものと思われる。
14 『江家次第』
15 『四条院御元服記』仁治二年（一二四一）正月五日の四条天皇の元服について、「女官撤茵立之」とある。また『高倉院御元服記』承安元年（一一七一）正月三日の高倉天皇の元服に関する記述にも同様の内容が認められる。
16 『玉葉』承安元年（一一七一）正月三日条。
17 『名目抄』（群書類従　巻第四六八）には、「絲鞋（幼主之時著之、又樂人舞人、著襲時著之）」とある。
18 草鞋（ソウカイ）はワラグツのことであり、本来の天皇の履物ではない。ここでの草鞋は挿鞋のことと考えられる。挿鞋（ソウカイ）は天皇が殿上で履く沓である。
19 『殿暦』永久元年（一一一三）正月朔日条によると、「主上還御、圍〔闈〕司歸入、閇門、諸衞解陣、主上脱御靴、著草鞋」とある。この草鞋も挿鞋のことと思われる。
20 高倉天皇の元服に関する条。
21 太政大臣はこれに先だち行われた北廂での理髪に立ち合い、ここから降殿したものと思われ、大臣は陣座に控えていたものと考えられる。
22 平敷の御座の略で、椅子や床子を用いず床に畳や敷物を敷いて座にしたものをいう。
23 群書類従　巻第八〇。
24 汲古書院、昭和四十七年。
25 『通典』巻第一二二には、「先一日、尚舍奉御設御冠席於太極殿中楹間、南向、莞筵紛純、加藻席繢純、加次席黼純」と記される。
26 中華書局。
27 新訂増補故實叢書。
28 歌者琴瑟。
29 中華書局。
30 中華書局。

31　中華書局。

32　三秦出版社。なおこの『大唐六典』は近衛本を底本としており、割注部分は近衛家熙が『旧唐書』『新唐書』を参照して書き加えたものである。本項で紹介した『旧唐書』『新唐書』『唐六典』と対照すると家熙の指摘は妥当であることがわかる。

33　ゆか、こしかけ、ねだいの意。

34　ゆか、こしかけ、ねだいの意。

35　巻四・皇帝冬至祀円丘、巻五二・皇帝皇太子視学、巻九九・皇帝於明堂読孟春など。

36　巻五三・皇太子釋奠於孔宣父。

37　全釈漢文大系、集英社、昭和五十一年。

38　中華書局。

39　なお、帯剣について、儀式とは直接の関係はないが、小林聡「魏晋南北朝時代の帯剣・簪筆に関する規定について―梁の武帝による着用規定の改変を中心に」（『埼玉大学紀要』第四六巻第一号、平成九年）の研究がある。

40　『北山抄』より、これが書かれた時点で、平敷御座の前では公卿が脱沓したという事実が存在したことが知られる。これを紫宸殿以外に求めるならば、まず清涼殿をあげるのが極く自然なことであろう。

41　この代表的な例として、叙位があげられる。『江家次第』によれば、公卿らは殿上に昇り、その後、東孫庇に設けられた御前座に進んでいる。天皇御座は『雲図抄』によれば御半帖とあり、平敷の部類に入る。また『大内裏図考証』によれば殿上には沓脱が設けられていた。叙位は『北山抄』にも記載があり、この様な関係は当然理解されていたものと考えられる。

42　管見によれば、脱沓の要因について記した平安時代の記録では『北山抄』とこの『愚昧別記』以外見当たらない。

図1　桜町天皇大嘗会辰日節会絵巻（部分、茨城県立歴史館蔵）

附節　近世内裏の空間的秩序

〔一〕はじめに

我国近世の内裏はそれ以前の中世内裏に対し、南門を持つ点に於て大きく異なっている。慶長十八年（一六一三）、徳川氏によって造営された慶長度内裏から宝永度内裏に至るまでの内裏はそれ以前の内裏とは異なり、南面築地塀に承明門として使われた南御門を開いていた。また、形式復古が意識され寛政二年（一七九〇）に建設された寛政度内裏も南庭を囲む回廊の南面に承明門を、その外側の南面築地には南御門を設けていた(1)。

ところで図1(2)は、宝永度内裏で行われた桜町天皇の大嘗祭に伴う「辰日節会」の一場面である。公卿らが南庭に列立するため、画面中央の穴門から一旦外に出、改めて画面右上の南御門より参入する様子が描かれている。一見不可思議なこの様な経路を公卿らは何故辿ったのであろうか。また形式復古が企てられた寛政度内裏は里内裏建築史上どの様な意義を有するのだろうか。本節では近世内裏に於ける南門としての承明門と南庭東西に設けられた日・月華門を取りあげ、これらの儀式時に於ける性格を明らかにし、平安宮内裏のそれと比較することによって、主たる儀式会場となった紫宸殿廻りの空間的な秩序について考えてみたい。また、慶長度内裏の南門復活の要因についても検討したい。これらを明らかにすることにより右に記した疑問点に応えることにする。

〔二〕慶長度、寛永度、延宝度、宝永度内裏の承明門と月華門

徳川氏によって造営された慶長度内裏の紫宸殿廻りの建築配置を見ると、紫宸殿の西側に軒廊を介して陣座、宜陽殿が連なり、南庭の東西には相対して、日・月華門が配されている。また、南庭に面する南築地には、それまでの中世内裏には見られなかった南御門が外界に対して開かれている（後掲図4）[3]。この南御門は『寛永御即位記略』[4]に、「承明門ハ則南御門の事なり」とされるように、多く承明門として用いられた。この内裏は南北朝時代の「西礼」[5]の内裏、土御門東洞院内裏の敷地を引き継いだ関係上、陣座や宜陽殿を平安宮と反対側の西側に置き、従って儀式時には日華門に代わり月華門が重要な役割を果した。慶長度内裏では儀式により、公卿らの参入口として承明門が使われる場合と月華門が使われる場合とがあった。

慶長度内裏のこの様な紫宸殿廻りの構成は次の寛永度内裏に引き継がれ、さらに承応度、寛文度、延宝度、宝永度内裏でも基本的には同様であった。

本項では、得られた史料の関係から慶長度、寛永度、延宝度、宝永度の各内裏について紫宸殿が中心となった儀式を取り上げ、右に記した諸門の用法を明らかにしそれぞれの性格を検討することにする。なお退出時については用例が少ないので参入時のそれを扱うことにしたい。

まず、承明門として使われた南御門から見よう。近世内裏に於ても平安宮内裏と同様「元日節会」を始めとする年中行事の諸節会が催されていた。「元日節会」は、正月朔日に紫宸殿に御座す天皇が公卿らに対し行った宴のことで、公卿らは南庭に参入、列立の後、紫宸殿に昇り饗座に着く。平安宮に於ては、当初公卿を含め五位以上が参加したが平安後期になると公卿のみの参加となった。

慶長度内裏について『資勝卿記抄』[6]元和五年（一六一九）正月朔日条には以下の様に記されている。

元日節會、（晴）…〈中略〉…諸卿著仗座、三條大納言、烏丸大納言、西園寺中納言、平相公等也、…〈中略〉…次諸卿出、外辨諸司幄ニ著了、…〈中略〉…天皇出御、…〈中略〉…次開門、陣官人申子細、次闈（闈下同じ）司著、…〈中略〉…次召舎人、（二言）、少納言就版、

次宣、太夫達召セ、次少納言稱唯出召、先外辨入承明門、月花門ノ南ノ方ヘヨリ、諸卿鴈列南上、東面ナリ、無揖、次公卿參列庭中ノ標、
東上北面、異位重行、有揖、…〈中略〉…次外辨著堂上座

即ち、外弁公卿[7]たる三条大納言以下平宰相等は陣座（仗座）を発って、外弁幄に着いた。天皇出御の後、承明門の開門があり、女官たる闈司が着座した。次いで、外弁の公卿等は承明門より参入して南庭に列立、紫宸殿の饗座に着いたのである。外弁幄の位置については記されず、他の節会の例を見ても明確には知られない。しかしながら幸い後述する明正天皇即位の図面[8]にこれと覚しきものが描かれており、月華門の外側、西南方に設けられたことが知られる。闈司座の位置についても特には記されないが、平安宮内裏や、後述する寛政度内裏の例[9]を見ると承明門内部の両脇に、また中世の閑院内裏に於ても承明門代とされた日華門内に置かれていたから、[10]この場合も承明門内両脇に設けられたものと思われる。[11]

正月七日の「白馬節会」の場合は白馬渡があり、正月十六日の「踏歌節会」では舞妓による舞がある点で「元日節会」と異なるが、諸記録によればこれらに於ても公卿らの参入経路は同様であった。

「立后」は皇后を冊立することで、平安宮内裏では公卿のみならず四位・五位そして六位以下も参加したが次第に五位以上のみとなり、遂には公卿のみの参加となった。南庭に参入した公卿らに対し宣命を宣読することで儀式が成立する。延宝度内裏で天和三年（一六八三）二月十四日に行われた房子立后を『兼輝公記』[12]に窺うと、

及辰剋事始、右大臣（兼依蒙仰、直著端座、）・葉室大納言・勧修寺大納言・今出河中納言・正親町中納言・左兵衛督・重條朝臣等著仗座、…〈中略〉…右府仰可著外辨由於葉室大納言、々々微唯、…〈中略〉…右府仰開門、（陣官申開了由）
右府仰圍《闈》司、（陣官申著座由、）…〈中略〉…右府仰刀禰、少納言稱唯、出承明門代、召外辨、（外辨公卿鴈行月花門南腋、）外辨參列標下、
（東上北面、異位重行、）…〈中略〉…宣制一段、群臣再拜、又一段、群臣再拜

と記される。葉室大納言以下外弁の公卿らは仗座（陣座）を発ち外弁（幄）に着いた。承明門の開門の後、闈司が着座、次いで公卿らは承明門から南庭に参入し列立している。

これら公卿らの参入の経路については「立太子」の場合も同様で、宝永度内裏で行われた享保十三年（一七二八）六月十一日の昭仁親王の例[13]により知ることが出来る。

ところで、これら儀式に参加した公卿らは陣座、外弁幄から、具体的にどの様な経路を辿り外界に開く承明門より参入したのであろうか。「即位式」の例によりこの様子をやや詳しく知ることが出来る。「即位式」に於ても公卿らは外弁幄を発ち承明門から参入した。宝永七年（一七一〇）十一月十一日、宝永度内裏で行われた中御門天皇の「即位式」について『御即位記』(14)には以下の様に記されている。

外弁の公卿座を立て月華門より入承明門の脇を出南門より入て版位に着り承明門とは南門の事なり常には幄の南築地の傍を通りて南門に入なり月華門を通らず

同様の記述は慶長度内裏で寛永七年（一六三〇）九月十二日に行われた明正天皇の『寛永御即位記略』にも見ることが出来る。公卿らは外弁幄から月華門を入り承明門の脇を出て南門より入ったが、通常は月華門を通らないと言うのである。他の「即位式」の記録には月華門を通過したと記されないのでこれらの場合の特例だったのだろう。(15)

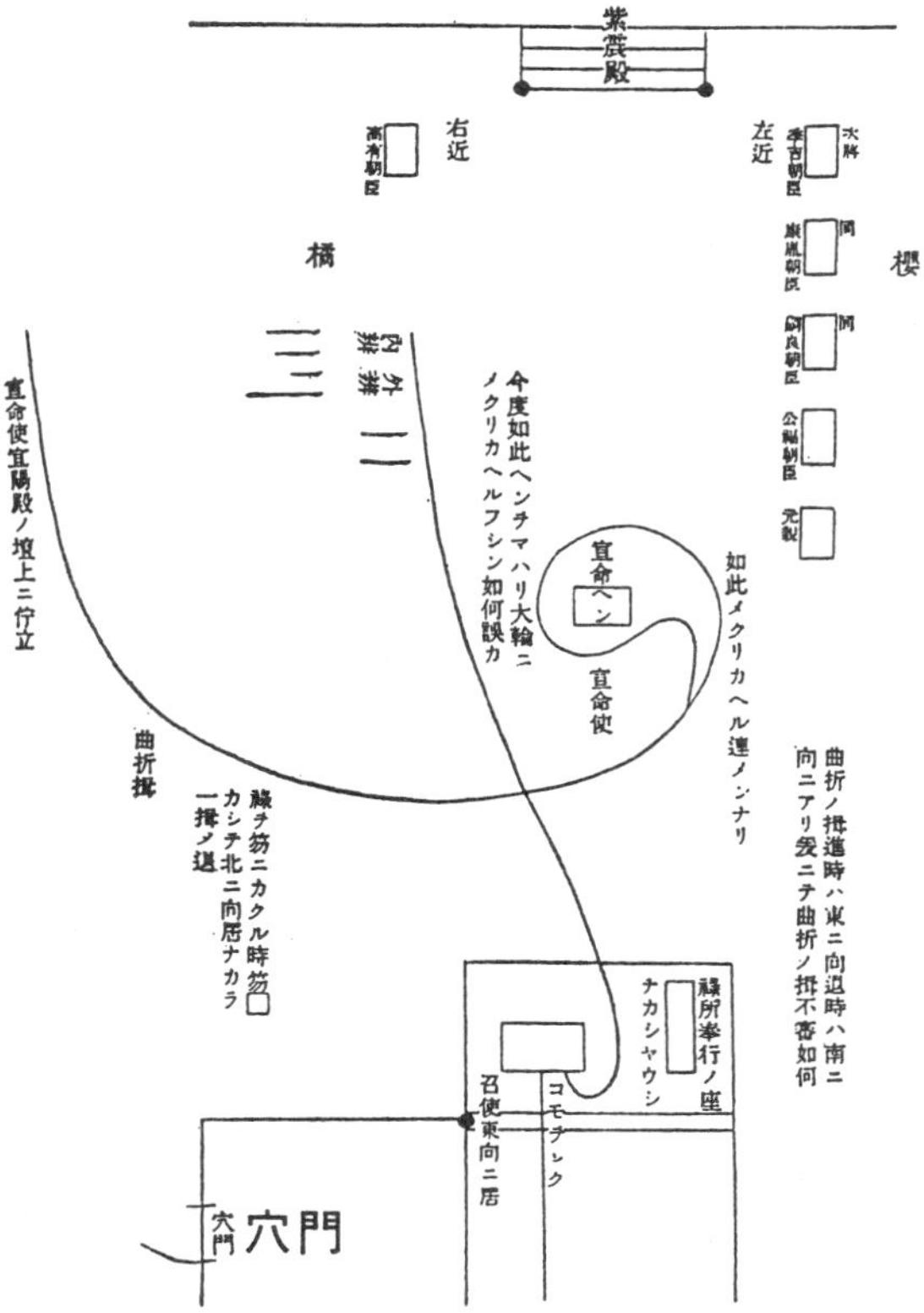

図２　元日節会指図（慶長度内裏、『資勝卿記抄』による）
但し、一部文字を拡大し書き入れを行っている

ところで、前掲記録には承明門と南門とは同じものとあるので、公卿らはこの門の脇を出て、またこの門より南庭に参入したことになる。これは一体何を意味するのだろうか。慶長度内裏、元和五年（一六一九）正月朔日の「元日節会」について『資勝卿記抄』に興味深い指図（図２）が収録されている。紫宸殿の南庭に左、右近衛の陣と共に内弁・外弁の公卿の列立の位置が示されているが、注目されるのは、禄所が設けられた承明門の西南方に穴門が存在していたことである。(16)この穴門は指図にも描かれ、例

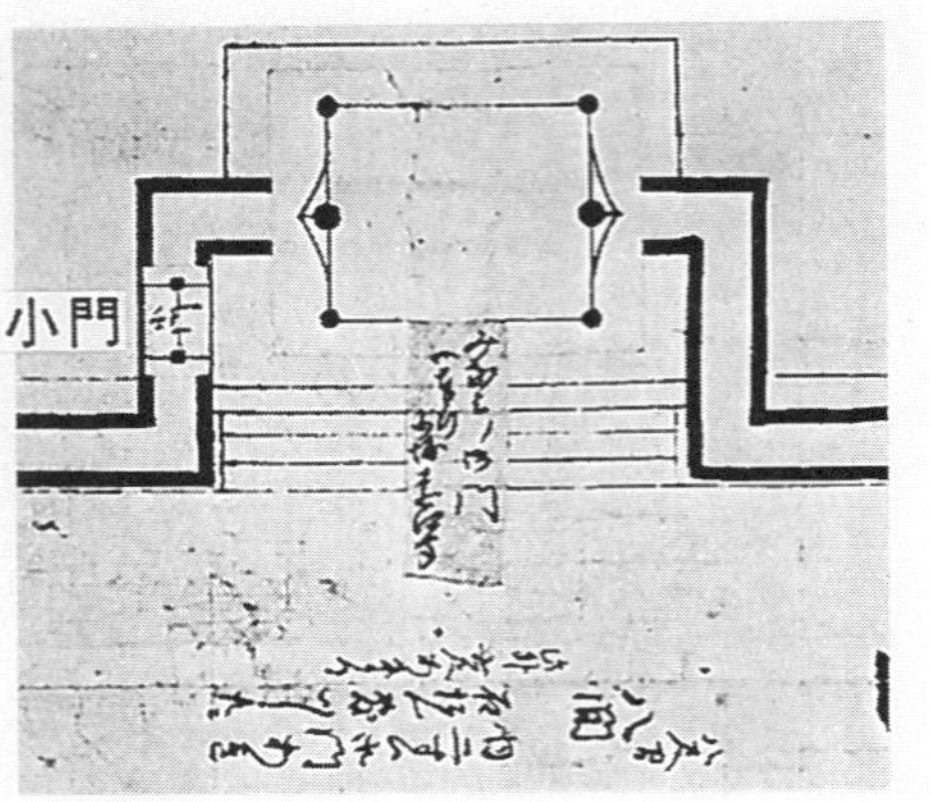

図３　慶長度内裏指図（部分、『慶長度内裏指図』による）
但し、一部文字を拡大し書き入れを行っている

えば『慶長度内裏指図』[17]（図３）には小門と記されている。公卿らは外弁幄を発った後、南行し南築地に沿って東行、この穴門（小門）を潜って一旦外に出、改めて承明門より南庭に参入したものと思われる。近世内裏に於ては、大嘗祭に伴う諸節会も行われたが「辰日節会」についても同様であり、「はじめに」で紹介した桜町天皇に関する絵巻も実はこの様子を示したものであった。一見陥穽的とも言えるこの経路の意味については後にさらに検討することにする。

さて、次に月華門について検討を進めよう。承明門の場合と同様「元日節会」を始めとする諸節会に於て使われている。『通兄公記』享保二十年（一七三五）正月朔日条からは宝永度内裏での「元日節会」の様子を知ることが出来る。

今夜節會雖不雨降、依地上濕（自昨夜至今日晩頭降雨、入夜天晴、）御装束被用雨儀、戌終剋左大臣以下着陣、（源大納言・新中納言・式部権大輔等着、）其儀如恒、畢左大臣・源大納言等退出、（相府豫被命可有早出、且源大納言　同可早出之間、下官自謝座可行内辨之事之旨、）亥終剋天皇出御、…〈中略〉…次顧座下仰云、開門仕レ、（陣官告開門之由、）次顧座下仰云、闡（闈、下同ジ）司ハ罷リ寄ヌルカ、（陣官告闡司着座之由、）…〈中略〉…次外弁公卿入月華門列立宜陽殿土庇、（陣官告公卿参列之由、）

外弁公卿らは陣座に控えていたが、開門や闈司の着座の後、月華門より参入し宜陽殿の土庇に列立した。南庭ではなく宜陽殿土庇に列立したのはこの儀式が「雨儀」で行われたからである。またここには外弁幄の記載は認められないが、通常は設定されており、月華門南土庇、月華門の南廊がこれにあてられていた。[18] 闈司の着座位置についても特には記されないが、前の検討からしても月華門内に設けられたと見て誤りがないだろう。月華門を用いた節会について諸例を検討するとこれらに共通するのは「雨儀」の場合であった点である。

「立后」についても「雨儀」の例が存在する。延宝度内裏に於て宝永五年（一七〇八）二月二十七日に行われた幸子立后の場合を『兼香公記』に見ると、この儀は、晴作法に対し「雨儀」で行われており、公卿らの動きは「元日節会」等の場合と全く同様であったことが知られる。

表１　慶長度内裏等に於ける公卿らの儀式時の参入門

内裏名	西暦	和　暦	儀式名	使用した門	備考	史　料
慶長度内裏	1616	元和 2. 正. 7	白馬節会	承明門		資勝卿記抄
	1619	元和 5. 正. 1	元日節会	承明門		資勝卿記抄
	1619	元和 5. 正. 7	白馬節会	月華門	雨儀	資勝卿記抄
	1619	元和 5. 正. 16	踏歌節会	月華門(ｶ)	雨儀	資勝卿記抄
	1621	元和 7. 正. 1	元日節会	承明門		凉源院記
	1621	元和 7. 正. 7	白馬節会	承明門		凉源院記
	1621	元和 7. 正. 16	踏歌節会	承明門		凉源院記
	1622	元和 8. 正. 1	元日節会	月華門	雨儀	凉源院記
	1622	元和 8. 正. 7	白馬節会	月華門(ｶ)	雨儀	凉源院記
	1622	元和 8. 正. 16	踏歌節会	承明門		凉源院記
	1630	寛永 7. 9. 12	明正天皇即位	承明門		寛永御即位記略
寛永度内裏	1643	寛永20. 10. 21	御光明天皇即位	南門		本源自性院記
延宝度内裏	1683	天和 3. 2. 14	房子立后	承明門		兼輝公記
	1684	天和 4. 正. 1	元日節会	承明門		通誠公記
	1684	天和 4. 正. 7	白馬節会	承明門		通誠公記
	1686	貞享 3. 正. 1	元日節会	承明門		通誠公記
	1686	貞享 3. 正. 7	白馬節会	承明門		通誠公記
	1686	貞享 3. 正. 16	踏歌節会	承明門		通誠公記
	1687	貞享 4. 正. 1	元日節会	承明門		通誠公記
	1687	貞享 4. 4. 28	東山天皇即位	南門		通誠公記
	1689	元禄 2. 正. 1	元日節会	月華門	雨儀	通誠公記
	1689	元禄 2. 正. 16	踏歌節会	月華門	雨儀	通誠公記
	1690	元禄 3. 正. 16	踏歌節会	承明門		通誠公記
	1692	元禄 5. 正. 2	元日節会	承明門		通誠公記
	1692	元禄 5. 正. 7	白馬節会	承明門		通誠公記
	1692	元禄 5. 正. 16	踏歌節会	承明門		通誠公記
	1708	宝永 5. 2. 27	幸子立后	月華門	雨儀	兼香公記
宝永度内裏	1710	宝永 7. 11. 11	中御門天皇即位	南門(承明門)		御即位記
	1725	享保10. 正. 7	白馬節会	月華門	雨儀	通兄公記
	1726	享保11. 正. 1	元日節会	承明門		通兄公記
	1727	享保12. 正. 1	元日節会	承明門		通兄公記
	1728	享保13. 正. 1	元日節会	月華門	雨儀	通兄公記
	1728	享保13. 6. 11	昭仁立太子	承明門		通兄公記
	1729	享保14. 正. 7	白馬節会	承明門		通兄公記
	1730	享保15. 正. 1	元日節会	月華門	雨儀	通兄公記
	1732	享保17. 正. 16	踏歌節会	承明門		通兄公記
	1734	享保19. 正. 1	元日節会	承明門		通兄公記
	1735	享保20. 正. 1	元日節会	月華門	雨儀	通兄公記
	1735	享保20. 正. 7	白馬節会	承明門		通兄公記
	1735	享保20. 11. 3	桜町天皇即位	承明門		吉忠公記
	1738	元文 3. 11. 20	大嘗会辰日節会	南門		桜町天皇大嘗会辰日節会絵巻
	1740	元文 5. 11. 24	新嘗祭	月華門	南殿は神嘉殿代	通兄公記
	1741	元文 6. 正. 7	白馬節会	承明門		通兄公記

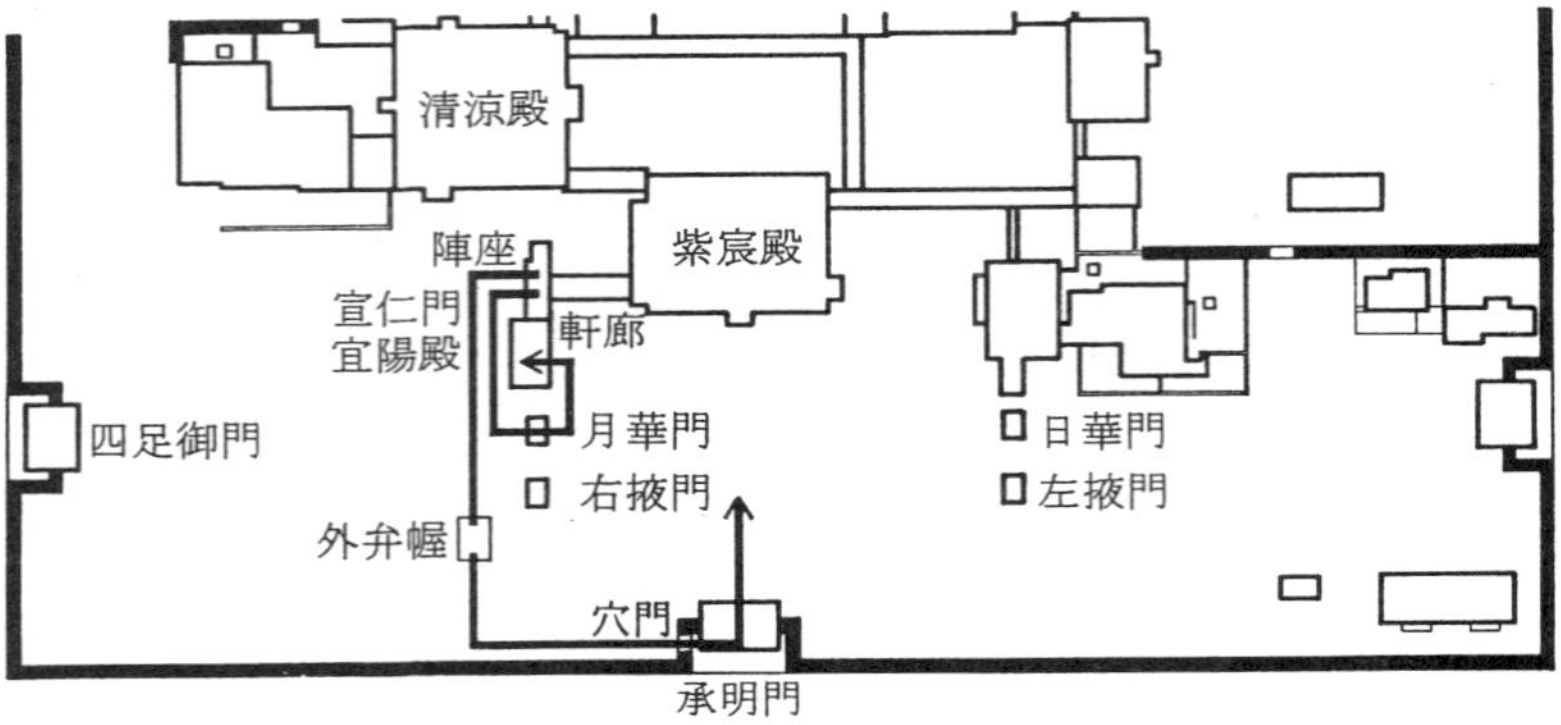

図４　承明門、月華門より参入する公卿の経路（慶長度内裏）

表1は本項で扱った慶長度、寛永度、延宝度、宝永度の各内裏について、公卿らの参入門が知られるものを整理し示したものであり、図４は承明門と月華門の場合について、公卿らの南庭への参入経路を併せて示したものである。「雨儀」の場合は晴の場合に対し、雨に濡れない様な短い距離をと配慮された結果なのであろう。

以上の様に、これらの近世内裏に於ては「元日節会」を始めとする諸節会や「立后」「立太子」等の儀式が行われていたが、通常の言わば「晴儀」の場合には承明門が、そして「雨儀」の場合には月華門が公卿らの参入門として使われていた。「雨儀」の場合は本来の「晴儀」に対し、公卿らは南庭ではなく宜陽殿土庇に列立するなど、略式の性格を有していたと考えて良く、承明門と月華門はこの様な観点から使い分けられていた。平安宮内裏の場合、公卿らはこれら儀式に於て「晴儀」「雨儀」の違いにかかわらず承明門より参入していた。

〔三〕慶長度内裏に於ける南門復活の要因

慶長度内裏等の近世内裏に対し、それ以前の中世内裏には南門が存在しない。本項では、これら内裏の門の用法を明らかにすることにより、慶長度内裏等に於て南門が設けられる様になった理由について考えてみたい。ここで扱うのは、やはり得られた史料の関係から鎌倉時代の建暦度・建長度の閑院内裏、南北朝時代の応永度・康正度の土御門東洞院内裏と、平安後期の例ではあるが、やはり南門が設けられなかった土御門烏丸内裏である。

土御門烏丸内裏は平安宮内裏を忠実に模して造営された。紫宸殿廻りを見ると、南庭

表2　土御門烏丸内裏に於て承明門代（日華門）より公卿らが参入した儀式

西暦	和　暦	儀式名	備考	史　料
1118	元永元．正．1	元日節会		中右記
1118	元永元．正．7	白馬節会		中右記
1118	元永元．正．18	除目入眼	雨	中右記
1118	元永元．正．26	立后	雨儀	中右記
1118	元永元．11．20	豊明節会		中右記
1119	元永 2．11．14	豊明節会		中右記
1133	長承 2．正．1	元日節会	雨儀	中右記
1133	長承 2．正．16	踏歌節会	雨儀	中右記
1144	天養元．正．16	踏歌節会	雨儀	台記
1147	久安 3．11．20	豊明節会	雨儀	台記

を挟んで東側に宣陽殿、春興殿を、西側に校書殿、安福殿を置き、宣陽殿と春興殿の間には日華門を、校書殿と安福殿の間には月華門を開くが、南門としての承明門は設けられなかった。(19)

土御門烏丸内裏に於ても平安宮内裏と同様「元日節会」を始めとする諸節会や「立后」「天皇元服」など様々な儀式が催されている。「踏歌節会」について『台記』天養元年（一一四四）正月十六日条に、

　承明門、（以日華門、用之、）

とあり、また「豊明節会」について同記久安三年（一一四七）十一月二十日条に、

　依無承明門、以日華門申之(20)

と記されるように、この内裏に於ては日華門が承明門の役割を果していた。この内裏では平安宮内裏に倣い陣座が紫宸殿の東に設けられたから、(21)儀式時には東の日華門が重用されたのである。表2は土御門烏丸内裏に於て公卿らがこの門より参入或いは参入したと推定される儀式について纏めたものである。例えば「元日節会」について『中右記』元永元年（一一一八）正月朔日条には、

　内大臣以下着左仗座、…〈中略〉…右大□敷政（…〈割註略〉…）門着外辨座、…〈中略〉…開門、（以東中門擬承明門也、）内辨召舎人、大舎人稱唯、少納言宗兼替外辨、右大将以下起座列立在中門外、召後列立前庭

とあり、公卿らは仗座（陣座）を発って外弁座に着き、開門の後、承明門とされた東中門より南庭に参入したことが知られる。但、ここでは日華門を東中門と記している。闈司の着座については特に記されないが当然あったものと思われ、例えば「踏歌節会」を記した『台記』天養元年（一一四四）正月十六日条に、

　開門闈司著

とされる他、同様の記載を諸記録に見ることが出来る。

「立后」については、「雨儀」の例のみ知られるが、外弁に着いた公卿らは、開門、闈司着座の後、（承明門としての）東中門より入り、宣陽殿壇上に列立した。宣陽殿壇上に列立したのは「雨儀」のためである。闈司の座の位置については諸記録を検討しても特に記され

ないが、前項での検討により承明門としての日華門内に設けられたと見て誤りはないだろう。節会については「雨儀」の例が多いが（表2参照）、公卿らの参入する門は晴の場合と異ならない。

鎌倉時代の建暦度・建長度の閑院内裏について、紫宸殿廻りを見ると土御門烏丸内裏とほぼ同様の構成であった。(22) やはり南門は設けられず、宜陽殿と春興殿の間の東中門は日華門に、校書殿と安福殿の間の西中門は月華門にあてられている。この内裏に於ても「元日節会」を始めとする諸儀式が催され、公卿らの参入口として日華門が用いられた。この門について前と同様の観点から整理したものが表3である。「雨儀」の例が多いが、例えば「白馬節会」について『民経記』嘉禄元年（一二二五）正月七日条を見ると、

次上卿著外弁、…〈中略〉…次上卿入日花門代

と記される。参入にあたり開門され、また闈司が着座したのは『広橋家記録』(23) 貞応元年（一二二二）正月七日条他に見る通りである。節会のみならず「天皇元服」にも日華門が使われたが、『天皇元服部類記』(24) 貞応元年（一二二二）正月三日条からは闈司座の位置も知ることが出来る。

次闈司分居日花門内

即ち、闈司座は日華門内に設けられた。この様に閑院内裏に於ても「晴儀」「雨儀」にかかわらず、日華門が使われたのである。

表3　閑院内裏に於て承明門代（日華門）より公卿らが参入した儀式

西暦	和　暦	儀式名	備考	史　料
1215	建保　3．正．1	元日節会	雨儀	為政録
1222	承久　4．正．3	天皇元服		天皇元服部類記
1222	承久　4．正．7	白馬節会	雨儀	広橋家記録
1225	嘉禄 元．正．7	白馬節会	雨儀	民経記

ところで、閑院内裏の日華門はこれら儀式では承明門としての役割を果したものと思われる。と言うのも、度々述べてきた様に、また後にも触れる様に闈司座は本来承明門内に設けられるべきものであったからであり、また本章第一節で明らかにしまた本節第五項でもまとめて述べる様に、平安宮内裏に於ては「元日節会」を始めとする節会や「立后」「立太子」「天皇元服」等では承明門が用いられるのが定式であったからである。『為政録』(25) 建保三年（一二一五）正月朔日条には閑院内裏での「元日節会」に関しやはり「雨儀」の場合についてではあるが、

内弁昇殿開門闈司如例、少納言顯平於宜陽殿砌就版云々、此事不得心、擬承明門壇者可在中門歟、召了群卿列立宜陽庇中

と記され、（東）中門が承明門として理解されていたことが知られる。

表4　土御門東洞院内裏に於て承明門代（月華門）より公卿らが参入した儀式

西暦	和　暦	儀式名	備考	史　料
1406	応永13．正．7	白馬節会	雨儀	荒暦
1417	応永24．正．7	白馬節会		兼宣公記
1433	永享 5．正．3	天皇元服		天皇元服部類記
1490	延徳 2．正．1	元日節会		延徳二年節会記
1494	明応 3．正．1	元日節会	雨儀	宣胤御記
1517	永正14．正．1	元日節会		二水記
1517	永正14．正．7	白馬節会		天長卿記
1518	永正15．正．1	元日節会		二水記
1522	文永 2．正．1	元日節会		二水記
1522	文永 2．正．7	白馬節会		中山康親記

室町時代に営まれた応永度、康正度の土御門東洞院内裏は敷地の西面が東洞院大路であった関係上、ここに四足門を開いている。紫宸殿廻りについて見ると、応永度、康正度ともに変わらず、東に春興殿、西に宣陽殿を配し、またそれぞれの南に連続させて日華門、月華門を配している。(26)南門はやはり設けられていない。本来東に置かれるべき宣陽殿が西にあるのは、この内裏が「西礼」だったからである。従って日華門ではなく月華門が儀式時の参入口として用いられた。表4は前と同様に土御門東洞院内裏に於ける月華門についての用例を一覧にしたものである。

「元日節会」の例を『二水記』(27)永正十四年（一五一七）正月朔日条に窺うと、

子刻許節會始也、先右府著仗座之端、（…〈割註略〉…）次久我以下次第著座、…〈中略〉…上首承自《(目カ)》、次第起座、經床子座之前、（…〈割註略〉…）著外辨座、…〈中略〉…外辨座、月花門南廊後、北上西面構之、…〈中略〉…縷《(マヽ)》寄裾仰開門、（其詞、開門仕レ、）此時衞士扣月花門打拍、（三度、）了陣官人申之由《(説アルカ)》、（詞、開門仕タリ、）次内辨仰闈司、（詞、ーハ罷寄ヌヤ、）…〈中略〉…次外辨人次第自下臈人離鴈列進出

と記され、また「天皇元服」を『天皇元服部類』(28)永享五年（一四三三）正月三日条に見ても、

天皇着靴着御倚子。先之内府以下着靴着外弁。次開門。次闈司分居。次自内府次第起外弁座。入月花門列立標下。（東上北面。異位重行。）

とある様に、公卿らは外弁座に着き開門の後、月華門を経て南庭に入った。闈司座は土御門烏丸内裏や閑院内裏と同様、月華門内に設けられたと思われる。表4に見る様にこの内裏でも晴の場合と「雨儀」の場合とでは用いる門に違いは認められない。この様にこの土御門東洞院内裏でも儀式時には月華門が承明門として使われたものと考えられる。

以上、土御門烏丸内裏、閑院内裏、土御門東洞院内裏を取り上げ、儀式時に於ける門の用法を明らかにしてきたが、日華門もしくは月華門が使われ、これが平安宮内裏の承明門の役割を果していたことが知られた。平安宮内裏に於て、闈司座は承明門内に置かれ、また開門は承明門に対して行われたことがこれを裏付けている。即ち、以上述べてきた内裏に於て、「元日節会」を始めとする諸節会「立

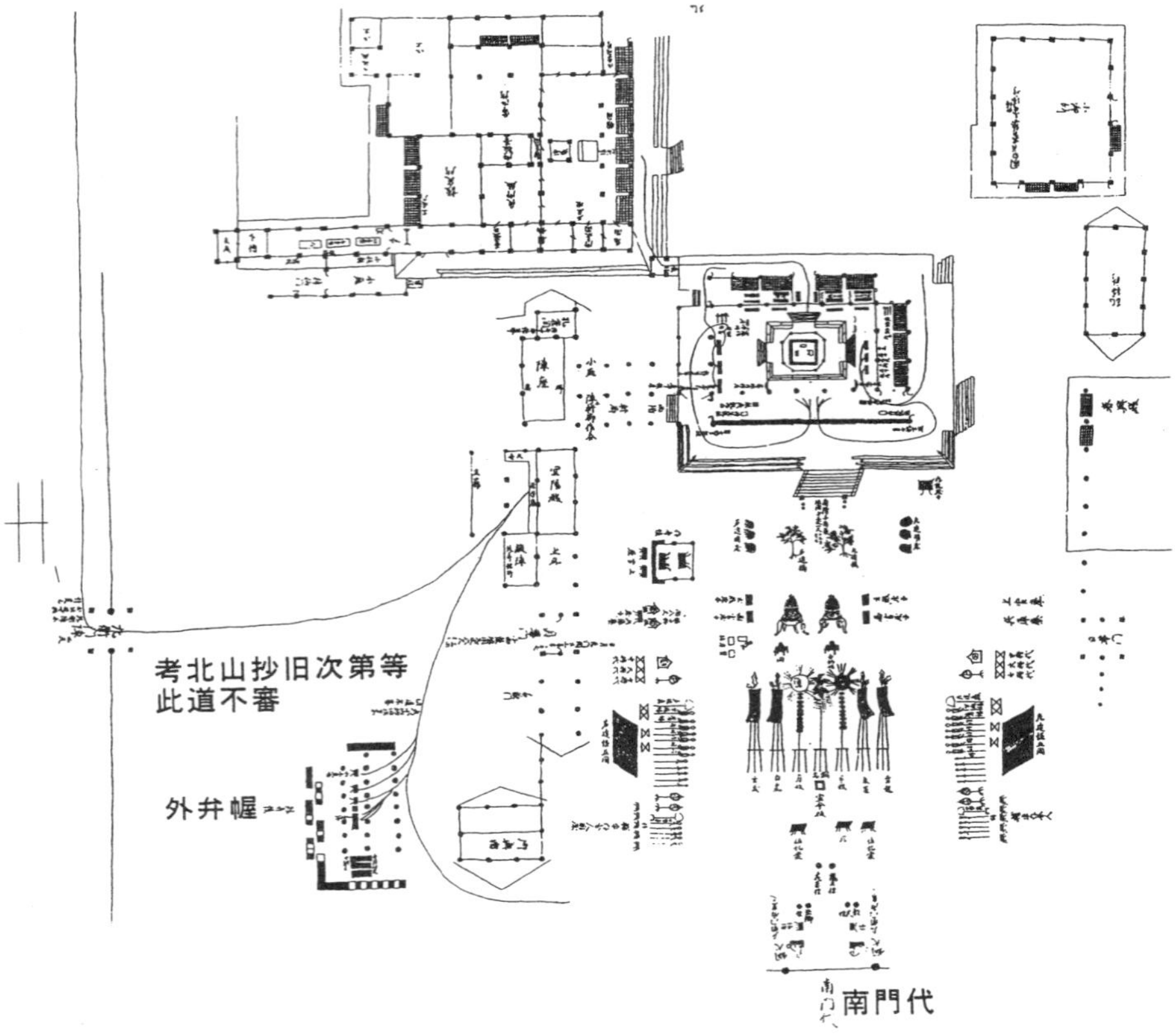

図５　土御門殿之儀御即位差図　但し、一部文字を拡大し書き入れを行っている

后」「天皇元服」ではこれらの門が使われていたが、換言すれば、この様な儀式はこれら内裏に於ては敢えて南門を用いずに済んだ儀式とも言えるのである。この様な儀式は、そもそも平安宮内裏では承明門を参入口として行われていた。

ところが、康正度の土御門東洞院内裏で、公卿らが参入する門の用法に大きな変化が生じる事になる。大永元年（一五二一）三月二十二日、後柏原天皇の「即位式」がこの内裏で行われることになった。『御即位次第』(29)をこれに参加した公卿らの参入経路に着目し見ることにしよう。

此間外辨卿相以下著幄、（北上西面、）…〈中略〉…吉時至時、且著御高御座、…〈中略〉…次開門、…〈中略〉…次外辨公卿立幄座、入自南門代著版位、…〈中略〉…次五位已上依次自南門代參上、…〈中略〉…次式部率六位已下刀禰、左右相分入自同門、…〈中略〉…次式兵兩省引率敍人、入自南門代左右相分就列

幸い『土御門殿之儀御即位差図』と題する当日の様子を描いた図面(30)（図5）が伝わるので具体的様子が知られるが、銅烏、日像、月像などの旗やこの儀式に必要な宣命版などが置かれた前庭の南端に南門代が設置されている。外弁公卿は、宜陽殿西側の床子座を発ち、月華門西南方の外弁幄座に一旦控えた後、庭中の南門代より参入したのである。

周知のように「即位式」は平安宮の大極殿を主会場として行われてきた。陽成天皇の時には大極殿が焼失していたため豊楽殿が(31)、また冷泉天皇の時には御不例により内裏が(32)、そして後三条天皇の場合には大極殿、豊楽殿、内裏が焼失していたため太政官庁が(33)それぞれ使われた以外は一貫して大極殿が主会場となってきたのである。しかしながら、平安末期の安徳天皇の時にはやはり大極殿、豊楽殿が焼失していたため様々な議論がなされ、内裏が会場として使われることになった(34)。この後、大極殿、豊楽殿は再建されず、後鳥羽天皇の際（一一八四年）には後三条天皇の例に倣って太政官庁が用いられ(35)、これ以降中世を通しこの太政官庁が即位の場として定着することになる。この状態がしばらく続いたが、応仁の乱の後、太政官庁が廃止されたため『実隆公記』文亀元年（一五〇一）三月二十九日条に、

無官廳之間於紫宸殿可被行之否事

とある様に、天皇の即位を康正度の土御門東洞院内裏で行う提案がなされた。そして永正八年（一五一一）の修理を経て、前述した大永元年（一五二一）三月二十二日の後柏原天皇「即位式」となったのである。これに先立つ三月三日、『二水記』に、

今日御即位南門代柱立之、其外四神旗柱等各立之、明日入土用之間、今日立之了

と記される様に、南門代の柱が庭中に立てられた。

ところで、前に述べた様に「即位式」は大極殿を主会場として用いるのが定式であった。門の用法の点からこの式を見ると以下の様になろう。三位以上の公卿は東西の朝集堂に参集する。天皇が小安殿に着御の後、会昌門等が開門され、公卿らは会昌門より朝庭に参入する。また五位以上、六位以下も続いてこの門より参入し列立する。天皇は大極殿の高御座に着き、宣命が読まれる。その後公卿以下は退出する(36)。公卿以下は朝庭に左右対称の位置に列立し、また南北中心軸上の南門たる会昌門が重要な役割を果していたことが知られる。会昌門、応天門の外には、衛門がそれぞれ陣を敷いた。公卿以下は廻廊で囲まれた儀式空間に外部から参入したのである(37)。

太政官で行われた場合も同様で、南門が参入門として使われた。またその南の民部省南門が応天門に想定され、その外側には衛門陣が配される等、南門諸門が重要な役割を果している。ここに於ても公卿らは南門外に設けられた朝集堂に相当する外弁幄より前庭に参

入したのである。[38]

平安宮内裏を会場とした安徳天皇の例を『安徳天皇御即位記[39]』に見ると、公卿らは南門たる承明門の外側東方に設けられた外弁幄からこの承明門を通り、南庭に参入した。承明門外には兵衛陣、その南の建礼門外には衛門陣が配されている。

「即位式」は節会等の年中行事とは異なる国家的な大礼であり、銅烏、日像、月像幢などを林立させて行う極めて形式を重んじる儀式である。従って、例え式場が変わったとしても公卿らの参入口としての南門の存在は欠くべからざるものであったと思われる。

康正度の土御門内裏では、後柏原天皇の他、後奈良天皇、正親町天皇、後陽成天皇の「即位式」が行われている。これらのうち、門について知られるのは正親町天皇の場合であるが、やはり南門（代）が用いられていた。[40] 康正度内裏で南門が使われたのは、これら「即位式」のみに於てであった。前掲『二水記』が言うよう南門代は「即位式」のために建てられたのである。

永禄度の修理を経、次いで秀吉により造営された天正度内裏にはやはり南門が存在しなかったとされるが、[41] 後水尾天皇の「即位式」では同様、南門代が使われている。[42] この様に康正度土御門内裏以降「即位式」を内裏で行うことが定着したのである。

次の慶長度内裏に於ては以上の様な背景をもとに本格的な南門が計画されたものと思われる。しかしこの南門も「はじめに」で紹介した様に独特の性格を持っていた。この点について若干の検討をするため再び康正度土御門内裏の「即位式」を見ることにしたい。

後柏原天皇の「即位式」に先立つ文亀元年（一五〇一）閏六月二十八日、『後法興院記』の記者はこの件について以下の様に記している。

　一　堂下御装束事旗拌幄屋等數多可立之間南庭狹少可爲如何様哉、仍壞南築垣、立南門代、如本式、外辨幄、外衞陣等可被搆門外哉事

即ち南築垣を壊して南門代を立てることが述べられているが、注目されるのは外弁幄を門外に設けるべきとする点である。換言すればこの記述は、外弁の公卿は南門の外から参入すべきことを示していよう。しかしながら実際は前に述べた様に外弁幄は南門外には設けられなかった。公卿の参入路に関し、前掲『土御門殿之儀御即位差図』に床子座から外弁幄に至る経路について、

　考北山抄旧次第等此道不審[43]

と記され疑問が呈されたのはこのことだったのであろうか。

慶長度内裏では「即位式」が可能なように南門が設けられたが、この南門は築地外より参入すべき性質の門であるため、脇に穴門を

設け、一旦外に出てから入る形式をとったものと思われる。本来公卿らは、西面築地に開かれた四足門より外部に出、外弁幄に着いてから改めて南門より参入すべきであった。築地内で公卿らの経路を完結させようとしたためこの様な形式の南門となった。そしてこの南門は節会等の参入口としても使われたのである。

〔四〕寛政度内裏の承明門と日華門

宝永度内裏の焼失後、裏松光世の『大内裏図考証』をもとに形式復古が企てられた寛政度内裏の紫宸殿廻りの構成は以下の様である。即ち紫宸殿の東側に陣座と宜陽殿を配し、これに連続する廻廊で南庭を囲む。この廻廊の南、東、西面にそれぞれ承明門、日華門、月華門を設ける（後掲図8）[44]。陣座、宜陽殿が慶長度内裏等に対し東側に置かれたのは、平安宮内裏に倣ってのことであろう。従って儀式時に於ける公卿らの参入口として承明門はもちろんのこと、日華門が重要な役割を果すことになる。また注目すべきなのは、廻廊の外側に廻らされた築地南面にも南御門が開かれたことで、これを仮に建礼門に見立てると平安宮内裏と同様、二重の郭が形成されている様に見える。ここでは前の慶長度内裏等と同様、承明門と日華門を用いた儀式について検討することにする。この内裏については「元日節会」「立后」「立太子」「即位」「皇太子元服」の記録が知られる。なお寛政度内裏焼失の後建てられた安政度内裏は、寛政度のそれと同様の規模を有していた[45]。

さて、承明門についてであるが、「元日節会」に於てこの門が参入門として用いられている。『元日節会備忘並当時敷設図』[46]にはその次第と敷設が示されている。公卿らに着目し参入までの経路を見ると、

群卿着座…〈中略〉…次群卿起座　此間暫着鳥曹司　次群卿着外弁…〈中略〉…次開門…〈中略〉…次闈司分居…〈中略〉…次内弁宣召大夫達　少納言称唯出召之　群卿列立標（入承明門東間東扉異位重行）

とあって、公卿らは陣座を発ち、鳥曹司に向かい次いで外弁座に着いたが、開門、闈司着座を待って承明門より参入したことが知られる。この史料には陣座の図を始めとする詳しい敷設図が数多く収録されているが、図6は鳥曹司代と外弁座を、図7は承明門を描いたものである。鳥曹司は廻廊の東南角の外側に、外弁座はその西側にやはり廻廊の外側に設けられていた。また承明門内左右には闈司座が置

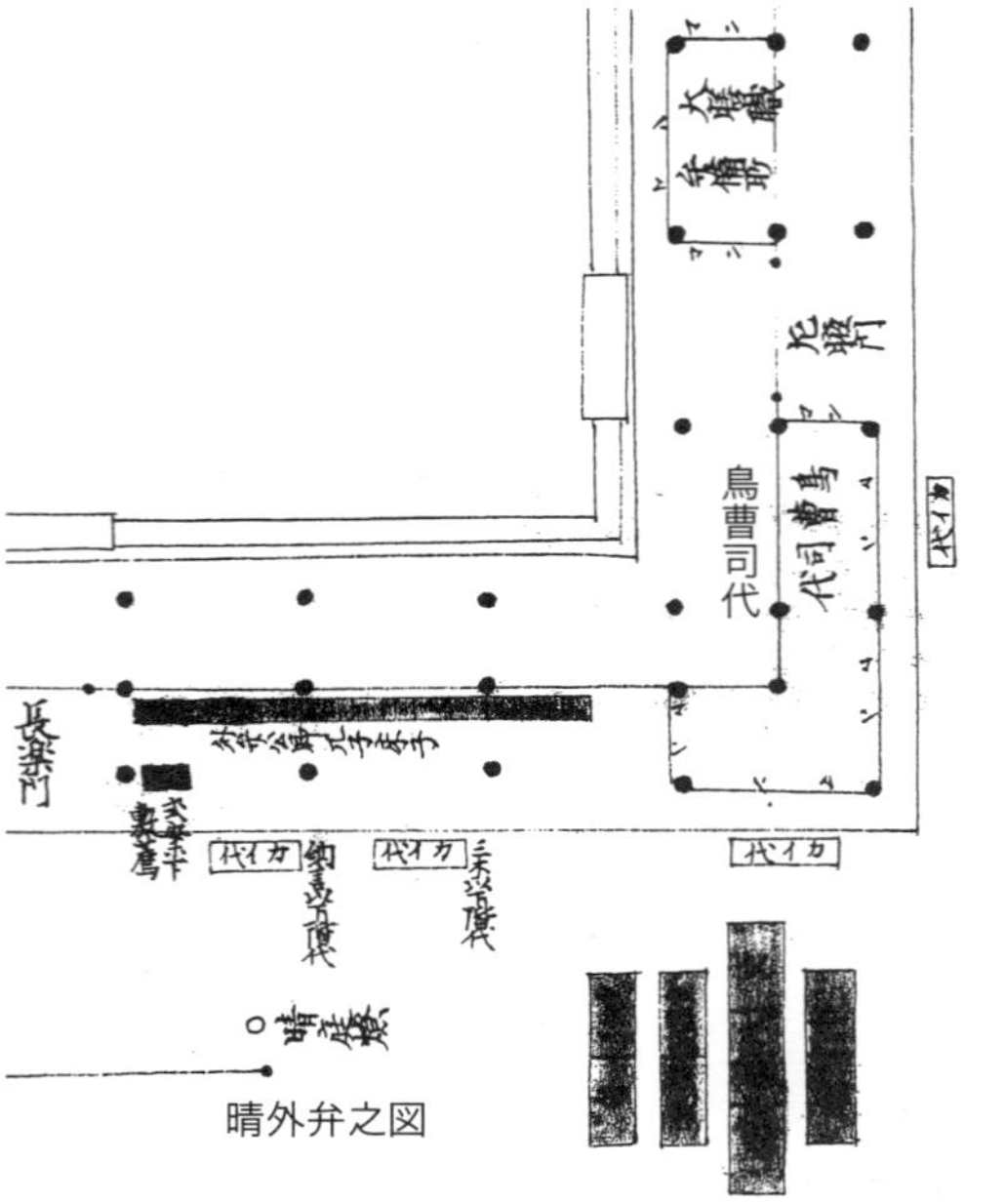

図６　鳥曹司代と外弁座（『元日節会備忘並当時敷設図』による）
但し、一部文字の書き入れを行っている

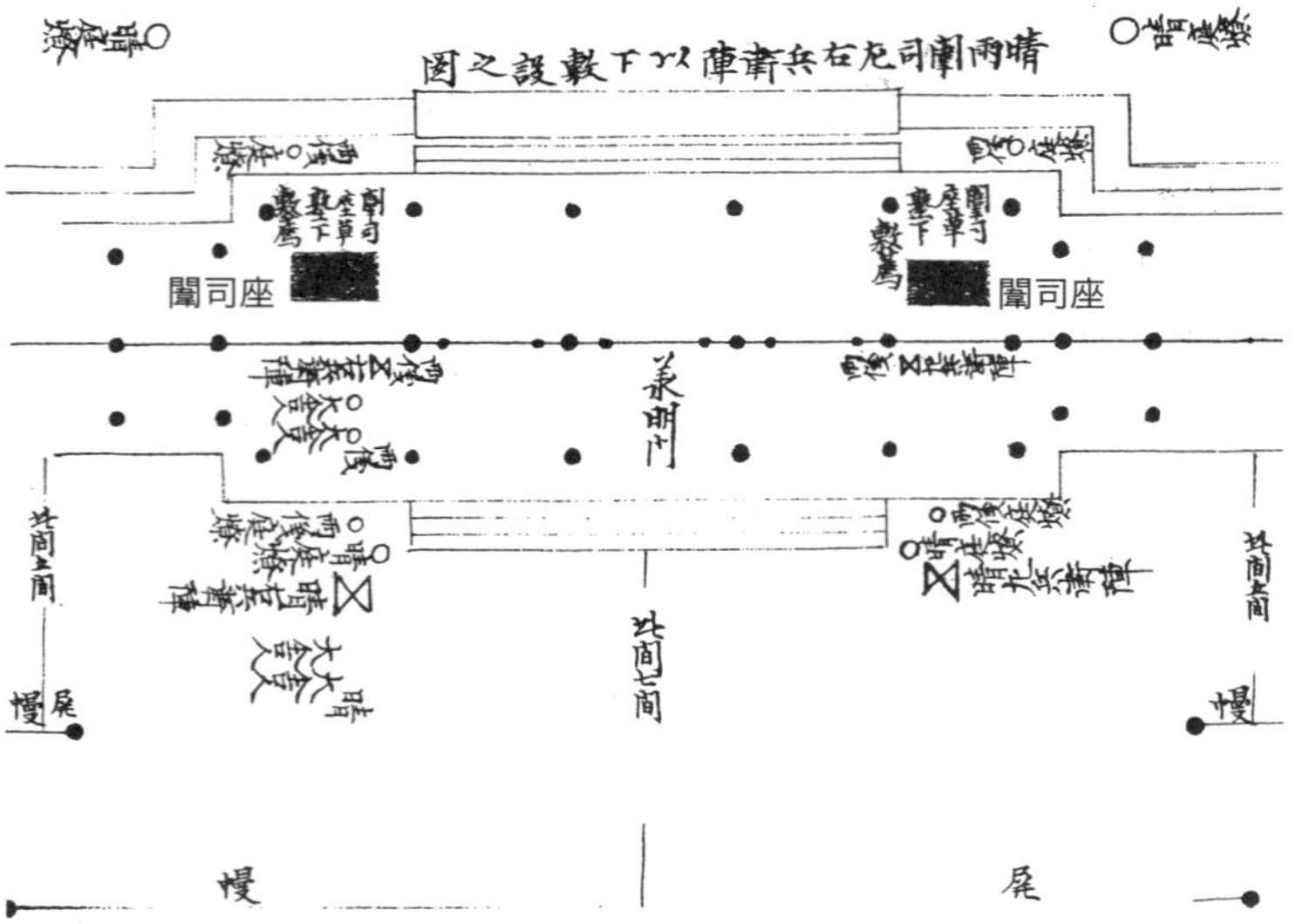

図７　承明門の敷設（『元日節会備忘並当時敷設図』による）
但し、一部文字の書き入れを行っている

かれている。『元日宴会舗設図草』(47)にもほぼ同様の指図が納められている。これら敷設図には「雨儀」の場合のそれも描かれるが、屋外での次第が屋内に移ったことが知られる。使う門に変化は見られない。

「立后」に於ても承明門が使われている。『欣子内親王立后記』(48)によれば、寛政六年（一七九四）三月七日に行われたこの式について、

卯剋許右大臣・權大納言（實祖、）・飛鳥井中納言・左大辨宰相（祀定、）等參仗座、…〈中略〉…諸卿著外辨、…〈中略〉…次開門（開承明・建禮等門、）次闡司相分著草墪、…〈中略〉…少納言信昌朝臣就版、（依雨儀立承明門壇上、）召刀禰、外辨權大納言・源大納言（前秀、）・權中納言（資矩、）・飛鳥井中納言・右衞門督（隆師、）・左大辨宰相等列標下、（依雨儀宜陽殿西廂立標、北上西面、）…〈中略〉…宣制一段

とあり、公卿の経路は「元日節会」と全く同様であったことが知られる。ただ、この場合は「雨儀」で行われたため、公卿は南庭ではなく宜陽殿西庇に列立した。

「立太子」については『俊矩記』(49)に文化六年（一八〇九）三月二十四日に行われた恵仁親王の例が記されるが、やはり外弁に着いた公卿が開門、闡司着座ののち参入し、標下に列立している。承明門を用いたとの明確な記述は無いが、公卿らが外弁座より参入したことが知られるから、この門より参入したと見て誤りがないだろう。

「即位式」に於ても承明門が使われている。『御即位次第』(50)に、弘化四年（一八四七）九月二十三日に行われた孝明天皇の例が記されている。前と同様、公卿に着目し次第を追うと、

閤外卿相以下着幄（當烏曹司代南方南北行立幄為外弁座）…〈中略〉…門部開承明門諸門共開…〈中略〉…參議以上依次起幄座就列參入…〈中略〉…五位以上依次自承明門參入…〈中略〉…式部率六位以下刀祢左右相分入自同門…〈中略〉…皇帝服冕服即高座…〈中略〉…宣制云

となる。公卿らは烏曹司の南方の外弁幄を発ち承明門から参入した。五位以上、六位以下も承明門より入っている。また、この承明門外の左右には兵衛陣が、そして建礼門代とされた南御門(51)内の左右には衛門陣が配された。

次に、日華門を参入口とした儀式について検討しよう。「皇太子元服」で日華門が使われている。「皇太子元服」は天皇の御座す紫宸殿での皇太子の理髪・加冠と、その後の節会とから成るが、公卿らが参入するのは節会からである。『皇太子御元服次第』(52)には、弘化元年（一八四四）三月二十五日の皇太子統仁の例が記されている。

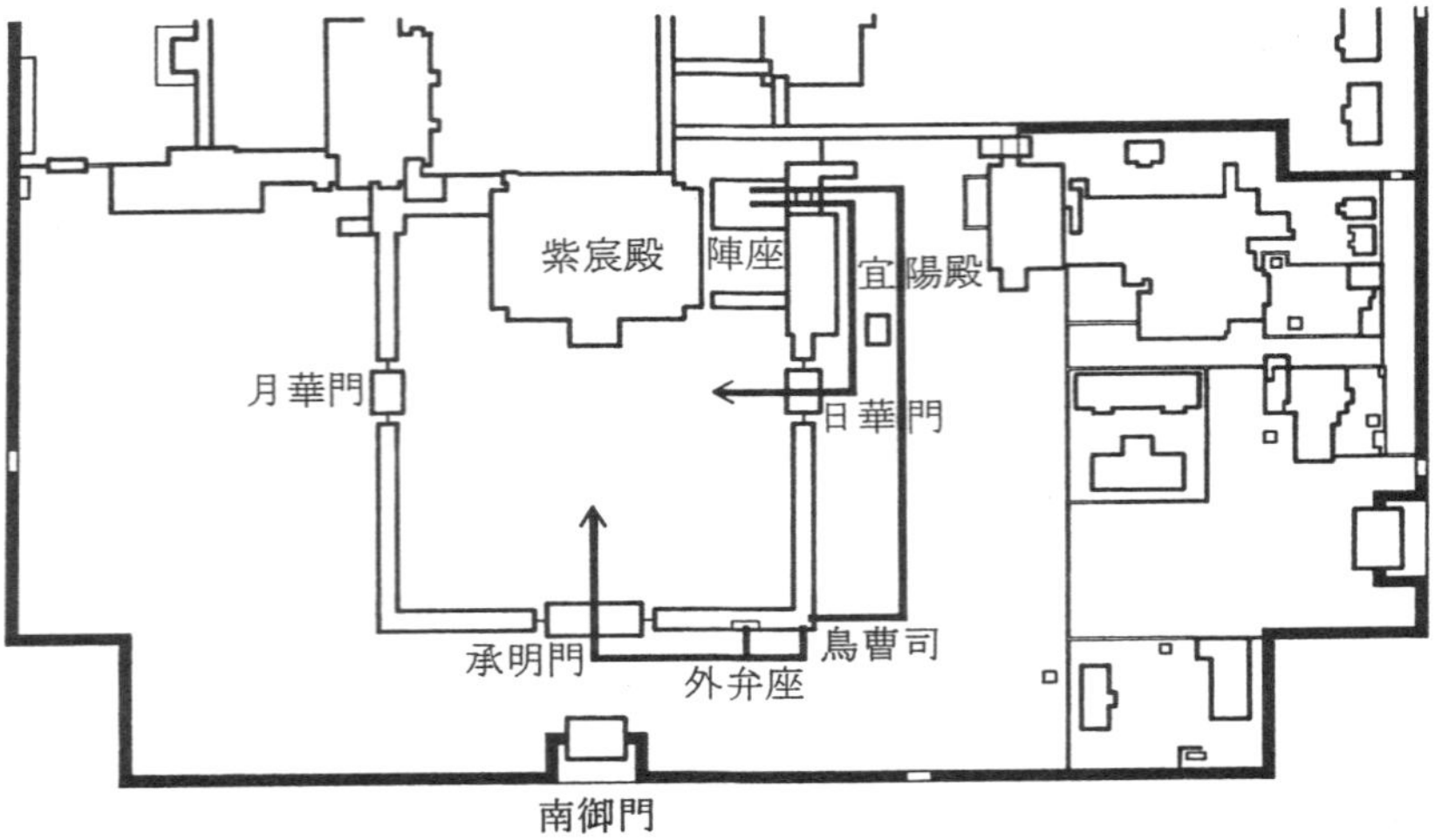

図８　承明門、日華門より参入する公卿の経路（寛政度内裏）

次公卿着仗座…〈中略〉…次公卿起座…〈中略〉…天皇更御南殿…〈中略〉…次　皇太子参入進南廂當御座令謝座給…〈中略〉…次　皇太子着御御倚子　次公卿入日華門列立南庭（版位東公卿一列殿上人一列北面西上）謝座再拝…〈中略〉…次公卿謝酒再拝権亮進出取空盞退　次公卿次第離列経軒廊昇東階参上着座

公卿らは陣座を起ち、日華門から南庭に参入列立、次いで紫宸殿上の饗座に着いた。但しここでは承明門より参入した儀式に見られた開門がなされず、また闈司の着座も認められない。

図８は、承明門と日華門の両例について、公卿らの参入経路を示したものである。

この様に、寛政度内裏に於ては、承明門と日華門は儀式の種類により使い分けられていた。「即位式」を除けば実はこの使い分けは平安宮内裏の場合と同様であり、儀式の遂行に関しても復古が意図されたと見ることが出来る。しかしながら、復古が図られた寛政度内裏の紫宸殿廻りの形式とは門の用法から見た時一体どの様なものだったのだろうか。

〔五〕近世内裏の空間的秩序

本項では、儀式時に用いられた承明門と日・月華門の性格をもとに近世内裏を空間的秩序の点から考えることにするが、その前に平安宮内裏ではこれらの門がどの様な性質を有し、またこの点から見た時に平安宮内裏の紫宸殿廻りはどの様な空間的秩序を有していたのかについて知っておく必要があるだろう。多少重複するが、理解を助けるため本章第一節の内容を整理し概説することにする。

周知のように平安宮内裏は内郭と外郭の二重の郭によって囲われていた。紫宸殿の東前方には宜陽殿、春興殿を、西前方には校書殿、安福殿を配していたが、宜陽殿と春興殿の間には日華門を、校書殿と安福殿の間には月華門を設け、紫宸殿の対面の内郭廻廊には南門としての承明門を配していた。承明門は内郭に対し開かれた門であり、日・月華門は内郭内部に設けられた門である。また外郭には南門としての建礼門が配されている。平安宮内裏では様々な儀式が行われていたが、公卿らの南庭への参入口に着目すると、承明門を用いた儀式と日華門を用いた儀式とに大別される。前者には五位以上が参加する「元日節会」を始めとする諸節会や「天皇元服」と、六位以下も参加する「立太子」「立后」「任官式」「譲位」があり、後者には「皇太子元服」「天皇御賀」があった。即ちこれらの門は儀式の種類により使い分けられていたのである。前者では公卿らの参入に際し、式次第の一つとして開門(儀)とも言うべきものがあり、この後、闈司が承明門内の両脇に座を占める。しかしながら後者に於てはこれらを認めることが出来ない。闈司(女官)は承明門内に着座したが、これは内裏内郭がそもそもは天皇の専有空間であったことの標である。承明門は本来、建礼門と対になって用いられ、或いは用いられることを前提とした門で、客人(まれびと)の役割を果す外弁の公卿らが外郭から内裏内郭に参入するための門であり、日華門は公卿が陣座から発つことに見られる様に内裏内郭内で完結する内輪の儀式のための、寧ろ主催者側が用いる門であった。この様に平安宮内裏では外郭、内郭の二重の郭による構成をもとに、内郭内にさらに門を開くことによって言わば三重の質の異なる同心円的な空間秩序を形成していたのである。

しかしながら、平安時代に於てもやがて承明門より参入する場合の経路に変化がおこり、公卿らは内郭内の陣座を発ち宣陽門を経て内郭外に出、ついで内郭東南角の鳥曹司に入り、また、その西方の外弁座に控えた後、再び承明門から内郭の南庭に参入するようになる。建礼門は用いられなくなったが、内郭の外から参入するという原則は守られている。この様な変化の要因として天皇の専有空間内にある陣座に公卿らが控える「内裏侍候」の成立があげられるが(53)、このことが建礼門と対になって外部から参入するために使われるという承明門本来の性格を弱めることになり、結果的に中世内裏の南門消失に結びつくと思われたのである。

さて、この様なことを念頭に置き近世内裏について考えてみよう。

まず、慶長度内裏等の門について言えば、承明門と月華門は晴（儀）の場合と「雨儀」の場合とで使い分けられ、平安宮内裏での様に儀式の種類によっていたのではない。言わばこれらの門は正式と略式の関係にある。承明門が正式の門としての性格を与えられたのは、この門が「即位式」のための門として復活したということが意識されていたためかもしれない。

一方、公卿らの参入経路を見ると、承明門、月華門いずれの場合も陣座から発ってはいるが、承明門の場合は不完全ではあるものの一旦築地外に出、改めて外部から参入するという方式をとるのに対し、月華門の場合は築地内で経路が完結するという方式になる。即ち承明門は外部からの参入門、月華門は内輪の門という性格を持っている。この様な点から見ると、これらの内裏の紫宸殿廻りは平安宮内裏の様な同心円的配置形式ではないものの、承明門、月華門の性格の点では平安宮内裏に類似し、実質的には質の異なった二重の同心円的秩序を形成していたと言うことが出来よう。その場合、築地が平安宮内裏の内郭に相当する。

但、闈司座が設けられた門内が天皇の専有空間であるとの観点に立てば、承明門内或いは月華門内、即ち築地が囲む領域、或いはその内部の宜陽殿や日・月華門で囲まれた領域いずれもがこれに該当することになり、そもそもの天皇の専有領域が曖昧となる。

次に寛政度内裏について見ると、承明門と日華門は儀式の種類により使い分けられ、この点については平安宮内裏に準じている。

一方、公卿らの参入経路を見ると、承明門、日華門いずれの場合も陣座を発ち、廻廊外の、しかし築地内から参入するという方式となる。寛政度内裏は一見同心円的な配置形式をとってはいるが、実は平安宮内裏の承明門廻りの築地と、日・月華門両脇の宜陽殿などを一続きの廻廊で強引に結んだものと見做すことが出来る。この様な点からすると承明門、日華門の性質は平安宮内裏の場合とは異なり、平安宮での様な空間的秩序は形成されていなかったことになる。

また闈司座に着目すると、承明門内が天皇の専有空間ということになるが、同じ廻廊に開かれた日華門にはこれが設けられなかったから、その領域はやはり曖昧になる。

承明門、日華門の性格から見ると、近世内裏には以上の様な空間的性質が認められた。即ち、慶長度内裏等の紫宸殿廻りは形式的には平安宮内裏の場合と異なるが平安宮内裏に準じた空間的秩序を実現しようとしたものであり、寛政度内裏は形式的には平安宮内裏に倣った様に見えるが空間的秩序の点から見るとそれとは全く異なっていたのであった。

南門設置による天皇の専有領域の曖昧性が近世内裏の空間的特質であり、そもそもの原因は本章第一節で論じた平安時代に於ける公卿の「内裏侍候」の成立にまで遡るのである。

〔六〕おわりに

以上、本節では近世内裏の承明門、日・月華門の用法と性格を明らかにしてきた。またこれらの点から慶長度内裏での南門復活の要因と近世内裏の紫宸殿廻りの空間的な秩序について考えてきた。

慶長度等内裏の承明門と月華門は正式と略式の性格の違いを持ち、特に「即位式」には承明門が用いられていた。

中世内裏では南門は正式には設けられなかったが、康正度土御門内裏に於てそれ以前は原則として行われなかった「即位式」を開催するため急遽南門代が立てられている。慶長度内裏ではこの「即位式」に対応すべく南門が復活されたものと思われる。

寛政度内裏では承明門と日華門は平安宮内裏の場合と同様、儀式の種類により使い分けられていた。

慶長度等内裏の紫宸殿廻りは平安宮内裏の様な同心円的配置構成をとっていない。しかしながら、承明門（南門）の脇に穴門を設けることにより承明門は外部より参入するための門として、また月華門は内部の門として機能するよう計画され、実質的には同心円的な空間の秩序を形成していた。一方寛政度内裏の紫宸殿廻りは形式復古が企図され一見すると平安宮内裏の様な同心円的配置構成をとってはいる。しかしながら、承明門と日華門が同じ廻廊に開かれ公卿らの参入経路は共に築地内で完結しており、これら両者の間に平安宮内裏での様な性格の違いは認められない。この様な点からすると、寛政度内裏は平安宮内裏とは異なる似て非なるものであったと言わざるを得ない。

「はじめに」で紹介した宝永度内裏に於ける「辰日節会」の一場面は、外部から参入すべき門としての承明門の性格を端的に表現したものであった。

註

1 藤岡通夫『京都御所』（昭和三十一年七月、彰国社）。なお、本節で扱う近世内裏の配置構成については同書に負うところが大きい。

2 『桜町天皇大嘗会辰日節会絵巻』茨城県立歴史館蔵。

3 藤岡通夫、前掲註1所収の図をもとに書き直したもの。

4 東北大学附属図書館蔵、狩野文庫。

5 『左大史匡遠宿禰記』文和元年（一三五二）八月十七日条に、「土御門東洞院殿南北四足（方カ）一町西礼皇居也」とある。

6 大日本史料所収。

7 この節会では、花山院大納言藤原定煕が儀式の進行を掌る内弁の役割を果し、三条大納言藤原公広以下の公卿がこの儀式に参加する外弁の役割を果している。

8 「即位庭上絵図」（『中井家文書の研究』九、昭和五十九年二月、中央公論美術出版）。

9 『元日宴会鋪設図草』『元日節会備忘並当時敷設図』、宮内庁書陵部蔵。

10 『天皇元服部類記』貞応元年（一二二二）正月朔日条。

11 平安宮を含めた他の内裏について闈司着座の記録のある例はすべて、公卿らが南庭に参入する門内に設けられたことに関するものであり、これ以外の例を認めることは出来ない。闈司の着座が常に開門のことと対になって記述されるのは、この事を如実に示している。慶長度内裏に於ても闈司の着座の位置はこの門以外の場所には考えられず、これから述べる他の内裏についても全く同様である。

12 皇室制度史料　后妃二　所収。

13 『通兄公記』同日条。

14 東北大学附属図書館蔵、狩野文庫。

15 寛永度内裏の例ではあるが、後光明天皇に関して『本源自性院記』寛永二十年（一六四三）十月二十一日条。延宝度内裏について、東山天皇に関して『通誠公記』貞享四年（一六八七）四月二十八日条。宝永度内裏について、桜町天皇に関して『吉忠公記』（『歴代残欠日記』）享保二十年（一七三五）十一月三日条。いずれも月華門より入ったとの記述は見られない。但し、東山天皇の場合については、公卿らが脇門を入り、さらに南門を用いたとの記述があるが、この脇門は図4に示す右脇門なのか、後述する穴門なのか不明である。

16 公卿らは宣制の後、禄所で禄を賜り退出するが、この禄所は『涼源院記』元和七年（一六二一）正月朔日条に、「向宣命拝、々畢テ向妊所、承明門ノ内、北[東ノ方イ]西向ニ長床子ニ着」とある様に、承明門内の東方に設けられた。

17 『中井家文書の研究』一（昭和五十一年三月、中央公論美術出版）。

18　『資勝卿記抄』元和五年（一六一九）正月七日条、『涼源院記』元和八年（一六二二）正月七日条、『通誠公記』元禄二年（一六八九）正月朔日条。
19　太田静六『寝殿造の研究』（昭和六十二年二月、吉川弘文館）。川本重雄「土御門烏丸内裏の復元的研究」（『日本建築学会論文報告集』第三三五号、昭和五十九年一月）。
20　「以日華門申之」は「以日華門用之」の誤記と考えられる。
21　『中右記』元永元年（一一一八）正月朔日条、他。第三章第一節参照。
22　太田静六、前掲註19。
23　大日本史料所収。
24　大日本史料所収。
25　大日本史料所収。
26　藤岡通夫、前掲註1。
27　大日本史料所収。
28　群書類従　巻第九八。
29　大日本史料所収。
30　大日本史料所収。
31　『三代実録』元慶元年（八七七）正月三日条。
32　『日本紀略』康保四年（九六七）年十月十一日条。
33　『扶桑略記』治暦四年（一〇六八）年七月二十一日条。
34　『玉葉』治承四年（一一八〇）四月二十二日条。
35　『後鳥羽院御即位記』続群書類従　巻第二七三。
36　『貞観儀式』『北山抄』等による。
37　第一章第一節参照。また井上充夫『日本建築の空間』（昭和四十四年六月、鹿島出版会）に「即位式」と類似した儀式構造を持つ「元正朝賀」の復元図が示してあり参考になる。
38　溝口正人「中世即位式の空間構造」（『建築史の想像力』平成八年六月、学芸出版社）。
39　続群書類従　巻第二七二。
40　『正親町院御即位略次第』群書類従　巻第九一。

41 藤岡通夫、前掲註1。
42 『京都御所東山御文庫記録』。
43 但し、図5では図面が縮小されているのでこの字は読みづらいものとなっている。
44 前掲註1所収の図面をもとに書き直し、公卿の参入経路を書き入れたもの。
45 前掲註1。
46 宮内庁書陵部蔵。
47 宮内庁書陵部蔵。
48 皇室制度史料 后妃二 所収。
49 古事類苑 帝王部所収。
50 歴代残欠日記 所収。
51 南御門が建礼門代とされたとの明確な記載は無いが、南御門以外考えられない。
52 歴代残欠日記 所収。
53 平安宮での日華門より参入する儀式の成立は公卿の内裏侍候成立後ということになる。

第七章　平安京に於ける空間認識

第一節　太白神による方忌み
―平安京及び貴族住宅から見た―

〔一〕はじめに

平安時代貴族の日記には、方違など方角の忌みに関する記述が屡々認められる。文学作品に於ても同様であったことは夙に指摘されるところである。[1]

これらは、ある方角への移動またはその方角での行動等に対する規制、或いはそこで生じる忌みを予め避けるための他の場所への移動などを記したものである。

この様な方忌みは、遊行神や八卦、占いなどによってもたらされるが、遊行神による方忌みは貴族達に斉しく関係する忌みであり、八卦によるそれは個人に関わる忌みである。[2][3]

今日遊行神として太白神、天一神、金神、王相、大将軍の存在が知られている。これらの神々はそれぞれの周期で方位盤を一周するが、神々が停った方角では神の種類に応じ様々の行動が規制された。なかでも太白神については記録も多く、貴族達はこの忌みについて強く意識していたものと思われる。

『簠簋内伝』[4]によれば太白神について、月のうち一日、十一日、二十一日は東、同様に二、十二、二十二日―巽、三、十三、二十三日―南、四、十四、二十四日―坤、五、十五、二十五日―西、六、十六、二十六日―乾、七、十七、二十七日―北、八、十八、二十八日―

艮、九、十九、二十九日—天、十、二十、三十日—地、と記され、八日間で方位盤を一周したが、九日目の天、十日目の地と合わせ十日毎にこのサイクルを繰り返していたことが知られる。『方角禁忌』[5]には太白神の忌みについて、

宿曜經云。太白所在。出行及一切動用不得觸犯避之吉

と記されるが、実際は入京、参内、候宿など出行に対する忌みが中心であった。[6]

この様に太白神が位置する方角には忌みが生じたが、方忌みを空間的観点から理解しようとする時、目的地（或いは行動の対象になる場所）が出発地に対してどの様な方角に当たるのか、またその地点が遊行神の及ぼす忌みの領域に該当するのかどうかがまず問題となろう。

本節では、太白神の方忌みに関する記録に着目し、平安京および貴族住宅に於てどの様にして方角を認識していたのかその実態を明らかにし、さらにこの神の忌みの領域についても検討を進めたい。

従来この分野に関し、空間的観点からなされた研究は僅かにベルナール・フランク氏、加納重文氏のそれが知られるのみで、[7]都市史あるいは住宅史の分野では小寺武久氏が触れているにすぎない。[8]この様な陰陽道が貴族社会に及ぼした影響は極めて大きく、彼らの行動を理解するためにもぜひ明らかにさるべき課題と考える。

〔二〕太白神方忌み例に見る方角意識

平安京について[9]

ある場所からある場所へ移動する場合、目的地が太白神の忌みの領域にあたるか否かが意識され、従ってその地点の方角が問題とされた。以下方角認識の様々な方法について具体的に検討してみよう。[10]

まず、周知の場所同士の方角関係が共通に認識されている場合があった。長承元年（一一三二）九月二十四日、鳥羽上皇は白河御所から宇治平等院に御幸したが、これは前日の二十三日は太白方にあたるという理由で延期された結果であった。これに先だつ二十二日、方角についての検討がなされたが、ここで京と宇治との方角関係が引き合いに出されている。『中右記』同日条には、

近日院御于白河御所也、仍太白正方儀出來歟、従京不當南正方之由、従昔所云置也

と記され、（宇治は）京より見て南正方[11]にはあたらないという昔からの言い伝えが紹介されている。[12]

この例は伝承をもとにした方角認識であり、或る広がりを持った領域同士の例であったが、実際にはある特定の地点からある地点への方角が問題となってくる。ではこの場合どの様に認識したのであろうか。『中右記』によれば、寛治七年（一〇九三）十月三日、白河院と郁芳門院は日吉社に御幸した。院御所六条殿への還御は翌四日であったが、この方角について同日条には、

今日已京都當太伯神方、可有其忌哉否事、兼日被問道言朝臣、申云、南北行甚遠、東西行頗近、四條以南頗違正方、仍有還御也

と記されている。十月四日の太白神は坤方に位置している。また『小右記』万寿元年（一〇二四）十二月三日条には次の様な例も記されている。即ち、後一条天皇の北野社への行幸についてであるが、予定日の十二月二十六日は太白神が西北方に廻るため内裏から北野社への方角が問題となるのである。

資高云、昨頼隆真人云、廿六日行幸日守道發難者、乍驚問遣、申云、廿六日太白神在戌亥、従御在所相當件方欤、但以歩數被定方角乎、又庚辰日不入神吉、就如此説所云ゝ欤、然而上吉并之無妨被用、猶當乾方者尤可忌給也者、令廻愚案不當乾哉、西短北長欤、推量而已

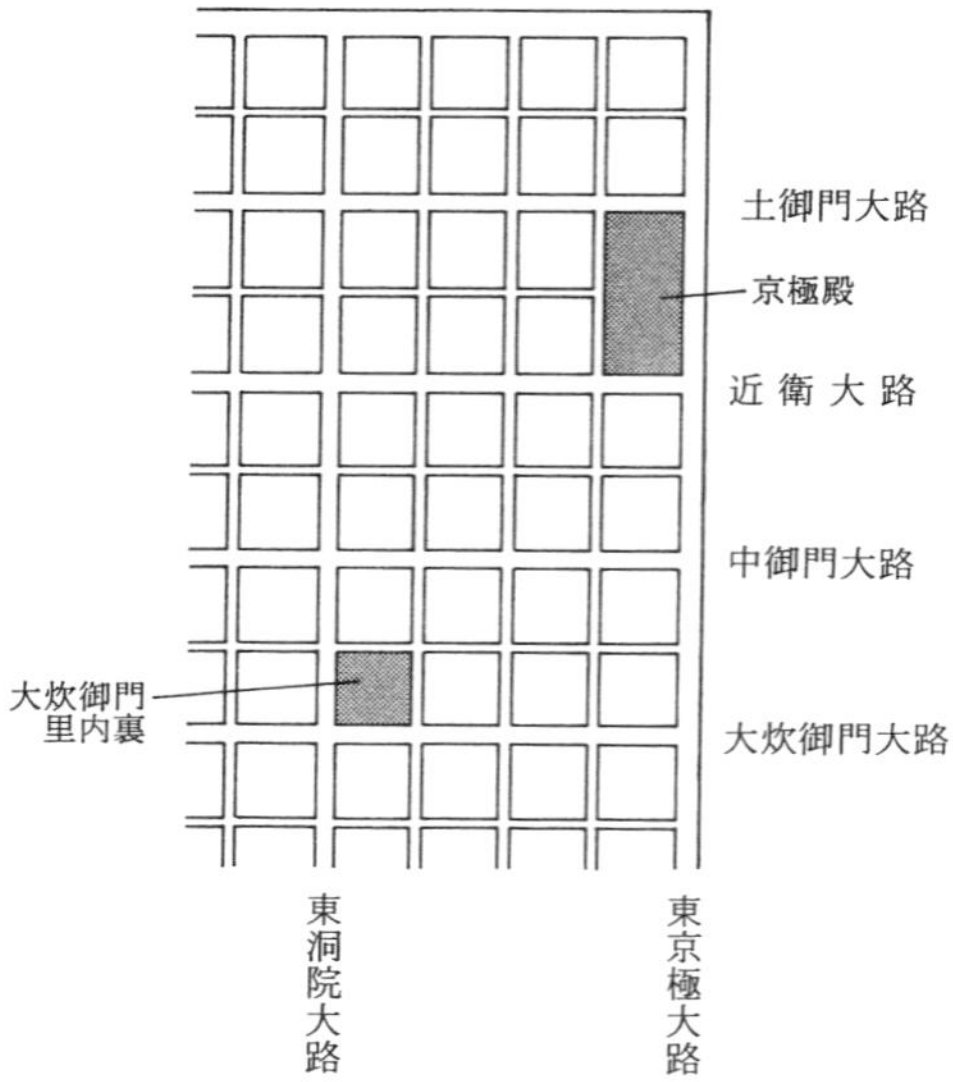

図1　京極殿と大炊御門里内裏の位置関係

これらはいずれも太白方にはあたらないと判断された例であるが、目的地への東西方向、南北方向の概略距離の比によって方角が考えられている。言い伝えをもとにした認識に対しより具体的ではあるが、明確な根拠が示されてはいない。

さて、平安京は条坊制をもとにしたグリッド状の平面形態をとっている。従って、出発地、目的地が共に京内にある場合は大路、小路のグリッドをもとに方角を考える場合のあったことが予想される。永久元年（一一一三）七月十三日、皇后宮（令子）は故関白藤原師実の室

源麗子の病を見舞うため京極殿に行啓したが、翌十四日の還御に際し内裏（大炊御門里内裏）(13)の方角が問題となった（図1）。十四日に太白神は南西に位置する。『長秋記』同日条には、

　今日未申方可塞由、南北三町、東西二町餘也、仍不可塞々、泰長所令申也

と記されるが、陰陽師安倍泰長は、南北間三町、東西間二町餘の値を示し、その方角にはあたらないと述べている。

太白神に関してではないが次の例も注目されよう。即ち『中右記』天永二年（一一一一）二月八日条によれば、時の里内裏たる大炊御門殿（大炊御門北、東洞院西）の触穢のため他の場所への遷幸が計画されたが、その候補地として一条院、修理町、神祇官町、東宮町などがあげられた。また同時に大将軍など遊行神を避けるべき事が議定されたが、これについて陰陽師賀茂家栄、安倍泰長はまず最初に内裏に遷幸し(14)、その後、

　中御門南二町程、大宮東邊

に遷れば忌の方角を避けることが出来るという考えを示している。

しかしながら、以上の様な条坊制に則った考え方は、合理的とは言うものの方角を厳密に判断するという観点からすればやはり不十分なものであった。

勿論、条坊制の位置関係で見当をつけさらに実際の距離を測定することも行われている。

大治四年（一一二九）七月十四日、鳥羽上皇は院御所より待賢門院の御所たる三条京極殿に御幸し、翌十五日還御する計画を持っていた。この間の事情について『長秋記』七月十日条には以下の様に記されている。

　家榮申云、來十四日夜京極殿留御天、十五日可還御也、然可有太白忌、但東西三町、南北間三條大路也、大略雖當東西、彼殿寝殿西妻與此殿御在所、南北間依難知、難申一定、引縄知其程可量申者、仰云、早引纓《繩カ》可量申、若可有憚、此間支度毎事可相違、尤可不便歟、下官申云、大略彼殿北面程與此殿南面程推量候ニ、及四十丈歟、然者必不可當太白方金《マヽ》、若雖少當之、此殿北面云々

即ち、還御の十五日は太白神が西に位置しており、院御所がこの方角にあたるかどうかが問題になっている。京極殿と院御所とは東西間が三町(15)、南北は三条大路を隔てるだけであるから大体その方角に該当するが、詳しくは南北間の距離を測定すべきだというのである。ここで、この距離とは三条京極殿の寝殿と院御所御在所という具体的建物同士のそれを指している点に注目しておきたい(16)。

『玉葉』文治二年(一一八六)五月二十一日条も、閑院内裏から兼実の冷泉万里小路第への行幸に際し、太白方(東)にあたらないかどうか実際に距離が測定され確かめられた例である。

右に述べた『長秋記』大治四年条では南北間の距離の測定がなされていたが、通常は東西及び南北間の距離が共に測定された。『玉葉』安元元年(一一七五)六月十二日条は、翌十三日に兼実が九条第より頼輔第に向うのに際し、太白神方(南)にあたるかどうかが測られた例である。南北行六一丈、東西行四三丈であったので忌方にはあたらないと判断され、渡ったことが知られる。

この様な例は太白神のみに限ったことではなく、厳密に距離測定がなされた例は御禊點地に見ることが出来る。『江家次第』巻第六[17]によれば、

自御在所至河原打丈尺、定方角

とあり、また同時に、

北極幷四大路、町各卅丈

壬生十丈　大宮十二丈　二洞院各十丈　京極十丈　小路十二、(各四丈加堀河東西邊各二丈、)町十六各卅丈

と京内の町および路幅の寸法が記され、御禊の際には御在所からの具体的距離をもとに方角が定められたことが知られる。御禊點地の具体的例は『兵範記』仁安元年(一一六六)十月十五日条に見ることが出来よう。[18]

洛外の場所同士に於ても全く同様の方法がとられ『玉葉』文治三年(一一八七)七月十二日条では鳥羽南楼より興福寺までの距離が測定されている。

貴族住宅について

住宅あるいは敷地内での移動、行動に於ても太白神との関わりで方角が意識されている。これらの例は、御所の移動に関するものと、門の使用に関するものとに大別されよう。[19]

まず、前者の例から紹介したい。長和五年(一〇一六)正月二十九日、三条天皇は枇杷殿で譲位したがその後三月二十三日には北対か

ら寝殿に遷っている。しかしながら『御堂関白記』二十一日条を見ると、

明後日可令渡寝殿給、仍東對代御方違

とあり、いったん東対代に方違したのち寝殿に渡ったことが知られる。二十三日は、太白神が南に位置しており、この忌を避けたためと思われるが、[20] 北対と寝殿との方角関係は自明のこととして処理され、特に距離の測定は行われなかったものと思われる。

しかしながら、微妙な場合にはやはり測定がなされた。治承四年（一一八〇）二月二十一日、東宮（安徳天皇）は高倉天皇の譲位に伴い、それまで御所としていた五条東洞院殿の西北角の御殿から寝殿に移ったが、二十一日は太白神が東に位置しており、従って寝殿の東宮御所に対する方角が問題となったのである。『山槐記』同月十九日条には以下の様に記されている。

來廿一日可有御讓位、件日早旦東宮可移御寢殿、自當時御所當東、仍可令打丈尺之由仰權大進時光、時光召丈尺於廳、令藏人高階親家（新藏人、）打御所簀子、時光注付丈尺於折紙、

南北

晝御座南庇八尺、中宮御方西面三丈、

御殿西面八尺七寸、

所積四丈六尺七寸、

東西

朝餉南面二丈二尺三寸、中宮晝御座南面六丈九尺二寸、御殿南面一丈二尺七寸、

所積十丈四尺二寸、

予仰時光遣召陰陽頭在憲朝臣、時光以書狀召之、予奉時光傳御許、有申雜事、其間在憲朝臣參入、仍以大進光長賜折紙於在憲朝臣、問云、當太伯天一王相等方哉、申云、不當太伯方天一天上、仍又無憚

東宮御所から寝殿（御殿）までの南北間、東西間距離が詳細に測定され、結局太白方にはあたらないという結論が得られたのであった。[21]

さて、貴族住宅には東・西門など複数の門が存在していた。これら門の用法にも太白神は影響を与えている。[22] 即ち、太白方の門の使用は憚られたのである。但、この場合は出る時のみで入る時には関係がなかった。[23]

太白神による方忌と門の用法に関する記録はすでに『小右記』に見ることが出来る。正暦四年(九九三)正月三日、一条天皇は内裏から東三条院詮子の御所たる土御門殿(上東門第)に朝覲行幸している。

午時乗輿承明・建礼(大白在南、出御自南門爲奇也、可被用東欤、)・陽明等門

この条は、太白神の方忌を犯し南門を用いたことに対して疑問を呈した例であるが(図2)、次は太白神方にあたらないので西門を用いたとする例である。鳥羽上皇の御所三条烏丸殿からの出御について『長秋記』天承元年(一一三一)四月十六日条には以下の様に記されている。

仰云、可出自何門哉、申云、東彼方御物忌也、西不當大白者、自西令出御矣有何事哉、仍閇之、仍自西出御

これら二つの例は、太白神の方角と門の位置を示す方角とをそのまま結びつけて理解する点で共通するが、その背景にあるのは、例えば東門は東の方角にあるとする漠然とした意識であろう。(24)

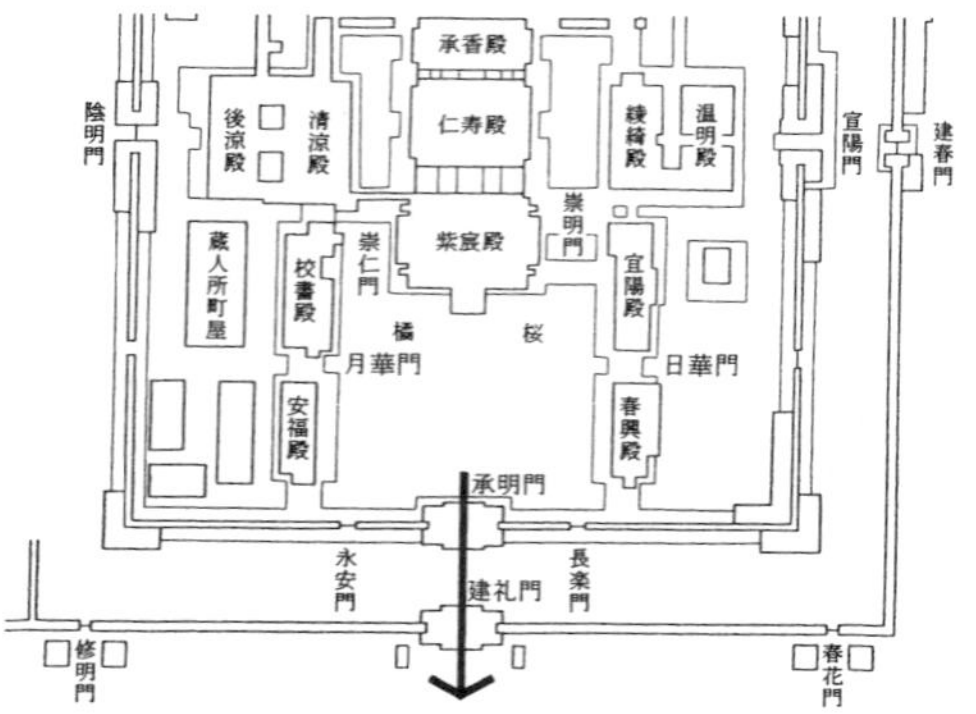

図2　正暦4年(993)正月3日朝覲行幸時に於ける内裏門の用例

しかしながら、より具体的に方角を考えようとする場合もあった。『小右記』によれば、寛仁元年(一〇一七)十一月二十五日に予定される後一条天皇の賀茂行幸について、同十月二十日陰陽寮より勘申がなされている。

陰陽寮勘申、(十一月廿五日己未、時巳二點、若未二點、御出坤門、太白坐西方、仍不注申西方、西門従御在所當坤、)

時の里内裏一条大宮殿より出発するのであるが、当日は太白神が西方に位置している。しかし西門は御在所より見ると西南方にあたるので問題がないというのである。事実この日は西門より御輿が出された。

朝覲行幸に関してであるが、次の例も興味が深い。永長元年(一〇九六)正月十一日の院御所六条殿への例であるが、里内裏閑院より出御するにあたり東門を用いるか、あるいは西門を用いるかが問題となった。『中右記』同月十日条によれば、

従殿下有召、則馳參、明日行幸御出方角沙汰也、明日太伯神在東、然者可被用西

陣歟、輦路慥可見者、則參内、先見西陣、取御輿丈尺、見其程、西陣方油小路甚狹少之上、右衞門陣屋已滿小路、纔雖有輦路、頗以見苦、見東陣門處、甚南ニ依、從夜大殿不當太伯神方、歸參殿下申此旨處、仰云、然者不當正方、可用東門者

とあり、決定までの経緯が知られるが、東門[25]とは言え夜大殿[26]より見るとかなり南に寄っているので、太白方（東）にはあたらず、従って東門を用いるべきとされている。[27]

即ち、これら両例では前の二例と異なり御在所、より具体的には夜大殿からの方角が問題となっている。但、『中右記』条に見るように距離の測定はなされていない。しかしながら、平安京での場合と同様、実際に距離を測定する場合もあった。やはり閑院内裏に関するもので平安末期の例であるが、『玉葉』文治三年（一一八七）六月十二日条には大炊御門亭への方違行幸の際に用いる門について以下の様に記されている。

秉燭之後參内、先是公卿次將少々參入、奉行五位藏人親經覽日時、（行幸弁内侍所、）見了（於御所見了、）返給、出御載東陣、自夜御殿、當太白方哉否、可尋之由仰之、親經申云、宣憲申云、不當正方、當乙方也云々、余計合東行南行之處、南行十四五丈、東行僅權九丈余也、仍可謂丙方、不可謂乙方、宣憲自本尾籠〔之〕人也、但雖有陰陽師之言失、〔於〕不當正方之條者惟同、仍所被用東門之由仰之

この場合は、陰陽師の意見に疑いを持った兼実により実際に距離が測定された例であるが、やはり夜大殿より東行、南行それぞれの距離が測られている。[28]

さて、この項に於ては太白神の方忌に関し、目的地あるいは行動先の方角をどの様にして認識したのかについて、都市および住宅空間を対象としその実態を明らかにしてきた。しかし厳密に見た場合その方角が方忌の領域にあたるか否かが明らかにされないと、この陰陽道の運営は不可能ということになろう。次項では太白神についてこの点から考えてみることにしたい。

〔三〕太白神方忌みの領域

太白神は、その位置する「正方」のみに忌みをかけた。この「正方」について『簾中抄[29]』には、

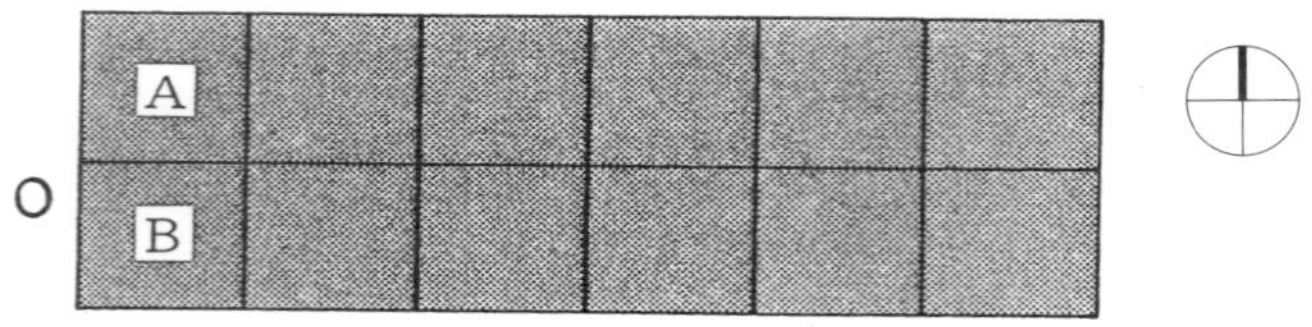

図3 『簾中抄』による太白神の忌の領域－東の場合－

正方とハ東にあれハ東六町に北南ひろさ壹町つゝ。を云なり六町より遠くならハ次第にその程ハはから

ふへしいまのこりかたもかくのとし

と記されている。これに関し、ベルナール・フランク氏はその著書に於て「平安時代の『一町』はおよそ一・一九ヘクタールにあたるから、東へ向かう分割線の両側に一様に渉った範囲で総計一四・二八ヘクタールとなろう」[30]とされた。つまり短冊型の領域にその忌みが及ぶものと考えられたのである。この『簾中抄』の表現は、文面を見る限りに於ては氏の言う様に条坊制に則って理解すべきであろう。

しかしながら、これを実際に適用しようとすると様々な問題が生じてくる。図3は、[31]氏の解釈をもとに忌の領域が東である場合を想定し図化したものであるが、『簾中抄』に「のこりかたもかくのとし」とあるので、例えば南、西、北についても、Oを基点としてこれを九〇度ずつ回転した図が成立すると考えられるのである。仮にそうだとすれば、図3に於てAの部分は東に属すのか北に属すのか、或は両方に属すのか、またBについても東か南かが極めて曖昧になる。次に六町より離れた部分についても「次第にその程ハはからふへし」とあるのみで具体的領域が示されてはいない。また、前項で述べた様に、方忌は都市空間のみならず住宅敷地内に於ても適用されるが、これらについては対応が出来ない。さらに、仮に『簾中抄』の記述を条坊制に則ったもの、即ち図3のグリッドがそれぞれ大路・小路を示すものと考えると、方忌の起点は路と路の交差点（図ではOの地点）ということになり前項で明らかにした、方忌の起点は御所（夜大殿）とする見解にも矛盾する。この様に『簾中抄』の表現は極めて不充分なものとなっている。

ところで『方角禁忌』[32]には太白神に関し以下の様な記述が見られる。

今案。在東方者可忌卯方也。可忌正方、一辰也。自餘方角准之　〈付点筆者〉

即ち、太白神が東にある場合は卯方を忌む、そして正方一辰を忌むべしとあるが、ここでまず問題となるのは、これは十二支つまり十二方位をもとにした領域を指すのかどうかということであろう。因みに近世江戸期の京都の地図には十二方位の方位盤が掲載されている。[33]

しかしながら、再び同記を見ると大将軍に関し、

今案。在卯者。寅甲卯乙辰等方。同不可犯之。在二干三辰〔支カ〕〈付点筆者〉

と記されている。大将軍は十二年周期で三年間ずつ東・南・西・北の四方に位置するが、その忌の領域は太白神の場合と異なり、卯（東）にある場合は寅甲卯乙辰の方角であったというのである。ここで注意すべきなのは、これら五つの方角が二干三辰とされる点であろう。つまり、ここで言う三辰とは寅・卯・辰のそれぞれ三方を指すものと思われ、この大将軍に関する記述は二十四方位をもとになされたと見做すことが出来るのである。[34] 即ち一辰とは二十四方位の一を指し、従って太白神の正方も同じ領域を示すものと考えられる。

さて前項での検討結果は、方角を認識するには起点からの東西行、南北行の距離をそれぞれ測定しこれをもとに行うことを示していた。

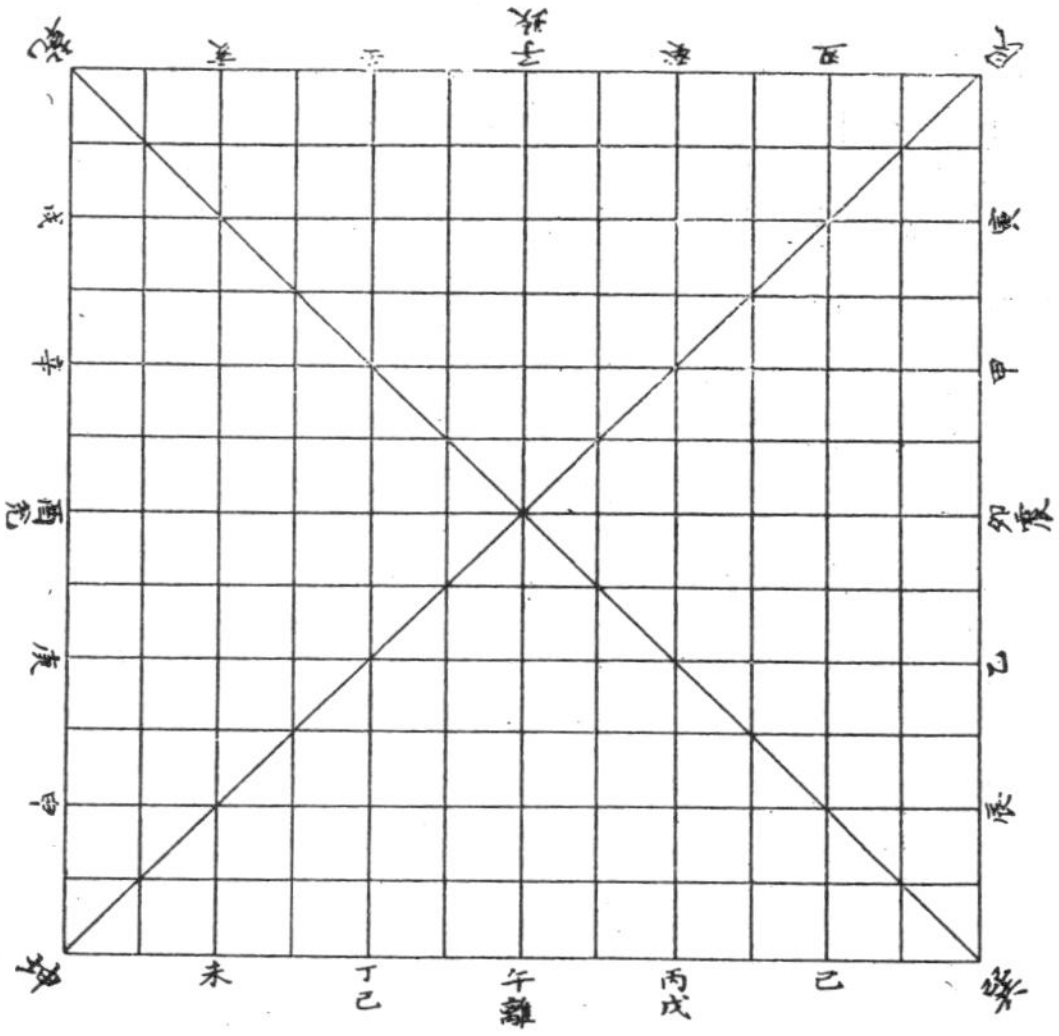

図４　方角図（『拾芥抄』による）

ところで『拾芥抄』[35]には天一神、太白神の忌みの領域について注目すべき記述が認められる。

件方可忌正方一辰也。假令十丈者。以一丈五尺六寸六分爲正方。

これらの一〇丈、一丈五尺六寸六分の値を仮に東西行、南北行の距離を示すものと考え、X軸、Y軸を持つ座標上で検討すると、この比が約六：一となるのに気が付くであろう。

『拾芥抄』には周知のように「方角図」（図４）が掲載されているが、この図を改めて見直すと興味深い事実が浮びあがってくる。この図は正方形の各辺を十二等分し、これらの各点を結ぶことによって成る格子状の形態をしている。また、対角線の交点を図の中心として示し、四辺と四角に二十四の方位が記されている。

さて仮に、この図の中心点と、四辺上に記された各方位の中点、例えば、卯と甲の中点を結んでみよう（図５）。この中点ａは、図の中心Ｏより見て東行六、北行一の位置に存し前出の値と一致する。さらに、卯

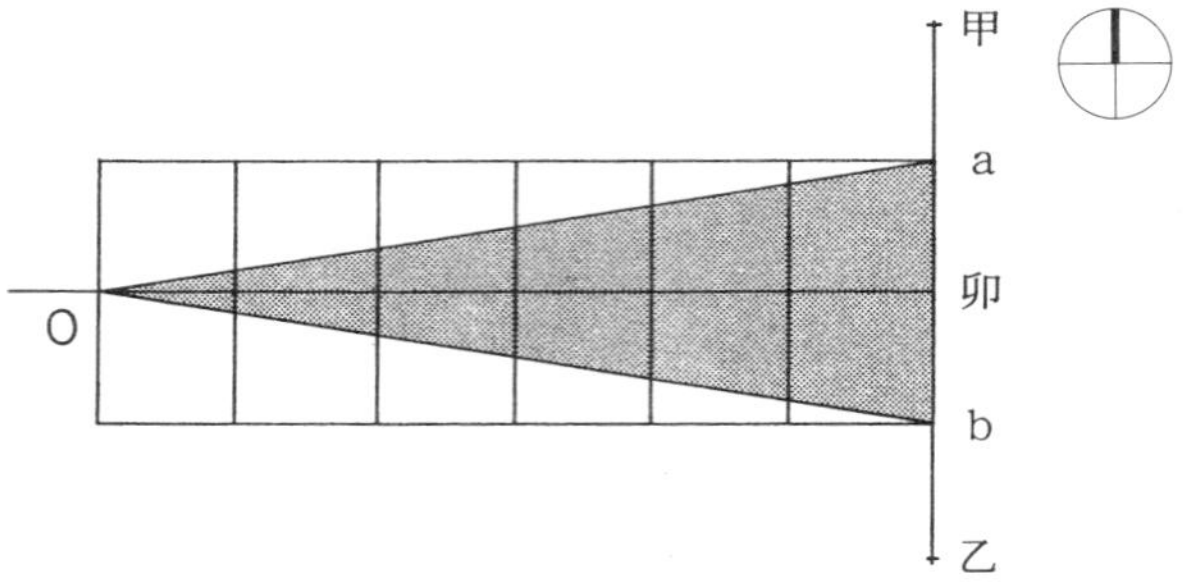

図５　太白神の忌の領域（東正方）

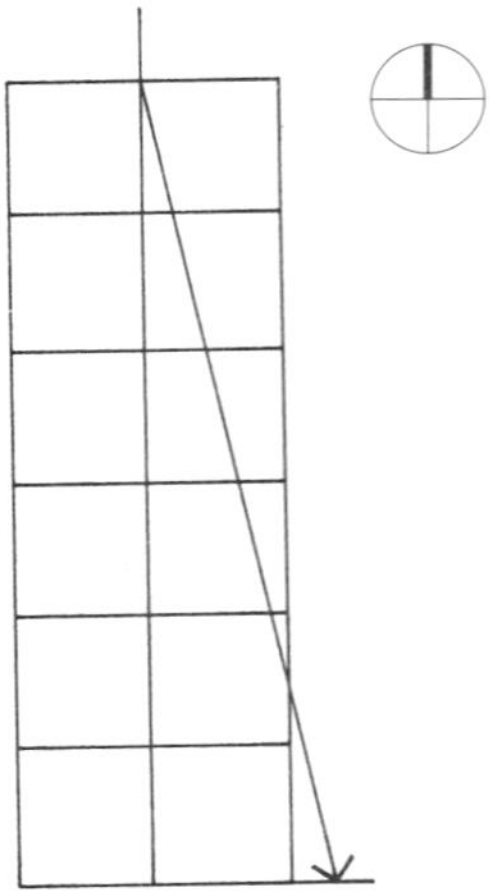

図６　鳥羽南楼より見た興福寺の方角

と乙との中点ｂとＯを結ぶとａ　Ｏ　ｂの三角形の領域が形成され、図４にこの領域をあてはめてみると、これが二十四方位をもとにした一つの領域を形成することがわかる。即ちこれが東正方の領域と考えられるのである。『方角禁忌』に、

　自餘方角准之

とあるので南、西、北についても同様であったことが知られよう。

方忌の領域を考える場合、起点も重要であるが、目的地の敷地内に於てさえどの建物がその領域に入るのか厳密に検討される場合があった。[36] この様な時には、ぜひ図５の様な解釈が必要となろう。

即ち、「方角図」は図の中心を起点として、東西距離、南北距離の比をもとに方角を決定するための基本図と考えられるのである。[37]

さて、太白神の忌の領域について右の様に考えたが、実際の運用例によりこれを検討してみたい。

前にも触れたが『玉葉』文治三年（一一八七）七月十二日条が最も相応しいだろう。鳥羽南楼より興福寺が太白方（南正方）にあたるかどうかについて、

　明日興福寺南大門棟上、當太白方、今日違方忌也、康和二年、爲陰陽頭道言奉行、被打丈尺之處、自鳥羽南樓、至于興福寺、南行二百八十六町、廿五丈四尺八寸、東行六十四町九丈、仍不當太白正方

と記されている。試みに南行距離、東行距離の比を求めると約四・五：一となり、図６に示す様に興福寺の位置は六：一の領域よりやや東側にずれることがわかる。右の文に「不當太白正方」と記される所以であろう。

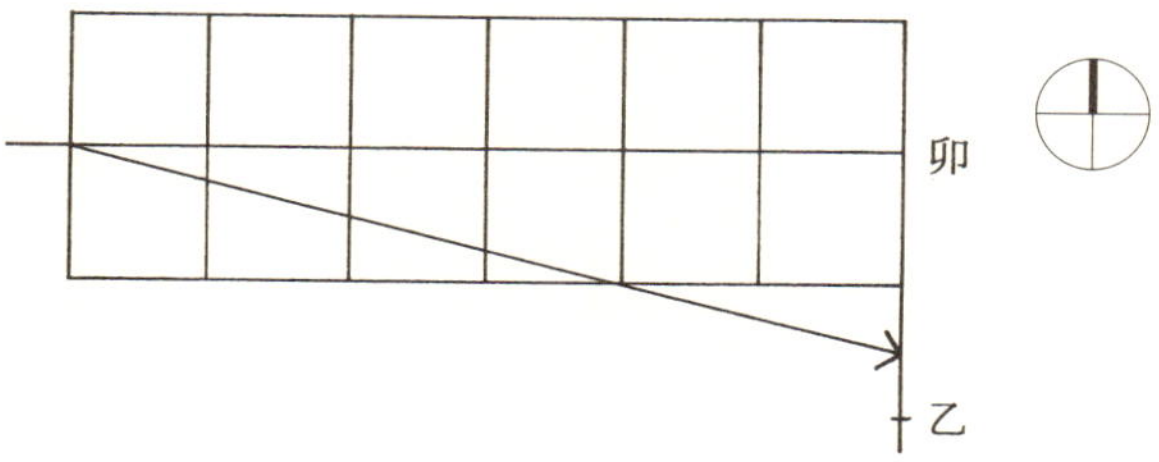

図7　仁安元年（1166）の御禊地の方角

また『兵範記』仁安元年（一一六六）十月十五日条も具体的に方角について知られる貴重な例である。これは大嘗会の御禊地點定に関し、御禊地が御在所からどの方角にあたるかを検討したものであるが、陰陽寮より以下の様に勘申がなされている。

　勘申、點定大嘗會御禊地事、
　乙方、卯與辰之間、（二條大路北邊、鴨川西邊、）
　　自御在所東行八百卅丈、（京内六百九十九丈、京外百卅一丈、）
　　自御在所南行二百六丈

前と同様、東行距離、南行距離の比を求めると約四：一となりやはり六：一の領域よりやや南にずれる。従ってこの方角は卯方（東正方）ではなく乙方ということになっている（図7）。

　さて、ここで再び『簾中抄』の内容に注目してみたい。前に紹介した様に、ここにはやはり六町と一町との関係が示されていた。即ち、この内容が仮に条坊制をもとにした短冊型の領域を示したものとしても、京中に於ける忌の領域の凡そを知るためのものだったのではないか。そう考えることも出来よう。前項でも見た様に、方角の大略を知るのに条坊制をもとにする方法もあった。その様な場合には有効だったのかも知れない。具体的用法は詳かではないが、或は『拾芥抄』の「方角図」も条坊制に対応して[38]利用もされたのであろうか。

　しかしやはり厳密には、御所を起点とし、六：一の比で形成される三角形をもとに太白神の忌の範囲が決定されたのである。

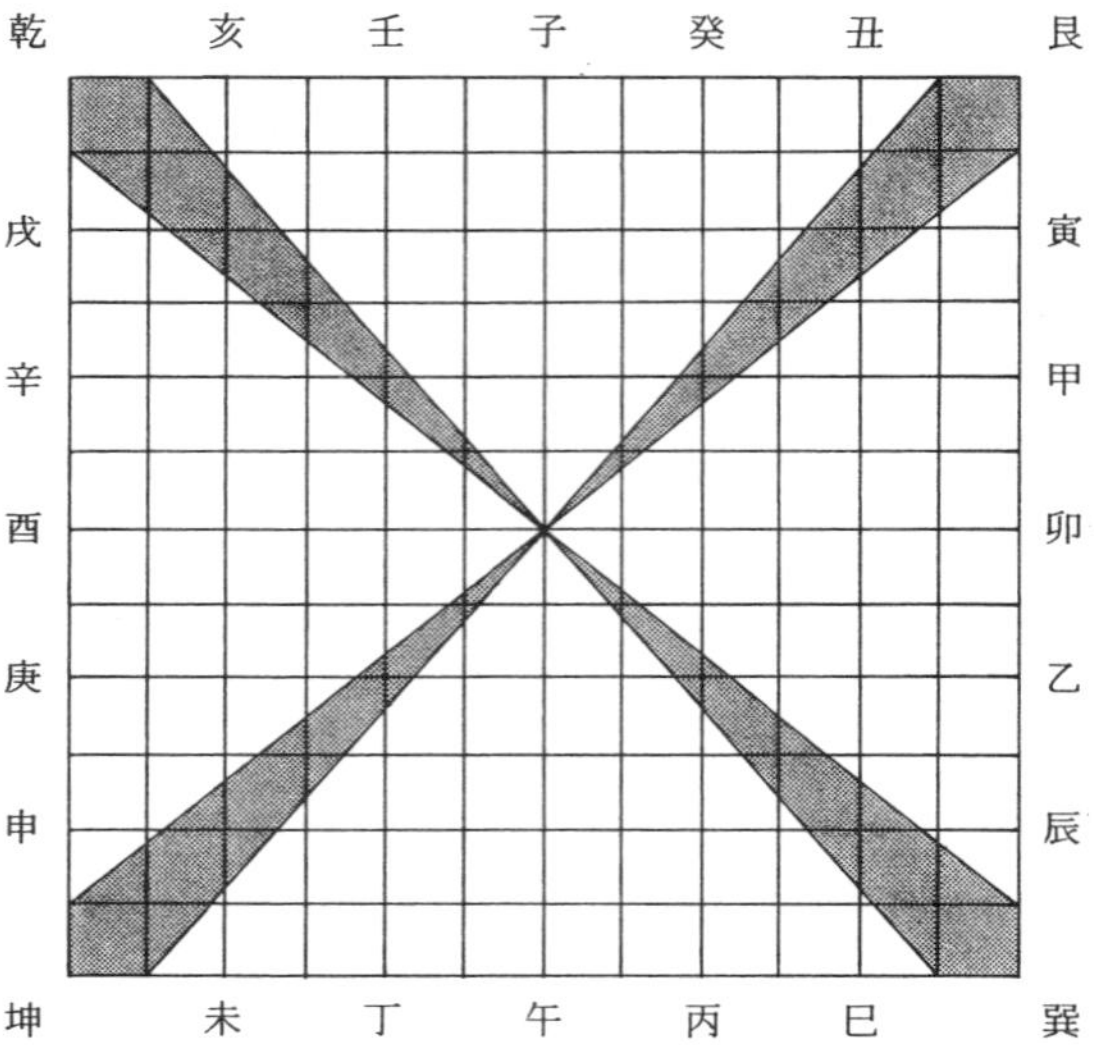

図８　太白神による巽、坤、乾、艮の忌の推定領域

太白神は東、南、西、北の四方の他、巽、坤、乾、艮の方角にも巡ってくる。資料が少ないためこれらの方角の領域については意識的に触れないで来た。しかしながら前に倣い、「方角図」で推定すると図8に示した様な領域であった可能性が高い。あまり適当な例ではないが、これを前項で述べた『小右記』万寿元年（一〇二四）十二月三日条の内裏と北野神社との関係の例で、地図をもとに検討すると矛盾はないようである。[39]

〔四〕おわりに

太白神による方忌み例を通し、平安京および貴族住宅に於ける方角認識の方法、そして太白神が忌みを及ぼす領域について考えてきた。

平安京での方角認識は常に厳密に行われていたのではなく、周知の場所同士については言い伝えを既知のものとして受け入れる場合があった。また、条坊制に於ける両者の位置関係から、一方の他方に対する方角を推定する場合もあった。しかし正式には、距離の測定をもとに方角は認識された。

貴族住宅に於ても同様であり、問題になりそうな場合には御所からの距離が測定されている。

以上の様に、方角認識には様々の方法があったが、平安京でも貴族住宅でも厳密には御所から目的地までの東西行、南北行の距離の比で方角が決定された事を再度確認しておきたい。

太白神の忌みの領域は二十四方位をもとにして考えられた。この領域は東、南、西、北の各方角については、それぞれの方角に向う軸上に六、その点から軸線をはさんだ両側に一の点をとり、これらの点と起点とを結んで出来る三角形の領域ということになろう。

『拾芥抄』の「方角図」は、この図の中心を起点とし、東西距離、南北距離の比をもとに方角を見るための基本図と考えられる。

さて、以上の様に遊行神による方忌みが貴族達の行動に大きな影響を与えたのは事実である。しかしながらこれがどの程度の強制力を持ち得たのかについてはなお不明な点が多い。さらなる検討が必要であろう。

註

1　加納重文「方忌考」（『秋田大学教育学部研究紀要』第二三号、昭和四十八年三月）。同「方違考」（『中古文学』第二四号、昭和五十四年十月）。

2　但し、すべての貴族に同時に影響を及ぼしたか否かについては不明である。

3　本文のこの部分については、ベルナール・フランク『方忌みと方違え』（昭和六十四年、岩波書店）を参考にした。

4　続群書類従　巻第九〇六。

5　続群書類従　巻第九〇七。

6　前掲註1「方忌考」。ただ、この場合注意すべきなのは、ベルナール・フランク氏も言う様に宿泊を伴う出行に対してのみ忌みがかかるという点である。

7　前掲註1、註3。

8　小寺武久「平安京の空間的変遷に関する考察(二)－考察－」（『日本建築学会論文報告集』第一六六号、昭和四十四年十二月）。この中で氏は御禊地の点定および鎌倉時代の方違行幸の例を示し、平安京および寝殿造に於ける方角認識について述べた。本節ではこれらの例も含め、さらに多くの具体的例をもとに方角認識の様々な場合について検討している。さらに、氏が触れるにとどまった『拾芥抄』の「方角図」の運用についても解釈を試みた。

9　都市空間を扱うという意味で洛外をも含めて考えている。

10　方角を検討する場合、陰陽師に判断を求める場合も多いが、必ずしもこれが全面的に採用されるとは限らず（『玉葉』文治三年（一一八七）六月十二日条）、また、陰陽師の関与がなかったと考えられる場合もあった（『為房卿記』寛治五年（一〇九一）十月二十五日条）。

11　「正方」については後述する。

12　『中右記』には、出発地が鴨川より東の白河のため（宇治が）南正方にあたると考えたことも述べられている。

13 大炊御門北東洞院東殿。『殿暦』によれば、十一月二十五日、令子は病によりこの内裏から二条殿に行啓したが、翌年正月二十九日にはこの内裏に還啓している。

14 事実、二月二十三日には内裏に遷幸した。

15 この時の院御所は三条烏丸殿と考えられ、また待賢門院御所は三条南京極西に存在したと思われる（註図1）。とすれば、両住宅の距離は条坊制で四町ということになり『長秋記』の記述と矛盾する。

16 当然のことながら両者間の東西間距離も問題になったと考えられるが、これについては「東西三町」をもとにした概略距離によったのであろうか。

17 斎院御禊點地の項、新訂増補故實叢書。

18 後述。また本章第二節参照。

19 これらの範疇外のものとして『小右記』寛仁四年（一〇二〇）十一月一日条、『後二条師通記』寛治六年（一〇九二）五月二十九日条があげられる。

20 加納重文氏も前掲註1「方違考」でこの例を取り上げ、天一神の忌を避けての方違と解釈した。しかしながら、天一神は二十二日（丙寅）から二十六日（庚午）まで南であるのに対し、太白神は二十三日のみ南に位置する。『御堂関白記』二十一日条には、わざわざ明後日〈二十三日、筆者註〉と断ってあるので、この場合は太白神の忌を避けた例と考えることは出来ないであろうか。

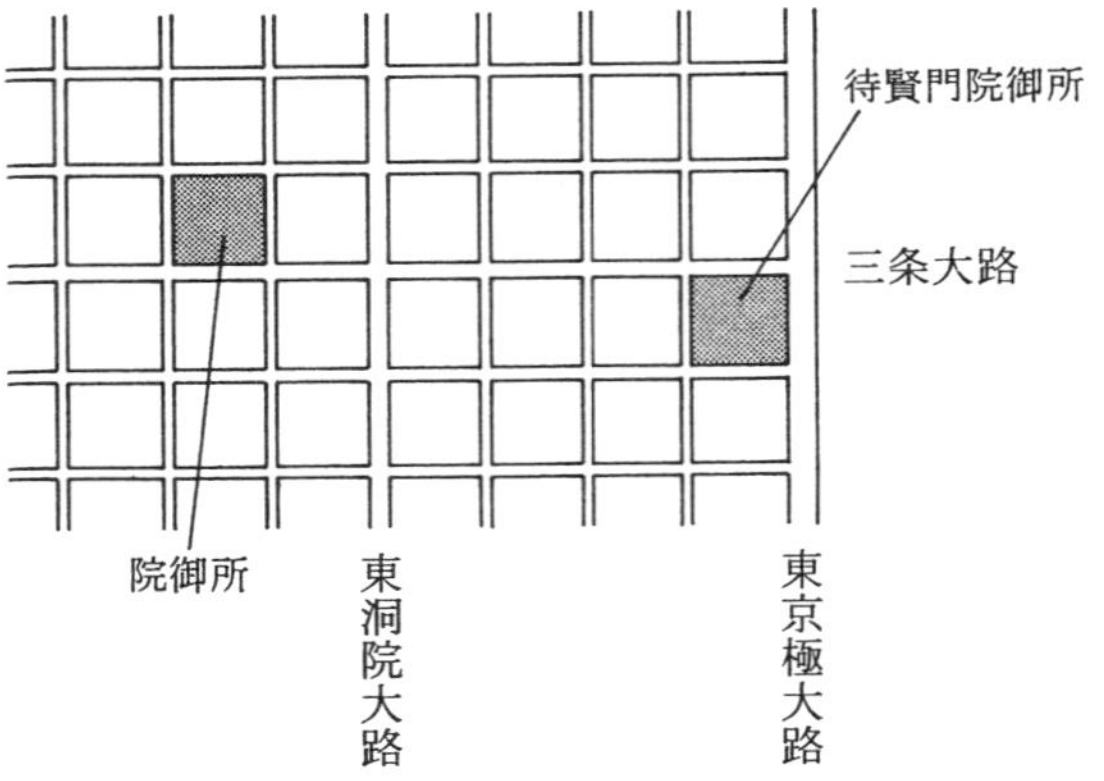

註図1　院御所と待賢門院御所の位置関係

21 太田静六氏の五条東洞院殿の推定復元図（『寝殿造の研究』昭和六十二年、吉川弘文館）をもとに、この『山槐記』条の数値を検討すると疑問が生じる。例えば、南北間距離に着目すると御所同士を結ぶ渡殿や簀子などの寸法が記されていない。或いはこれらの渡殿は存在しなかったのであろうか。今後の課題である。また氏は同書に於て中宮御所（五間四面）の母屋寸法（一丈四尺）を母屋柱間寸法と解釈した。この『山槐記』条によると中宮御所の奥行き（梁行）は三丈となり、ここから同記に記される南庇、北庇各八尺を除くと母屋寸法は一丈四尺となる。従ってこの値はむしろ母屋梁間二間分の寸法と見做した方が良いのではないだろうか。

22 実際には太白神の他大将軍も影響を与えているが本節では太白神に焦点を合わせている。

23 『為房卿記』康和五年（一一〇三）八月十七日条に、「又今日太白方也、去於《マヽ》方忌者可忌出御門、不忌入御」とある。また大将軍に関しての記録でも『小右記』長和三年（一〇一四）四月九日条には、「陰陽家申云、大将軍遊東方、然而入御之方不可忌給」とある。
24 この二例については方角の起点が示されていない。詳しくは後述するが、例えば図2を見ると、実は南門たる承明門は御所たる清涼殿から南正方には位置していない。
25 通常里内裏に於て、東門、西門は東陣、西陣にあてられる。
26 『中右記』嘉保二年（一〇九五）十一月二日条によると、清涼殿は東対にあてられている。
27 しかしながら、同記十一日条を見ると東門は便が悪いということで西門が使われている。
28 次項の内容に関わるが、試みに一四・五丈、九丈を『拾芥抄』の「方角図」で検討すると、門の方角は藤原兼実の言う様な丙方ではなく已方に近い。或は兼実は陰陽師の言う乙方に対し、むしろ丙方という意味で言ったのかも知れない。また、この方角をもとに太田静六氏の閑院第復元図（前掲註21）で検討すると、夜大殿と東門との位置関係はこの記述に矛盾する。
29 改定史籍集覧。
30 前掲註3。
31 一つのブロックが一町を示すものとする。従ってグリッドは大路、小路を示すものとする。
32 続群書類従　巻第九〇七。
33 『京都市史』地図編 所収、昭和二十二年、寛保元年刊京大絵図。ただこの方位は、三六〇度を一二等分したものとなっている。
34 二四方位は、子・癸・丑・艮・寅・甲・卯・乙・辰・巽・巳・丙・午・丁・未・坤・申・庚・酉・辛・戌・乾・亥・壬より成っている。
35 新訂増補故實叢書。
36 前掲『長秋記』大治四年（一一二九）七月十四日条、また、太白神の例ではないが『中右記』天永二年（一一一一）六月十二日条に、「打丈尺之處、寝殿一宇不當也…〈中略〉…一町家中寝殿一宇不當禁忌方」の記述がある。
37 本節では「方角図」をもとに方角を考えている。一方、この二四方位を円の全周三六〇度の二四等分（つまり、一方位をそれぞれ一五度）として考える方法もあろうが、この方法は本節が述べてきた内容からすると馴染まないようである。また、この「方角図」は『拾芥抄』の内容からすると主として方忌の方角を測定するためのものと思われる。
38 「方角図」のグリッドが大路、小路に対応するという見方を指す。
39 『京都の歴史Ⅰ』（昭和四十五年、學藝書林）の付図を用いた。忌の起点を清涼殿とし、図8に則った領域で検討すると、藤原実資の言うように北野社は戌亥の領域よりはずれる。ただ、本項で推定したこれらの領域は、東、南、西、北の各領域と比較し狭い範囲となるのが気になる点ではある。

第二節　大嘗会御禊點地に於ける方角認識の基点
――東西間距離から見た『兵範記』仁安元年十月十五日条の解釈――

〔一〕はじめに

前節では、平安時代に於ける遊行神の方忌みに関し、太白神による場合を取り上げ方角認識の方法やその忌の領域について検討してきた。方角を認識する場合、基点から目的点までの東西間、南北間距離がそれぞれ測定され、これらをもとになされていた事が知られた。しかしながらこれら方忌みに関する記録を収集してみても、基点及び目的点の具体的位置・箇所そしてまたこれらの間の距離が詳かに記された例を見出すことは極めて難しい。

厳密に距離が測定され、その方角が天皇の忌方にあたるか否かが慎重に検討された大嘗会御禊點地についても同様であり、その具体的様子が知られる例は殆ど存在しない。その中でも『兵範記』仁安元年（一一六六）十月十五日条は、方忌測定の際の基点および目的点の具体的位置は記されないものの、これらの間の東西間、南北間距離が知られ注目に値する。

この『兵範記』条はすでに『大内裏図考証』[1]に於ても取り上げられ、基点の位置が推定されている。またこの条には東西行、南北行の距離が具体的に記されていることから京程に関する論争の過程に於ても注目されてきたが、川勝政太郎氏はこの中でやはり基点について言及している。[2]しかしながらこれら両者に於ては基点の位置の捉え方が異なっていた。

本節ではこれら両者を検討することにより、大嘗会御禊點地に於ける方角認識の基点として果してどの場所が当てられていたのかについて改めて考えてみることにしたい。基点の位置を探るためには前述した様に東西間距離、南北間距離のそれぞれの観点から検討する必要があるが、南北間については距離数は示されるものの目的点の位置が具体的に示されないためこれらをもとに基点の位置を推定するのは極めて困難である。今回はまず東西間距離の点から基点が設けられた範囲について検討する。

方忌みは当時の貴族達にとって大きな関心事の一つであり、平安京に於て方角認識がどの様に行われていたのかを具体例を通しさらに深く理解することにしたい。

〔二〕「兵範記」仁安元年（一一六六）十月十五日条に対する従来の見解

永万元年（一一六五）六月二十五日、六条天皇は二条天皇のあとをうけ受禅したが、翌仁安元年（一一六六）十月二十七日、即位に伴う大嘗会のための御禊が行われた。これに先だつ十月十五日には御禊地定がなされ『兵範記』の記録はこの時のものである。(3)

次陰陽寮臨頓宮跡所打丈尺、立札於四方、指榊等、郡點地東西四十丈、南北四十五丈、次召検非違使、令判官史仰云、今日以後、點地内外早掃除汚穢物、并牛馬制止亂入者、…〈中略〉…

陰陽寮

勘申、點定大嘗會御禊地事、

乙方、卯與辰之間、（二條大路北邊、鴨川西邊）

自御在所東行八百卅丈、（京内六百九十九丈、京外百卅一丈）

自御在所南行二百六丈、

右自侍賢門末鴨川西邊、至于郁芳門北小路是卯地、自郁芳門北小路、至于三條大路北小路、是乙地内也、仍勘申如件、

仁安元年十月十五日　陰陽師菅野宗成、

少屬大中臣知貞、

小允大中臣季倫、

大舎人頭兼助安倍朝臣泰親、
主計頭兼備中權助賀茂朝臣在憲、

二條大路末南北、共爲吉方由、兼日奏聞、其中依天仁吉例、被點地於北邊也、自二條末以北十九丈、限點地南了、御在所可當
冷泉末程云々〈付点筆者〉

即ち、御禊地は鴨川の西側で、二条大路の延長線より北側に相当する場所に設定されたが、この地は基点の御在所より東西間距離で八三〇丈(そのうち京内部分が六九九丈、京外部分が一三一丈)、南北間距離で二〇六丈の位置にあり、方角で言えば乙方にあたるとされている。またこの御禊地は東西四〇丈、南北四五丈の領域を有しており、その南限は二条大路北辺[4]の延長線上より北側に一九丈とされる。この様に目的点は具体的には記されないものの、基点から京の内外の境界までの東西間距離が示されている。また基点は御在所と知られるもののこの具体的建物名についての記述はない。『大内裏図考証』および川勝政太郎氏はこの基点に対しどの様に解釈しただろうか。以下、順に検討していくことにする。なお、御禊当時の皇居は平安宮内裏であった。

『大内裏図考証』の立場

『大内裏図考証』巻第三附録続録には『兵範記』同日条が引用され、「兵範記、仁安元年、御禊點地、丈尺考」と題する図が掲載されている(図1)。そして図中には次の様な書き入れがなされている。

自御在所至京極大路東邊六百九十九丈　但京極大路十丈定

この書き込みと共に清涼殿の東砌[5]の位置から東方に破線が描かれており、この延長線は賀茂川の西辺で南に折れ御禊地に至っている。またこの線に沿って、

至御禊屋至乾角二百六丈

という書き込みもなされている。従ってこの破線は『兵範記』に記された東西間距離、南北間距離を解釈し説明したものと思われる。『兵範記』の言う御在所を具体的には清涼殿の東砌と理解していた[6]。
即ちここを基点としここから京極大路東辺までの距離を六九九丈としたのである。
さて、基点を清涼殿の東砌とした根拠について考えたいが、『大内裏図考証』に於ても後述する川勝氏と同様、京域の東境界より逆

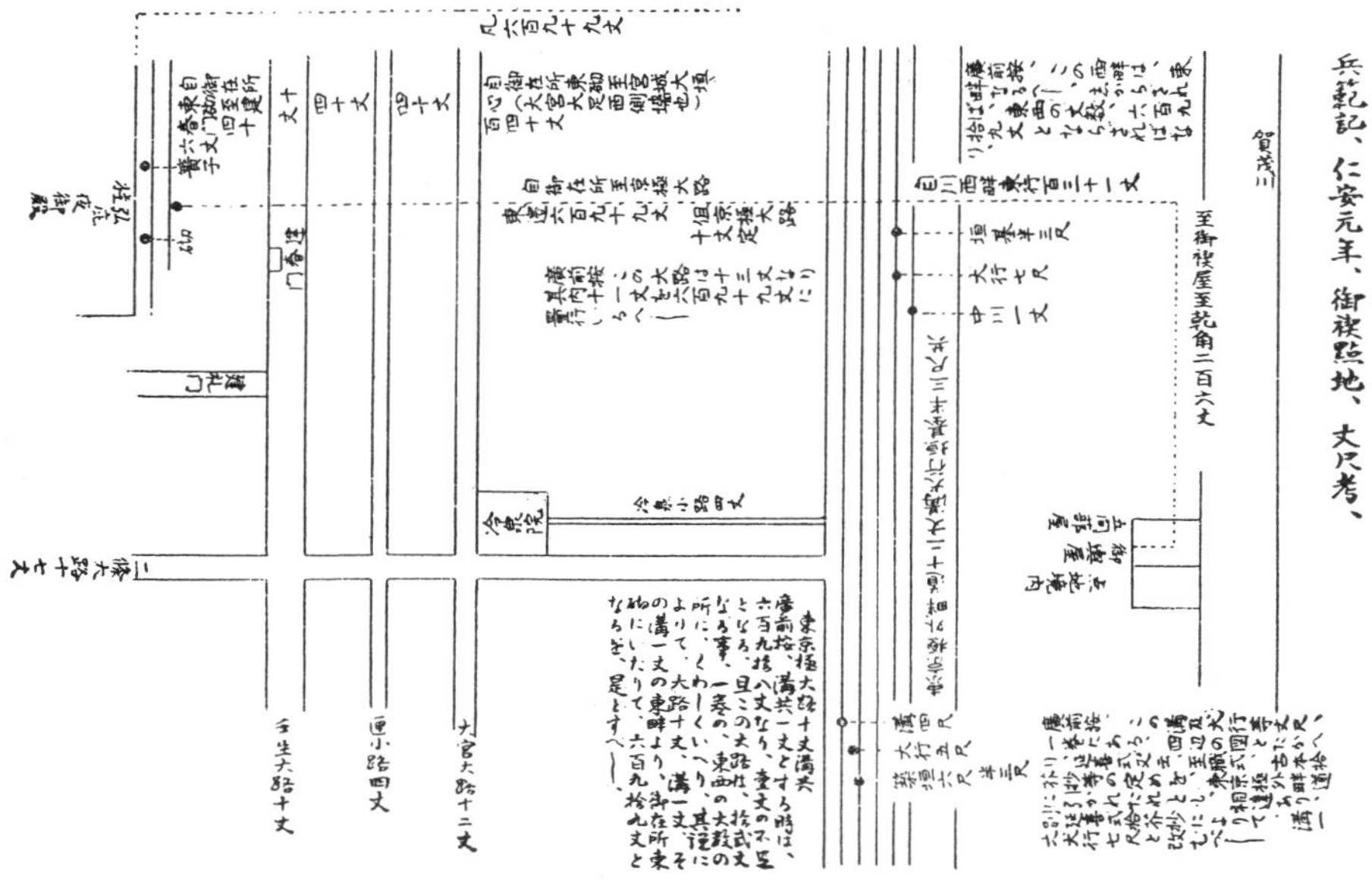

図1 『兵範記』仁安元年、御禊點地、丈尺考(『大内裏図考証』による)

算して西に六九九丈の位置をもって基点と推定したと考えられるので、この六九九丈の内容について吟味しようとするのである。まず大内裏外の部分から見てみよう。図中にはまた、

自御在所東砌至宮城大垣心(大宮大足西側墻也)百四十丈

と記されている。従って、

大内裏(宮城)東大垣心から京極大路東辺までの距離を計算すると、

699 − 140 = 559

五百五十九丈となる。この値は『大内裏図考証』巻第一で『延喜式』巻四十二、左右京職等をもとに考定する町・路の丈数を用いて計算した距離五五八丈[7]と比較すると一丈の差がある。因みにこの五五八丈と、御在所東砌から宮城大垣心までの距離とされた一四〇丈をもとに、御在所東砌より京極大路東辺までを計算すると六九八丈になってしまう。校訂者、内藤広前もこの矛盾に気付いており図1の中に於て、幅員一〇丈の京極大路の東辺のさらに東に一丈の地点を設定しないと清涼殿東砌からの距離は六九九丈とならないことを指摘している。[8]

ところが、同図には前述の破線に沿って、

自川西畔東行百三十一丈

の書き込みもなされている。この一三一丈は、前述の様に京外に相当する部分の長さであった。右の文の川とは京極川のことであ

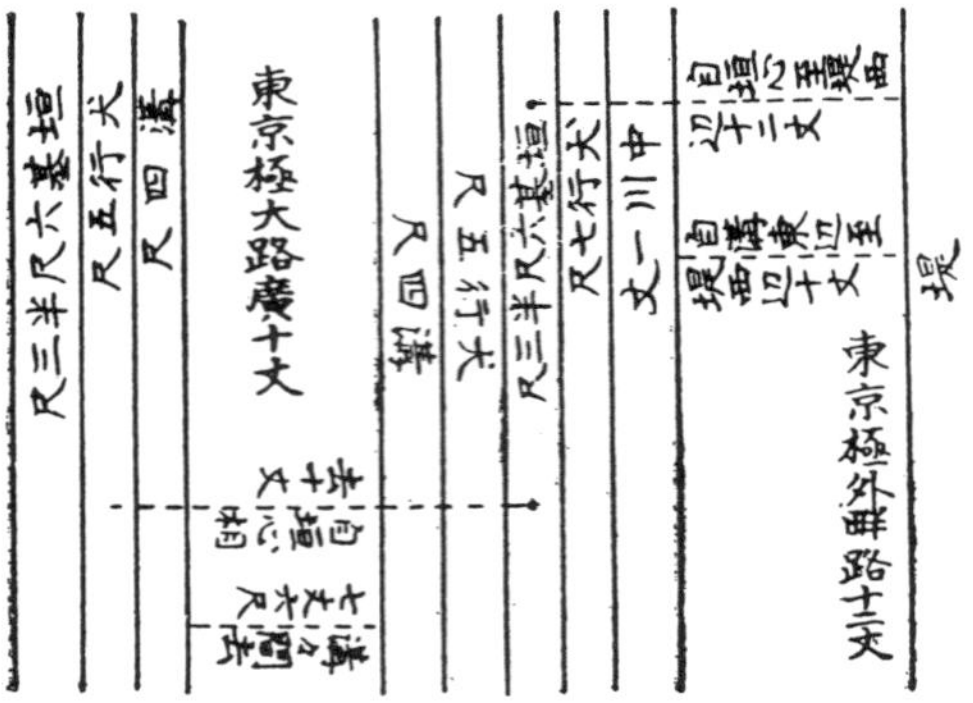

図２　據古図所考定東京極大路及外畔略図（『大内裏図考証』による）

るが、この条はまた換言すれば京極川西畔より西側を京内と見做すということも示している。『大内裏図考証』の京極大路に関する図（図２）では、広一〇丈の京極大路の東垣心、即ち京極大路東辺と中川（京極川）との間隔はちょうど一丈と見做されている。従って、この川の西畔を京内外の境とすれば、大内裏（宮城）東大垣心からここまでの距離は五五九丈となり数字的には合うことになるのである。

この様に『大内裏図考証』（図１）では、京域の境界を東京極大路東辺と見做しながら、丈数の計算を行うに際しては何故かこれより一丈東の川の西畔をそれとなしたという点に特徴が認められる。

さて次に大内裏内について考えてみたい。『大内裏図考証』（図１）では御在所東砌と大内裏（宮城）大垣心との間の距離を前掲の様に一四〇丈と見たが、また図中には、

自御在所東砌至建春門四十六丈

とも記されている。即ちこの差は九四丈となるが、この値は図１では壬生大路一〇丈、匣小路四丈、さらに二町分（四〇丈、四〇丈）の和として示されている。ここでいう建春門は内裏東外郭と同義と見做されていたことが以上の計算からわかるが、因みにこの九四丈について『大内裏図考証』巻第二之下で考定された宮城図（図３）をもとに計算すると、当然のことながら一致した値となる。[9] さて、御在所東砌から建春門までの四六丈についてである。『大内裏図考証』巻第九には内裏内郭について、

南都所傳一古圖曰、東西五十七丈、南北七十二丈、
南相距外郭、十丈、北十八丈、東西各八丈

と記され、内裏内郭の東西長が五七丈、内裏内郭と（建春門の設けられていた）東外郭との間隔は八丈であったと見做されている。承明門と紫宸殿の中心軸は内裏の南北中心軸と一致していたと考えられるので、建春門と承明門および紫宸殿の南北中心軸との距離は、

57／2＋8＝36.5

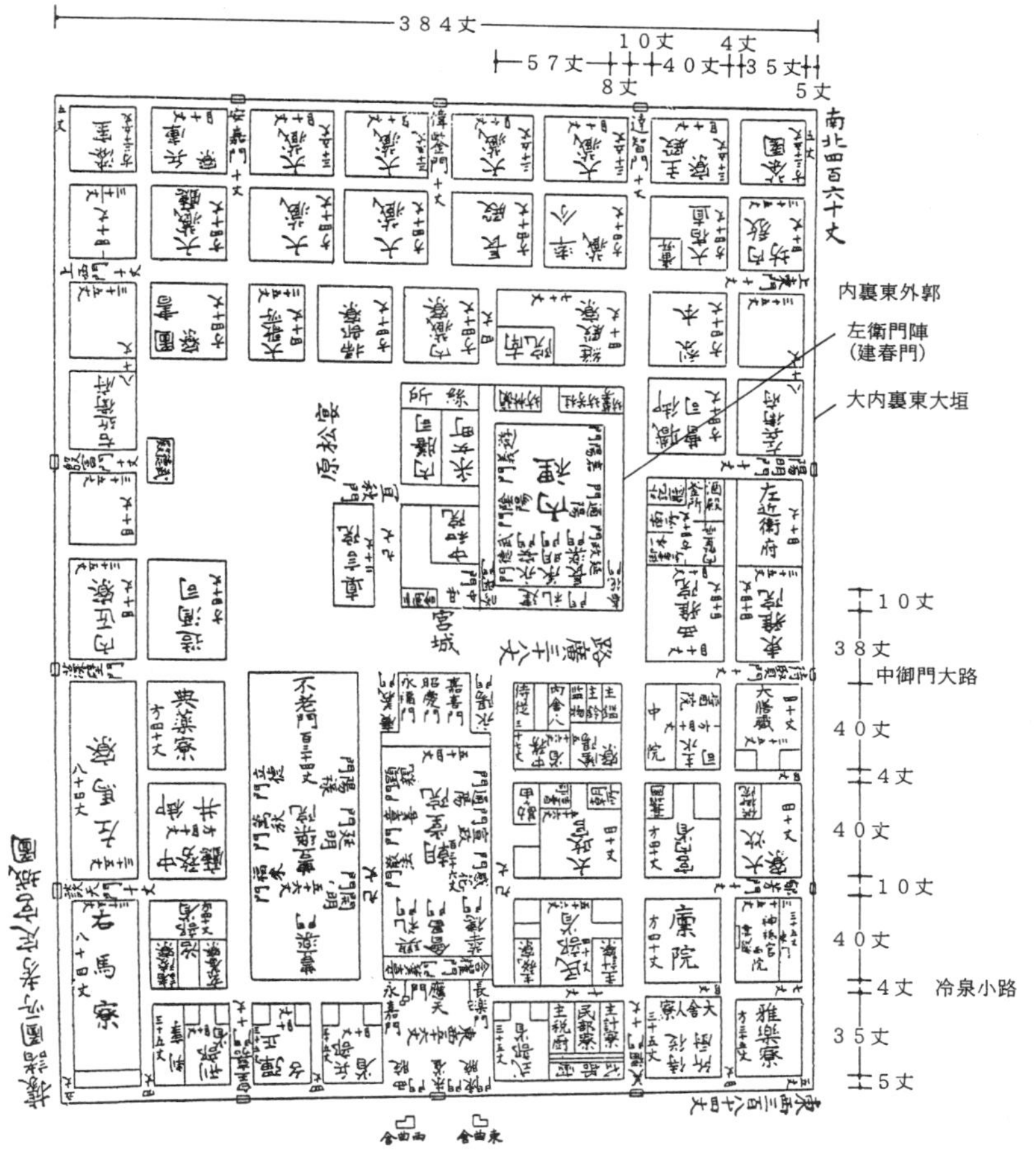

図３　據諸図所考定宮城図(『大内裏図考証』による)
但し、数字等の書き入れを行っている

三六・五丈ということになる。つまり、基点はこの中心軸より、

46 − 36.5 = 9.5

九・五丈西に設けられていたということになろう。

『大内裏図考証』巻十之下、十一之上に於ては、紫宸殿の母屋を桁行九間、紫宸殿母屋西端より清涼殿東孫庇東端までを六間と見做している。紫宸殿の桁行柱間は一丈(10)とされ、また他の部分の柱間規模も同様であったと見做すことが出来るが(11)、南北中心軸より九・五丈西側は丁度、清涼殿の東砌の位置になるのである(図4)(12)。『大内裏図考証』(図1)ではこの様な手続きを経て基点の位置を推定したものと思われる。

ところで図1をさらに詳細に見ると、図中上方には清涼殿の広庇より東方に破線が描かれこの説明として、

凡六百九十九丈　〈付点筆者〉

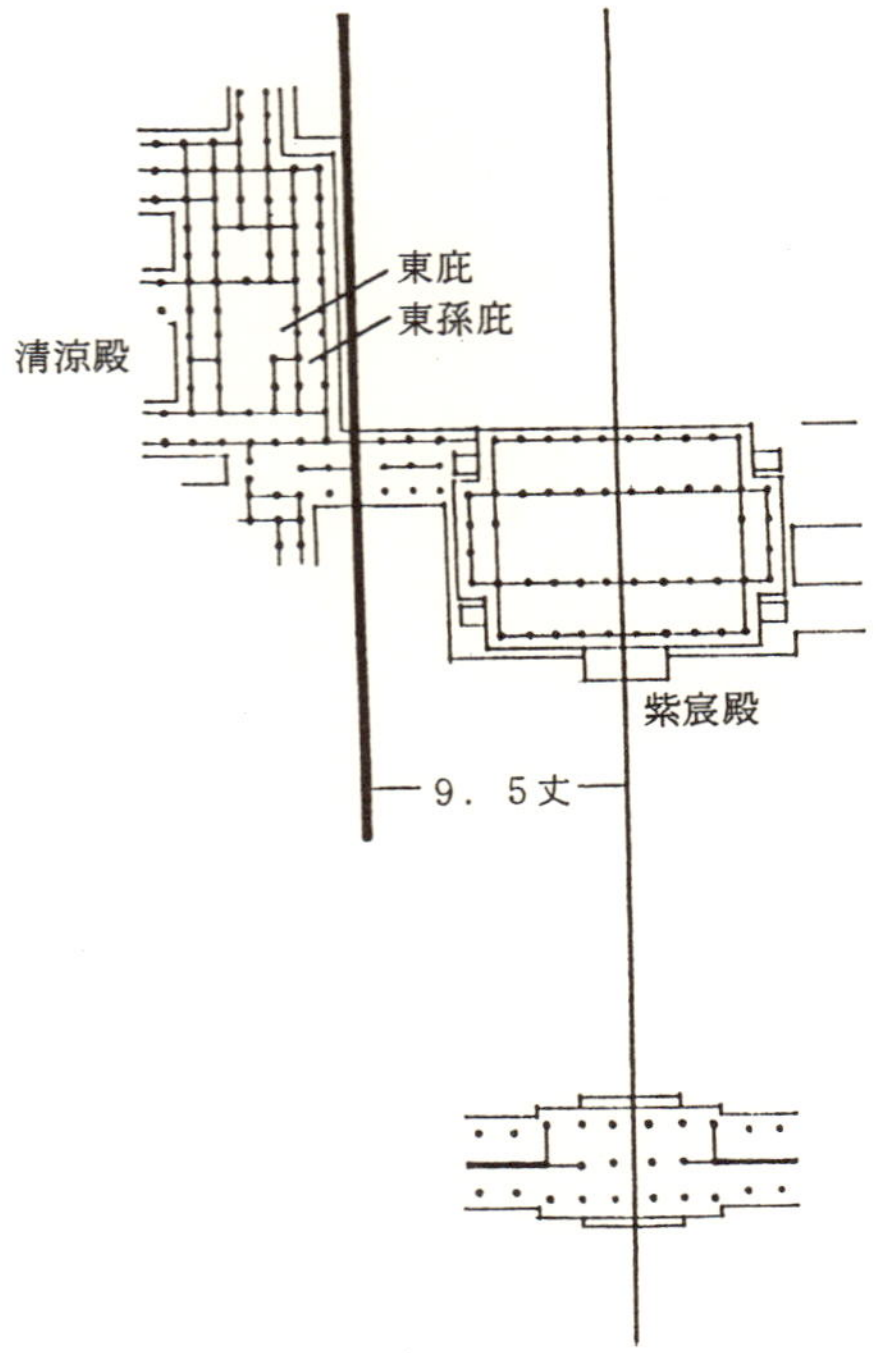

図4　大嘗会御禊點地に於ける方角認識の基点の位置
（『大内裏図考証』の立場）

と記されている。清涼殿の東砌と推定はしたものの、ここを基点とするのに躊躇した結果と思われる。やはり広庇の東端と見做したかったのではないだろうか。「凡」という表現にこれを窺うことが出来よう。

川勝政太郎氏の立場

さて、次に川勝政太郎氏の意見に耳を傾けよう。氏は京内の東端を京極大路の東辺（東側）と見做しているが、京内の東西間距離六九九丈に関し次の様に考えた（図5）[13]。

京極大路東側から壬生大路東側線まで　六四二・〇
内裏外郭東側道幅　一五・〇
同　外郭内郭間の幅　八・〇

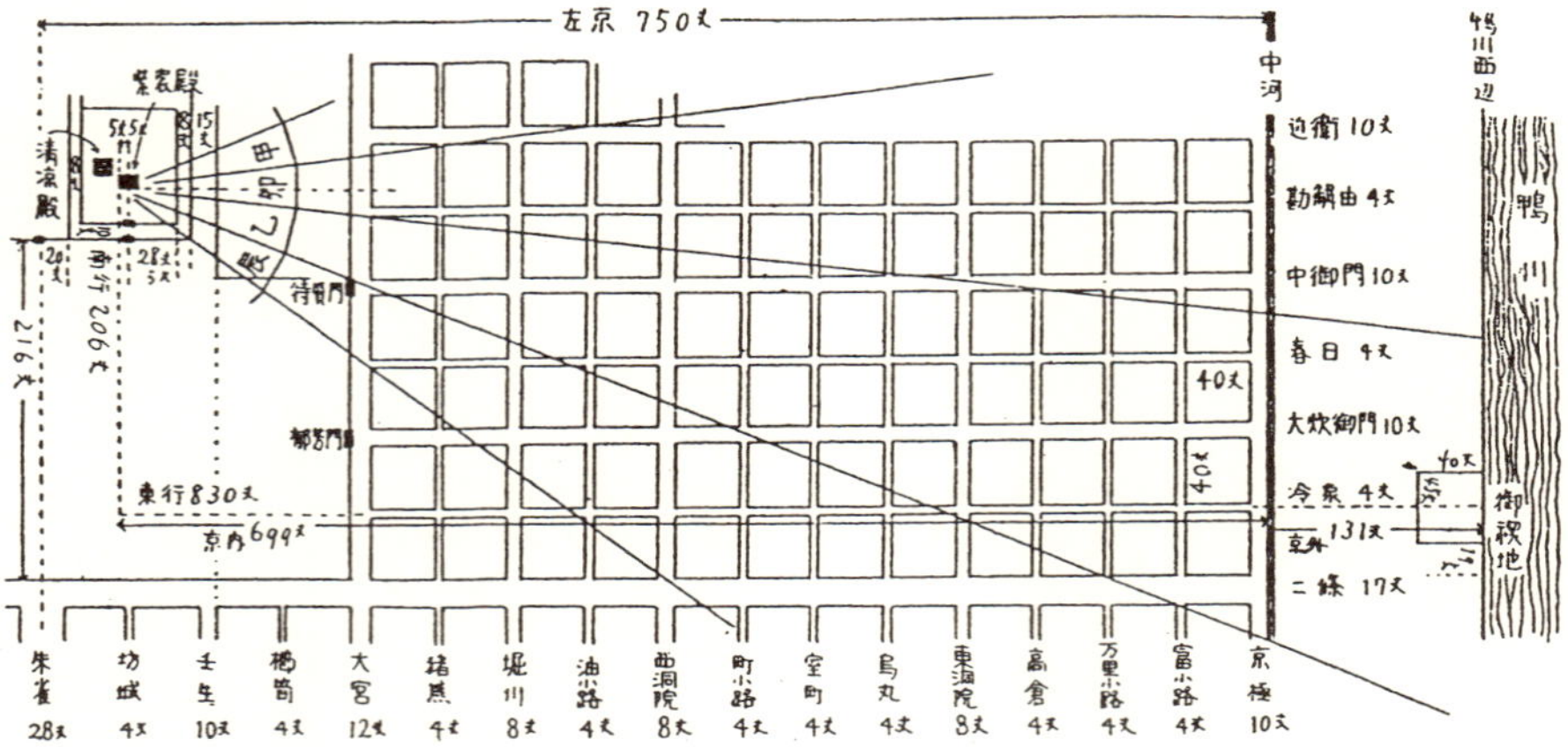

図5　大嘗会御禊點地に於ける方角認識に関する川勝政太郎氏の解釈

同　内郭中心線まで（五七丈の半）　二八・五
合　計　六九三・五

まず右に記した様に京極大路東辺から内裏すなわち紫宸殿の南北中心軸までの距離を求め六九三・五丈と出している。次に、京内距離六九九丈との差、五・五丈を求め、これに従い基点は内裏中心軸より五・五丈西側に設けられたとしたのである。この点は丁度、紫宸殿西庇の西端及びその延長線上に存在することになる（図6）。

ところで、右に示した様に氏は京極大路東辺（東側）から内裏中心軸までを六九三・五丈と見做したが、この過程に氏の特色が認められよう。まず、京極大路東辺より宮城大垣までの距離を氏の図5に見ると、大路、小路の幅員および町の丈数は『大内裏図考証』巻第一之上に記された値と同一であり、その合計値は五五八丈となっている。また大内裏（宮城）東大垣から壬生大路東辺までは八四丈であり、この値も『大内裏図考証』の図3の値と一致する。即ちこれらの合計が六四二丈となる。また、内裏外郭内郭間の幅八丈、内裏

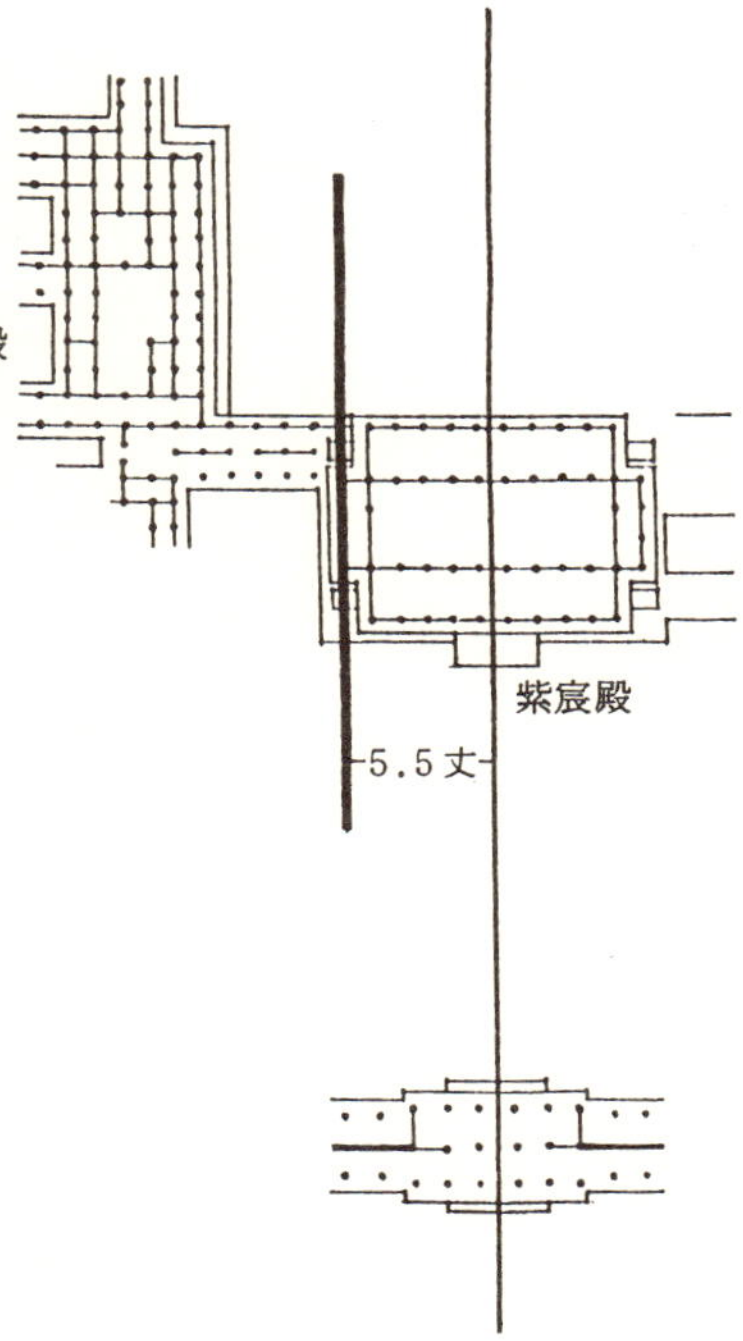

図6　大嘗会御禊點地に於ける方角認識の基点の位置
（川勝政太郎氏の立場）

内郭と内裏内郭中心線までの距離二八・五丈も『大内裏図考証』と全く同じ立場をとっている。しかしながら内裏外郭東側道路（壬生大路・美福門大路）の幅員について見ると、図3では一〇丈とされるにもかかわらず氏は一五丈と見做している。

この値について、『大内裏図考証』の校訂者、広前は固禅の一〇丈の案に対し、様々な理由を挙げ一五丈でなければ辻褄が合わないと考えた[14]。これをもとに描かれたのが、増訂故実叢書に収められた「京城略図」であり、ここではこの幅が一五丈とされている。『平安通志』にはこれに基づいた図が掲載されている。今日、平安宮の古図が何枚か伝えられているが、この様な観点からこれらを見た時すべて一〇丈の幅で描かれており、一五丈の例を認めることは出来ない。川勝氏が何故この値を採用したのか不明であるが、この点に氏の特徴が認められよう。

結局、川勝氏は、南北間距離についても、目的点の位置を仮定することによって基点の位置を推定し、東西間距離で推定した位置と合わせて、紫宸殿の坤壇上に基点が設けられたとするのであるが、『兵範記』には基点として御在所と記されるにもかかわらずこれを紫宸殿の壇とすることに対しては、清涼殿のみならず紫宸殿も御在所と呼ばれたから差し支えがないとしたのである。

この様に『大内裏図考証』では清涼殿の東砌、川勝氏は紫宸殿の坤壇を基点と見做した。しかしながら、『玉葉』文治三年（一一八七）六月十二日条には、時の里内裏閑院に関し方違行幸に用いる門が太白神の方角にあたるか否かについて、

自夜御殿、當太白方哉否

とされ、方角認識の基点は夜大殿[15]であった事が示されている。果して仁安元年（一一六六）の場合の基点はどこに設けられていたのだろうか。

〔三〕方角認識の基点

具体的検討に入る前に、御禊地の方角を決めるための距離の測定が実際どの様に行われたのかについて見ておく必要があるだろう。

『中右記』には天仁元年（一一〇八）九月二十七日に行われた鳥羽天皇の大嘗会御禊點地の様子が記してある。この時の御禊地は鴨川西岸、春日小路末に設定されていた[16]。

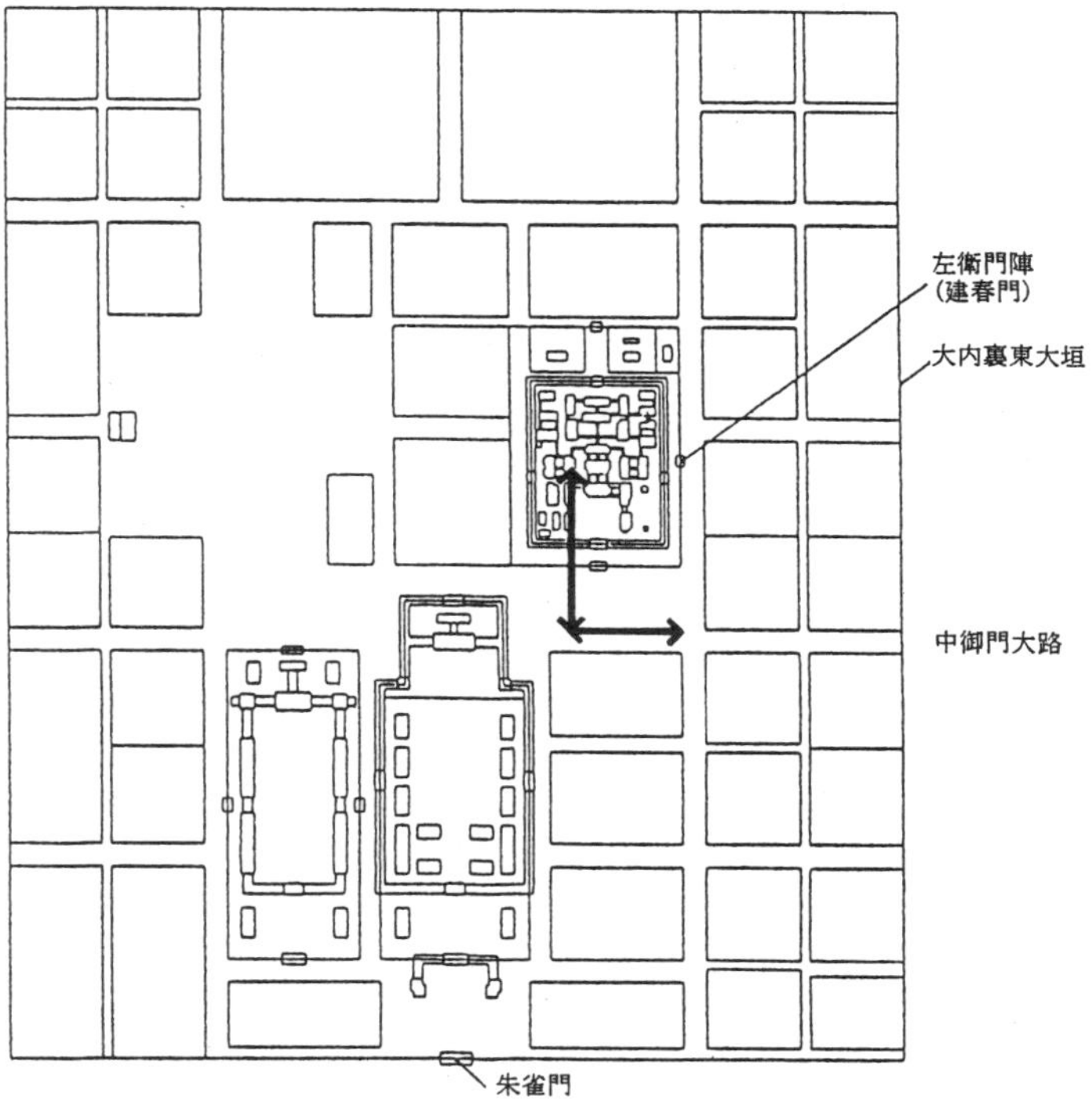

図7　天仁元年（1108）大嘗会御禊點地に於ける距離の測定範囲

> 今日令左中辨從清涼殿南至中御門東至左衛門陣令打丈尺、是河原點地之時爲令慥丈尺也、仍以木工寮官人令持丈尺、行事史相共打之

この場合は、清涼殿[17]からの距離が測定されたが、実際に丈尺があてられたのは南は中御門まで、東は左衛門陣までの図7[18]に示す範囲のみであった。即ち、この範囲のみを測定すれば良かったのである。ここで言う中御門とは大内裏中の中御門大路の北辺のことであり、左衛門陣とはこれが設けられ建春門が開かれた内裏東外郭の心を指すものと考えられる[19]。大内裏内のそれ以外の部分及び京内に関しては、

> 至京内者丈尺顯然也

とされ、その距離は顕らかなこととされている。

『江家次第』巻第十四大嘗会御禊定の項には御禊點地次第に関し、

> 次召左京職官人令申京條丈尺、然後令勘申件勘文

とあり、勘文を勘申するに際し左京職官人に京内の丈尺を報告させた事が知られる。左京職に聞いているので、『延喜式』巻第四十二左右京職に記される値が用いられたのではないだろうか。同じ『江家次第』巻第六斎院御禊點地の項には、京内の大路・小路の種類と

幅員および町の数と大きさが示されており、ここに於てもこれらの値をもとに距離の計算がなされていたことが知られるのである。[20]

平安時代の大嘗会御禊に関する記録を通覧すると、大膳職[21]や一本御書所[22]が出発地即ち方角認識の基点となった場合もあり、必ずしも清涼殿に固定してはいなかった。[23] 前述の天仁元年（一一〇八）の鳥羽天皇の場合も前の堀河天皇が大膳職を基点としており、従って改めて、清涼殿から中御門大路までと、左衛門陣（内裏東外郭即ち壬生大路西辺）までの距離が測定されたものと思われる。[24] 大内裏内の中御門以南、左衛門陣以東で距離が測定されなかったのは、これらの部分が洛中に準じた規模を有していたがためであろう。

御禊地は通常鴨川べりに設けられたが、この場所も天皇により一定してはいなかった。[25] 東京極大路より御禊地に至る洛外の分についてはその都度測定されたのであろう。また、御禊地内の各施設の設置については木工寮が距離を測定しながら行っている。[26] 実際にはこれらの手続きを経て、御禊地までの距離の計算が行われたのであるが、いずれにせよ洛中の条坊制に則った部分については丈尺をあてず既知の数値が用いられたのである。

仁安元年（一一六六）の場合は、前に示した『兵範記』十月十五日条に、天仁の吉例に倣い御禊地を二条大路末より北側に選定したとあり、また同条には點地の次第について、

> 此間陰陽頭賀茂在憲朝臣、助安倍泰親朝臣、臨地頭打丈尺草勘文、寮官引率木工寮、以丈尺杖随命奉仕之、打杭引繩、此間使歸來、長官已參給云々、次長官自南方被參來、（駕毛車、）先乍車被見廻、是天仁例也〈付点筆者〉

とも記されている。この様に、仁安元年の御禊點地は様々な点で天仁元年の例を手本としたことが推定される。距離の測定に於ても同様だったと思われるのである。

さて、前述した様に内裏を中心とした部分に関しては、実際に距離が測定された。従って方角認識の基点がどこであったのかを探ろうとする時、大内裏に於ける内裏の位置および殿舎の配置が実際はどうであったのかが問題となってくるだろう。

近年平安宮大内裏に関する発掘が進み、内裏についてもかなり具体的にその位置が知られるようになってきた。今日これらの成果に基づく復元図も作製されてきている。[27]

これらのうち、京都市埋蔵文化財研究所より提供された五〇〇〇分の一の復元図は垣、築地などの心々線をもとに作図されているが、これによれば大内裏の東西規模、南北規模はそれぞれ『大内裏図考証』巻第二之上に記される三八四丈、四六〇丈[28]と同一の長さで描か

れている。また東西間距離の点から大内裏（宮城）東大垣と左衛門陣の置かれた内裏の東外郭間の距離について見ると九四丈でやはり「大内裏図考証」の立場と一致するが、内裏内郭の位置については微妙な食い違いを見せている。そして、この部分こそが実は天仁元年に於て実際に丈尺があてられ、距離が測定された場所に相当するのである。[29]

発掘によって内裏内郭西側と承明門の一部が明らかにされ、内裏の中心軸上にあったと推定される地鎮の跡も発見された。[30] これらにより、現在内裏に関し以下の点が明らかになっている。即ち、内裏内郭西回廊心は推定朱雀門南北中心軸（即ち、大内裏中心軸）より東へ三四・五丈、また、承明門心（即ち、紫宸殿中心軸）は東へ六二・五丈の位置とされたのである。[31] 因みに『大内裏図考証』で考定された図3をもとにこれらの値を計算するとそれぞれ三三丈、六一・五丈となり、川勝氏の案では二八丈、五六・五丈となる。紫宸殿の中心軸は『大内裏図考証』の立場と比べ一丈東にズレていたことになり、またこの結果は川勝氏の前提とも大きく異なっている。ついでに、南北間距離の点より大内裏（宮城）南大垣心と内裏内郭南回廊心との間の距離を見ると復元図と図3とは同様であり共に二二六丈と見做されている。[32]

この様に、東西間距離の点から見た場合、発掘の成果は注目に値しよう。

平安宮内裏の殿舎の平面規模については周知のように『大内裏図考証』による復元の他、これを再検討し提案された奈良国立文化財研究所によるもの、[33] また最近では鈴木亘氏によるものが知られている。[34] これらについて、東西間距離の点から紫宸殿、清涼殿およびこれらを結ぶ廊のそれぞれの柱間数、柱間規模について見ると、柱間数についての違いは認められないが、鈴木氏の案は紫宸殿の東西庇の梁行を他の部分の一丈ではなく一・二五丈とする点で、前二者のこれらすべての部分を一丈とする案と異なっている。

これらの部分に関する発掘が全く進んでいない現状ではいずれが妥当か判断することは難しい。しかしながら、鈴木氏の案に対し、奈良国立文化財研究所の案は平面規模が具体的に図示されているので、本稿ではこれに基づき検討を進めることにしたい（図8）。[35]

さて、以上の前提のもとに、方角認識の基点について考えてみよう。仁安元年（一一六六）に於ても天仁元年（一一〇八）と同様の測定法が行われたと考えると、京内東端より大内裏（宮城）東大垣までと、ここから左衛門陣（内裏の東外郭即ち壬生大路西辺）までは既知の値が使われたものと思われる。

ところで『大内裏図考証』も川勝政太郎氏も京内の東端をそれぞれ設定し、この位置から逆算して六九九丈の位置を基点と考えたの

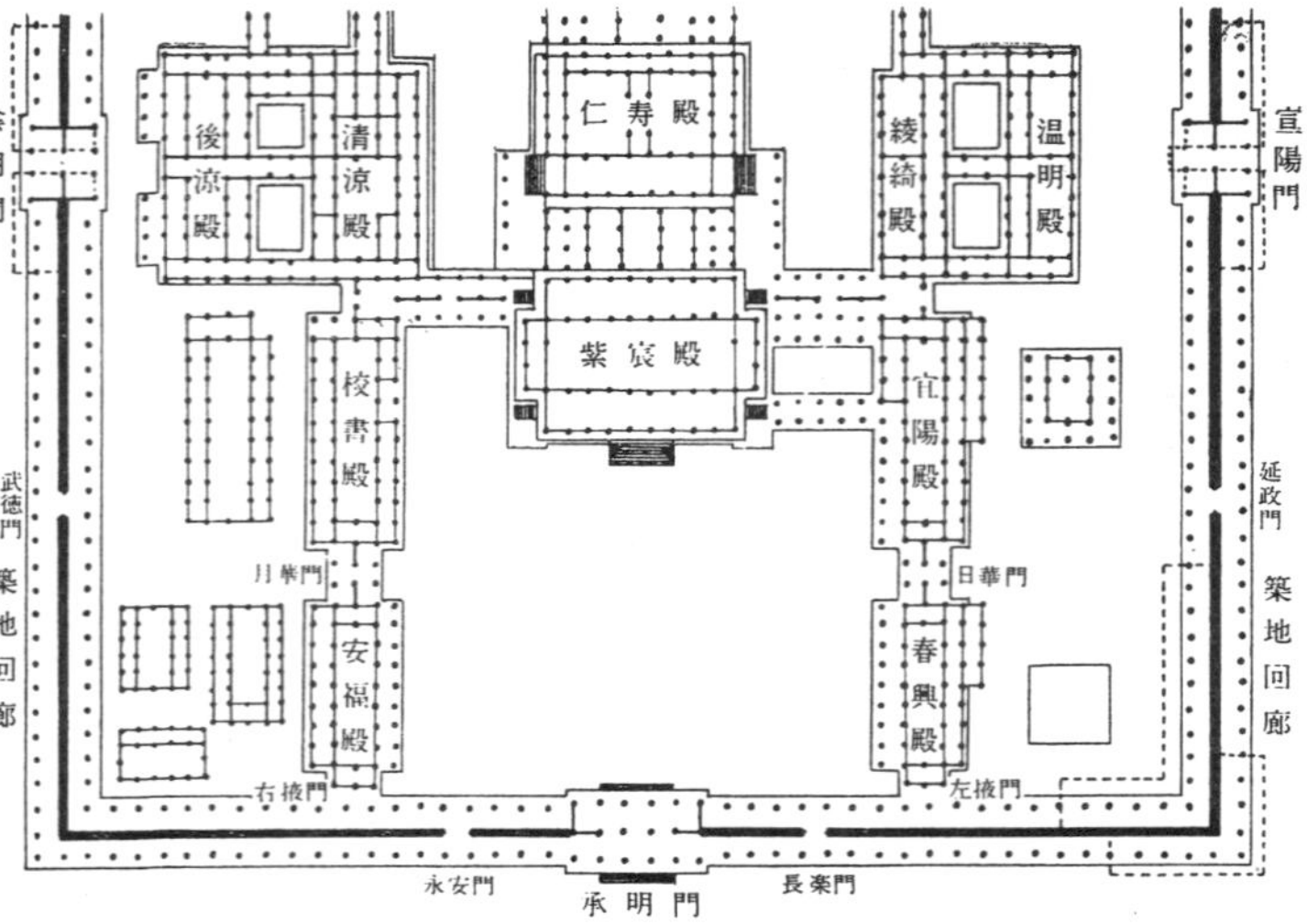

図8　平安宮内裏内郭南半部復元図（奈良国立文化財研究所による）

であるが、この京内をどうとるかについても一言しておくべきであろう。というのも『延喜式』巻第四十二、左右京職、京程の項には平安京に関する規模が記してあるが、東西行について見れば京の全体規模として記される一五〇八丈（即ち、朱雀大路中心より見ると東京極大路外畔までは七五四丈）と、これを構成する要素として続いて記される町の規模や路の幅員の合計値一五〇〇丈（即ち、朱雀大路中心より東京極大路東辺までは七五〇丈）[36]とは八丈（左京のみでは四丈）の差があり一致しないからである。つまり『兵範記』仁安元年条に言う京内とは東京極大路外畔までを指すのか、あるいは東京極大路の東辺までを指すのか、さらには前に『大内裏図考証』の立場のところで検討した様な場所であるのかが問題となってくるからである。[37]

しかしながら、ここで再び『江家次第』の斎院御禊點地の項を見ると、ここには京内の町や路の数と大きさ、幅員が記されるのみで、京極大路外畔に関する記述を認めることは出来ない。また京極大路の幅員は『延喜式』と同様一〇丈と記されている。この点からすると『兵範記』に言う京内とはやはり東京極大路東辺より西側と見做すべきであろう。

さて、東京極大路東辺より大内裏東大垣までは『延喜式』により五五八丈、ここから左衛門陣（東外郭）までは前述の様に九四丈であった。従って基点は、

$$699 - (558 + 94) = 47$$

となって、内裏東外郭より四七丈西側に設定されていたことになる。

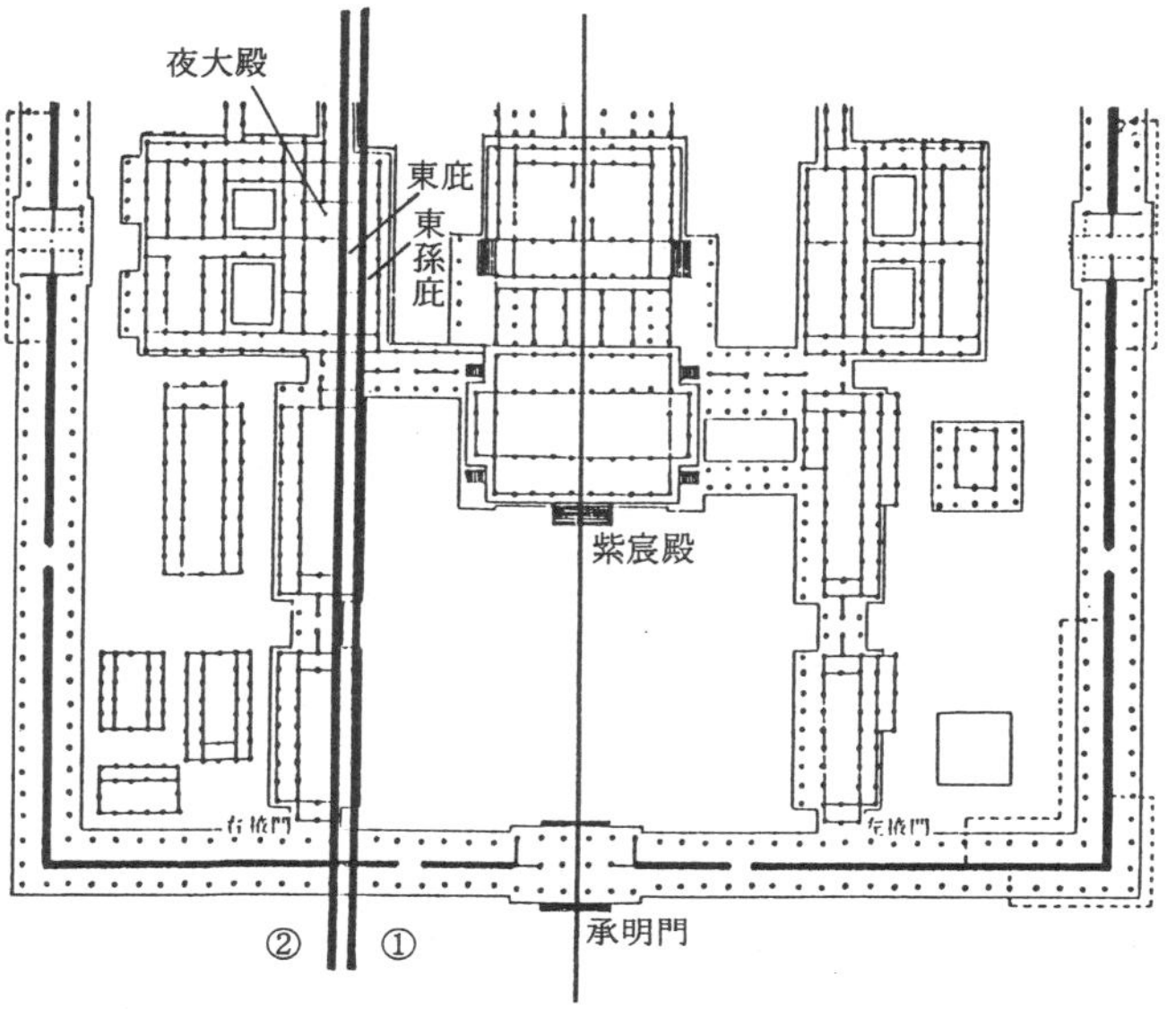

図９　大嘗会御禊點地に於ける基点の推定位置

発掘結果によれば承明門の中心線すなわち内裏の南北方向中心軸は推定朱雀門心より六二・五丈東に位置していた。従ってこの軸は

左衛門陣より

384／2[38] − (62.5 + 94) = 35.5

三五・五丈西側ということになる。

即ち、基点は内裏中心軸より

47 − 35.5 = 11.5

一一・五丈西側に設定されていたということになろう。[39] そしてこの値は前に『大内裏図考証』の立場を検討した際の値（九・五丈）より二丈多くなっている。この位置は図９、①に示す様に清涼殿東庇、校書殿・安福殿の東庇の柱列線に相当する。[40]

　ところで以上の検討は、実際に距離が測定された部分についても測定に際しては大内裏あるいは平安宮造営時に用いられた計画尺、即ち『延喜式』に記されるもとになった丈尺と同じ長さの丈尺が使われたものと仮定して行ってきた。しかしながら、この点についても疑ってみる必要がありそうである。

　福山敏男氏は、法勝寺造営に関して、承保三年（一〇七六）七月に陰陽寮から出された勘文をもとに、承保の丈尺について検討している。[41] この場合は大嘗祭御禊點地の場合と異なり、時の里内裏たる六条殿からの方角を見るため法勝寺まで実際に縄を引いて東西方向、南北方向それぞれにすべての距離が測量されたが、この勘文に記さ

れたこの数値と、『延喜式』左右京職に記載される数値をもとにした距離を比較し、以下の表を作製した。(42)

	承保勘文	延喜式
(1)六条坊門小路南辺から二条大路北辺に至る	六二三丈二尺	六四五丈
(2)六条坊門小路南辺から押小路北辺に至る	五六八丈二尺	五八八丈

即ち氏は、承保勘文に用いられた尺は『延喜式』の尺よりも延びていたと見做されたのである。これをもとに計算すると、承保勘文の一尺は『延喜式』の尺のほぼ一・〇三倍の長さに相当していたことがわかる。

仁安元年（一一六六）は承保三年（一〇七六）よりかなり後ではあるが、この時距離の実測に用いられた丈尺も実際は『延喜式』の尺より延びていたと見做すことは出来ないであろうか。この様な可能性はあり得べきことのように思われる。(43)

仮に、仁安元年（一一六六）の尺が承保三年（一〇七六）の尺と同じであったとして計算してみよう。前述の様に東西間について実際に距離が測定されたのは基点から左衛門陣すなわち内裏東外郭部までの間であり、この値は四七丈であった。この値を『延喜式』の尺に換算すると、四八・四丈となる。この値をもとに基点の位置を推定すれば、清涼殿の母屋東第一間と第二間との間を通る南北線上ということになろう。距離測定の基点は建物の柱列上に設けられたと仮定し、例えば基点が清涼殿で言えば母屋東第一間の東側柱列上に設けられたとすると、仁安元年（一一六六）の尺は『延喜式』の尺より約一・〇二倍延びていたということになる（図9、②）。この線上には夜大殿の東面の柱列も載っている。仁安元年の尺がこの様であった可能性は十分にあり得よう。『兵範記』に言う御在所とはやはり夜大殿をも含む清涼殿の母屋にあったと考えられるからである。

以上の様にして、東西間距離の点から方角認識の基点の位置について検討した結果『大内裏図考証』および川勝政太郎氏とは異った立場を得ることが出来た。

〔四〕おわりに

大嘗会御禊點地に関し、距離・方角が具体的に記される『兵範記』仁安元年（一一六六）十月十五日条をとり上げ、様々な仮定に立ちながらも距離測定に於ける基点の位置を推定しようと試みてきた。

平安時代に於て方角の認識は、基点から目的点に対して東西方向、南北方向それぞれに距離を測定し、これらの比をもとになされた。大嘗会御禊點地の場合も例外ではなかった。御禊地までの距離の値は、実際に測定し得られた数値と、洛中およびこれに準じた場所に関する既知の数値の和として求められたものと考えられる。距離が測定されたのは大内裏のうち内裏を中心とした部分と洛外御禊地に関する部分に関してであった。

今日、内裏については発掘が進みその姿が明らかにされつつあるが、特に東西間距離の点から見た大内裏内に於ける位置については、従来の理解と異なった成果が得られている。また内裏の建築平面規模については『大内裏図考証』での復原案をふまえた新たな提案もなされている。さらにここでの距離測定の数値を検討する際には実測に使われた丈尺の長さについても勘案すべきであろう。

これらをもとに東西間距離の点から基点の位置を推定すると、『大内裏図考証』および川勝氏によって提案された清涼殿東砌や紫宸殿坤壇に対し、清涼殿の母屋を通る南北線上にある蓋然性が得られた。従って夜大殿が基点であった可能性も十分に存在することになる。

さて、この様にして仮にこの基点が清涼殿内に設けられていたとすると『大内裏図考証』および川勝氏の、共に地上部分に設けられたとする案に対し、床上部分ということになる。これに関しては前掲『中右記』天仁元年（一一〇八）九月二十七日条が参考になろう。即ち、御禊點地の距離測定の分担について、

御殿之上藏人沙汰也

と記されるが、この記述は基点が床上部分に設けられていたことを何よりも雄弁に示していよう。

本節では、東西間距離の点から基点の位置を推定したにすぎない。しかしながら前に述べた様に、より正確にその位置を探るには南北間距離の点からの検討と照らし合わせる必要があるのは言うまでもない。さらに進め考えてみたい。

註

1 新訂増補故實叢書。

2 川勝政太郎「仁安元年御禊點地と左右京程の問題」(『史迹と美術』第二六〇号、昭和三十一年二月)。

3 増補史料大成による。なお、本節はこの『兵範記』条の記述と、『大内裏図考証』の御禊點地の様子を具体的に解釈した図1を基本史料として展開している。

4 二条大路より北側の位置を示しているので、その規準は大路の北辺にあったと考えられる。後述する様に川勝氏もこの点については同様の立場をとっている。

5 図1によれば簀子の位置に砌と記されるが誤記であろう。砌は簀子の東方(図中では右)の長い破線の基点と考えられる。

6 後で紹介する様に図1には、自御在所東砌至建春門四十六丈、また自御在所東砌至宮城大垣心(大宮大足西側墻也)百四十丈とも記され、清涼殿東砌を基点と考えていたことが知られる。

7 町が各四〇丈(×一二)、大宮一二丈、西洞院八丈、東洞院八丈、京極一〇丈、堀川八丈、小路各四丈(×八)即ち合計五五八丈となる。『大内裏図考証』には堀川小路と東京極大路のそれぞれの路幅八丈、一〇丈について垣心心間距離と見做した復元図が載せられている。

8 図中の下方中央部分に「廣前按、溝共一丈とする時は」とある。但しこの一丈は十丈の誤記と考えられる。

9 大内裏内の壬生大路一〇丈、櫛笥小路四丈、大内裏東大垣の西側道路五丈、さらに二町分(四〇丈、三五丈)の和として示される。なお、理解を助けるため図中に若干の書き入れを行っている。

10 『大内裏図考証』巻十之上。

11 『大内裏図考証』には、部分的ではあるが内裏に関する復元平面図が何面か収められている。これらによれば主要殿舎の柱間寸法は一丈である。後述する『平城宮発掘調査報告Ⅲ』でもこれを一丈と見做し、内裏主要部分の復元平面図を作製している。

12 『大内裏図考証』をもとに、紫宸殿、清涼殿部分について作図したものを用いた。

13 前掲註2より転載。

14 『大内裏図考証』第二之下。

15 内裏、里内裏に於て夜御殿は通常、夜大殿を指すものと解される。

16 同、十月二十一日条。但『殿暦』同日条には冷泉院小路末とある。

17 川勝政太郎氏も前掲註2に於てこの条を引用し、この場合は清涼殿が基点であったことを認めている。しかしながら前に紹介した様に仁安元年の場合は紫宸殿とした。

18　但し、大内裏図は、京都市埋蔵文化財研究所提供の一：五〇〇〇の図を縮小し用いている。また、理解を助けるため若干の書き入れを行っている。

19　ここで言う中御門を大内裏中の中御門大路南辺ととると、この位置は官衙中務省等の北垣となり、『中右記』に中御門とは表記されないだろう。また、左衛門陣については『大内裏図考証』巻第六に、建春門について「南都所傳圖、日、謂之左衞門陣」と記されている。右に記した『中右記』の左衛門陣とは、建春門が設けられた内裏外郭の心を指すものと考えられる。この様に考えないと、後述する様に、ここから東を測定しなかったことの説明が難しい。

20　本章第一節参照。『江家次第』に記された数値を『延喜式』左右京職と比較すると『延喜式』では、東洞院、西洞院大路を各八丈とするが『江家次第』では各一〇丈としている。しかしながら『拾芥抄』所収の古図にも八丈と記され『大内裏図考証』でも八丈と見做している。また、平安京に対する発掘結果（辻裕司「平安京」『仏教芸術』一五四号、毎日新聞社、昭和五十九年五月）も条坊遺構は『延喜式』の記載と矛盾のない事を示している。従って『江家次第』のこの大路に関する記述は各八丈の誤記と考えておく。また『江家次第』には、「自御在所至河原打丈尺、定方角」とあるが、京内についてはここに記された数値を用い計算したものと思われる。この様に考えないと、ここに細々とした数値が記されていることの意味が理解出来ない。

21　寛治元年（一〇八七）十月二十二日の堀河天皇の場合がこれに相当する。『兵範記』仁安三年（一一六八）九月八日条。

22　崇徳、近衛、後白河天皇の場合がこれに相当する。それぞれ『皇年代略記』保安四年（一一二三）十月十五日条、『台記』康治元年（一一四二）十月二十五日条、『兵範記』久寿二年（一一五五）十月二十九日条。

23　大膳職や一本御所が用いられた理由は詳かではないが、方忌に関係するのかも知れない。なお、近衛天皇の場合は崇徳天皇の例に倣ったとされる。

24　前掲『江家次第』斎院御禊點地の項に京内の町、路の規模のみが記され、大内裏や洛外について記載がないのは、これらは実際に距離が測定される部分であったからであろう。

25　二条末、三条末などが用いられている。

26　『江家次第』大嘗会御禊定の項。また天仁元年の場合も『中右記』同十月三日条、十月十四日条により同様であったことを知ることが出来る。

27　辻裕司前掲註20「平安京」（『仏教芸術』一五四号、昭和五十九年五月、毎日新聞社）。辻裕司「平安京」（『宮都発掘』昭和六十二年十月、吉川弘文館）。京都市埋蔵文化財研究所提供の大内裏復元図、一：五〇〇〇。これらの図は、築地、回廊などの心心線によって表現されている。一：五〇〇〇の復元図については、一尺＝二九・八四七㎝の値を造営尺として設定している。なお最近寺升初代氏により、最新の発掘成果に基づく平安宮復元図等が発表されたが、東西間より見た大内裏内に於ける紫宸殿の位置については本節の立場と全く同一である（「平安宮

の復元」『平安京提要』、平成六年六月、角川書店)。

28 『大内裏図考証』に「古圖日、宮城東西三百八十四丈、南北四百六十丈、各自垣半計之」とある。

29 図2によれば、この距離は九四丈である(五十＋三五＋四＋四〇＋一〇)。京都市埋蔵文化財研究所による一：五〇〇〇の復元図でも同様九四丈と見做している。また『平安京提要』(前掲註27)付図(九条家本『延喜式』付図および陽明文庫本「宮城図」に描かれた平安宮の姿を、発掘調査で検出された遺構に合致するように復元・作図したもの。古代学協会・古代学研究所第三研究室による)でも同様の見解をとっている。この九四丈の値が川勝氏の案と比較する際重要になる。

30 地鎮遺構は四基発見されたが、これらは南北一直線上に並んでいたとされる。従って、内裏の南北中心軸は基本的に移動しなかったものと思われる。

31 これらの数値は、京都市埋蔵文化財研究所からの御教示によっている。「平安京の復原」平成三年十一月二十五日。

32 内裏南内郭、南外郭間の距離は巻第九により一〇丈と知られる。また、一：五〇〇〇の復元図については図の実測による。

33 『平城宮発掘調査報告Ⅲ』昭和三十八年八月。

34 鈴木亘『平安宮内裏の研究』(平成二年十二月、中央公論美術出版)。

35 ついでながら南北間距離の点より紫宸殿西北廊の東西方向中心軸と南回廊内側柱間の柱間数を見ると、『大内裏図考証』第十二之上、年中行事畫賭弓及御齋會圖、右近陣及垂板敷圖(額間以北雲圖抄賭弓圖及台記別記賭弓圖補之)を見ると二五間、また同第十二之下、據諸圖書考定安福殿圖をもとにすると、二六間となる。奈良国立文化財研究所の案では二五間、鈴木亘氏の案では二六間と見做している。これら両者に於ける違いは春興殿および安福殿の南側の軒廊を二間と見るか、三間と見るかに大きく関わっている。また、南回廊梁間について見ると、奈良国立文化財研究所の案では一・二丈、鈴木氏の案では一丈としている。従って、紫宸殿西北廊の東西方向中心軸と南回廊心の間の距離は、奈良国立文化財研究所の案では二六・二丈、鈴木氏の案では二七丈となる。その差は八尺である。

36 朱雀大路の幅の半分一四丈、大路(一〇丈、一二丈、八丈、八丈、一〇丈)小路一二(各四丈、但し、堀川小路は四丈×二)、合計七五〇丈。東西間距離より見た平安京の規模については、この理解が今日最も妥当なものと考えられる。『大内裏図考証』でも同様の立場をとっているし、最近発刊された『平安京提要』(前掲註27付図)でも全く同様である。本節の立場もこれらと同じである。

37 これに関し、京職の管轄領域の点から見ると、大石良材氏は、京極大路の外側の外畔をも含め京内と見做しているが(「式の京程の考定(上)」『史迹と芸術』二八-九、昭和三十三年十一月)、大井重二郎氏は、京極大路の垣基より外は所管外と見ており(「平安京の京程に関する疑問」『史迹と美術』二五〇号、昭和三十年三月)定まらない。『類聚三代格』に引く貞観七年(八六五)十一月四日の太政官府によると、道路や溝洫の清掃について京職が監督すべきことが記されており、これによれば、東京極大路東辺より西が管轄内であったように思える。

38　大内裏の東西間規模は前述の様に三八四丈である。

39　実際には、この様な面倒な手続きを取らず、直接に内裏中心軸からの距離を求めることも出来る。しかしながら、本節では前に述べた距離の測定法に則り左衛門陣を基準として考えている。

40　仮に鈴木亘氏の提案を用いるとすれば、この位置はさらに二・五尺東側に移動することになる。

41　福山敏男「六勝寺の位置」（『日本建築史研究』昭和四十三年、墨水書房）。

42　本節に関係する部分のみ掲載した。

43　杉山信三氏も「平安京の造営尺について」（『史述と美術』三四－二、昭和三十九年）に於て、この様な可能性を示唆している。

第八章　藤氏長者・摂関家の儀式会場の変遷過程

第一節　藤原道長の住宅と儀式会場

〔一〕はじめに

周知の様に、平安時代に於ては様々な種類の儀式が様々な住宅を会場として開催されていた。なかでも東三条殿は藤原氏・摂関家に属する住宅として重視され、また「大臣大饗」を始めとする儀式の会場として用いられてきた事は第二章第一節で示した通りである。

しかしながらこの藤原氏・摂関家に着目した時、どの様な儀式がどの様な住宅で行われてきたのか、そして東三条殿が重視されたにしても何時からどの様にしてそうなるに至ったのかについては未だ殆ど明らかにされてこなかったと言っても良いだろう(1)。

本節は、平安時代に於ける藤氏長者・摂関家の儀式会場の変遷過程を解明するため、藤原道長の氏長者・摂政在任期間、そしてその後の前太政大臣辞任までの間(2)を取り上げ検討したものである。道長が居住のために使用した住宅と儀式会場として用いた住宅とがどの様な関係にあったのか、そして儀式の種類により会場の使い分けが存在したのか否かを示し、次節以降の師実、忠実等に対する道長時代の特質について明らかにしたい。道長を対象とするのは、頼通と共に摂関全盛時代を築き、天皇の外祖父として権勢を欲しいままにしており、氏長者・摂関家の儀式会場の検討を行うのに第一に取り上げらるべきと考えるからである。従来道長の住宅については早くから注目され(3)、小南第や二条殿の性格についても論じられてきたが(4)、本節では併せてこれら小南第、特に二条殿の性格について儀式会場の点から再検討を試みることにする。またこの時代の東三条殿の役割についても触れてみたい。

〔二〕藤原道長の住宅の変遷

藤原道長は長徳元年（九九五）六月十九日の藤氏長者就任以来、寛仁三年（一〇一九）七月(5)の前太政大臣上表までの間多くの住宅を用いた。道長については、特に第三節で扱う忠実の場合での様に用いた住宅の変遷を具に知ることは困難である。しかしながら居住のために用いた住宅の数は限られており、道長自身が著した『御堂関白記』を始めとする当時の記録を丹念に検討することにより、かなりの程度明らかにすることが出来る。(6)本項ではこれら変遷の実態を示すことを主目的とするが、方違等の目的地となった住宅をも取り上げることにより道長が用いた住宅がどの様な使用形態上の構造を有していたのかについても考えてみたい。

長徳元年（九九五）の藤氏長者就任以降、道長が居住のために用いた住宅として知られるのは長徳四年（九九八）の土御門殿が最初であろう。土御門殿は上東門第とも呼ばれたが、『権記』同年九月一日条に、

午時許詣左府、（上東門第、）

と、『権記』の筆者藤原行成が左大臣道長の土御門殿に参じたことが記されている。その後道長は長保五年（一〇〇三）頃まで、一時的に二条殿(7)を使うことはあっても土御門殿を用いていたと思われる。(8)この時期の土御門殿は太田静六氏の分類による第一期のもので、(9)土御門南京極西の地に東西一町南北二町の敷地を占め寝殿を中心として東西に大規模の対を持つ極めて型式の整った住宅であった。敷地内には馬場及び馬場殿も備えられていた。

長保四年（一〇〇二）以降になると新たな動きが見られるようになる。同年十月三日、枇杷殿が上棟、(10)寛弘二年（一〇〇五）にかけて造作が進められたが(11)第三項で示す様に遅くとも寛弘元年（一〇〇四）の初めには道長の儀式会場として用いられるまでになっていた。寛弘元年（一〇〇四）には東三条殿の工事の記録も見られる様になるが、翌年初めには完成したものと思われる。(12)しかしながら道長はこれ以降これ等の住宅に長期間にわたり居住したのではなかった。まず枇杷殿について見ると、寛弘元年（一〇〇四）の中期までに4回程短期間滞在したと思われる。1回目は始まりは不明であるが、(13)恐らくは長保五年（一〇〇三）の末頃から翌寛弘元年の正月五日まで、(14)2回目は二月一日から二月九日まで、(15)3回目は四月八日から五月五日まで、(16)4回目は十月二十九日から十一月七日までであった。(17)枇杷殿を用いた理由について、十月二十九日の場合を見ると、土御門殿の井戸を修理するためとある。二月一日の場合は、二月五日の男頼通の春

日祭使出立に備え出立所となった枇杷殿に予め移ったと推定される例であるが、その他については知られない。枇杷殿はこの時期土御門殿が何等かの事情により不都合になった時に、代わりの役割を果たしたのではないだろうか。枇杷殿は鷹司南東洞院西に一町の地を占めたが、寝殿を中心に東対代、西対などから成っていた。[18] 右に記したいずれの場合に於ても土御門殿から渡り、土御門殿に戻っている。[19] その後何回か東三条殿を用いているが、いずれも短期間であった。[20] この場合も本居はやはり土御門殿であった。東三条殿は二条南町西に位置し、寝殿や東対等により成っていた。[21]

道長はその後暫くのあいだ土御門殿を用いていたが、[22] 寛弘三年（一〇〇六）八月十九日、小南第に移徙している。[23] ここでの滞在も短く同二十八日には土御門殿に戻っている。[24] 小南第は土御門殿敷地内の南方に存したとされるが、[25] この時期の規模については僅かに東小廊の存在が知られるのみである。[26]

土御門殿に戻った後、道長はほぼ一年間をここで過ごしたが、[27] 寛弘四年（一〇〇七）八月二日から八月十四日までの間大和金峯山詣のため土御門殿を空けることになる。[28] 翌寛弘五年（一〇〇八）の一時期高階業遠宅に渡ることはあっても、[29] その後も土御門殿を用いた。[30] 同年四月十三日から六月十四日まで、道長女で一条天皇中宮の彰子が懐妊により土御門殿に還り、[31] また七月十六日から十一月十七日まで、彰子が出産のため滞在した。[32] この間の道長の居所について知る手掛かりは少ないが、四月二十三日から五月二十二日までのあいだ道長は法華三十講を自身の土御門殿で催した事が知られ、[33] また、道長が他の住宅に移ったとの記録も見えないことから土御門殿を用いていたものと考えられる。

寛弘六年（一〇〇九）になると道長は東三条殿に移っている。三月五日にはすでにここを居所としていたことが知られ、[34] 四月十七日に源頼光宅に渡るまで滞在した。[35] 八月頃は土御門殿を用いていたと考えられるが、[36] その後の十二月七日に神楽により東三条殿に渡ったことが知られるので、[37] それまでの間、土御門殿に居住していたものと思われる。翌寛弘七年（一〇一〇）についても詳らかではないが、[38] 引き続き土御門殿を用いていたと考えられる。[39]

翌寛弘八年（一〇一一）正月八日から金峯山詣精進のために枇杷殿に籠ることになるが、五月一日には土御門殿に還った。[40] その後も続いて土御門殿を用いたものと考えられる。[41] 長和元年（一〇一二）三月十六日、土御門殿の馬場殿廊の柱の取り替えによる犯土のため東三条殿に渡ったが、翌十七日には還っている。[42] 同じく八月二十九日、一条殿に宿泊したがやはり翌日には戻っている。[43] 十一月一日になると小南第に渡ったが、これは土御門殿は仏事が多く、大嘗会等の神事に関わる道長が一時的に居を移すためであった。[44] 同二十六日には土御門殿に戻っている。[45]

翌長和二年（一〇一三）に入っても引き続き土御門殿を用いたようで、時に方忌により源雅通の三条宅に宿泊することはあっても[46]本居は土御門殿であったと考えられる。[47] 四月の一時期、他に居を移した様であるが、[48] 四月の末頃からは再び土御門殿を用いたものと推定される。[49] 長和三年（一〇一四）についても手掛かりが少ないが、同様土御門殿を用いていたと思われる。[50]

長和四年（一〇一五）になると、道長は小南第を御所として用いたと考えられ、五月、閏六月、十二月の記録にその名が認められる。[51] 翌長和五年（一〇一六）に入っても小南第を用い、[52] 正月二十九日に土御門殿が里内裏となってから後はここを宿所、宿廬として使用した。[53] 六月二日、里内裏が新造の一条大宮殿に遷るに伴い道長の居所もその東隣の一条大宮殿別納に移っている。[54] 別納の規模については詳らかではないが、東対の存在が知られる。[55] 翌寛仁元年（一〇一七）前半の道長の居所については不詳であるが、[56] 八月二日には妻源倫子と共に一条殿に渡っている。[57] この一条殿は里内裏として用いられた一条大宮殿とは別の住宅で、一条大路南高倉小路東に位置したと見られている。[58] その後、九月二十一日には兄道綱の大炊御門家に一時的に居を移した。[59]

道長は早くから二条殿の建築に着手していたが漸く完成し、[60] 寛仁元年（一〇一七）十一月十日「新宅儀」をもって移徙した。[61] 二条殿に滞在したのは僅か数日であり、十一月十六日には一条殿に戻っている。[62] しかしながら十二月三日、道長は妻倫子を伴い再び二条殿に渡った。[63] その後は暫く二条殿を用いたが、[64] 寛仁二年（一〇一八）閏四月十六日から同二十九日までの間、病により法性寺五大堂に参籠することになる。[65] その後、また二条殿に戻った。[66] この二条殿は、二条北東洞院西に位置し、寝殿の他に東西対を有したと考えられている。[67]

道長が前に居住していた土御門殿は長和五年（一〇一六）の正月から里内裏となっていたが、その後まもなくの同年七月二十一日、大火により焼失するに至った。[68] 道長は早くから土御門殿の再建に務め、寛仁二年（一〇一八）六月二十七日には移徙している。女威子も共に渡った。[69] その後一時、土御門殿の犯土を避けるためか、二条殿に移ったが、数日後には土御門殿に戻っている。[70] この土御門殿は太田静六氏の分類による第二期のもので、寝殿を中心とし、東対代、西対等により成っていた。第一期と同様馬場も備えられていた。[71] この年のその後も道長は土御門殿を用いたものと考えられる。[72] 翌寛仁三年（一〇一九）に入っても引き続き土御門殿を用いたと思われるが、[73]

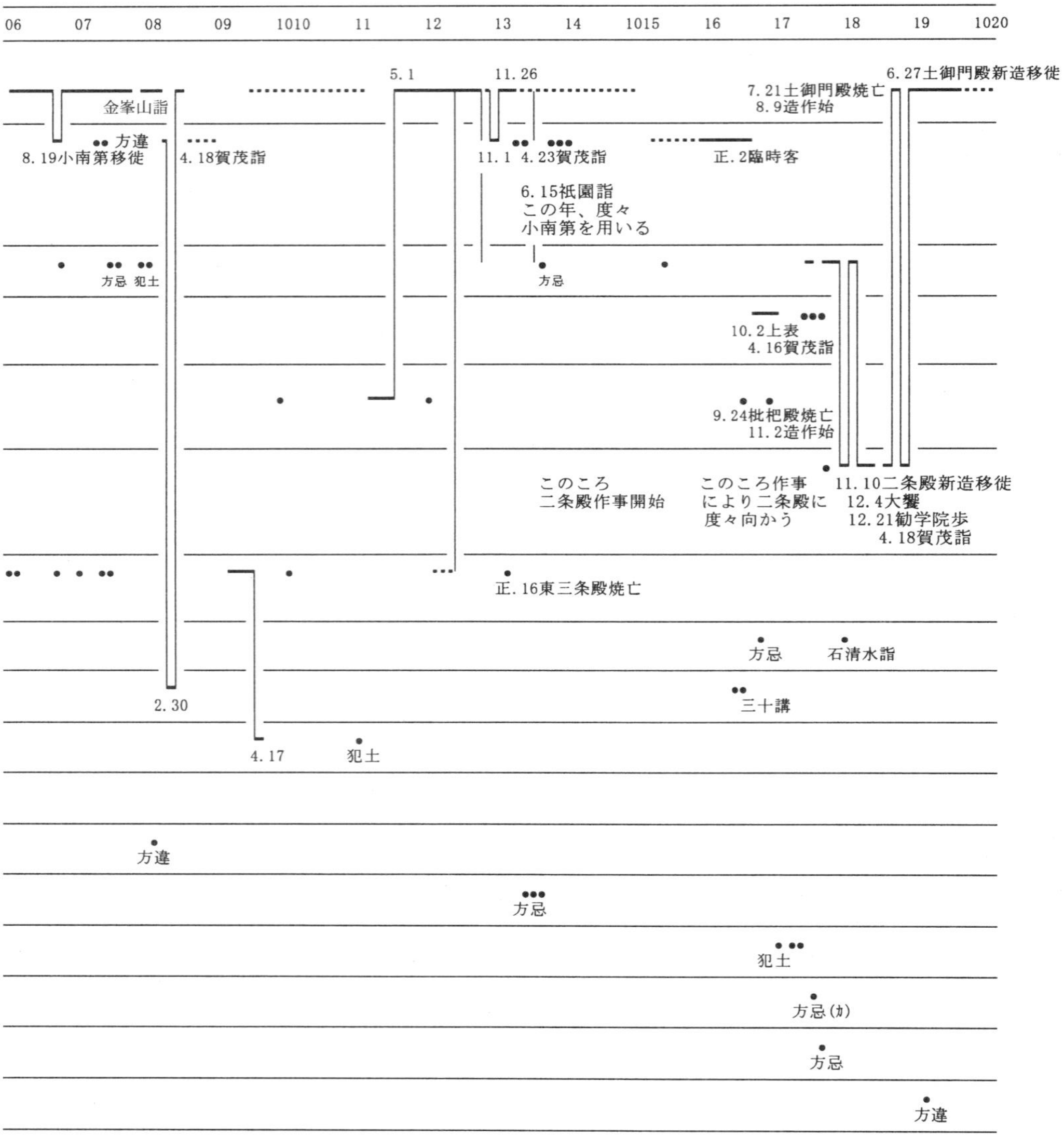
06 07 08 09 1010 11 12 13 14 1015 16 17 18 19 1020
金峯山詣
方違
8.19小南第移徙
4.18賀茂詣
5.1
11.26
11.1
4.23賀茂詣
6.15祇園詣
この年、度々
小南第を用いる
7.21土御門殿焼亡
8.9造作始
正.2臨時客
6.27土御門殿新造移徙
方忌 犯土
方忌
10.2上表
4.16賀茂詣
9.24枇杷殿焼亡
11.2造作始
このころ
二条殿作事開始
このころ作事
により二条殿に
度々向かう
11.10二条殿新造移徙
12.4大饗
12.21勧学院歩
4.18賀茂詣
正.16東三条殿焼亡
方忌
石清水詣
2.30
三十講
4.17
犯土
方違
方忌
犯土
方忌(ｶ)
方忌
方違

第八章　藤氏長者・摂関家の儀式会場の変遷過程

表1　藤原道長が用いた住宅

西暦	995	96	97	98	99	1000	01	02	03	04	1005
土御門殿					————	————	……	————	————	正.5　5.5	2.9　11.7
小南第											
一条殿										方違	
一条大宮殿別納											
枇杷殿									10.3 枇杷殿上棟	2.20 頼通元服	・
二条殿											
東三条殿									東三条殿焼亡	東三条殿新造移徙	2.10
藤原道綱大炊御門家											
高階業遠宅											
源頼光宅											
橘道貞家						忌避(カ)					
藤原伊祐家										方違	
源雅通宅（三条宅・四条宅）											
大江清通家											
橘為義宅											
源済政三条宅											
源道成家											

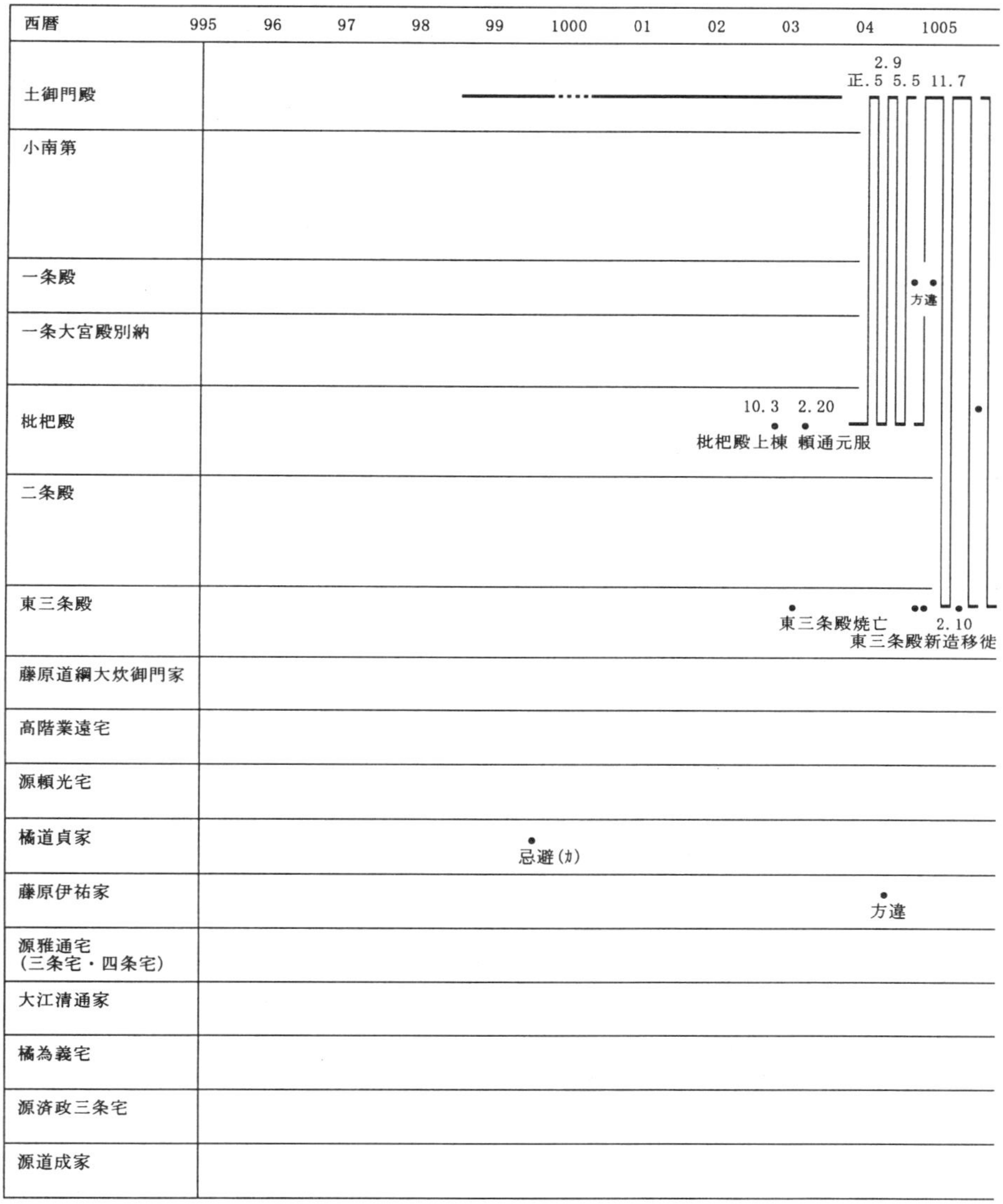

三月二十一日には病によりこの土御門殿で出家した。(74) 六月十九日、七月三日には上表している。この年のその後の御所については詳らかではないが、重病であった点に鑑みても他の場所に移ったとは考え難くそのまま土御門殿に居住したものと思われる。(75)

以上、道長の氏長者就任から出家そして上表までの期間について居住のために用いられた住宅に焦点を当てその変遷を見てきた。主として使われたのは土御門殿やその敷地内の小南第、そして一条殿、枇杷殿、二条殿、東三条殿であった。これらは道長に属した住宅と見做されている。(76) しかしながら短期間とは言え高階業遠宅、源頼光宅、源雅通宅にも滞在している。また方違・犯土等には橘道貞家、(77) 藤原伊祐家、(78) 大江清通家、(79) 橘為義宅、(80) 源済政宅、(81) 源道成家(82)等が用いられた。次項に移る前に、これらの住宅が道長にとってどの様な性質のものであったのか、道長と持主との関係を探ることにより極く簡単に紹介することにしたい。

高階業遠は道長への追従に務めた人物であり、(83) 源頼光も同様であった。(84) 二人共受領層である。また、源雅通は道長の妻源倫子の甥にあたる。(85) 橘道貞、藤原伊祐、大江清通はそれぞれ道長と関係の深い人物で、(86) いずれも受領層であった。橘為義は道長の家司、(87) 源済政、源道成はやはり道長への追従に励んだ人物である。(88) これらの三人も受領層であった。この様に道長は自身に属した住宅の他、道長に関係の深い受領層や家司の住宅を方違等の場として用いたのである。

表1は道長が用いてきた住宅の変遷を年表形式で示したものである。この表を通覧すると、他の住宅に対して土御門殿が長い期間に渡り用いられた事が改めて知られるのである。

〔三〕道長の住宅と儀式会場

本項では、どの様な住宅でどの様な儀式が行われていたのかを具体的に示すことによって、道長により居住のために用いられた住宅と儀式会場として使われた住宅との相関関係を明らかにしたい。取り上げる儀式は第二節、第三節で師実、忠実について取り上げるのと殆ど同様の、「大臣大饗」「氏長者・摂関家拝礼」「臨時客」「諸社詣」「勧学院歩」「上表」である。(89) 儀式の規模、性質等については第二章等を参照して戴きたいが、「大臣大饗」は寝殿及びその南庭を中心として用いる大規模儀式、「氏長者・摂関家拝礼」は対あるいは寝殿とそれぞれの南庭を用いる儀式、「臨時客」以下は主として対およびその南庭を用いる中小規模の儀式である。

さて、道長の場合は忠実や師実の場合と異なり儀式の会場となった住宅名が記録に遺される事が少ない。しかしながら前項の場合と同様、道長が著した『御堂関白記』や同時代の他の記録を丹念に検討することによりこれらを推定し復元することが出来る。『御堂関白記』に、儀式名についてに対しそれらが催された会場名について記されなかったのは自明であったからとも考えられ、逆に記されたのは特に注目すべき場合と見ることも出来る。また、方違等に用いられた受領層の住宅は儀式の会場としては用いられなかったと推定され、従って会場として用いられた住宅は自ずと制限されることにもなるのである。特別な場合を除き、土御門殿、小南第、一条殿、枇杷殿、二条殿、東三条殿がその候補となるが、これらの住宅の存続期間や中宮・皇太后宮御所としての利用状況などにも鑑みながら道長の儀式会場について考えていくことにする。

表2は、道長が藤氏長者就任以来、前太政大臣辞任までの期間について、居住するために用いられた住宅と、前記の儀式が行われた住宅との関係を、儀式会場が知られ、あるいは推定されるものに着目して時代順に整理し纏めたものである。会場名について、太字で示したものは古記録によりその名が知られるものであり、それ以外は推定されるものである。表2を通覧する前に、この表が成立する前提を理解して戴くため、推定した会場名について若干の説明をしておきたい。

まず長保元年（九九九）二月二十七日の「春日詣」の会場についてであるが、『御堂関白記』同二十日条に春日競馬のため「土御門（新馬場）」で馳馬が行われた事が、そして同二十五日条にも馳馬等の事が記されている。二十七日の春日詣も同じ住宅、すなわち土御門殿から詣でたと考えられるのである。

長保五年（一〇〇三）正月十日の「大饗」について、『本朝世紀』同日条には「左大臣里第」で行われたと記されている。里第については稿を改めて検討したいが、貴族の場合について諸記録を通覧すると[90]、内裏に対する自身の居住の場所であったと考えられる[91]。この時期、道長が居住していたのは前項で述べた様に土御門殿と考えられるから、この里第の候補としては土御門殿以外にはあり得ないということになろう[92]。

さて時代は前後するが、長保元年（九九九）正月十九日の「大饗」についてである。『日本紀略』同日条には「左大臣家大饗」と記されるが、この時期道長が居住していたのは土御門殿である。他に道長に関係した住宅としては前年の記録[93]に一条殿の名があるが、この一条殿には道長の妻倫子の母藤原穆子が居住していたとされる[94]。従ってこの一条殿が「大饗」の会場として用いられたと考える事は困難であろう。

また前述した様に同年翌月の春日詣には土御門殿が用いられた事をも併せて考えると、この「大饗」の会場としてはやはり土御門殿以外に考える事は出来ない。『日本紀略』の「左大臣家」は文字通り左大臣道長が当時用いていた土御門殿と理解して良いだろう。

寛弘二年(一〇〇五)正月一日の「正月拝礼(氏長者・摂関家拝礼)」、同二日の「臨時客」についてであるが、この時期の道長の居所はやはり土御門殿である。[95] 前年の後期から当年の一月までについて『御堂関白記』を検討すると、他に枇杷殿、東三条殿に渡った記事はあるもののこれらに於て道長が主体となった儀式は行われていない。東三条殿へは未だ移徙さえ行われていない。一条殿については方違の記事が見られるのみである。[96] この正月一日、二日については会場名は記されないものの、『御堂関白記』にそれぞれ「家拜禮」「上達部来」と載せられている。文意から見た時これらの会場は当時道長が居住していた土御門殿と考えるべきであろう。居住していた土御門殿を会場としてそのまま用いたため、自明のこととして記さなかったものと思われる。

寛弘五年(一〇〇八)正月二十五日の「大臣大饗」について、『権記』同日条には馬場の語が見られる。当時馬場を有していた道長の住

上表	備考	主な史料
		小右記
	・二條與東院大路也、播广守相方朝臣宅、依回緣所行云々	小右記
	・左大臣家大饗	日本紀略
	春日詣／2.20、2.25 土御門殿で春日競馬のための馳馬あり	御堂関白記
	本朝世紀に左大臣里第とある	本朝世紀
		権　記
		御堂関白記
		御堂関白記
	権記に馬場の記載あり	権　記
	賀茂詣／土御門殿は 4.13 より中宮彰子御所	御堂関白記
	賀茂詣／土御門殿は 4.13 より中宮姸子御所	御堂関白記
	祇園詣／土御門殿は 4.13 より中宮姸子御所	御堂関白記
	土御門殿は皇太后彰子および東宮敦成御所	御堂関白記
	土御門殿は皇太后彰子および東宮敦成御所	小右記
別納	一条院(一条大宮殿)別納／職曹司で行われた前例に倣う	御堂関白記
	一条院(一条大宮殿)別納／払暁、別納に渡る	御堂関白記
	早朝頼通家に渡る	御堂関白記
	賀茂詣／道長、頼通共に参詣	江　記
	石清水詣 ・依御服被去其處歟	御堂関白記 小右記
		御堂関白記
		御堂関白記
		御堂関白記
二条殿		御堂関白記
二条殿		御堂関白記
二条殿		御堂関白記
	賀茂詣／道長、頼通共に参詣	御堂関白記
		御堂関白記
		御堂関白記

表２　藤原道長の住宅と儀式会場

居住のための住宅	西暦	和暦	大臣大饗	氏長者・摂関家拝礼	臨時客	諸社詣	勧学院歩	
	995	長徳 元. 6. 19	右大臣（道長）里第					
	996	長徳 2. 7. 20	道長第（源相方宅）					
土御門殿	999	長保 元.正. 19	土御門殿					
土御門殿	999	長保 元. 2. 27				土御門殿		
土御門殿	1003	長保 5.正. 10	土御門殿					
枇杷殿（ｶ）	1004	寛弘 元.正. 3		枇杷殿				
土御門殿	1005	寛弘 2.正. 1		土御門殿				
土御門殿	1005	寛弘 2.正. 2			土御門殿			
土御門殿	1008	寛弘 5.正. 25	土御門殿					
土御門殿	1008	寛弘 5. 4. 18				小南第		
土御門殿（ｶ）	1013	長和 2. 4. 23				小南第		
土御門殿	1013	長和 2. 6. 15				小南第		
小南第	1016	長和 5.正. 1		小南第				
小南第	1016	長和 5.正. 2			小南第			
別納	1016	長和 5. 10. 2						
	1017	寛仁 元.正. 2			別納			
	1017	寛仁 元.正. 27	頼通家（高倉殿ｶ）					
	1017	寛仁 元. 4. 16				一条院（一条大宮殿）別納		
一条殿（ｶ）	1017	寛仁 元. 9. 22				道綱、大炊御門家		
二条殿	1017	寛仁 元. 12. 4	二条殿					
二条殿	1017	寛仁元. 12. 21					二条殿	
二条殿	1018	寛仁 2.正. 2			二条殿			
二条殿	1018	寛仁 2. 2. 3						
二条殿	1018	寛仁 2. 2. 5						
二条殿	1018	寛仁 2. 2. 9						
二条殿	1018	寛仁 2. 4. 21				二条殿		
土御門殿	1019	寛仁 3.正. 1		土御門殿				
土御門殿	1019	寛仁 3.正. 2			土御門殿			

宅は土御門殿のみであるので、この会場としては土御門殿以外に考えることは出来ない。

長和五年（一〇一六）正月一日の「正月拝礼（氏長者・摂関家拝礼）」の会場についてであるが、前項で述べた様に、この時期道長は小南第に居住していた。土御門殿はこの頃、道長女で皇太后宮であった彰子と東宮敦成の御所として使われていた。(97) 枇杷殿はこの時期里内裏として用いられ、(98) 東三条殿は焼失してすでに無い。(99) 一条殿についての記録はあるが、儀式会場として用いられた徴は無い。(100) 前述した様に一条殿には穆子が住んでいたが、道長は病気の彼女を見舞いに訪れたりしていた。(101) この様な事情と翌二日の「臨時客」の会場が小南第であったという事とを併せ考えた時、正月一日の「正月拝礼」の会場は小南第以外にはあり得ないという事になろう。

寛仁二年（一〇一八）正月二日の「臨時客」、同二月三日、二月五日、二月九日の「上表」についてであるが、前項で述べた様にこの時期道長は二条殿に居住していた。この時期土御門殿は六月二十七日の新造移徙に向けて造作中であり、(102) 東三条殿、枇杷殿は焼失後共に再建なっていない。(103) 一条殿については寛仁三年（一〇一九）になると記事は見られるが前の場合と同様、儀式会場として用いられた様子は無い。(104) 従って、この「臨時客」や「上表」の会場としては二条殿以外の住宅を考えることは出来ないのである。

寛仁三年（一〇一九）正月一日の「正月拝礼（氏長者・摂関家拝礼）」、同二日の「臨時客」について、この時期は寛仁二年（一〇一八）六月二十七日道長が新造土御門殿に移徙した後のことである。東三条殿、枇杷殿、一条殿に関しては右に記した前年での場合と同様であり、二条殿についても記事は無く、儀式会場として用いられた様子はない。これら正月一日、二日の会場としてはやはり土御門殿が用いられたと考えるべきであろう。(105)

さて、改めてこの表を概観してみよう。まず気が付くのは、土御門殿、小南第、二条殿が儀式会場として多く用いられてきた事である。特に土御門殿、二条殿について見ると、その時に居住していた住宅がそのまま儀式会場としても使われていた。これらの住宅は共に大規模であったが、それぞれ「大臣大饗」を始めとして「正月拝礼（氏長者・摂関家拝礼）」「臨時客」等の会場となっており、儀式の種類による会場の使い分けは見られない。これらの点に於て次節で検討する師実の場合と同様であり、居住のための住宅と儀式会場との関係の原型あるいは先行的方式が認められる。

しかしながら小南第に着目すると、土御門殿や二条殿とは異なった興味深い特徴が認められる。前述した様に小南第は土御門殿敷地内南方の一部を占めていた。道長は寛弘三年（一〇〇六）八月十九日に移徙はしたものの暫くの間は長い期間に渡る利用はなかった。寛弘五年（一〇〇八）四月十八日の「賀茂詣」は土御門殿に居住していた道長が小南第を出立所にした例と考えられるが、実はその数日前の四月十三日から土御門殿は道長女で一条天皇の中宮彰子の里第として用いられていた。[106] 長和二年（一〇一三）四月二十三日、同六月十五日の「賀茂詣」「祇園詣」の二例についてもほぼ同様で、四月十三日から土御門殿は道長女で三条天皇中宮の妍子の御所として使われていた。[107] 道長は土御門殿から小南第に渡りここから詣でたものと考えられる。[108] しかしながらそれから約二年半後、長和五年（一〇一六）正月の、「正月拝礼（氏長者・摂関家拝礼）」「臨時客」についてはやや事情が異なっている。前項で述べた様に、道長は長和四年（一〇一五）から土御門殿が里内裏となる翌年正月二十九日までの間、小南第を御所として用い、それ以降はここを宿所、宿盧として用いた。一方土御門殿は前の場合と同様、里内裏になる以前は皇太后宮彰子と東宮敦成の御所になっていた。[109] 土御門殿が彰子や敦成の御所として用いられる様になったのは長和三年（一〇一四）からであるので、道長はこれに従いやがて自身の居所を小南第に移したものと思われる。そしてここを「正月拝礼」や「臨時客」の会場としても用いたのである。

野口孝子氏は小南第について、道長の比較的私的な安息の場所として造営されたのではないかと推測されているが[110]、儀式会場の観点からの検討が不可欠なのである。前項で紹介した長和元年（一〇一二）十一月一日の小南第への移御の理由が、例え儀式開催のためではなかったにせよ、ここが単なる安息の場として用いられたのではなかったことを示している。

表1を見ると、短期間とは言え東三条殿も道長の御所として使われている。しかしながら儀式会場としては用いられず、方違の目的地[111]としての利用や神楽[112]の記事が目に付く程度で、むしろ里内裏や道長女で三条天皇の女御（後に中宮）であった妍子の御所としての用法の方が注目される。[113] 東三条殿は次節以降の師実や忠実代と異なり儀式会場としては注目されていなかった。

以上、道長が儀式のために用いた住宅について、居住のために使用した住宅との関係に着目して検討してきた。土御門殿や二条殿、そして長和四年（一〇一五）以降の小南第に見るように、居住のための住宅がそのまま儀式会場としても使われていた。この中でも注目すべきは小南第の存在であり、土御門殿が、入内した道長女の御所・里第となるに伴い、道長は小南第を儀式会場として、あるいは自身の御所そして儀式会場として用いたのである。この点に於て師実や忠実の場合と大きく異なり、道長時代の特質となっている。

〔四〕道長の二条殿の性質

道長の住宅として土御門殿と共に良く知られているのが二条殿であろう。土御門殿に対し二条殿は道長の御所として用いられた期間が短かかったためか不明な点が多い。本項では二条殿を改めて取りあげその性格について再検討を試みることにする。

従来、二条殿の性格については野口孝子氏により、道長は長女彰子に引き続いて二女妍子を入内させ、さらに三女威子を入内させる予定があったが、土御門殿は彰子の里第、また東三条殿および枇杷殿は妍子の里第の如き機能を有していたため威子の里第として二条第を新築した、とする意見が出されている。そしてその理由として、道長は寛仁元年（一〇一七）十一月十日の二条殿移徙後六日にして一条殿に戻り、従ってここが道長の居処として新築されたのではないこと、また威子はこの二条殿より寛仁二年（一〇一八）三月七日に入内したことをあげている。[114]

しかしながら実は、第二項でも述べた様に道長は間もなく二条殿に戻り、暫くの間ここを居所として用いていたと考えられるし、また二条殿からの威子の入内は実は尚侍としての入内であった。[115] 父道長と母倫子が住む二条殿からの入内だったのである。威子の立后後の入内は寛仁二年（一〇一八）十月二十六日に土御門殿から行われている。[116] 因みに、彰子の場合、初めて入内したのは方違先であった西京の大蔵録大秦連理宅からであり、[117] 立后後の入内は土御門殿からであった。[118] 通常、彰子の里第はこの土御門殿と見なされている。[119] この様な点を念頭に置き再び威子について考えると、立后以前入内に用いられた二条殿を一概に威子の里第と見なすことは出来ないのではないか。加えて言うならば、威子は入内後、里第として二条殿を用いることは無かったのである。

それでは、二条殿はどの様な性格の住宅だったのだろうか。二条殿建設開始の背景と二条殿に対する道長の意識の二つの点から検討してみたい。

二条殿の作事に関する記録の初見は『御堂関白記』長和二年（一〇一三）十月十三日条であり、以後長和三年、四年と続く。長和五年（一〇一六）二月二十七日条には移徙の日時勘申の記事が載せられている。[120] しかしながらこの移徙は桓武天皇遷都の日と重なり、遠行を忌むべきとの理由で延期された。その後も造作が続けられ、結局、道長が二条殿に新造移徙したのは第二項で述べた様に寛仁元年（一〇一七）十一月十日のことであった。ところで道長が二条殿の作事を開始した長和二年（一〇一三）は、表2に見る様に小南第が「賀茂詣」「祇園詣」の会場として用いられた年であり、これら以外にも道長は春日祭や梅宮祭の使、神馬使発遣のためあるいは物忌のため度々小南第を訪れている。[121] 一方これに先立ち、土御門殿は同年（一〇一三）四月十三日から道長女で中宮妍子の御所となっていた。[122] 妍子は七月六日には皇女禎子を出産、[123] 一時内裏に参入したものの翌年正月十九日まで土御門殿に留まっていた。小南第は寛弘三年（一〇〇六）の移徙以降道長によって時に用いられ、特に表２に示す様に寛弘五年（一〇〇八）四月十八日の場合は土御門殿が中宮彰子の御所となるに伴い「賀茂詣」の会場として使われたりしていたが、右記長和二年（一〇一三）に土御門殿が中宮妍子の御所・里第となるに及び、道長の儀式会場としての重要性を高めていったと考えられる。[124] 二条殿の作事は丁度この時期に開始されている。

次に、二条殿に対する道長の意識についてであるが、前述した様に道長は長和五年（一〇一六）に移徙しようとした。このことについて『御堂関白記』同年二月二十七日条には、

召吉平朝臣、可渡二條令勘日、來月廿三日者、問大饗日、四月九日者、渡二條事是爲大饗也

とあり、また『小右記』同年二月二十八日条にも、

攝政來月廿三日、亥時、可遷給二條第、四月九日攝政大饗者

とあって、この移徙は「摂政大饗」を行うためのものであったことが知られる。実際、寛仁元年（一〇一七）十一月十日に移徙して間もなくの十二月四日、道長はここで「大饗」を催している。移徙を伴ったのは道長時代には、後述する忠実時代での東三条殿の様な儀式専用の住宅が未だ成立しておらず、儀式は御所としての住宅で行われるべきと理解されていたがためであろう。

以上の検討から、二条殿は、土御門殿が道長女で二条天皇中宮であった妍子の御所・里第として利用されることが契機となって、小南第に代わるべき本格的な儀式会場の必要性から建築されたと考えられるのである。小南第は「大饗」の会場としては相応しくなかったと思われる。

〔五〕おわりに

本節では藤原道長を取り上げ、藤氏長者・摂政在任期間そしてその後の前太政大臣辞任までの期間について、どの様な住宅に居住し、

また、これらと儀式のための住宅とがどの様な関係にあったのか、そして従来問題とされてきた二条殿はどの様な性格の住宅であったのかについて主として検討してきた。

道長が用いた住宅は数多い。土御門殿、小南第、一条殿、一条大宮殿別納、枇杷殿、二条殿、東三条殿が居住のために用いられたが、土御門殿が最も長期間にわたって使われていた。他に、方違や犯土等のために用いられた住宅があったが、これらは道長に関係の深い受領層や家司等のそれらであった。

儀式会場として用いられたのは主として土御門殿、小南第、二条殿であり、土御門殿、二条殿については居住していた住宅がそのまま儀式の会場となっていた。この点に於ては次節の師実時代と全く同様である。しかしながら小南第は、土御門殿が道長女妍子や彰子の中宮あるいは皇太后宮御所となるに従い道長の儀式会場として用いられていた。小南第の存在は従来の様な安息の場所としてのみではなく儀式的利用の観点を入れなければ理解できないのである。また、東三条殿は儀式会場としては未だ登場していない。

土御門殿、二条殿について見ると、共に「大臣大饗」のような大規模儀式から小規模の儀式まで行われており、儀式の種類による会場の使い分けは見られない。

二条殿は、土御門殿が道長女で三条天皇の中宮であった妍子の御所として用いられるに伴い、小南第に代わるべき本格的な儀式会場の必要性から建設されたものと考えられる。そして道長のこの住宅への移徙は、儀式は居住のための場、すなわち御所で行うのが当時の方式であったことを示している。

儀式会場として土御門殿の他に、小南第、二条殿が用いられたのが道長時代の特質であり、女を入内させるという摂関制の影響がここに見られるのである。

二条殿について、本節では建設の契機については明らかにしたが、短期間しか用いられなかった理由、そして二条殿の用法と土御門殿の用法や焼失との関係などについては紙数の都合上述べ得なかった。また、枇杷殿の性質についても不明な点が多い。彰子や妍子、威子等の御所の変遷の実態を明らかにしつつ検討を進めていきたい。

註

1　この様な視点から東三条殿を扱ったものに川本重雄氏の「東三条殿と儀式」（日本建築学会論文報告集第二八六号）があるが、ここでの結論は本書の立場とは異なっている。

2　『公卿補任』によれば、道長が氏長者の地位にあったのは長徳元年（九九五）六月十九日から長和六年（一〇一七）三月十六日まで、摂政については長和五年（一〇一六）正月二十九日から寛仁元年（一〇一七）三月十六日まで、太政大臣については寛仁元年（一〇一七）十二月から同二年（一〇一八）二月九日まで、その後同三年（一〇一九）まで前太政大臣の地位にあった。氏長者就任から摂政就任までかなりの期間があるが、長徳元年（九九五）以降は摂関は空位で太政大臣についても道長がこの位に就くまでは空位であった。この間道長は左大臣として貴族の最高位にあった。

3　太田静六『寝殿造の研究』（昭和六十二年二月、吉川弘文館）。野口孝子「藤原道長とその邸宅」（『古代文化論攷』第三号、昭和五十七年）。黒板伸夫「藤原道長の一条第」（『摂関時代史論集』昭和五十五年十月、吉川弘文館）。これらは道長の住宅について、位置や規模、伝領等の点から検討したものである。

4　小南第については前掲註3野口論文に言及がある。二条殿については、野口孝子「道長の二條第」（『古代文化』第二九巻三号、昭和五十二年）、川本重雄「小二条殿と二条殿–道長の二条殿と教通の二条殿–」（『古代文化』第三三巻三号、昭和五十六年）参照。

5　『小右記』同年七月三日条、七月二十一日条。

6　道長の住宅については前掲註3の野口論文がある。道長が用いた数々の住宅が紹介されている。本項の内容もこれと重複する部分があるが、道長の氏長者就任以降、儀式会場としてどの様な住宅が使われたのかを明らかにする本節の目的に従い、まず居住のために用いられた住宅について古記録を再検討しその変遷を整理する。

7　二条殿については『権記』長保元年（九九九）八月二十九日条に、源奉職二条宅、同十二月一日条に、二条辺の源奉職宅と見える。同記長保二年（一〇〇〇）正月二十八日条他にも二条の記載がある。またこの頃に関し『栄花物語』巻第七には「すけかたの君の家におはす」とあるが、すけかたを相方ととれば、この家も二条に存在していた（『小右記』長徳二年（九九六）七月二十日条）。

8　『権記』長保元年（九九九）七月一日条、同二年（一〇〇〇）二月十四日条、同二月二十五日条、同十二月十五日条、長保三年（一〇〇一）正月十七日条、同九月九日条、同十二月十三日条、他。また『御堂関白記』長保二年（一〇〇〇）五月二十五日条、『権記』長保元年（九九九）七月十六日条、長保五年（一〇〇三）四月九日条、同十九日条、九月十五日条他からは道長が競馬を催していたことが知られる。従って、この期間、馬場を持つ土御門殿が道長の御所であったと考えられる。

9　前掲註3太田静六『寝殿造の研究』。

10　『権記』同日条。
11　『御堂関白記』寛弘元年（一〇〇四）四月四日条、同十二月二十五日条、同二年（一〇〇五）正月二十日条。
12　『御堂関白記』寛弘元年（一〇〇四）正月十七日条、同四月四日条、同十二月二十五日条、同二年（一〇〇五）二月二日条。
13　『権記』長保五年（一〇〇三）六月二十日条、九月十五日条によれば道長は土御門殿で競馬を催しているので、この頃までは土御門殿に居住していたと思われる。
14　『御堂関白記』同日条。
15　『御堂関白記』同日条。
16　『御堂関白記』同日条。
17　『御堂関白記』同日条。
18　前掲註3太田静六『寝殿造の研究』。
19　『御堂関白記』同日条。
20　『御堂関白記』寛弘二年（一〇〇五）八月三日条、同八月五日条、同九月一日条、同九月二十一日条。
21　前掲註3太田静六『寝殿造の研究』。
22　『御堂関白記』寛弘二年（一〇〇五）十月二十五日条、十一月三日条、『御堂関白記』『権記』寛弘三年（一〇〇六）四月十四日条。
23　『御堂関白記』同日条。
24　『御堂関白記』同日条。
25　角田文衛『紫式部の身辺』（財団法人古代学協会、昭和四十年）。
26　『小右記』長和五年（一〇一六）正月三日条。但、やや後の記録ではあるが『左経記』長元元年（一〇二八）七月十九日条に小南殿寝殿の語が見える。
27　『御堂関白記』寛弘三年（一〇〇六）九月七日条、『権記』寛弘四年（一〇〇七）二月二十二日条、『御堂関白記』寛弘四年（一〇〇七）五月三十日条、『権記』寛弘四年（一〇〇七）六月二十七日条。
28　『御堂関白記』同日条。
29　『御堂関白記』寛弘五年（一〇〇八）二月三十日条、同三月四日条。
30　『御堂関白記』寛弘五年（一〇〇八）三月十六日条。
31　『日本紀略』同日条。
32　『日本紀略』同日条。

33 『権記』寛弘五年(一〇〇八)四月二十三日条、同五月二十二日条、『紫式部日記歌』『紫式部集』。『権記』同四月二十三日条に「詣左相府、卅講始也」とあり、『紫式部集』からはこの会場が土御門殿であったことが知られる。

34 『権記』同日条。

35 『御堂関白記』同日条。

36 『御堂関白記』同年八月十一日条。

37 『御堂関白記』同日条。即ち、この時期の道長の居所は東三条殿ではない。

38 『御堂関白記』同年四月十三日条に、東三条殿に向った記事がある。即ち、この時期の道長の居所は東三条殿ではなかった。

39 なお、『御堂関白記』寛弘七年(一〇一〇)四月二十五日条によれば小南第は左衛門督頼通により用いられ、同記同年十二月二十三日条によれば、東三条殿はやはり頼通によって使われていた。また、同記十二月二十二日条によれば、道長は秋季御読経のために枇杷殿に渡っている。これらのことに鑑みると、この時期の道長の居所は土御門殿であったと考えられる。

40 『御堂関白記』同日条。なお、同記によれば道長はこの期間中、幾度か土御門殿に戻っている。

41 『御堂関白記』『小右記』寛弘八年(一〇一一)八月二十三日条、『御堂関白記』同年十二月二十八日条。

42 『御堂関白記』同日条。

43 『御堂関白記』同日条。

44 『御堂関白記』同日条。

45 『御堂関白記』同日条。

46 『御堂関白記』長和二年(一〇一三)二月十一日条、他。

47 『御堂関白記』長和二年(一〇一三)二月十二、十四、十六、十七、十九日条の「還来」「来」は土御門殿に還る意と考えられる。

48 『御堂関白記』四月二日条、五日条、八日条に「到土御門帰来」とあるので道長の居所は土御門殿ではない。また枇杷殿はこの時期皇太后宮彰子の御所であり、東三条殿は正月十六日に焼失しているので、これらの住宅でもない。

49 長和二年(一〇一三)四月下旬から小南第が屢々用いられ、例えば『御堂関白記』六月八日条に「行小南、還来間」、六月十五日条に「早朝徙小南、…(中略)…還来」とある。いずれも小南第に渡り、還って来たことが知られる。この時期、枇杷殿、東三条殿は前掲註48の状況にあったので、道長の本居は土御門殿であった可能性が非常に高い。

50 『小右記』長和三年(一〇一四)三月一日条によれば「今朝鹿入左府南門」とある。通常、貴族住宅には南門が設けられなかったが、土御門殿には開かれていた(太田静六、前掲註3)。枇杷殿は皇太后宮彰子の御所であったが、四月九日から里内裏として用いられており、東三条殿は焼失している。
51 『御堂関白記』長和四年(一〇一五)五月二十五日条、『日本紀略』同年閏六月二十五日条、『小右記』同年十二月二十四日条。
52 『小右記』長和五年(一〇一六)正月十三日条、『御堂関白記』同年正月十八日条。
53 『小右記』長和五年(一〇一六)正月三十日条、同二月六日条、同五月二十八日条。
54 『御堂関白記』長和五年(一〇一六)七月五日条、七月十一日条、七月十九日条、八月三十日条。別納の性格については前掲註3の黒板論文が参考になるが、摂政の直廬としての性格を持つとされる。直廬については、拙稿「閑院直廬について」(日本建築学会大会学術講演梗概集、昭和五十三年九月)参照。
55 『御堂関白記』寛仁元年(一〇一七)八月二十三日条。
56 『御堂関白記』によれば、別納、大江清通家、橘為義宅、源済政宅、西宅、高倉などが様々な用途により使われていた。
57 『御堂関白記』同日条、同八月十二日条。
58 前掲註3、黒板論文。氏はその位置について、「ただし、それ以東という可能性もまだ残されている」としている。
59 『御堂関白記』同日条。
60 『御堂関白記』長和二年(一〇一三)十月十三日条によれば、すでにこの時、二条殿造営の準備をしていることが知られる。
61 『御堂関白記』同日条。
62 『御堂関白記』同日条。
63 『御堂関白記』同日条、『左経記』同年十一月二十八日条。
64 『御堂関白記』寛仁二年(一〇一八)正月十五日条、二月二日条、『小右記』同年四月十一日条。
65 『御堂関白記』同日条。
66 『小右記』同年閏四月二十九日条。
67 前掲註3太田静六『寝殿造の研究』。なお、二条殿の位置については前掲註4の川本論文でも述べられている。
68 『御堂関白記』同日条。
69 『小右記』同日条、『栄花物語』巻十四、あさみどり。
70 『御堂関白記』同年八月二十二日、二十三日、二十七日条。
71 前掲註3太田静六『寝殿造の研究』。
72 『御堂関白記』同年十月十一日条、帰邸の後、馬場で馬を馳らせたとある。また同十二月二日条に、「二堂」に仏を渡し奉るとあるが、前掲

73　註3太田静六『寝殿造の研究』によれば、土御門殿には御堂が設けられていた。他、同記同年十二月九日条、『小右記』同十二月十四日条。

75　『御堂関白記』寛仁三年（一〇一九）正月二十四日条。前掲註3太田静六『寝殿造の研究』によれば、土御門殿には文殿が存在していた。また同記二月二日条には「立文殿屋、仍渡一條、立後歸来」とあり、文殿屋のある（土御門殿）から一条殿に渡り（土御門殿）に帰ってきた事が知られる。翌三日条からも同様の観点から土御門殿が道長の御所であったことが知られる。

74　『小右記』寛仁三年（一〇一九）三月二十二日条。

75　『小右記』寛仁三年（一〇一九）五月一日、五月二十五日条。道長の御所で催された法華三十講の会場が御堂であったことから、ここが土御門殿であったことが知られる。また、『栄花物語』巻十五うたがひに、この年七月、道長は土御門殿の東隣に無量寿院を建てるべく計画していた事が記されている。

76　前掲註3の諸論文及び高群逸枝『平安鎌倉室町家族の研究』（国書刊行会、昭和六十年）、他。

77　『権記』長保元年（九九九）七月十八日条。道長の男頼通の忌避により移る。

78　『御堂関白記』寛弘元年（一〇〇四）三月二十四日条、寛弘五年（一〇〇八）二月十二日条。いずれも方違に用いる。

79　『御堂関白記』長和五年（一〇一六）十二月二十日条、犯土。同記寛仁元年（一〇一七）正月二十日、二十七日条。

80　『御堂関白記』寛仁元年（一〇一七）二月九日条、方忌（カ）。

81　『御堂関白記』寛仁元年（一〇一七）四月二日条、方忌。

82　『御堂関白記』寛仁三年（一〇一九）正月九日条、方違。

83　『小右記』寛仁二年（一〇一八）十二月七日条、同十七日条。

84　『御堂関白記』長和五年（一〇一六）八月二日条、『小右記』寛仁二年（一〇一八）六月二十日条。

85　『尊卑分脈』。

86　道貞については『御堂関白記』寛弘元年（一〇〇四）九月二十四日条、同年閏九月十六日条。伊祐については『御堂関白記』長保二年（一〇〇〇）二月十一日条。清通については『小右記』長和元年（一〇一二）六月二十九日条、他。

87　『御堂関白記』長和四年（一〇一五）九月二十日条。

88　済政については『御堂関白記』寛弘元年（一〇〇四）十月二十二日条、寛弘四年（一〇〇七）六月十七日条。道成については『御堂関白記』寛弘七年（一〇一〇）七月八日条、寛仁元年（一〇一七）十月七日条。

89　但し、第二節、第三節で取り上げる「氏寺参賀」について今回は例が得られなかったので省略している。

90　『六国史』『権記』『御堂関白記』『小右記』、他。

91 橋本義彦氏も同様の見解をとっている（『平安時代貴族社会の研究』吉川弘文館、昭和五十二年五月）。

92 因みに、川本重雄氏も理由は記さないものの土御門殿としている（「寝殿造の典型像とその成立をめぐって（下）」日本建築学会論文報告集第三二三号、昭和五十八年一月）。

93 『権記』長徳四年（九九八）十月二十九日条。

94 前掲註3野口、黒板論文。

95 『御堂関白記』によれば、寛弘元年（一〇〇四）十一月七日に枇杷殿より戻ってから翌年二月十日に東三条殿に新造移徙するまでの間、土御門殿に居住していたと考えられる。なお、二月十三日には再び土御門殿に戻っている。

96 『御堂関白記』寛弘元年（一〇〇四）八月二十六日条。

97 『御堂関白記』『小右記』長和四年（一〇一五）十一月十九日条、『小右記』同十二月四日条、『御堂関白記』『小右記』長和五年（一〇一六）六月二日条。

98 長和四年（一〇一五）十一月十九日から翌五年（一〇一六）正月二十九日までの期間、里内裏として用いられた。

99 『小右記』長和二年（一〇一三）正月十六日条。

100 『御堂関白記』長和五年（一〇一六）四月三日、同四日条。

101 『御堂関白記』長和五年（一〇一六）七月二日条。

102 『御堂関白記』寛仁元年（一〇一七）二月三日、五日条、同十二月六日条、寛仁二年（一〇一八）四月十七日条。

103 東三条殿については前掲註99、枇杷殿については『御堂関白記』長和五年（一〇一六）九月二十四日条。

104 『御堂関白記』寛仁三年（一〇一九）正月二十一日条、二月二日条。

105 正月二日の「臨時客」の会場については、川本氏も前掲註92論文で、理由は示さないものの土御門殿としている。

106 『御堂関白記』同日条。

107 『御堂関白記』同日条。

108 この時期、行事等により小南第に渡っていたことは、『御堂関白記』長和二年（一〇一三）六月八日条、十一月六日条、十一月十九日条などにより知られる。

109 東宮敦成に関し、『日本紀略』長和三年（一〇一四）七月二十二日条、『小右記』同十一月十七日条、十一月二十八日条、長和四年（一〇一五）九月二十日条、十一月十九日条、長和五年（一〇一六）正月二十九日条。皇太后宮彰子に関し、『小右記』長和三年（一〇一四）十一月十七日条、長和四年（一〇一五）十一月十九日条、十二月四日条、長和五年（一〇一六）正月二十九日条。

110 野口孝子氏は、前掲註3「藤原道長とその邸宅」のなかで小南第を「本邸の土御門殿が后妃の里邸もしくは里内裏として利用されている時など、道長の安息の場所となっていたようである」としている。

111 『御堂関白記』寛弘二年（一〇〇五）八月三日条。

112 『御堂関白記』寛弘六年（一〇〇九）十二月七日条。

113 東三条殿は寛弘二年（一〇〇五）十一月二十七日から翌年の三月四日まで、寛弘八年（一〇一一）六月十三日から八月十一日までの間、里内裏として用いられた。また長和元年（一〇一二）正月三日から四月二十七日まで、そして翌年の正月十日から正月十六日までの間中宮研子の御所として使われている。

114 野口孝子、前掲註4「道長の二條第」。この二条殿の性質については川本重雄氏も前掲註4論文で同様の見解を示している。

115 『左経記』『小右記』同日条。

116 『御堂関白記』寛仁二年（一〇一八）十月五日条、同二十六日条。

117 『御堂関白記』長保元年（九九九）十月二十五日条、十一月一日条。入内のための吉方により移っていた。

118 『御堂関白記』長保二年（一〇〇〇）二月二十五日条、四月七日条。

119 赤木志津子『御堂関白藤原道長』（昭和四十四年十月、秀英出版）。

120 『御堂関白記』同日条。

121 『御堂関白記』同年十一月六日、同七日、同八日、同九日、同十九日条。

122 『御堂関白記』同日条。

123 『御堂関白記』同日条。

124 第二項でも述べた様に、この時期道長は土御門殿を御所として用いていたと考えられる。従って中宮研子は道長と土御門殿に同宿していたことになる。『小右記』長和二年（一〇一三）八月二十七日条によれば、研子は寝殿、道長は西対を用いていたと考えられる。

第二節　藤原師実の住宅と儀式会場

（一）はじめに

平安時代貴族住宅のなかで東三条殿が藤原氏・摂関家にとって特別な存在として意識されていたことは太田静六氏や高群逸枝氏によって夙に指摘されている。(1) 川本重雄氏は儀式会場としての東三条殿に改めて着目し、この住宅が藤氏長者・摂関家の儀式場として極めて重要な存在となっていく過程を検討された。氏は藤原師実の時代に注目し、東三条殿はこの時代になると、祖父や父の時代には里内裏や中宮御所として使われていたのに対し、藤氏長者・摂関家の儀式の場として専ら利用される様になること、また東三条殿は「正月大饗」や「任大臣大饗」など大規模な儀式の際に用いられ、「臨時客」や「賀茂詣」などの規模の小さな儀式には日常生活の場となっている住宅が使用されていること、即ち儀式規模の大小により住宅が使い分けされていたことを示された。そして平安時代後期の住宅の縮小化を、大規模な儀式だけを分離して東三条殿に肩代わりさせた結果と考えられている。(2)

東三条殿に焦点を合わせた川本氏の検討は藤氏長者・摂関家の儀式会場の変遷過程を考える場合、多くの示唆を与えてくれてはいるが、更に取り組むべき様々な課題を提起したのもまた事実である。

本研究では、川本氏の成果に基づきながらも東三条殿のみに焦点を当てるのではなく、藤氏長者・摂関によってどの様な住宅が用いられ、また様々な儀式はどの様な住宅で行われていたのかを具体的に示すことにより、日常生活のための住宅と儀式のための住宅との関係、また儀式による住宅の使い分けの有無について検討したい。そして東三条殿の儀式空間としての性質を明らかにし、藤氏長者・摂関家に於ける儀式会場の変遷過程の一端を解明したい。(3)

本節では藤原師実を主とし、その男師通の藤氏長者・摂関在任期間について[4]取り上げるが、師実に注目するのはこの時代が東三条殿にとって藤原氏の儀式専用住宅となる前段階の過渡期と考えられるからであり、また日常生活のための住宅と儀式のための住宅との関係が次の忠実の代とは異なり明確に知られるからである。

〔二〕藤原師実の住宅の変遷

藤原師実は氏長者あるいは摂関の在任中数多くの住宅を用いた。主なものをあげてみても堀河殿、大炊殿、三条殿、高陽院など十指に余る住宅を日常生活あるいは儀式の会場として使用している。

師実が藤氏長者となったのは承保二年（一〇七五）十月三日、[5]関白に就任したのは同十五日のことである。[6]それ以前師実は花山院に居住していたと思われるが、康平六年（一〇六三）七月二日の移徙[7]以降の詳しい経過は知られない。氏長者・関白就任以降、蚊松殿に渡った記録[8]や花山院を用いた記録[9]は見られるものの、継続的な使用の記録は次の四条宮まで待たなければならない。承暦元年（一〇七七）になると『水左記』に四条宮に関する記述が頻出し、例えば十月二十七日条には、

　辰剋許參博陸殿、（四條宮）

とあって、師実がこの住宅に居住していた事が知られる。この間別に東三条殿[10]や四条坊門第[11]、六角東洞院第[12]を儀式のために一時的に用いる事があった。四条宮の造営時期や配置構成、平面規模等については不明である。

承暦三年（一〇七九）八月十九日、師実の堀河殿が上棟、[13]翌承暦四年（一〇八〇）三月十九日、師実はこの堀河殿に移徙した。堀河殿はそれから間もなくの五月十一日から十一月三日までの間里内裏として使用されることになるが、その間師実は前の四条宮[14]を住宅としていた様だ。里内裏期間終了後、堀河殿は師実によって再び使われている。[15]承暦四年の移徙以降、堀河殿とは別に故兼房夏町亭[16]や東三条殿[17]が儀式のために用いられた。堀河殿は永保二年（一〇八二）八月三日から再び里内裏として使われることになる。この様に堀河殿は、承暦四年（一〇八〇）の移徙以来、里内裏としての使用により中断されることはあっても、永保二年（一〇八二）までの間師実によって用いられたのである。堀河殿の平面規模は太田静六氏によって復元されているが、[18]寝殿を中心とし、大規模な西対と東対代廊を備えたこ

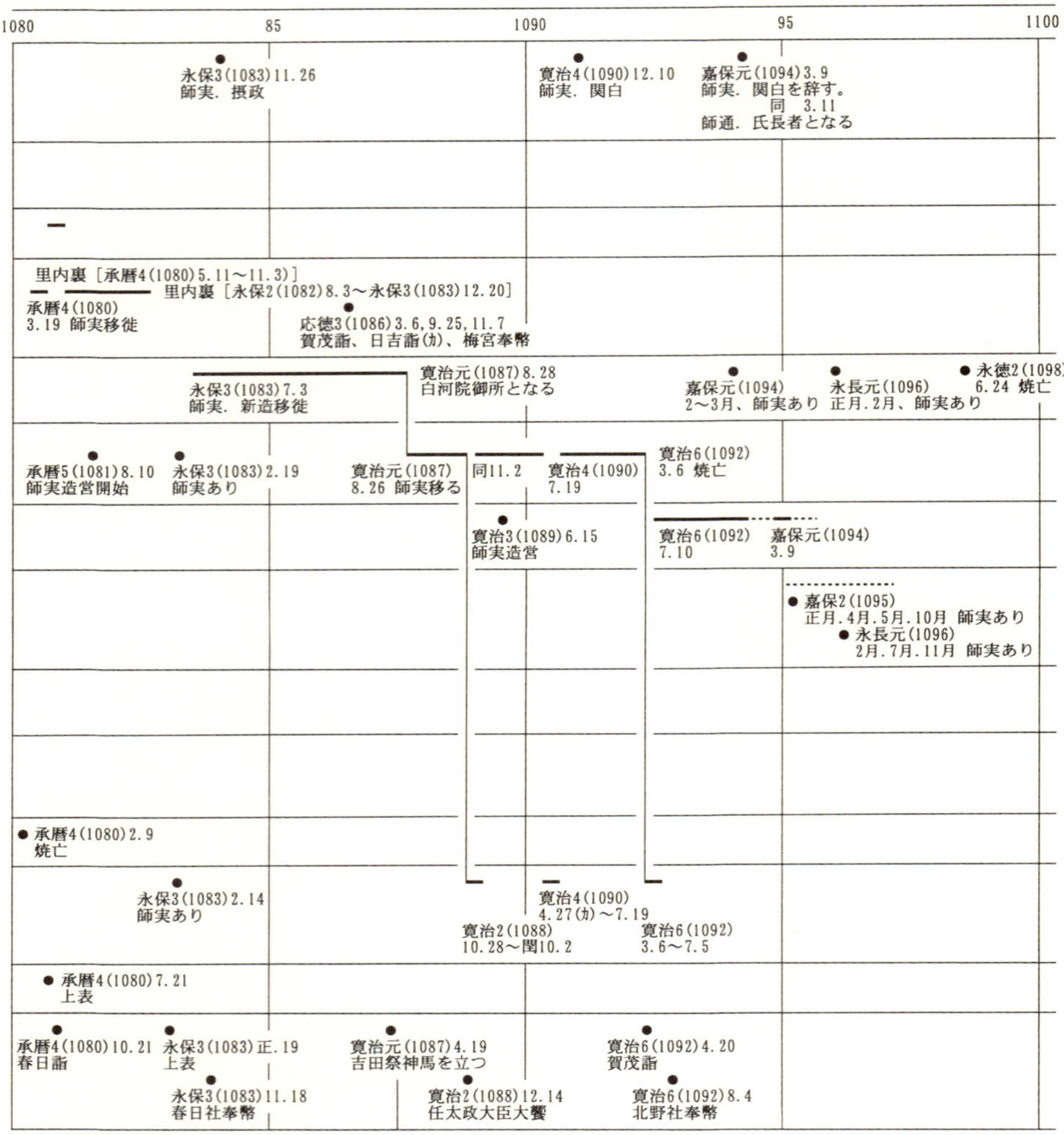
1080
85
1090
95
1100
永保3(1083)11.26
師実．摂政
寛治4(1090)12.10
師実．関白
嘉保元(1094)3.9
師実．関白を辞す。
同 3.11
師通．氏長者となる
里内裏［承暦4(1080)5.11～11.3)］
里内裏［永保2(1082)8.3～永保3(1083)12.20］
承暦4(1080)
3.19 師実移徙
応徳3(1086)3.6,9.25,11.7
賀茂詣、日吉詣(カ)、梅宮奉幣
永保3(1083)7.3
師実．新造移徙
寛治元(1087)8.28
白河院御所となる
嘉保元(1094)
2～3月、師実あり
永長元(1096)
正月.2月、師実あり
永徳2(1098)
6.24 焼亡
承暦5(1081)8.10
師実造営開始
永保3(1083)2.19
師実あり
寛治元(1087)
8.26 師実移る
同11.2
寛治4(1090)
7.19
寛治6(1092)
3.6 焼亡
寛治3(1089)6.15
師実造営
寛治6(1092)
7.10
嘉保元(1094)
3.9
嘉保2(1095)
正月.4月.5月.10月 師実あり
永長元(1096)
2月.7月.11月 師実あり
承暦4(1080)2.9
焼亡
永保3(1083)2.14
師実あり
寛治4(1090)
4.27(カ)～7.19
寛治2(1088)
10.28～閏10.2
寛治6(1092)
3.6～7.5
承暦4(1080)7.21
上表
承暦4(1080)10.21
春日詣
永保3(1083)正.19
上表
寛治元(1087)4.19
吉田祭神馬を立つ
寛治6(1092)4.20
賀茂詣
永保3(1083)11.18
春日社奉幣
寛治2(1088)12.14
任太政大臣大饗
寛治6(1092)8.4
北野社奉幣

の時期を代表する住宅の一つであった。

その後師実は六条殿[19]や三条殿[20]を用いたが、堀河殿に次いで長い期間に渡って使用したのが大炊殿（大炊御門南西洞院東）である。新造移徙したのは永保三年（一〇八三）七月三日のことであったが[21]、それから約四年の間この住宅に居住したと考えられる。その間、別に

表１　藤原師実が用いた住宅

西暦		1070	75
師実の氏長者・摂関の就任時期 ＼ 住宅名			● 承保2(1075)10.3 師実. 氏長者 同 10.15 師実. 関白
花山院	●―― 康平6(1063)7.2 移徙		
四条宮			‥‥━━‥‥ 1077ごろ
堀河殿			● 承暦3(1079) 8.19 上棟
大炊殿			
三条殿			
高陽院			
京極殿			
蚊松殿			● 承保3(1076)6.21 師実渡る
四条坊門第（六角東洞院第ｶ）			● 承暦元(1077)10月.11月 春日祭、梅宮祭、大原野祭神馬を立てる。
高倉第			
六条殿			
故兼房夏町亭（二条室町殿ｶ）			
東三条殿		● 承保2(1075)10.2 内覧吉書、朱器大盤を受ける	● 承暦元(1077)10.17 上表

堀河殿[22]や東三条殿[23]を儀式のために用いていた。大炊殿の規模については太田静六氏が検討され[24]、筆者もこれに言及することがあったが[25]、寝殿を中心とし西対と東対代廊を左右に配し、東西両中門廊を備えた堂々たる住宅であった。この大炊殿は、白河院と前斎院媞子内親王の御所となる寛治元年（一〇八七）八月二十八日[26]までの間、師実の住宅として役割を果したのである。

大炊殿に代わり用いられたのが三条殿（三条南東洞院東）である。この三条殿は師実によって承暦五年（一〇八一）八月十日に造営が開始され[27]、完成したのは永保三年（一〇八三）頃と考えられる[28]。師実はこの三条殿に、それまで用いていた大炊殿に白河院が遷ってくる二日前の寛治元年（一〇八七）八月二十六日に移っている。時に六条殿を使うことはあっても[29]、寛治六年（一〇九二）三月六日に焼亡するまでの間[30]この三条殿に居住したのである。三条殿についても太田静六氏によって規模が明らかにされているが[31]、寝殿の東西に対を配し、それぞれに中門廊を設けた所謂左右対称型の整った型式を持つ住宅であった。

三条殿の焼失に伴い師実は一時、六条殿に居を移すが[32]、寛治六年（一〇九二）七月十日には、かねてから造営を進めていた高陽院[33]に移徙している[34]。嘉保元年（一〇九四）三月九日、師実は師通に関白を譲ることになるが[35]、それまでの間、高陽院を住宅として用いたのである。その後も高陽院を使用し、また大炊殿[36]や京極殿[37]も共に用いている。師実が造営した高陽院は太田静六氏の分類による第四期に属しており[38]、寝殿、東対、小寝殿などにより成っていた。承徳元年（一〇九七）になるとこれに西小寝殿が加わる。いずれにせよ大規模な住宅であったことに変わりはない。

以上、師実の住宅の変遷について概要を述べてきたが、これを分かりやすく住宅ごとに年表形式で示したのが表1である。一定の期間に渡り用いられたものについてはその期間等を示し[39]、それ以外の住宅については儀式などの出来事を記してある。

この表を通覧すると、承保二年（一〇七五）十月に師実が藤氏長者そして関白に就任して以来、四条宮、堀河殿、大炊殿、三条殿、高陽院が順に日常生活のための常住の住宅として用いられてきた事が知られる。これらの住宅は里内裏や院御所として使用され、或いは焼失により用いる事が出来なくなった時に住み替えられている。四条宮については不明であるもののそれ以外はすべて師実が造営し、寝殿、対を持つ堂々たる規模を有していた[40]。これら以外の住宅は予備的な役割を果していたと考えられる。六条殿は三条殿が住宅として用いられていた期間何度か使われているが[41]、三条殿の焼失後、次の高陽院までの継ぎとして用いられたことはこの住宅の性質を良く表している。この六条殿は六条水閣とも呼ばれた様に[42]、都の中心部から離れた地に営まれた別荘的性質の住宅であったと思われる。予備的な住宅の中には主として儀式のためだけに使われた住宅もあった。東三条殿はそのうちの一つであり、四条坊門第、故兼房夏町亭についても同様である。

この様に、師実は数多くの住宅を用いてきたが、その使用形態は常住の住宅と予備的な住宅とから成る二重構造として理解できよう。また予備的な住宅には居住用と儀式用との二種類があった。

〔三〕師実の住宅と儀式会場

前項で明らかにした様に、師実は数多くの住宅を用いたが、これらに於て様々な種類の儀式を催していた。本項ではどの様な住宅でどの様な儀式が行われていたのかを具体的に示すことによって、師実が用いた住宅と儀式会場との相関関係を明らかにしたい。取り上げる儀式は、寝殿あるいは東西の対そしてそれぞれの南庭を主会場として用いた大臣大饗、摂関家拝礼、臨時客、諸社詣、諸社奉幣、神馬使発遣、勧学院歩、氏寺参賀、上表である。(43)

大臣大饗は正月に催される「正月大饗」と大臣に任ぜられた時に行われる「任大臣大饗」とから成る。前者が寝殿母屋、後者が寝殿南庇を主会場とする点で異なるものの、いずれも寝殿を主会場とした大規模な儀式という点で他と大きく相違している。「摂関家拝礼」は正月朔日に貴族達が摂関家に参集し拝礼を行う儀式で、対、時には寝殿とそれぞれの南庭が会場として用いられた。(44)「臨時客」は正月二日あるいは三日に行われる貴族達に対する饗宴で、請客使を出さないため「臨時客」と呼ばれている。主として対が会場となった。諸社詣には「賀茂詣」「春日詣」などがある。これらは摂関等が賀茂社や春日社等に参詣する儀式であるが、出発邸で同行する公卿、殿上人らと南庭を渡る舞人、神宝、神馬等を覧る。共に対または寝殿が会場として用いられた。(45)「諸社奉幣」「神馬使発遣」は春日社、梅宮社等に藤氏長者が幣帛、神馬を献じることである。奉幣に於ては出発邸の中門外、(46)神馬の場合は寝殿の南庭が用いられた。(47)勧学院は藤原氏出身の学生のための大学別曹で、「勧学院歩」とは藤原氏が摂関や大臣に任ぜられた時にこの院の学生が参賀に訪れることを言う。対およびこれに付属する中門廊が主として用いられた。「氏寺参賀」とは藤原氏の氏寺であった興福寺、法成寺の僧が「勧学院歩」と同様、慶事を祝して参賀することであり、対が主たる会場となった。「上表」とは辞表を天皇に奉ることで、やはり対が主として用いられた。(48)

以上の様に、ここで取り上げる儀式はすべて藤氏長者・摂関はもとより高位の貴族にとって重要なものばかりである。

さて、表2は師実が氏長者・摂関の任にあった時期を中心に右に述べた儀式の会場となった住宅と、その時居住（常住）していた住宅との関係を時代順に整理し、纏めたものである。以下、この表をもとに検討していくことにするが、この表を理解するために前もって補足説明をしておきたい。

まず、大饗の会場についてである。寛治三年（一〇八九）正月二十二日、師実は「正月大饗」を催した。この大饗は『中右記』同日条によれば、朱器大饗とされる。『後二条師通記』にこの日の様子が記されているが、会場については知られない。尊者は左大臣源俊房と右大臣源顕房の二名である。同記前日の二十一日条には以下の様に記されている。

参殿、朱器臺盤加令敷座大略云〻、攝政殿入自西廂、而經弁少納言座傍屛風、尊者座着之、攝政殿勸盃程

即ち、尊者座、主人座が寝殿内の東方に、弁少納言座は寝殿内の西、恐らくは西庇に設けられたことが知られる。当日条によると、参加の公卿以下の庭中での列立、そして尊者の昇殿について、

主人御階東方入中門内程、内大臣立加見歸、當一大納言揖雁行、徐行立定、公卿一列、又弁少納言一列、外記史一列、立定殿示、左大臣再拜、了殿揖、右大臣進立、又殿揖、右大臣進、此間内大臣磬折、又殿揖、了昇自階、着親王座、左大臣從簀子敷西折行入自庇間、更東折經庇而着之、了右大臣昇入庇、經弁座前、進奥方着、未着間、内大臣昇、雙膝突奥座着之、了納言以下座、按察使、（母屋西一間着之、）弁少納言、外記史着座

とあり、尊者たる左大臣は寝殿の（南）簀子を西行し（西）庇間より入ってさらに東に折れてその座に着いたことが知られる。右大臣も庇に入り弁座の前を経て（母屋）の奥の方の座に着いた。従って尊者以下弁少納言など参加者の座の配置は東を上位として設定されていたことが知られる[49]。饗宴に先立ち勅使たる蘇甘栗使が来邸するが、同日条によれば勅使は中門に至って昇殿し蘇甘栗を据え、その後女装束を禄として賜り、「臺南階」より下りて中門から退出した。また、饗宴終了後、尊者が降殿することに関し、

尊者對東階被下欤

とあり、尊者は対の東階より下りている。これらの点からこの住宅には対（台）があり、この対は寝殿と共に儀式時に重要な役割を果したことが知られる。この儀式が東を上位（西を下位）とした空間的秩序のもとに行われたことに鑑みると、この対（台）は東対ではな

く西対であった可能性が極めて高くなる。尊者が降殿したのが東階であったのもこう考えてくると理解が出来る。さて、この会場となった住宅であるが、西対が存在したことから東三条殿でなかったことには違いが無いだろう。同記同日条より東対も存在していたことが知られるから、この住宅には寝殿以外に東西の対が備わっていた。師実に関係した住宅で可能性を考えるならば、この住宅は自身がこの時期居住していた三条殿以外に有り得ないということになる。大饗に先だつ正月二日に行われた師実の「臨時客」は三条殿を会場としたが、その後の史料を検討してもこの大饗のために場を移したという記録は見出せない。東西に対、対代を持つ前項で述べた大炊殿はこの時期白河院の御所として使われていた。

大饗に関する次の例は、嘉保元年(一〇九四)正月十七日の「正月大饗」である。実はこの大饗は中止されたのであるが、『中右記』同日条に、

射禮、賭射、依女院御事延引又廿一日、於賀陽院初可有大饗由、前日議定了、然而被止了

とあることから、陽明門院の崩御により射礼、賭射および師実の大饗がとり止めになったこと、そしてこの大饗の会場としては高陽院(賀陽院)が予定されていたことを知ることが出来る。

次は、「賀茂詣」についてである。寛治六年(一〇九二)四月二十日、師実は賀茂社に参詣した。『後二条師通記』同日条によれば、

巳剋参東三條殿、東對御裝束如常

とあり、東三条殿が会場となった。表1に見る様に師実は寛治元年(一〇八七)から三条殿に居住していたが、寛治六年(一〇九二)三月六日の焼亡により一時六条殿に居を移したと考えられる。この「賀茂詣」はこの間の事だったのである。後述する様に本来は三条殿が会場として用いられるべきであったと思われる。

寛治六年(一〇九二)八月四日の「北野社奉幣」についても注意しておきたい。この奉幣は七月四日の高陽院移徙のすぐ後に行われた。東三条殿が用いられたが、『後二条師通記』同日条によれば、

北野祭奉幣者於東三條殿被立、高陽院依欠日不立云〻

とあって、本来は高陽院のところを止むを得ない事情のためであったことが知られる。

併せて述べておくと、寛治七年(一〇九三)正月二日の「臨時客」は『中右記』同日条によれば中止されたが高陽院で行うべきものであった。

以上の点を念頭に置き、表2を検討しよう。日常生活のために用いられた常住の住宅と儀式会場との関係について見ると、承暦元年

神馬使発遣	勧学院歩	氏寺参賀	上表	備考	主な史料
			東三条殿		水左記
四条坊門第（ｶ）				春日祭	水左記
四条坊門第				梅宮祭	水左記
六角東洞院第（四条坊門第と同じｶ）				大原野祭	水左記
			故兼房夏町亭		師記
				春日詣	水左記
					水左記
				賀茂詣	師記
			東三条殿		後二条師通記
				春日社	後二条師通記
					後二条師通記
					後二条師通記
				賀茂詣	後二条師通記
				日吉詣	後二条師通記
				梅宮社	後二条師通記
				賀茂詣	為房卿記
東三条殿				吉田祭	為房卿記
			大炊殿（ｶ）		為房卿記
			大炊殿（ｶ）		為房卿記
			大炊殿（ｶ）		為房卿記
					為房卿記
				春日詣	後二条師通記
				任太政大臣大饗．師実室（麗子）も御座す	後二条師通記
	三条殿				後二条師通記
		三条殿			後二条師通記
					後二条師通記
					後二条師通記
				朱器大饗	後二条師通記
				賀茂詣	後二条師通記
					後二条師通記
					中右記
			三条殿		後二条師通記
					後二条師通記
				石清水八幡詣	後二条師通記
				賀茂詣	後二条師通記
				祇園詣	後二条師通記
				春日社．四条宮（寛子）も三条殿に御座す	後二条師通記
					後二条師通記
					後二条師通記
				賀茂詣、三条殿 3/6 焼亡	後二条師通記
				北野社・高陽院依欠日不立云々	後二条師通記
				石清水社	後二条師通記
					後二条師通記
				中止・被避日次	中右記
				賀茂詣	後二条師通記
			高陽院		後二条師通記
					中右記

表２　藤原師実の住宅と儀式会場

常住の住宅	西暦	和暦	大臣大饗		摂関家拝礼	臨時客	諸社詣	諸社奉幣
			任大臣	正月				
四条宮(カ)	1077	承暦 元.10.17						
四条宮	1077	承暦 元.10.30						
四条宮	1077	承暦 元.11. 2						
四条宮	1077	承暦 元.11.17						
?	1080	承暦 4. 7.21						
四条宮(カ)	1080	承暦 4.10.21					東三条殿	
堀河殿(カ)	1081	永保 元.正. 2				堀河殿(カ)		
堀河殿	1081	永保 元. 4.28					堀河殿	
?	1083	永保 3.正.19						
大炊殿(カ)	1083	永保 3.11.18						東三条殿
大炊殿	1085	応徳 2.正. 1			大炊殿			
大炊殿	1086	応徳 3.正. 1			大炊殿			
大炊殿	1086	応徳 3. 3. 6					堀河殿(カ)	
大炊殿	1086	応徳 3. 9.25					堀河殿(カ)	
大炊殿	1086	応徳 3.11. 7						堀河殿
大炊殿(カ)	1087	寛治 元. 4.15					大炊殿(カ)	
大炊殿	1087	寛治 元. 4.19						
大炊殿(カ)	1087	寛治 元. 6.24						
大炊殿(カ)	1087	寛治 元. 7. 1						
大炊殿(カ)	1087	寛治 元. 8.23						
三条殿	1088	寛治 2.正. 1			三条殿			
三条殿	1088	寛治 2. 9.16					三条殿	
三条殿	1088	寛治 2.12.14	東三条殿					
三条殿	1088	寛治 2.12.21						
三条殿	1088	寛治 2.12.27						
三条殿	1089	寛治 3.正. 1			三条殿			
三条殿	1089	寛治 3.正. 2				三条殿		
三条殿	1089	寛治 3.正.22		三条殿(カ)				
三条殿	1089	寛治 3. 4.20					三条殿	
三条殿	1090	寛治 4.正. 1			三条殿			
三条殿	1090	寛治 4.正. 2				三条殿		
三条殿	1090	寛治 4.12.20						
三条殿	1091	寛治 5.正. 2				三条殿		
三條殿	1091	寛治 5. 3.26					三条殿	
三条殿	1091	寛治 5. 4.22					三条殿	
三条殿	1091	寛治 5. 6.15					三条殿	
三条殿	1091	寛治 5.11.24						三条殿
三条殿	1092	寛治 6.正. 1			三条殿			
三条殿	1092	寛治 6.正. 2				三条殿		
六条殿(カ)	1092	寛治 6. 4.20					東三条殿	
高陽院	1092	寛治 6. 8. 4						東三条殿
高陽院	1092	寛治 6. 8.15						高陽院
高陽院	1093	寛治 7.正. 1			高陽院			
高陽院	1093	寛治 7.正. 2				(高陽院)		
高陽院	1093	寛治 7. 4.21					高陽院	
高陽院	1093	寛治 7.10.10						
高陽院	1094	嘉保 元.正. 1			高陽院			

神馬使発遣	勧学院歩	氏寺参賀	上表	備考	主な史料
					中右記
				中止．陽明門院の崩御による	中右記
				賀茂詣．関白師通と共に参詣	中右記
					中右記
					中右記
				賀茂社．関白師通と共に参詣	中右記
					中右記
					中右記
				賀茂詣．関白師通と共に参詣	中右記
				祇園詣．関白師通と共に参詣	後二条師通記

（一〇七七）の四条宮に対する四条坊門第（六角東洞院第）や応徳三年（一〇八六）の大炊殿に対する堀河殿の様に常住の住宅と儀式会場とが使い分けられていた例はあるものの、師実が一定期間順に用いた堀河殿、大炊殿、三条殿、高陽院のすべてに於てそれぞれ儀式が行われていた事が知られる。寝殿を主会場とした「大饗」を始め、対を主とした「臨時客」「諸社詣」などが、儀式の種類あるいは儀式規模の大小の違いにかかわらずこれらの住宅で行われてきたのである。師実時代の常住の住宅と儀式会場との関係はこの様なものであったと考えて良いだろう。即ち、常住の住宅が儀式の会場としても用いられていた。

東三条殿は常住の住宅としては用いられなかったが、儀式会場としては使われている。しかしながら前述の止むを得ずに用いられた例を除いて考えると会場となった頻度は高くはない。また儀式の種類について見ても「大饗」に限らずに「諸社詣」「諸社奉幣」「上表」などが催され、特定の儀式のための会場とはなっていなかった。東三条殿が儀式会場として用いられた時の師実の常住した住宅は大炊殿、三条殿、高陽院などであり、いずれも大規模な住宅であった点にも注目しておきたい。即ち、東三条殿は師実の儀式会場として、とりわけ「大饗」のための会場としては成立していなかった事になる。

〔四〕師実時代の東三条殿

師実時代の東三条殿はどの様な性格の住宅だったのであろうか。

師実が氏長者・摂関に就任してからの「大饗」として表2より三例が知られるが、寛治三年（一〇八九）の三条殿と嘉保元年（一〇九四）の高陽院の二例はいずれも常住の住宅を会場とし或いは会場とする予定のものであったのに対し、寛治二年（一〇八八）の場合は三条殿に常住していたにも

常住の住宅	西暦	和暦	大臣大饗		摂関家拝礼	臨時客	諸社詣	諸社奉幣
			任大臣	正月				
高陽院	1094	嘉保元．正．2				高陽院		
高陽院	1094	嘉保元．正．17		(高陽院)				
高陽院	1094	嘉保元．4．14					高陽院	
高陽院	1095	嘉保 2．正．1			高陽院			
高陽院	1095	嘉保 2．正．3				高陽院		
高陽院	1095	嘉保 2．4．19					高陽院	
高陽院	1096	永長元．正．1			高陽院			
高陽院	1096	永長元．正．3				高陽院		
—	1096	永長元．4．13					高陽院	
大炊殿(ｶ)	1096	永長元．6．15					大炊殿	

かかわらずわざわざ東三条殿を用いた例である。これら両者の違いは何処にあったのだろうか。東三条殿での大饗は前二者の「正月大饗」に対し、「任(太政)大臣大饗」であった点に注目したい。前者の年中行事に対し後者は通過儀礼的性格の儀式と言えるのではないだろうか。

試みに、師実の氏長者・摂関在任期間の前後までをも含め藤原摂関家一族の儀式にまで拡げて検討してみよう。「大饗」について知られるのは、永保三年(一〇八三)正月二十六日に行われた師実の嫡男師通の「大饗」であり、会場には東三条殿が用いられたと思われる。[50] この「大饗」は正月に行われてはいるが、同日に内大臣に任ぜられた事を祝してのものである。管見によれば師実時代の「大饗」について場所も併せて知られる例は本節で示してきた例のみである。「任大臣大饗」と共に検討しなければならないのは近衛大将に任ぜられた事を祝して行う「任大将饗」であろう。嘉保元年(一〇九四)三月二十八日、師通の嫡子忠実の「任大将饗」が催されているが、その会場はやはり東三条殿であった。[51] 因みに師実自身について言えば、氏長者・摂関就任以前について、康平三年(一〇六〇)七月十七日の「任内大臣大饗」の会場は東三条殿であり、[52] 康平五年(一〇六二)四月二十二日に行われた「任大将饗」はやはり東三条殿が会場であった。[53] 大臣に任ぜられた事を祝して催す「大饗」、特に任太政大臣の会場については特別の意味があったらしく、道長が「任太政大臣大饗」のために二条殿を新造し移徙しようとした例[54]が想起される。

「元服」の会場についても注目すべきであろう。師実の在任中に師通の嫡子忠実の「元服」が寛治二年(一〇八八)正月二十一日に行われたが、その会場は東三条殿であった。[55] 主催は祖父師実である。平安時代の貴族の子弟等の「元服」儀についてはすでに検討しているが、[56] 会場となった住宅は主催者もしくは主催者の属する一族の主要なそれであった。因みに師実自身の「元服」は天喜元年(一〇五三)四月二十一日にやはり東三条殿で行われている。[57]

以上述べたのは、藤原摂関家一族の嫡子に関する言わば通過儀礼的儀式についてであったが、賀茂祭あるいは春日祭への「祭使発遣」の出発邸についても興味深い現象が認められた。管見によれば師実が在任中に藤原氏が使いとなった例[58]について、知られるものを時代順にあげると以下の様になる。

承暦四年（一〇八〇）　四月十六日　賀茂祭使　右中将家忠　花山院[59]
寛治二年（一〇八八）十一月十一日　春日祭使　右中将忠実　東三条殿[60]
寛治五年（一〇九一）十一月十一日　春日祭使　左少将忠教　花山院[61]

寛治二年（一〇八八）の使い忠実は師実の孫で藤原氏の嫡流にあたる。これに対し、承暦四年（一〇八〇）の家忠は師実の次男、寛治五年（一〇九一）の忠教は師実の五男で、家忠の養子である。家忠、忠教が使いの場合には花山院が用いられたが、忠実の場合には東三条殿が用いられた。東三条殿は藤原摂関家嫡流の出発邸として使われたことが知られるのである。

因みに、師実自身が使いとなった二例を見ると、もちろん氏長者・関白の就任以前であるが、いずれに於ても東三条殿が使われていた。[62]なお、東三条殿はこの項で述べてきたすべての例に於て日常生活のための常住の住宅としては用いられていない。

「任大臣大饗」及び「元服」については本節で紹介した例以外知られないので東三条殿が嫡流にとっての儀式会場であったと一概に言うことは出来ない。しかしながら以上の検討から見る限りに於て、東三条殿は、単に「正月大饗」や「臨時客」等の様な年中行事的性格の儀式のためではなく、通過儀礼的儀式や嫡流にとって重要な儀式のための、言わば藤原摂関家を象徴する儀式会場としての性格を持たされていたと考えられるのである。

承保二年（一〇七五）十月二日、氏長者となる前日、師実は東三条殿に渡り古書を内覧した。翌三日、師実は氏長者となり、長者印と藤原氏の重宝とも言うべき朱器大盤等は東三条殿に移されている。東三条殿の藤原氏一族に於ける特別の位置づけを知る事が出来る。応徳二年（一〇八五）四月二十五日、師実は東三条殿御倉文書を師通に譲ったが、[63]師通は嘉保元年（一〇九四）三月九日に関白となり、東三条殿に渡った。ここで古書を覧ている。同十一日には氏長者となったが、東三条殿で師実から朱器大盤、長者印を譲られている。[64]二十八日の「勧学院歩」、二十九日の「興福寺等参賀」の後、師通は二条殿に還った。[65]東三条殿は藤原摂関家にとって、節目節目に重要な役割を果していたのである。

以上の様に師実時代の東三条殿は藤原摂関家にとって特別の意味を持ち、一族の儀式会場として重要な役割を果していたが、「正月大饗」や「臨時客」等を行うための専用の住宅としては未だ成立していなかったことになる。

〔五〕藤原師通の住宅と儀式会場

藤原師実の嫡男師通が氏長者・摂関就任以降に用いた住宅の数は少ない。それは師通が在任五年余りで夭折したためである。師通が師実から関白を譲られたのが嘉保元年（一〇九四）三月九日、氏長者となったのは十一日のことであったが、それに先立つ正月十日、二条東洞院第（以下、二条殿とする）の新造なった東対（東小寝殿）に初めて渡っている。[66] その後、後述する様に一時的に東三条殿や六条殿[67]を儀式等の会場として用いる事はあっても、日常生活のための常住の住宅としては一貫して二条殿を使用した。

二条殿の規模については太田静六氏によって明らかにされているが、[68] 西対を欠くものの寝殿を中心として東対、東中門廊、東車宿等を備えていた。

さて、師通も師実同様、様々な種類の儀式を催していた。師実の場合に倣い師通が氏長者・摂関在任中に行われた儀式と居住（常住）していた住宅との関係を時代順に整理したものが表3である。

この表を検討する前に師実の場合と同様若干の補足説明をしておきたい。嘉保二年（一〇九五）正月十九日に行われた「正月大饗（朱器大饗）」を始めとして、高陽院が儀式の会場となった例が見られる。ここを会場とした場合他とは異なった理由が存在していた。嘉保元年（一〇九四）四月十四日の「賀茂詣」と永長元年（一〇九六）四月十三日の「賀茂詣」の際には共に高陽院が用いられたが、これらは共に大殿師実と共に参詣した例である。この高陽院はこの時期師実の常住の住宅であった。[69] 永長元年（一〇九六）六月十五日の「祇園詣」には大炊殿が使われたが、これも師実と共に参詣した例である。前述した様にこの時期大炊殿は屢々師実の住宅として使われていた。即ちこれらに於て高陽院、大炊殿が用いられたのはこの様な事情のもとであった。嘉保二年（一〇九五）正月十九日に高陽院で催された「正月大饗」に関し『中右記』には、その前々日に行われた大饗習礼について、

未時許參入高陽院、是依大饗習禮也、人々參集之後、公卿被出居寝殿南簀子敷、（先敷圓座、）大殿、（烏帽子直衣、）關白殿、（冠、）帥卿、藤大納言、新大納言、民部卿、左大將、藤中納言、江中納言、左大辨等也、皆以直衣

神馬使発遣	勧学院歩	氏寺参賀	上表	備考	主な史料
	東三条殿				中右記
		東三条殿			中右記
				賀茂詣、大殿師実と共に参詣	中右記
			二条殿	大殿師実も渡る	中右記
					中右記
					中右記
				朱器大饗、高陽院は大殿師実の御所	中右記
			東三条殿		中右記
			東三条殿		中右記
					中右記
					中右記
				大原野社	後二条師通記
				賀茂詣、大殿師実と共に参詣	中右記
				祇園詣、大殿師実と共に参詣	後二条師通記
			二条殿		中右記
					中右記
				賀茂詣、大殿師実と共に参詣	中右記
					後二条師通記
					後二条師通記

と記される。即ち、大殿師実が参加していた。大饗当日の様子について具体的には知られないが、師実もこの儀式を見守る等、何等かの形で参加したものと考えられる。とするならばこの大饗の会場として高陽院が用いられたのは「賀茂詣」等と同様の理由からと考えられるのである。寧ろこの会場として東三条殿が用いられなかった事の方に注目しておきたい(70)。

この様な事を念頭に置き表3を見ると、右に述べた高陽院や大炊殿、そして後述する東三条殿以外は師通常住の住宅であった二条殿が儀式会場としても用いられたという事に気が付くであろう。即ち、この場合儀式は常住の住宅に於て催されていたことになる。

師通も儀式会場として東三条殿を用いていた。「勧学院歩」「氏寺参賀(71)」についてはそれぞれ一例のみで、「上表」については例がやはり少ない。むしろ東三条殿の用法に関する師通代の特徴は「摂関家拝礼」「臨時客」がここで初めて行われたことであろう。これらの例を師実の代では決して見ることは出来なかった。嘉保二年(一〇九五)正月朔日に「摂関家拝礼」が、同正月三日には「臨時客」が東三条殿を会場として催された。師通は前年、嘉保元年(一〇九四)の十二月十九日に二条殿から東三条殿に渡り、正月まで東三条殿に滞在していた(72)。師通はこれら正月の行事を東三条殿で行うため予め前年の年末にここに渡ったとも考えられるのである。この後、これらの会場には二条殿が用いられ、師通の代に東三条殿が使われることはなかった。実はこの年から「小朝拝」「院拝礼」「大殿拝礼」「摂

表３　藤原師通の住宅と儀式会場

常住の住宅	西暦	和暦	大臣大饗		摂関家拝礼	臨時客	諸社詣	諸社奉幣
			任大臣	正月				
二条殿	1094	嘉保 元．3.28						
二条殿	1094	嘉保 元．3.29						
二条殿	1094	嘉保 元．4.14					高陽院	
二条殿	1094	嘉保 元.12.13						
二条殿	1095	嘉保 2.正．1			東三条殿			
二条殿	1095	嘉保 2.正．3				東三条殿		
二条殿	1095	嘉保 2.正.19		高陽院				
二条殿(カ)	1095	嘉保 2．2．8						
二条殿(カ)	1095	嘉保 2．2.12						
二条殿	1096	永長 元．正．1			二条殿			
二条殿	1096	永長 元．正．3				二条殿		
二条殿	1096	永長 元．2．6						二条殿
二条殿	1096	永長 元．4.13					高陽院	
二条殿	1096	永長 元．6.15					大炊殿	
二条殿	1096	永長 元．9.15						
二条殿	1097	承徳 元．正．1			二条殿			
？	1098	承徳 2.12．6					二条殿	
二条殿(カ)	1099	康和 元．正．1			二条殿(カ)			
二条殿(カ)	1099	康和 元．正．2				二条殿		

関家拝礼」の正月四拝礼が揃って開催される様になるのであるが、その意味するところについては次節以降改めて論じることとし、ここでは師通が初めて「摂関家拝礼」「臨時客」の会場として東三条殿を用いたという点を指摘しておくに留めたい。

以上、師通について常住の住宅と儀式会場について検討してきたが、師通についても師実の場合と同様で、常住の住宅が儀式会場として使われていた。然しながら東三条殿について言えば、師実代とは異なった用法がなされていたのである。

〔六〕おわりに

本節では、藤原師実を主として取り上げ、藤氏長者・摂関在任中の日常生活のための常住の住宅と儀式会場とがどの様な関係にあるのか、そして東三条殿がこれらに於てどの様な性質を有していたのかを考えてきた。

師実は数多くの住宅を居住のための常住の住宅として用いたが、これらが里内裏や院御所として使用され或いは焼失したのを契機に住み替えてきた。

常住の住宅と儀式会場との関係について見ると、これらが別々のものとして使い分けられた場合もあるが、常住の住宅が儀式会場としても用いられていた。これが師実の場合の基本の方式である。

東三条殿は常住の住宅ではなかったが儀式会場として使われていた。ここでは他の常住の住宅での場合と同様、寝殿を主として用いる「任大臣大饗」を始めとして対を主とする「諸社詣」「上表」などが催されており、特定の儀式が行われたのではなかった。

東三条殿は師実にとって、儀式全般を行うための専用の住宅としてあったのではない。然しながら儀式の種類をより詳細に検討すると、「任大臣大饗」「任大将饗」「元服」の様な通過儀礼とも言うべき藤原摂関家にとっての、そして「祭使発遣」の様な嫡流にとっての重要な儀式がここで行われており、この点に於て他の住宅とは異なった性格を有していた。

師実が常住のために用いた住宅はいずれも大規模な住宅であり、東三条殿が規模の点から右に述べた儀式のための、特に「大臣大饗」など大規模儀式のための会場となったと考えることは困難である。

師通についても同様であり、常住の住宅が儀式会場としても使われてきたと考えて良い。しかしながら東三条殿について見ると、師実代とは異なり「摂関家拝礼」「臨時客」の会場として用いられた事が注目される。

本節では、主として藤原師実に焦点を当て検討してきたが、師実以前についてはどうであったのか、師実・師通以降はどうであったのか、とりわけ『中右記』天永二年(一一一一)六月五日条に「常不居住」とされた東三条殿に忠実は何故移徙しなければならなかったのか等、課題は多く残されている。さらに進め考えていきたい。

註

1 太田静六「東三條殿の研究」(『建築学会論文集』第二一号、昭和十六年四月)、高群逸枝『平安鎌倉室町家族の研究』(昭和六十年二月、国書刊行会)。

2 川本重雄「東三条殿と儀式」(『日本建築学会論文報告集』第二八六号、昭和五十四年十二月)。

3 平安末期になると儀式のためだけに用いられる住宅は存在しなくなるが、次稿以降をも含めた本研究ではこれらをも視野に入れて検討を進めていく。

4 師実については、嘉保元年(一〇九四)三月に関白を師通に譲った後の二、三年分をも含めて検討する。師実、師通の氏長者、あるいは摂関就任以降を対象とするのは、氏長者あるいは摂関としての立場が明確に反映されると考えるからである。氏長者と摂関とは本来別の概念であるが、師実、師通ともに氏長者と摂関の就任時期は殆ど同じであるので、本節では氏長者・摂関と表現して進めることにする。なお藤氏長者との関係については、竹内理三『律令制と貴族政権』(昭和三十三年、御茶の水書房)、橋本義彦『平安貴族社会の研究』(昭和五十一年、吉川弘文館)参照。

5　『水左記』同日条。

6　『公卿補任』

7　『類聚雑要抄』群書類従巻第四七〇。

8　『水左記』承保三年(一〇七六)六月二十一日条。

9　『水左記』承暦元年(一〇七七)九月七日条。

10　『水左記』承暦元年(一〇七七)十月十七日条。

11　『水左記』承暦元年(一〇七七)十月二十九、三十日条。

12　『水左記』承暦元年(一〇七七)十一月十七日条。なお、四条坊門第と六角東洞院第は同一の住宅である可能性が高い。

13　『為房卿記』同日条。

14　『帥記』承暦四年(一〇八〇)閏八月二十五日条。

15　『帥記』永保元年(一〇八一)三月二十三日条、他。

16　『帥記』承暦四年(一〇八〇)七月二十一日条。二条室町殿と同一邸か。

17　『水左記』承暦四年(一〇八〇)十月二十一日条。

18　太田静六「堀河殿の考察」(『建築学会論文集』第二二号、昭和十六年九月)、同『寝殿造の研究』(昭和六十二年二月、吉川弘文館)。

19　『後二条師通記』永保三年(一〇八三)二月十四日条。

20　『後二条師通記』永保三年(一〇八三)二月二十九日条。

21　『百練抄』同日条。

22　『後二条師通記』応徳三年(一〇八六)十一月七日条。

23　『為房卿記』寛治元年(一〇八七)四月十九日条。

24　太田静六「大炊殿と六條殿」(『建築学会論文集』第二四号、昭和十七年三月)。

25　拙稿「対屋の規模からみた寝殿造の変遷について」(『日本建築学会論文報告集』第三三九号、昭和五十九年五月)。

26　『中右記』同日条。

27 『水左記』同日条。

28 三条殿が焼失した寛治六年(一〇九二)三月六日について『中右記』同日条には、「此中關白殿御所三條殿燒了、…(三條殿造畢後、已經九ヶ年、)」と記される。

29 『後二条師通記』によれば、師実は寛治二年(一〇八八)十月二十八日から同閏十月二日まで、寛治四年(一〇九〇)四月二十七日から七月十九日まで六条殿を御所としたものと考えられる。『中右記』七月三日条に、六条水閣寝殿に初めて渡ったとあるが、続いて「先日渡御東廊也、仍自東門入御西門」とあり、すでに前から六条殿を用いていたことが知られる。この六条殿は六条水閣とも呼ばれていた。

30 『為房卿記』『中右記』同日条。前掲註28参照。

31 太田静六『寝殿造の研究』前掲註18。

32 『中右記』寛治六年(一〇九二)三月六日条。同四月二十八日条、他。

33 『後二条師通記』寛治六年四月一日、同三日、同十三日条、他。

34 『後二条師通記』同日条。

35 『中右記』同日条。

36 『中右記』嘉保元年(一〇九四)三月二十二日条、他。

37 『中右記』嘉保二年(一〇九五)正月十日条、他。

38 太田静六「平安末期における高陽院に就いて」(『早稲田建築学報』第一八号、昭和十七年)。

39 知られる期間については実線で、推測される期間については破線で示す。なお、これらの住宅の儀式時の用法については次項で検討する。

40 予備的とは常住以外という意味である。

41 表1には比較的長い期間のもののみ示してあるが、他にも極く短い期間の例がある。

42 前掲註30。

43 「任大将饗」は氏長者・摂関在任中、師実主催(主人)としてのものは行われていない。「任大将饗」については「元服」、「祭使発遣」と共に次項で検討する。これらの儀式は本文で述べた儀式と異なった性格を有していたと考えられる。

44 「摂関家拝礼」の意味については別稿で詳しく検討する。

45 「賀茂詣」、「春日詣」に於ける対や寝殿での公卿、殿上人の座の配置については拙稿「元服、賀茂詣・春日詣および臨時客の会場－平安期貴族住宅の儀式空間について(2)－」(『日本建築学会計画系論文集』第五五七号、二〇〇二年七月)参照。

46 例えば、寛治五年(一〇九一)十一月二十四日の春日社への奉幣に於ては三条殿の蔵人所前屏之内が用いられ(『後二条師通記』)、師実代で

47 はないが天仁元年（一一〇八）十一月朔日の春日社への場合は東三条殿の東中門東庭が使われている（『中右記』）。
48 師実代ではないが、『玉蘂』嘉禎三年（一二三七）二月一日条によれば、春日神馬が寝殿南庭に立てられている。
49 「上表」の次第および会場の装束については、第二章第一節および第五章第一節参照。
50 この大饗の座は「西礼」的秩序のもとに配されたことになる。
51 『後二条師通記』同月十九日条。
52 『中右記』同日条。
53 『康平記』同日条。
54 『康平記』同日条。因みに、師実在任期間の「任大将饗」の会場について古記録を探ると、寛治七年（一〇九三）十二月二十七日の源俊房の場合は土御門亭を用いた（『中右記』）。藤氏一族の「任大将饗」に関しては他に、師実在任期間以降について、元永二年（一一一九）二月六日の忠通、保延元年（一一三五）二月八日の頼長、久寿元年（一一五四）八月十八日の兼長の例が知られるが、いずれも東三条殿を会場とした。
55 本章第一節参照。
56 『後二条師通記』『中右記』同日条。
57 第二章第三節参照。
58 『定家朝臣記』同日条。
59 源氏の子弟が使いとなる場合もある。師実在任中について言えば、寛治四年（一〇九〇）四月十四日の賀茂祭使、左少将師隆の例が知られる（『中右記』）。出発邸は鴨井殿であった。
60 『水左記』同日条。
61 『師記』同日条。
62 『為房卿記』同日条。
63 『定家朝臣記』天喜三年（一〇五五）十一月五日条。同五年（一〇五七）二月一日条。なお、「祭使発遣」の住宅およびその儀式空間については別稿で検討する予定である。
64 『後二条師通記』同日条。
65 『中右記』同日条。
66 『中右記』同日条。
『中右記』同日条。なお、寝殿に移徙しなかった理由については『後二条師通記』寛治七年（一〇九三）七月十三日条参照。

67 『中右記』嘉保二年(一〇九五)二月二十六日条、三月十八日条、七月十日条、十月八日条等。

68 前掲註31。

69 『中右記』嘉保元年(一〇九四)四月三日条、同二年(一〇九五)正月一日条、二日条、二月二十六日条、十月二日条、他。

70 二条殿が大饗の会場として用いられなかったのは規模が不十分だったからではない。本文でも述べた様に、寝殿の他に東対(東小寝殿)を有していたし、何よりも承徳元年(一〇九七)九月二十三日からは里内裏として使われている。

71 前項で述べた様に、嘉保元年(一〇九四)三月九日、師通は関白となるに伴い東三条殿に移り、十一日に長者印、朱器大盤を譲り受けたが、その後三月二十九日の氏寺参賀まで東三条殿に滞った可能性もある。

72 『中右記』嘉保元年(一〇九四)十二月十九日条。同二十二、二十四、二十七日条。

第三節　藤原忠実の住宅と儀式会場

〔一〕はじめに

本節は、平安時代に於て藤氏長者・摂関家の儀式がどの様な住宅で行われてきたのか、その変遷過程を解明するため、第一節、第二節の藤原道長、藤原師実、師通に引き続き師通の嫡子忠実の氏長者・摂関在任期間を取り上げ検討したものである。(1) 前と同様、忠実が居住のために使用した住宅と儀式会場として用いた住宅とがどの様な関係にあったのかを具体的に示し、またこれらの中で東三条殿がどの様な性質を有していたのかを明らかにしたい。(2) 忠実時代は師実の時代に対し右に記した点について大きな変化が認められるのでその背景についても検討を進めることにする。併せて、忠実が行った東三条殿への移徙の意義についても考えてみたい。

〔二〕藤原忠実の住宅の変遷

藤原忠実は氏長者あるいは摂関の在任期間中、師実の場合以上に数多くの住宅を用いていた。その数は十数箇所に上るが、内容は師実の場合と大分異なっている。以下、忠実が居住のために使用したと考えられる住宅に着目し変遷を概観したい。

忠実が藤氏長者となったのは康和元年(一〇九九)十月六日のことであったが、(3) これに先だつ八月二十八日、枇杷殿で内覧宣旨を賜っている。(4) 康和二年(一一〇〇)の後半期から同三年の正月にかけて一時期東三条殿を用いることはあっても暫くの間はこの枇杷殿に居住したと思われる。(5)(6) 枇杷殿は、寝殿を中心に据え、東対代(廊)、東侍廊などを備えていた。(7) 康和四年(一一〇二)八月十九日、忠実は橘以綱の二条東洞院宅に渡ったが[8]、以綱は忠実の家司にあたる[9]。次に用いたのが高陽院である。高陽院は前節で述べた様に師実によって使用されていたが、その後、堀河天皇の里内裏となっていた。忠実は、この高陽院に同年十月十三日移徙したのである[10]。この高陽院は太田静六氏の分類による第四期に属しているが[11]、寝殿を中心として、東西に東対、東小寝殿、西小寝殿等を配する堂々たる規模の住宅であった。忠実は以後数年の間この住宅に居住することになるが、この間比較的短期間ではあるものの何度か東三条殿に渡っている。その中でも、康和五年(一一〇三)八月三日の移住は、この高陽院が立太子に伴い皇子御所として使用されることによるものであった[12]。その後、暫くした長治二年(一一〇五)十二月二十五日、忠実は関白に就任している。天仁元年(一一〇八)二月十六日には忠実と関係の深かった成信の五条坊[13]に一時居を移したが、同年三月七日、藤原家光の五条町尻宅に渡っている。この町尻宅は、白河院より賜ったもので、時の里内裏小六条殿(六条坊門南烏丸西)の近辺に移るべく準備された住宅である[14]。家光は院司であった[15]。同年八月二十九日、忠実は源重資の中御門家[16]に移ることになるが、ここは以前白河院御所として用いられた住宅で[17]、重資は院別当にあたる[18]。内裏は八月二十一日から前の里内裏六条殿に代わって大内に遷っている。中御門家は町尻宅よりもこの大内に近い位置にあった。この後、忠実は一時高陽院を用いたこともあったが[19]暫くはこの中御門家を用いていたと考えられる[20]。天永元年(一一一〇)八月八日、忠実は家司高階能遠の烏丸宅[21]に居を一時移したが[22]同年九月十二日再び高陽院に渡っている[23]。翌天永二年(一一一一)九月二日[24]、忠実は木工権頭藤原季実の土御門東洞院家に渡るが[25]、これは時の里内裏土御門殿(土御門北高倉東)の近くに移る様にと白河院から仰せられた結果であった[26]。それから間もない九月十一日、一時東三条殿に移っているが[27]、十月十五日には、阿波守藤原忠長の三条宅に渡っている[28]。忠長は院殿上人である[29]。里内裏は同年九月二十日から高陽院に遷っていた。忠実はこの三条宅を、後述する鴨院に移るまでの間、屢々用いることになる。翌天永三年(一一一二)四月三十日、再度東三条殿に渡ることになるが、これは忠実が住む三条近辺で病人が多発したため院に相談の結果他所に移ることにしたためである[30]。同五月二十六日、忠実は伊賀守藤原孝清の堀河楊梅家(堀河西楊梅北)に渡った。同年十月から里内裏は小六条殿に遷っていたが、これに合わせて近くに居所を変えるようにと院から指示されたからである[31]。同年十月十一日、忠実は源清実の京極大炊御門家に移った[32]。清実は忠実の家司である[33]。前の諸例に鑑みるとこの移動は同年十月十九日から里内裏となる大炊殿(大炊御門北東洞院東)の近所に移るためであったと思われる。その後、大炊殿近辺に疾病が多発したため一時期東三条殿に渡ったこと等もあったが[34]、永久二年(一一一四)二月二十一日には前述した忠長の三条宅に再び移っている[35]。侍(源清仲)が(大炊殿の)西屋で死亡したからであった。[36] 同年六月十一日、藤原為隆の七条家に移っているが、これも鷺の不吉を避けたためである。[37] 為隆は忠実の家司にあたる。[38] 同八月二十七日になると、忠実はこの七条家から藤原実行の六条宅に渡った。[39] 実行は院司である。[40] この移動も八月八日から新里内裏となった小六条殿の近所に渡るように白河院から仰せられたからである。[41] 翌三年（一一一五）四月十六日、忠実は三条宅に移ったが、[42] 七月二十一日には東三条殿に移徙している。[43] 東三条殿には高陽院を用いていた時にも幾度か渡っているが、移徙儀を伴ったものは今回が最初である。東三条殿の構成については太田静六氏によってすでに明らかにされている。[44] それから間もなくの八月一〇日、忠実は三条宅に還った。[45] 永久五年（一一一七）七月二日に鴨院に移徙[46]するまでの間、冨家別業を用いることはあっても[47]主としてこの三条殿に居住したものと思われる。鴨院移徙後は保安二年（一一二一）正月二十二日に関白を辞するまでの間、ここを用いていた。鴨院は寝殿の他、西対代（廊）、出居廊などにより成っていた。[48]

以上が、忠実が居住のために用いた住宅の概略であるが、本項で述べてきた枇杷殿、高陽院、鴨院、東三条殿以外については、平面構成・規模が不明である。但、三条宅について『殿暦』天永三年（一一一二）十一月一日条、永久五年（一一一七）三月二十四日条にそれぞれ、

　而所便宜極不便也、宅躰實見苦

　此三條亭極所躰見苦上、凡無便宜故

と記されるのみである。[49]

忠実が居住のために用いてきた住宅の変遷の概要をわかりやすく住宅ごとに年表形式で示したのが表1である。但し、後述する東三条殿でのように、儀式のために年末から正月にかけての極く短期間移動した場合は除いてある。

この表を通覧すると、忠実は藤氏長者そして摂関就任以来数多くの種類の住宅を居住のために使用してきた事が知られる。枇杷殿、高陽院、鴨院は長期間に渡って用いられたが、東三条殿を含め、これら以外については比較的短期間の使用であった。枇杷殿、高陽院は藤氏長者・摂関家に属した住宅で、[50] 鴨院は忠実が新造したものである。[51] 東三条殿が藤氏長者・摂関家に属していたことは言うまでもない。これらに対し、他の住宅には際だった特徴が認められる。それは白河院の院司や院別当、院殿上人あるいは忠実の家司の住宅であったという点である。前者としては五条町尻宅、中御門家、三条宅が、後者としては、烏丸宅、京極大炊御門家、七条家があげられる。忠実はこれらの住宅を、多くは白河院の、時の里内裏の近辺に居を移すべしという指示のもとに用いたのである。[52] これを頻繁に繰

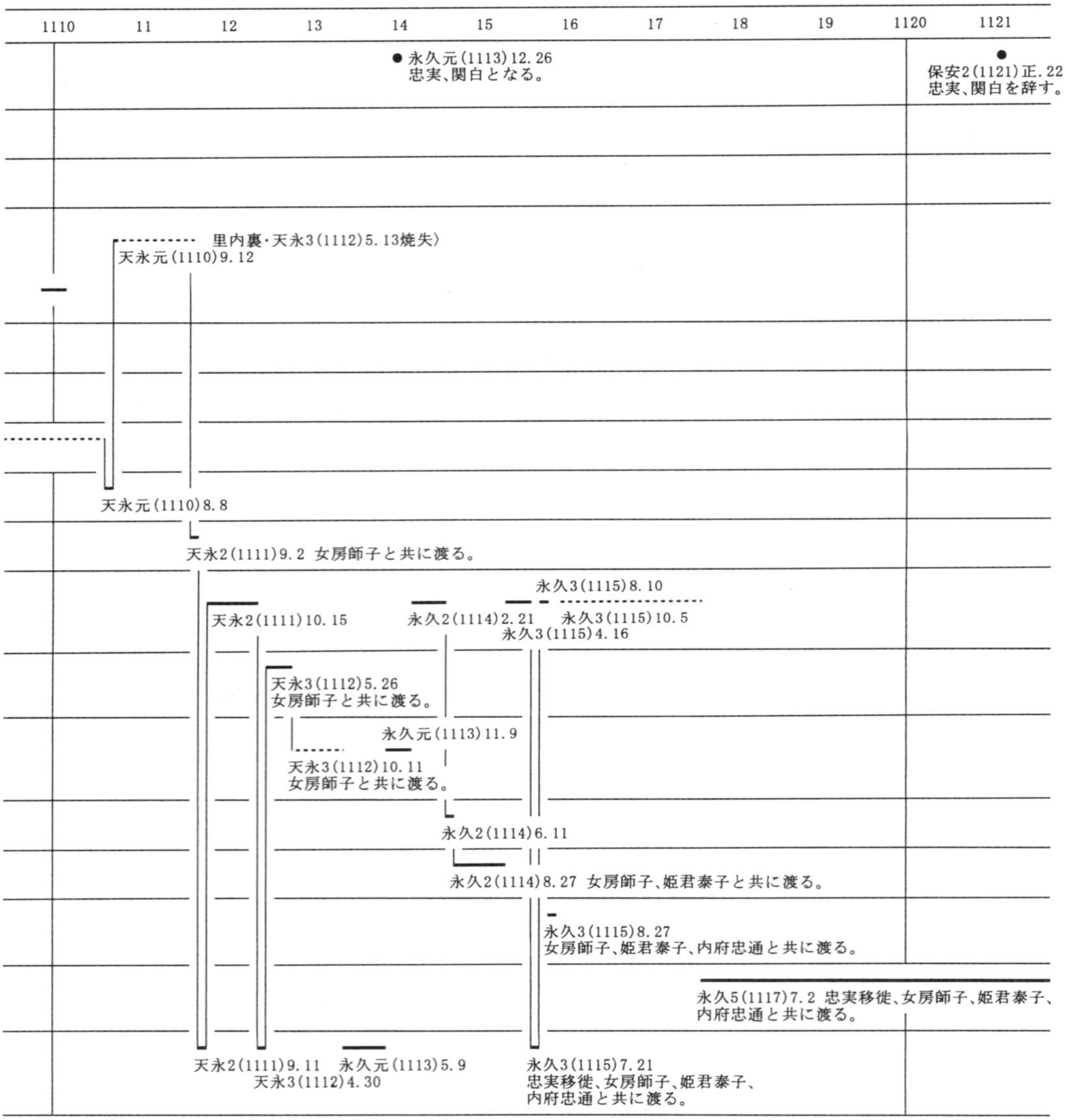
1110
11
12
13
14
15
16
17
18
19
1120
1121
永久元(1113)12.26
忠実、関白となる。
保安2(1121)正.22
忠実、関白を辞す。
里内裏・天永3(1112)5.13焼失〉
天永元(1110)9.12
天永元(1110)8.8
天永2(1111)9.2 女房師子と共に渡る。
永久3(1115)8.10
天永2(1111)10.15
永久2(1114)2.21
永久3(1115)10.5
永久3(1115)4.16
天永3(1112)5.26
女房師子と共に渡る。
永久元(1113)11.9
天永3(1112)10.11
女房師子と共に渡る。
永久2(1114)6.11
永久2(1114)8.27 女房師子、姫君泰子と共に渡る。
永久3(1115)8.27
女房師子、姫君泰子、内府忠通と共に渡る。
永久5(1117)7.2 忠実移徙、女房師子、姫君泰子、
内府忠通と共に渡る。
天永2(1111)9.11
永久元(1113)5.9
天永3(1112)4.30
永久3(1115)7.21
忠実移徙、女房師子、姫君泰子、
内府忠通と共に渡る。

表1　藤原忠実が用いた住宅

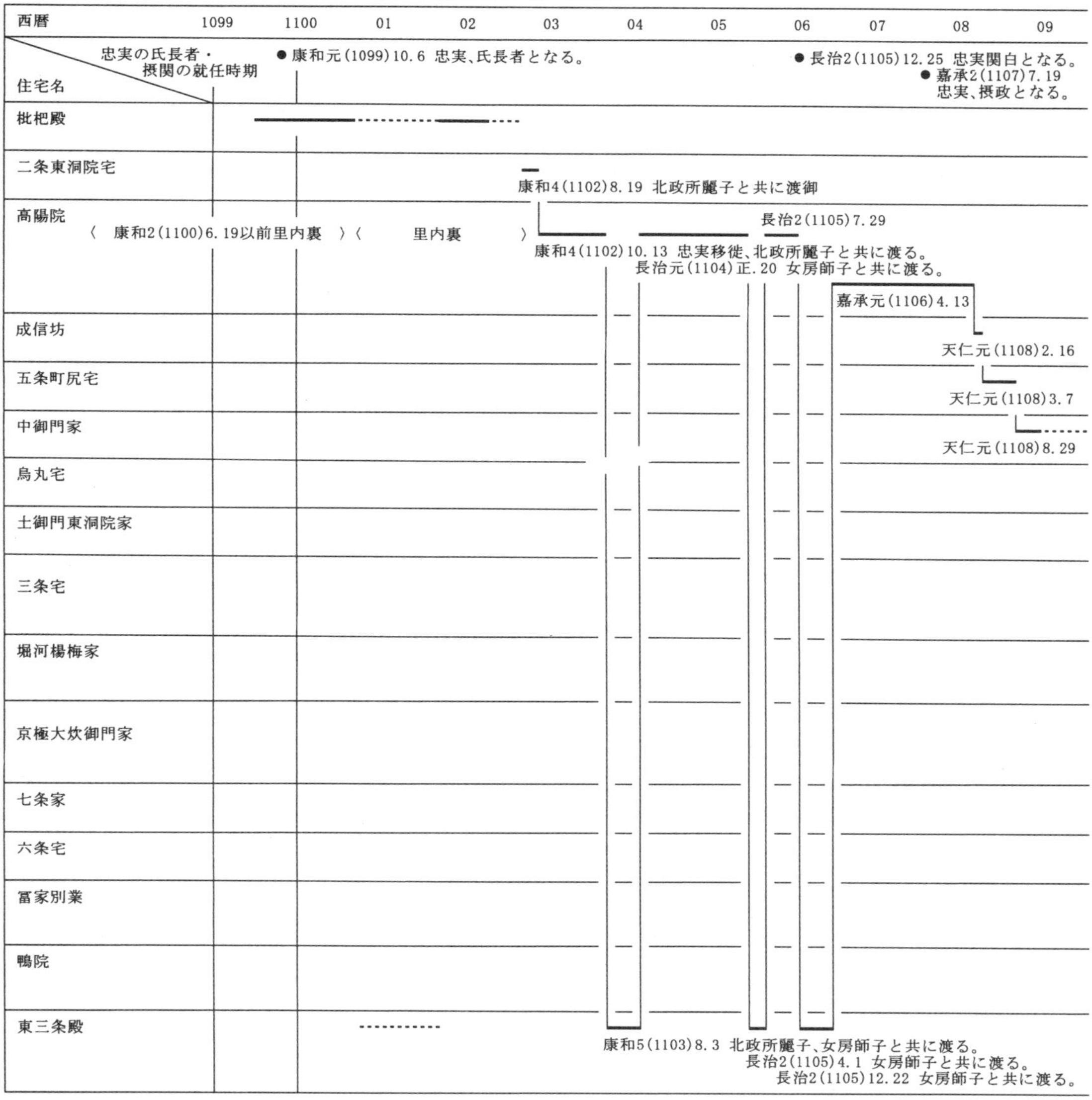
西暦
1099
1100
01
02
03
04
05
06
07
08
09
忠実の氏長者・摂関の就任時期
住宅名
● 康和元(1099)10.6 忠実、氏長者となる。
● 長治2(1105)12.25 忠実関白となる。
● 嘉承2(1107)7.19 忠実、摂政となる。
枇杷殿
二条東洞院宅
康和4(1102)8.19 北政所麗子と共に渡御
高陽院
〈 康和2(1100)6.19以前里内裏 〉〈 里内裏 〉
長治2(1105)7.29
康和4(1102)10.13 忠実移徙、北政所麗子と共に渡る。
長治元(1104)正.20 女房師子と共に渡る。
嘉承元(1106)4.13
成信坊
天仁元(1108)2.16
五条町尻宅
天仁元(1108)3.7
中御門家
天仁元(1108)8.29
烏丸宅
土御門東洞院家
三条宅
堀河楊梅家
京極大炊御門家
七条家
六条宅
冨家別業
鴨院
東三条殿
康和5(1103)8.3 北政所麗子、女房師子と共に渡る。
長治2(1105)4.1 女房師子と共に渡る。
長治2(1105)12.22 女房師子と共に渡る。

※　極く短期間のものは除いてある。

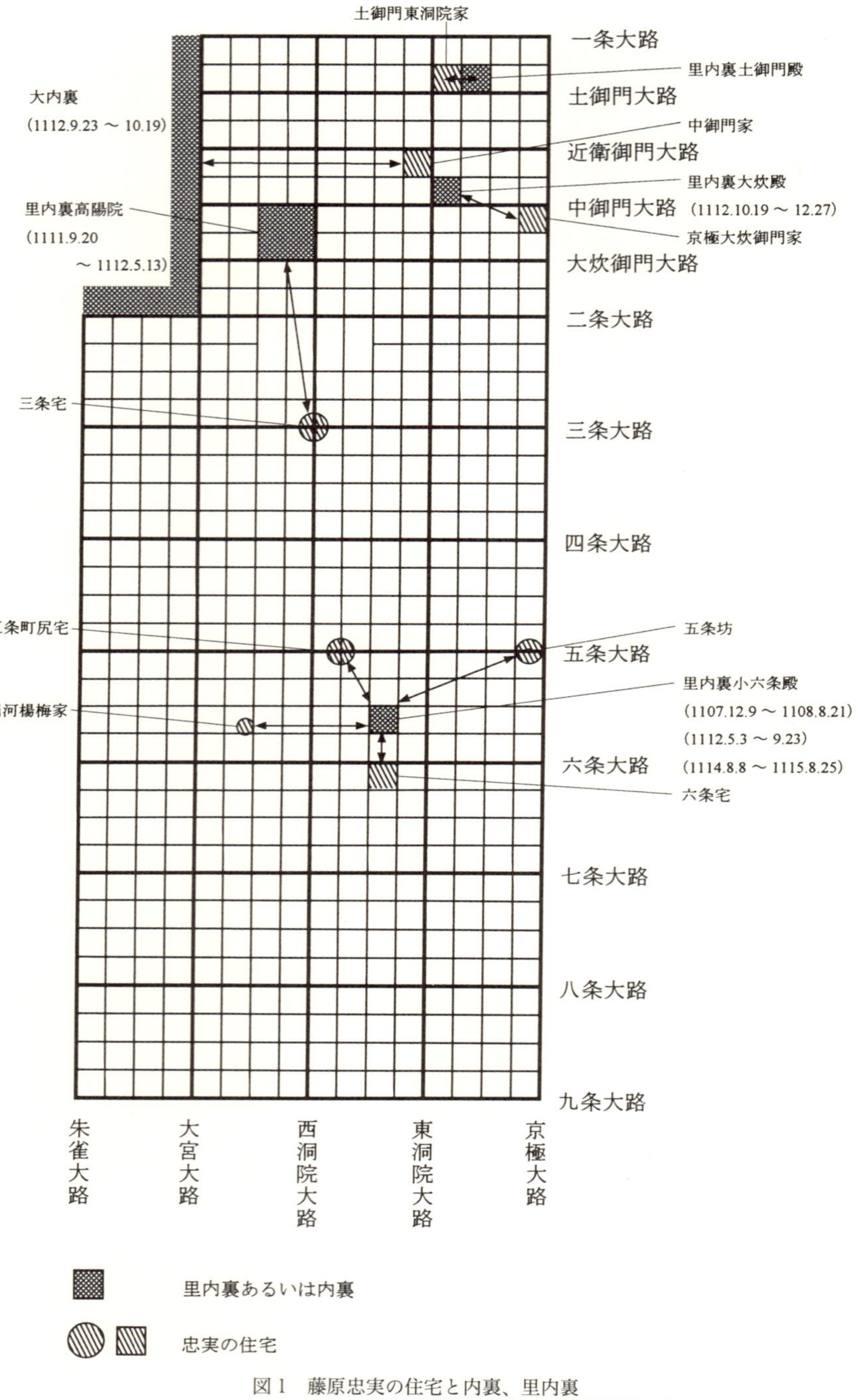

図１　藤原忠実の住宅と内裏、里内裏
＊但し、内裏、里内裏との位置的関係が強いものについて示している。

り返していた。そしてこれらの理由は、康和四年（一一〇二）十月十三日からの高陽院への移住がそれまでの里内裏としての使用が終了したことによるものと考えられることや[53]、永久五年（一一一七）七月二日の鴨院への移住が新造移徙であったこと等と比較し、大きく異なっていた。また、東三条殿への移動に関し永久三年（一一一五）七月二十一日の移徙以前についてその理由を見ると、予め計画されていたものではなく、従って東三条殿は居住用としては予備的な存在として認識されていたと考えられる。なお、図1は里内裏あるいは内裏と忠実の住宅の位置関係について注目される例を示したものである。

師実の代には、師実に属する数カ所の住宅を順に用い、移動の要因としては、これらの住宅の里内裏や院御所としての使用或いは焼失等があげられたが、忠実の代では全く異なっていたことになる。

〔三〕忠実の住宅と儀式会場

本項ではどの様な住宅でどの様な儀式が行われていたのかを具体的に示すことによって、居住のために用いられた住宅と儀式会場として用いられた住宅との相関関係を明らかにしたい。取り上げる儀式は前節で師実について検討したのと殆ど同様の、「大臣大饗」「氏長者・摂関家拝礼」「臨時客」「諸社詣」「勧学院歩」「氏寺参賀」「上表」である[54]。儀式の規模、性質等については第二章等を参照して戴きたいが、「大臣大饗」は寝殿及びその南庭を中心として用いる大規模儀式、「氏長者・摂関家拝礼」は対あるいは寝殿とそれぞれの南庭を用いる儀式、「臨時客」以下は主として対およびその南庭を用いる中小規模の儀式である。

さて、表2は忠実が氏長者そして摂関在任中に居住のために用いていた住宅と右に記した儀式が行われた住宅との関係を時代順に整理し纏めたものである。その時居住していた住宅とは前項で示したような例え短期間の場合でも儀式のためだけに用いられた住宅ではないそれらを指している。

この表を概観してまず気がつくのは、儀式会場として主に用いられたのは東三条殿、高陽院、鴨院であり、これらの住宅が居住のために用いられていた時には、これらの住宅がそのまま儀式会場となる傾向が強いということである。しかし五条町尻宅や中御門家等に居住していた時にはこれらではなく東三条殿あるいは高陽院が儀式会場として使われていた。これらのうち高陽院は天永二年（一一一一）

勧学院歩	氏寺参賀	上表	備考	主な史料
			任右大臣大饗．師実、北政所（麗子）も渡る	殿暦
東三条殿			師実も渡る	殿暦
			春日詣	殿暦
			太皇太后（寛子）も渡る	殿暦
			師実も渡る	殿暦
		東三条殿（カ）		殿暦
		東三条殿		殿暦
		東三条殿		殿暦
			北政所（麗子）も渡る	殿暦
			北政所（麗子）も渡る	殿暦
			前年12.16に東三条殿から高陽院に還る予定が方違方角事により延期．北政所（麗子）も渡る	殿暦
				殿暦
			賀茂社	殿暦
			太皇太后（寛子）、北政所（麗子）も渡る	中右記
			賀茂詣．姫君（泰子）も渡る	中右記
			太皇太后（寛子）、北政所（麗子）も渡る	中右記
			中止、院御気色不快	殿暦
東三条殿				中右記
	東三条殿			中右記
		高陽院		殿暦
		高陽院（カ）		殿暦
			春日詣．12月10日、女房（師子）と共に渡る	殿暦
				殿暦
				殿暦
			正月15日、女房（師子）渡る	殿暦
			賀茂詣	殿暦
			太皇太后宮（寛子）、前斎院（禎子内親王）、北政所（麗子）も渡る	殿暦
			中止、積雪による	中右記
		東三条殿		殿暦
		東三条殿		殿暦
東三条殿				殿暦
	高陽院			殿暦
			前年12月30日、北政所（麗子カ）、女房（師子）と共に渡る。一条殿（全子）も渡る ・今日向東三條、依正月間事也．（殿暦）	殿暦
				殿暦
		東三条殿		殿暦
			賀茂詣	殿暦
			中止、地湿による	殿暦
				殿暦
			賀茂詣	殿暦
			太皇太后宮（寛子）、北政所（麗子）、前斎院（禎子内親王）、一条殿（全子）も渡る・但今夜一条殿上渡此亭、朔三日間依可御座也（殿暦、前年12月28日条）	中右記
				殿暦
			賀茂詣	中右記
			春日詣	中右記

表２　藤原忠実の住宅と儀式会場

居住のための住宅	西暦	和暦	大臣大饗		氏長者・摂関家拝礼	臨時客	諸社詣
			任大臣	正月			
枇杷殿(ｶ)	1100	康和 2. 7.17	東三条殿				
？	1100	康和 2. 8.18					
東三条殿(ｶ)	1100	康和 2.11.27					東三条殿
東三条殿(ｶ)	1101	康和 3.正. 1			東三条殿		
東三条殿(ｶ)	1101	康和 3.正. 3				東三条殿(ｶ)	
枇杷殿	1102	康和 4. 7. 5					
二条東洞院宅	1102	康和 4. 9.17					
二条東洞院宅	1102	康和 4.10. 7					
高陽院	1103	康和 5.正. 1			高陽院		
高陽院	1103	康和 5.正. 3				高陽院(ｶ)	
東三条殿	1104	長治元.正. 1			東三条殿		
東三条殿	1104	長治元.正. 2				東三条殿	
高陽院	1104	長治元. 4.17					東三条殿
高陽院	1105	長治 2.正. 1			高陽院		
東三条殿	1105	長治 2. 4.17					高陽院
東三条殿	1106	嘉承元.正. 1			東三条殿		
東三条殿	1106	嘉承元.正. 2				(東三条殿ｶ)	
東三条殿(ｶ)	1106	嘉承元. 3.23					
東三条殿(ｶ)	1106	嘉承元. 3.29					
高陽院	1106	嘉承元. 7.29					
高陽院	1106	嘉承元. 9.18					
高陽院	1106	嘉承元.12.16					東三条殿
高陽院	1107	嘉承 2.正. 1			高陽院		
高陽院	1107	嘉承 2.正. 2				高陽院	
高陽院	1107	嘉承 2.正.19		東三条殿			
高陽院	1107	嘉承 2. 4.16					高陽院
高陽院	1108	天仁元.正. 1			高陽院		
高陽院	1108	天仁元.正. 2				(高陽院ｶ)	
五条町尻宅	1108	天仁元. 8.13					
中御門家	1108	天仁元.10. 9					
中御門家	1108	天仁元.11. 5					
中御門家	1108	天仁元.12.26					
中御門家	1109	天仁 2.正. 1			東三条殿		
中御門家	1109	天仁 2.正. 2				東三条殿	
中御門家	1109	天仁 2. 2.25					
中御門家	1109	天仁 2. 8.17					東三条殿(ｶ)
中御門家	1110	天永元.正. 1			(高陽院)		
中御門家	1110	天永元.正. 3				高陽院(ｶ)	
中御門家	1110	天永元. 4.16					高陽院
高陽院	1111	天永 2.正. 1			高陽院		
高陽院	1111	天永 2.正. 2				高陽院	
三条宅	1111	天永 2.10.20					東三条殿
三条宅	1111	天永 2.12.16					東三条殿

勧学院歩	氏寺参賀	上表	備考	主な史料
				中右記
			賀茂詣．太皇太后宮（寛子）、門前で見物	殿暦
		枇杷殿	東三条殿が修理のため	殿暦
			任太政大臣大饗	殿暦
東三条殿				殿暦
	東三条殿			中右記
				殿暦
				殿暦
			朱器大響	殿暦
		東三条殿		殿暦
		東三条殿		殿暦
			加賀詣	殿暦
		東三条殿		殿暦
			前年12月30日、女房（師子）と渡る．一条殿（全子）も渡る	中右記
			前年12月29日、一条殿（全子）渡る	殿暦
			賀茂詣．当日、女房（師子）、内府忠通と共に渡る	殿暦
			前年12月18日、一条殿（全子）渡る ・遡日一条殿拜禮之民部卿弁子共皆悉不參．日本第一之不得心事也（殿暦．正月2日条）	殿暦
				殿暦
			賀茂詣．女房（師子）と共に渡る．終了後三条宅に帰り、一条殿（全子）も還る	殿暦
			前年12月28日、女房（師子）、内府忠通と共に渡る．一条殿（全子）は朔日夜前に渡る	殿暦
				殿暦
			賀茂詣	殿暦
			一条殿（全子）は前年晦日に渡る	中右記
				中右記
			賀茂詣	中右記
				中右記
				中右記
			賀茂詣．内府忠通と共に参詣	中右記
			一条殿（全子）も渡る	中右記
				中右記
			賀茂詣 / 本来は鴨院カ	中右記

居住のための住宅	西暦	和暦	大臣大饗		氏長者・摂関家拝礼	臨時客	諸社詣
			任大臣	正月			
三条宅	1112	天永 3.正. 2				東三条殿	
三条宅	1112	天永 3. 4.22					東三条殿
?	1112	天永 3.11.18					
?	1112	天永 3.12.14	東三条殿				
京極大炊御門家(カ)	1112	天永 3.12.26					
京極大炊御門家(カ)	1112	天永 3.12.28					
京極大炊御門家	1113	永久元.正. 2			東三条殿		
京極大炊御門家	1113	永久元.正. 2				東三条殿	
京極大炊御門家	1113	永久元.正.16		東三条殿			
京極大炊御門家	1113	永久元. 3.28					
京極大炊御門家	1113	永久元. 4.11					
東三条殿	1113	永久元.10.19					
京極大炊御門家	1113	永久元.12.26					東三条殿
京極大炊御門家	1114	永久 2.正. 1			東三条殿		
六条宅	1115	永久 3.正. 1			六条宅(カ)		
三条宅	1115	永久 3.12. 9					東三条殿
三条宅	1116	永久 4.正. 1			東三条殿		
三条宅	1116	永久 4.正. 2				東三条殿	
三条宅	1116	永久 4. 4.21					東三条殿
三条宅	1117	永久 5.正. 1			東三条殿		
三条宅	1117	永久 5.正. 2				東三条殿	
三条宅	1117	永久 5. 4.21					東三条殿
鴨院	1118	元永元.正. 1			鴨院		
鴨院	1118	元永元.正. 2				鴨院	
鴨院	1118	元永元. 4.20					鴨院
鴨院	1119	元永 2.正. 1			鴨院		
鴨院	1119	元永 2.正. 2				鴨院	
鴨院	1119	元永 2. 4.21					東三条殿
鴨院	1120	保安元.正. 1			鴨院		
鴨院	1120	保安元.正. 2				鴨院	
鴨院	1120	保安元. 4.14					東三条殿

十月以降儀式会場としては用いられなくなるが、これは同年九月二十日にこの院が里内裏となり、同三年(一一一二)五月十三日には焼失したためである。これらの期間およびそれ以降は東三条殿が専ら使われる様になった。この点を第一に指摘しておきたい。そして鴨院新造移徙の後は主として鴨院が儀式会場として用いられる様になる。

次に、儀式による会場の使い分けが存在したか否かの点から見ると、「大臣大饗」についてはすべての例に於て東三条殿が会場となっていたことが知られる。それ以外の儀式について言うと、儀式の種類にかかわらず、前述のように東三条殿、高陽院、鴨院に居住していた時には、これらの住宅が用いられる傾向が強く、五条町尻宅や中御門家等に居住していた時には東三条殿あるいは高陽院が使われていた。本項で対象とした儀式について見る限り、「大臣大饗」以外これら住宅の間に儀式による使い分けは認められない。

「大臣大饗」には東三条殿が用いられたが、これを東三条殿が大規模であったためだけと見做すのは必ずしも適当でない。高陽院は東三条殿に優るとも劣らない規模を有しており、また前節で述べた様に大饗の会場としても用いられる筈の住宅であったからである(55)。忠実は高陽院に居住していたときでさえ東三条殿を大饗の会場として用いていた。一方、五条町尻宅、中御門家等が用いられなかったのは、住宅の体裁や便宜性が相応しくなかったためであろう(56)。

以上、忠実代の儀式会場について検討してきたが、これらについて以下の点が指摘されよう。即ち、東三条殿や高陽院の様な藤原氏代々の住宅が、ここに居住しているか否かに関わらず用いられてきた。また忠実が新造移徙した鴨院も儀式会場として使用された。そして「大臣大饗」に見られる様に、あるいは高陽院の里内裏としての使用、焼失から鴨院新造までの期間に見られる様に、東三条殿は儀式会場として主役の任を果す様になったのである。それでは、この時期の東三条殿はどの様な性質を有していたのであろうか。

(四) 忠実時代の東三条殿と忠実の移徙

前項で見た様に、東三条殿では「大臣大饗」を始めとして数多くの種類の儀式が催されていたが、本項では、忠実以外が主体となった儀式も含めて検討し、忠実時代の東三条殿の性質を明らかにしたい。次いで、忠実の東三条殿への移徙の意義について考えてみることにする。

まず、前節の師実時代の場合に倣い藤原氏一族の嫡子の通過儀礼的儀式とも言うべき「任大将饗」と「元服」について見、次いで「大臣大饗」についても触れる。

忠実時代の「任大将饗」について知られるのは、元永二年(一一一九)二月六日に行われた忠実の嫡子忠通の任左近衛大将に関するものである。『中右記』によれば、会場は東三条殿であったが、忠通は自身の居所三条大宮亭からここに渡った。(57)また、忠実は室源師子と共に鴨院から移りこれを見守っている。(58)因みに、同時代の「任大将饗」については、康和五年(一一〇三)十二月二十一日に催された権大納言家忠の「任右近衛大将饗」の例が知られるが、その会場は花山院であった。家忠は師実の次男であるが花山院家の祖であり、花山院は家忠の住宅である。(59)

「元服」についてはすでに詳細に検討してあるが、(60)忠実時代の藤原摂関家に関する例を探ると、嘉承二年(一一〇七)四月二十六日に開催された関白忠実の嫡男忠通の会場が枇杷殿であったことが知られる。(61)しかしながらこの会場は、長保五年(一〇〇三)二月二十日の頼通の例に倣って設定されたものであり、(62)本来の場所ではなかったことが想像される。実はこれに先立つ四月二日、火災により東三条殿東門が焼失していた。また右に述べた藤原頼通以降忠通までの藤原氏嫡流の元服会場を見ると、天喜元年(一〇五三)四月二十一日の師実、寛治二年(一〇八八)正月二十一日の忠実、いずれの場合も東三条殿であった。(63)この様な点に鑑みた時、前の忠通の元服会場としては東三条殿が使われるべきであったと考えて大過ないであろう。師実時代、東三条殿は藤原氏嫡流の通過儀礼的儀式会場としての性質を有していたが、忠実時代でも同様だったのである。

しかしながら「大臣大饗」について見ると、東三条殿は師実時代に対し、通過儀礼とも言うべき「任大臣大饗」(64)のみならず年中行事たる「正月大饗」の会場としても用いられ、しかも嘉承二年(一一〇七)正月十九日の場合は、忠実が高陽院に居住していたにもかかわらず使用されている。儀式会場として見た場合、東三条殿は師実時代に対し、より広い性格を有する様になったと考えられないだろうか。

以上、忠実時代について主として儀式会場としての側面から東三条殿の性質について見てきたが、次は出発邸(65)としての面から「結婚」と「祭使発遣」をとり上げ、主として藤原摂関家にとって東三条殿がどの様な性格の住宅であったのかを、師実時代を念頭に置きながら見ていくことにしたい。

まず取り上げるのは忠実の嫡子忠通の結婚についてである。天永元年(一一一〇)十月二十六日、内大臣忠通は権大納言藤原宗通の女宗子と結婚した。忠実は室たる師子と、当時の居所たる鴨院から東三条殿に渡り、忠通も東三条殿に移っている。忠通は東三条殿から、宗通が新婚夫婦のために用意した経営所三条大宮宅に渡った。[66]前代の師実代について見ると、摂政師実の嫡孫右中将忠実は寛治三年（一〇八九）正月二十九日に左大臣源俊房の女任子と結婚しているが、出発邸などについては知られない。[67]前節によればこの時期師実は三条殿に居住しており、また師実に関する儀式の殆どがこの三条殿を会場としていた。この時期東三条殿が儀式会場として用いられたのは、寛治二年（一〇八八）十二月十四日の「任太政大臣大饗」の例のみである。師実代に、忠実が俊房の経営した新居への出発邸として東三条殿を用いた可能性は極めて低いと考えられよう。即ち、忠実の藤氏長者・摂関在任期間には東三条殿が出発邸として使われていた。

次に、前節でも検討した春日祭の「祭使発遣」について、今回は藤原氏嫡流が使いとなった場合について忠実代と前の師実代とを取り上げ検討しよう。管見によればこの両代に於て、使いと出発邸が知られるのは以下の2例についてである。[68]

寛治二年（一〇八八）十一月十一日、春日祭使、右中将藤原忠実、東三条殿[69]

天仁元年（一一〇八）十一月一日、春日祭使、右中将藤原忠通、東三条殿[70]

前者は前節でも紹介した、師実が摂関・氏長者時代の例である。この時の師実の居所は三条殿であった。後者は忠実時代の例であるが、表1からもわかる様にこの時の忠実の居所は中御門家である。いずれも、師実、忠実の御所とは別に東三条殿が出立所として用いられている。[71]しかしながら、これら両例の儀式的性格が同一であったとは必ずしも言えない。後者について『殿暦』同日条には以下の様に記されている。

今暁渡東三條、（女房相共、卯時許密々四條宮幷北政所渡給、一條殿同渡給、）

即ち、春日祭使（忠通）の発遣に伴い摂政忠実は室師子と共に東三条殿に渡り、太皇太后たる四条宮寛子（故師実の姉、後冷泉后）や北政所麗子（故師実の室、忠実の祖母）も移り、さらには忠実の母一条殿全子もここに向かったというのである。まさに藤原摂関家一族あげての晴の出立であった。師実代にこの様なことはなかった。この点に忠実代の特徴が認められる。この様なことがより象徴的に示されている儀式として正月の「氏長者・摂関家拝礼」があげられる。次にこの拝礼に着目し、儀式性格の変質の点から東三条殿の性格の解明により深く迫ってみたい。

氏長者・摂関家の「正月拝礼」とは言うまでもなく、年の初めの正月朔日に貴族達が氏長者・摂関家に拝礼に訪れることを指している。

忠実の時代になると、この儀式について前代の師実、師通時代には見られなかった大きな変化があらわれる様になる。鴨院移徙以前について見ると、忠実時代この拝礼は、忠実がそこに居住しているか否かに関わらず東三条殿あるいは高陽院で催されていたが、この拝礼に先だち前もって太皇太后寛子や北政所麗子そして一条殿全子などが渡御する様になった(表2、備考欄参照)。前にも述べた様に、寛子は忠実の祖父(養父)師実の姉であり、麗子は忠実の祖母、全子は忠実の母である。若干の例をあげ具体的に紹介しよう。天仁二年(一一〇九)正月朔日、東三条殿で「正月拝礼」が催された。『殿暦』前年(天仁元年)十二月三十日条によると、

　今日向東三条、依正月間事也、中将令〔参脱カ〕院、余還中御門、戌剋許北政所弁女房等ヲ相具渡東三条、一条殿渡給、

とあり、前年の十二月三十日、忠実は正月(行事の準備)のためにその時居住していた中御門家(表1参照)から東三条殿に向かったことが知られる。忠実は一旦、中御門家に還ったが同日戌剋に北政所麗子や忠実の室師子などを伴い再び東三条殿に渡っている。一条殿全子も東三条殿に移った。麗子は当時、万里小路成信房[72]に住んでいたと考えられ、全子は土御門殿[73]を用いていたと思われるが、これらからそれぞれ東三条殿に向かったのである。忠実は、朔日の「拝礼」、二日の「臨時客」の後、三日に中御門家に還っている。

天永二年(一一一一)正月朔日の「正月拝礼」には、忠実がその時居住していた高陽院(表2、参照)が会場として用いられた。『中右記』同日条には、

　午時許参殿下、(賀陽院寝殿、太后、大北政所、前齋院御也、有女房打出、小寝殿一條殿渡御也、)

と記され、拝礼時には、忠実の他、太后寛子、大北政所麗子、前斎院禎子内親王、一条殿全子が高陽院に御座したことが知られる。全子は『殿暦』、前年の十二月二十八日条に、

　但今夜一条殿上渡此亭、朔三日間依可御座也

とある様に、前年十二月二十八日に高陽院に渡り、正月朔日から三日までの間滞在する予定であった。『中右記』同正月三日条によると、寛子もこの時までは高陽院に留まっていた様である。但し、全子は当初の予定を変更した様で、少なくとも正月十八日までの滞在が知られる[74]。当時寛子は四条東洞院の先少将有家家を居所として用いていた様であり[75]、禎子内親王は寛子と同じ場所に住んでいた様である[76]。禎子は白河天皇の第四皇女であり、寛子の養女であった。いずれにせよこれらの人々は正月の拝礼に合わせ高陽院に集合したのである。正月の三日間は特別な期間として捉えられていた様で、『殿暦』永久五年(一一一七)正月朔日条に、この場合は東三条殿についてであるが、

夜前一条殿渡給、御座東對、元三之間、内府被坐西面、姫君如例座寝殿、余同有寝殿（付点筆者）

と記されている。永久二年（一一一四）以降になると、母親たる全子のみが参加する様になるが忠実以前にはこの様な現象は認められない(77)。要するに忠実は東三条殿や高陽院に居住していた時にはこれら住宅を会場とし、これら以外の住宅に居住していた時にも東三条殿や高陽院に渡りこれらを用いたが、右に述べた人々はこれに合わせて東三条殿や高陽院に渡ったのである。

摂関家の「正月拝礼」について参加者が詳しく知られる様になるのは十世紀後半からである。「摂関家拝礼」は内裏、里内裏での「小朝拝」に先だって行われるが、この拝礼と「小朝拝」の間に十一世紀始めから「大殿拝礼」が加わり、院政期になると「院拝礼」が開始される。大殿とは前の摂関を指している。これら「小朝拝」「摂関家拝礼」「大殿拝礼」「院拝礼」の四拝礼が同時に行われる様になるのは白河院政期のことで、嘉保二年（一〇九五）からであった。この時の関白は師通であり、大殿は前関白師実である(78)。

ところで「摂関家拝礼」は、「小朝拝」が公卿、殿上人の大多数が参加する拝礼であったのに対し、家の子や家司、家人による「私礼」であり、公卿が参加する場合でもこの範囲内に於てであった(79)。即ち、この様な「私礼」たる「摂関家拝礼」に、院政開始後そして四拝礼が行われる様になった以降の忠実の時代、前述した様な変化が見られるようになるのである。太后寛子や北政所麗子、一条殿全子が参加したこの「摂関家拝礼」は、摂関家一族のより強い絆と継続性をアピールする儀式としての役割を持たされたのではないだろうか。年の初めたる正月朔日のこの儀式はまさにこのために相応しかったと考えられるのである。家の成立に関し、摂関家の家格が最終的に確立するのは白河院政期とされるが(80)、まさにこの時期と一致する。

この様な儀式のための会場として東三条殿と高陽院が用いられた。もちろん、他の儀式もこれらに於て行われているが、これら両者が忠実時代に於ては藤氏長者・摂関家一族の正式の儀式会場として、前代にも増して強く認識される様になったと考えられる。しかしながら高陽院は天永二年（一一一一）九月二十日より里内裏となり、天永三年（一一一二）五月十三日に焼失する。これ以降は忠実が居住するか否かにかかわらず東三条殿がその任を果すことになったのである。

さて次に、忠実がこの時期に行った東三条殿移徙の意義について考えてみたい。表1に明らかな様に、忠実は東三条殿を居住のために何度か用いている。しかしながらこれらはいずれも移徙儀を伴わない短期間のものであった。住宅としては予備的な存在であったと言える。一方、高陽院は必ずしもすべての期間に渡って用いられることはなかったものの、康和四年（一一〇二）十月十三日の忠実移徙以降は藤原摂関家の本居としての性格を有していたと考えられる。この時期忠実は高陽院を含め第二項で述べた様な住宅に居住していたが、この様な状況のなか天永三年（一一一二）五月十三日、高陽院が焼失したのである。即ちこの時、藤原・摂関家の本居とも言うべき住宅が失われたことになる。忠実の東三条殿移徙は永久三年（一一一五）七月二十一日のことであったが、この移徙はそれまで忠実が居住していた院殿上人忠長の三条宅からなされている。高陽院焼失からそれまでの間、三条宅以外に用いられた住宅について見ると、堀河楊梅家や六条宅は白河院の影響下にある住宅であった(81)。

忠実の東三条殿移徙は、前に「摂関家拝礼」について見た様な強い絆と継続性を示すに至った藤原摂関家の、高陽院が失われた後の本居の存在を周囲にアピールするために企画されたと考えられないであろうか。白河院によって準備され或いは与えられたものではない住宅の存在を移徙（儀）によって示す必要があった。そのための住宅として東三条殿が選ばれたと考えられるのである。『殿暦』天永二年（一一一一）八月三十日条には、

高陽院物具渡東三條

と記され、高陽院の物具が東三条殿に移されたことが知られる。この記録は忠実が居住していた高陽院が里内裏として用いられるため季実の土御門東洞院家に移った際のものであるが、藤原摂関家に於ける高陽院と東三条殿の役割が知られ興味深い。

この様に、忠実の東三条殿移徙は高陽院の焼失が契機となってはいるが、白河院政という政治的背景のなかでこそより深く理解できよう。

一方、この時期の東三条殿について、『中右記』天永二年（一一一一）六月五日条には、

於東三條常不居住之所也者

と記されており、特別な存在として見做されていた。忠実が東三条殿に移徙してからの滞在期間は短かったが、やはり長期間居住すべき住宅としての役割は持たされなかったのである。ところで、この移徙については次の様な見方も許されるのではないか。即ち、この移徙が前記した様な周囲にアピールする性格を与えられていたとするならば、移徙（儀）それ自体が重要であり、従って滞在期間の長短は問題ではなかったと。

この様に、忠実の東三条殿移徙は応急的、或いは暫定的性質を有していたと考えられる。忠実はやがて鴨院の造営に取り掛かりここ

に移徙することになる。

以上の様に忠実時代に於て、東三条殿は師実代より以上に藤氏長者・摂関家の儀式会場としての性格を強め、また高陽院焼失の後はここが専ら儀式会場として用いられるようになった。この点に於て師実代と大きく異なっている。そして、忠実の東三条殿移徙は高陽院が失われた後も、これに匹敵する藤氏長者・摂関家の本居が存在することを示すために行われたと考えられるのである。

〔五〕おわりに

本節では藤原忠実をとり上げ、藤氏長者および摂関家の在任期間中どの様な住宅に居住し、またこれらと儀式のための住宅とがどの様な関係にあったのか、そしてこの時代の東三条殿がどの様な性質を有していたのか、さらには忠実が行った東三条殿移徙の意義について考えてきた。

忠実が用いた住宅の種類は数多い。東三条殿、高陽院、鴨院や五条町尻宅、中御門家、土御門東洞院家、三条宅などを居住のために用いてきた。前者は藤原氏に属する或いは忠実が新築した住宅であったが、後者は主として里内裏の周辺に住む様に白河院より準備されあるいは指示された住宅であった。後者の様な住宅が出現した点に於て師実代とは著しく相違する。

忠実は、右に述べた前者の住宅に居住していた時には儀式会場としてもこれらの住宅を主として用いたが、後者の住宅に居住していた時には、儀式会場として東三条殿もしくは高陽院を用いた。高陽院が里内裏となり、そして焼失した後は東三条殿が専らその役割を果した。鴨院が新築されるまでの間、東三条殿はここに於て初めて藤原氏一族の儀式専用の住宅となったのである。

一方、忠実時代になると、儀式の性質に変化が認められるようになった。正月朔日の「摂関家拝礼」にこれが顕著に認められるが、師実代に対し、藤原氏一族の儀式としての性格が強調される様になったのである。高陽院、東三条殿、そして後には鴨院がその会場となったが、これらの住宅は忠実代に於て藤原氏一族の正式の儀式会場の位置を確立したことになる。高陽院焼失後は東三条殿がその任を果した。忠実によってこの時期行われた東三条殿移徙は、高陽院が失われた後も藤原摂関家の本居としての住宅が存在することを示すためのものであったと考えられるのである。そしてこれらの背景には院政があり、また摂関家の家格の確立も関わっていたと思われる。

本節では「摂関家拝礼」の太后寛子、北政所麗子、一条殿全子の参加についてはその現象を紹介したに留まっている。また、忠実代の後期に用いられた鴨院と東三条殿との関係を儀式会場の観点からどう理解するか等残された課題は多い。これらはいずれも大きな問題であり、次代の忠通、頼長等を検討することにより明らかにしていきたい。

註

1 氏長者と摂関の関係については前節註4参照。

2 摂関家における儀式場としての東三条殿については、川本重雄「東三条殿と儀式」(日本建築学会論文報告集第二八六号、昭和五十四年十二月)がある。ここで川本氏は東三条殿が摂関家の儀式場として極めて重要な邸宅となったのは藤原師実の代であったとしている。本節では前節でとりあげた師実に続いて忠実を対象とし、彼が居住のために使用した住宅と儀式会場として用いた住宅を詳細に検討することにより、儀式会場としての東三条殿の変遷を再検討する。

3 忠実が関白になるのは長治二年(一一〇五)十二月二十五日であるが、それまでの間、摂関は空席であった。

4 『殿暦』同日条。

5 『殿暦』康和二年(一一〇〇)十二月二十八日条、他。大饗が催された同年七月十七日から翌年まで東三条殿を用いた可能性も否定しきれない。次項に述べる様に、この時期忠実は東三条殿を儀式のために集中的に用いている。

6 『殿暦』康和二年(一一〇〇)八月十九日条、康和三年(一一〇一)九月十六日条、康和四年(一一〇二)正月二十八日条。

7 『中右記』嘉承二年(一一〇七)四月二十六日条、天永三年(一一一二)十一月十八日条。

8 『殿暦』同日条。

9 『殿暦』康和五年(一一〇三)十月三日条。

10 故師実の室(忠実の祖母)源麗子と共に移ったが、『中右記』同日条に「此高陽院劵文未渡我許、今夜移儀只北政所渡給御共之儀也、仍無五菓黄牛反閇、又所々饗饌事等、後日追劵文渡移寝殿之日、如尋常移徙儀可有者、但至吉書一通許者」とあり、高陽院の劵文が未だ忠実に渡っていないので正式の移徙儀が行われなかったことが知られる。

11 太田静六「平安末期における高陽院に就いて」(早稲田建築学報第一八号、昭和十七年)。

12 『殿暦』同年七月三十日条。

13 成信は宇治平等院及び法成寺の修理別当。成信の房は『中右記』天仁元年（一一〇八）三月四日条、同七月十日条によれば五条富小路（京極）に存した。

14 『殿暦』天仁元年（一一〇八）三月五日条。

15 『中右記』嘉承二年（一一〇七）四月十日条。

16 『殿暦』同日条。『殿暦』嘉承二年（一一〇七）十二月一日条によれば、この住宅は中御門東洞院に存した。

17 『殿暦』嘉承二年（一一〇七）閏十月一日条。

18 『中右記』嘉承元年（一一〇六）七月二十七日条、他。

19 『殿暦』天仁二年（一一〇九）十二月二十七日条。

20 『殿暦』天仁元年（一一〇八）十月二十二日条、同二年（一一〇九）二月二十四日条、天永元年（一一一〇）三月二日条、同五月二十九日条、他。

21 『殿暦』康和五年（一一〇三）七月二十一日条。

22 『殿暦』同日条。

23 『殿暦』同日条。

24 『殿暦』同日条。

25 『殿暦』同日条。

26 『殿暦』同日条、同年七月二日、七月五日条。季実と白河院あるいは忠実との関係については必ずしも詳らかではないが、『殿暦』永久五年（一一一七）十二月四日条によれば院は季実第に渡っているし、同記永久元年（一一一三）四月十日条によれば、忠実は季実第に方違している。

27 『殿暦』同日条。

28 『殿暦』同日条。

29 『中右記』天永三年（一一一二）二月六日条。

30 『殿暦』同日条。

31 『殿暦』同年五月二十六日条。『中右記』天永二年（一一一一）十二月十六日条によれば、孝清は忠実の陪従であり、また同記、同三年（一一一二）二月六日条によれば孝清は諸大夫であったことが知られる。

32 『殿暦』同日条。

33 『中右記』天仁元年（一一〇八）八月十三日条。

34 『殿暦』永久元年（一一一三）五月九日条。
35 『殿暦』同日条。
36 『殿暦』同日条。
37 『殿暦』同日条、「此三条鷺居、云々」とある。
38 『中右記』天永三年（一一一二）十二月二十六日条。
39 『殿暦』同日条。六条宅は六条南烏丸西に存した。
40 『中右記』天永三年（一一一二）三月十八日条。
41 『殿暦』同年八月十七日条。
42 『殿暦』同日条。
43 『殿暦』同日条。
44 太田静六「東三條殿の研究」（建築学会論文集二一号、昭和十六年四月）、同「東三條殿の研究（其2）」（建築学会論文集二六号、昭和十七年九月）。
45 『殿暦』同日条。
46 『殿暦』同日条。
47 『殿暦』永久三年（一一一五）八月二十七日条。
48 『殿暦』永久五年（一一一七）六月二十五日条、他。
49 枇杷殿、高陽院、鴨院、東三条殿以外の住宅は、『殿暦』に、「殿」や「院」とは異なる「宅」や「家」という末尾語が付されて記されている。これら末尾語と住宅の「格」あるいは「規模」との関係については、別論で検討したいと考えている。
50 この時期枇杷殿は、忠実はもとより、大殿師実、太皇太后宮寛子（師実姉）、師実室源麗子によって用いられている。『殿暦』康和三年（一一〇一）正月一日条、『中右記』承徳元年（一〇九七）十二日二日条、『中右記』康和四年（一一〇二）十月十三日条、他。高陽院は前節で述べた様に師実によって用いられ、また、本節で紹介した様に忠実によって使用されている。
51 『殿暦』永久五年（一一一七）三月二十四日条。
52 前掲註26『殿暦』天永二年（一一一一）七月五日条、前掲註31『殿暦』天永三年（一一一二）五月二十六日条、前掲註41『殿暦』永久二年（一一一四）八月十七日条。なお、この様な里内裏と忠実の住宅との位置関係については、拙稿「都市空間秩序の観点からみた平安期里内裏の空間構成に関して」（日本建築学会大会学術講演梗概集、昭和五十六年九月）で既に紹介している。
53 高陽院の里内裏期間は康和二年（一一〇〇）八月十六日から康和四年（一一〇二）九月二十五日までであった。

54 前節に対し、本節では忠実が儀式の直接の主体とはならないという観点から「諸社奉幣」「神馬使発遣」を省略している。
55 師実は嘉保元年（一〇九四）正月十九日に大饗を高陽院で催す予定であったが、陽明門院の崩御により中止となった。
56 前項参照。
57 『法性寺殿御記』同月九日条、『中右記』元永元年（一一一八）十一月十四日条、他。
58 『中右記』同日条。
59 『中右記』承徳二年（一〇九八）十一月二十一日条、他。
60 第二章第三節参照。
61 『殿暦』同日条。
62 前掲註60。
63 前掲註60。
64 前節参照。
65 藤原・摂関家の嫡子が様々な行事に伴い出発する際、どの住宅が用いられるかにより、その住宅の性格が窺われる。
66 『中右記』同日条。なお、経営所については、高群逸枝『招婿婚の研究』（理論社、昭和三十八年）参照。
67 『後二条師通記』『中右記』同日条。なお『栄花物語』巻三四によれば、師実の嫡子師通は承保三年（一〇七五）の冬に藤原俊家女全子と結婚しているが、出発邸、新居などについては知られない。
68 藤原摂関家で春日祭使を務めた例として、承暦元年（一〇七七）十一月一日の家忠（師実二男）、同四年（一〇八〇）十一月八日の経実（師実三男）、嘉保二年（一〇九四）二月六日の忠教（忠実五男）の場合があるがいずれも出発邸は知られない。寛治五年（一〇九一）十一月十二日の忠教は前節でも紹介したように花山院より出発している。
69 『後二条師通記』『帥記』同日条。
70 『殿暦』同日条。
71 因みに、前掲註54で紹介した「諸社奉幣」「神馬使発遣」について諸史料を通覧すると、高陽院に居住していた場合に高陽院が用いられた例も存在するが、師実の場合に対し、居住していた住宅が何れであったにせよ東三条殿の例が多く認められる様になる。これらについても忠実時代の特徴があらわれた例と考えられよう。
72 『殿暦』天仁元年（一一〇八）九月二十三日条に、「次参北政所、（成信万里小路房也）」とあり、同記、天仁二年（一一〇九）十二月二十六日条には、「依方違参北政所、（万里小路成信房）」とある。また同記、天永三年（一一一二）十一月十四日条には、「女房依方違参五條殿、（北政所御所也）」

ともある。
73 『中右記』天永二年（一一一一）八月五日条。
74 『殿暦』同日条。
75 『殿暦』天仁二年（一一〇九）十月八日条。
76 『殿暦』天永元年（一一一〇）六月十七日条。また『中右記』天仁元年（一一〇八）七月十日条によると、この時は寛子、禎子ともに五条京極の法橋斎信房を用いていた。
77 師実、師通について同様の点から検討してもこの様な記録は見出せない。
78 以上本文に概説する摂関家拝礼の歴史および性質については、岡田荘司「「私礼」秩序の形成―元日拝礼考―」（国学院雑誌、第八九巻第六号、昭和六十三年六月）に多くを負っている。
79 前掲、註78。
80 橋本義彦「貴族政権の政治構造」（岩波講座　日本歴史4所収、昭和五十一年八月、岩波書店）。平山敏治郎『日本中世家族の研究』（昭和五十五年四月、法政大学出版局）。
81 高陽院の焼失後、何故すぐに東三条殿移徙が行われなかったのかについては不明であるが、院の影響下にあり、里内裏の近辺に移住することを繰り返していた状況に於ては難しかったのではないかと私考する。

附論

第一節　平安時代に於ける方違行幸
―目的地として用いられた住宅―

〔一〕はじめに

方違とは、『貞丈雑記』に記される様に通常忌方にあたる場所に行く場合、目的地とは異なる場所に一旦迂回することと理解されている。しかしながら平安時代の記録に見られる方違のかなりの部分はこの様なものとは異なり、大将軍あるいは王相方に於ける犯土等の忌を避けるため予め他の場所に移り、そこで一、二日過ごす方式についてのものである(1)。

それではこの方違の目的地としてどの様な場所が使われたのであろうか。同一敷地内で別の建物に居所を移す場合も見られるが、多くは自宅外の他の場所が選ばれた。必ずしも規模の整った住宅のみならず山荘や小屋を用いる場合もあったし、時には船中や車中で過ごす場合も認められる。これらは貴族に関した例であるが、方違については天皇も例外ではなく多くの記録が残されている。方違行幸は年中行事ではないが、天皇に関する造営等の事業を円滑に進めていくための重要な行事と考えられていた。方違行幸の目的地を概観すると天皇によりそれぞれ異なっている。これら目的地は本来忌を違えることが出来る場所であればどこでも良かった筈と思われるが、この様な違いが認められるのは極めて興味が深い。

本節では、平安時代に於ける方違行幸の目的地としてどの様な場所が選ばれたのかについて実態を示し、天皇によりどの様な特色が認められるのか、またそれらの特色はどの様な影響のもとに生じたのかについて考えてみることにする。さらには目的地とされた住宅の規模、体裁にまで検討を進めていきたい。

平安時代の方違行幸に関する記録は院政期以降に集中して見られるため主として白河、鳥羽、後白河院政期を扱うことになる。

平安時代に於ける方違行幸のうち、目的地の知られるものについて年代順に天皇毎に整理したのが表1である。[2]この表には後述する理由により、朝覲行幸の目的地として用いられた住宅も併せ示してある。表によれば方違の目的地として様々な種類の住宅・仏寺等が用いられてきたが、その中でも院御所（表中━印）の数がかなりの割合を占めているのが知られよう。ここではこの表をもとにこれら院御所に着目し、天皇ごとの特色を明らかにしていくことにする。[3]

〔二〕院政期に於ける目的地の天皇ごとの特質

まず、院政期以前と以降とを比較すると、院政期以前では前の里内裏、大内裏の施設が用いられ院御所は使われていないが、[4]院政期以降ではこれが多く用いられている。この点を第一に指摘しておきたい。[5]

ところで、院政期以降白河院を始めとする上皇は複数の御所を用いるのを常とした。その中でも毎年正月に朝覲行幸を受ける住宅は正式な院御所と見做すことが出来よう。[6]院はこのためわざわざここに御幸する場合さえあった。

方違行幸の目的地として用いられた院御所を概観すると、朝覲行幸のそれと同じ住宅であった例が見られる。例えば白河院政期について見ると鳥羽殿、（西）六条殿、白河殿がこれに相当する。その際院が御座し、天皇が訪問する形式をとる場合（表中、＊印）と、院が不在でここが天皇御所に準えられる場合（＊＊印）の両例が存在する。前者の場合は到着に際し、来意を伝える「申事由」の儀があり、その後天皇は中門廊より昇るが、後者の場合は直接に寝殿南階から昇る。[7]前者の主な例としては、堀河天皇、高倉天皇（後白河院政期）の場合があげられる。高倉天皇の法住寺殿への例を『玉葉』治承二年（一一七八）四月二十九日条に見ると、

法皇依欲謁帝、偽称御方違云々

と記される様に、方違が寧ろ対面のための口実とされた程であった。この様な対面の例は堀河天皇に関して多く認められ鳥羽天皇についても見ることが出来る。[8]後者の例は主として鳥羽天皇、後鳥羽天皇の代に存在していた。訪問の形式をとり院との対面を含む方違行

表１　平安時代に於ける方違行幸、朝覲行幸の目的地

天皇	院政	西暦	和　暦	方違行幸先	朝覲行幸先	備　　考	史　　料
後朱雀		1038	長暦 2.正. 2		上東門院御所		今鏡
		1038	長暦 2.11.18	侍従所		① B	春記
		1040	長久元.正.27		東北院		扶桑略記・他
後冷泉		1050	永承 5.10.13		上東門院御所		百練抄・他
後三条		1069	延久元. 8.16		閑院		扶桑略記・他
		1070	延久 2. 2.26		閑院		扶桑略記・他
白河		1077	承暦元.正.11		東三条殿		十三代要略・他
		1077	承暦元.11.23	六条(東)殿		前の里内裏	水左記
		1083	永保 3.正. 7	六条(東)殿			後二条師通記・他
		1083	永保 3.12. 1	六条(東)殿			後二条師通記・他
堀河	白河	1088	寛治 2.正.19		大炊殿		後二条師通記・他
		1089	寛治 3.正.11		大炊殿		後二条師通記・他
		1090	寛治 4.正. 3		大炊殿		後二条師通記・他
		1091	寛治 5.正.13		大炊殿		後二条師通記・他
		1092	寛治 6. 2.29		六条(東)殿		後二条師通記・他
		1093	寛治 7.正. 3		六条(東)殿	対面	後二条師通記・他
		1094	嘉保元.正. 3		六条(東)殿	対面	中右記
		1095	嘉保 2.正. 2		六条(東)殿	簾中で対面	中右記
		1096	永長元.正.11		六条(東)殿	寝殿で対座	後二条師通記・他
		1098	承徳 2. 7.20		六条坊門堀河第		中右記・他
		1099	康和元.正. 3		鳥羽殿		後二条師通記・他
		1100	康和 2.正. 2		鳥羽殿		殿暦・他
		1100	康和 2.12.27	鳥羽殿		尊勝寺造作による	殿暦・他
		1101	康和 3.正. 2		鳥羽殿	法皇、朝覲のため御幸	殿暦・他
		1101	康和 3.正.10	鳥羽殿		御遊 B	長秋記・他
		1101	康和 3. 6. 7	鳥羽殿			殿暦・他
		1101	康和 3. 8.19	鳥羽殿			殿暦・他
		1101	康和 3. 9.27	鳥羽殿			殿暦・他
		1101	康和 3.11. 5	鳥羽殿		物忌にもかかわらず行幸	殿暦・他
		1102	康和 4.正. 2		鳥羽殿	法皇、朝覲のため御幸．対面	殿暦・他
		1102	康和 4.正. 7	鳥羽殿		節分	殿暦・他
		1102	康和 4.正.19	*鳥羽殿		院、京より御幸．対面	中右記・他
		1102	康和 4. 2. 1	*鳥羽殿		院、高松殿より渡御．翌日対面	中右記・他
		1102	康和 4. 2.15	*鳥羽殿		対面 B	中右記・他
		1102	康和 4. 2.26	法勝寺		・御方違常行幸鳥羽殿．対面 B	中右記・他
		1102	康和 4. 3. 7	*鳥羽殿		院、高松殿より御幸．対面	中右記・他
		1102	康和 4. 5. 2	*鳥羽殿		対面	中右記・他
		1102	康和 4.閏5.14	*鳥羽殿		翌日、法皇と競馬御覧	中右記・他
		1102	康和 4. 6.18	*鳥羽殿		院、御幸．対面 B	中右記・他
		1102	康和 4. 7.20	*法勝寺常行堂		院、御幸．対面 B	中右記・他
		1103	康和 5.正. 2		鳥羽殿	院、朝覲のため御幸．対面	中右記・他
		1104	長治元.正. 3		高松殿	対面	朝覲部類・他
		1105	長治 2.正. 5		大炊殿	院、朝覲のため御幸．対面	朝覲部類・他
		1107	嘉承 2.正. 3		土御門殿	院、朝覲のため御幸．対面	朝覲部類・他
		1107	嘉承 2. 3. 5		鳥羽殿	・今夜無御拝、御対面許歟	殿暦・他
		1107	嘉承 2. 6. 7	内裏			暦殿・他
鳥羽		1108	天仁元.12.19		(西)六条殿		殿暦・他
		1109	天仁 2. 4.27		鳥羽殿		殿暦・他
		1110	天永元. 2.22		(西)六条殿		殿暦・他
		1111	天永 2. 2. 1		(西)六条殿	院、渡御．対面	殿暦・他
		1112	天永 3. 2.11		(西)六条殿	院、渡御	中右記・他
		1112	天永 3. 5.18	内裏			殿暦・他
		1112	天永 3. 6. 1	内裏			殿暦・他
		1112	天永 3. 6.16	内裏			殿暦・他
		1112	天永 3. 6.25	内裏		B	殿暦・他
		1112	天永 3. 8.11	内裏			殿暦・他
		1112	天永 3. 9.23	内裏			殿暦

天皇	院政	西暦	和　暦	方違行幸先	朝覲行幸先	備　　考	史　　料
		1113	永久元．正．8		（西）六条殿		殿暦・他
		1114	永久 2．2.10		（西）六条殿	院、本御所より渡御．翌日対面	中右記・他
		1115	永久 3．2.11		鳥羽殿	院御幸	中右記・他
		1115	永久 3.10．9	＊＊（西）六条殿			殿暦・他
		1115	永久 3.11．9	＊＊（西）六条殿			殿暦・他
		1116	永久 4．2.19		白河殿		殿暦・他
		1116	永久 4.12.24	＊鳥羽殿		院御幸．対面	殿暦
		1117	永久 5．2．6	＊＊鳥羽殿		・上皇不御座（御京）	殿暦
		1117	永久 5．3．7		六条殿		殿暦
		1117	永久 5．5．2	＊白河殿		4.27．院御幸．諸国に砂を課す	殿暦
鳥羽		1117	永久 5．5.13	白河殿			殿暦
	白河	1117	永久 5．5.29	白河殿		院、物忌により対面なし	殿暦
		1117	永久 5．6.13	白河殿			殿暦
		1117	永久 5．6.29	白河殿			殿暦
		1117	永久 5．7.25	白河殿		・依御方違、如例行幸白河	殿暦
		1117	永久 5.10.16	＊＊白河殿		・但白河御所ニ上皇不御座	殿暦
		1117	永久 5.10.27	＊＊白河殿		②	殿暦
		1118	元永元．2.10		白河殿	③	中右記
		1119	元永 2．2.11		白河殿		中右記
		1120	保安元．2．2		三条烏丸殿	対面	中右記
		1121	保安 2．2.29		三条烏丸殿		十三代要略・他
		1122	保安 3．2.10		三条烏丸殿		十三代要略・他
		1124	天治元．正．5		二条東洞院殿		十三代要略・他
		1125	天治 2．正．3		三条烏丸殿		十三代要略・他
		1126	大治元．正．2		三条烏丸殿		十三代要略・他
		1127	大治 2．正．3		三条東洞院第		十三代要略・他
		1128	大治 3．正．2		三条烏丸殿ヵ		十三代要略・他
		1129	大治 4．正.20		三条東洞院第		中右記
		1130	大治 5．正.19	白河殿		女御も同行	中右記
		1130	大治 5.10．1		三条東洞院第	主上院対座	中右記
		1131	天承元．正．2		三条烏丸殿	対面ヵ	中右記・他
		1132	長承元．正．2		三条東洞院第		中右記
崇徳		1133	長承 2．正．2		二条万里小路第	主上と女院対面ヵ	中右記・他
		1134	長承 3．正．5		（西）六条殿		中右記・他
		1135	保延元．正．4		二条万里小路第		中右記
		1136	保延 2．正．5		二条万里小路第		中右記
		1137	保延 3．正．7	＊＊法勝寺		節分	中右記
		1137	保延 3．2.19	法勝寺			中右記
		1137	保延 3．3.27	法勝寺			中右記
		1137	保延 3．5．9	白河			中右記
		1137	保延 3．9.13	白河殿			中右記
		1137	保延 3.12.17	法勝寺		節分	中右記
		1138	保延 4．正．2		（西）六条殿		中右記
	鳥羽	1138	保延 4．正.26	法勝寺			中右記
		1139	保延 5．3.27	法勝寺			南都大衆入洛記
		1142	康治元．7．5	土御門烏丸殿			台記
		1142	康治元．8.11	土御門烏丸殿			本朝世紀
		1143	康治 2．正．3		（西）六条殿		本朝世紀
		1144	天養元．正．5		白河押小路殿		台記
		1145	久安元．正．4		六条烏丸殿		台記
		1146	久安 2．2．1		（西）六条殿		本朝世紀
		1147	久安 3．正．2		四条東洞院第		台記
近衛		1148	久安 4.閏6．9	白河押小路殿ヵ		得子（後の美福門院）御所	本朝世紀
		1149	久安 5．正.13	八条殿		得子御所ヵ	本朝世紀
		1149	久安 5．正.22	八条殿			本朝世紀
		1149	久安 5．2．5	八条殿			本朝世紀
		1149	久安 5．2.13		（西）六条殿	2.12 院御幸	本朝世紀
		1149	久安 5．2.19	八条殿			本朝世紀
		1149	久安 5．2.28	八条殿		王相方を違える	本朝世紀

天皇	院政	西暦	和　暦	方違行幸先	朝覲行幸先	備　考	史　料
近衛	鳥羽	1149	久安 5. 3.11	八条殿		節分	本朝世紀
		1149	久安 5.12.29	白河北殿ｶ			本朝世紀
		1150	久安 6.正.20		(西)六条殿		御遊抄
		1151	仁平元.正. 2		高松殿	④	本朝世紀
		1151	仁平元.11.27	六条烏丸殿ｶ		中宮呈子も行啓	本朝世紀
		1151	仁平元.12.12	六条烏丸殿ｶ			本朝世紀
		1152	仁平 2.正. 3		高松殿		本朝世紀
		1152	仁平 2.10. 1	＊＊白河泉殿		節分・美福門院預御此所	山槐記・他
		1153	仁平 3.正. 2		白河押小路殿		兵範記
		1153	仁平 3.正. 3	白河泉殿		節分	兵範記
		1153	仁平 3. 2.16	白河泉殿			本朝世紀
		1153	仁平 3. 3.24	白河泉殿		院、女院御幸	本朝世紀
後白河		1156	保元元.正. 7	法住寺堂		節分　A	山槐記・他
		1157	保元 2. 3.13	春日殿堂		右府女春日殿堂　A	兵範記
		1157	保元 2. 4.21	八条堀河家		中宮亮顕長家	兵範記
		1157	保元 2. 6.22	春日殿堂			兵範記
		1157	保元 2. 7. 5	春日殿堂		堂儀	兵範記
		1157	保元 2. 8. 3	春日殿堂		但、『兵範記』には世尊寺堂と記される	兵範記
		1157	保元 2. 8. 9	春日殿堂		但、『兵範記』には世尊寺堂と記される	兵範記
		1157	保元 2. 9. 8	九条殿		忠通．皇嘉門院(忠通女)御所	兵範記
		1157	保元 2.12.27	法勝寺			兵範記・他
		1157	保元 2.12.28	＊＊勘解由小路第		前讃岐守季行家	兵範記
		1158	保元 3.正.10		白河押小路殿		御遊抄
		1158	保元 3. 2.14	＊＊勘解由小路第			兵範記
		1158	保元 3. 7.22	春日殿堂			兵範記
二条	後白河	1158	保元 3. 9. 7	春日殿堂		但、『山槐記』には五辻と記される	山槐記
		1158	保元 3. 9.23	大膳職			兵範記
		1159	平治元.正. 3		法住寺殿		山槐記
		1159	平治元.正. 9	＊＊白河押小路殿		⑤	山槐記
		1159	平治元. 2.19	＊＊白河押小路殿			山槐記
		1159	平治元.10.30	勘解由小路殿			玉蘂
		1159	平治元.11.13	勘解由小路殿			玉蘂
		1160	永暦元.10.11		大炊御門殿ｶ		御遊抄
		1162	応保 2.10.19	勘解由小路殿			百練抄
		1164	長寛 2.正.26		法住寺殿		御遊抄
		1165	永万元.正. 2		法住寺殿		御遊抄
六条		1166	仁安元.10. 5	土御門東洞院亭		節分．藤原成頼亭	兵範記
		1166	仁安元.10.20	土御門東洞院亭			兵範記
		1167	仁安 2.正. 7	八条堀河第		節分．藤原顕長亭	兵範記
		1167	仁安 2.正.28		法住寺殿	正.19. 上皇移徙	玉葉
		1167	仁安 2. 3. 7	＊＊八条堀河第			兵範記
		1167	仁安 2. 4.23	＊＊鳥羽北殿		⑥	兵範記
		1168	仁安 3.正.28	五辻殿		⑦	兵範記
		1168	仁安 3. 2.11	五辻殿			兵範記
高倉		1168	仁安 3. 8. 4		法住寺殿		兵範記
		1169	嘉応元. 4.28		法住寺殿	褻御所(寝殿北面)で対面	兵範記
		1169	嘉応元.10.10	大内			兵範記
		1170	嘉応 2.正. 3		法住寺殿		御遊抄・他
		1171	承安元.正.13		法住寺殿		御遊抄・他
		1172	承安 2.正.19		法住寺殿		御遊抄・他
		1172	承安 2.閏12.14	法住寺殿		16日．鶏闘	玉葉
		1173	承安 3.正.13		法住寺殿		御遊抄・他
		1173	承安 3.12.25	法住寺殿		節分ｶ	玉葉
		1174	承安 4.正.11		法住寺殿		玉葉
		1174	承安 4. 2. 6	＊法住寺殿		鶏合、乱舞	吉記・他

天皇	院政	西暦	和　暦	方違行幸先	朝覲行幸先	備　　考	史　　料
高倉	後白河	1174	承安 4. 3. 7	＊法住寺殿		今様	吉記・他
高倉	後白河	1174	承安 4. 4.22	法住寺殿			玉葉
高倉	後白河	1174	承安 4. 5.21	法住寺殿			玉葉
高倉	後白河	1175	安元元.正. 4		法住寺殿		玉葉
高倉	後白河	1176	安元 2.正. 3		法住寺殿		玉葉
高倉	後白河	1176	安元 2. 4.19	法住寺殿			玉葉・他
高倉	後白河	1177	治承元. 9.26	＊＊土御門殿		⑧	庭槐抄
高倉	後白河	1178	治承 2.正. 4		法住寺殿		山槐記
高倉	後白河	1178	治承 2. 4.29	＊法住寺殿		⑨ B	玉葉・庭槐抄
高倉	後白河	1178	治承 2.12.20	法住寺殿		節分	玉葉
高倉	後白河	1179	治承 3.正. 2		法住寺殿		山槐記
高倉	後白河	1179	治承 3.正.23	法住寺殿			山槐記
高倉	後白河	1179	治承 3. 3. 5	七条殿		七条殿初行幸.鞠会	玉葉
高倉	後白河	1179	治承 3. 3.22	七条殿			夕拝備急至要抄
高倉	後白河	1179	治承 3. 4.17	＊＊法住寺殿			玉葉
高倉	後白河	1179	治承 3. 5.28	＊七条殿			玉葉・他
高倉	後白河	1179	治承 3. 7. 6	＊法住寺殿			庭槐抄
高倉	後白河	1179	治承 3.10.11	法住寺殿			玉葉
安徳	高倉	1180	治承 4.10.13	平宗盛第			山槐記
安徳		1183	寿永 2. 2.21		法住寺殿		玉葉
後鳥羽	後白河	1185	文治元. 8.25	鳥羽殿		大将軍方忌を避ける	玉葉
後鳥羽	後白河	1186	文治 2.正. 7	鳥羽(南)殿		但、鳥羽殿は荒廃している	玉葉・他
後鳥羽	後白河	1186	文治 2. 4. 7	＊＊大炊御門第		左大臣経宗第	玉葉
後鳥羽	後白河	1186	文治 2. 5.21	＊＊冷泉万里小路第		摂政兼実亭(隆房より借用)	玉葉
後鳥羽	後白河	1186	文治 2. 7. 9	大内			玉葉
後鳥羽	後白河	1186	文治 2.11.16	左近衛府		・他所行幸有事煩	玉葉
後鳥羽	後白河	1187	文治 3. 2. 3	＊＊大炊御門第		院御所.もと経宗領	玉葉
後鳥羽	後白河	1187	文治 3. 3.14	大炊御門第			玉葉
後鳥羽	後白河	1187	文治 3. 4.26	白河押小路殿		還御供奉わずかに両三人	玉葉
後鳥羽	後白河	1187	文治 3. 6.12	＊＊大炊御門第		B	玉葉
後鳥羽	後白河	1187	文治 3. 7.25	＊＊大炊御門第			玉葉
後鳥羽	後白河	1187	文治 3. 8.11	大内		翌日、大炊殿に還幸	玉葉
後鳥羽	後白河	1187	文治 3. 8.26	大内			玉葉
後鳥羽	後白河	1187	文治 3.11. 8		鳥羽(南)殿	法皇、御幸ヵ	玉葉
後鳥羽	後白河	1189	文治 5. 6. 2	鳥羽(南)殿		法皇密々渡御	玉葉
後鳥羽	後白河	1189	文治 5.10.17	白河押小路殿			玉葉
後鳥羽	後白河	1190	建久元.正.27		六条西洞院第		玉葉
後鳥羽	後白河	1190	建久元. 3.18	白河押小路殿		還御供奉は一人のみ	玉葉
後鳥羽	後白河	1190	建久元. 8. 3	大内			玉葉
後鳥羽	後白河	1191	建久 2.正.27	＊六条西洞院殿		⑩	玉葉
後鳥羽	後白河	1191	建久 2. 4.14	鳥羽殿			玉葉
後鳥羽	後白河	1191	建久 2. 5.22	鳥羽殿			玉葉
後鳥羽	後白河	1192	建久 3.正.30	白河押小路殿			玉葉

❙ 院御所　　＊　訪問の形式をとる場合

⋮ 女院御所　　＊＊ 天皇御所に準ずる場合

【備考欄】

①清涼殿造営の犯土を避ける．但、方違とは記されず
②今夜例御方違行幸也．上皇は熊野に御幸
③白砂を長門に充つ．院御幸．対面
④去 12.28 法皇．美福門院高松殿に渡御
⑤美福門院御也．然而非如在之儀歟
⑥四十五日．本来は八条堀川第へ方違
⑦姫宮御所．正.19 本所となすべく院より沙汰あり．五辻殿については、高橋康夫：京都中世都市史研究．思文閣出版 昭 58.12 参照
⑧邦綱卿所進也．供奉の人数が少ない
⑨法皇依欲謁帝．偽稱御方違云々
⑩其實無違方忌之用．只心閑爲謁龍顔．法皇欲有行幸．但、方違とは記されず

方違行幸に関し、本表は「史料綜覧」をもとに作製しているがA、Bについては註 2 参照。

幸の例に朝覲行幸の儀とのより強い類似性を認めることが出来るであろう。

一方、院御所ではあるが、朝覲行幸以外の住宅が用いられた例も存在する。崇徳天皇（鳥羽院政期）、近衛天皇、六条天皇、後鳥羽天皇の場合がそれであるが、特に崇徳天皇の場合は多くの住宅が朝覲行幸のために用いられたにもかかわらず、方違行幸の目的地としてこれらが全く使われなかった事は注目に値する。

以上はいずれも程度の差こそあれ院御所が用いられた例であるが、二条天皇の代には女院御所[9]は用いられたものの院御所は使われていない。この点も併せ記憶されるべきであろう。

表２　院の見物のために迂回もしくは路次の変更を行ったと思われる行幸例

天皇	院	西暦	和　暦	行幸の種類	史料
堀　河	白　河	1091	寛治　5.10.　3	稲荷行幸	中右記
鳥　羽	白　河	1113	天永　4.　8.11	松尾行幸	長秋記
鳥　羽	白　河	1120	保安元．2.26	賀茂行幸	中右記
近　衛	鳥　羽	1149	久安　5.11.25	稲荷・祇園行幸	兵範記
高　倉	後白河	1179	治承　3.　3.15	平野行幸	山槐記
高　倉	後白河	1179	治承　3.　8.27	石清水八幡行幸	庭槐抄
高　倉	後白河	1179	治承　3.　9.　5	賀茂行幸	庭槐抄
後鳥羽	後白河	1189	文治　5.10.29	春日行幸	玉　葉
後鳥羽	後白河	1191	建久　2.12.　8	松尾行幸	玉　葉
後鳥羽	後白河	1191	建久　2.12.13	北野行幸	玉　葉

この様に見てくると、同じ院政期に於ても天皇によりそれぞれ特徴があったことが知られよう。殆どの例が朝覲行幸と同じ住宅であった堀河天皇、鳥羽天皇、高倉天皇の代、そして朝覲行幸の住宅あるいは院御所さえ使われなかった崇徳天皇、二条天皇の代にこれが対照的に表れている。

朝覲行幸を天皇に対する院の親権の顕現化[10]と見ると、朝覲行幸に用いられた住宅を本来儀礼的性格の薄い方違にも用いる、特に朝覲行幸と同様訪問の形式をとる場合は、それ以外の住宅を用いる場合に対し院の影響力が強く表現された例と見ることが出来、従って前に述べた特徴の相違は天皇と院との相関関係の反映の結果と考えることが出来そうである[11]。

ところで、院政期に於ては、行幸路次が院の見物のために迂回あるいは変更させられることがあった[12]。表2は、白河、鳥羽、後白河院政の期間中に、院の見物により行幸の路次が明らかに変更されたと考え得る例を示したものである[13]。これによれば、堀河、鳥羽、近衛、高倉、後鳥羽天皇の各代にその例を認めることが出来るが、崇徳、二条天皇の代に見ることは出来ない。

行幸路次の変更は天皇に対する院の強い影響力の反映の結果と見做すことが出来ようが、ここに於ても方違行幸の目的地について検討したのと同様の傾向が認められるのである。

院政は、天皇に対する父（あるいは祖父）の親権をもとに展開されたが、それ以前の摂関制は母系の尊属親権に基づいたものとして理解されている[14]。そして外祖父たる摂関の天皇に対する発言権の根拠として、天皇が母方の実家で生まれ幼年時を過ごすということがあげられている。[15] 院政期についても同様に天皇に対する院の影響力を見る場合、天皇の幼少時の居住形態がどうであったのかが新たな問題として生じるが、これが天皇により異なり決して一様ではなかった。

ここでは、前に対照的特徴が見られた例のうち鳥羽、高倉天皇と崇徳、二条天皇を取り上げ、右に述べた観点からさらに検討を進めることにする。[16]

鳥羽天皇(宗仁)[17]は堀河天皇を父とし、藤原実季の女苡子を母として康和五年(一一〇三)正月十六日に五条高倉第で誕生している。御五夜儀の後、正月二十五日には祖父白河院の御所高松殿に遷り、五十日儀、百日儀はここで行われた。八月十七日には立太子儀に伴い、院と共に高陽院に遷ったが二十七日、二十八日にそれぞれ高松殿に還っている。翌、長治元年(一一〇四)七月十一日には共に土御門高倉殿に遷り、東宮著袴はここで行われた。長治二年(一一〇五)十二月の末から翌年にかけて、内裏とこの土御門殿を往復したが、嘉承二年(一一〇七)正月十五日には、院と共に大炊殿御門東洞院殿に遷り、七月十九日ここで践祚している。

以上述べた様に、鳥羽天皇は誕生以来即位に至るまでのかなりの期間、白河院と同宿した。

高倉天皇[18]は後白河院を父、平滋子を母として応保元年(一一六一)九月三日に誕生したが、永万元年(一一六五)十二月二十五日に親王となり憲仁と名付けられた。仁安元年(一一六六)十月十日には東三条殿で立太子事があり、しばらくここを東宮御所として用いることになるが、それまでは後白河院と東山七条殿に同宿していたものと思われる。東三条殿に於ても一時同宿した。同十一月三日、憲仁は邦綱の土御門殿に行啓、東宮御所となしたがここでもやはり一時院と同宿している。この後、著袴により東三条殿に戻ったが、ここが焼失したため再び土御門殿に還った。翌仁安二年(一一六七)二月十一日、新造された院御所法住寺殿に行啓、ここでまた院と同宿することになる。同四月四日、上皇と東宮は共に七条殿に渡り、上皇は下御所を東宮は上御所をそれぞれ用いた。[19] 東宮御書始はここで行われている。翌仁安三年(一一六八)二月十九日、東宮は里内裏閑院での受禅に伴いこの七条殿より行啓した。

この様に、高倉天皇(憲仁)は即位に至るまで屢々、後白河院と同宿もしくは隣居していた事が知られよう。

崇徳天皇(顕仁)[20]は、元永二年(一一一九)四月十五日鳥羽天皇と中宮藤原璋子との間に生まれている。御産所は、白河院の御所三条烏丸殿であり、所始はここで行われた。七月二十日に中宮と共に時の里内裏たる土御門烏丸殿に行啓するまでは、白河院と同宿している。

八月二十五日、中宮と共に院御所正親町東洞院第に行啓、二十九日に里内裏に還るまで院と同宿した。十月十七日にはやはり中宮と共に三条烏丸殿に行啓、白河院はこれに合わせ早朝鳥羽より御幸した。保安元年(一一二〇)中宮は屢々、院御所三条殿に行啓しているが父親顕仁も同行したものと考えられる。

以上の様に、崇徳天皇は保安四年(一一二三)の即位に至るまでの間、里内裏と白河院御所との間を往復していたことが知られ、父親の鳥羽天皇より寧ろ白河院との強い結びつきを認めることが出来る。

二条天皇(守仁)[21]は、鳥羽院の皇子雅仁親王(後の後白河天皇)と大納言藤原経実の女懿子の間に、康治二年(一一四三)六月十七日誕生しているが、懿子が間もなく亡くなったため、鳥羽院の后得子(美福門院)の養子として育てられた。養子になった時期は詳かではないが、この時期鳥羽院、美福門院と共に主として白河殿で過ごしたものと思われる。[22]着袴儀は白河北殿で行われた。この後守仁は仁和寺の覚性法親王のもとに入門することになるが、久寿二年(一一五五)七月十四日父の後白河天皇の践祚に伴い急遽還ることになる。八月二十八日には鳥羽院御所鳥羽南殿で立太子定があり、九月二十三日には立太子事があったが、守仁は鳥羽院、美福門院に合わせて鳥羽南殿に渡り、そのままここを御所とした。やがて鳥羽田中殿を用いることになるが、御書始は鳥羽南殿で行われている。その後も主として田中殿を用いたが、この間、美福門院の皇女姝子を妃として迎えるため一時四条高倉殿に渡っている。後白河親政後は里内裏東三条殿、高松殿に遷りその後新造なった大内裏に行啓、昭陽舎を御所としたが、保元三年(一一五八)八月十一日ここで践祚した。

この様に、二条天皇(守仁)は後白河天皇の御子であったにもかかわらず、幼少時はむしろ鳥羽院、美福門院の強い影響下にあったことが知られよう。

以上の様に、天皇幼少時の居住形態を通して見る限りに於て、鳥羽天皇と白河院、高倉天皇と後白河院との間にはそれぞれ強い関係の存在したことが指摘されるが、崇徳天皇と二条天皇については、それぞれ白河院、鳥羽院・美福門院との強い関係は認められるものの当時の院たる鳥羽院、後白河院との結びつきは薄かったと言うことが出来よう。この様な天皇と院との関係は国史の分野でも指摘されている。[23]

この様に見てきた時、平安院政期に於ける方違行幸の目的地の選択にはやはり、天皇に対する院の影響力の強弱が大きな影響を与えたと見做すことが出来るのである。

堀河天皇については、幼少時に院政は未だ開始されておらず、従ってこの様な観点からの検討は出来ない。しかしながら白河院は幼帝を後見する立場から院政を開始したとされるので鳥羽、高倉天皇の場合と同様、院の強い意志がこの目的地の選択に影響したものと思われる。(24) 康和四年（一一〇二）正月十九日堀河天皇は鳥羽殿に方違したが、院もこれに合わせ御幸し、対面している。翌二十日天皇、院はともに還御したが『中右記』正月十九日条には、

行幸御幸相次、希代之例也

と記されている。即ち、この記載から従来とは違った院政期に於ける方違行幸の特質と共に、院と堀河天皇との強い結びつきを察することが出来よう。

六条天皇や後鳥羽天皇、(25) そしてまた近衛天皇(26)の幼少時の居所については詳かではないが、目的地の選択に関してはやはり院、女院との関係が影響したと推定されるのである。

〔三〕目的地として用いられた住宅の規模、体裁

方違行幸の目的地としては表1に見る通り、院御所の他に貴族住宅も用いられた。ここではこれらも含め、天皇御所に準えられて使われた住宅に焦点をあて規模、体裁について考えてみたい。(27)

規模・構成について概観すると、寝殿のほか小寝殿や対代までをも備えた法住寺殿や、広大な敷地に営まれた鳥羽殿の様な院御所(28)から、四分の一町程度の敷地で対さえも欠いた冷泉万里小路第(29)の様な小規模な貴族住宅までが使われていた。

方違行幸は翌日に還御するのが常であり、長期間にわたって滞在することは希であった。従って方違中の御所の様子が詳しく記された例は殆ど見られない。しかしながら、近衛天皇が白河泉殿に方違した場合を『兵範記』仁平二年（一一五二）十月一日条から知ることが出来る。近衛天皇の母親、美福門院は行幸に先立ちこの泉殿に行啓していたが、この行幸では何故か「母儀不在儀」により、天皇の輿は南殿に着けられここから入御している。(30) 女院の御所として用いられた部分を除くと、天皇に関しては御座、朝餉御所のほか大盤所、殿上、女房局が寝殿や東子午廊、東泉屋、北対にそれぞれ割り当てされているのみである。因みにこれら御座、朝餉、大盤所、殿上は

内裏では清涼殿内に設けられている。この様に方違の場合は、清涼殿に設けられた施設を主とし、天皇の宿泊に必要な最低限の施設が割り当て出来れば良かったのであろう。(31) 方違行幸の目的地の選定理由に関し得られた古記録を検討しても、これらの方角が問題とされることはあっても住宅規模の大小、構成までもが取り上げられることはなかった。従ってこの様な観点からは余り問題とされず、寧ろ体裁の方が重視されたようである。

方違行幸に先立ちその目的地がこれに相応しい体裁を有しているかどうかの検討がなされた。後鳥羽天皇代の記録であるが節分の方違に関し『玉葉』文治二年（一一八六）正月七日条に鳥羽殿についての記述が見られる。

鳥羽御所（南殿、）破壊頽危、凡非言語之所及、雖片時不足爲皇居云々

即ち地震により傾き、(32) 危険な状態にあったため難色が示されている。また同記、同二月十六日条にも来る四月七日の方違行幸について、

仍八條院御所、左大臣亭等之間如何、八條御所、地震之後、破損之後、未及修造

とあり、八条院御所についても同様の理由で疑問が提出されている。御所の様子がより具体的に示されたものとしては次の例が興味深い。やはり同年五月二十一日の方違行幸について摂政藤原兼実の冷泉万里小路第が候補となったが『玉葉』前日条には以下の様に記されている。

余云、冷泉第築垣覆、未終其功、又門不葺檜皮、旁見苦歟

記者兼実は、築垣が未整備でありまた門が檜皮葺でないという理由で辞退したのであった。

住宅全体の規模・構成については余り問題とされなかった様であるが、極く短期間とは言え天皇御所となるため寝殿にはある程度以上の規模が要求されたものと思われる。

方違中の寝殿の様子は、『玉葉』文治二年（一一八六）四月七日条により窺うことが出来よう。この日後鳥羽天皇は左大臣藤原経宗の大炊御門第に方違行幸したが、

以寝殿北面爲御在所、南面不懸簾、擬南殿、北面立大床子、擬御殿

と記され、寝殿の南面が南殿（紫宸殿）に北面は御殿（清涼殿）に擬され、寝殿が両者を兼ねたことが知られる。また、前掲の仁平二年（一一五二）十月一日に近衛天皇が白河泉殿に行幸した場合について『兵範記』を見ると、

母屋中央間敷繧繝端疊二枚、其上加龍鬢土敷、供唐錦茵、北庇同又庇東三間、爲朝餉御所

とあり、母屋に天皇の御座が、北庇、北又庇には朝餉御所が設けられている。この御座は繧繝端畳の上に茵を置いたもので内裏清涼殿の昼御座に相当しよう。(33) 朝餉はすでに述べた様に内裏では清涼殿内に設けられている。この寝殿について同記には、

鋪設儀、大略如内御在所

と記され、清涼殿とほぼ同様の鋪設であったことが知られる。貴族住宅等が里内裏として使われる場合、通常は寝殿が南殿（紫宸殿）とされるが、清涼殿を兼ねる場合もあった。例えば、東三条殿がその例であり、寝殿南面母屋には御帳と大床子が立てられ南庇には昼御座が置かれたが、朝餉御所、大盤所は北又庇に設けられている。五条東洞院殿でもほぼ同様であった。(34) この様に見てきた時、方違行幸時に於ても寝殿は里内裏時と同様の役割を果したものと考えられよう。(35) 即ち、これら寝殿はこの様な鋪設が可能な規模を有していたのである。(36)

寝殿の規模をより具体的に知るには、『中右記』康和五年（一一〇三）十月二十日条に記された西六条殿の例が参考になる。堀河天皇の方違のため、予めこの住宅が実検されたが、

雖可有御方違、此亭寝殿已八尺間也、不足爲南殿、不可有遷御由、民部卿議定已了

とあり、寝殿の柱間が八尺で南殿とするのに相応しくないという理由から取り止めになったことが知られる。この場合の西六条殿は方違とは言っても通常の忌移しの方違とは異なり長期間に渡って使われる予定であったとも考えられるため、(37) 短期間の目的地の規模を考えるには必ずしも適当な例とは言えないかもしれないが、一応の目安とすることは出来るだろう。(38)

また、文治三年（一一八七）に方違に用いられた大炊御門第について『玉葉』文治四年（一一八六）八月四日条には、

寝殿母屋一丈二尺、庇九尺、甚凡卑也

とあり、寝殿の規模が知られるが、この大炊御門第は文治元年（一一八五）七月から数ケ月の間里内裏としても使われている。いずれにせよ寝殿規模の点から見ると方違行幸の目的地となる住宅は本来は里内裏として用いられる住宅と同等の条件を備えるべきであったと思われる。

しかしながら、体裁の点から見ると方違の場合はやはり厳密には前に述べた様な条件が守られたのではなかった。前の鳥羽殿も結局

は他に相応しい候補が無いという理由で用いられたし、兼実の冷泉万里小路第についても、

院宣云、板棟門之條、全不可有憚

とされる様に結局は使われている。この例は候補とされた鳥羽殿、左大臣藤原経宗第、冷泉第がすべて様々の理由で難があり、このままでは方違が不可能となるため止むを得ず取られた苦しまぎれの合理化と考えることも出来よう。また福原に於ける方違の例ではあるが、ここで用いられた平宗盛第の寝殿は三間四面の最小規模であった。

この様に方違行幸に於ては場合に応じ適宜判断されたようである。しかしながら「はじめに」で貴族に関した例として紹介した様な小屋あるいは屋外さらには舟中や車中で夜を明かすというようなことはなかった。

〔四〕おわりに

平安時代に於ける方違行幸の目的地として、院政期以前は前の里内裏、大内裏の施設が用いられたが、院政期以降には院御所が多く使われるようになる。この様な変化には院政という政治的形態の成立が直接的に関わったと見做すことが出来よう。また院政期に於ける目的地に関し院御所に着目すると、天皇により異なりそれぞれ特色が認められた。対照的性質を持つ鳥羽、高倉天皇と崇徳、二条天皇をとり上げ検討すると、天皇に対する院の影響力の相違が反映したものと考えることが出来る。天皇と院の結びつきの強弱は天皇の幼少時の居住形態を通し知られるが、院と天皇の結びつきが強い前者に於ては後者と異なり、朝覲行幸に用いられたのと同じ住宅が方違行幸の目的地としても使われていた。

目的地となる住宅は、極く短期間にせよ天皇御所として用いられるため、寝殿の規模や住宅の体裁に一定の条件を持つことが要求された様である。しかしながら体裁については、必ずしもこれが厳密に守られてはいなかった。

ところで本節では目的地の選択に関し院御所に焦点を当てて考えたが、表1に見る様にこれら以外の住宅も用いられている。後白河親政期以降に見られる様々な住宅等がそれである。また、院御所が使われるにしても、院政開始期には無前提にこれが選定された様に見えるのに対し、末期では必ずしもそうでは無かった点などにも興味が惹かれる。さらに、方違本所(39)や目的地の方角など明らかにすべ

き点は数多く残されている。今後の課題である。

註

1　ベルナール・フランク『方忌みと方違』（昭和六十四年、岩波書店）。本書はタイトルが示す通り、方忌みと方違について包括的に論じたものである。しかしながら方違の目的地に関する検討はなされていない。

2　管見によれば、平安時代に関し『史料綜覧』に方違行幸と記されるものが一四二例、そのうち目的地も併せて記されるものが一二六例あるが、これらのうち方違行幸と判断できなかった七例を除くと一一九例となる。これに目的地が記されない一六例のうち古記録により目的地が知られるもの二例（表中備考欄A）と、単に行幸とのみ記されるもののうち、目的地が知られ方違と判断できるもの九例（備考欄B）を加えて本表を作製した。但し、方違でも同一敷地内のものや遷幸など長期間にわたるものは除外している。

3　表中の院御所について略説したい。院政期に於ける院御所については、早くから研究が進められており（太田静六『寝殿造の研究』昭和六十二年二月、吉川弘文館、杉山信三『院家建築の研究』昭和五十六年九月、吉川弘文館、井上満郎「院御所について」『御家人制の研究』昭和五十六年七月、吉川弘文館、平山育男「白河院御所について」『建築史学』平成三年三月）主要なものについて紹介されている。表1のみを見ても、白河院政期の鳥羽殿、（西）六条殿〈楊梅北烏丸西〉、白河殿、後白河院政期の法住寺殿、鳥羽殿は朝覲行幸にも用いられていることから院御所であったことがわかる。なお、白河院政期、永久年間に用いられた白河殿は記録により白河殿、白河泉殿等と記されるが、いずれも上皇が永久三年（一一一五）十一月二日に移徙した新造御所と考えられる。鳥羽院政期、仁平元年（一一五一）十一月二十七日、十二月十二日に用いられた六条殿について『本朝世紀』には単に六条殿と記されている。ところで同記によればこれに先だつ十月十八日、近衛天皇は里内裏小六条殿の焼亡により院御領六条烏丸殿に居を移したとあり、また十一月十三日には六条東洞院御所より近衛殿に遷幸したとあるが、その二日前の『台記別記』の条にはこの六条殿について皇后（居の誤り）六条南烏丸西とあるので、十三日条に記された六条東洞院殿は六条烏丸殿の誤りと考えられる。従ってそれから間もなく近衛殿から方違した六条殿は、この六条烏丸殿と考えられる。白河御所については『中右記』大治四年（一一二九）九月二十二日条他。後白河院政期、文治三年（一一八七）に用いられた大炊御門第は『玉葉』文治二年（一一八六）四月七日条に記される様に左大臣藤原経宗の領であった。この後、九月二十三日より院御所として使われている。また建久元年（一一九〇）の六条西洞院殿も院御所として用いられた。院は寿永二年（一一八三）十二月十日遷御したが（『玉葉』）、その後、文治四年（一一八八）十二月十九日から再び使われている（『山丞記』）。六条北西洞院西に位置した（『山槐記』文治四年十二月五日条）。鳥羽北殿、七条殿、白河押小路殿についてはそれぞれ『兵範記』仁安元年（一一六六）十一月三日条、『吉記』承安三年（一一七三）六月二十一日条、『玉葉』文治四年（一一八八）五月二十一日条、他参照。

4　院政期以前の記録は少ない。表1により知られるのは、後朱雀天皇代の侍従所と白河天皇代の六条（東）殿である。この六条殿は六条北東洞院東に位置し、南北二町を占めた。里内裏のために造営され（『園太暦』貞和二年（一三四六）七月二十一日条）、承保三年（一〇七六）十二月二十一日から翌年十月九日まで使われている。院政期に於ては院御所が里内裏として用いられることがあったが、この時期六条殿は院御所としては使われていない。院政期以前に於ても、朝覲行幸の目的地の例で知られる様に、院（女院）御所として用いられた住宅は存在している。

5　院政期の方違については、岡本充弘「院政期に於ける方違」（『史学論叢』第九号、昭和五十五年十一月）が知られる。同書は院政期の方違がどの様なものであったのかについて全般的に検討したものであり、方違行幸については作法の点からこれをとり上げている。この中で氏は「摂関期においても、方違行幸が仙洞にあれば、天皇上皇の対面はあったかもしれぬが」とし、院政期以前の院御所への方違行幸の存在を必ずしも否定してはいない。しかしながら管見の限りこの様な例は見い出せなかった。

6　井上満郎、前掲註3。同書には白河上皇の御所が数多く示されている。また、安田元久『後白河上皇』（昭和六十一年十一月、吉川弘文館）巻末には、後白河上皇移徙一覧と題する年表が付してあり、御所として法住寺殿、七条殿の他、鳥羽殿、山階殿などが用いられたことが知られる。

7　第五章第二節参照。

8　表1備考欄参照。鳥羽天皇については訪問の例も存在している。なお、方違に於ける対面の例は、岡本充弘、前掲註5にも紹介されてはいる。

9　美福門院は二条天皇の養母であり前に亡くなった鳥羽上皇の后である。

10　井上満郎、前掲註3。

11　ここで次の検討に入る前に、方違の目的地がどの様にして裁定されたかについて一瞥しておくべきかもしれない。院政期に関し例えば、『殿暦』嘉永二年（一一〇七）十月十二日条には、白河院政期に於ける鳥羽天皇の大嘗会に伴う方違について、院御所での沙汰の様子が記されている。院政期に於ては上皇が公卿僉議の裁決の実権を握っていたとされる（石井進『院政』日本歴史大系、昭和五十九年、山川出版社、他）が、方違行幸の場所の決定についても例外ではなかったことが知られるのである。同様の例は鳥羽院政期、後白河院政期に於ても認めることが出来る。この様に、方違行幸の場所の選択に際し、院は大きな影響力を持っていたが、同じ院政期であっても本文に述べた様な特徴が見られるのは極めて興味が深い。院政期以前についてこれらの様子が知られる例は殆ど無いが、永暦元年（一〇七七）十一月二十三日の六条殿への方違行幸の例は目的地に直接関係したものではないものの参考になる。『水左記』にはこの日六条殿へ方違を行うべきか否かについて記されているが、公卿僉議によって決められたことが知られる。この様な公卿僉議に対し、天皇は裁下する立場にあったとされる（村井康彦『王朝貴族』昭和四十九年、小学館）。

12 小寺武久「平安京の空間的変遷に関する考察（一）」（『日本建築学会論文報告集』第一六五号、昭和四十四年十一月）。同「平安京の空間的変遷に関する考察（二）」（『日本建築学会論文報告集』第一六六号、昭和四十四年十二月）。この様な例は「院政という政治形態をよく示す事件である」とされる。

13 大治五年（一一三〇）十一月四日の日吉社行幸、天承元年（一一三一）三月十九日の稲荷、祇園行幸はいずれも崇徳天皇の行幸で、鳥羽院が見物した例であり、永暦元年（一一六〇）八月二十七日の二条天皇の賀茂行幸は後白河院による見物の例であるが、これらに於ては見物のために敢えて迂回あるいは路次が変更されたとは考え難い。なお、小寺氏は前掲註12で、本節表2のうち寛治五年（一〇九一）十月、天永四年（一一一三）八月、久安五年（一一四九）十一月、治承三年（一一七九）八月の例を紹介している。

14 竹内理三「院政の成立」（『日本歴史』岩波講座、昭和三十七年十月）、他。

15 村井康彦「院政論」（『日本歴史』昭和四十九年七月、小学館）。

16 堀河天皇については後述する。

17 即位以前に於ける鳥羽天皇（宗仁）御所と白河院御所との関係については、平山育男「如法一町之家大炊殿、如法一町家の研究その一」（『日本建築学会計画系論文報告集』第四〇七号、平成二年一月）、同「白河院御所について」（『建築史学』第一六号、平成三年三月）に詳しい。なお、本節での以下の記述は『中右記』『殿暦』『為房卿記』などをもとにしている。また、宗仁、白河院の御所は康和五年（一一〇三）正月に遷った高松殿では西対、寝殿、高陽院では西対、東対、八月の高松殿では寝殿、寝殿北東渡殿、土御門殿では東対代、西対、大炊御門殿では西対代、東対にそれぞれあてられている。なお、赤木志津子『摂関時代の諸相』（昭和六十三年、近藤出版社）にも白河院の手のうちで育てられたとの記述がある。

18 高倉天皇（憲仁）幼年時に関しては『兵範記』『玉葉』『山槐記』によっている。なお、憲仁、後白河院御所は東三条殿では西面、東面、土御門殿では西面、東面にそれぞれあてられている。『兵範記』によると東三条殿での立太子に先立つ九月六日、東山の院殿上で立太子定があり、十月十日には上皇と同宿していた東山の七条御所から東三条殿に行啓している。

19 杉山信三、前掲註3によれば、七条殿は、上（東）御所と下（西）御所に分かれていた。

20 崇徳天皇幼年時に関しては『中右記』『長秋記』によっている。

21 二条天皇に関する以下の記述は主として『兵範記』『山槐記』『台記』『本朝世紀』『今鏡』『本朝皇胤紹運録』によっている。

22 『台記』『本朝世紀』によると、この時期得子は主として白河北殿、白河押小路殿を御所として用いていたが、鳥羽院はこれらの他、鳥羽殿、小六条殿、高松殿をも御所として用いていた。美福門院の殿上始は久安五年（一一四九）十月二日白河北殿で行われている。

23　安田元久『院政と平氏』（昭和四十九年、小学館）、吉村茂樹『院政』（昭和四十一年十一月、至文堂）、赤木志津子、前掲註17、他。これらをもとに要点を示すと、鳥羽天皇は白河院が皇位を自身の子孫に伝えるため待ち望んだ自分の子堀河天皇の皇子であり、院は専制的院政を継続させたと言われる。高倉天皇は後白河院とその寵愛を受けた滋子との間の皇子であり、やはり院政を継続させたいとの意志のもとに誕生した天皇であった。崇徳天皇は専制を続ける白河院により弱冠五歳で即位させられたが、これに伴い鳥羽天皇は強引に退位させられている。白河院はその後も院政を続けた。鳥羽天皇は白河院に対し批判的であったとされ、白河院の死後は白河院の庇護のもとに即位した崇徳院にその感情が向けられたとされる。二条天皇は鳥羽院の亡きあと、院の寵妃美福門院の力によって即位した。これに伴い退位した後白河院は美福門院に対し好意的ではなく、美福門院の死後は後見者を失った二条天皇と対立するようになったとされている。本項ではこれら天皇と院との関係を、天皇の幼少時の居住形態という共通の指標を設定し別の観点から捉え直している。

24　堀河天皇（善仁）は白河天皇と藤原賢子の皇子として橘俊綱の西洞院第で生まれたが、中宮賢子と共に内裏（飛香舎）に移り、後、高倉殿を御所として用いた。応徳三年（一〇八六）十一月二十六日皇太子となり同日白河天皇の譲位を受け即位している。白河天皇の代、関白は賢子の養父師実であり師実は堀河即位後も引き続き摂政をつとめたが、摂政の影響力は以前と比べ著しく小さくなったとされる。

25　六条天皇、後鳥羽天皇の幼少時の住まいに関する史料は少なく、これらから院（いずれも後白河院）との関係を推察することは出来ない。しかしながら六条天皇は、院の反対勢力二条天皇の皇子であり、院は六条天皇を擁する親政派を恐れたとされている。後鳥羽天皇は、院自身の子高倉天皇の皇子であるが、西走中の安徳天皇に対する措置を明確にしないまま、朝政を続けるために即位させられた天皇である。六条天皇の方違行幸の目的地を見ると殆どが院御所以外であり、これに対し後鳥羽天皇の場合は院御所が多く使われている。即ち、ここに於ても全く同様の点が指摘される。

26　近衛天皇の幼少時についての記録も少ない。誕生後間もなく内裏に入り、やがて、三条北西洞院第を御所としたことが知られる位である。近衛天皇は鳥羽院とその寵妃得子との間の待望された皇子であり、誕生三ヶ月で立太子、三歳で即位した。得子は、院に対しても影響力を持ち、院の女御として、また院号（美福門院）を得てからは女院として勢力を振った。近衛天皇の方違行幸の目的地として院御所の他女院御所も使われたのはこの様な事情が影響したためと思われる。

27　貴族住宅への行幸はすべて天皇御所に準えられて用いられた例と考えて良い。大河直躬『住まいの人類学』（昭和六十一年、平凡社）、によれば平安時代から鎌倉時代にかけては、その住宅の主人より身分の高い人が客として訪れることはなかったとされる。事実方違行幸の目的地として貴族住宅が用いられた場合で具体的様子が知られるものについて見ると、すべて天皇御所に準えられた例である。管見によれば方違以外の行幸について見ても訪問の形式をとった例は認められない。

28 これらの規模・構成については、太田静六、前掲註3、杉山信三、前掲註3に詳しい。

29 太田静六、前掲註3によると、敷地は四分の一町程度と推定され、その建築は寝殿と二棟廊、透渡殿、中門廊より成る小規模なものであった。

30 第五章第二節参照。「母儀不在之儀」については『宇槐記抄』による。行幸の目的地が天皇御所に準えられた場合について天皇御所の割り当てを見ると、本項でも紹介する様に寝殿が用いられている。これに対し訪問する形式をとる場合は、例えば治承三年(一一七九)七月六日の法住寺殿への場合に見られる様に、対(代)を御所(控所)としている。この様に対(代)を御所とするのは天皇の訪問の場合の常であり、朝覲行幸の場合はこれが原則となっている。本例は、母親の御所が一部を占めるものの天皇御所が寝殿の主要部分に割り当てられており、天皇の御所に準えられて用いられた例である。

31 方違行幸時に必要とされたのは主としてこれら内裏に於ける清涼殿内の施設であったが、後述する様に、方違行幸時に於ては寝殿が清涼殿、あるいは南殿(紫宸殿)および清涼殿として使われている。例が極めて少ないので即断は出来ないが、これらの点に鑑みると、最低限必要とされた殿舎は寝殿だったのではないだろうか。

32 『玉葉』文治二年(一一八六)二月十六日条。

33 『禁秘抄』によれば、昼御座の平敷について、「疊二帖繧繝南上。中央茵一枚。」とある。

34 東三条殿については、『兵範記』保元三年(一一五八)十月十四日条。五条東洞院殿については、『山槐記』治承四年(一一八〇)二月二十一日条。

35 舗設がある程度知られる他の例として、文治二年(一一八六)五月二十一日の冷泉第への方違があげられる。『玉葉』によれば、やはり寝殿に御座を設けるなど掃除舗設が行われている。

36 これら方違の目的地とされた住宅の寝殿規模については明らかなものもあるが不明なものも多い。従って目的地とされる条件としての寝殿規模を提示することは難しい。後考を待ちたい。

37 同記に、「今夜依仰、與民部卿頭辨、行向院御願西六條殿實檢、是依可有行幸儀也、明年東御忌之方也、依可被立尊勝寺中新堂」とある。この時は内裏が皇居であり、造営が予定される尊勝寺はここから東にあたる。明年は天皇の忌方が東となるので造営の期間西六条殿に居を移すの意と思われる。

38 白河泉殿での様に寝殿母屋中央に繧繝端畳二枚を敷くとなれば、やはり母屋柱間八尺では不足であろう。『延喜式』によれば繧繝端は長さ八尺、『丹鶴図譜』によれば八尺三寸とある。

39 ベルナール・フランク、前掲註1参照。

第二節　平安時代に於ける儀式と雪
—様々な対応について—

〔一〕はじめに

平安貴族にとって雪は必ずしも厭うべきものではなかった。『枕草子』に代表される文学作品に見られる様に鑑賞の対象とされ、或は古記録に記される様に豊年の佳瑞と見做されてきた。初雪の日には王卿らが参内し禄を賜っている。

しかしながらこの雪が貴族生活に対し影響を及ぼしたのもまた事実である。例えば当時の代表的貴族であった藤原忠実が著した『殿暦』からは風雪のため参内しなかった事が知られるし、(1) 藤原宗忠の『中右記』には庭に白雪が積もり、そして「道路不通」となり、また雪の寒さが堪え難かった様子が記されている。(2)

尤も当時の平安京に於ける積雪量は私達が想像する程多くはなかった。「京中雪降三尺」(3)の例はあるものの一尺も降れば大雪であり、(4)通常は降ったとしても四、五寸程度であった様だ。(5)

さて、年中行事を始めとする様々な儀式は平安貴族にとって重大な関心事の一つであり、これに参加し滞りなく遂行することが責務とされた。これら儀式の種類およびその次第等については当時著された『西宮記』等の諸儀式書(6)により知ることが出来るし、実際どの様に行われたのかについては貴族達が遺した諸記録により窺うことが出来る。この様な多くの儀式は八省院や内裏等平安宮内の施設あるいは京中の院御所や摂関家等の貴族住宅で催されていたのである。これら儀式の中には年中行事の様に毎年決まった日に行われるも

表1　平安時代寒冷期に於ける主要な儀式

	儀式名	主な会場	主な参加者
1月	四方拝	清涼殿前庭	天皇
	朝賀	八省院	天皇、貴族等
	小朝拝	清涼殿・前庭	天皇、貴族等
	元日節会	紫宸殿・南庭	天皇、貴族等
	摂関家拝礼	摂関家住宅、寝殿・対・前庭	摂関、貴族等
	院御所拝礼	院御所、寝殿・対・前庭	上皇、貴族等
	臨時客	摂関家等住宅、対・前庭	摂関、貴族等
	二宮大饗	玄輝門東西廊	皇后、皇太子、貴族等
	朝覲行幸	上皇御所	上皇、天皇、貴族等
	臣下大饗	摂関家等住宅、寝殿・前庭	摂関、貴族等
	叙位	清涼殿	天皇、貴族等
	七日節会	紫宸殿・南庭	天皇、貴族等
	御斎会	大極殿・前庭	天皇、貴族、僧等
	内論義	清涼殿	天皇、貴族、僧等
	除目	清涼殿	天皇、貴族等
	踏歌節会	紫宸殿・南庭	天皇、貴族等
	射礼	豊楽院、建礼門前庭	貴族等
	賭弓	校書・安福殿前庭	天皇、近衛、兵衛等
2月	釋奠	大学寮、太政官庁	貴族等
	春日祭	春日社	貴族・近衛府等
	列見	太政官	貴族等
12月	仏名	清涼殿	貴族、僧等
	追儺	宮中	天皇、貴族等

のもあれば、「天皇元服」の様に臨時のものもある。これらが寒冷期に行われた場合、雪による影響を蒙ることがあった。表1は一月、二月、十二月に行われた年中行事のうち主要なものについて儀式名、主な会場、主な参加者に着目し整理したものである。八省院・大極殿や内裏・紫宸殿あるいは清涼殿で行われた儀式の主たる参加者は天皇や貴族達であったが、院御所や摂関御所での儀式の主たる参加者は貴族達であった。

本節ではこれら平安時代に於ける儀式を取り上げ、降雪に対しどの様に対応してきたのかを実例を示しながら明らかにし、それぞれの場合について若干の検討をしてみたい。この様な試みは嘗てなされず(7)、建築空間(8)の用法を史的観点からより具体的に把握するためにも不可欠な作業と考えられる。今回この時代を特に扱うのは、儀式が整備された時期であり、これらが変容あるいは消滅していく中世以降に対して、雪の影響を明らかにするのに相応しいと考えられるからである。

本節を進めるにあたり用いた史料は、貴族達によって遺された日記(9)等の諸記録や当時編纂され或いは著された諸儀式書および古記録である。これらから儀式と雪との関係が知られるものを管見の及ぶかぎり収集し対象とした。なお積雪量に関する具体的記述は極めて少ないため、この点からの検討はなし得なかった事を予めお断りしておきたい。

〔二〕中止または延期する場合

儀式に対する雪の影響には降雪あるいは積雪によるものと、これらによる地面の状態の変化によるものとがある。[10] これらの影響により規定の日に行われるべき儀式が中止されたり或いは延期されたりすることがあった。以下これらについて述べていきたい。

（一）中止する場合

中止に関する例は「元正朝賀」「小朝拝」「東宮御所拝礼」に認められるが、これらはいずれも拝礼が主体となる儀式である。「元正朝賀」は新年の初頭に天皇が大極殿に出御し、八省院朝庭に列立する貴族達の拝礼を受ける儀式である。その具体的様子は「朝賀絵図」[11]により知られるが極めて大がかりな儀式であった。この「朝賀」の開催に関し『続日本後紀』承和十一年（八四四）正月朔日条には以下の様に記されている。

廢朝賀。大雪也

この例は仁明天皇の場合であるが、大雪のため「朝賀」が中止されたことが知られる。斉衡二年（八五五）正月朔日の場合は文徳天皇に関する例であり、『文徳実録』には、

帝不御大極殿。以雪後泥深。仍停朝賀

とされる。朝庭が降雪の後で泥深いため中止されている。

雪のみならず雨も同様儀式の開催に影響を与えた。これら両者の儀式に対する影響は次項でも述べる様に全く同一であるので、「朝賀」について雨の場合も通覧しておくことにしたい。まず降雨についてであるが、『日本三代実録』貞観三年（八六一）正月朔日条に清和天皇の例として、

天皇不受朝賀。雨也

の記載があり、次に地面の状態によるものとしては同十五年（八七三）正月朔日条の、

天皇不受朝賀。以雨後地濕也

をあげることが出来る。

「元正朝賀」は平安遷都の翌々年[12]から八省院を会場として行われてきたが、一〇世紀中頃一条天皇の代に次に紹介する「小朝拝」にとっ

て代わられる様になった。表2はこの間に雪および雨により中止になった「朝賀」の例を示したものである。なお次項で同日に行われるべき「元日節会」について検討するので、この開催状況についても併せ示してある。

「小朝拝」は正月朔日に内裏清涼殿に御座す天皇に対し貴族達が前庭で拝礼を行う儀式である。「小朝拝」も雪のため中止されることがあった。後一条天皇の治安三年(一〇二三)正月朔日の場合は『小右記』に、

表2　雪・雨により中止になった元正朝賀および元日節会の開催状況

西暦	和暦	元正朝賀	元日節会	史料
844	承和 11	大雪により中止	正／1開催	続日本後紀
845	承和 12	大雪により中止	正／1開催	続日本後紀
847	承和 14	大雪により中止	正／1開催	続日本後紀
850	嘉祥 3	雨降により中止	正／1開催	続日本後紀
854	斉衡 元	雨後泥深により中止	正／1開催	文徳実録
855	斉衡 2	雪後泥深により中止	正／1開催	文徳実録
856	斉衡 3	陰雨により中止	正／1開催	文徳実録
858	天安 2	陰雪により中止		文徳実録
860	貞観 2	雨により中止	正／1開催	日本三代実録
861	貞観 3	雨により中止	正／1開催	日本三代実録
862	貞観 4	雨により中止	正／1開催	日本三代実録
863	貞観 5	雨により中止	正／1開催	日本三代実録
865	貞観 7	雨雪地湿により中止	天皇不御	日本三代実録
871	貞観 13	雨により中止	正／1開催	日本三代実録
873	貞観 15	雨後地湿により中止	正／1開催	日本三代実録
874	貞観 16	雨後地湿により中止	正／1開催	日本三代実録
876	貞観 18	雨により中止	正／1開催	日本三代実録
878	元慶 2	澍雨降雪により中止	正／1開催	日本三代実録
880	元慶 4	雨により中止	正／1開催	日本三代実録
882	元慶 6	烈風大雨雪により中止	正／1開催	日本三代実録
883	元慶 7	雨により中止	正／1開催	日本三代実録
884	元慶 8	雪により中止	正／1開催	日本三代実録
887	仁和 3	雨により中止	正／1開催	日本三代実録
895	寛平 7	晦雪により中止		西宮記
899	昌泰 2	風雪により中止	正／1開催	日本紀略
908	延喜 8	雨雪により中止	正／1開催	日本紀略
912	延喜 12	雨湿により中止	正／1開催(雨湿儀)	日本紀略
915	延喜 15	雨湿により中止	正／1開催(雨湿儀)	西宮記
922	延喜 22	雨湿により中止	正／1開催	西宮記
925	延長 3	雪下により中止	正／1開催	扶桑略記
936	承平 6	雨湿により中止		日本紀略
963	応和 3	雨により中止		日本紀略

關白云、殿廊上雪雖頗消、溜水如雨、進出御前、溜水多湛、可無術歟、引揚下襲、可失威儀歟、難有小朝拝乎者、彼是卿相云、可無便乎者、以右頭中將公成被候天氣、即來云、被仰聞食由者、仍無小朝拝〈付点筆者〉

とされるよう雪解水による例である。雪による中止についてはこの例が知られるのみであるが、雨の場合も散見される。『日本紀略』天暦二年(九四八)正月朔日条には村上天皇の例として、

依雨止小朝拝

とあるが、同様の例は長和四年[13](一〇一五)、保延三年[14](一一三七)についても認めることが出来る。

「東宮拝礼」とは毎年正月二日、貴族達が内裏東宮御所[15]に参じ、その前庭で拝礼す

ることを指している。拝礼ののち、内裏の北門たる玄輝門に場を移し大饗が催される。雪により「東宮拝礼」が中止された例としては『小右記』長元二年(一〇二九)正月二日条が知られ、

諸卿先候宮、依雨雪無拝礼

と記される。

雨により中止された例として正月の「摂関家拝礼」についても紹介しておきたい。京中の摂関家住宅が会場となったが、中央の寝殿あるいは東・西いずれかの対に座を占める摂関に対し貴族達がその南庭に列立し拝礼を行う儀式である。『後二条師通記』寛治五年(一〇九一)正月朔日条には関白藤原師実の三条殿での拝礼に関し、

未剋許降雨、参三条殿、依雨湿停止拝礼云ゝ

と記されている。これ以外に雨により中止になった「摂関家等拝礼」として、長和四年(一〇一五)正月三日(『小右記』)、寛仁二年(一〇一八)正月二日(『御堂関白記』)、長元九年(一〇三六)正月朔日(『日本紀略』)、長承元年(一一三二)正月朔日(『中右記』)、長承三年(一一三四)正月朔日(『中右記』)、久寿二年(一一五五)正月朔日(『兵範記』)の例をあげることが出来よう。

以上の様に、雪による中止の例としては拝礼が主となる儀式があげられたが、なかでも「朝賀」の例がかなり多く認められた。因みに「朝賀」が中止になった他の要因について見ると、天皇の病気によるもの[16]、諒闇[17]によるもの[18]等があるが、これらは想像する程多くはなく、やはり雪あるいは雨の天候的条件によるものが最も多い。

(二)延期する場合

延期に関する例は「元正朝賀」「院御所拝礼」の拝礼が主体となる儀式と、「行幸」「御幸」の天皇或いは上皇の外出等の記録に認められる。「朝賀」については『類聚国史』に、

廿一年春正月戊午朔。廢朝。雪也

と記され、延暦二十一年(八〇二)正月朔日の「朝賀」が雪のため取り止めになったことが知られるが、実は続いて、

庚申。百官儀設[19]。有勅議之

表3　雪・雨により延期になった元正朝賀および元日節会の開催状況

西暦	和暦	元正朝賀	元日節会	史料
802	延暦 21	雪により正/3 に延期ヵ	朝賀に合わせ正/3 に開催	類聚国史
803	延暦 22	雨により正/2 に延期	朝賀に合わせ正/2 に開催	類聚国史
816	弘仁　7	雨により正/2 に延期	朝賀に合わせ正/2 に開催	類聚国史
830	天長　7	雨により正/2 に延期	朝賀に合わせ正/2 に開催	類聚国史
833	天長 10	雨により正/2 に延期	朝賀に合わせ正/2 に開催	類聚国史

とも記されている。庚申は翌々日三日のことであり、この日に延期された可能性が考えられる。雪の影響と見られるのはこの例のみであるが、雨による例を探すと比較的多く認められ、例えば翌年の場合はやはり『類聚国史』に、

廿二年春正月癸丑朔。廢朝。雨也。
○甲寅。受朝賀。美作國献白鹿。豊後國献白雀

とされる様、二日(甲寅)にこれが延期されていた。表3は雪および雨による影響で「朝賀」が延期された例を纏めたものであるが、表2の場合と同様「元日節会」についても併せ示してある。

前に示した表2とこの表3とを比較すると、延期の例は九世紀前期以前に見られ、中止の例は九世紀中期の仁明天皇の代以降に見られる点に注目しておきたい。さらに「朝賀」ののち場所を内裏紫宸殿と南庭に移して行われる「元日節会」との関係に着目すると、「朝賀」が延期される場合は「元日節会」も延期され朝賀と同日に開催されたが、これに対し「朝賀」が中止される場合は「元日節会」は中止されず、規定通り元日に行われている。即ち「元日節会」は九世紀中期以降はそれ以前と異なり雪や雨にもかかわらず単独で開催されているのである。これがどの様にして行われたのかについては次項で述べるがこの点についても指摘しておきたい。

さて、「院御所拝礼」にも延期の例が認められる。「院御所拝礼」とは多くは正月朔日、京中の院御所で貴族達が年始の拝礼を行うことを指している。「摂関家拝礼」の場合と同様中央の寝殿或いは東・西いずれかの対に御座す院に対し、それぞれの南庭に列立し拝礼を行う。『玉葉』文治二年(一一八六)正月朔日条には以下の様に記されている。

昨日雪終夜不止、今朝望前庭、白雪滿尺、…〈中略〉…其後相具參内、小朝拜、(大將上首、)節會(大將内辨、)等用雨儀、依庭雪不拂也、院拜禮、同依庭砂濕延引、明日欠(坎)日、明後日可被行云云　〈付点筆者〉

これは後鳥羽院御所についての例であるが、前夜からの雪のため庭の状態が悪く翌々日に延期すべきとされている。

行幸にも「朝覲行幸」に延期の例が認められる。「朝覲行幸」とは天皇が正月に父親あるいは母親たる院や女院の御所に向かい目見える儀式である。仁安二年(一一六七)正月二十二日、六条天皇は後白河院に対し「朝覲行幸」を行う予定であった。『兵範記』によれば、

依雨雪、朝覲行幸延引

とあり延期されたことが知られる。ただ積雪量等に関する具体的記述はなされていない。また『中右記』寛治二年(一〇八八)正月十九日条には堀河天皇の白河院御所への行幸に関し、これを延期すべきか否か判断に迷っている様子が記されている。

初有行幸院大炊殿、今朝雨雪紛々、庭上敷粉、仍可延引否間時剋推移

この場合は結局、

未時寄鳳輦

とされ実施された。

院の御幸について見ると、嘉保元年(一〇九四)正月十日の白河院の鳥羽殿への場合があげられ、『中右記』には、

天陰雪飛雨下、未時計上皇雖可有御幸鳥羽殿、俄以延引云々

と記される。

これら以外の儀式としては、『賭射』[20]『射場始』[21]『釈奠』[22]に延期の例が認められた。

以上の様に、中止または延期の例は拝礼・拝賀の様に庭上が主会場となった儀式、あるいは行幸、御幸の様に天皇・上皇の外出に関するものが主なものであった。得られた例数が必ずしも十分ではなくまた記録はその様な観点から記述されたものではないため、中止あるいは延期と降雪・積雪量などとの相関関係を詳かにすることは出来ず、これらがどの様な規準で選択されたのかについて具体的に知ることは出来ない。しかしながら「朝賀」に関して言えば対応に時期的な変化が見られたことが注目される。

〔三〕実施する場合

雪の影響があるにもかかわらず儀式が行われる場合があった。前項で述べた中止あるいは延期される場合より寧ろこちらの方が多

かったものと推定される。これらの例を検討すると、儀式内容を変更せずそのまま行う場合と、儀式内容を変更して対応する場合とに大別する事が出来る。以下これらについて順に述べていきたい。

(一)儀式内容の変更を伴わない場合

儀式内容を変更せず行う場合は、そのまま通常通り実施する場合と、儀式空間に改善を施し行う場合とに分けられるが、「摂関家拝礼」「春日祭使出立儀」「朝覲行幸」「天皇元服」「八講」等にこれらの例を認めることが出来る。

通常通り実施する場合

雪による影響が少ないと見られた場合にはそのまま行われたものと思われる。

前項で拝礼の例を紹介したが、ここでも「摂関家拝礼」にこの例を見ることが出来る。『中右記』によれば寛治七年(一〇九三)十二月晦日、白雪が五寸程積ったとされるが、翌日即ち嘉保元年(一〇九四)正月朔日には関白藤原師実の御所、高陽院で拝礼が行われている。

高天清晴、宿雪殘庭、未時許人々参集殿下御所賀陽院、有拜禮、内大臣以下公卿十人許一列、頭辨(季)頭中将(宗)以下雲客十余輩一列、前美濃守行房朝臣以下諸大夫一列、六位上官一列、人々多遅參、殿下則御出 〈付点筆者〉

庭に雪が残っているにもかかわらず実施されたことが知られよう。[23] 文治三年(一一八七)正月朔日の場合はより具体的である。摂政藤原兼実第での拝礼について自身の日記『玉葉』には、

朝間雪降、僅及寸、午後雪止、天猶陰、此日家拜禮、院拜禮、小朝拜、節會等、皆用晴儀式如例 〈付点筆者〉

と記される。積雪が一寸程あったが通常通りに行われている。この例からはまた「院御所拝礼」「小朝拝」等も同様に行われたことが知られる。『殿暦』および『中右記』の天永二年(一一一一)正月朔日条は小雨、小雪にもかかわらず「不及庭濕」であったため実施された事が記された例である。

「摂関家拝礼」以外では、「春日祭使出立儀」にその例が認められる。これは藤原氏の氏社たる春日社に祭の前日使いを遣わす儀式であり、貴族住宅の対およびその前庭が会場として用いられた。『中右記』元永元年(一一一八)十一月十一日条には中御門亭からの出立儀

の様子が記されているが、

　天陰雪氣、不及庭湿、春日祭使少将宗能也、仍於新造中《御カ》・門亭小寝殿令出立

とあり、「天陰雪氣」であったが「不及庭湿」であったため行われたことが知られる。天永三年（一一一二）正月十五日の「政始」も同様の理由で実施された例と考えられる。(24)

前項では延期された例の一つとして行幸について紹介したが、雪にもかかわらず実施される場合もあった。康治二年（一一四三）正月三日の院御所小六条殿への「朝覲行幸」の場合は『台記』に、

　早朝、雪白積地二三寸、今上初有朝覲

とあり積雪量が知られるが、この行幸は近衛天皇が即位したのち初めての朝覲行幸であった。これ以外で実施された行幸の例としては、『中右記』寛治四年（一〇九〇）正月三日条に記される、

　天陰、白雪紛々

や『後二条師通記』永長元年（一〇九六）正月十一日条の、

　雪散

そして『玉葉』承安元年（一一七一）正月十三日条の、

　朝雪降

がある。これらに於ては降雪あるいは積雪による影響はそれ程ではなかったものと推定される。

次に示す院の御幸の例は興味深い。いずれも雪見のための御幸である。寛治五年（一〇九一）十月二十七日の場合は『中右記』に、

　朝雪高積、太上皇歴覧白川弁小野之邊

と記される様に、雪が高く積もったにもかかわらず法勝寺や小野山荘に出かけた例であり、大治元年（一一二六）十二月十六日の場合は『百練抄』に示される様に白河殿への例であった。

御幸に関するこれら以外の例としては、『永昌記』大治元年（一一二六）二月二日条に記される白河院の三条東殿への移徙をあげることが出来る。

雪の影響にもかかわらず特別な理由により実施された例も存在する。内裏飛香舎とその前庭で行われた「中宮拝礼」について、『小右記』寛仁三年(一〇一九)正月二日条には、

晩景以來雖止雪地上猶濕、然而大閤命云、中宮初有大饗、若無拝礼如何者、諸卿隨其氣色致拝礼

と記されている。即ち雪のため地表の状態が悪いのでどうしたら良いか迷っているが、(威子が)中宮になって初めての大饗が(この後)開催されるので、この拝礼は行われるべきという観点から実施された経緯が知られる。「中宮大饗」は内裏玄輝門西廊に場所を移して催される。前に二、三寸の積雪にもかかわらず実施された即位後初の「朝覲行幸」の例を紹介したがこの場合と類似している。

大雪にもかかわらず、強行されたと思われる例も存在する。貞観六年(八六四)正月朔日に行われた清和天皇の「元服」に関し『日本三代実録』には以下の様に記されている。

大雨雪[25]。天皇加元服。御前殿。親王以下五位已上入自閤門。於殿庭拝賀。禮畢退出。

前殿(紫宸殿)で元服した天皇に対し、親王以下公卿らが殿庭(南庭)に列立し拝賀を行った。なぜ強行されたのか詳かではないが、「天皇元服」は一代一度の大事であり、その日時はかなり前に定められる。これに向かって細かな準備が進められるため、変更が難しかったからではないだろうか。

儀式空間の改善を行い実施する場合

以上紹介したのは記録の上からは少なくとも通常通り行われたと考えられる例であったが、次に見るのは儀式空間を改善することにより雪の影響を緩和しようとした例である。

最も簡便な方法は、庭を用いる儀式については庭の雪を掃くことであろう。まず「摂関家拝礼」にこの例が見られる。寛仁元年(一〇一七)正月朔日の摂政藤原道長第での拝礼に関し、自身の日記『御堂関白記』には、

昨日雪積庭令掃、家子等拝

と記されている。正月十六日に行われた「踏歌節会」にも同様の例が認められる。「踏歌節会」は内裏紫宸殿と南庭を用いて行われる儀式であるが、公卿らの南庭での謝座・謝酒のための列立(拝礼[26])およびそののち紫宸殿に昇殿して行われる饗宴、そして舞妓による踏歌から成っている。寛仁二年(一〇一八)正月十六日の場合を『左経記』に見ると、

早旦仰装束使令掃南庭雪、晩景出御、節會如常、但雖掃庭雪、庭沙猶濕、仍舞妓等於殿南廂舞、三匝畢引退出

とされ、庭の雪が掃かれた。しかしこの時は結局それでも駄目で、舞妓は紫宸殿の南庇で舞っている。同記、万寿二年（一〇二五）正月十六日条にも同様庭の雪を掃いた記録がある。節会以外では「弓場始」にこの例を認めることが出来た(27)。

庭に乾いた砂を敷く場合もあった。これも「摂関家拝礼」の例であるが『玉葉』文治三年（一一八七）正月朔日条には以下の様に記されている。

及午刻雪不晴、仍拝禮事人々持疑之間、及晡時天晴、雖庭濕敷乾沙

即ち雪が晴れず貴族達は判断に迷っていたが、結局は砂を敷き実施されたのである。

砂の代わりに筵を敷く場合もあった。寛仁二年（一〇一八）十二月十六日に行われた仏事「八講」の例がそれである。道長の土御門京極殿（上東門第）がその会場として用いられたが『小右記』には、

白雪霏々、臨晩有隙、庭前可令敷長筵之由被召仰、又池東・南・西皆敷

と記され、長筵を敷き行道のための通路とされたことが知られる。

以上の様に儀式内容を変更せず行う場合には、雪にもかかわらずそのまま行う場合と儀式空間を改善し行う場合とがあり、前者の例としては雪の影響がそれ程でもない場合の拝礼や行幸等のほか、大雪でも強行された「天皇元服」等の特別の意味が与えられた儀式の例があり、後者としては積雪量の多寡との関係は詳かになし得ないものの、庭の雪を掃いたり、砂を敷いたりあるいは筵を敷いて対応した「摂関家拝礼」「八講」等の例をあげることが出来よう。

(二)儀式内容の変更を伴う場合

儀式内容を変更して対応する場合はさらに、儀式内容の一部を省略し対応する場合と、儀式空間の変更を行い対応する場合とに分けられ、「臨時客」「釈奠」「除目」「節会」「小朝拝」「御斎会」「四方拝」等にこれらの例を認めることが出来る。

儀式内容の一部を省略する場合

毎年正月二日あるいは三日に摂関家で開催された儀式に「臨時客」がある。「正月大饗」と同様貴族達に対して催される饗宴で主とし

て東あるいは西の対がその会場として用いられた。貴族達は対の前庭に列立し拝礼するが、その後昇殿して饗宴が開始されるのである。

天仁二年（一一〇九）正月二日、摂政藤原忠実が開催した「臨時客」について自身の日記『殿暦』には次の様に記されている。

　天陰、雪甚深、雖然有臨時客、未剋許人〻來、予有〔着カ〕束帶、（…〈割註略〉…）今日無拝礼、依雪也、予先着座後有氣色、仍民部卿・右大將等着座了〈付点筆者〉

雪のため拝礼が省略され、貴族達はそのまま昇殿した事が知られる。同様の例は『小右記』寛弘二年（一〇〇五）正月二日条にも見られ、

　雪積地二寸許、…〈中略〉…依雨濕無拝禮、盃酌數巡之後、有牽出物

と記される。雪による影響について得られたのは以上の二例であったが、雨の場合を見ても同様で、例えば『殿暦』天永元年（一一一〇）正月三日条には、

　今日依雨無拜禮

とされる。この様に「臨時客」に於ては雪あるいは雨の場合、拝礼すなわち儀式の屋外で行う部分が省略されたと見て良いだろう。ついでに同様の儀式構造を持ち、寝殿とその南庭が用いられた貴族住宅での最も大規模な儀式であった「大饗」について通覧すると、雨の例しか得られなかったが全く同様であり拝礼が省略されていた。(28)

儀式のうち庭上で行われる部分は省略され易かったものと見え、「釈奠」にもこの様な例が見られる。「釈奠」は大学寮に於て孔子ならびに門人など十哲の像を掲げこれを祀る儀式である。『江家次第』によれば、公卿以下が大学寮廟堂で先師に拝礼した後、太政官庁に場所を変え饗宴が開始されるが、庁座に着く前に出立がある。

　辨少納言以下出立、（幄南邊列立、西面南上、辨少納言一列、外記史一列立、…〈以下略〉…）

要するに、出立とは弁少納言以下が前庭に列立することであるが、長治元年（一一〇四）二月三日に行われた「釈奠」について『中右記』には、

　先雖可有出立、依深雪止之、又辨少納言不着幄座、是・〔依カ〕深雪也

とされ、深雪により出立が省略されたことが知られる。「伊勢奉幣」に於ても同様出立が省略された。大治五年（一一三〇）十一月二十五日、藤原宗忠は上卿として八省院に向かったが、『中右記』には、

　向八省、白雪紛々、無出立、入從嘉喜門、…〈中略〉…從本路歸出、無出立

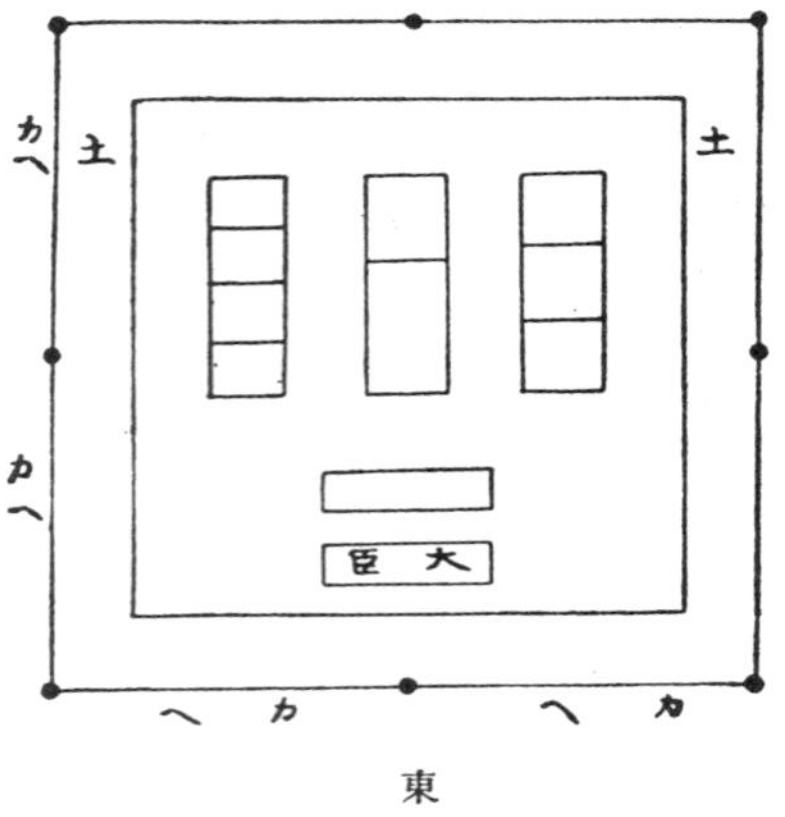

図1　議所指図(『大内裏図考証』による)

と記される。この出立について、『江家次第』伊勢公卿勅使の項には八省院への参入に関し、

次率使納言并外記史等參八省、入自待賢門、次於嘉喜門外與出立辨相揖

とあり、また退出については、

次上卿自嘉喜門退出、辨以下出立　上卿揖過

とされている。

「除目」には正月に行われる春の「除目」と秋から冬にかけて行われる秋の「除目」とがあるが、いずれも官職を任命するための政務的儀式である。「除目」は内裏に於て行われたが、公卿らは紫宸殿東脇の陣座に参集した後、東脇殿たる宜陽殿南端の議所に着き、そののち清涼殿に御座す天皇の前に進んで事が進められる。春の「除目」に関し『小右記』天元五年(九八二)正月三十日条には以下の様に記されている。

飛雪、…〈中略〉…今公卿不著議所、被妨風雪歟

風雪を避けるため議所に着かなかったというのである。『大内裏図考証』には『人車記(兵範記)』保元三年(一一五八)十一月の議所の指図(図1)が収録されるが、これによれば二間四方の平面規模を持ち、東面、南面が共に壁であった。北面は宜陽殿の母屋および東庇に接するが、この部分の詳細は不明である。しかし西面は開放されていたと考えられるので、或いはここからの風雪を避けるためであったのかもしれない。雪あるいは雨の場合、議(儀)所に着かないのが通例であったと見え、『中右記』長承二年(一一三三)正月二十二日条には、

只今雨雪頻下、不可着儀所歟、人々答云、依雨不着儀所常事也

と記されている。この「除目」に於ける議所の例は屋根の下での儀にもかかわらず省略された珍しい例であろう。

以上の諸例は、儀式次第の一部分を省略することに関するものであったが、次の様な例も存在する。前にも紹介した土御門京極殿(上

東門第）での八講の行道についてであるが、『小右記』には、

太閤及攝政已下取捧物二廻、須三廻、而日暮雪降、仍止今一廻

とあり、日が暮れ雪も降っているので三廻すべきところを二廻にし、一廻分を省略したというのである。同様の例は『小右記』治安元年（一〇二一）正月十六日の「踏歌節会」条にも見られ、本来四曲奏されるべき立楽が降雪により二曲に省略されていた。

儀式空間の変更を行う場合

さて、次に紹介するのは儀式空間の一部を変更し、屋内（屋根の下）に移すことによって、雪に対処しようとした例である。古記録を通覧すると、これに関する例が最も多く認められる。例えば仁安三年（一一六八）正月七日の「白馬節会」の場合を『兵範記』に見よう。

白雪紛々、晩頭及尺、…〈中略〉…公卿著外辨、次闈司著座奏之、次大舎人奏、次昇立御弓臺、（兵部奏之、）掃部寮立位記案於承明門内壇上左右、（雨儀、）…〈中略〉…次公卿列入、内辨宣敷尹、次公卿於宜陽殿西庇謝座、造酒正授空盞、外辨跪受、謝酒了昇殿、…〈中略〉…次式兵兩省輔弁代、率敍人列承明門左右廊、（雨儀、式東、兵西、）〈付点筆者〉

「白馬節会」は「七日節会」とも呼ばれ、内裏紫宸殿と南庭を主会場として行われる。儀式次第は他の諸節会即ち「元日節会」「十六日節会」「豊明節会」と同様であり、南庭に於ける貴族達の謝座・謝酒のための列立および昇殿後の饗宴により成るが、他の節会に見られない敍位、白馬牽廻がある点に特徴が見られる。(29) 右の文によると位記案(30)を内裏南門たる承明門壇上の左右に立て、公卿は（承明門より）参入の後、東脇殿たる宜陽殿の西庇で謝座、謝酒を行い昇殿している。また、敍せられるべき人々は承明門の東西廊に列立した。諸儀式書によれば、これらは本来すべて南庭で行われるべきことであるので雪を避け屋根の下に移されたことが知られる。そしてこの様にすることを「雨儀」のことと記している。諸例によれば儀式に対する影響は雪の場合も雨の場合も同一であり、これらにより変更して行う場合を通常の「晴儀」に対し「雨儀」と呼んだ。『殿暦』長治二年（一一〇五）正月七日条他にこれを見ることが出来る。『北山抄』には「元日節会」に関し、「雨儀」について以下の様に記されている。

雨儀、左右近陣立平張、大臣兀子南傍行一兩歩謝座、（不帯劔人、於本所可拜歟、）近衛進自壇上開門、闈司同之、立御暦机於承明門壇上奏之、内豎舁机、立東軒廊、闈司舁之、昇自東階、立東第三間、内侍取函、自御帳東奏（奉一本）覽、天皇取之、置西置物御机、（件等奏、多付内侍所也、）少納言參入、立承明門壇上、却出立闈外召之、王卿進從壇上、列立宜陽殿西廂、（南第三間西砌石上、置宣

命版、版東去二尺、立親王標、東去三尺五寸、大臣標、東去三尺五寸、大納言標、東去一尺五寸、更南去三尺、中納言標、南去四尺、更東去二尺、三位參議標、其南去五尺《四一本》、散三位標、南去三尺、更東折一尺、四位參議標也、〕侍從列立承明門東西廊内、〔第二三間《之一本》立標、〕謝座謝酒、自西階供御膳、〔不稱警蹕、近仗不興〕於承明門壇上奏樂、〔若雨止用晴儀、〕於同門東廊給祿、〔出御後雨降者、經奏聞改裝束、云々〕〈付点筆者〉

即ち、親王公卿らの南庭への参入に先立ち行われる御暦奏のための御暦杌が承明門壇上に立てられる。王卿を参入させる役割の少納言は承明門壇上に立ち、王卿らは参入ののち謝座・謝酒のため宜陽殿西庇に列立する。それ以下の侍従らは承明門東西廊に列立する。また紫宸殿上での饗宴の後に行われる芸能としての立楽は承明門壇上でなされる。同記ほかの諸儀式書によれば、これらは本来はすべて南庭上でなされるべきであり、「雨儀」の場合はこれらの部分が屋根の下に移して行われたことが知られるのである。節会以外の儀式で参加する貴族達がこの様に南庭の代わりに宜陽殿を用いた例として、元慶六年（八八二）正月二日に行われた「天皇元服」をあげる事も出来る。

前項でも述べたが、雪あるいは雨の場合、例えば「元日節会」は九世紀の前期までは「元正朝賀」の延期に伴い同様に延期され、これに対し中期以降は「朝賀」が中止された場合でも開催されていた。即ち「元日節会」は九世紀中期以降は雪や雨の場合でも朔日に開催されたが、この場合は「雨儀」で行われていたものと考えられる。諸節会に関し「雨儀」の語が見られるのは、貞観十七年（八七五）の正月七日の節会についてが最初であり、『日本三代実録』に、

暴雨滂沱。庭礼忽變。雨儀從事

と記されている。

「雨儀」の例は、節会のみならず他の儀式にも多く認められる。内裏清涼殿での「小朝拝」について『小右記』長元二年（一〇二九）正月朔日条には、

飛雪不止、小朝拜雨儀云々

とある。この「小朝拝」に関し、より具体的には同記、寛弘二年（一〇〇五）正月朔日条に以下の様に記されている。

左大臣以下（左大臣、右大臣、内大臣、大納言道綱、懷忠、中納言齊信、俊賢、隆家、參議有國、忠輔、行成、正光、三位親信、兼隆、）進御前、

列立仁壽殿西階下、（雨儀、北上、）侍臣列南廊壁下、（西上、）所狹人多、不及五品拜儛退出者〈付点筆者〉

本来は天皇の御座す清涼殿の前庭（東庭）で拝礼を行うが、この場合貴族達は清涼殿に対面する仁寿殿の西階下の庇すなわち出庇[31]の内側に列立したのであった。

八省院での儀式についても見ておこう。『北山抄』によれば、延長二年（九二四）正月十四日に行われた仏事「御斎会」について、

雪降、雅樂寮○在一本左右軒廊、舞人供南榮階上

と記される。諸儀式書によれば、雅楽寮の本来の場所は大極殿前庭の龍尾壇の東西階上の左右であり、舞人は前庭で踊ったものと思われるが、これらの場所がそれぞれ大極殿の東西に連続する軒廊および壇上南栄（軒）の下に移されている。

貴族住宅で行われた儀式でも同様で、例えば摂関家等で行われた「四方拝」に関し、『殿暦』長治二年（一一〇五）正月朔日条には記者藤原忠実第でのそれについて、

寅剋許四方拜、依雪庭於中門有此事

と記される。「四方拝」は対の前庭に座を敷き、ここでその家の主人が四方を拝し、また氏神、先聖などをも拝する儀式であるが、これらを中門内に移したのである。

同様の例は他の儀式についても認めることが出来るが[32]、いずれも儀式の屋外、庭上での部分を屋内（屋根の下）に移し行っていた。

以上の様に、儀式内容を変更して対応する場合には、儀式内容の一部を省略して行う場合と、儀式空間を変更して行う場合とがあるが、前者としては「臨時客」に於ける拝礼、「釈奠」に於ける出立の部分の省略等の例があり、後者としては「節会」や「御斎会」に於ける庭上儀の部分の屋内への移動等の例が認められた。

〔四〕おわりに

平安時代に於ては内裏を始めとして貴族住宅等で様々な儀式が行われていたが、これらが雪によりどの様な影響を蒙ってきたのかを実例を示しながら明らかにしてきた。雪の影響には降雪・積雪によるものと、これらによる庭の状態の変化によるものとがあるが、当

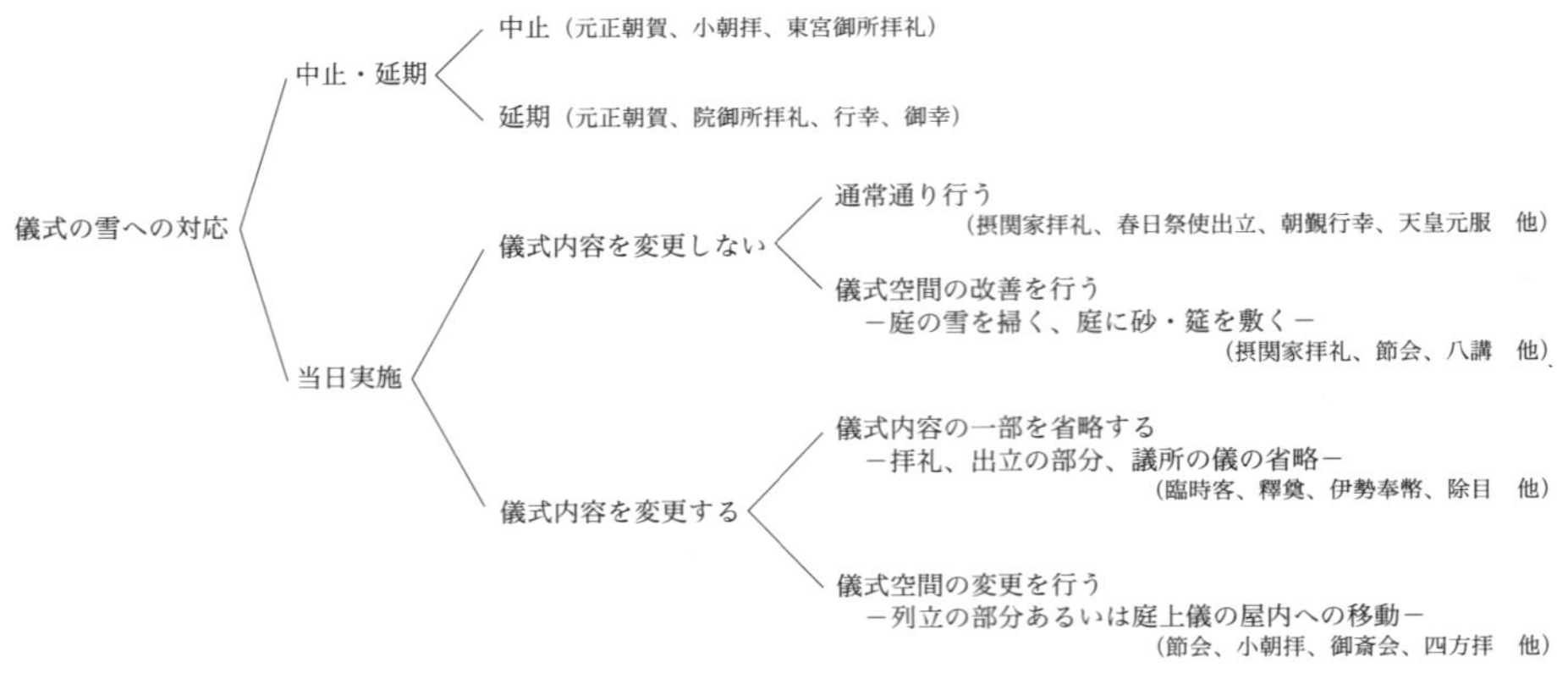

図２　平安時代に於ける儀式の雪への対応　［（　）内は史料より得られた儀式例］

時の貴族達はこれらに対し儀式を中止あるいは延期し、また儀式空間を改善したり儀式内容を変更したりすることにより対応してきた。図2はこれらの対応を整理し示したものである。

行幸例に見る様に、例え同じ儀式でも延期されたりあるいは実施されたりで対応が異なる場合があり、これには降雪等の量が関係したと思われるが、儀式によってはこれらの対応に一定の傾向が認められるものがある。本節でも頻繁に登場した列立・拝礼もしくはこれを含む儀式について若干の検討をしてみたい。

拝礼が中心となる儀式として「朝賀」「中宮拝礼」「東宮拝礼」「院御所拝礼」「摂関家拝礼」があげられる。これらは、建物の中に御座す天皇や中宮、東宮そして上皇あるいは摂関に対し、貴族達がその前庭に列立し拝礼を行うという点で同一の性質を有している。これらのうち、例えば「摂関家拝礼」について見ると、雪の影響が少ない場合はそのまま通常通り行われたり、或いは庭の雪を掃き、乾いた砂を敷くなどして実施されたが、これ以外の儀式について見ると中止もしくは延期されており、儀式内容を変更（すなわち拝礼を屋内に移）してまで行われることはなかった。

一方、「節会」は内裏南庭での列立・拝礼と紫宸殿上での饗宴とから成り、「臨時客」も同様貴族住宅前庭での列立・拝礼と対の建物上での饗宴とから成るが、これら儀式の主目的は饗宴にあり、拝礼はその前段階に位置するものと考えられる。「節会」に於て貴族らの列立は本来の南庭ではなく宜陽殿に場所を代えて行われ、「臨時客」に於て拝礼は省略された。即ちいずれにせよこれらに於て拝礼は正規通りに行われてはいない。雨の例ではあるが「大饗」の場合も全く同様であった。

拝礼中心の儀式はそれ自体が最重要であったため、これを屋内に移す等することによる形式の崩れを犯してまで実施しようとはしなかったのではないか。一方「節会」「臨時客」の拝礼は副次的な役割を持たされていたがため、この部分を変更、あるいは省略することを厭わなかったのではないだろうか(33)。

また「朝賀」について見ると、本文でも述べた様に時期によって延期と中止が明確に分かれている。恐らく政治的背景によるものと思われるが、この点については「元日節会」との関係にも留意し別の機会に考えてみたい。

以上儀式について、雪に対する様々な対応を明らかにしてきたが、当然のことながら同一の儀式に於て複合した対応をとる場合もあった。例えば、治安元年(一〇二一)正月十六日の「踏歌節会」では公卿らの拝礼を宣陽殿で行い、また本来四曲奏すべき立楽を二曲に減らして行っている。実際は他の儀式についてもこの様な対応があったものと思われる。

また本文中では例数が少ないため触れなかったが、深沓や笠を着けて参加したと思われる例も存在する(34)。これらについては雨の場合も含め今後更に検討していきたい。「雨儀」が儀式および儀式空間にどの様な影響を与えていったのかを系統的に明らかにするのが最終的な課題である。

註

1 『殿暦』長治二年(一一〇五)正月八日条。
2 『中右記』天仁元年(一一〇八)十二月十一日条。
3 『日本紀略』天慶元年(九三八)十二月六日条。
4 『扶桑略記』嘉保元年(一〇九四)正月五日条。
5 『御堂関白記』長和五年(一〇一六)十二月三十日条、他。
6 他に儀式書として『北山抄』『江家次第』等がある。
7 本節に関し『平安時代史事典』(角川書店、平成六年四月)に「雨儀」の項目がある。雨雪の場合の朝廷の儀式について庭上の儀は主として軒廊などに移すこと、雨儀は晴儀よりも次第を簡略にするとの記載がある。本節では特に雪に焦点をあて具体例を示しながら朝廷のみならず院御所、貴族住宅までをも対象とし雪の場合の様々な対応を体系的に明らかにし、さらにそれぞれの性質についての検討を行っている。なお「雨儀」とは本節での第三項の第二に関する概念と考えられる。

8 当然の事ながら外部空間も含めて考えている。

9 ここで言う日記とは、主として政治や儀式について漢文で記されたものを指す。

10 降雪・積雪によるものとこれらによる地表面の変化によるものとの影響を分けて考えるべきであろうが、得られた例数がそれぞれ十分ではなく、また得られた史料を検討しても両者の儀式に対する影響に違いは見られないので、ここでは一括して扱うことにする。

11 第一章第一節、図3参照。

12 第一章第一節参照。八省院を会場として行われるようになったのは延暦十五年（七九六）からである。

13 但しこの時は里内裏枇杷殿に於て行われた。

14 二条東洞院殿が里内裏として用いられている。

15 東宮拝礼に関する記録を収集してみても、具体的場所は記されていない。恐らく後宮のうちのいずれかの建物とその前庭が用いられたのであろう。

16 『日本後紀』延暦二十四年（八〇五）正月朔日条、他。

17 天皇が服する喪のうち最も重いものを言う。

18 『日本三代実録』貞観十四年（八七二）正月朔日条、他。

19 「百官儀設」について、例えば『類聚国史』神護景雲三年（七六九）条を見ると、「正月庚午朔。廢朝。雨也。辛未〈二日、筆者註〉御大極殿受朝。文武百官及陸奥蝦夷各依儀拝賀。」〈付点筆者〉とあり二日に朝賀が延期され、文官百官等が拝賀を行っている。延暦二十一年（八〇二）の場合も同様であったと推される。また後述する様に、九世紀中期以前について見ると雨についてではあるが、この場合は必ず延期され行われている。

20 『西宮記』巻二に、「吏部記云、承平二年正月十九日（昨日依雪湿停之）賭射、」とあり前日の予定が雪湿のため十九日に延期されたことが知られる。

21 『中右記』大治五年（一一三〇）十月三十日条。

22 『山槐記』寿永二年（一一八三）二月二日条。

23 厳密に言えば、庭の雪の記述は『中右記』の記者藤原宗忠の住宅に関するものであるが、藤原師実の高陽院でも同様であったと考えて良いだろう。

24 『中右記』同日条に、「或風或雪、」とあり、『殿暦』同日条に、「雪時々降、」とある。

25 新訂増補国史大系本には、「大雨」雪。」と返り点が打たれ、雨は動詞と考えられている。

26 節会に於て貴族らは南庭に謝座・謝酒のために列立した。例えば「元日節会」について『中右記』嘉承元年（一一〇六）正月朔日条に、「群臣拝、謝酒了、公卿一々著堂上座、」とあり、「七日節会」については『長秋記』永久元年（一一一三）正月七日条に、「群卿等拝、次空盞、拝事了着堂上座、」とある。謝座・謝酒に伴い拝礼が行われたものと思われる。列立拝礼の例は『玉葉』承安元年（一一七一）正月七日条にも見られる。

27 『台記』久安二年（一一四六）十二月二十日条。

28 『台記』久安二年（一一四六）十二月二十日条、『北山抄』康保三年（九六六）正月十六日条他。なお治安元年（一〇二一）七月二十五日の大饗について『洞院家記』では、「治安、雖地濕、依初任大饗、有拝禮、」とあり、雨にもかかわらず拝礼を行ったが、これは大臣に任ぜられて行う初めての大饗であるからとしている。前に紹介した「中宮大饗」の際の拝礼と全く同一の内容と言える。

29 敍位は「元日節会」「十六日節会」に見られず、白馬牽廻は他の節会に見られない。

30 位記とは位階を授ける時発給する公文のことで案は机のこと。

31 「内裡図」増訂故實叢書。

32 「除目」に関し『中右記』長承二年（一一三三）正月二十二日条、『玉葉』安元元年（一一七五）正月二十日条他、「賀茂臨時祭」について『西宮記』巻六など。

33 雪に関する記録ではないが、雨に関して「朝賀」と殆ど同一の儀式構造・空間を持つ「即位式」について『淳和天皇御即位記』（続群書類従）によれば、弘仁十四年（八二三）四月二十七日、淳和天皇の「即位式」が八省院で行われたが、当日は、「雨下庭濕、」であり朝庭での拝礼は行われず、「親王位設延休堂。宣命大夫弁參議已上位昌福堂。五位已上位含章含嘉二堂。六位已下位。承光明禮等堂。被叙位人位。暉章修式二堂（式部暉章堂。兵部修式堂。）」であった。即ち親王・公卿以下は朝庭ではなく脇殿に位置している。また文徳天皇の「即位式」は嘉祥三年（八五〇）四月十七日に行われたが『文徳実録』によれば、「其日晨旦快雨。百官以雨日儀従事、」とあり、この場合も脇殿が用いられたと考えられる。とするならばこの例は本文で述べてきた内容と矛盾する。しかしながら「即位式」の日程はかなり以前から陰陽師等の提案により決定され、これに付帯する様々な行事を経て当日の式に至っている。この様な状況の中では雨でも強行せざるを得ず、従って列立拝礼の部分を脇殿内に移したものと思われる。さらに倉林正次氏は（『饗宴の研究』昭和四十年八月、桜楓社）、「朝賀」と「即位式」の関係について、「朝賀」は、「唐風」であり「即位式」は、「わが国の固有儀礼の伝統をつぐもの」との見方を提出されている。即ち「朝賀」では公式性・形式性が重視され儀式形式を崩してまで行われることはなかったが、「即位式」の方はその様な画一的な運用はなされなかったと見る事も可能であろう。

34 『日本紀略』延喜四年（九〇四）十一月二十三日条、『台記』保延二年（一一三六）十二月二十一日条、同久安四年（一一四八）正月二十六日条、他。

図表一覧

後記

本書は昭和六十年八月に「空間秩序からみた平安期貴族住宅の研究」と題して、東北大学に提出した学位請求論文をもとに作成したものである。この学位論文は、日本建築学会論文報告集に掲載された論文四編と提出後まもなく同論文報告集に掲載された二編の論文を中心とし、これに東北大学建築学報等に発表した論文や書き下ろした論文を加えて成っていた。学位取得後も平安時代貴族住宅に関し様々な観点から考察を進め、日本建築学会計画系論文報告集、同論文集等にその成果を発表してきた。これらは発表年次が異なるため表現にもバラツキがある。従ってこれらをもとに一冊の著書とする場合、本来は体裁的に統一を取り、内容的にも再整理すべきであろう。しかしながらこれらの論文はその時々にそれぞれ完成した一編として著されたものという観点から大幅な修正は行わなかった。ただ、論文間で内容や図表が重複する場合は一方よりこれを省くように心掛け、論文同士の関係についての説明が必要な場合はこれを補った。またより相応しい表現や学術用語がある場合は適切になるように試みた。論文によっては補註でその後の筆者の考えを述べたものもある。平安時代貴族住宅についての論文集として読んで戴ければ幸いである。

以下に本書の構成と既発表論文、学位請求論文との関係を記す。

第一章　平安宮内裏の空間的秩序（一）

第一節　平安宮の儀式空間

原題「平安宮で行われた儀式の空間構造について」東北大学建築学報　第二四号　昭和六十年二月。学位論文所収。

第二節　宮城門、内裏門の性格と平安宮内裏の空間的秩序

原題「平安内裏の空間秩序について－大内裏宮城門と内裏門の用法からみた－」東北大学建築学報　第二二号　昭和五十八年三月。学

位論文所収。

第二章　貴族住宅の空間的秩序

第一節　平安時代貴族住宅の空間的秩序

学位論文所収。但し、「平安期寝殿造庭園の空間的性質」日本庭園学会誌　四、一－一三　平成八年、から儀式空間としての庭園に関する部分を第一項の補註として追加している。

第二節　平安時代貴族住宅の変遷

原題「寝殿造の変遷及びその要因について」古代文化　第三七巻一一号　昭和六十二年十一月。なお古代文化の本論文は、「対屋の規模からみた寝殿造の変遷について」日本建築学会論文報告集　第三三九号　昭和五十九年五月、の内容の要約に儀式空間の点からの検討を加えたものである。また、発掘成果に対する見解等を補註として追加している。

第三節　元服会場としての寝殿及び対

原題「元服会場としての寝殿、対、出居・曹司・侍所－平安期貴族住宅の儀式空間について（一）－」日本建築学会計画系論文集　第五五〇号、平成十三年十二月。日本史学年次別論文集　古代Ⅱ　二〇〇一（平成十三）年版（学術文献刊行会）に採録。上記論文に加えて「元服、加茂詣・春日詣および臨客客の会場－平安期貴族住宅の儀式空間について（二）－」日本建築学会計画系論文集第五五七号、平成十四年七月、から元服に関する部分を収録。

第三章　里内裏時に於ける貴族住宅の空間的秩序

第一節　内裏様式里内裏住宅の空間的秩序

学位論文所収。

第二節　平安時代里内裏住宅の空間的秩序（一）－紫宸殿、清涼殿の割り当てと寝殿に於ける儀式－

原題「平安期里内裏建築の空間構成の変遷に関する史的考察」東北大学建築学報　第二一号　昭和五十六年九月。学位論文所収。但し「平安期寝殿造庭園の空間的性質」日本庭園学会誌　四、一－一三　平成八年、から儀式空間としての庭園に関する部分を補註として追加している。

第三節　平安時代里内裏住宅の空間的秩序（二）－陣口、陣中及び門の用法－

原題「平安期里内裏の空間秩序について－陣口及び門の用法からみた－」日本建築学会論文報告集　第三四〇号　昭和五十九年六月。学位論文所収。

第四節　門の用法の史的検討

原題「平安期貴族住宅における門の用法について」日本建築学会計画系論文報告集　第三四〇号　昭和五十九年六月。但し本節にはこのうち里内裏住宅に関する部分を収録している。学位論文所収。

第四章　平安時代貴族住宅に於ける「礼」及び「晴」

第一節　平安時代貴族住宅に於ける『礼』及び『晴』

原題「平安期寝殿造住宅に於ける『礼』及び『晴』について」日本建築学会論文報告集　第三四〇号　昭和五十九年六月。学位論文所収。

第二節　大饗・臨時客と『礼』概念

学位論文所収。

第三節　平安時代貴族住宅に於ける『礼』向き決定の諸要因

原題「平安期貴族住宅に於ける『礼』向き決定の諸要因について」日本建築学会計画系論文報告集　第三六八号　昭和六十一年十月。学位論文所収。

第五章　中世住宅への変遷過程

第一節　貴族住宅に於ける『出居』、『公卿座』

原題「寝殿造における『出居』、『公卿座』について」日本建築学会論文報告集　第三四三号　昭和五十九年九月。学位論文所収。

第二節　行幸時に於ける貴族住宅の出入口－院御所、女院御所への場合－

原題「行幸時に於ける寝殿造の出入口について－院御所、女院御所への場合－」日本建築学会計画系論文報告集　第四〇二号　昭和六十四年八月。

第三節　院の御幸時に於ける貴族住宅の出入口

原題「寝殿造の出入口について－院の御幸時の用法－」日本建築学会計画系論文集　第四七七号　平成七年十一月。

第四節　南北朝時代貴族住宅の出口及び乗車位置－洞院公賢の用法－

原題　同じ　日本建築学会計画系論文集　第四七二号　平成七年六月。

第五節　貴族住宅に於ける主人の出口－変遷過程及びその要因－

原題「寝殿造に於ける主人の出口－変遷過程及びその要因－」日本建築学会計画系論文集　第四七七号　平成七年十一月。

第六章　平安宮内裏の空間的秩序（二）

第一節　平安宮内裏、承明門・日華門の儀式時に於ける性格

原題　同じ　日本建築学会計画系論文集　第五三四号　平成十二年八月。日本史学年次別論文集　古代Ⅱ　二〇〇〇（平成十二）年版（学術文献刊行会）に採録。

第二節　紫宸殿上に於ける天皇及び公卿らの沓の着脱

原題「紫宸殿上に於ける天皇及び公卿らの沓の着脱について－儀式時の検討－」日本建築学会計画系論文集　第五一九号　平成十一年五月。日本史学年次別論文集　古代Ⅰ　一九九九（平成十一）年版（学術文献刊行会）に採録。

附　節　近世内裏の空間的秩序

原題「近世内裏の空間的秩序－承明門、日・月華門の性格からの検討－」日本建築学会計画系論文集　第五三八号　平成十二年十二月。

第七章　平安京に於ける空間認識

第一節　太白神による方忌み－平安京及び貴族住宅から見た－

原題　同じ　日本建築学会計画系論文報告集　第四一一号　平成二年五月。

第二節　大嘗会御禊點地に於ける方角認識の基点－東西間距離から見た『兵範記』仁安元年十月十五日条の解釈－

原題　同じ　日本建築学会計画系論文集　第四八〇号　平成八年二月。

第八章　藤氏長者・摂関家の儀式会場の変遷過程

第一節　藤原道長の住宅と儀式会場

原題「藤原道長の住宅と儀式会場－藤氏長者・摂関家の儀式会場の変遷過程に関する研究（３）－」日本建築学会計画系論文集　第五九九号　平成十八年一月。

第二節　藤原師実の住宅と儀式会場

原題「藤原師実の住宅と儀式会場－藤氏長者・摂関家の儀式会場の変遷過程に関する研究－」日本建築学会計画系論文集　第五七七号　平成十六年三月。日本史学年次別論文集　古代分冊　二〇〇四（平成十六）年版（学術文献刊行会）に採録。

第三節　藤原忠実の住宅と儀式会場

原題「藤原忠実の住宅と儀式会場－藤氏長者・摂関家の儀式会場の変遷過程に関する研究（２）－」日本建築学会計画系論文集　第五八七号　平成十七年一月。

附論

第一節　平安時代に於ける方違行幸－目的地として用いられた住宅－

原題　同じ　日本建築学会計画系論文集　第四五六号　平成六年二月。日本史学年次別論文集　古代Ⅱ　一九九四（平成六）年版（学術文献刊行会）に採録。

第二節　平安時代に於ける儀式と雪－様々な対応について－

原題　同じ　日本雪工学会誌一三－二　平成九年四月。

全国的に大学問題の嵐が吹き荒れた昭和四十三、四年、東北大学とて例外ではなくその真っ直中にあった。これは丁度私の学部四年生から大学院修士課程の一年生にかけての時期であったが、私も自分なりに生き方を模索し真剣な日々を過ごしていた。当時私は建築家を目指しており、佐々木嘉彦先生の建築計画学第二講座に所属し修士論文としてはサルトルの想像力論をもとにした建築空間論をテーマとしてこれを纏めるべく準備を進めていた。しかしながら健康を害し大学病院に二度に渡って合計一年三ヶ月以上も入院することになってしまった。退院後修士論文を書き上げたが、完全に恢復したわけでもない私を博士課程の学生として快く受け入れ、そして助手として置いて下さったのが建築史・意匠講座の佐藤巧先生である。建築家への夢を捨てきれなかった怠惰な私が日本住宅史の研究に本格的に取り組むきっかけとなったのは、先生による「晴」と「礼」は本当に同じ概念なのかという一言であった。このようにして研究が開始されたのである。

中央から遠く離れた地にあり、そして寄る辺の全く無かった私にとっての唯一の道は日本建築学会の論文報告集に投稿することであったが、この過程に於て故木村徳国先生から大きな励ましを戴いた。一面識もない私に学会大会の懇親会会場で声をかけて下さり、終了ののち場を変えてお酒までご馳走して下さった。翌年、先生にお会い出来るのを楽しみに学会大会の懇親会会場に向かったが、そこで先生の訃報に接したのである。先生による激励は今でも私の大きな支えとなっている。

研究を進めるに従い幾人かの先生方から注目して戴けるようになった。稲垣栄三先生は『古代文化』紙上で私の研究を取り上げ、また大河直躬先生や池浩三先生は御自身の著作のなかで私の論文に注目して下さった。川上貢先生からはやはり学会大会の懇親会場で「晴」と「礼」の論文に対する好意的な評を戴いた。その稲垣栄三先生も故人となってしまわれた。

私が平安時代貴族住宅を空間的観点から研究することが出来たのも、太田静六博士の詳細なる復元研究があったればこそである。学恩を深く感謝したい。

今回図らずもこの様なかたちで論文集を出版することが出来たが、これもひとえに多くの方々の暖かい御支援によるものと考えている。建築史研究室の永井康雄助教授、田中正三技官そして及川純江氏になにかとお世話になった。改めて感謝の意を表したい。

最後に本書の出版を薦めて戴き、また刊行に至るまでに多大の御尽力を賜った中央公論美術出版の小菅勉氏に心からお礼を申しあげる。

平成十六年二月

飯淵　康一

再版に寄せて

この度、幸運にも初版本の内容を増補し再版本として出版することができた。初版本出版の後に『日本建築学会計画系論文集』に掲載された、藤氏長者・摂関家の儀式会場の変遷過程に関する論考二編を追加させて戴いた。これらと、初版本に収めていた同様の観点からの論考一編とを合わせて一章分を新設し、これを第八章としたのである。

初版本と再版本の内容は第七章までは同一である。しかしながらそれ以降の構成は異なっている。両者の関係を各節の主題をもとに示せば以下の様である。

初版本
　附論
　　第一節　平安時代に於ける方違行幸
　　第二節　藤原師実の住宅と儀式会場
　　第三節　平安時代に於ける儀式と雪

再版本
　第八章　藤氏長者・摂関家の儀式会場の変遷過程
　　第一節　藤原道長の住宅と儀式会場
　　第二節　藤原師実の住宅と儀式会場
　　第三節　藤原忠実の住宅と儀式会場

附論
第一節 平安時代に於ける方違行幸
第二節 平安時代に於ける儀式と雪

これらの変更に伴い、目次、図表一覧、後記の関係部分について修正、あるいは加筆を行った。

独立させた第八章は、藤氏長者・摂関家の儀式会場の変遷過程を、常に居住していた住宅と儀式会場として用いた住宅との関係を詳細に検討することにより解明し、また従来から問題となっていた東三条殿の儀式会場としての役割を明確にしたものである。併せて、道長の二条殿の性格および忠実の東三条殿移徙の意義についても明らかにした。

この第八章の部分は、初版本を統一する「儀式空間的観点からの検討」という立場からするとやや色彩を異にするが、研究の新たな展開を紹介する観点から敢えて収めることとした。

初版本については、学術誌『日本歴史』『古文書研究』『建築史学』の各書評欄で取り上げられ、出版の意義を認めて戴くことができた。望外の喜びである。

本書の出版および再版は多くの方々の支えにより初めて可能となった。研究者としての道を歩み始めた私が、このような形で成果を出版できようとは夢想だにしなかったことである。人生の不思議という他ない。感慨無量である。この場をお借りして改めて感謝の意を表したい。

最後に、本書の再出版を薦めそして多大の労をとって下さった、中央公論美術出版の小菅勉氏に衷心よりお礼を申しあげたい。

平成十八年六月

飯淵 康一

A study of Aristocratic Residences in the Heian Period

〈略歴〉

飯淵康一（いいぶち　こういち）
東北大学大学院工学研究科教授。
東北大学助手、同助教授を経て、
現職。2010年３月退職。
工学博士。

平安時代貴族住宅の研究 ©

平成十六年二月二十八日初版
平成二十四年四月二十五日三版

著者　飯淵康一
発行者　小菅勉
編集 版下製作　南風舎
印刷　藤原印刷株式会社
製本　松岳社
用紙　王子製紙株式会社

中央公論美術出版
東京都中央区京橋二―八―七
電話〇三―三五六一―五九九三

製函　株式会社加藤製函所

ISBN978-4-8055-0452-9